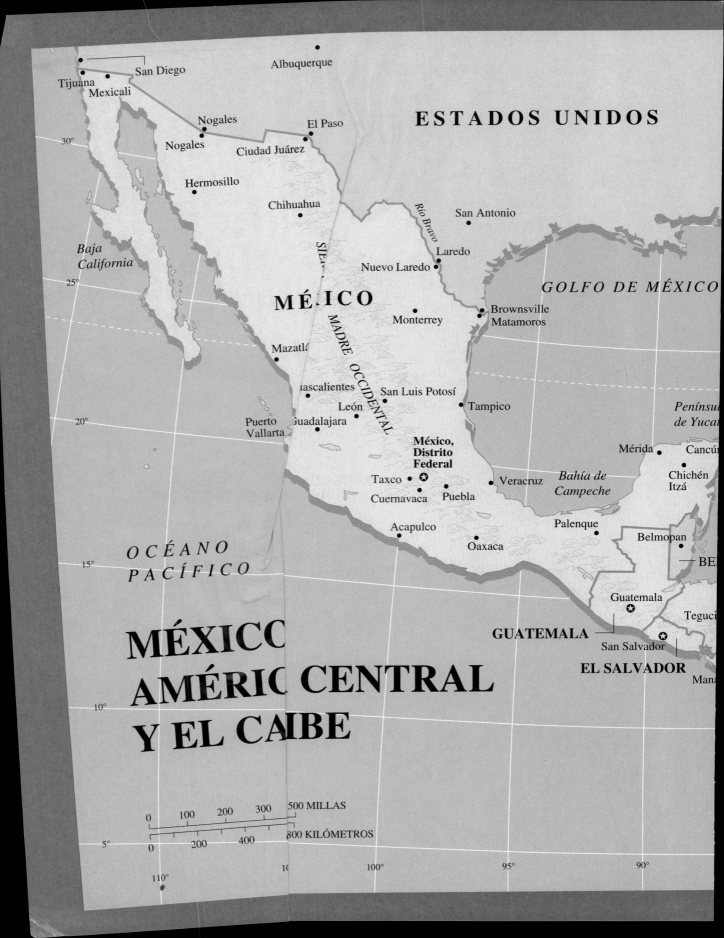

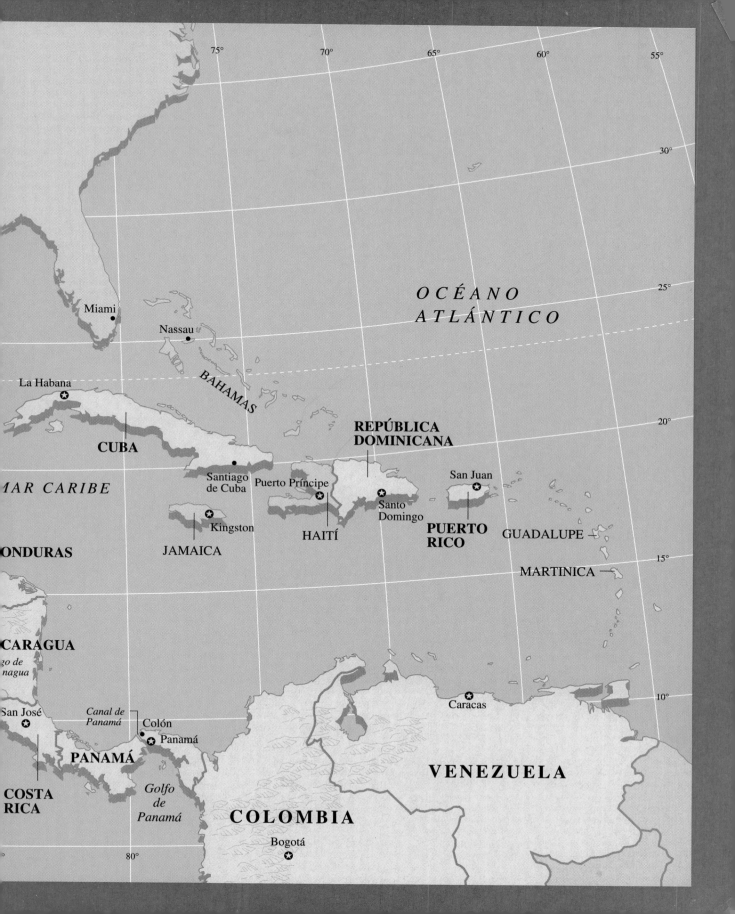

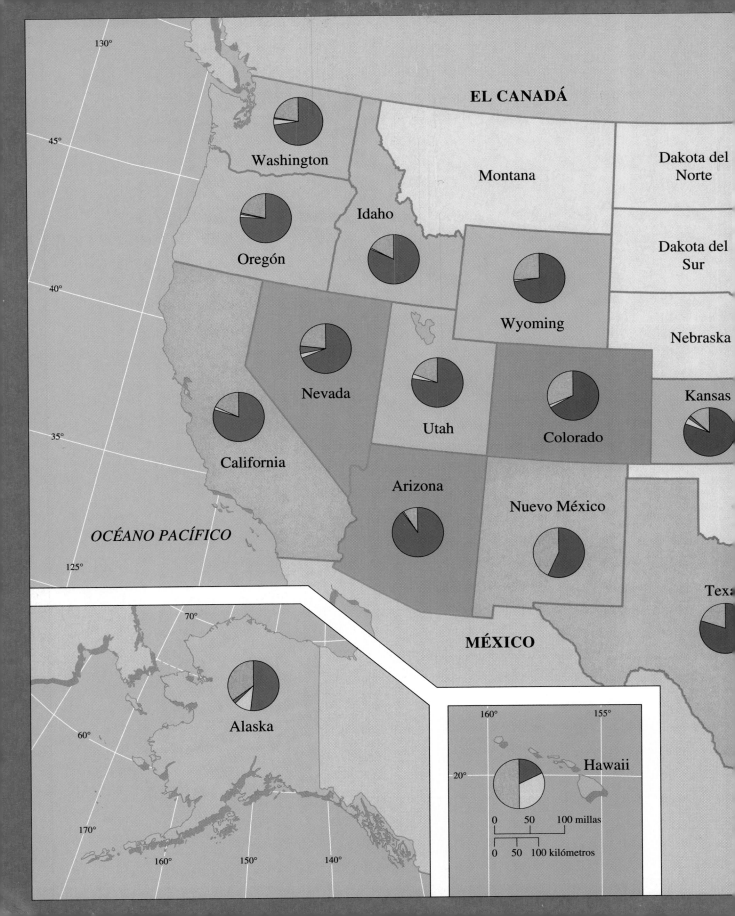

LOS HISPANOHABLANTES EN LOS ESTADOS UNIDOS

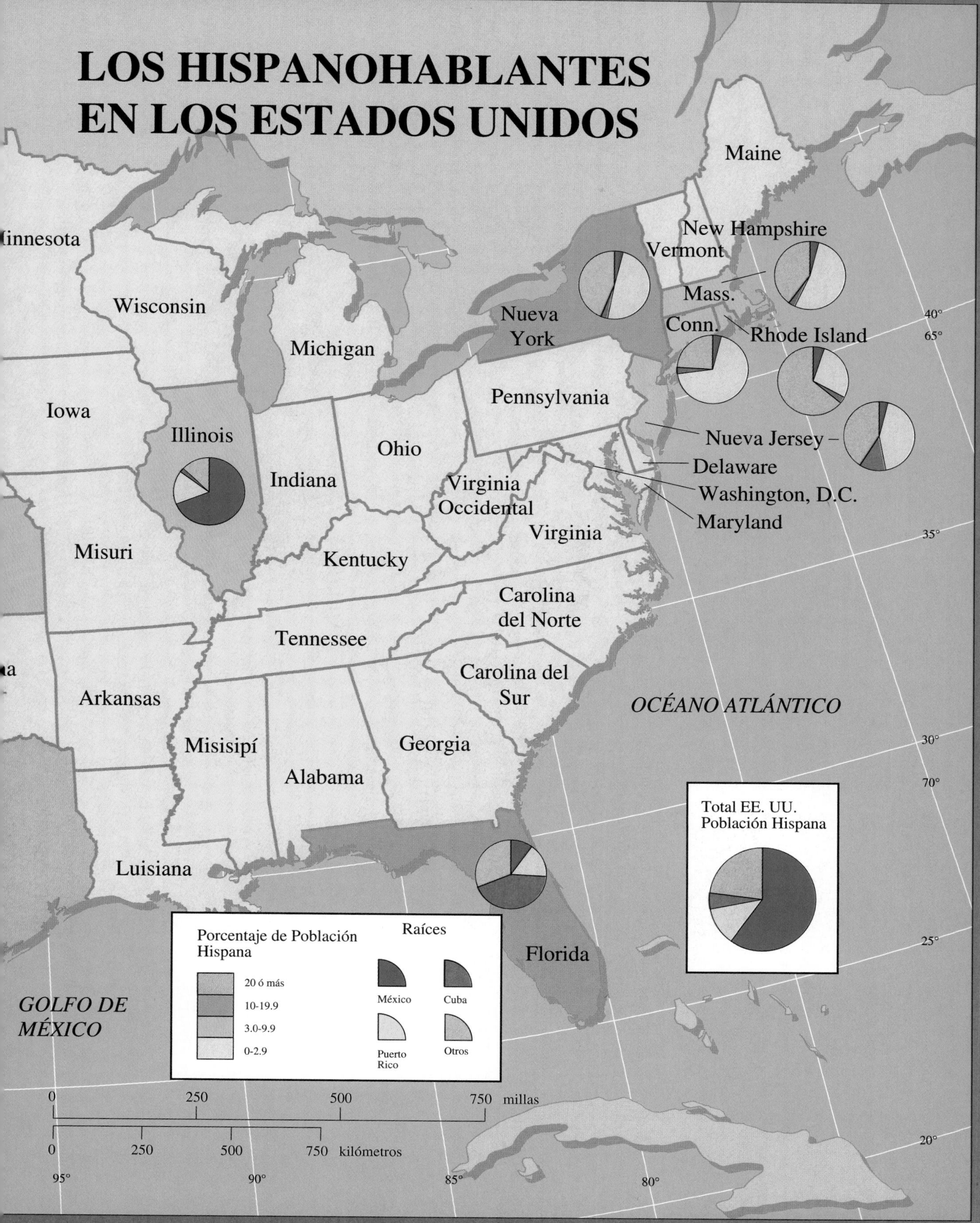

Maine

Minnesota

Wisconsin

New Hampshire

Vermont

Mass.

Conn.

Rhode Island

Nueva York

Michigan

Iowa

Illinois

Pennsylvania

Nueva Jersey

Delaware

Washington, D.C.

Maryland

Indiana

Ohio

Misuri

Virginia
Occidental

Virginia

Kentucky

Tennessee

Carolina
del Norte

Arkansas

Carolina del
Sur

OCÉANO ATLÁNTICO

Misisipí

Georgia

Alabama

Luisiana

Total EE. UU.
Población Hispana

Florida

Porcentaje de Población
Hispana

Raíces

20 ó más	México	Cuba
10-19.9		
3.0-9.9	Puerto	Otros
0-2.9	Rico	

GOLFO DE
MÉXICO

| 0 | 250 | 500 | 750 | millas |

| 0 | 250 | 500 | 750 | kilómetros |

95°   90°   85°   80°

40°

65°

35°

30°

70°

25°

20°

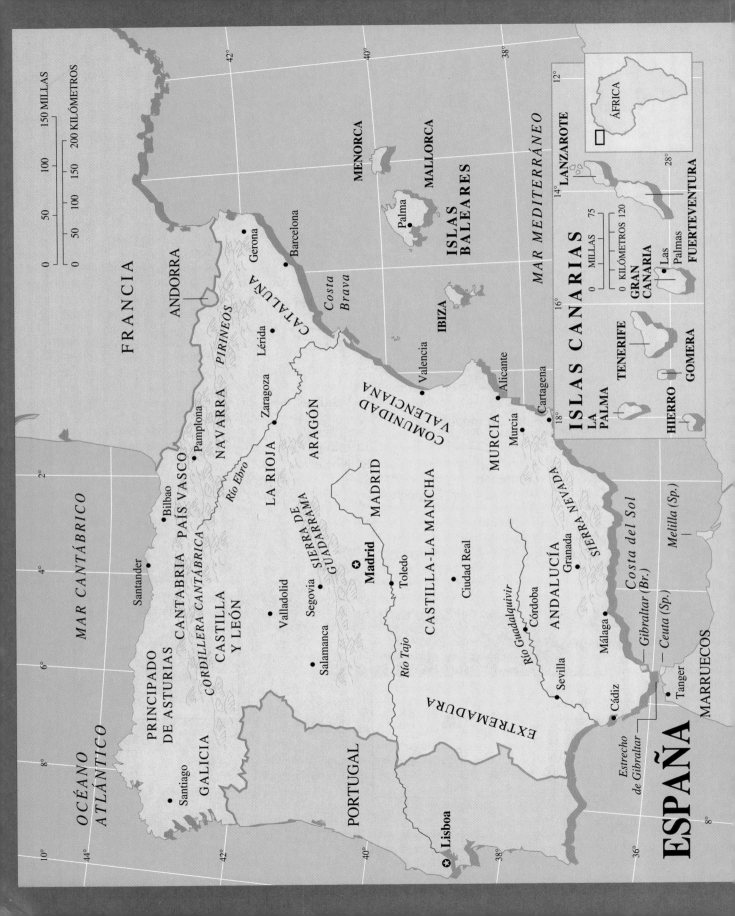

ESPAÑA

OCÉANO ATLÁNTICO

MAR CANTÁBRICO

FRANCIA

ANDORRA

PORTUGAL

Lisboa

GALICIA

Santiago

PRINCIPADO DE ASTURIAS

CANTABRIA

Santander

PAÍS VASCO

Bilbao

NAVARRA

Pamplona

PIRINEOS

CATALUÑA

Gerona

Barcelona

Costa Brava

Lérida

Zaragoza

ARAGÓN

Río Ebro

LA RIOJA

CASTILLA Y LEÓN

CORDILLERA CANTÁBRICA

Valladolid

Salamanca

Segovia

SIERRA DE GUADARRAMA

MADRID

★ Madrid

Toledo

Río Tajo

CASTILLA-LA MANCHA

Ciudad Real

EXTREMADURA

ANDALUCÍA

Río Guadalquivir

Córdoba

Sevilla

Cádiz

Málaga

Costa del Sol

SIERRA NEVADA

Granada

MURCIA

Murcia

Alicante

Cartagena

COMUNIDAD VALENCIANA

Valencia

IBIZA

ISLAS BALEARES

MENORCA

MALLORCA

Palma

MAR MEDITERRÁNEO

Estrecho de Gibraltar

Gibraltar (Br.)

Ceuta (Sp.)

Tanger

Melilla (Sp.)

MARRUECOS

ISLAS CANARIAS

LANZAROTE

FUERTEVENTURA

GRAN CANARIA

Las Palmas

TENERIFE

LA PALMA

GOMERA

HIERRO

ÁFRICA

150 MILLAS

200 KILÓMETROS

150

100

100

50

50

50

0

0

75 MILLAS

120 KILÓMETROS

0

0

Así es

Second Edition

Así es

Second Edition

Nancy Levy-Konesky
Brandeis University

Karen Daggett
Boston College

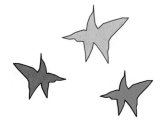

Holt, Rinehart and Winston
Harcourt Brace College Publishers

Fort Worth   Philadelphia   San Diego   New York   Orlando   Austin   San Antonio
Toronto   Montreal   London   Sydney   Tokyo

Publisher	Ted Buchholz
Editor in Chief	Christopher P. Klein
Senior Acquisitions Editor	Jim Harmon
Senior Developmental Editor	Jeff Gilbreath
Project Editor	Elke Herbst
Senior Production Manager	Kenneth A. Dunaway
Art Director	Jim Dodson
Cover Design	Vicki Barth

Address for Editorial Correspondence
Harcourt Brace College Publishers, 301 Commerce Street, Suite 3700, Fort Worth, TX 76102

Address for Orders
Harcourt Brace & Company, 6277 Sea Harbor Drive, Orlando, FL 32887–6777.
1–800–782–4479, or 1–800–433–0001 (in Florida)

Photo and realia credits appear at the end of the book.

ISBN: 0–15–501284–3

Library of Congress Catalogue Number: 94–76477

Printed in the United States of America

6 7 8 9 0 1 2 3 4 5 048 9 8 7 6 5 4 3 2

To the marriage of pictures and words. Thank you Frank.
A special thanks to Georgiana for sharing me with Así es.
NANCY

To Bruce, who gives the word patience a whole new dimension.
KAREN

⭐ Preface to the Student's Edition

Así es is a complete introductory video-enhanced Spanish program that provides a solid foundation in the four skills and an introduction to Hispanic culture throughout various parts of the world. In accordance with the ACTFL/ETS Proficiency Guidelines, the primary objective of *Así es* is to help develop the necessary skills to communicate proficiently in Spanish and to function effectively within the culture in real-life situations.

The second edition of *Así es* is the result of reviewer advice, extensive user survey, and personal contact with instructors and students. The careful integration of their suggestions has helped to make this text an even more effective tool in the development of language skills and the appreciation of Hispanic culture. The features that were enthusiastically received by first edition users have been enhanced but not compromised in the revision. These include:

- A flexible framework that is compatible with many learning styles.
- An easy-to-follow format that minimizes the need for explanation and clarification and maximizes opportunities for practicing Spanish in class.
- Clear, concise grammar explanations presented in English and followed by contextualized and carefully sequenced exercises and activities.
- Functional, high-frequency vocabulary that is reinforced and practiced in culturally significant contexts.
- A recycling approach that continuously reviews and re-emphasizes previously presented lexical and grammatical structures.
- Abundant exercises and activities that practice vocabulary, grammar, and everyday language functions, encourage self-expression, and stimulate the creation of language in a natural setting.
- An optional yet fully integrated and text-specific video program created by the authors to expose students to the linguistic and cultural diversity of the Hispanic world via performances and interviews with many famous Hispanic personalities in the fields of politics, music, sports, film, literature, and more. Images of the language and culture in action serve as an effective tool in exciting and motivating students to immerse themselves in Spanish.
- An emphasis on authenticity in realia, articles, and readings as a means of introducing and reinforcing language and culture in a realistic and meaningful way.
- An enjoyable and enriching classroom experience that is conducive to acquisition of proficiency in Spanish and cross-cultural awareness and understanding.

Three innovative components of *Así es* will further enhance the language learning process:

1. The integrated/optional *Videocultura* provides vivid pictures of the language and culture in action.
2. The articles, interviews, and other materials presented in the *Gacetas* give students a geographical and historical overview of Spain and Latin America and involve them in contemporary Hispanic culture both outside and inside the United States.
3. The scope and creativity of the vocabulary exercises and activities promote mastery of functional words and expressions from the very beginning of the course.

New to This Edition

- The authors of *Así es* are delighted to have received the support and participation of so many high-profile Hispanic celebrities, political leaders, artists, athletes, businesspeople, and restaurateurs who are anxious to share their culture and experiences with students of Spanish. As a result, the cultural content of the *Así es* program has been greatly enriched by the addition of many new *Videocultura* and *Gaceta* segments produced specifically for *Así es* by the authors in conjunction with an Emmy award-winning television producer/photographer. These segments, filmed in Spain, Latin America, and the United States, include interviews with and performances by many famous Hispanic personalities, as well as depictions of festivals, art exhibits, and candid observations of daily customs. These segments provide first-year students with a deeper insight into the diversity of the Hispanic world while exposing them to authentic language. The segment entitled "Spanish: An asset to your future" found in the preliminary unit offers students many practical applications of foreign language and culture study. In keeping with contemporary Hispanic issues, the controversy over the terms *hispano* and *latino* is also addressed.

- An audiocassette for home and class use accompanies the text. The students further improve listening skills by doing a variety of exercises that correspond grammatically and thematically to the lesson. Listening activities are found at the end of the *En resumen* section of each lesson.
- In response to reviewer preference, the material contained in the three sections of the *Unidad preliminar* has been more logically sequenced. The first section is devoted primarily to the sounds of the language: the alphabet, cognates, stress, and accentuation. In the subsequent two sections there are no interruptions in the introduction of structures and functions that are necessary to the students' early attempts at self-expression: subject pronouns, *ser, estar, hay,* nouns and articles, interrogative words, and greetings. The instructor has the freedom to begin with the first section, or to launch directly into the communicative strategies in sections two and three.
- Grammatical structures that are essential in preparing students to communicate successfully in Spanish appear early in the text. Those points that are considered beyond the range of first-year students or that serve mainly to refine communicative skills are presented in later lessons or in the appendix.
- More pair and group exercises have been added. A brief translation exercise has been added to the end of each *En resumen* section to help students practice and integrate all grammar points presented in each lesson.
- The *Gaceta* reading selections have been modified, shortened, and generously glossed, and the cultural and factual information has been updated. Short literary pieces have been added in order to expose students to the literature of Spain and Latin America.
- Many of the dialogues have been shortened and several have been re-filmed and upgraded.
- The vocabulary lists have been slightly revised.
- Some of the exercises have been refined, reworded, or replaced and instruction lines have been clarified. Some of the authentic materials in the realia-based activities have been replaced by more relevant pieces.

Organization of *Así es*

Así es is divided into seven units—a preliminary unit consisting of three *secciones*, and six main units consisting of three *lecciones*.

Unidad preliminar: Sección 1–3
Unidad 1–6:   Lección 1–18

The preliminary unit gives a thorough introduction to the Hispanic world and provides the basic tools needed to immediately begin to create and communicate in the Spanish language: the alphabet, cognate recognition, stress and accentuation, subject pronouns, various basic verbs, adjectives, and so forth. The ensuing units provide an in-depth study of Spanish grammar and Hispanic culture.

Guía para el estudio

This section provides students with essential study hints to facilitate their second language learning. Topics include vocabulary building, learning grammar, using a bilingual dictionary, reading for meaning, listening and video-viewing skills, and more. Each study skills section is followed by a series of related exercises and activities designed to let students practice these techniques. It is highly recommended that students review these sections often, and begin their study of Spanish by locating all of the seven sections throughout the text and familiarizing themselves with the content at the outset.

Aviso cultural

These short, thought-provoking cultural sections introduce lesson themes and encourage students to look for similarities and appreciate differences. The *Aviso cultural* sections end with questions that help students to further explore the target culture.

Preparativos, Diálogo, Es decir, Practiquemos and Al ver el video

The *Preparativos* section precedes each dialogue and helps students to focus on specific grammar structures, language functions, and cultural behaviors. Students can read or view video much more effectively if they have a mission. The T.V. icon before the *Preparativos* title indicates that the *diálogo* is accompanied by the *Así es* video program. This section can also be treated as a reading, independent of the video component. The *diálogo* reflects the lesson theme and includes the grammar and vocabulary stressed in the lesson. At times the *diálogo* may offer structures not yet presented in the text; however, the authors feel that this adds to the authenticity of the language. Students need not know every structure and vocabulary word in order to understand the meaning of a selection. In addition, English translations of each *diálogo* are provided in Appendix A at the end of the text. Each *diálogo* is followed by a series of exercises. The *Es decir* exercises test comprehension of the *diálogo*. The *Practiquemos* exercises expand on the themes and content of the *diálogo* and give students opportunities to converse in a less directed format. The *Al ver el video* exercises have a T.V. icon to indicate that these are video-specific exercises and help students to focus on what they heard and saw. If you are not using the video component, simply skip over this section.

Vocabulario and De uso común

The *Vocabulario* section offers all of the active vocabulary necessary to enable students to converse about the theme of the lesson (shopping, family, travel, education, and so forth). The vocabulary included in this section consists of functional, high-frequency words and is reinforced and practiced in the culturally significant, theme-related exercises that follow. The vocabulary exercises reflect a recycle approach in that they re-incorporate words and grammar structures taught in previous chapters.

The *De uso común* section is found at the end of the vocabulary section of the first lesson of each unit (lessons 1,4,7,10,13,16). This unit contains expressions related to specific functions, such as: reacting affirmatively and negatively, getting around without getting lost, stalling for time, and so forth. Exercises follow to give students needed practice of these highly useful and functional expressions. Remember to refer to the *Guía para el estudio* section pertaining to vocabulary building on p. 2 for helpful techniques for learning and retaining new vocabulary.

Grammar presentations

Grammar is usually presented in two steps: *Forma*, which presents the forms to be studied, and *Función*, which explains how these forms are used. The grammar explanations are presented in English so that students can easily study these structures independently and come to class ready to review or to question. The grammar sections include abundant exercises and activities that are graded from the highly structured, directed exercises to the very open-ended variety which allow students to create in Spanish once they have mastered the new structure.

En resumen

The exercises and activities in *En resumen* provide complete reviews of all of the structures contained in the lesson. Students have the opportunity to synthesize the grammar, vocabulary, and cultural material presented, and are also given more opportunities to speak, write, present skits, and work in groups. Often exercises in this section provide additional cultural information related to the lesson theme. The *En resumen* section in the last lesson of each unit practices structures contained throughout the entire unit.

A new feature in the second edition of *Así es* is the student listening cassette entitled *Escuchemos* that accompanies the text. Brief listening activities that correspond to the tape are included at the end of each *En resumen* section. The tape provides further exposure to authentic Spanish, thus increasing the development of auditory skills. The exercises are varied and include true/false, multiple choice, checklist, short answer, and dictation formats. The content of the cassette is an extension of the grammar, vocabulary, and cultural themes contained in the lessons. The instructor has the flexibility to assign the listening activities for homework, or can incorporate them into the class plan. The script for each listening segment is provided in the margin of the instructor's edition of the text, as well as in the Instructor's Resource Manual.

Gaceta

The *Gaceta* section is presented at the end of each unit. This highly unique and colorful magazine presents culture, history, and geography of the Hispanic world by region:

Gaceta 1   *España*

Gaceta 2   *Puerto Rico y la República Dominicana*

Gaceta 3   *Cuba y los cubanoamericanos*

Gaceta 4   *México y los mexicanoamericanos*

Gaceta 5   *Centroamérica*

Gaceta 6   *Sudamérica*

Each *Gaceta* presents the following sections:

Caras en las noticias	The hottest faces in the news (Rubén Blades, Antonio Banderas, Carlos Fuentes, Violeta de Chamorro, Fidel Castro, and more) represent their countries as students learn of their many artistic, scientific, and political contributions and controversies.
Notas y notables	What's hot, what's not, and where to be in the 90s. Segments on notable people and events (the continuing controversy over Columbus's remains, a look back at the fascinating life of Evita Perón, César Chavez's legacy to migrant workers, and more) help students to know the contemporary Hispanic world.
Una gira turística	Points of historical and cultural interest for the visitor to the Hispanic world.
Videocultura	Exclusive interviews for *Así es* and performances by Gloria Estefan and Miami Sound Machine, Carlos Santana, Henry Cisneros, and The Gipsy Kings. Visits to Fenway Park to interview the Latin Boston Red Sox players Tony Fossas, Tony Peña, and Luis Rivera, Texas Rangers Juan González and Iván Rodríguez, and many more well-known Hispanic personalities. Segments on the preparation of a paella, King's Day in

Spain, an interview with two of the founding members of the "Madres de la Plaza de Mayo," Andean music and instruments, the situation in El Salvador, and more round out this unique video program produced by the authors of *Así es*.

All of the *Gaceta* sections include varied exercises and activities that test students' comprehension, practice their writing skills, and allow for individual and group work while providing topics of high interest for conversation.

Ancillaries to accompany *Así es*

The following ancillary material is available to accompany the *Así es* Instructors' Annotated Edition and the Students' Edition.

- The Student Listening Cassette
  Students can use this cassette, which accompanies each textbook, independently or in class. It contains various theme-related selections which highlight target vocabulary and grammar structures. Related exercises are in the *En resumen* section of the textbook.
- The Workbook, Laboratory Manual, and Tape Program
  These ancillaries were written by the textbook authors in order to ensure pedagogical consistency. The workbook exercises reinforce all of the grammar and vocabulary taught in the text, and provide numerous exercises in varied, easy-to-correct formats. The laboratory manual and tape program provide the necessary listening comprehension opportunities that first-year students require in order to achieve a high level of aural comprehension. The exercises and selections review grammar and vocabulary while reinforcing the cultural themes of each lesson. All three ancillaries recycle previous grammar and vocabulary while providing ample opportunity to help students master new structures. A tapescript and answer key is provided for instructor use.
- The *Así es* Text-specific Integrated Video Program
  All of the dialogues that begin each lesson of *Así es* and present the lesson vocabulary, grammar, and cultural themes are accompanied by videotaped, professional representations of those dialogues. Each scene was shot on location in various regions of the Hispanic world. The dialogues in *Así es*, therefore, double as a tapescript for those who are using the video program. In addition to the videotaped dialogues, the *Videocultura* section of each *Gaceta* offers unique video magazine pieces of high interest and cultural value to students. The authors interviewed many notable Hispanics for this text, including Gloria Estefan and Miami Sound Machine, the Gipsy Kings, U.S. Secretary of Housing and Urban Development Henry Cisneros, the Chicano poet Tino Villanueva, professional golf champion Chi Chi Rodríguez, and Luis Santeiro, writer of *¿Qué pasa USA?* and *Sesame Street*. The authors also include cultural segments on Hispanic music, cuisine, politics, sports figures, and more, all specifically produced for *Así es* by the authors and a professional network television crew. These are thematically integrated into the text. All video segments are accompanied by exercises and activities for students to ensure comprehension, to review grammar, culture, and vocabulary presented in the video segments, and to serve as a springboard for communication in Spanish. Suggestions for video viewing are offered throughout the text.
  Of course, not all instructors use videotape in the classroom, either for lack of accessibility, time, or personal pedagogical preferences. Therefore, although the video in *Así es* is totally integrated and tailored specifically to this text, the program is not video-dependent. *Así es* functions effectively as a complete first-year language program that fully develops all four language-learning skills.
- The videodisc version of the *Así es* video program
- The Instructor's Resource Manual, which contains the following:
  1. The *Así es* Text-specific Testing Program
     The testing program, written by the authors of *Así es*, comes in two formats and provides maximum flexibility for the instructor.

a. The printed version supplies the instructor with two tests per lesson, each of which provides a representative sample of the materials presented in the lesson and thoroughly tests the students' language-learning skills. This program comes in a bound book with perforated pages for easy reproduction. Answer keys are provided at the end of the program.

b. The EXAMaster + computerized version is available in IBM and MacIntosh formats. This program gives the instructor the freedom to use part or all of each test, to combine various sections, and to add original sections or examples tailored specifically to class needs. Answer keys are provided at the end of the program.

The test sections are contextualized, integrated, and reflect the lesson themes. The formats of the sections are similar to those of the exercises and activities in *Así es* in order to maintain consistency between the testing program and the text. In order to evaluate students' oral proficiency, the situation cards described later in this ancillary section can be used.

2. The complete script of the *Escuchemos* listening cassette.

3. The answers to textbook exercises and activities.

- TroubleShooters™ Instructional Software
  Text-specific for *Así es*, this program, which may be copied, permits students to practice text structures and functions in the language lab, freeing up classroom time. Extensive help screens provide complete instructions for using the program, and even assist with accents. The software accepts different correct answers to the same questions, provides scoring, and allows easy access to correct answers.

- Spanish Microtutor Software
  A generic interactive microcomputer grammar tutorial for the IBM PC is available as an optional supplement for *Así es*. It provides pre-tests, tutorials, exercises, and post-tests.

- Situation Cards for Oral Evaluation
  A set of 144 situation cards are available for use in evaluating students' oral proficiency. Each card contains a situation to which the student is to respond orally in Spanish. The situations are written in English so that students are not given key words or grammar structures in the target language. The cards may be used also for student dramatizations. The booklet accompanying the cards contains additional suggestions for use in evaluating speaking ability.

Correlation of situation cards to *Así es* lessons

Lesson	Situation card(s)
1	2, 3, 7, 8, 11, 13, 21, 25
2	4, 5, 6, 7, 8, 9, 10, 12, 13, 25, 72, 81, 82
3	5, 6, 8, 13, 17, 25, 72, 81
4	13, 18, 19, 20, 23, 24, 25, 26, 27, 28
5	10, 13, 14, 17, 25, 26, 27, 33, 34, 35, 36, 37, 38, 39
6	13, 14, 17, 21, 22, 23, 24, 25, 26, 27, 33, 34, 35, 36, 38, 39, 57, 58, 67, 72, 74
7	42, 43, 44, 45, 46, 48, 49, 50, 51, 52, 53, 54, 55, 56, 57, 58, 74
8	42, 43, 44, 45, 46, 48, 50, 51, 52, 53, 54, 55, 56, 61, 74, 83, 84, 85, 86, 90, 91, 92, 93, 96
9	32, 40, 44, 45, 58, 59, 60, 61, 62, 63, 64, 65, 66, 67, 69, 70, 71
10	15, 26, 27, 32, 40, 45, 62, 101, 104, 115, 119
11	15, 26, 27, 31, 32, 40, 45, 56, 62, 100, 101, 102, 103, 104
12	15, 16, 26, 27, 36, 41, 47, 104, 124, 125, 126
13	31, 100, 107, 108, 112, 122, 123
14	26, 27, 30, 31, 47, 73, 74, 75, 76, 77, 78, 79, 80, 100, 105, 113, 114
15	26, 27, 31, 73, 74, 75, 76, 77, 79, 80, 98, 100, 105

16	99, 115, 130, 131, 132, 133, 134, 142, 143, 144
17	99
18	22, 23, 24, 28, 30, 39

- Introductory Spanish Overhead Transparencies
  A set of 50 full-color overhead transparency acetates contains a variety of material: visuals of thematically-arranged vocabulary items (i.e., food, sports, clothing, and so forth), scenes for student or instructor description, cartoons, and cultural material. These transparencies can be used for vocabulary review, oral testing, communicative exercises, and introduction to or practice of grammar structures. An accompanying planning guide assists the instructor in integrating the transparencies into their lesson plans and offers a variety of uses. Even the first-time user of this important instructional aid can feel comfortable with this technique.

⭐ Acknowledgments

We wish to thank Ted Buchholz and Jim Harmon for their support and for giving us the freedom to create. We also wish to thank Jeff Gilbreath, Elke Herbst and Lupe García Ortiz for their judgment, guidance and skillful editing, and again Elke Herbst for pulling all of the loose ends together at the eleventh hour. Thank you to Steve Patterson for thorough copyediting and input, and to Jim Dodson and the creative art department of HRW.

The following people contributed greatly in various forms to the creation of the *Así es* program, second edition: Barbara Levy, Nora McGillicuddy, Emma Sopeña Balordi, Vicente Galvañ Llopis, Dora Vázquez Older, Larissa Ruiz, Mary Willex, Jane Levy Reed, Jane Fields, Janis Halpern and Janet Zaval, Gladys Frontera, Natalie Colella, Ada and Oscar Ortiz, John and Wendy Rocca, Gloria and Emilio Estefan, Carlos Santana and Kitsaun King, Luis Mayoral and the Texas Rangers baseball club, Kevin Shea and the Boston Red Sox, Secretary Henry Cisneros and Bob Nipp, Peter Rodríguez, Martha Jiménez and the Mission Cultural Center, Doug Wheeler, WSBK-TV and Phoenix Communications, Epic Records, Eddie Palmieri and Eddie Palmieri Jr., Pascal Imbert and The Gipsy Kings, Chi Chi Rodríguez, Electra Records, Sherman Wolf and The Great Woods Center for the Performing Arts, José Massó, Celia Cruz and Tito Puente, Amalia Barreda, Charles Grabau, Mary Sit and Alan Altman, United Farms Workers, Monkili Restaurant, Carol Yourman, Waldert Rivera and Centro Hispano, Tricia Reinus and Goya Foods, the Latin Empire, John Felton and WPBT-TV, Stacey Hoffman and Florine Dorfman and Group W, Stan Hopkins and WHDH-TV, Ralph Mercado, and special thanks to Mago Franklin, pianista, arreglista, and Papa Colón y Su Orquesta.

We are grateful for the skilled videography of Paco Konesky. Thanks to our talented soundman Jeff Spence.

We also wish to express our appreciation for the work of the reviewers who provided us with insightful comments and constructive suggestions to help us to improve the text and better meet the needs of our users:

Philip Johnson, Baylor University
John Wilhite, Middle Tennessee State University
Dennis Seager, Oklahoma State University
Carmen Coracides, Scottsdale Community College (AZ)
Terry Mount, University of North Carolina at Wilmington
Rita Ricuarte, University of Nebraska at Lincoln
Cindy Espinosa, Central Michigan University
Janis Halpern, Indiana State University
Hector Medina, Wheaton College (MA)
Nancy Zechiedrich, Westark Community College (AR)
Walter Crawford, United States Military Academy
Sandy Christianson, National College (SD)

⭐ Table of Contents

Lección 18 **Celebremos la vida 550**

Gaceta 6: Sudamérica 570

Appendixes

Scope
and
Sequence

Unidad preliminar	Sección 1	Sección 2	Sección 3	
Function	Vocabulary building Pronouncing Spanish Expanding vocabulary with cognates	Meeting and greeting people Expressing **to be** Asking questions Counting to 20	Expressing **there is** and **there are** Talking about the classroom Expressing location Identifying **people** and **things**	
Structure	The Spanish alphabet Spanish pronunciation Stress and accentuation Cognates	Subject pronouns The verbs *ser* and *estar* Interrogative words	The expression *hay* Definite articles Indefinite articles Nouns	
Vocabulary	Days of the week Cognates	Greetings and introductions Nationalities, capitals, and countries Numbers 0–20	In the classroom Prepositions of location	
Culture	Regional accents in the Hispanic world The importance of learning Spanish	Greetings in the Hispanic world	¿Latino, hispano o... ? The Hispanic world	
Diálogo y vídeo y video-cultura	**Why learn Spanish? An asset to your future.**	**Un encuentro entre amigos** **El nuevo empleado**	**¿Latino, hispano o...?** The Hispanic world **El mundo hispánico: Rompiendo estereotipos**	

Unidad 1	Lección 1	Lección 2	Lección 3	Gaceta 1
Function	Developing listening and video-viewing skills Expressing actions Asking simple questions Negating sentences Counting to 100 Telling time	Expressing actions Describing people and things	Expressing actions Expressing possession Expressing indefinite and negative concepts	
Structure	The present indicative of *-ar* verbs, negative sentences, and forming simple questions The verbs *hacer* and *ir* The expression *acabar de*	The present indicative of *-er* and *-ir* verbs Adjectives *Ser, estar,* and *hay* The contractions *al* and *del*	The present tense of *e>ie* and *o>ue* stem-changing verbs The verbs *tener* and *venir* Expressions with *tener* Possessive adjectives Indefinite and negative expressions	
Vocabulary	In school and on campus *-ar* action verbs Expressing disappointment and happiness Numbers to 100	In the classroom Curriculum content *-ar, -er,* and *-ir* action verbs	Professions Locations Action verbs	
Culture	Student life and education in the Hispanic world	Graduation and university life	Finding a job	Spain: Faces in the news Notes and notables Touring Spain Literature: Pedro Calderón de la Barca
Diálogo y video y video-cultura	**Saludos y presentaciones**	**Sí, yo sé la respuesta**	**En la agencia de empleos**	**La fiesta de los Reyes Magos** **La paella** **La música de los Gipsy Kings**

Unidad 2	Lección 4	Lección 5	Lección 6	Gaceta 2
Function	Using a bilingual (English-Spanish) dictionary Expressing actions Expressing **to know** Describing the weather Counting above 100	Expressing action in progress Expressing actions Pointing out people and things Expressing **whom** or **what**	Expressing **to whom** or **for whom** Talking about the past	
Structure	Irregular verbs in the present tense The personal *a* The verbs *saber* and *conocer*	Prepositional pronouns The present progressive tense The present tense of *e>i* stem-changing verbs Demonstrative adjectives and pronouns Direct object pronouns	Indirect object pronouns Direct and indirect object pronouns The preterite tense of regular verbs The preterite tense of the irregular verbs *ir, ser, dar,* and *hacer*	
Vocabulary	Family members Colors Physical descriptions Affirmative and negative expressions Weather expressions Seasons, months, and days Numbers above 100	Parts of the house Furniture and accessories	Diversions and pastimes Sections of the newspaper Reactions Talking on the telephone	
Culture	Family names The Hispanic family	Urban, suburban, and rural life The Hispanic home	Telephone etiquette Hispanic newspapers Television in the Hispanic world	Puerto Rico and the Dominican Republic: Faces in the news Notes and notables Touring Puerto Rico Literature: Julia de Burgos
Diálogo y video y vídeo-cultura	**Te invito a comer**	**Hogar, dulce hogar**	**Hablando por teléfono: Una cita por teléfono** **¿Puedo dejar un mensaje?** **Número equivocado**	**Puerto Rico** **Los beisbolistas caribeños** **La música caribeña**

Unidad 3	Lección 7	Lección 8	Lección 9	Gaceta 3
Function	Learning grammar Expressing likes and dislikes Talking about the past	Describing and expressing habitual actions in the past Expressing indefinite or unknown subjects (**one, they, you, the people . . .**)	Expressing reflexive action (**-self, -selves**) Giving orders	
Structure	***Gustar*** and similar verbs The use of ***por*** and ***para*** The preterite of irregular and stem-changing verbs	The imperfect tense The use of the preterite and the imperfect ***Se*** to express an indefinite subject	Reflexive verbs Commands: Formal and familiar Commands with pronouns	
Vocabulary	At the restaurant Ordering meals Food preparation Buying and selling	Food, measures, and quantities	Clothing, materials, designs, and sizes Reflexive verbs	
Culture	Whom and where to tip Hispanic cuisine	Regional food variations Marketing The history of some favorite foods	Attire in the Hispanic world Buying clothing	Cuba and Cuban-Americans: Faces in the news Notes and notables Touring Cuba Literature: José Martí
Diálogo y video y video-cultura	**Platos raros**	**Comprando comida:** **Frutas y verduras** **En la panadería**	**Comprando ropa:** **Ropa de mujer** **Ropa de hombre**	**Gloria Estefan y Miami Sound Machine: Una entrevista con la talentosa cantante** **Luis Santeiro:** **¿Qué pasa USA?** **Enrique Oliver:** **Director cubano-americano**

Unidad 4	Lección 10	Lección 11	Lección 12	Gaceta 4
Function	Recognizing false cognates Expressing influence, emotions, and conjecture Expressing **that, which,** and **what**	Indicating uncertainty, feelings, and influence Expressing the unexpected Expressing **"Let's"** + action	Describing and expressing the indefinite or non-existent Describing and comparing	
Structure	The present subjunctive The present subjunctive with impersonal expressions Relative pronouns	The present subjunctive in noun clauses to express emotion, desire, doubt, and influence *Se* to express unplanned occurrences Commands: ***nosotros***	The present subjunctive in adjective clauses to express the indefinite and non-existent Comparatives and superlatives	
Vocabulary	At the airport At the travel agency Tourism Getting around without getting lost	Traveling by train, bus, boat, and car	In the hotel Ordinal numbers	
Culture	Getting to know Mexico Traveling in the Hispanic world	Mexico's regional cuisine Traveling by train and car in the Hispanic world	Hotels Mexican crafts The Mayan culture	Mexico and Mexican-Americans: Faces in the news Notes and notables Touring Mexico Literature: Gregorio López y Fuentes
Diálogo y video y video- cultura	**Un viaje en avión: ¿Adónde vamos?** **Antes de abordar el avión**	**Se nos fue el tren**	**En el hotel:** **En la recepción del hotel** **Cambio de habitación**	**La vida del mexicanoamericano: Una entrevista con el poeta chicano Tino Villanueva** **Peter Rodríguez: El arte como reflejo de la cultura** **La música de Carlos Santana**

Unidad 5	Lección 13	Lección 14	Lección 15	Gaceta 5
Function	Reading for meaning Describing Expressing what you *have* and *had done* Expressing action when the subject is unknown	Talking about the future Describing actions: *how, when,* and *where* Expressing future or pending action	Expressing influence, emotion, and uncertainty in the past Expressing purpose and dependency	
Structure	The past participle The present perfect and the pluperfect tense *Se* to express passive action	The future tenses Adverbs The present subjunctive in adverbial clauses of time	The imperfect subjunctive The subjunctive in adverbial clauses of purpose and dependency Sequence of tenses I: The present and present perfect subjunctive	
Vocabulary	Parts of the body Health Symptoms and illnesses At the doctor's office	Sports and players Equipment Conjunctions	Activities Nature and camping Animals	
Culture	Hispanic pharmacies Health practices	Sports and sports figures A profile of Hispanic baseball players	Facts about Central America Crafts in Central America Recreation in Costa Rica and Panama Profile of Costa Rica	Central America: Faces in the news Notes and notables Touring Central America Literature: Ruben Darío
Diálogo y vídeo y video-cultura	**La salud:** **Un cita con la doctora** **En el consultorio**	**El mundo de los deportes:** **¡Qué buen partido!** **Futuras campeonas**	**Un día de recreo en El Bosque**	**El Salvador:** **El programa ciudad-hermana**

Unidad 6	Lección 16	Lección 17	Lección 18	Gaceta 6
Function	Developing writing skills Expressing what you *would do* Expressing hypothetical situations	More descriptions Expressing uncertainty, influence, and feelings: A review Expressing possession	Narrating in the past: A review Expressing *each other*	
Structure	The conditional tense Conditional *if*-clauses Sequence of tenses II: The imperfect subjunctive	Adjectives used as nouns Review of the subjunctive mood Possessive pronouns and the stressed form of possessive adjectives	Review of the use of the preterite and imperfect Reciprocal actions with *se*	
Vocabulary	Dating, courting, and expressing affection Stalling for time, filling in, and explaining more clearly	Relationships Male and female roles Arguments and reconciliation	Festivals Celebrating Religious holidays	
Culture	Meeting the opposite sex Views of marriage in the Hispanic world Courtship and engagement	The engagement custom Machismo The roles of men and women	Celebrations Bullfights Christmas traditions *Carnaval* in Argentina Birthday celebrations	South America: Faces in the news Notes and notables Touring South America Literature: Pablo Neruda
Diálogo y video y video-cultura	**Preparativos para la boda**	**La riña**	**A bailar**	**Las madres de la Plaza de Mayo** **Inca Son**

Así es

Second Edition

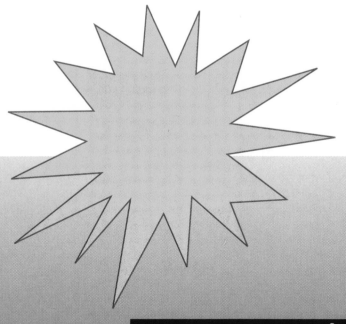

Unidad preliminar

¡Bienvenidos al mundo hispánico!

Valencia, España

Buenos Aires, Argentina

Cuzco, Perú

⭐ Guía para el estudio

> This study hint section appears six more times throughout *Así es* at the beginning of each *Unidad*, or unit. The purpose of this section is to help you learn to acquire Spanish language skills easily and effectively.

Vocabulary Building

Without words, the basic framework of a language, there is no effective oral communication. As you begin the study of Spanish, you may feel overwhelmed by the number of new words you must assimilate and learn in order to progress in the language. Although memorization plays an important role in the acquisition of a large working vocabulary, there are techniques which will greatly improve your capacity to learn new words quickly and efficiently.

1. **Cognate recognition**   Cognates are words that are similar in form and meaning in two or more languages.

   americano—*American*

   cínico—*cynic*

   planeta—*planet*

   As you come across these cognates, take careful note of the minor differences.

2. **Association**   As you learn a new word, try to associate it with a concrete image.

   alto *(tall)—altitude, altimeter*

   periódico *(newspaper)—periodical, period*

   seguro *(sure, safe)—secure, security*

3. **Idiomatic expressions**   These are groups of words that form commonly used expressions. Learn each one as an individual unit rather than learning them word by word. Practice them daily with others.

No hay de que.	*You're welcome.*
¿Qué hay de nuevo?	*What's new?*

4. **Forming meaningful pairs or groups of words**   You can group synonyms:

linda, bonita, guapa	*pretty*

   or antonyms:

guapo ≠ feo	*handsome ≠ ugly*
alto ≠ bajo	*tall ≠ short*
gordo ≠ delgado	*fat ≠ thin*

   In this way you are actually doubling or tripling your vocabulary while practicing a learning technique that will ensure memorization.

5. **Contextualization** Learn new words in an original context.

Mick Jagger no es gordo. Es delgado. *Mick Jagger isn't fat. He's thin.*

a. Write down the sentences that you create.

b. Say them aloud.

c. Record your sentences and play them back, if possible.

d. Picture the word and the action of the sentence you created.

e. Talk to a roommate or classmate in Spanish using your new vocabulary and sentences.

6. **Flashcards** Use flashcards or lists to test yourself and your classmates. Keep them with you. You will be surprised how many times during the day you have a few minutes to pull them out and review (while waiting in line in the cafeteria or in the waiting room at the dentist's office). You can also tape them to your wall in a visible area.

7. **Labeling** Label objects in your room with the corresponding Spanish words.

✣ Practiquemos

¿Cuáles son las diferencias? (*What are the differences?*) What main differences do you notice between the following cognates and their English equivalents?

1. civilización
2. cristal
3. tomate
4. realidad
5. sistema
6. cómico
7. rubí
8. tragedia
9. estudio

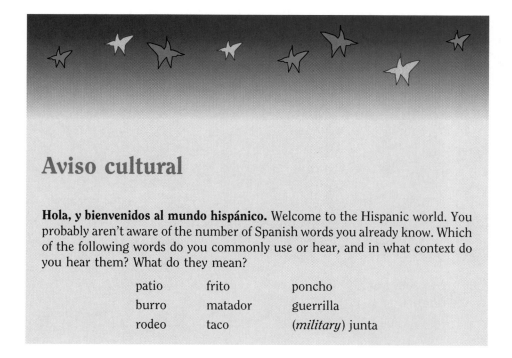

Aviso cultural

Hola, y bienvenidos al mundo hispánico. Welcome to the Hispanic world. You probably aren't aware of the number of Spanish words you already know. Which of the following words do you commonly use or hear, and in what context do you hear them? What do they mean?

patio	frito	poncho
burro	matador	guerrilla
rodeo	taco	(*military*) junta

Preparativos

As you begin to learn to speak Spanish, keep in mind that just as English varies in pronunciation from region to region, Spanish pronunciation varies also. Variations in the pronunciation of Spanish can be compared to the differences in the English spoken in England, Australia, New York, and Texas. Castillian Spanish, spoken in many parts of Spain, reflects the "th" pronunciation of the c before e or i, and of the z. Argentines are known for special "zh" pronunciation of the y and ll. In parts of the Caribbean there is a notable African and Indigenous influence. These regional and cross-cultural differences make the study of languages even more interesting. Pronounce the following sentence as if you were from England, Texas, New York, and Boston: **I parked my car in Harvard yard.**

The Spanish Alphabet

As you study the Spanish alphabet, note that the letters **ch**, **ll** and **rr** are separate letters and represent single speech sounds.

Letra (*Letter*)	Nombre (*Name*)	Ejemplo (*Example*)
a	a	arte
b	be	bomba
c	ce	café
ch[1]	che	Chile
d	de	dólar
e	e	él
f	efe	famoso
g	ge	geografía
h	hache	hola
i	i	idea
j	jota	Japón
k	ka	kilómetro
l	ele	limón
ll[1]	elle	llama
m	eme	mañana
n	ene	numeroso
ñ	eñe	señor
o	o	ópera
p	pe	permiso
q	cu	Quito
r	ere	tortilla
rr	erre	burro
s	ese	sí
t	te	tú
u	u	Uruguay
v	ve (uve)	victoria
w	doble ve (doble uve)	Washington

[1]In 1994, the Spanish Language Academy declared that **ch** and **ll** are no longer official letters of the Spanish alphabet. This edition of *Así es* follows the pre-1994 system. Future editions will follow the new system.

x	equis	examen
y	i griega (ye)	yo
z	zeta	zapato

✦ Practiquemos

A. El alfabeto (*The alphabet*). Fill in the missing letters of the Spanish alphabet. Then answer the questions that follow.

abc ____ def ____ hi ____ kl ____ mn ____ op ____ r ____ stu ____ wx ____ z.

1. How many letters are in the Spanish alphabet?
2. What letters are in the Spanish alphabet that are not in the English alphabet?

B. Practique el alfabeto (*Practice the alphabet*). Initials are often used to abbreviate the names of organizations, businesses, and equipment. They are also call letters for radio and television stations. Practice the names of Spanish letters by saying the following initials aloud.

1.

de la **A** a la **Z**

2.

COALICIÓN PNV-PSOE

3.

HJCK F.M. Estéreo 89.9

Now, make a list of familiar initials in English. Spell them with Spanish letters.

| MODELO | N B C = Ene Be Ce |

C. ¿Cómo se escribe... ? (*How do you spell . . .?*) Spell the following.

1. your first and last name
2. the name of your city
3. the name of your university
4. the name of the President of the U.S.
5. the name of your favorite actor or actress

D. Letras (*Letters*). Spell the following with Spanish letters and see how quickly your classmates can recognize the words or names.

1. a movie you have recently seen
2. a fast food restaurant
3. a musical group
4. your favorite teacher
5. your favorite television program

Spanish Pronunciation

The following pronunciation guide will help you to master the sounds of Spanish. Refer to these rules regularly, and be careful to imitate the models presented by your instructor and by the native speakers on the audio and videotapes, if you are using them. Spanish is often referred to as a "phonetic language" because it is usually pronounced as it is written and written as it is pronounced.

Vowels

Spanish vowels are short, clear, and clipped; never drawn out, and their sounds are basically invariable. In order to produce accurate pronunciation of the Spanish vowels, the lips, tongue, and jaw muscles must be considerably tense and in a relatively constant position.

a, as in <u>a</u>h!	casa	ama	fama	Canadá
e, as in caf<u>é</u>	bebé	nene	este	mes
i, as in mach<u>i</u>ne	sí	difícil	fin	Piri
o, as in n<u>o</u>	loco	solo	como	poco
u, as in bl<u>ue</u>	tú	cultura	uno	cuna

Diphthongs

1. Spanish vowels fall into two categories: strong (a, e and o), and weak (i or y and u). A diphthong is the union of a strong vowel and a weak vowel which is pronounced as one syllable. Unlike many English diphthongs (day, toy), the original sound of each vowel must be maintained.

   baile   treinta   **agua**   causa   antiguo   huevo

2. When two weak vowels form a diphthong, the stress is always on the second vowel.

    buitre   ciudad   viuda   cuidado

3. When two strong vowels are together, they are pronounced as separate syllables.

    creo   caos   museo   deseamos

4. When the stress falls on the weak vowel in a two-vowel syllable, an accent mark is used to show that there is no diphthong, and the two vowels are pronounced as two syllables.

    día   país   hacía   baúl

✦ Practiquemos

Los diptongos (*Diphthongs*). Practice pronouncing these vowel combinations by repeating the words after your instructor.

1.	ai	aire	fraile	Cairo
2.	au	Laura	flauta	auto
3.	ei	reina	veinte	treinta
4.	eu	Europa	reunión	neumático
5.	ia	piano	Diana	espiar
6.	ie	siesta	miel	diente
7.	io	labio	diosa	idiota
8.	iu	triunfo	viuda	ciudad
9.	oi	oigo	estoy	soy
10.	ua	cuatro	agua	Guatemala
11.	ue	fuente	trueno	cueva
12.	ui	Luisa	ruido	muy
13.	uo	cuota	mutuo	individuo

Consonants

b/v   The Spanish **b** and **v** are identical in pronunciation. At the beginning of a word and after **m** and **n** they are pronouned like the English **b** in *boy,* though not as forcibly.

vamos   bueno   barco   vecino

Between two vowels, the **b** and **v** are pronounced with the lips slightly apart, creating more friction as the air passes, and producing a slightly muted sound.

automóvil   nabo   recibimos   vivimos

c   In Spanish America, **c** before **e** and **i** is pronounced like the English **s** in *Sam.* In many parts of Spain **c** before **e** and **i** is pronounced like the English **th** in *thin.*

cena   cero   cereal   gracias

In all other cases, the **c** in Spanish has the hard sound of the English **k**.

cama   cortés   cruz   clase

ch The **ch** has the sound of **ch** in the word *church*.

chica   choza   coche   marchar

d At the beginning of a word or after **n** and **l**, the **d** has a sound similar to the **d** in the word *dog*, although somewhat muted.

dos   diente   caldo   cuando

At the end of a word or between two vowels it has a muted sound like the **th** in the word *although*.

cada   hablado   Granada   todo   Madrid   ciudad   medio   universidad

g/j Before **e** and **i** the Spanish **g** has the same sound as the Spanish **j**—a strongly aspirated English **h**.

gitano   género   escoger   magia
jefe   jota   jarabe   joroba

In all other cases, **g** has the guttural sound of the English **g** in the word *gate*.

gato   gracioso   siglo   algodón

h The **h** is always silent.

hotel   ahora   hospital   almohada

ll The **ll** has a sound similar to the English **y** in the word *yes*.

llama   amarillo   llave   valle

ñ The **ñ** has a sound similar to the English **ni** as in *onion*, or **ny** as in *canyon*.

niño   mañana   año   señor

q Q is used only with **ue** and **ui**, and has the sound of **k** in English.

quiero   que   quinto   riquísimo

r After **n**, **l** and **s**, **r** is trilled or rolled.

Israel   Enrique   alrota   en resumen

At the beginning of a word, **r** has a very pronounced roll.

rápido   rima   renta   roto

In all other cases, the **r** sounds like the **dd** of *buddy*.

naranja   llorar   crema   aro

Sobre la arena el torero se prepara para torear.

rr This combination represents a very pronounced roll.

perro   querrá   carro   guerra

Rápido corren los carros del ferrocarril.

s The s always has the s sound of the word *saint*. It never has the z sound of the English word *rosy*.

sangre   vaso   televisión   sencilla

x Before most consonants the x has the sound of the English s.

extra   experimento   experiencia

Between two vowels x has the sound of cs or ks, or even gs.

examen   exacto   existir   taxi

z In Spanish America the z has the sound of s. It is never pronounced like the English z of *buzz*.

zapato   Arizona   paz   lápiz

In many regions of Spain the z is pronounced like the th in the words *thin* and *thanks*.

☆ Practiquemos

Trabalenguas (*Tongue twisters*). Try reading the following tongue twisters aloud to practice your pronunciation. What letter or letters is each exercise emphasizing?

1. Don Daniel Durán, dentista, acusa al Doctor don Diego.
2. ¿Ves a los veinte vagos en el barrio de Víctor Vázquez?
3. Sin César, no es posible cazar cebras en la plaza sin cesar.
4. El jefe injusto se llama Jaime Jiménez.
5. La cucaracha charla y marcha con mucha chispa.
6. Agustín tiene una aguda gripe que lo agota. Toma pastillas de goma para curar su garganta.
7. Todo se halla callado y nos llega el perfume de la manzanilla.
8. Enrique rima romances de guerra y recita el de la rosa.

Stress and Accentuation

1. If a word has no written accent and ends in a vowel, **n** or **s**, the stress is on the second-to-last syllable.

   cumpleaños   pedimos   pregunta   examen   considero

2. If a word has no written accent and ends in a consonant other than **n** or **s**, the stress is on the last syllable.

   final   necesitar   universidad   reloj   capaz

3. A word that carries a written accent is always stressed on the syllable that contains the accent. This accent indicates that the word does not follow the rules mentioned in 1 and 2 above.

página   ca<u>pí</u>tulo   <u>fá</u>cil   can<u>ción</u>   e<u>xá</u>menes

4. Sometimes accents are used to help distinguish between words with identical forms but different meanings. Their presence does not affect the pronunciation of the word.

si *if*   el *the*   tu *your*   se *oneself*   mi *my*

sí *yes*   él *he*   tú *you*   sé *I know*   mí *me* (object of a preposition)

⋆ Practiquemos

A. Pronunciación. Pronounce the following words. Explain why they do not have a written accent.

1. origen
2. lecciones
3. inglesa
4. feliz
5. clase
6. profesor
7. español
8. aprendemos
9. pared

B. Más (*more*) pronunciación. Pronounce the following words. Explain why they have a written accent.

1. orígenes
2. lección
3. inglés
4. compañía
5. lápiz
6. república
7. él
8. águila
9. sí

C. ¿Dónde están los acentos? (*Where are the accents*?) Some of the following words are missing their written accents. Listen to your instructor pronounce them. Indicate which need an accent and where it is needed. Justify your answers according to the rules.

1. caracter
2. escribir
3. rapido
4. dificultad
5. aqui
6. interes
7. hablamos
8. matricula
9. papel

D. Los días de la semana (*The days of the week*). The following are the days of the week in Spanish. Which contain diphthongs? Pronounce them aloud and explain why some have written accents.

Los días de la semana[1] (*The days of the week*)

lunes	*Monday*	viernes	*Friday*
martes	*Tuesday*	sábado	*Saturday*
miércoles	*Wednesday*	domingo	*Sunday*
jueves	*Thursday*		

---

[1]Note that the days of the week in Spanish are not capitalized.

Cognates

Many Spanish and English words have the same Latin root. These words, or *cognates,* are similar or identical in form and meaning. Learning to recognize and use cognates can help you to identify unfamiliar words and phrases and to get the general idea of a reading. It can also be a source of motivation and encouragement in your study of Spanish. Study the following groups of cognates.

1. Some cognates have exactly the same spelling and meaning as their English equivalents.

doctor	mosquito	natural	terrible	hospital	real	humor
musical	idea	banana	horrible	fatal	cruel	chocolate
animal	popular	sentimental	regular	hotel	ideal	

2. Most cognates have only minor differences.

   a. One such difference is a written accent mark.

      religión   televisión   región   sofá   Canadá   visión   América

   b. Another is the addition of a final vowel.

arte	novela	dentista	romanticismo	importante	correcto
bomba	rancho	restaurante	elegante	presidente	persona

3. There are several predictable patterns of cognates.

   a. Spanish nouns ending in **-ción** and **-sión** have English counterparts ending in **-tion** and **-sion**.

participación	rendición	operación	televisión
conclusión	conversación	autorización	explosión

   b. The Spanish ending **-dad** often corresponds to the English ending **-ty**.

      universidad   popularidad   curiosidad   actividad   autoridad   realidad

   c. Spanish words that begin with **es-** + consonant often correspond to English words that begin with **s-** + consonant.

      España   esnob   estúpido   especial   espectacular

   d. In Spanish, doubling of the same consonant only occurs in the case of **cc, rr, ll,** and **nn. LL** and **rr** are separate letters of the alphabet, and **nn** only occurs when the prefix **in-** (*un-*) is added to a word that begins with **n** (innecesario—*unnecessary*).

      posible   profesor   comercial   dólar   tenis   atención   clase

   e. The Spanish ending **-oso** often equals the English ending **-ous**.

numeroso	maravilloso	amoroso	famoso
generoso	malicioso	curioso	ambicioso

   f. The Spanish ending **-mente** often equals the English ending **-ly**.

generalmente	rápidamente	posiblemente
personalmente	normalmente	finalmente

g. There are many cognates that follow no particular pattern but have only slight spelling changes.

elefante   tigre   Francia   fotografía   actriz   danza
examen   Japón   teléfono   patata   automóvil   limón

4. Some Spanish words are borrowed from English words.

hamburguesa   suéter   fútbol   béisbol   boicoteo   rosbif   yanqui

5. Beware of false cognates. They look alike but their meanings are very different.

sano—*healthy*   librería—*bookstore*
pariente—*relative*   fábrica—*factory*
pastel—*cake, pastry*   arma—*weapon*
gracioso—*funny*   lectura—*reading*
suceso—*event*   sensible—*sensitive*
embarazada—*pregnant*   éxito—*success*

★ Practiquemos

A. Los cognados (*Cognates*). Refer to the previous lists of cognates on pp. 12–13 and tell which words are:

1. positive personal qualities.
2. negative personal qualities.
3. useful in an emergency.

B. Sinónimos (*Synonyms*). A good way to build vocabulary is through association and contrast. Increase your vocabulary by matching the cognates in the first column with their synonyms in the second column. It may be helpful to repeat them after your instructor.

1. sección   a. atributo
2. inmenso   b. estético
3. característica   c. habilidad
4. tendencia   d. parte
5. artístico   e. enorme
6. talento   f. inclinación

C. Antónimos (*Antonyms*). Now match the adjectives in the first column with their antonyms in the second column.

1. sincero   a. nervioso
2. inferior   b. realista
3. agresivo   c. hipócrita
4. liberal   d. superior
5. individualista   e. conservador
6. tranquilo   f. pasivo
7. idealista   g. conformista

D. Las reacciones (*Reactions*). What are the people saying in the following situations? Repeat each word or phrase after your instructor.

¡Qué (*How*) romántico!   ¡Qué horror!   Perdón.

¡Excelente! (¡Fantástico!)   ¡Qué ridículo!

1.

2.

3.

4.

5.

E. Lecturas (*Readings*). Read the following advertisements carefully. Make a list of all of the words that you recognize because of their similarity to English. What do you think the ads say? Then, answer the following questions about each ad.

1. Choose the correct answer based on the information in the car ad on page 15.

   a. This ad is for a car . . .

       1. wash.   2. dealership.   3. rental agency.

   b. With this coupon the client receives . . .

       1. a discount.   2. free transportation   3. a credit card.
                                               within Miami.

   c. The ad indicates that you may pay by . . .

       1. check.   2. cash.   3. credit card.

   d. This company does not offer . . .

       1. new cars.   2. hotel and airport   3. unlimited mileage
                                            transportation.   anywhere in the U.S.

Con este cupón obtendrá 10% de descuento

- 3 locales para su conveniencia
- Abierto 24 horas al día
- Millaje gratis en la Florida
- Autos nuevos y equipados
- Servicio de aeropuerto/hotel
- Aceptamos tarjetas de crédito

casillas *booths*
delegaciones *offices*
Metro *subway*

VOTA
EN EL DISTRITO FEDERAL,
QUE EL PUEBLO DECIDA
Ramón Sosamontes H.
Representante a la Asamblea
del Distrito Federal
Para una ciudad digna y
habitable:
Democracia y nuevo gobierno
Control popular a las
autoridades

28 de febrero, casillas° en
parques, delegaciones° y
estaciones del Metro°.

   e. Two convenience factors of this company are that it . . .

     1. is open all day long.
     2. is on a main bus line.
     3. has three locations.

2. This ad is from a Mexican newspaper. Read it carefully and tell:

   a. who the candidate is.

   b. what his district is.

   c. what position he aspires to.

   d. three things he hopes to achieve in his new position.

   e. when the voting date is.

   f. where the voting booths will be located.

 # Videocultura: *Why Learn Spanish?*
An Asset to Your Future

Preparativos

1. Name three reasons why you think that it is important to know how to speak Spanish.

2. Name three professions that may require the use of Spanish.

3. Name three cities in the U.S. where Spanish is spoken by many people.

Al ver el video

After viewing the video, do the following activities.

1. Match the following people and their professions.

Amalia Barreda	politician
Charles Grabau	doctor
Alan Altman	television reporter
Henry Cisneros	newspaper journalist
José Massó	judge
Mary Sit	sports and entertainment agent

2. Give one reason why each of these professionals feels that knowledge of Spanish is an asset to their career.

3. Tell the class what impressed you most about these interviews.

Henry Cisneros

Amalia Barreda

Alan Altman

Mary Sit

Charles Grabau

José Massó

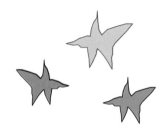

¡Hola! ¿Cómo estás?

Aviso cultural

You have just met your friends in the student center. Name three ways you might greet them. In the Hispanic world it is common for a woman to greet a friend by kissing him or her on one or both cheeks. Men normally greet each other by shaking hands or embracing. Hispanics also tend to stand closer to the person they are addressing than do non-Hispanics.

Preparativos   (You may want to review the vocabulary list on pp. 21–22 before and/or after viewing the video.)

As you watch the video or read the following dialogue, pay close attention to the many different types of greetings that Hispanics use. How do the speakers express *you* in Spanish? Explain.

Un encuentro entre amigos (*A meeting among friends*)[1]

MARGARITA	¡Inés! ¡Hola!
INÉS	¡Hola, Margarita! ¿Qué tal?
MARGARITA	Estoy **bien**, gracias. ¿Y tú?
INÉS	Pues, **bastante bien**.
MARGARITA	¡Qué bueno! Mira, **te presento a** un amigo...
CARLOS	**Mucho gusto**... Carlos...
INÉS	**Encantada**. Yo me llamo Inés.
	(Y más tarde...)
MARGARITA	¡Chau! **Saludos** a tu familia.
INÉS	Gracias. Tú también.
CARLOS	Chau, Inés.
INÉS	Chau, Carlos... Mucho gusto.

[1]For an English translation of this dialogue, see Appendix A, p. A1.

Es decir

Based on the dialogue, match the questions or comments in the first column to the appropriate reactions in the second column.

1. Estoy bien. ¿Y tú?
2. Chau.
3. Saludos a tu familia.
4. Te presento a un amigo.

a. Encantada.
b. Tú también.
c. Chau.
d. Bastante bien.

Practiquemos

 En grupos (*In groups*). Practice the dialogue with your classmates. Now act it out, incorporating the appropriate gestures.

Al ver el video

After viewing the video, answer the following questions.

1. ¿Dónde están los chicos? (*Where are the young people?*)
   a. en una clase
   b. en el patio de la universidad
   c. en el centro del pueblo (*town*)
2. ¿Qué formas usan para saludarse? (*What forms do they use to greet each other?*)
   a. besar (*kiss*)
   b. dar la mano (*shake hands*)
   c. decir hola (*say hello*)
   d. hacer señal con la mano (*wave*)
3. ¿Qué formas usa Ud. con las personas siguientes (*following*)?
   a. su (*your*) amigo
   b. su profesor(a)
   c. su dentista
   d. su mamá
4. Do the speakers address each other with **tú** or **usted**?

El nuevo empleado (*The new employee*)[1]

Sr. Ordóñez   Buenos días, señorita Pérez.

Srta. Pérez   Buenos días, señor Ordóñez.

Sr. Ordóñez   Señor Sierra, **quiero presentarle a** la señorita Elba Pérez, nuestra directora del departamento de ventas.

---

[1]For an English translation of this dialogue, see Appendix A, pp. A1–A2.

México, D.F.

Sr. Sierra	Mucho gusto, señorita Pérez.
Srta. Pérez	El gusto es mío.
	(Y, más tarde...)
Sr. Ordóñez	Bueno, creo que es todo por ahora, ¿no?
Sr. Sierra	Sí, todo está muy claro.
Sr. Ordóñez	Bueno, entonces, **hasta luego.**
Srta. Pérez	Hasta luego, señor Ordóñez.
Sr. Sierra	**Adiós,** y gracias por todo.
Srta. Pérez	**De nada.** Bienvenido a nuestra compañía, y buena suerte.
Sr. Sierra	Gracias.

Es decir

Based on the dialogue, indicate if the following statements are true (**cierto**) or false (**falso**).

1. El Sr. Sierra es el director del departamento de ventas.
2. El Sr. Ordóñez presenta a la Srta. Pérez.
3. El Sr. Sierra cree (*thinks*) que es todo por ahora.
4. Al final (*At the end*), todo está muy claro.

Practiquemos

 En grupos (*In groups*). Practice the dialogue with your classmates. Now act it out, incorporating the appropriate gestures.

Al ver el video

After viewing the video, answer the following questions.

1. ¿Dónde están (*Where are*) las personas?
   a. en una oficina de la compañía
   b. en el patio de la universidad
   c. en un restaurante
2. ¿Qué formas usan para saludarse?
   a. besar
   b. dar la mano
   c. decir hola
   d. hacer señal con la mano
3. Do the speakers address each other with **tú** or **usted**?

Greetings, Introductions, and Other Expressions

There are many different forms of greetings and ways of addressing people in Spanish.

¡Hola!	*Hi! Hello!*
Buenos días.	*Good morning.*
Buenas tardes. (Buenas.)	*Good afternoon. Good day.*
Buenas noches.	*Good evening. Good night.*
señor (Sr.), señora (Sra.), señorita (Srta.)	*Mister (Mr.), Misses (Mrs.), Miss*

To ask how someone is, you might use the following expressions.

¿Cómo está Ud.? (¿Cómo estás tú?)	*How are you? (formal/informal)*
¿Qué tal?	*How are you? How's it going?*
¿Qué hay (de nuevo)?	*What's up? What's new?*

Some of the many responses to the questions, "*How are you?*" and "*What's new?*" are the following.

Bien, gracias. ¿Y usted? (¿Y tú?)	*Fine, thanks. And you? (formal/informal)*
No muy bien.	*Not very well.*
Bastante bien.	*Okay (Well enough).*
Regular.	*Alright. Fair.*
Así así.	*So-so.*
¡Fenomenal! (¡Estupendo!)	*Great! (Fantastic!)*

Fatal.	*Terrible.*
No mucho.	*Not much (new).*
Nada en especial.	*Nothing special.*

The following phrases will help you get to know someone.

¿Cómo se llama Ud.? (¿Cómo te llamas tú?)	*What is your name (formal/informal)?*
Me llamo... (Mi nombre es...)	*My name is . . .*
Le (Te) presento a...	*I introduce you to . . .*
Quiero presentar...	*I want to present . . .*
Mucho gusto.	*It's a pleasure.*
El gusto es mío.	*The pleasure is mine.*
Encantado(a).	*Delighted.*
Bienvenido(a).	*Welcome.*

Some expressions of courtesy are the following.

Sí, por favor.	*Yes, please.*
Muchas gracias.	*Thank you very much.*
No, gracias.	*No, thank you.*
De nada.	*You're welcome.*
Perdón.	*Pardon me.*
Con permiso.[1]	*Excuse me.*
Está bien.	*That's alright.*
No pasa nada.	*No problem.*

To take leave of someone you can say the following.

Adiós.	*Good-bye.*
Chau.	*Bye (informal, from the Italian, Ciao).*
Hasta luego (Hasta la vista).	*See you later.*
Hasta pronto.	*See you soon.*
Hasta mañana.	*See you tomorrow.*
Saludos a...	*Greetings to . . .*
Recuerdos a...	*Remember me to . . .*

✯ Practiquemos

A. Expresiones comunes (*Common expressions*). Choose appropriate expressions from the list above (or on p. 21) for the following situations.

---

[1]**Perdón** is used when you interrupt, disrupt, or bump into someone, and when you want someone's attention. **Con permiso** is used when you try to get through a crowd or reach for something.

1.

2.

3.

4.

5.

6.

    B. ¿Cómo responde Ud.? (*How do you answer?*) Respond in as many
ways as possible to the following words and phrases. Turn to a
classmate and have him or her respond in an original way.

1. ¿Qué tal?
2. Perdón.
3. Hola.
4. ¿Cómo te llamas?

5. Muchas gracias.
6. ¿Cómo está Ud.?
7. ¿Qué hay de nuevo?
8. Mucho gusto.

    C. ¿Cómo te llamas tú? Get to know four people in your class using
the following format.

1. Greet appropriately.
2. Identify yourself.
3. Find out his or her name.
4. Inquire as to his or her well-being.
5. Take leave of each other.

Subject Pronouns I: Form

Forma

	Singular		**Plural**	
		Subject Pronouns		
first person	yo	*I*	nosotros	*we* (masculine)
			nosotras	*we* (feminine)
second person	tú	*you*	vosotros	*you* (masculine)
			vosotras	*you* (feminine)
third person	él	*he*	ellos	*they* (masculine)
	ella	*she*	ellas	*they* (feminine)
	usted (Ud.)	*you*	ustedes (Uds.)	*you*

1. **Tú** is the singular familiar form of *you* and is used with family members, friends, colleagues, children, and other informal relationships.

2. **Ud.** (abbreviated form of **usted**) is the singular formal form of *you* and is used with people you don't know well or with whom you have a formal relationship. It is also used to designate respect for an elder, a boss, a professor, and so forth.

3. **Vosotros** is the familiar plural form of *you* and is used only in Spain.[1]

4. **Uds.** (**ustedes**) is the plural form of **Ud.** It is used in Latin America with close friends as well as strangers. In Spain it is used only in formal situations.

5. **Nosotros, vosotros,** and **ellos** are used to refer to a masculine group or a group of mixed gender. **Nosotras, vosotras,** and **ellas** refer only to a group of females.

   Ana y Marta: **ellas**   Ana y Pablo: **ellos**   Juan y Pablo: **ellos**

⭐ Practiquemos

A. Los pronombres personales (*Personal pronouns*). Give the appropriate subject pronouns.

1. Juan y yo
2. Marta y María
3. Leonor y Pascual
4. José
5. Elena
6. Tú y Fernando (en España)
7. Tú y Rosa (en Cuba)
8. Victoria, Rosaura, Anita, Susana y Carlos

B. ¿Tú, usted, vosotros o ustedes? Which form of *you* would you use when addressing the following people?

1. a professor
2. your Spanish friends
3. the Puerto Rican children for whom you babysit
4. a famous writer

---

[1]As **vosotros** is rarely used in the Spanish of Latin America and the U.S., its use will not be emphasized in this text.

5. your sister   7. your doctor

6. your dog   8. your husband or wife

The Verb *ser*

You can begin to communicate in a meaningful way in Spanish by using forms of the verb **ser** (*to be*) and subject pronouns. Unlike English, Spanish has two verbs that express *to be,* but they vary greatly in usage. **Ser** is used to express nationality and profession, to describe and to define, and with the preposition **de** (*from, of*) to express origin and possession.

SER (to be)					
Singular			**Plural**		
yo	soy	*I am*	nosotros(as)	somos	*we are*
tú	eres	*You are*	vosotros(as)	sois	*you are*
él	es	*he is*	ellos	son	*they are*
ella	es	*she is*	ellas	son	*they are*
usted	es	*you are*	ustedes	son	*you are*

Tú eres inteligente.   *You are intelligent.*

Yo soy profesora de español y   *I am a professor of Spanish and*
  soy de San José   *I am from San José.*

Es la clase de Pablo.   *It is Pablo's class.*

✦ Practiquemos

A. Nacionalidades (*Nationalities*). Fill in the blanks with the appropriate form of the verb **ser**. Notice the different endings on the adjectives (-o, -a, -os, -as). Why do you think these endings vary?

1. Yo _____ norteamericano.

2. Ellos _____ dominicanos.

3. Nosotros _____ chilenos.

4. Ella _____ mexicana.

5. Pablo y María _____ colombianos.

6. Tú _____ cubano.

7. Vosotros _____ españoles.

B. Preguntas (*Questions*). Answer the following questions according to the model.

> **MODELO**   ¿Uds. son tenistas? (futbolistas)
> **No, nosotros somos futbolistas.**

1. ¿Ud. es profesor? (doctor)

2. ¿Juana es dentista? (artista)

3. ¿Tú eres presidente? (congresista)
4. ¿Vosotros sois astronautas? (atletas)
5. ¿Ellos son arquitectos? (pilotos)

Interrogative Words

Now, let's speak Spanish. Here are some words that will be useful when asking questions. Notice the inverted question mark that begins each interrogative sentence.

Interrogative Words			
¿Qué?	*What?*	¿Por qué?	*Why?*
¿Quién?	*Who?*	¿Cuánto (a, os, as)?	*How much? How many?*
¿Cómo?	*How?*[1]	¿(De) Dónde?	*(From) Where?*
¿Cuál?	*What? Which?*	¿Cuándo?	*When?*

Practice the following dialogues. Note the use of interrogative words and the use of the verb *ser.*

1. —¿Eres tú hispano?   *"Are you Hispanic?"*
   —Sí.   *"Yes."*
   —¿De dónde eres?   *"Where are you from?"*
   —Soy de Texas.   *"I'm from Texas."*

2. —¿Quién es él?   *"Who is he?"*
   —Es José Blanco.   *"He's José Blanco."*
   —¿Ah, sí? Y, ¿cómo es?   *"Oh, really? What's he like?"*
   —Es inteligente.   *"He's intelligent."*
   —¿Es hispano?   *"Is he Hispanic?"*
   —Sí, es colombiano.   *"Yes, he's Colombian."*

3. —¿Cuál es la profesión de Uds.?   *"What is your profession?"*
   —Somos arquitectos.   *"We are architects."*

4. —¿Qué es esto?   *"What is this?"*
   —Es una computadora.   *"It's a computer."*
   —¿Y cuánto es?   *"And how much is it?"*
   —Es mil dólares.   *"It's a thousand dollars."*

---

[1]¿Cómo? can also be translated as *what?* when you did not hear what someone said.

The following Spanish nouns and adjectives are easy to recognize because their form is similar to their English equivalent.

Personas	Características	Nacionalidades
tenista	talentoso(a)	mexicanoamericano(a)
político(a)	famoso(a)	costarricense
músico(a)	inteligente	puertorriqueño(a)
autor(a)	importante	panameño(a)
astronauta	serio(a)	chileno(a)
presidente	apasionado(a)	norteamericano(a)
actor (actriz)	excelente	argentino(a)
estudiante (*student*)	ambicioso(a)	colombiano(a)

What general rule can you form regarding adjectives (columns 2 and 3 above) that end in -o? In -a? In -e? We will study more about number and gender of nouns and adjectives in the next section and in Lesson 2.

✯ Practiquemos

A. Identifique (*Identify*). Use the words listed above and the appropriate forms of the verb **ser** to supply the necessary biographical information for each of the following people. If you have a choice of endings (-o or -a), choose the -o for a male and the -a for a female.

MODELO	Gabriel García Márquez—Colombia

Nombre:	Mi nombre es Gabriel García Márquez.
Nacionalidad:	Soy colombiano... soy de Colombia.
Profesión:	Soy autor.
Característica:	Soy apasionado.

1.

2.

3.

Rubén Blades—Panamá   Gabriela Sabatini—Argentina   Isabel Allende—Chile

4.

Franklin Chang-Díaz—
Costa Rica

5.

Henry Cisneros—
San Antonio, Texas

6.

Rita Moreno—Puerto Rico

B. Responda (*Answer*). Answer the following questions with complete sentences.

1. ¿De dónde es Gabriel García Márquez? ¿Es actor?
2. ¿De dónde es Rubén Blades? ¿Es autor?
3. ¿Quién es Franklin Chang-Díaz? ¿Es panameño?
4. ¿Quién es Gabriela Sabatini? ¿Es talentosa?
5. ¿Es Rita Moreno mexicanoamericana? ¿Es autora? ¿De dónde es ella?
6. ¿Quién es Ud.? ¿Es Ud. estudiante de italiano? ¿Es Ud. profesor(a) de historia? ¿De dónde es Ud.?

C. Información biográfica (*Biographical information*). What biographical information can you give about the following people?

1. Bill Clinton
2. Gloria Estefan
3. another celebrity

The Verb *estar*

In addition to the verb **ser**, the verb **estar** also means *to be*. **Estar** is used to express location, with adjectives that express conditions, and to describe one's health.

ESTAR			
yo	estoy *I am*	nosotros(as)	estamos *we are*
tú	estás *you are*	vosotros(as)	estáis *you are*
él, ella, Ud.	está *he, she is, you are*	ellos, ellas, Uds.	están *they, you are*

Some common words that are used with **estar** to express conditions are:

bien	así así	cansado (*tired*)
mal	fatal	horrible
ocupado (*busy*)	regular	de lo más bien (*very well*)

Some common words used with **estar** to express location are:

aquí (*here*)   en clase (*in class*)

allí (*there*)   en la oficina (*at the office*)

en casa (*at home*)   en la universidad (*at the university*)

en casa de un amigo (*at a friend's house*)

Subject Pronouns II: Function

Función

1. Unlike English, verb endings in Spanish indicate the subject. Therefore, subject pronouns are often omitted.

   (Nosotros) est**amos** bien.   *We are well.*

   (Ellos) est**án** bien.   *They are well.*

2. Subject pronouns can be used to emphasize the person doing the action. When used, they precede the verb.

   Yo estoy bien pero él está mal.   *I am fine but he is ill.*

3. In a question, subject pronouns can precede or follow the verb.

   ¿Tú eres de la Argentina?⎱
   ¿Eres tú de la Argentina?⎰ *Are you from Argentina?*

4. The pronoun *it* is rarely expressed as the subject.

   Es importante estudiar.   *It is important to study.*

   Es bueno hablar español.   *It is good to speak Spanish.*

✸ Practiquemos

A. Preguntas (*Questions*). Ask a classmate the following questions. Refer to the expressions above and on pp. 21–22.

   1. ¿Cómo está Ud.? ¿Dónde está Ud.?
   2. ¿Cómo está el (la) profesor(a)? ¿Dónde está el (la) profesor(a)?

B. Países y capitales (*Countries and capitals*). Following the model, match the capitals to their countries and regions using the appropriate forms of **ser** and **estar**. If you need help, consult the maps in the front of the text.

| MODELO | Tegucigalpa es la capital de Honduras y está en Centroamérica. |

Capital	**País (Country)**	**Región**
Bogotá	España	
La Habana	la República Dominicana	
Ciudad de México	Nicaragua	Centroamérica
Buenos Aires	Bolivia	Sudamérica
San Salvador	El Salvador	el Caribe
Madrid	Colombia	Europa
Santo Domingo	Chile	Norteamérica
Managua	la Argentina	
La Paz	México	
Santiago	Cuba	

The Numbers 0–20

Los números 0–20			
cero	seis	once	dieciséis[1]
uno	siete	doce	diecisiete
dos	ocho	trece	dieciocho
tres	nueve	catorce	diecinueve
cuatro	diez	quince	veinte
cinco			

✯ Practiquemos

A. Ud., el (la) matemático(a) (You, the mathematician). In Spanish the equivalents for *plus* and *minus* are **más** and **menos**. *Equals* is expressed by **son**. Follow the model to solve these problems.

| MODELO | $4 + 5 =$ |

Cuatro más cinco son nueve.

1. $0 + 15 =$
2. $1 + 6 =$
3. $17 + 3 =$
4. $2 + 6 + 6 =$

5. $3 + 5 + 11 =$
6. $5 + 7 + 5 =$
7. $7 + 12 =$
8. $13 + 4 + 1 =$

[1]Note the alternate form: **diez y seis, diez y siete,** and so forth.

B. Más problemas (*More problems*). Solve the following problems according to the model.

MODELO	$20 - 15 + 5 =$

Veinte menos quince más cinco son diez.

1. $19 - 14 =$ **5.** $10 - 8 + 18 =$
2. $14 - 8 =$ **6.** $13 + 2 - 10 =$
3. $10 - 7 =$ **7.** $20 - 7 + 3 =$
4. $16 - 9 =$ **8.** $18 - 9 + 6 =$

C. Su dirección (*Your address*). Fill out this form and read it out loud.

NOMBRE (Name): _____

CALLE (Street): _____

CIUDAD (City): _____

ESTADO (State): _____

CÓDIGO POSTAL (Zip code): _____

NÚMERO DE TELÉFONO: _____

Calle Ocho, Miami, Florida

Aviso cultural

Just as it is difficult to find one word to describe all of the people who speak English (English, Irish, Scottish, Australians, Canadians, citizens of the U.S., and so forth), so is it equally difficult to find one term that describes people of Spanish origin, or those who speak Spanish. While some prefer the term **hispano** others prefer **latino**. Many do not want to be labeled or placed in a large category with others of Spanish origin and would rather be referred to by their individual nationalities (Dominican, Cuban, Honduran, . . .). There is a significant Mexican-American (U.S. citizens of Mexican descent) population in the West and Southwest who prefer the term **chicano**. What term or terms do you use to describe your nationality or ethnic heritage?

The Expression *hay*

The word **hay** means both *there is* and *there are,* depending on the context of your sentence.

Hay un mapa en la clase.	*There is one map in the class.*
¿Cuántos diccionarios hay?	*How many dictionaries are there?*
Hay dos.	*There are two.*

✦ Practiquemos

A. ¡Qué ridículo! To practice the use of **hay** and **estar**, follow the model and answer these silly questions. Note the cognates in this exercise.

> **MODELO**   ¿Hay micrófonos en la cafetería? (laboratorio de lenguas)
> **No, no hay micrófonos en la cafetería. Los micrófonos están en el laboratorio de lenguas.**

1. ¿Hay sándwiches en el laboratorio de lenguas? (la cafetería)
2. ¿Hay elefantes en la farmacia? (el zoológico)
3. ¿Hay estudiantes en la prisión? (la universidad)
4. ¿Hay antibióticos en el restaurante? (la farmacia)
5. ¿Hay ejercicios de gramática en el libro de biología? (el libro de español)
6. ¿Hay atletas en el hotel? (el gimnasio)
7. ¿Hay clientes en la universidad? (la oficina)
8. ¿Hay pacientes en la clase? (el hospital)

B. En la clase (*In class*). Study the following useful vocabulary and then answer the questions about the picture. Use the verbs **ser**, **estar**, and **hay** in your responses.

EN LA CLASE (In class)			
1. el bolígrafo	*ballpoint pen*	10. la luz	*light*
(el boli)	(*pen*)	11. el mapa	*map*
2. el calendario	*calendar*	12. la pared	*wall*
3. el cuaderno	*notebook*	13. la pizarra	*blackboard*
4. el diccionario	*dictionary*	14. la profesora	*professor (female)*
5. el escritorio	*desk*	15. la puerta	*door*
6. el estudiante	*student (male)*	16. la silla	*chair*
7. la estudiante	*student (female)*	17. la tiza	*chalk*
8. el lápiz	*pencil*	18. la ventana	*window*
9. el libro	*book*		

Expressing Location with Prepositions

debajo de	*under*	en	*in*
delante de	*in front of*	encima de	*on*
detrás de	*in back of*		

1. ¿Cuántos[1] estudiantes hay en la clase?
2. ¿Está la profesora delante de o detrás de los estudiantes?
3. ¿Hay una o dos ventanas en la clase?
4. ¿Hay un mapa en la pared?
5. ¿Dónde está la tiza?
6. ¿Es una clase de italiano?

---

[1]Note that **cuánto** agrees in number and gender with the noun it is modifying.

7. ¿Cuál es el nombre de la profesora?

8. ¿Qué más (*else*) hay en la clase?

Definite Articles

Although in English the definite article **the** remains constant, in Spanish it agrees in number (singular or plural) and gender (masculine or feminine) with the noun it modifies. The forms are:

	Definite Articles		
Masculine		**Feminine**	
singular	el	la	*the*
plural	los	las	*the*

As you learn new nouns, try to learn the definite article that corresponds to them. This will help you to remember the gender.

el muchacho	*the boy*	la muchacha	*the girl*
los muchachos	*the boys*[1]	las muchachas	*the girls*

Indefinite Articles

The indefinite articles **a, an, some,** like the definite articles, agree in number and gender with the nouns they modify.

	Indefinite Articles		
Masculine		**Feminine**	
singular	un	una	*a, an*
plural	unos	unas	*some*

un muchacho	*a boy*	una muchacha	*a girl*
unos muchachos	*some boys*[1]	unas muchachas	*some girls*

---

[1]Note that the plural masculine form can also refer to a group of males and females. See p. 37.

★ Practiquemos

A. Los artículos. Change the definite article (**el, la, los, las**) to the indefinite article (**un, una, unos, unas**).

1. el cuaderno		6. los bolígrafos	
2. la puerta		7. las sillas	
3. las clases		8. la pizarra	
4. los muchachos		9. el estudiante	
5. el libro		10. la pared	

B. En español (*In Spanish*). You learned so much in Spanish class and can't wait to tell your friend. Use the correct form of the verb **ser** and the indefinite article to form complete sentences and point to the various objects listed below as you say what they are.

> **MODELO**   libro
> **Es un libro.**

1. escritorio   5. ventana

2. puerta   6. calendario

3. bolígrafo   7. diccionario

4. silla   8. estudiante (*feminine*)

Now repeat the exercise, making your sentences plural.

> **MODELO**   libro
> **Son unos libros.**

Nouns

In Spanish, all nouns reflect gender, that is, they are either masculine or feminine. This does not mean that the speaker actually views these nouns as having masculine or feminine attributes. Rather the speaker merely knows the gender and will have all modifying articles and adjectives agree in both number and gender. Here are some general rules to help you learn the gender of certain nouns.

1. Masculine nouns include:
   a. most nouns that end in -o.

   el muchacho   *the boy*   el libro   *the book*

   > **¡AVISO!**   Some common exceptions are **la mano** (*hand*) and **la foto** (*photograph*), which is a shortened form of **la fotografía**.

   b. those that refer to males, regardless of the ending.

el dentista	*the (male) dentist*	el policía	*the (male) police officer*
el hombre	*the man*	el profesor	*the (male) professor*
el juez	*the judge*	el siquiatra	*the (male) psychiatrist*

   > **¡AVISO!**   Nouns ending in -ista can be masculine or feminine. The definite article will determine the gender: **el artista** *the (male) artist,* **la artista** *the (female) artist.*

2. Feminine nouns include:

a. most nouns that end in -**a**.

la muchacha   *the girl*   la tiza   *the chalk*

¡AVISO!   Nouns of Greek origin that end in -**ma**, -**pa**, and -**ta** are masculine (el programa, el mapa, el planeta, el poeta). Also, the word for *day* (día) is masculine.

b. those that refer to females, regardless of the ending.

la actriz	*the actress*	la juez	*the (female) judge*
la bebé	*the (female) baby*	la mujer	*the woman*
la cliente	*the (female) client*	la presidente	*the (female) president*

c. most nouns that end in -**ión** and -**ad**.

la nación	*the nation*	la realidad	*the reality*
la televisión	*the television*	la universidad	*the university*

Pluralization of Nouns

1. To make a noun plural:

a. add -**s** to a noun ending in a vowel.

la silla	las sillas
el hombre	los hombres

b. add -**es** to a noun ending in a consonant.

la pared	las paredes
el actor	los actores

¡AVISO 1!   If a noun ends in -**z**, it changes to -**ces**.

el lápiz	los lápices
la luz	las luces

¡AVISO 2!   At times it is necessary to add or drop a written accent when a word is made plural. See rules for accentuation on p. 10.

la nación	las naciones
el examen	los exámenes

2. Many words ending in -**es** and -**is** do not change in the plural.

el lunes	los lunes
la crisis	las crisis

3. The masculine plural form of the noun is used in Spanish to refer to a group of males and females.

el estudiante y la estudiante	**los** estudiantes
un muchacho y una muchacha	**unos** muchachos

☆ Practiquemos

A. Los sustantivos (*nouns*) plurales. Read each of the following words and add the definite article. Then give the plural forms.

> **MODELO** profesor
> **el profesor, los profesores**

1. profesora	**4.** nacionalidad	**7.** profesión	**10.** pared
2. hombre	**5.** ventana	**8.** luz	**11.** lápiz
3. bolígrafo	**6.** programa	**9.** actor	**12.** mano

B. Los artículos indefinidos. Repeat exercise A, replacing the definite article with the indefinite article.

> **MODELO** profesor
> **un profesor, unos profesores**

C. ¿Quién es y dónde está? Match the drawings with the corresponding profession and place from the lists on p. 39 to tell who and where each person is. Use the appropriate definite article and correct form of the verbs **ser** and **estar**. You may need to change the number or gender of the profession according to the subject.

> **MODELO** atleta / gimnasio
> Pedro Ortiz _____ _____ y _____
> en _____ .
> **Pedro Ortiz es atleta[1] y está en el gimnasio.**

Pedro Ortiz

---

[1]Note the omission of the indefinite article after the verb **ser** with unmodified nouns of profession.

1.

Ana Padilla

2.

Raquel Ramos

3.

Carmen y Rafa

4.

Nosotros

5.

Tomás

6.

Yo

Profesión	Lugar (*Place*)
profesor	televisión
reportero	hospital
ejecutivo	clase
doctor	galería de arte
estudiante	oficina
artista	cafetería

 Preparativos

¿Latino, hispano o... ?

As mentioned in the **Aviso cultural**, there is a continuing debate regarding what to call the ever-increasing population of U.S. residents who are Spanish-speaking or of Spanish origin. The 1990 U.S. Census classifies this group as Spanish/Hispanic origin. The term **hispano** actually comes from the word the Phoenicians used to describe Spain during their occupation (*Hispania* meant "land of rabbits"). Opponents of this term feel that it is dated and exclusionary, ignoring the strong African and Indigenous elements prevalent in Latin America. They feel that the term **latino** more accurately encompasses all of these cultural influences. Opponents of the term **latino** feel that this term can be traced back even further than the Spaniards, to the Romans. They feel that they no longer reflect Latin or Mediterranean characteristics. In an effort to solve this semantic problem, a Latino National Political Survey was conducted in 1989–1990. The results show that the majority of Mexicans, Cubans, and Puerto Ricans, whether they were born in the U.S. (on the mainland) or in Mexico, Cuba, or Puerto Rico, preferred to refer to themselves as Mexican, Cuban, and Puerto Rican (see the chart below).

We have done our own survey for *Así es* to find the term preferred by most for the sake of choosing a term which we could use consistently throughout the text.[1] The video segment for this *sección* shows you some of the participants and their reactions to our poll.

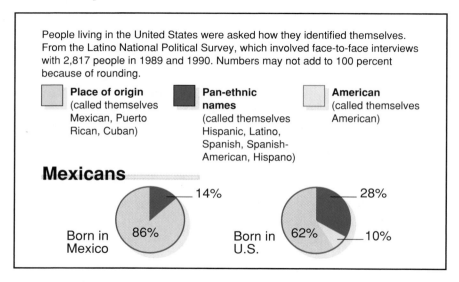

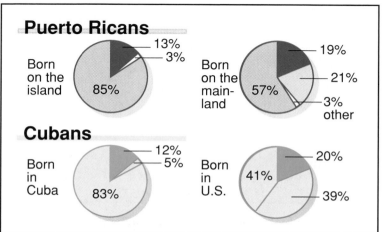

---

[1]In an effort to find a term which refers to Spaniards as well as all latino peoples, the term Hispanic is used frequently in *Así es*.

MOST RIDICULOUS ISSUE:
Are we Hispanics, Latinos, Chicanos, Spanish, Mexican Americans, Cuban Americans, Puerto Ricans, etc., etc.? Who cares? Let's move on!

But perhaps *Hispanic* magazine addresses this controversy best. The management chose its most ridiculous issue of 1993.

Now let's get to know more about the 341 million people who speak the language you are about to learn. Before you view the video segments or read the selection, do the following activities.

A. What images do you have of the Hispanic world?

1. Name:

   a. five things that you associate with the Hispanic world.

   b. four cultural aspects of the Hispanic world that you think are different from the non-Hispanic world.

   c. three cultural aspects that you think are similar.

2. Is the Hispanic world . . .

   a. ancient or modern?

   b. urban or rural?

   c. provincial or cosmopolitan?

B. Are the following statements true (**cierto**) or false (**falso**)? Explain.

1. A Puerto Rican is Spanish.
2. Hispanics are dark-haired.
3. Hispanic countries are tropical.
4. Hispanics commonly eat tacos and enchiladas.
5. The bullfight is a very popular Hispanic tradition.

 Al ver el video

After viewing the video segments, correct your answers from the preceding exercises.

El mundo hispánico: Rompiendo estereotipos.
(*Breaking stereotypes*)

We frequently tend to generalize—to put people and things into categories based on certain similar characteristics. Sometimes these generalizations can be useful in helping us to understand a very complex and diverse world. But often these same generalizations can be very deceiving, unjust, and even harmful. Let's examine some common generalizations regarding the Hispanic world.

1. **Un puertorriqueño es español.** *(A Puerto Rican is Spanish.)* **FALSO**

   Many people tend to use the word *Spanish* to refer to a Spanish-speaking person, regardless of their country of origin. Actually, the adjective *Spanish* is used only to designate a person or thing from Spain. Therefore, a Puerto Rican is not Spanish, but rather Hispanic. The dictionary defines *Hispanic* as "pertaining to the people of Spanish origin," or, "a Spanish-speaking person." Therefore, a boy from Chile is Chilean and Hispanic. People from Mexico, Colombia, and El Salvador are Mexican, Colombian, Salvadoran *and* Hispanic.[1]

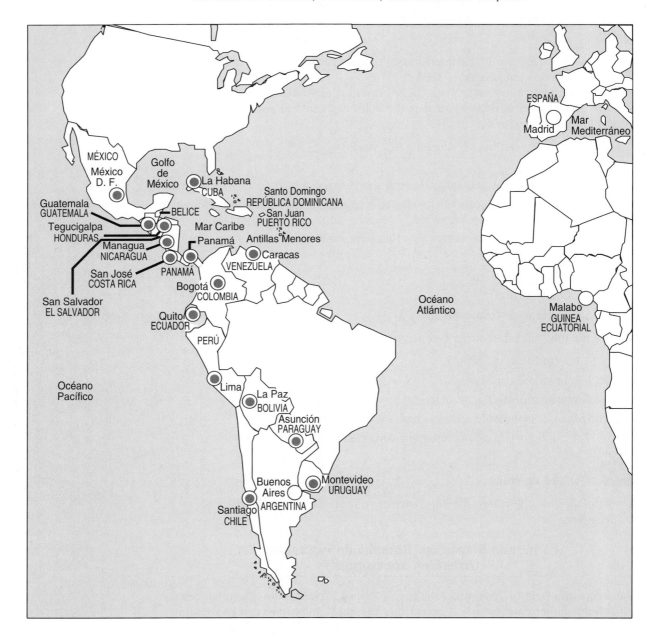

---

[1]Note that the term Hispanic is not used to refer to pure Indigenous people.

It is very important to differentiate between the various Hispanic groups. The fact that English is spoken in the United States does not mean that the citizens are English. They may speak the same language but they have very definite cultural differences. Our customs and traditions and the way in which we interpret the world that surrounds us are the things that define us and give us our national identity.

2. **Los hispanos son morenos.** *(Hispanics are dark-haired.)* **FALSO**
On the contrary, the influence of various ethnic groups in many different combinations is clearly visible throughout the Hispanic world. In Spain, for example, there are many people of Northern European origin with blond hair and blue eyes, as well as dark-haired Spaniards of Arabic or Roman descent.

In Latin America this ethnic mix is even more diverse. While in some regions the European influence is dominant, in many other areas the indigenous element has combined with the European. And in much of the Caribbean a third element combines to enrich further the ethnic diversity—the black African. Therefore, a Hispanic can be black, white, or brown-skinned, with black, brown, blond, or even red hair, and have brown, blue, green, or hazel eyes.

Puerto Plata, República Dominicana

Mendoza, Argentina

Quito, Ecuador

3. **Los países hispanos son tropicales.** *(Hispanic countries are tropical.)* **FALSO**
Many Hispanic countries are, in fact, located within the tropical zone. These regions have beautiful white sandy beaches dotted with palm trees. They enjoy warm temperatures in which exotic plants thrive and fruits like the mango and the papaya are common. They have lush and fertile jungles and rain forests where the vegetation is so dense that roads cannot penetrate them. However, this is only one part of the Hispanic world.

Many people think that Spain is a country of eternal sun and warmth. In reality, the winters in many parts of Spain are quite cold and snowy. Tierra del Fuego, Argentina, is one of the coldest regions in the world in spite of its deceiving name ("Land of Fire"). Even within the tropics the climate can vary a lot. In Bogotá, the capital of Colombia, situated at an altitude of 8,500 feet above sea level, it rains frequently and the average temperature is only 57°F.

La Sierra Nevada, España

Guayama, Puerto Rico

Palo Verde, Costa Rica

4. Los hispanos suelen comer tacos y enchiladas. *(Hispanics commonly eat tacos and enchiladas.)* **FALSO**

These dishes are typically Mexican. The foods from Hispanic countries are quite varied. While Mexican cuisine can be very spicy, incorporating a lot of peppers and hot salsa, Spanish food is cooked in olive oil with subtle seasonings like saffron and garlic. Caribbean cuisine incorporates many different kinds of beans—black, colored, and pigeon peas—with rice and plantains.

Even a food with the same name can vary from country to country. A Spanish **tortilla** is a type of omelet with potatoes and onions, while a Mexican **tortilla** is a thin pancake made from ground corn. Many countries have their own words for the same foods. **Habichuelas** are beans in Puerto Rico, while you would order **frijoles** in Cuba and **alubias** in other countries. If you were to ask for a **naranja** in Spain you would be given an orange; however, you would need to request a **china** in Puerto Rico.

La comida caribeña *(Caribbean food)*

5. La corrida de toros es una tradición hispánica muy popular. *(The bullfight is a very popular Hispanic tradition.)* **FALSO**

Bullfighting is a custom brought to Spain by the Romans in the first century B.C. It is practiced only in Spain, Mexico, and, to a lesser degree, in a few other countries in Latin America, and is not a tradition of all Hispanic countries. Even

within the countries where it is practiced, it is not frequented by all of the people. Just as in the United States some people enjoy baseball while others choose to follow football or tennis, bullfighting has an appeal to a certain group of **aficionados** or fans, who tend to follow it regularly.

One of the most unifying attributes of the Hispanic world is the language. Spanish is the fourth most widely spoken language in the world after Mandarin, English and Russian. It is spoken in 20 countries including the United States. Although these countries share the Spanish language, the accent and the vocabulary vary according to the region; Europeans, Indians, and Africans all contributed certain words, rhythms, and accents to the language.

It is projected that in this decade, Hispanics will become the largest minority group in the U.S. The Hispanic population has already increased by more than 60% in the last decade. Of the estimated 15 million Hispanics presently living in the

United States, 60% are of Mexican descent, 14% are Puerto Rican (with 2 million living on the mainland and 3 million on the island), 6% are of Cuban origin, and 20% are from Central or South America and other countries.

Of this Hispanic population the vast majority lives in the South and West, with another large concentration in the Northeast.

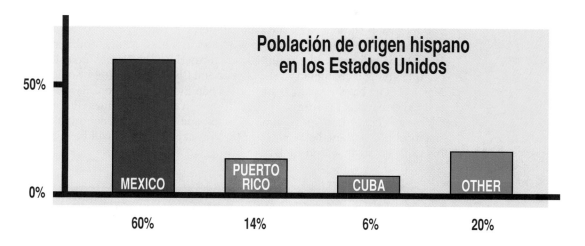

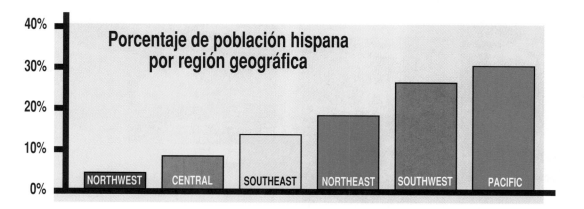

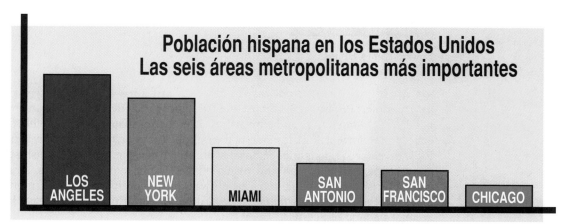

This Hispanic presence is felt more and more in all aspects of our society. There are Hispanic politicians like the current and former mayors of Miami, Denver, Tampa, and San Antonio, as well as Hispanic senators and members of Congress. Many Hispanic politicians work in the White House and in President Clinton's Cabinet, such as the Secretary of Housing and Urban Development, Henry Cisneros; the Secretary of Transportation, Federico Peña; and the Assistant Press Secretary to the President, Vicky Rivas Vásquez. There are more than 30 newspapers in Spanish, 100 television stations, and 200 radio stations.

There are numerous Hispanic reporters, athletes, actors, and performers who are nationally famous, like Jaqui Nespral, formerly of the *Today Show,* Daisy Fuentes of *MTV,* and golf champions Nancy López and Chi Chi Rodríguez. Some of the many Major League baseball players include Rubén Sierra, Juan González, Bobby Bonilla, and Roberto Alomar. Performers and actors such as Edward James Olmos, Jon Secada, Gloria Estefan, Andy García, Jimmy Smits, and Rosie Pérez continue to be among the most popular and best known in the country. Raúl Julia will be remembered for his work on stage and in films.

Nancy López

Raúl Julia

Edward James Olmos

As you can see, it is not easy to define in just a few words a concept as broad as "Hispanic." Perhaps it is because the Hispanic world offers so many paradoxes and parallelisms, differences and similarities. It is the inexhaustible source of contrasts between the ancient and the modern, the rich and the poor, between highly technologically developed regions and regions that are still in development. In Spanish-speaking areas of the world one can find rustic villages and cosmopolitan cities, straw huts and high-rise condos. While some people wear hand-woven ponchos and embroidered blouses, others prefer the *haute couture* directly from Europe. The Hispanic world is indeed a land of plenty.

✴ Practiquemos

A. ¿Cuál es correcto? (*Which is correct?*) Circle all correct answers.

1. A Hispanic can be from . . .

   a. Puerto Rico.   b. Uruguay.   c. Spain.

2. A Hispanic can be . . .

   a. black.   b. white.   c. brown-skinned.

3. The most dominant ethnic element(s) in the Caribbean is(are) . . .

   a. the African.   b. the Spanish.   c. the Northern European.

4. There are more Spanish-speaking people in the world than people who speak . . .

   a. French.   b. Russian.   c. Japanese.

5. The Mexican tortilla is made from . . .

   a. corn.   b. potatoes.   c. eggs.

6. The climate in Hispanic countries can be . . .

   a. tropical.   b. cold   c. cool.

7. The bullfight is a custom of . . . origin.

   a. South American   b. Caribbean   c. Roman

8. The largest Hispanic group in the United States is of . . . origin.

   a. Puerto Rican   b. Mexican   c. Cuban

9. The Hispanic presence in the United States is evident in . . .

   a. the arts.   b. politics.   c. the media.

B. Complete Ud. (*Complete*). Complete the following sentences beginning with, "After reading this selection I learned that . . . ."

1. physically, Hispanics are . . .
2. the word *Spanish* means . . .
3. a Hispanic is . . .
4. in the United States there are . . .
5. the Hispanic world is . . .

C. Generalizaciones. The following are generalizations about the United States. Do you agree with them? Explain. How do you suppose they originated?

In the U.S. everyone . . .

1. is inhospitable.
2. eats fast food.
3. chews gum.
4. thinks that everyone in the world speaks English.
5. is rich.

D. Falsedades (*Falsehoods*). What are some other false generalizations about the United States?

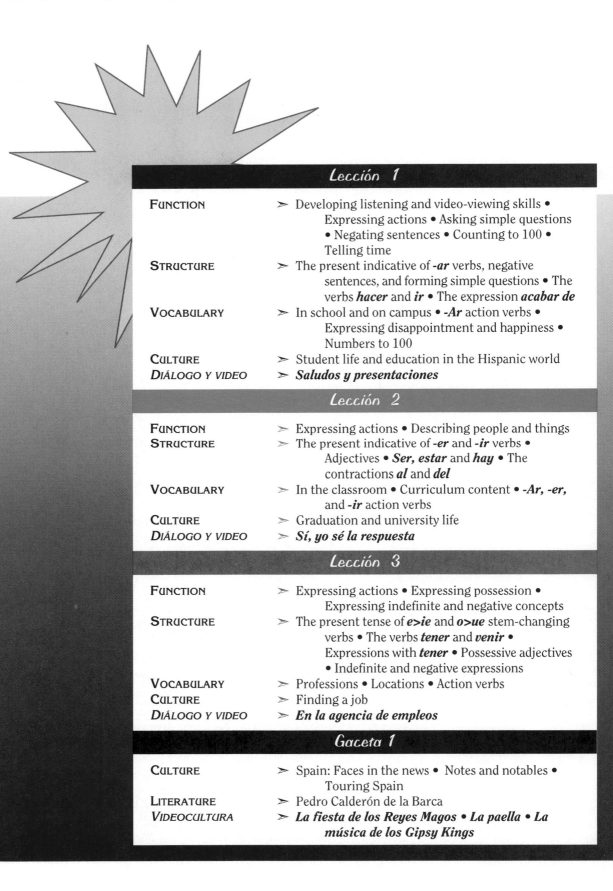

Unidad 1

Los años decisivos

La Universidad de Barcelona, España

⭐ Guía para el estudio

Developing Your Listening and Video-viewing Skills

There are two different ways to listen: passively and actively. Passive listening is what you commonly do when you view a television commercial, when you listen to the radio while you do your homework, or when you overhear a conversation in a restaurant. You hear portions of conversations, perhaps certain words or expressions. However, this listening is not directed. You are not listening with the purpose of learning a particular fact or piece of information. Active listening involves much more than just hearing. When you listen actively you also:

1. process the information you hear.
2. relate it to knowledge you already possess.
3. decide if it is meaningful for you.
4. retain or reject it.

Listening in a foreign language is more complex because you must first decode what you are hearing (rephrase the information into terms with which you are already familiar) before you can assimilate it. When you are beginning to learn a foreign language, a form of translation commonly occurs. Problems arise when you try to understand every word that is spoken and you get stuck on an unfamiliar word. Rather than glossing over the unknown term and following the speaker to the next thought, you dwell on that one word and get further behind. Soon you become so lost that you simply stop listening.

Keep in mind that just as you need not know the meaning of every word spoken to you in English in order to understand the essence of a sentence, neither do you need to be familiar with each word in Spanish. You can guess the meaning of many words from the context of the sentence or from the intonation or gestures of the speaker. A good example of this can be found in Lewis Carroll's story *Alice Through the Looking Glass:* "T'was brilling and the slithy toves did gyre and gimble in the wabe." Although we do not know many of these words, we can guess from the context and sentence structure that *gyre* and *gimble* are verbs and that *slithy* is an adjective, modifying the word *tove.* This same technique works very effectively in understanding foreign languages. The following are listening and video-viewing tips that will help you to understand more effectively.

1. **Relax.** Do not give up if you get stuck on a word, an expression, or even a whole sentence. Instead, listen for words you know and for cognates.

2. **Watch** the speaker carefully. Body language, gestures, and intonation can tell you a lot about the content. Is the speaker giving instructions? Asking a question? Praising? Is the speaker happy? Angry?

3. **Listen** to the rhythm of the language and to the different accents. Do all of the speakers sound alike?

4. **Have a mission.** Always watch the videos with a specific purpose such as to discover some cultural or linguistic fact. Each video section in this text begins with an **Al ver el video** suggestion. Your instructor may also give you little missions to help you to focus actively on the language and cultural content of the videos.

5. **Raise your hand** if you discover that you are hopelessly lost. Ask your instructor to repeat, rephrase, or replay the video. Your classmates will probably thank you for it.

✮ Practiquemos

¿Cierto o falso? Read the following statements and then listen actively as your instructor reads a passage. Are the statements true (**cierto**) or false (**falso**)?

1. Hay diferencias entre las universidades hispánicas y las universidades en los Estados Unidos.
2. El fútbol y el tenis forman parte de la universidad hispánica.
3. Los estudiantes hispánicos toman una gran variedad de clases no relacionadas con su especialización.

Lección 1

En el centro estudiantil

Aviso cultural

Where do you generally meet with your friends for a snack? In many Hispanic countries students meet in the various **cafeterías** in their city or at their university. The word **cafetería** is not a cognate. In English the word means a self-service restaurant, while in Spanish it means a type of full-service cafe where one can have both alcoholic and non-alcoholic beverages as well as complete meals. Also note that the word itself suggests that one has coffee there. Many Spanish shop names reveal the articles or services they sell. Can you guess what is sold in the following places?

1. una perfumería
2. una pizzería
3. una papelería
4. un salón de té
5. una librería

Preparativos (You may want to review the vocabulary list on pp. 57–59 before and/or after viewing the video.)

As you watch the video or read the following dialogue, pay close attention to the -ar verb endings. Which person has an -o ending? Are the subject pronouns always used? Why or why not? Try to remember an example.

Saludos y presentaciones[1]

(Antonio tropieza con [*bumps into*] una chica).

ANTONIO: Con permiso, señorita, ¿es ésta la clase de... ? Pero, Catalina... Hola... ¿tú por aquí? ¿En una clase de medicina? No comprendo.

---

[1]For an English translation of this dialogue, see Appendix A, p. A2.

CATALINA:	Es fácil, Antonio. Necesito la clase para mi carrera de medicina.
ANTONIO:	¿Tú estudias medicina? ¡Qué coincidencia! ¡Yo también! Pues, mira, Catalina...
CATALINA:	Un momento, por favor, Antonio... Te presento a mi amiga Alicia Fonseca. Alicia, Antonio Mendoza.
ANTONIO:	Encantado, Alicia.
ALICIA:	Igualmente, Antonio.
CATALINA:	Hoy es el cumpleaños de Alicia, ¿sabes?
ANTONIO:	Felicitaciones.
CATALINA:	Ya es hora de clase. Vamos.
ANTONIO:	(*Antonio tropieza con [bumps into] el profesor*) Ay, perdón.
PROFESOR:	No es nada...

Uds., los actores. Now act out the following segment. Pay close attention to the emphasized structures.

ANTONIO:	Alicia, después de clase, ¿por qué no **vamos** a la cafetería para tomar café?
ALICIA:	Gracias, pero **acabo de** tomar café, y **necesito** trabajar **a las tres** hoy.
ANTONIO:	¿Dónde **trabajas**? ¿Qué haces?
ALICIA:	**Trabajo** en la biblioteca para la profesora Sopeña. **Busco** libros y **preparo** listas de artículos allí.
ANTONIO:	Y, ¿mañana?
ALICIA:	Mañana, sí. A las **diez en punto**, en la cafetería.

Es decir

A. Based on the dialogue, match the items in the first column to the most appropriate response in the second column.

1. ¡Perdón!   a. Sí, cómo no.
2. Encantado.   b. Igualmente.
3. ¿Vamos?   c. No es nada.

B. Fill in the blanks with one of the words from the following list.

con   las
a   por
para   es
cómo   en
de   qué

1. Necesito trabajar a _____ tres.
2. Vamos a la cafetería _____ tomar café.
3. Acabo _____ tomar café.
4. Sí, _____ no.
5. Trabajo _____ la biblioteca.
6. No _____ nada.
7. _____ permiso.
8. Te presento _____ mi amiga.
9. ¿Por _____ no vamos a la cafetería?
10. Un momento, _____ favor.

★ Practiquemos

En grupos (*In groups*). Practice the dialogue with your classmates. Now act it out, incorporating the appropriate gestures.

Al ver el video

After viewing the video, answer the following questions.

1. ¿Dónde están los chicos?
   a. en una fiesta
   b. en la biblioteca
   c. en el campo deportivo
   d. en un edificio (*building*) de la universidad
2. ¿Qué actividades no hacen (*do not do*) los estudiantes?
   a. hablar
   b. bailar (*dance*)
   c. mirar la televisión
   d. tomar café
3. ¿Qué frases (*sentences*) son falsas? Corríjalas (*Correct them*).
   a. Antonio habla con la profesora.
   b. Hay muchas personas allí.
   c. Catalina presenta a Alicia.
   d. Alicia habla en italiano.

Vocabulario

Verbos (-ar)

acabar (terminar)	*to finish*
acabar de	*to have just*
bailar	*to dance*
buscar	*to look for*
comprar	*to buy*
contestar	*to answer*
charlar	*to chat*
desear	*to want, desire*
enseñar	*to teach*
escuchar	*to listen to*
estudiar	*to study*
hablar	*to speak, talk*
llamar	*to call*
llegar	*to arrive*
mirar	*to look at*
necesitar	*to need*
pagar	*to pay (for)*
pasar	*to spend; to pass*
practicar	*to practice*
preguntar	*to ask*
preparar	*to prepare*
presentar	*to present, introduce*
regresar	*to return*
tomar	*to take; to eat, drink*
trabajar	*to work*
usar	*to use*

Verbos irregulares

hacer	*to do, make*
ir	*to go*

Cosas *(Things)*

el cassette	*cassette*
la computadora	*computer*
el dinero	*money*
el libro	*book*
la máquina de escribir	*typewriter*
la matrícula	*tuition; enrollment*
el papel	*paper; role (in a play)*
la tarea	*homework*
el tiempo	*time; weather*
el título	*degree, title*

¿A qué hora? *(At what time?)*

a eso de	*around, about*
a menudo (con frecuencia)	*often, frequently*
a tiempo	*on time*
ahora (mismo)	*(right) now*
antes de	*before*
después de	*after*
en punto	*on the dot, exactly*
el fin de semana	*weekend*
la hora	*hour*
hoy	*today*
más tarde	*later*
la medianoche	*midnight*
el mediodía	*noon*
el minuto	*minute*
por la mañana (tarde, noche)	*in the morning (afternoon, evening)*
el reloj	*watch, clock*
el segundo	*second*
tarde	*late*
temprano	*early*
toda la noche (esta noche)	*all night (tonight)*
todo el día	*all day*
todos los días	*every day*

Lugares *(Places)*

el aula (f.) (la sala de clase)	*classroom*
la biblioteca	*library*
la cafetería	*cafe, cafeteria*
el campo deportivo	*athletic field*
el centro estudiantil	*student center*
el colegio	*elementary or high school*

el despacho (la oficina)	*office*
el dormitorio (cuarto)	*(bed)room*
el edificio	*building*
la escuela primaria (secundaria)	*elementary (high) school*
la fiesta	*party*
el gimnasio	*gymnasium*
el laboratorio de lenguas	*language laboratory*
la librería	*bookstore*
el recinto (campus)	*campus*
la residencia	*dormitory*
Personas	*(People)*
el (la) amigo(a)	*friend*
el (la) compañero(a) de cuarto	*roommate*
el (la) chico(a) (muchacho/a)	*boy; girl*
el (la) estudiante (alumno/a)	*student*
el hombre	*man*
la mujer	*woman*
el (la) profesor(a) (profe)	*professor (prof)*
Palabras útiles	*(Useful words)*
a	*to, at*
allí	*there*
aquí	*here*
bien	*well*
cómo no	*of course*
con	*with*
de	*of, from*
en	*in, on, at*
mal	*badly, poorly*
más	*more*
menos	*less, minus*
mucho	*much, many*
muy	*very*
para	*for, in order to*
pero	*but*
poco	*few, (a) little*
porque	*because*
si	*if*
sí	*yes*
siempre	*always*
sin	*without*
sobre	*about, on*
también	*also*
y[1]	*and*

[1]Note that **e** instead of **y** is used to express *and* before a word that begins with **i-** or **hi-**: José es sincero *e* inteligente.

Repasemos el vocabulario

A. Sinónimos. Look in the second column for the synonym of the words in the first column.

1. aula	a. alumno
2. colegio	b. terminar
3. estudiante	c. cuarto
4. acabar	d. sala de clase
5. a menudo	e. charlar
6. dormitorio	f. con frecuencia
7. hablar	g. escuela

B. Al contrario (*On the contrary*). Larisa has changed a lot since she's been away at college. Her mom corrects all of her dad's misconceptions about her. Change the following sentences, substituting antonyms for the underlined words or expressions to show how she has changed.

> **MODELO** Papá: Larisa estudia <u>a eso de</u> las dos.
> Mamá: **No, Larisa estudia a las dos <u>en punto</u>.**

1. Larisa toma el café <u>con</u> crema.
2. Larisa trabaja <u>más</u> por la noche.
3. Larisa regresa a <u>mediodía</u>.
4. Larisa siempre llega <u>tarde</u>.
5. Larisa está <u>allí</u> ahora.
6. Larisa trabaja <u>toda la noche</u>.
7. Larisa escucha la radio <u>después de</u> la clase.
8. Larisa practica el piano <u>mucho</u>.

C. Nombre Ud.... (*Name. . .*)

1. cuatro artículos necesarios para hacer la tarea.
2. tres lugares donde es posible estudiar.
3. dos lugares ideales para practicar el fútbol.
4. una cosa que Ud. compra en la librería.

 D. En parejas (*In pairs*). Your classmate will ask you where certain articles can be found. Answer with a complete sentence. Then ask him/her the next question.

> **MODELO** Student 1: ¿Dónde está la profesora?
> Student 2: **La profesora está en el aula. ¿Dónde están los estudiantes?...**

¿Dónde está(n)...

1. los estudiantes cuando desean charlar?
2. los estudiantes de 10 años (*years old*)?
3. las enciclopedias?
4. el libro de texto para la clase de biología?
5. el profe cuando no enseña la clase?

6. los atletas cuando practican el fútbol?
7. los cassettes para escuchar?
8. los dormitorios de los estudiantes?
9. los edificios de la universidad?
10. Ud., los sábados por la noche?

E. La lista (*The list*). Make a list of five things that you need to do this week and five things that you want to do. Follow the model.

MODELO	Necesito trabajar mucho.
	Deseo bailar con Esteban.

De uso común

Expressing Disappointment and Happiness

Desilusión (*Disappointment*)

¡Ay Dios! (¡Dios mío!)	*Oh, God! Oh my God!*
¡Maldición!	*Curses!*
¡Me lo temía!	*I was afraid of that!*
¡Caramba!	*Darn!*
¡Rayos!	*Shucks!*

Alegría (*Happiness*)

¡Qué bien!	*How nice!*
¡Chévere![1]	*Great! Awesome!*
¡Fenomenal!	*Super!*
¡Estupendo!	*Fantastic!*
¡Cuánto me alegro!	*I'm so pleased!*

I was born on a sunny morning in April. . .

[1]**Chévere** is commonly used in Venezuela, Colombia, and other Latin American countries.

✴ Practiquemos

A. Reacciones (*Reactions*). React to the following situations with an appropriate expression.

1. Ud. recibe (*receive*) una "D" en la clase de español.
2. Un amigo prepara una fiesta para Ud.
3. Ud. llega tarde a clase.
4. Papá compra una computadora para Ud.
5. Ud. necesita estudiar toda la noche.
6. Ud. desea comprar un reloj pero necesita más dinero.

 B. Diálogos. In groups, write a dialogue incorporating expressions of disappointment and happiness. Share it with the class.

The Present Indicative of *-ar* Verbs

Forma

yo amo
tú amas
El ama.
yo amo♥
tú ama♥as
El a♥a

amar (*to love*)

Papá, mamá, ¡gracias por enseñarme a conjugar en todas las formas el verbo amar!

In Spanish, regular verbs are divided into three categories: verbs that end in -ar, -er, and -ir. This form of the verb is called an infinitive. It is a verb that is not conjugated, that is, not given a subject that is performing the action. It is rather the expression of the possible action: *to speak, to eat, to think*. When you *conjugate* a verb you designate a subject that will carry out the action of the verb: *I speak, you eat, he thinks*. In English, many verb conjugations are indistinguishable, thus the subject of the verb almost always accompanies the verb: *I speak, you speak, he speaks, she speaks, we speak, they speak*. In Spanish, each subject has a distinct verb ending. Study the verb **hablar**. Note that to conjugate the verb, you remove the infinitive ending (-ar) and add the appropriate personal endings.

HABLAR (to talk, to speak)			
yo	hablo	nosotros	hablamos
tú	hablas	vosotros	habláis
él		ellos	
ella	habla	ellas	hablan
Ud.		Uds.	

1. Since the first- and second-person verb endings are distinct, the corresponding subject pronouns are rarely used.

2. Since the third-person verb endings can refer to multiple subjects, occasionally the pronouns are used to avoid confusion.

Él habla y Ud. escucha.   *He speaks and you listen.*

Uds. estudian y ellas bailan.   *You study and they dance.*

Función

¿QUÉ LENGUAS HABLAS?

HABLO INGLÉS, ESPAÑOL Y FRANCÉS.

HABLAS MUY BIEN EL ESPAÑOL. TÚ HABLAS FRANCÉS BIEN TAMBIÉN, ¿VERDAD?

SÍ. AHORA MISMO HABLO ESPAÑOL, PERO ESTA NOCHE EN LA FIESTA HABLO FRANCÉS CON FRANÇOISE Y MAÑANA HABLO INGLÉS EN MIS CLASES. HABLO LAS TRES LENGUAS MUY BIEN.

1. The present tense is used to express various actions and ideas.

yo hablo
- a. I speak
- b. I do speak
- c. I am speaking
- d. I will speak (in the immediate future)

a. This is the simple present tense. It can refer to present action or habitual action. (*I speak every day.*)

b. This form is an emphatic way to express action. (*I do in fact speak.*)

c. This reflects action in progress. (*I am in the process of speaking.*)

d. This form expresses future action only when referring to the immediate future. The listener knows from the context that this is future and not present action. [**Hoy estoy en el despacho hasta las 3:00.** *Today I am (I will be) in the office until 3:00.*]

2. To make a statement negative, place the word **no** before the conjugated verb.

José **no estudia** mucho.   *José **does not study** a lot.*

No hablamos inglés en clase.   *We **don't speak** English in class.*

¡AVISO! Note that although in English it is necessary to add the words *do* or *does,* in Spanish these forms do not exist.

3. There are two ways to form a simple question that requires a yes/no answer.

a. Invert the subject and verb of your statement.

Ud. estudia mucho.   *You study a lot.*

¿**Estudia** Ud. mucho?   ***Do** you study a lot?*

¡AVISO! Note the addition of an inverted question mark at the beginning of the question as well as the standard question mark at the end. Also note the omission of words like *do* and *are* that are necessary in English in order to form questions.

¿**Habla** Ud. italiano?   ***Do** you speak Italian?*

¿**Prepara** Ud. la tarea ahora?   ***Are** you preparing the homework now?*

b. Change the intonation of your voice so that it rises at the end, forming a question.

statement: Ud. estudia mucho.   ⟍.

question: ¿Ud. estudia mucho?   ¿_____/?

4. The infinitive is commonly used after a conjugated verb when there is no change of subject.

Deseo ser profesor de literatura.   *I want to be a professor of literature.*

Necesitas estudiar más.   *You need to study more.*

✦ Practiquemos

A. ¿Mucho o poco? Form sentences with the following subjects and verbs telling that the actions are done a lot and a little. Follow the model.

> **MODELO**   estudiar español: yo / tú
> <u>Yo</u> estudio español mucho pero <u>tú</u> estudias español poco.

1. usar la computadora: nosotros / Uds.
2. bailar el tango: Leonor / los muchachos
3. enseñar biología: tú / yo
4. escuchar los cassettes: Juan y Carlos / Paquita
5. preparar la tarea: tú / ellas
6. regresar a Bolivia: Javier / yo

7. llegar tarde: Ema / Vicente

8. charlar con amigos: Carlos y yo / Carmen y Rafael

B. Mis amigos Sara y Juan (*My friends, Sara and Juan*). Fill in the blanks with the correct form of the verb in the present tense.

Sara y Juan son de México. Ellos (estudiar) _____ en la Universidad de Colorado. Ellos (desear) _____ hablar inglés (*English*) bien. Yo (estudiar) _____ con Juan por la mañana. Él (hablar) _____ mucho y él (preguntar) _____ mucho. Yo (contestar) _____ las preguntas. También, Sara y Juan (practicar) _____ en el laboratorio de lenguas. Sara (usar) _____ una computadora. Ella (pasar) _____ dos horas allí todos los días. Sara y yo (charlar) _____ por la tarde. Juan y Sara (regresar) _____ a México después del semestre.

C. Preguntas personales (*Personal questions*). Answer the following questions with complete sentences.

1. ¿Desea Ud. ir a una fiesta hoy?

2. ¿Habla Ud. español bien o mal?

3. ¿Cuántas horas pasa Ud. en la biblioteca?

4. ¿Qué compra Ud. en la librería?

5. ¿Estudia Ud. por la mañana, por la tarde o por la noche?

6. ¿Termina Ud. la tarea todos los días?

 Now change the questions to the **tú** form and interview a classmate.

D. ¡No! No es verdad (*No! It's not true*). Make the following sentences negative.

1. Yo estudio ocho horas todos los días.

2. Nosotros regresamos a la residencia ahora.

3. Ud. es el profesor de la clase.

4. El profesor baila flamenco en la clase.

5. Tú compras un reloj para la profesora.

6. Los compañeros de cuarto charlan toda la noche.

 E. Los compañeros de cuarto. The following sentences tell what each roommate is doing. Change the statements to questions. A classmate will answer the question in the negative.

MODELO	Paco contesta las preguntas.

Estudiante 1: **¿Contesta Paco las preguntas?**
Estudiante 2: **No, Paco no contesta las preguntas.**

1. Juan busca papel.

2. Carlos usa la máquina de escribir.

3. Jorge charla con una amiga.

4. José mira el reloj.

5. Pablo regresa de la biblioteca.

The Numbers 21–100

Forma

Los números 21–100			
	veinticinco	treinta	sesenta
veintiuno[1]	veintiséis	treinta y uno	setenta
veintidós	veintisiete	treinta y dos (tres, cuatro...)	ochenta
veintitrés	veintiocho	cuarenta	noventa
veinticuatro	veintinueve	cincuenta	cien

Función

1. Just as the number **uno** becomes **un** before a masculine noun, **veintiuno** becomes **veintiún, treinta y uno** becomes **treinta y un, cuarenta y uno** becomes **cuarenta y un**, and so on. The form preceding a feminine noun remains **una**.

    Hay **veintiún chicos** y veintiuna chicas.

    *There are **twenty-one boys** and twenty-one girls.*

    Necesito **sesenta y un libros** y cincuenta y una sillas.

    *I need **sixty-one books** and fifty-one chairs.*

2. Starting with the number 31, numbers in Spanish are expressed as separate words, with **y** between the multiple of ten and the ones.

    cuarenta y seis   46   ochenta y tres   83   noventa y siete   97

3. **Cien** is used in counting, before nouns, and when used alone. Note that the indefinite article (**un**) is never used with it.

    ¡Noventa y ocho, noventa y nueve, **cien!**

    *Ninety-eight, ninety-nine, **one hundred!***

    Hay **cien** estudiantes en clase hoy.

    *There are **one hundred** students in class today.*

    ¿Cuántos estudiantes hay? **Cien.**

    *How many students are there? **One hundred.***

✯ Practiquemos

A. ¿Cuánto es? (*How much is it?*) Use **dólar, dólares,** and **centavos** to tell how much the following items might cost.

1. unos blue jeans
2. un diccionario
3. una limonada
4. un radio
5. un cassette
6. un reloj
7. un sándwich en la cafetería
8. un bolígrafo

---

[1]Note the alternate form: **veinte y uno, veinte y dos,** and so forth.

B. Una encuesta (*A survey*). How many professionals responded to a recent survey? Express the numbers in Spanish.

1. 41 profesores
2. 100 doctores
3. 31 arquitectos

4. 73 artistas
5. 22 atletas
6. 88 dentistas

7. 47 autores
8. 62 directores
9. 99 actores

Telling Time

1.

Es medianoche.

2.

**Es la una
(en punto).**

3.

**Es la una y media
(de la mañana).**

4.

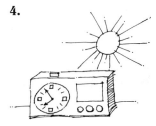

**Son las ocho
menos cinco.**

5.

Es mediodía.

6.

**Son las doce y
veinticinco.**

7.

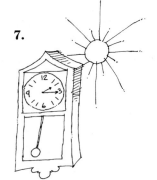

**Son las dos y cuarto
(de la tarde).**

8.

**Son las once menos diez
(de la noche).**

1. To ask what time it is, the following expression is used.

¿Qué hora es?   *What time is it?*

2. To express the time, use **ser** + *definite article* + *hour.*

  a. Use **es** with **una**, since *one* is singular.

    Es la una.   *It's one o'clock.*

    Es la una y media.   *It's one thirty.*

  b. **Son** is used with all other hours.

    Son las diez en punto.   *It's ten o'clock sharp.*

    Son las dos y diez.   *It's ten past two.*

c. The feminine definite articles **la** and **las** are always used before the hour since the word **hora** is feminine.

Es **la** una menos veinte.   *It's twenty of one.*

Son **las** ocho y media.   *It's eight thirty.*

d. To express time between the full hour and half past, add minutes to the hour with **y**: es / son + la / las + *hour* + y + *number of minutes*

Es la una y diez.   *It's ten after one.*

Son las tres y veinte.   *It's three twenty.*

e. To express time after half past the hour, deduct minutes from the following hour with **menos**: es / son + la / las + *hour* + **menos** + *number of minutes*

Es la una **menos** veinte y cinco.   *It's twenty five of (to) one.*

Son las nueve **menos** cinco.   *It's five of nine. (It's eight fifty-five).*

f. To express a quarter of an hour and a half hour, it is common to use the terms **cuarto** and **media**, respectively.

Son las dos menos **cuarto**.   *It's a **quarter** of two.*

Son las diez y **media**.   *It's ten **thirty**.*

g. To ask at what time something is going to happen, use the expression **¿A qué hora?**

¿**A qué hora** es la clase?   ***What time is class?***

To reply, use **a la** or **a las** + *the time.*

La clase es **a las** nueve.   *Class is at nine.*

h. To express a specific time of the morning, afternoon, or evening, use **de la mañana** (*A.M.*), **de la tarde** (*P.M.*), **de la noche** (*P.M.*).

Llamo a mis padres a las ocho   *I call my parents at eight **in the**
    de la mañana.   **morning.***

i. When no specific time is expressed, use **por la mañana, por la tarde,** and **por la noche.**

Por la mañana estudio y **por la**   *In the morning I study and in the
    tarde** trabajo.   afternoon I work.*

j. Refer to the **¿A qué hora?** section of the vocabulary list on p. 58 for words and expressions that will be useful in expressing time.

⭐ Practiquemos

A. ¿Qué hora es? Look at the following drawings and tell what time it is. Give as much information as possible and answer with complete sentences.

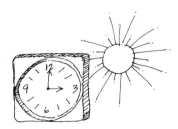

MODELO	Son las tres de la tarde.

1.

2.

3.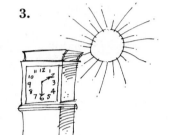

4.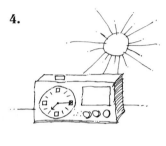

5.

6.

7.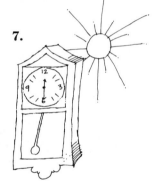

8.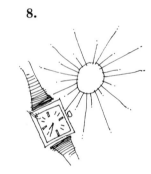

B. No, no es posible. Raúl wants to get together with Laura, but she's very busy. Role play this exercise with a classmate. Laura tells where she is at each time. Follow the model.

MODELO	9:00/clase de español
	Raúl: Laura... ¿a las nueve?
	Laura: No, Raúl, no es posible. A las nueve estoy en la clase de español.

1. 10:15/biblioteca
2. a mediodía/cafetería
3. 2:30/laboratorio
4. 4:45/gimnasio
5. 7:25/fiesta para estudiantes internacionales
6. más tarde/residencia

C. Normalmente, ¿a qué hora... ? Tell at what time you usually do the following activities. Use complete sentences.

¿A qué hora...

1. llega Ud. a clase?
2. escucha la radio?
3. mira la televisión?
4. estudia en la biblioteca?
5. regresa a la residencia?
6. charla con amigos?

D. ¿Qué pasa? (*What's going on?*) Complete these mini-monologues using time expressions from p. 58 and any -ar verbs, including **estar.**

1. "¿ _____ loco (*crazy*)? ¡ _____ las tres _____ la mañana!"

2. "Vicente... son _____ siete y la fiesta es _____ las _____. Es muy _____ ."

3. "Manolo, es _____ una y _____ . ¿Por qué _____
   tan (*so*) _____?"

E. ¿Cuál es la pregunta? Invent a question for each of the following answers.

1. No, la fiesta es a las nueve.
2. No, siempre estamos aquí a mediodía.
3. Son las dos menos cuarto.
4. No, mis amigos y yo estudiamos por la noche.
5. Al contrario, el profesor siempre llega tarde.
6. Trabajo a las ocho de la mañana.

F. La hora oficial. In many Hispanic countries the 24-hour clock is used for
scheduling television and radio programs, theatrical functions, and busses,
trains, and planes. Study the following:

0:00	=	medianoche
12:00	=	mediodía
16:30	=	4:30 P.M.
23:00	=	11:00 P.M.

Aquí hay un horario de clases de una estudiante de la Universidad de Valencia, España. ¿Qué días y a qué hora es la clase de italiano? ¿de historia? ¿de biología? ¿de arte? *Translate the 24-hour clock to the 12-hour clock.*

| MODELO | Los lunes[1] la clase de historia es a las cinco de la tarde. |

M A Ñ A N A S					
Hora	lunes	martes	miércoles	jueves	viernes
8'			italiano		
9'	biología				italiano
10'					
11'		arte			
12'			biología		
13'			biología		
T A R D E S					
15'					
16'				arte	
17'	historia				historia
18'		italiano			
19'					
20'					
21'					
22'					

The Verbs *hacer* and *ir*

1. As you will see in Lesson 2, **hacer** is conjugated as a regular **-er** verb, with the exception of the first-person singular (**yo**) form. (Refer to the **-er** verb chart on p. 86.)

HACER (to do, to make)			
yo	hago	nosotros	hacemos
tú	haces	vosotros	hacéis
él		ellos	
ella	hace	ellas	hacen
Ud.		Uds.	

a. **Hacer** generally means *to do.*

¿Qué **hace** Rafael ahora?	*What's Rafael **doing** now?*
Prepara la tarea.	*He's preparing homework.*
El examen es mañana. ¿Qué **hago**?	*The test is tomorrow. What'll I **do?***
Tú necesitas estudiar.	*You need to study.*
¿Qué **hacen** después de las clases?	*What do they **do** after class?*
Practican el fútbol.	*They practice soccer.*

b. **Hacer** can also mean *to make.*

¿**Haces** el café todos los días?	*Do you **make** the coffee every day?*
No, **hago** el café los lunes.	*No, I **make** the coffee on Mondays.*

[1]To express *on* a certain day or days, use el and los: El lunes *On Monday*; Los lunes *On Mondays.*

2. All forms of **ir** (*to go*) are irregular in the present tense.

IR (to go)			
yo	voy	nosotros	vamos
tú	vas	vosotros	vais
él		ellos	
ella	va	ellas	van
Ud.		Uds.	

    a. Note the use of the preposition **a** (*to*) when destination is expressed.

> **Voy** a clase ahora, luego **voy** a la biblioteca y esta noche Marta y yo **vamos** a una fiesta.

> *I'm going to class now, then I'm going to the library, and tonight Marta and I are going to a party.*

    b. Note the use of **¿adónde?** to inquire about destination.

> **¿Adónde** vas?

> *(To) Where are you going?*

> Voy a la clase de la profesora Vila.

> *I'm going to Professor Vila's class.*

    c. **Ir** + **a** + *infinitive* is used to express an action that will (is going to) take place in the future.

> **Vamos a estudiar** en el centro estudiantil.

> *We are going to study in the student center.*

> **Voy a practicar** en el laboratorio.

> *I'm going to practice in the laboratory.*

✯ Practiquemos

A. La fiesta. Ana's family is planning a party. Ana tells us who is doing what. Fill in the blanks with the correct form of the verb **hacer.**

Yo siempre ＿＿＿＿＿＿ la sangría, pero papá siempre ＿＿＿＿＿＿ la limonada. Silvia y Adela ＿＿＿＿＿＿ el pudín de chocolate. José y yo ＿＿＿＿＿＿ las pizzas. Él ＿＿＿＿＿＿ tres y yo ＿＿＿＿＿＿ cuatro. Yo pregunto a Rosita, —Y tú, ¿qué ＿＿＿＿＿＿ para la fiesta? Ella contesta, —Yo ＿＿＿＿＿＿ mucho ruido (*noise*).

B. La rutina diaria (*The daily routine*). Answer the following questions.

> | MODELO | ¿Qué hace Ud. cuando no desea estudiar? |
> |---|---|
> | | **Miro la televisión.** |

¿Qué hace Ud...

    1. si el profesor llega tarde a clase?

    2. después de las clases?

    3. todos los días por la mañana?

    4. si hay una fiesta el lunes por la noche y un examen el martes por la mañana?

    5. si un amigo charla con Ud. en inglés (*English*) en la clase de español?

C. Lugares (*Places*). Practice using the verb **ir** by answering the following questions. These words and phrases may be useful. Answer with complete sentences.

la oficina	la sala de clase	la cafetería	la librería
la residencia	la clase de español	la biblioteca	la fiesta de Rosa

¿Adónde...

1. va Ud. para bailar toda la noche?
2. vamos nosotros para comprar lápices y bolígrafos?
3. va José para charlar con María?
4. van Uds. para estudiar para el examen final?
5. vas tú para hablar español?
6. va el profesor para preparar la clase?
7. va la profesora para enseñar?
8. van los estudiantes para escuchar la radio?

D. ¿Adónde va? Y ¿qué hace? Using the model below, ask where each of the following people go and what they do there. Do this exercise with a classmate and follow the model.

> **MODELO**
>
> Juan... fiesta / bailar
> Estudiante 1: ¿Adónde va Juan?
> Estudiante 2: **Va a la fiesta.**
> Estudiante 1: ¿Qué hace allí?
> Estudiante 2: **Baila.**

1. María... biblioteca / estudiar
2. Carlos y Pablo... oficina de la profe / hablar de la tarea
3. el profesor Martínez... España / trabajar
4. Uds.... librería / comprar papel
5. tú... cafetería / tomar una limonada
6. Juanita y Ud.... residencia / mirar un video

E. Más tarde. Form questions using the words and phrases below. A classmate will answer the questions using the **ir** + **a** + *infinitive* construction. Follow the model.

> **MODELO**
>
> Marisa / hacer la tarea ahora (mañana)
> Estudiante 1: ¿Marisa hace la tarea ahora?
> Estudiante 2: **No, Marisa va a hacer la tarea mañana.**

1. tú / escuchar la radio esta noche (mañana)
2. Luisito / mirar la Plaza Sésamo (*Sesame Street*) ahora (por la tarde)
3. los estudiantes / ir a San Juan el lunes (el sábado)
4. Uds. / usar la computadora a las tres (a las siete)
5. La profesora / enseñar la gramática hoy (mañana)

F. Asociaciones. Ask what the following people are going to do with the following things. A classmate will answer, using one of the verbs from the list below. Follow the model.

| MODELO | Susana / libro de biología |

Estudiante 1: ¿Qué va a hacer Susana con el libro de biología?
Estudiante 2: **Va a estudiar.**

| preparar | contestar | tomar | practicar |
| mirar | pagar | escuchar | enseñar |

1. José / tarea
2. el estudiante / matrícula
3. el chico / cassette
4. José y Tomás / la pronunciación

5. Ud. / video
6. Marta y yo / pregunta
7. el profesor / la lección
8. Miguel / café

The Expression *acabar de*

The expression **acabar de** + *infinitive* means *to have just done something*. Note that de is a preposition, and in Spanish the infinitive form of the verb always follows a preposition.

| ¿Qué acabas de hacer? | *What have you just done?* |
| Acabo de estudiar para un examen. | *I have just studied for an exam.* |

✴ Practiquemos

 A. Problemas en la clase. José has a lot of problems in class although he tries everything. His friend Sofía suggests some solutions. Formulate questions and have a classmate answer using **acabar de** + *infinitive*. Follow the model.

| MODELO | estudiar la gramática |

Sofía: ¿Necesitas estudiar la gramática?
José: No, **acabo de estudiar la gramática.**

1. hablar con el profesor
2. buscar un diccionario
3. usar la computadora
4. hacer las correcciones

5. ir a la librería
6. pasar tiempo en la biblioteca
7. tomar una aspirina

 B. Más preguntas. Answer the following questions and then ask a classmate.

| MODELO | ¿Qué acaba de hacer Ud. si tiene (*you have*) un bolígrafo? |

Acabo de preparar la tarea.

¿Qué acaba de hacer Ud. si tiene...

1. un cassette?
2. un libro de español?

3. un video?
4. un diccionario?

En resumen

A. No, no. Jaime asks Elisa many questions and she always answers negatively. With a classmate, play the roles of Jaime and Elisa. Answer in an original way.

MODELO	Jaime: ¿Estudias en la residencia? Elisa: **No, no estudio en la residencia. Estudio en la biblioteca.**

1. ¿Vas al gimnasio por la mañana?
2. ¿Miras la televisión en el centro estudiantil?
3. ¿Tomas clases con el profesor Suárez?
4. ¿Llegas tarde a la clase de español?
5. ¿Usas la máquina de escribir?

B. Octavio, ¿por qué... ? Octavio's little brother asks him a lot about university life. Answer his questions with complete sentences.

MODELO	Rafaelito: Octavio, ¿por qué hay pizarras en las aulas? Octavio: **Hay pizarras en las aulas porque los profesores usan las pizarras para enseñar la gramática.**

Octavio, ¿por qué...
1. escuchan los estudiantes cassettes?
2. no miras la televisión ahora?
3. va Juan Luis a la fiesta con Juliana?
4. están los estudiantes siempre en la biblioteca?
5. no habla inglés en clase el profesor?
6. no estudias hoy?
7. hablas mucho con las chicas?
8. tomas aspirina ahora?

C. La escuela secundaria en España. Isabel Serrano talks about what it is like to study in a liceo.[1] Give the correct form of the verbs in parentheses in the present tense and choose the appropriate word where two choices are given. These paragraphs contain structures presented in the preliminary sections as well as in Lesson 1. Before reading, scan the paragraphs and make a list of all the cognates that you recognize.

---

[1]At the secondary level, a Spanish liceo is similar to a college preparatory high school.

Excepto por la enseñanza (*education*) preescolar, (el, la) sistema educativo en España es diferente al sistema en los Estados Unidos. La enseñanza primaria (es, está) obligatoria, y gratuita (*free*). Aquí nosotros (necesitar) _____ el título para entrar en la escuela secundaria y para obtener (un, una) trabajo (*job*).

(Hay, Están) muchos tipos de escuelas secundarias en España; escuelas tecnológicas, escuelas militares y escuelas comerciales. Yo (estudiar) _____ en un liceo porque (desear) _____ estudiar en la universidad. (Tomar) _____ clases como la historia, las matemáticas y el italiano.

Nosotros (entrar) _____ a (los, las) ocho (de, por) la mañana. A las dos nosotros (ir) _____ a casa (*home*), estamos con la familia y (regresar—nosotros) _____ a la escuela a las cuatro. (El, La) día escolar (terminar) _____ a las siete. El sistema es muy rígido. Todas las clases son obligatorias. También (hay, es) mucha tarea. En la escuela (los, las) estudiantes no (practicar) _____ deportes (*sports*) y no (participar) _____ en clubes, clases de arte, música, etc., porque, en general, no hay actividades extraescolares en las escuelas secundarias.

1. Choose the word in parentheses that best completes the sentence.
   a. En España, la enseñanza preescolar es (similar/diferente) a la enseñanza preescolar en los Estados Unidos.
   b. Hay varios tipos de escuelas (primarias/secundarias) en España.
   c. Isabel está en el liceo porque desea (estudiar en la universidad/trabajar) después de graduarse.
   d. El liceo es (rígido/flexible).
   e. A las dos de la tarde los estudiantes (regresan a la escuela/van a casa).
   f. En el liceo no hay (mucha tarea/muchas actividades después de las clases).

2. Carefully reread the paragraphs and find another way of expressing the following words or phrases.
   a. inflexible   d. de educación
   b. diploma   e. colegio
   c. elemental   f. con la excepción de

D. **Obligaciones y diversiones.** Make a list of five things that you are going to do after class using complete sentences and the ir + a + *infinitive* construction.

E. **Vamos a clase.** Translate the following dialogue to Spanish.

Raúl:	See you later, Carlos. Paco and I are going now.
Carlos:	But . . . class is at five and it's four thirty.
Raúl:	I need to speak with the professor before class. He always arrives early.
Carlos:	Are you going to buy the books today?
Raúl:	I've just returned from the bookstore and the books are not there.

F. Una tarjeta postal (*postcard*). You have just received the following postcard from your friend Carmen in Toledo, Spain. Write back to her, answering her questions.

PARADOR NACIONAL CONDE DE ORGAZ · TOLEDO
N.º 6

¡Hola!

¿Cómo estás? Y, las clases . . . ¿todo bien o todo mal? ¿Qué estudias? ¿Vas mucho a la biblioteca? ¿Cuántos estudiantes hay en la clase de español? ¿Necesitas comprar muchos libros? ¿Escuchas cassettes en el laboratorio de lenguas? Yo, sí. . . pero en inglés, claro. ¿Cuándo preparas la tarea? ¿Qué haces en el centro estudiantil? ¿Usas una computadora o una máquina de escribir? ¡Deseo saber (*to know*) todo!

Besos (Kisses) de,
Carmen

PARADORES NACIONALES DE TURISMO · ESPAÑA

FISA · I.G. · Palaudarias. 26 · Barcelona · Printed in Spain
Dep. Legal B. 27394-XXVI

🔲 Escuchemos

A. ¿Qué hace Juan? You will hear a series of sentences that tell you what Juan is doing. Repeat each one, and then decide if the corresponding drawing matches the description. Write **cierto** or **falso** in the space below each drawing.

| MODELO | Juan toma café.

FALSO

1. _____

2. _____

3. _____

4. _____

5. _____

6. _____

7. _____

8. _____

B. Dictado (*Dictation*). You will hear a short narration about Hispanic universities. Listen carefully to the entire selection. Listen again and write each sentence during the pauses. You will hear the new word **difícil** (*difficult*).

You will then hear a series of questions related to the dictation. Answer them with complete sentences. Refer to your dictation.

Lección 2

En clase

Aviso cultural

In Spain and Latin America the universities are composed of **facultades** or *schools,* such as la **Facultad de Medicina,** la **Facultad de Derecho** (*law*), and la **Facultad de Ingeniería** (*engineering*). Unlike in the United States, entering students choose the **facultad** that corresponds to their **carrera** (*major*) and they take all of their classes there, most of which are in their specialized field. Since many universities do not have a campus, the **facultades** are often located in different areas of the city. If you were studying at a Hispanic university, in which **facultad** would you be enrolled?

Preparativos (You may want to review the vocabulary list on pp. 83–85 before and/or after viewing the video.)

As you watch the video or read the following dialogue, try to pick out the adjectives. Pay close attention to their use, and to the nouns that they modify. Are they singular or plural? Are they masculine or feminine? Why?

Sí, yo sé la respuesta[1]

ANTONIO	Es mi segundo día de clase y no comprendo nada del idioma inglés.
JUAN	Pues, en sólo dos días no vas a comprender mucho. Pero, ¿qué piensas de la profesora?
BLAS	Yo creo que no es mala profesora de lenguas, pero debe hablar más despacio.
ANTONIO	Y también debe repasar todas las palabras difíciles.
BLAS	Estoy preocupado de no poder hablar bien la lengua inglesa. Soy tímido y no me gusta hablar delante de la clase. Prefiero la química y las matemáticas porque no necesito hablar en clase. La profesora de esta clase siempre me hace hablar.

---

[1]For an English translation of this dialogue, see Appendix A, p. A3.

JUAN	Tú, ¿tímido?... ¡Imposible! Además, es necesario hablar mucho y participar si deseas aprender una lengua. Yo creo que la profesora es muy buena. Nos va a ayudar mucho. Y por lo menos en la comprensión voy a recibir una buena nota porque ya comprendo todo lo que ella dice.
ANTONIO	Luego hablamos. Ahora viene la profesora.
PROFESORA	Buenos días, o como se dice en inglés... *Good morning class.* Hoy empezamos en la página número dos del libro de lecturas. Empieza a leer Laura.
LAURA	Hay una frase que no sé leer.
PROFESORA	Bueno, vamos a abrir todos el libro en la primera lección y voy a pronunciar esa frase.
... y más tarde	
PROFESORA	Esto es todo por hoy. Uds. deben estudiar los verbos *to be* y *to do* para mañana porque hay un examen.

Uds., los actores. Now act out the following segment. Pay close attention to the emphasized structures.

<div align="center">**... y luego, en la cafetería**</div>	
JUAN	Bueno, ¿qué tomas?
BLAS	Un sándwich **grande** y **delicioso**, una limonada **fría** y papas **fritas**.
ANTONIO	¿Estás loco? Acabas de comer un sándwich grande. No es bueno comer tanto.
BLAS	Ya lo sé. Pero, creo que la comida en la cafetería está tan **rica**, ¿por qué no?

Es decir

A. The following sentences are false. Referring to the dialogue, correct them.

1. Antonio comprende inglés muy bien.

2. La profesora habla muy despacio.

3. Blas es muy tímido.

4. Antonio va a empezar a leer.

5. Hay un examen hoy.

B. Fill in the blanks with **a** or **de.**

1. Es el segundo día _____ clase.
2. Voy _____ pronunciar esa frase.
3. ¿Qué piensas _____ la profesora?
4. No me gusta hablar delante _____ la clase.
5. Va _____ ayudar mucho.
6. La profesora _____ esta clase me hace hablar.

⭐ Practiquemos

 A. En grupos (*In groups*). Practice the dialogue with your classmates. Now act it out, incorporating the appropriate gestures.

 B. Impresiones. In groups, write two first impressions that the professor has of Blas, Antonio, and Juan. Use adjectives from the vocabulary list on pp. 85; 91.

Al ver el video

After viewing the video, do the following exercises.

A. All of the sentences are false. Correct them with complete sentences.

1. Antonio, Blas y Juan están solos (*alone*) en el aula.
2. Hay menos de diez estudiantes en la clase.
3. Los estudiantes entran en el aula silenciosamente.
4. La profesora entra en el aula antes de los estudiantes.
5. Todos los escritorios son individuales.
6. Cuando la profesora anuncia el examen los estudiantes no reaccionan.

B. What are some similarities (**similaridades**) between this class and a class of university students in the U.S.?

Vocabulario

Verbos

-ar

ayudar	to help
cambiar	to change
entrar	to enter
llevar	to carry; to take; to wear
pronunciar	to pronounce
repasar	to review

-er

aprender	to learn
beber	to drink
comer	to eat
comprender	to understand
creer	to believe; to think
deber	ought to; should; must; to owe
leer	to read
vender	to sell

-ir

abrir	to open
asistir (a)	to attend
consistir (en)	to consist (of)
decidir	to decide
escribir	to write
insistir (en)	to insist (on)
recibir	to receive
vivir	to live

En la clase

el año	year
la beca	scholarship
el capítulo	chapter
el examen	test
la frase	sentence, phrase
el horario	schedule
la lección	lesson
la nota	grade
la palabra	word
la pregunta	question
la prueba	quiz
la respuesta	answer
el semestre	semester

Frases útiles para la clase *(Useful phrases for the class)*

No comprendo.	*I don't understand.*
No sé.	*I don't know.*
Otra vez, por favor.	*Again, please.*

Repita(n), por favor.	*Repeat, please.*
¿Cómo se dice... ?	*How do you say . . . ?*
¿Qué significa... ?	*What does . . . mean?*
Más alto (bajo), por favor.	*Louder (Quieter), please.*
Abra(n)/Cierre(n) el libro.	*Open/Close the book.*
¿Cómo se escribe... ?	*How do you spell . . . ?*

Personas

el (la) consejero(a)	*counselor*
el (la) decano(a)	*dean*
el (la) maestro(a)	*teacher*
el profesorado	*faculty*

Materias (Asignaturas)   *(Subjects)*

el alemán	*German*
el arte	*art*
la biología	*biology*
el cálculo	*calculus*
la ciencia política	*political science*
las ciencias de computadora	*computer science*
la contabilidad	*accounting*
el derecho	*law*
la economía	*economics*
el español	*Spanish*
el francés	*French*
la historia	*history*
el idioma *m.* **(la lengua)**	*language*
el inglés	*English*
el italiano	*Italian*
las matemáticas	*mathematics*
la medicina	*medicine*
la música	*music*
la química	*chemistry*
la sicología	*psychology*
la sociología	*sociology*

Palabras útiles   *(Useful words)*

debajo de	*under*
delante de	*in front of*
despacio (lento[1])	*slowly*
detrás de	*in back of*
encima de	*on*
luego	*later, after*
por	*for, because of, by*
por eso	*therefore*

[1]Note that, unlike **despacio**, **lento** can also be used as an adjective.

pronto	*soon, right away*
sólo (solamente)	*only*

Adjetivos
(see p. 91 for more useful adjectives)

aburrido	*bored, boring*
alegre (feliz)	*happy*
aplicado	*applied, hard-working*
bueno	*good, okay*
cansado	*tired, tiresome*
contento	*content*
enfermo	*sick*
malo	*bad*
otro[1]	*another*
perezoso	*lazy*
preocupado	*worried*
trabajador	*hard-working*
triste	*sad*

Repasemos el vocabulario

A. ¿Cuál no pertenece? (*Which doesn't belong?*) Indicate which word does not belong and explain.

> **MODELO**   decano   consejero   instructor   profesorado
> **Profesorado. Decano, instructor y consejero son personas individuales pero profesorado es un grupo de personas.**

1. derecho   alemán   español   francés
2. cálculo   historia   contabilidad   matemáticas
3. aburrido   perezoso   trabajador   cansado
4. triste   horario   alegre   enfermo
5. pronto   detrás de   delante de   debajo de

B. ¿Qué hacen los estudiantes allí? Match the first column with the activity one does in the second column.

1. residencia   **a.** pronunciar
2. cafetería   **b.** leer
3. biblioteca   **c.** vivir
4. librería   **d.** beber
5. clase   **e.** vender
6. laboratorio de lenguas   **f.** aprender

   C. Frases originales. Use the lists of nouns and verbs from exercise B and any other necessary words and phrases to write six original sentences.

---

[1]Note that **otro(a)** is never used with the singular indefinite article **un(a)**.

D. Frases útiles. Fill in the blanks with the correct word or phrase from the Frases útiles list on pp. 83–84.

1. Repita, por favor. Yo _____ .
2. ¿ _____ *arquitect* en español?
3. Buenos días, clase. _____ en la página 45.
4. Hay mucho ruido (*noise*). Ud. debe hablar _____ , por favor.
5. ¿Qué hora es? _____ . No hay un reloj por aquí.
6. ¿ _____ la palabra **periódico** en inglés? No está en la lista de vocabulario.

E. En el futuro (*In the future*). Tell what you need to study to have the following professions. Complete the following sentence five different ways, using the professions listed below in the second blank and the appropriate subjects from the vocabulary list in the first blank.

| MODELO | Estudio _derecho_ porque voy a ser _juez_ (*judge*). |

artista   sociólogo   doctor   presidente   sicólogo

Estudio _____ porque voy a ser _____ .

F. ¿Cómo están hoy? Fill in the blanks with an adjective from the list below and complete the sentence in an original way.

triste   cansado   preocupado
aburrido   contento   enfermo

| MODELO | Hoy el maestro está _alegre_ porque...
los estudiantes estudian mucho. |

1. Hoy el profesor está _____ porque...
2. Hoy los estudiantes están _____ porque...
3. Hoy el muchacho perezoso está _____ porque...
4. Hoy yo estoy _____ porque...

The Present Indicative of *-er* and *-ir* Verbs

Forma

As with -ar verbs, to conjugate -er and -ir verbs you remove the infinitive endings and add the appropriate personal endings.

COMPRENDER (to understand)			ASISTIR (to attend)		
yo	comprendo	nosotros comprendemos	yo	asisto	nosotros asistimos
tú	comprendes	vosotros comprendéis	tú	asistes	vosotros asistís
él ella } comprende Ud.		ellos ellas } comprenden Uds.	él ella } asiste Ud.		ellos ellas } asisten Uds.

Note that the endings for -er and -ir verbs are identical except for the **nosotros** and **vosotros** forms.

Función

As discussed in Lesson 1, the present tense in Spanish is used to express various actions and ideas.

$$
\text{(yo) asisto}
\begin{cases}
\text{a. I attend} \\
\text{b. I do attend} \\
\text{c. I am attending} \\
\text{d. I will attend (in the immediate future)}
\end{cases}
$$

Some common -er and -ir verbs are:

-er

aprender	*to learn*	deber	*ought to, should; must; to owe*
beber	*to drink*	leer	*to read*
comer	*to eat*	vender	*to sell*
creer	*to believe*		

-ir

abrir	*to open*	insistir (en)	*to insist (on)*
consistir (en)	*to consist (of)*	recibir	*to receive*
decidir	*to decide*	vivir	*to live*
escribir	*to write*		

★ Practiquemos

A. Las notas. Refer to the grade form from the University of Valencia, Spain. Use the verb **recibir** to tell what grades Tomás receives in each of his classes.

MODELO	Tomás recibe *bien* en la clase de inglés.

UNIVERSIDAD DE VALENCIA

Notas de: Tomás Moreno

	MATERIA	NOTA
1	español	sobresaliente
2	historia	muy bien
3	inglés	bien
4	cálculo	regular
5	economía	malo
6		

B. ¿Y los otros? (*And the others?*) Tomás's grade in economics is very bad. Use the cues and the correct form of the verb **recibir** to tell what grades some other students receive.

> **MODELO**   Paco / regular
> **Paco recibe *regular* en la clase de economía.**

1. yo / sobresaliente
2. nosotros / bien
3. tú / muy bien
4. Julio / regular
5. Irene y Gustavo / malo
6. tú y yo / muy bien

C. ¿Mucho o poco? Practice using **mucho** and **poco** with -er and -ir verbs by forming sentences with the following subjects. Follow the model.

> **MODELO**   leer: los estudiantes de derecho / tú
> **Los estudiantes de derecho leen mucho pero tú lees poco.**

1. aprender: nosotros / el estudiante perezoso
2. escribir: los consejeros / Diana
3. leer: la decana / José y yo
4. comprender: los maestros / yo
5. decidir: el estudiante aplicado / Rafael y Roberto
6. comer: los estudiantes / nosotros

D. ¿Quién lo hace? (*Who does it?*) Choose the appropriate subject from the list below and form complete sentences to tell who does what.

las estudiantes de inglés   la maestra   el estudiante perezoso
el consejero   las estudiantes aplicadas   los estudiantes de español
el estudiante enfermo

1. practicar la pronunciación de la **rr**
2. enseñar la clase
3. aprender los verbos *to be* y *to have*
4. no asistir a clase
5. recibir malas notas
6. comprender toda la lección
7. ayudar a los estudiantes con problemas sicológicos

E. Problemas en clase. Fill in the blanks with the correct form of the verb in parentheses in the present tense.

Victoria (ser) _____ una buena amiga. Nosotras (estudiar) _____ italiano y (estar) _____ en la clase de la profesora Licata. Pero, hay un problema. Nosotras (ser) _____ muy diferentes. Yo (creer) _____ que es importante estudiar. Yo (ser) _____ muy aplicada y responsable. Yo (asistir) _____ a clase todos los días. Victoria no (asistir) _____ mucho y por eso ella (recibir) _____ malas notas. Los profesores (estar) _____ preocupados porque ella no (escribir) _____ la tarea.

Yo (aprender) _____ mucho en todas las clases y (recibir) _____ muy buenas notas. Yo no (comprender) _____ por qué ella no (leer) _____ las lecciones. Ella (deber) _____ repasar el vocabulario también. Yo (creer) _____ que la educación es muy importante.

F. Preguntas personales. Answer the following questions.

1. ¿Qué días asiste Ud. a clase?
2. ¿Qué clases toma Ud.? ¿Qué notas recibe Ud. en las clases?
3. ¿Lee Ud. mucho? ¿Qué lee?
4. ¿Qué aprende en la clase de español?
5. ¿Qué debe Ud. hacer para recibir buenas notas?
6. ¿Por qué es importante hablar español?

 Now change the questions to the **tú** form and interview a classmate.

Adjectives

Forma y función

Adjectives are used to describe or limit persons, places, and things.

novia   *girlfriend*
juntos   *together*

Agreement of Adjectives

1. Adjectives agree in number and gender with the nouns they modify. Adjectives that end in -o are masculine singular, and have a masculine plural, a feminine singular, and a feminine plural form.

	Masculine	Feminine
Singular	el chico aplicado	la chica aplicada
Plural	los chicos aplicados	las chicas aplicadas

2. Adjectives that end in -e or in a consonant other than -n or -r have only two forms. They maintain the same form for masculine and feminine and change only to agree in number with the noun they modify.

	Masculine	Feminine
Singular	el muchacho alegre el muchacho feliz	la muchacha alegre la muchacha feliz
Plural	los muchachos alegres los muchachos felices	las muchachas alegres las muchachas felices

3. Most adjectives of nationality have four forms, including those that end in a consonant.[1]

	Masculine		Feminine	
Singular	el profesor	mexicano español inglés	la profesora	mexicana española inglesa
Plural	los profesores	mexicanos españoles ingleses	las profesoras	mexicanas españolas inglesas

Other adjectives of nationality include: **chino** (*Chinese*), **francés, irlandés** (*Irish*), **japonés** (*Japanese*), **ruso** (*Russian*), **alemán.**

¡AVISO! Adjectives of nationality are not capitalized in Spanish, but the names of the countries are. ¿Es español? Sí, es de España.

---

[1]Note that masculine singular adjectives of nationality that end in -n or -s have a written accent on the last syllable. The feminine singular form and the plural forms do not. See rules of accentuation on pp. 10–11.

4. Adjectives whose masculine singular form ends in -or add -a for the feminine.

un muchacho trabajador   una muchacha trabajadora

5. Adjectives are pluralized in the same way as nouns.

a. Add -s to adjectives that end in a vowel.

el estudiante aplicado   los estudiantes aplicados
la chica perezosa   las chicas perezosas

b. Add -es to adjectives that end in a consonant.

el estudiante trabajador   los estudiantes trabajadores

c. The verb **ser** is used with many adjectives to express basic qualities or characteristics of the noun or pronoun being modified.

¿Cómo **es** Alejandro?   *What is Alejandro like?*

Alejandro **es inteligente** y   *Alejandro is intelligent and*
   trabajador.   *hard-working.*

The following are pairs of adjectives with opposite meanings that are commonly used with **ser.** Some of these you already know, but learn the new ones, as they are extremely common and useful.

aburrido/interesante	*boring/interesting*	guapo (bonito)/feo	*handsome (pretty)/ugly*
alto/bajo	*tall/short*	inteligente/estúpido	*intelligent/stupid*
bueno/malo	*good/bad*	joven/viejo	*young/old*
delgado/gordo	*slim/fat*	rico/pobre	*rich/poor*
difícil/fácil	*difficult/easy*	rubio/moreno	*blond/brunette*
grande/pequeño	*big/small*	simpático/antipático	*nice/unpleasant*

6. The verb **estar** is used with some adjectives to express conditions or states of being of the noun or pronoun being modified.

Hoy es el examen y María está   *Today is the test and María is*
   preocupada.   *worried.*

Note the following adjectives commonly used with estar.[1]

aburrido	*bored*	enfermo	*sick*
cansado	*tired*	preocupado	*worried*
contento (alegre, feliz)	*happy*	triste	*sad*

---

[1]Note that some adjectives (such as **aburrido**) change their meaning when used with ser and estar. Cansado is another example: **Ser cansado** = *to be tiresome.* **Estar cansado** = *to be tired.*

✦ Practiquemos

A. Conclusiones. Using the verb **ser** and adjectives from the list below, draw conclusions about the following people. Use the correct form of the adjective you choose. Follow the model.

> | MODELO | Marcos practica el básquetbol.
> **Marcos es alto.**

rico   inteligente   simpático   trabajador   perezoso

1. Sandra siempre ayuda a las personas viejas.
2. Roberto y yo no deseamos trabajar.
3. Uds. comprenden todo y reciben muy buenas notas.
4. Yo estudio todos los días por diez horas.
5. Pablo y Rosa compran muchas cosas para toda la clase.

B. Más conclusiones. Using the verb **estar** and adjectives from the list below, draw conclusions about the physical or emotional state of the following people. Use the correct form of the adjective you choose. Follow the model.

> | MODELO | Miguel y José deben tomar un examen mañana.
> **Miguel y José están preocupados.**

contento   triste   enfermo   feliz   cansado

1. Anita toma muchas aspirinas.
2. Uds. no van a clase mañana.
3. Tú vas a una fiesta muy buena esta noche.
4. Los chicos necesitan estudiar todo el fin de semana.
5. Nosotros estudiamos español y son las 3:00 de la mañana.

C. Al plural. Change the following sentences to the plural.

> | MODELO | El muchacho está nervioso.
> **Los muchachos están nerviosos.**

1. El doctor está enfermo.
2. El decano está feliz.
3. El estudiante está preocupado.
4. El maestro está cansado.
5. El consejero está triste.

D. Y ahora, el opuesto (*And now, the opposite*). Change the sentences from exercise C to the feminine singular, and then the feminine plural.

> | MODELO | El muchacho está nervioso.
> **La muchacha está nerviosa.**
> **Las muchachas están nerviosas.**

E. Sí, pero... Answer the following questions affirmatively, and give the antonym of the adjective in the original sentence. Follow the model.

MODELO	¿Es *interesante* la conferencia? Sí, pero las clases...

Sí, pero las clases *son aburridas.*

1. ¿Es *fácil* la lección de francés? Sí, pero las lecciones de cálculo...
2. ¿Es *alto* Raúl? Sí, pero José y Rafael...
3. ¿Es *viejo* el profesor de italiano? Sí, pero los profesores de alemán...
4. ¿Es *grande* el gimnasio? Sí, pero las residencias...
5. ¿Es *perezosa* Carmen? Sí, pero Amalia y Rosa...

Now complete the following sentences in an original way.

6. ¿Es *rubio* el maestro? Sí, pero...
7. ¿Es *trabajador* Miguel? Sí, pero...
8. ¿Es *simpático* el decano? Sí, pero...

F. Nacionalidades. Choose the appropriate adjective and complete the following sentences according to the model. Use the correct form of the adjective you choose.

MODELO	La Universidad Simón Bolívar es <u>venezolana.</u> Está en <u>Venezuela.</u>

puertorriqueño   español   argentino   mexicano   cubano

1. Los cigarros "Fidel Castro" son _____ . Están en _____ .
2. La cafetería "Don Quijote" es _____ . Está en _____ .
3. El hospital "Evita Perón" es _____ . Está en _____ .
4. Las tortillas "Azteca" son _____ . Están en _____ .
5. El ron (*rum*) "San Juan" es _____ . Está en _____ .

Placement of Adjectives

1. Descriptive adjectives generally follow the nouns they modify.

   una prueba **difícil**   *a difficult test*
   unas clases **aburridas**   *some boring classes*

   ¡AVISO! Adjectives of nationality always follow the nouns they modify: un chico
   francés (*a French boy*)

2. Limiting or quantitative adjectives precede the nouns they modify.

   tres profesores   *three professors*
   muchas / pocas becas   *many / few scholarships*
   ¿Cuántas personas hay?   *How many people are there?*
   otro bolígrafo   *another pen*

   ¡AVISO! Cardinal numbers **dos, cuatro,** and so forth, do not agree with the
   nouns they modify: **cuatro** chicas.

3. The adjectives **bueno** and **malo** may also precede the nouns they modify. When placed before a masculine singular noun, **bueno** is shortened to **buen** and **malo** to **mal**.

un hombre **bueno** *or* un **buen** hombre   *however:* una **buena** mujer

un hombre **malo** *or* un **mal** hombre   *however:* una **mala** mujer

4. **Grande** means *big* or *large* when it follows a noun, and *great* when it precedes a noun. **Grande** is shortened to **gran** when placed before a masculine or feminine singular noun.

un **gran** hombre   *a great man*

una **gran** mujer   *a great woman*

un hombre **grande**   *a big man*

✦ Practiquemos

A. Al singular. Change the sentences from plural to singular. Explain the position of the adjective.

MODELO	unos secretarios alemanes
	un secretario alemán. The adjective **alemán** (*German*) is an adjective of nationality and therefore always follows the noun it modifies.

1. unos buenos profesores
2. unos estudiantes franceses
3. unas muchachas guapas
4. unos años malos
5. unas grandes oportunidades

B. ¿Quiénes son? Use the nouns and adjectives below and any other necessary words to describe the following people.

MODELO	Gabriela Sabatini es una <u>tenista buena</u>.

Personas	Sustantivos	Adjetivos
1. George Bush	actor	norteamericano
2. Jerry Seinfeld	beisbolista	musical
3. Roberto Alomar	ex presidente	famoso
4. Andy García	cómico	republicano
5. Henry Cisneros	grupo	inteligente
6. Miami Sound Machine	político	fantástico

C. Más descripción, por favor. Be more descriptive by inserting the adjectives in parentheses into the sentences.

MODELO	Necesito una novela. (grande / francés)
	Necesito una gran novela francesa.

1. Hay chicas aquí. (mucho / bonito)

2. Publican libros. (grande / histórico)

3. Busco un diccionario. (bueno / alemán)

4. Es un presidente. (grande / americano)

5. Hay tarea. (mucho / difícil)

D. Traducciones. Translate the following phrases to Spanish.

1. a bad grade
2. another class
3. How many teachers?
4. the French faculty
5. a good year

6. a large campus
7. some difficult classes
8. many hard-working students
9. thirty little girls
10. a great Spanish president

More about *ser, estar* and *hay*

Forma

SER (to be)		ESTAR (to be)		HAY (there is / are)
yo soy	nosotros somos	yo estoy	nosotros estamos	hay
tú eres	vosotros sois	tú estás	vosotros estáis	
él ⎫	ellos ⎫	él ⎫	ellos ⎫	
ella ⎬ es	ellas ⎬ son	ella ⎬ está	ellas ⎬ están	
Ud. ⎭	Uds. ⎭	Ud. ⎭	Uds. ⎭	

Función

Remember that although in English there is only one verb *to be*, in Spanish there are two: **ser** and **estar**.

Ser is used:

1. with the preposition **de** to indicate:

   a. possession.

   Es el libro de Gloria.   *It's Gloria's book.*

   ¿De quién es el lápiz? Es de José.   *Whose pencil it is? It's José's.*

   b. place of origin.

   Soy de Santiago de Chile. ¿De   *I'm from Santiago, Chile. Where*
   dónde eres tú?   *are you from?*

   c. material from which something is made.

   Mi escritorio es de metal y mi   *My desk is metal and my pen is*
   bolígrafo es de plástico.   *plastic.*

2. to express nationality, religion, political affiliation, and with adjectives that indicate qualities or characteristics.

Manolo es italiano. Es católico y es muy simpático y trabajador.	*Manolo is Italian. He is Catholic and is nice and hard-working.*
¿Cómo es Josefina? Ella es alta, guapa, morena y muy inteligente.	*What is Josefina like? She's tall, pretty, brunette, and very intelligent.*

3. to express the hour and the date.

¿Es tarde[1]? ¿Qué hora es?	*Is it late? What time is it?*
Hoy es martes, el tres de abril.[2]	*Today is Tuesday, April third.*

4. with adjectives to form general, or impersonal expressions.

Es importante estudiar para recibir buenas notas.	*It is important to study in order to get good grades.*
Es bueno asistir a clase todos los días.	*It is good to attend class every day.*

5. with predicate nouns, that is, nouns that explain or rename the subject of a sentence.

Carmen es una estudiante universitaria.	*Carmen is a university student.*
Raúl es decano.[3]	*Raúl is a dean.*

6. to express where an event takes place.

La fiesta es en la residencia estudiantil.	*The party is in the dorm.*
El concierto es en el centro estudiantil.	*The concert is in the student center.*

Estar is used:

1. to indicate geographic or physical location.

La Universidad de Valencia está en España y está en el centro de la ciudad.	*The University of Valencia is in Spain and is in the center of the city.*
¿Dónde está la librería? Está detrás de la biblioteca.	*Where is the bookstore? It is behind the library.*

---

[1]You use neither **ser** nor **estar** with people to express being late or early. A person arrives (**llegar**) late or early, or is running (**ir**) late or early. **No deseo llegar tarde.** *I don't want to be (arrive) late.* **Voy tarde.** *I'm running late.*

[2]Note that the masculine definite article (**el**) is used to express the date in Spanish as it substitutes for the masculine noun **día: Es el (día) 10 de octubre.**

[3]Note the omission of the indefinite article (**un, una**) after the verb **ser** when the predicate noun is not modified. **Raúl es decano. Raúl es un decano simpático.**

2. with adjectives that indicate physical and emotional conditions and states, such as one's health or one's state of mind.

Ema está bien ahora pero está cansada.

Ema is well now but she's tired.

Hay un examen hoy y estoy preocupado.

There is a test today and I'm worried.

3. with adjectives to express sensory impressions, and is often translated as *seems, feels, tastes,* or *looks.*

La limonada está muy buena.

The lemonade tastes very good.

José está guapo hoy.

José looks handsome today.

Ser and estar used with adjectives

1. Ser is used with adjectives that express inherent qualities or characteristics of a person, place, or thing. For example: alto, simpático, moreno, viejo, inteligente.

2. Estar is used with adjectives that express a change in the usual states or conditions of a person or thing. It may reflect the state of an object or person described at a particular moment in time, for example: nervioso, frío (*cold*), cansado, enfermo. Estar is also used with adjectives that express the result of a previous action, for example: sorprendido (*surprised*), roto (*broken*).

3. Both ser and estar can be used with many of the same adjectives; however, because of the nature of these verbs, the meanings will vary. Note the following examples.

Adjective	Ser	Estar
triste	La novela es triste. *The novel is sad.*	Pablo está triste. *Pablo is (feeling) sad.*
guapo	Julio es guapo. *Julio is handsome.*	Julio está guapo hoy. *Julio looks handsome today.*
aburrido	El programa es aburrido. *The program is boring.*	Yo estoy aburrido. *I'm bored.*
listo	El niño es listo. *The boy is intelligent.*	El niño está listo para la clase. *The boy is ready for class.*
rico	El doctor Moreno es rico. *Doctor Moreno is rich (wealthy).*	El chocolate está rico. *The chocolate is delicious.*
verde	El suéter de María es verde. *María's sweater is green.*	La fruta está verde. *The fruit is unripe.*

The use of hay

Hay is an irregular form derived from the verb **haber**. **Haber** is mainly an auxiliary verb and means *to have,* in the sense of to have done something. **Hay**, however, does not vary in form and means *there is* as well as *there are.* Do not confuse this verb with either **ser** or **estar**. Compare the following forms.

hay: there is	es: it / he / she / you } is/are	está: it / he / she / you } is/are
hay: there are	son: they / you } are	están: they / you } are

Hay un estudiante en la clase.	*There is one student in class.*
Un estudiante **está** en la clase.	*One student is in class.*
Hay una clase de español a la una.	*There is a Spanish class at one o'clock.*
Es una clase de español.	*It is a Spanish class.*

✯ Practiquemos

A. Look at the following ads and headlines and tell why **ser**, **estar**, or **hay** is used.

1.

ESTAMOS UNIDOS

2.

Todos <u>somos</u> víctimas de las drogas

3.

En Nicaragua hay realmente un conflicto

4.

Todo <u>es</u> más fácil de hacer con la ayuda de Florida Lumber

5.

TIPS para <u>ser</u> optimista

6.

Si aquí <u>está</u> su banco ...

B. Conteste, por favor. Answer the following questions, using **ser** or **estar**. Follow the model.

> **MODELO**   ¿Pablo? ¿mexicano?
> Sí, Pablo es mexicano.

1. ¿Nosotros? ¿cansados?
2. ¿Gloria? ¿famosa?
3. ¿Madrid? ¿la capital de España?
4. ¿Madrid? ¿en España?
5. ¿Mari Luz? ¿de España?
6. ¿El español? ¿fácil?

7. ¿La profesora? ¿enferma?

8. ¿La pizza? ¿muy rica?

9. ¿Donald Trump? ¿muy rico?

10. ¿Las frutas? ¿verdes?

11. ¿Los estudiantes? ¿preocupados?

12. ¿El chico? ¿triste hoy?

C. ¿Cuántas posibilidades? Choose all of the possible answers for each sentence. Explain why certain answers are not correct.

1. El decano está...

 a. en su oficina.
 b. muy enfermo.
 c. con nosotros.
 d. profesor de arte también.

2. Somos...

 a. contentos ahora.
 b. muy inteligentes.
 c. españoles.
 d. en España.

3. Es...

 a. la una.
 b. tarde.
 c. fantástico.
 d. de metal.

4. Hay...

 a. muchas personas.
 b. un chico aquí.
 c. una fiesta en clase.
 d. poco dinero.

5. Antonio está...

 a. muy bien.
 b. aburrido.
 c. profesor.
 d. republicano.

6. El libro está...

 a. en la biblioteca.
 b. de Juan.
 c. fascinante.
 d. debajo del escritorio.

7. Tú eres...

 a. fantástico.
 b. trabajador.
 c. guapo.
 d. aplicado.

8. Son...

 a. detrás de él.
 b. las tres y media.
 c. con María.
 d. mexicanos.

D. Para terminar. Finish each question in an original way. A classmate will answer your question.

> **MODELO**   ¿Qué hay... ?
> Estudiante 1: ¿Qué hay en la biblioteca?
> Estudiante 2: **Hay libros en la biblioteca.**

1. ¿Quién es... ?

2. ¿Qué es... ?

3. ¿Cómo es... ?

4. ¿Cómo está... ?

5. ¿Dónde está... ?

6. ¿Dónde es... ?

7. ¿Qué son... ?

8. ¿Cómo están... ?

9. ¿Cuántos... hay... ?

10. ¿De quién es... ?

E. Detalles (*Details*). Study the following photograph. Use **ser**, **estar**, and **hay** and as many adjectives as you can to describe what you see.

The Contractions *al* and *del*

In Spanish there are only two contractions: **al** and **del**.

a + el = al	de + el = del

1. The preposition **a** combines with the definite article **el** to form **al**.

   Vamos **al** (a + el) centro estudiantil.   *We're going to the student center.*

2. The preposition **de** combines with the definite article **el** to form **del**.

   Aquí está el lápiz **del** (de + el) profesor.   *Here's the professor's pencil.*

   ¡AVISO! No other definite articles (**la, las, los**) combine with **a** or with **de** to form contractions.

   Vamos {a la residencia. / a las clases. / a los conciertos.}   Aquí está el lápiz {de la profesora. / de las profesoras. / de los profesores.}

⭐ Practiquemos

A. Todos hablan. Answer the questions with complete sentences using the cues given. Follow the model.

> **MODELO**   ¿De qué habla el presidente? (la situación económica)
> **El presidente habla de la situación económica.**

1. ¿De qué hablan Graciela y Rosita? (los muchachos)
2. ¿De qué habla el consejero? (el problema de Juan)
3. ¿De qué hablas tú? (la fiesta)
4. ¿De qué hablan Rita y el profesor? (las notas)
5. ¿De qué hablan Uds.? (el examen)

B. Preguntas y respuestas. Fill in the blanks with: al, a la, a los, a las, del, de la, de los, or de las.

1. ¿Vas _____ gimnasio? No, voy _____ residencia ahora.

2. ¿Hablamos _____ fiesta, Bárbara? No, hablamos _____ notas.

3. ¿Los papeles son _____ maestro? No, son _____ estudiantes mexicanas.

4. ¿Vamos a comer antes _____ concierto? No, vamos a comer después _____ concierto. Vamos a comer _____ 11:00 _____ noche.

5. ¿Llegan ellos _____ recinto en taxi? No, pero llegan _____ colegios en taxi.

6. ¿Está Miguel delante _____ edificio? No, está detrás _____ cafetería.

En resumen

A. El pro y el contra. With a classmate, make a pro and con list to correspond with each of the following entries. Compare your list with those of your classmates.

| MODELO | La residencia o apartamento donde Ud. vive |

Pro

- Es un apartamento grande.
- Muchas personas jóvenes viven allí.

Contra

- Pago mucho dinero para vivir allí.
- Sólo hay dos dormitorios y vivo con tres personas.

1. la clase de español
2. la universidad de Ud.
3. el presidente de los Estados Unidos
4. otro

B. La clase de español. Fill in the blanks with the correct form of the verbs **ser**, **estar**, or with the expression **hay**, according to the context.

La clase de español _____ muy diferente de todas mis otras clases. Primero, _____ sólo quince estudiantes en la clase. _____ muy bueno porque _____ muchas oportunidades de practicar la lengua. La profesora _____ española. Ella _____ de Madrid pero ella _____ en los Estados Unidos por cuatro años. Madrid _____ la capital y _____ en el centro de España. El nombre de la profesora _____ Elena Sopeña. Ella _____ una profesora excelente. Ella cree que _____ importante estudiar la cultura, la literatura y la lengua. Yo no _____ aburrida cuando _____ en clase porque todo _____ fascinante. Pues, _____ tarde. _____ las diez. Voy rápido a clase.

C. Ideales. Describe the ideal . . . . Follow the model.

MODELO	universidad

La universidad ideal es muy pequeña. Hay profesores muy simpáticos. El recinto es bonito y en la residencia hay cuartos muy grandes.

1. compañero(a) de cuarto
2. profesor(a)
3. clase
4. amigo(a)

 D. ¿Cómo somos? How do you see yourself? How do others see you? Describe your physical appearance and your character or personality. Have a classmate describe you. Now compare the descriptions.

E. Los anuncios (*The ads*). Complete the following ads with your own descriptive words.

1.

La fragancia _____ y _____

perfumes de la *Casa Rosa*

2.

comida   *food*

restaurante _____
comida _____ e internacional

3.

coche   *car*

El nuevo coche deportivo
un coche muy _____ y _____.

F. Mañana hay una prueba. Translate the following dialogue to Spanish.

Blas:	Antonio, how do you say, *I'm worried* in French?
Antonio:	I don't know. Why? Is there a quiz tomorrow?
Blas:	Yes, and Professor Benet's quizzes are not easy! We ought to study all night.
Antonio:	Why don't you review lesson 2? I think I'm going to call Paulette Broussard.
Blas:	Yes . . . she's the French student in sociology class.

G. Composición. Write a brief composition using the verbs **ser, estar,** and the expression **hay** to describe one of the following things.

1. la residencia   **3.** los compañeros de clase

2. Ud.   **4.** el día hoy

 # Escuchemos

A. ¿Es lógico? You will hear a series of sentences. Indicate if they are logical or not logical by placing a check on the appropriate line.

MODELO	El estudiante perezoso estudia mucho.

	Es lógico	✓ No es lógico

1. _____ Es lógico   _____ No es lógico

2. _____ Es lógico   _____ No es lógico

3. _____ Es lógico   _____ No es lógico

4. _____ Es lógico   _____ No es lógico

5. _____ Es lógico   _____ No es lógico

6. _____ Es lógico   _____ No es lógico

7. _____ Es lógico   _____ No es lógico

8. _____ Es lógico   _____ No es lógico

B. Dictado (*Dictation*). You will hear a short narration about Spanish universities. Listen carefully to the entire selection. Listen again and write each sentence during the pauses.

You will then hear a series of statements related to the dictation. Indicate whether they are true (**cierto**) or false (**falso**). Correct the false statements and answer with complete sentences. Refer to your dictation.

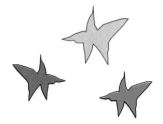

Lección 3

Necesito trabajar

Aviso cultural

How do you choose a career? In addition to your aptitude and preferences, an important factor to consider is the future demand for a profession. In many Hispanic countries, engineering, architecture, and medicine continue to attract large numbers. Computer literacy is required in all areas of the business world. As in the U.S., students interested in attending law school are encouraged to consider the emerging fields of information law related to computer-networking, and law as it relates to rights in outer space.

Preparativos (You may want to review the vocabulary list on pp. 107–109 before and/or after viewing the video.)

As you watch the video or read the following dialogue, pay close attention to stem-changing verbs, that is, verbs that have the diphthong **ie** or **ue** in their root. Which forms have this change? Which forms retain the original **e** or **o**?

En la agencia de empleos[1]

Es una agencia de empleos grande en México. La secretaria termina su conversación telefónica y llama a una de los candidatos que están sentados (*seated*).

SECRETARIA	Muy bien, gracias. ¿Alicia Jurado?
ALICIA	Soy yo, señorita.
SECRETARIA	Por favor, diríjase a ese escritorio. Ahí la atenderá el Sr. Ruiz.
ALICIA	Gracias. Buenos días, señor.
SR. RUIZ	Buenos días, señorita...
ALICIA	Jurado. Alicia Jurado.

---

[1]For an English translation of this dialogue, see Appendix A, p. A4.

Sr. Ruiz   Tome asiento, por favor. ¿En qué puedo servirle?

Alicia   Pues, estoy aquí por el anuncio que tienen hoy en el periódico.

Sr. Ruiz   ¿Cuál de ellos, señorita? Ésta es una agencia muy grande y tenemos varios anuncios hoy en el periódico.

Alicia   Claro. Es para el puesto de programadora de computadoras para los Laboratorios Quimex.

Sr. Ruiz   ¡Ah, sí! Un trabajo excelente, con un gran futuro.

Alicia   Eso es precisamente lo que más me interesa, la posibilidad de superarme y ganar un buen sueldo.

Sr. Ruiz   ¿Es por eso que quiere dejar su trabajo actual?

Alicia   Sí, señor. Ya llevo cinco años trabajando allí y hasta ahora no he tenido un solo ascenso.

Sr. Ruiz   ¿No será porque no está muy bien preparada?

Uds., los actores. Now act out the following segment. Pay close attention to the emphasized structures.

Alicia   ¡No, señor! Estoy muy bien preparada como Ud. **puede** ver en **mi** solicitud. **También** hablo, escribo y leo inglés perfectamente.

Sr. ruiz   Por supuesto. Eso es **algo** muy importante a **su** favor y es esencial para este puesto. Quimex **tiene** muchas relaciones comerciales en los Estados Unidos. ¿Por qué no hacemos una cita para una entrevista con ellos?

Alicia   Muy bien, gracias.

Es decir

A. Based on the dialogue, arrange the following sentences in chronological order.

1. Alicia toma asiento (*seat*).
2. La secretaria llama a Alicia Jurado.
3. La secretaria habla por teléfono.
4. Alicia pasa al escritorio del Sr. Ruiz.
5. Alicia explica que quiere ganar un buen sueldo.
6. Alicia y el Sr. Ruiz se saludan (*greet each other*).

B. ¿Cierto o falso? If the sentence is false, correct it.

1. El nombre de la mujer es Alicia Juárez.
2. El agente de empleos se llama Sr. Ruiz.
3. Es una agencia pequeña.
4. Alicia no trabaja ahora.
5. Alicia quiere un puesto de secretaria.
6. Un buen sueldo no es importante para Alicia.

✯ Practiquemos

En grupos (*In groups*). Practice the dialogue with your classmates. Now act it out, incorporating the appropriate gestures.

Al ver el video

After viewing the video, complete each sentence with one of the following answers.

1. En la sala de espera hay...
   a. muchas personas.
   b. una persona.
   c. cuatro candidatos.
   d. cuatro candidatos y una secretaria.
2. Cuando el diálogo comienza (*begins*)...
   a. Alicia mira el reloj.
   b. la secretaria habla por teléfono.
   c. Alicia charla con los otros candidatos.
   d. hay mucha actividad en la oficina.
3. Alicia y el Sr. Ruiz...
   a. toman café.
   b. usan la computadora.
   c. leen papeles.
   d. están sentados (*seated*) cuando hablan.

4. Alicia está...

    a. nerviosa.

    b. cansada.

    c. tranquila.

    d. aburrida.

Vocabulario

Verbos

almorzar (ue)	*to have lunch*
cerrar (ie)	*to close*
comenzar (ie) (empezar) (ie)	*to begin*
contar (ue) (con)	*to count (on); to tell*
costar (ue)	*to cost*
dejar	*to leave behind; to quit*
devolver (ue)	*to return (something)*
dormir (ue)	*to sleep*
encontrar (ue)	*to find; meet*
entender (ie)	*to understand*
ganar	*to earn; to win*
jugar (ue)	*to play*
llover (ue)	*to rain*
mentir (ie)	*to tell a lie*
morir (ue)	*to die*
mostrar (ue)	*to show*
negar (ie)	*to deny*
nevar (ie)	*to snow*
pensar (ie)	*to think, intend*
perder (ie)	*to lose*
poder (ue)	*to be able, can*
preferir (ie)	*to prefer*
querer (ie)	*to want; to love*
recomendar (ie)	*to recommend*
recordar (ue)	*to remember*
solicitar	*to apply for*
soñar (ue) (con)	*to dream (about)*
tener	*to have*
venir	*to come*
volver (ue)	*to return (to a place)*

Profesiones

el (la) abogado(a)	*lawyer*
el (la) arquitecto(a)	*architect*
el (la) artista	*artist*
el (la) científico(a)	*scientist*
el (la) contador(a)	*accountant*
el (la) enfermero(a)	*nurse*
el (la) farmacéutico(a)	*pharmacist*

el hombre (la mujer) de negocios	businessman(woman)
el (la) juez	judge
el (la) médico(a)	doctor
el (la) músico(a)	musician
el (la) periodista	journalist
el (la) programador(a)	programmer
el (la) sicólogo(a)	psychologist
el (la) siquiatra	psychiatrist

Oficios   (Occupations)

el (la) camarero(a)	waiter, waitress
el (la) cocinero(a)	cook, chef
el (la) mecánico	mechanic
el (la) secretario(a)	secretary
el (la) vendedor(a)	salesperson

Palabras relacionadas con el trabajo

la agencia de empleos	employment agency
el almacén	department store
el anuncio	advertisement
el beneficio	benefit
el (la) candidato(a)	candidate
la carrera	career
la cita	appointment, date
el (la) cliente	client
la compañía (empresa)	company, firm
el currículum (vitae)	resume
el (la) empleado(a)	employee
el empleo (puesto)	position, job
la entrevista	interview
la experiencia	experience
la gente	people
el (la) gerente	manager
el (la) jefe	boss
el (la) obrero(a) (trabajador/a)	worker
el periódico	newspaper
la profesión	profession
el salario (sueldo)	salary
la solicitud	application
la tienda	store
el trabajo de medio tiempo (de tiempo completo)	part-time (full-time) work

Palabras y expresiones útiles

algo	something
alguien	someone
interesante	interesting
mismo	same

nada	*nothing*
nadie	*no one*
nuevo	*new*
tampoco	*neither, either*
tomar una decisión	*to make a decision*

Repasemos el vocabulario

A. Sinónimos. Look in the second column for the synonym of the words in the first column.

1. almacén	**a.** profesión
2. empresa	**b.** tienda
3. trabajador	**c.** compañía
4. carrera	**d.** empleo
5. puesto	**e.** obrero

B. Antónimos. Look in the second column for the antonym of the words in the first column.

1. perder	**a.** ir
2. comenzar	**b.** nadie
3. cerrar	**c.** encontrar
4. algo	**d.** también
5. volver	**e.** jefe
6. alguien	**f.** terminar
7. tampoco	**g.** abrir
8. empleado	**h.** nada

C. ¿Cuál no pertenece? (*Which doesn't belong?*) Indicate which word does not belong and explain.

1. entrevista	profesión	oficio	carrera
2. obrero	jefe	trabajador	empleado
3. médico	farmacéutico	científico	periodista
4. nadie	también	nada	tampoco

D. ¿Quién trabaja aquí? Who works in the following places? There may be more than one possible answer.

MODELO	El cocinero trabaja en el restaurante. También el camarero trabaja en el restaurante.

1.

2.

3.

4.

5.

6.

7.

8.

E. **¿Con quién trabajan?** Tell what people work with the following people. Answer with complete sentences, and mention as many possibilities as you can.

1. ¿Quién trabaja con enfermeros?
2. ¿Quién trabaja con abogados?

3. ¿Quién trabaja con clientes?

4. ¿Quién trabaja con camareros?

5. ¿Quién trabaja con secretarios?

6. ¿Quién trabaja con personas con problemas?

F. Preparativos. For which professions are the following people preparing? Form complete sentences according to the model.

MODELO	Inés / mirar las obras (*works*) de Miró, Dalí y Picasso
	Inés mira las obras de Miró, Dalí y Picasso porque estudia para artista.

1. Yo / leer libros de Freud

2. Nosotros / practicar el piano todos los días

3. Rosamelia y yo / escribir artículos para el periódico local

4. Ellos / tomar cursos de matemáticas aplicadas

5. Tú / aprender los varios tipos de medicinas

G. ¿Qué profesiones... ? (*Which professions... ?*) Answer the following questions with complete sentences. Explain your answers.

¿Qué profesiones...

1. pagan mucho? ¿poco?

2. ofrecen muchos beneficios? ¿pocos beneficios?

3. necesitan muchos años de estudio?

4. no necesitan un título universitario? ¿un título graduado?

5. son interesantes para Ud.?

The Present Tense of *e > ie* Stem-changing Verbs

Forma

Certain verbs are called stem-changing because when stressed, the stem vowel e changes to ie. Since the stress does not fall on the stem in the first- and second-person plural forms (**nosotros** and **vosotros**), there is no stem change. The endings are regular in all forms.

EMPEZAR (to begin)		QUERER (to want)		PREFERIR (to prefer)	
empiezo	empezamos	quiero	queremos	prefiero	preferimos
empiezas	empezáis	quieres	queréis	prefieres	preferís
empieza	empiezan	quiere	quieren	prefiere	prefieren

Some common e > ie stem-changing verbs are:

cerrar	*to close*	negar	*to deny*
comenzar (a)	*to begin (to)*	nevar	*to snow*
entender	*to understand*	pensar	*to think, to intend*
mentir	*to lie*	perder	*to lose*

¿Qué **quiere** la jefe?   *What does the boss **want**?*

Prefiere ver las solicitudes ahora.   *She **prefers** to see the applications now.*

¿A qué hora **empiezan** las entrevistas?   *At what time do the interviews **begin**?*

Función

1. The verbs **comenzar** and **empezar** take an **a** before an infinitive.

Empieza a trabajar.   *He begins to work.*

Empieza el trabajo.   *He begins the work.*

2. The verb **pensar** followed by an infinitive means *to intend or plan* to do something. **Pensar** followed by **de** means *to think of* in the sense of to have an opinion about something or someone. **Pensar** followed by **en** means *to think of or about* in the sense of to have in mind.

Pienso ir a la oficina temprano.   *I **plan** to go to the office early.*

¿Qué **piensas** de la compañía?   *What do you **think** of the company?*

Sólo **piensa en** el fin de semana.   *He only **thinks about** the weekend.*

3. The verb **nevar** is conjugated in the third-person singular only. The subject *it* is not expressed.

Nieva mucho en el norte de España.   *It snows a lot in northern Spain.*

★ Practiquemos

A. ¿Cuál no corresponde? Underline the verb that does not logically or grammatically complete each sentence and explain.

1. ...almorzar en la cafetería.
   a. Prefiero
   b. Empiezo
   c. Pienso
   d. Quiero

2. ¿Quién... la tarea?
   a. cierra
   b. comienza
   c. entiende
   d. empieza

3. No... el problema.
   a. niego
   b. pienso en
   c. entiendo
   d. miento

4. El menú es excelente. ¿Qué...
   a. quieres?
   b. recomiendas?
   c. pierdes?
   d. prefieres?

B. Planes para las vacaciones en España. Fill in the blanks with the correct form of the verb **pensar** in order to find out what the following people are planning to do.

Para las vacaciones Susana _____ esquiar (*ski*) en los Pirineos. Juan y Jorge _____ ir a las playas (*beaches*) bonitas de Málaga. Papá y mamá _____ volver a Madrid para ver los edificios grandes y comer en los restaurantes buenos. Paco y yo _____ ir a la casa de Ema y Vicente en Valencia. Y tú, ¿qué _____ hacer?

 C. Plurales. Answer the following questions affirmatively according to the model. You may do these with a classmate.

MODELO	Quiero ir ahora. ¿Y Uds.? **Sí, queremos ir ahora también.**

1. Comienzo a leer las solicitudes. ¿Y Uds.?
2. Prefiero trabajar para una compañía local. ¿Y Uds.?
3. Empiezo a entender el sistema de computadoras. ¿Y Uds.?
4. Pienso regresar el sábado. ¿Y Uds.?
5. Quiero solicitar otro trabajo. ¿Y Uds.?

D. Preguntas. Answer the following questions with complete sentences.

1. ¿En qué situaciones...
   a. pierde Ud. la paciencia?
   b. miente Ud.?
   c. quiere Ud. no hacer nada?

2. ¿Qué...
   a. piensa Ud. del (de la) profesor(a) de español?
   b. quiere Ud. hacer ahora?
   c. no entienden los profesores?

3. ¿Cuándo...
   a. comienzan los exámenes finales?
   b. empieza la clase de español?
   c. prefiere Ud. estudiar—por la mañana o por la tarde?

The Present Tense of *o > ue* Stem-changing Verbs

Forma

Certain verbs change the stem vowel from o > ue in the present tense when the stem vowel is stressed. As with the e > ie stem-changing verbs, the **nosotros** and **vosotros** forms do not have this change, and the endings are regular in all forms.

ALMORZAR (to eat lunch)		VOLVER (to return)		DORMIR (to sleep)	
almuerzo	almorzamos	vuelvo	volvemos	duermo	dormimos
almuerzas	almorzáis	vuelves	volvéis	duermes	dormís
almuerza	almuerzan	vuelve	vuelven	duerme	duermen

Some common o > ue stem-changing verbs are:

contar	*to count; to tell*	morir	*to die*
contar con	*to count on*	mostrar	*to show*
costar	*to cost*	poder	*to be able, can*
devolver	*to return (something)*	recordar	*to remember*
encontrar	*to find; to meet*	soñar (con)	*to dream (about)*
llover	*to rain*		

¿A qué hora **almuerzas**?   *What time do you eat lunch?*

Puedo almorzar a la una cuando la   *I can eat lunch at one o'clock, when*
jefe **vuelve**.   *the boss returns.*

Función

1. The verb **costar** is generally used in the third-person singular and plural forms only.

    ¿Cuánto **cuesta** la computadora   *How much does the new computer*
    nueva?   *cost?*

    Todas las computadoras **cuestan**   *All of the computers cost a lot.*
    mucho.

2. The verb **llover**, like the verb **nevar**, is used in the third-person singular form only. The subject *it* is not expressed.

    Llueve y por eso no podemos jugar   *It's raining and therefore we can't*
    al fútbol.   *play soccer.*

3. **Jugar** (*to play*) is the only verb in Spanish that changes its stem vowel u > ue. It is commonly followed by the preposition **a** before a game or a sport.

JUGAR	
juego	jugamos
juegas	jugáis
juega	juegan

Laura **juega al** tenis con el jefe a   *Laura plays tennis with the boss often.*
menudo.

⭐ Practiquemos

A. ¿Cuál no corresponde? Underline the verb that does not logically or grammatically complete each sentence and explain.

1. En la biblioteca los estudiantes... los libros.

   a. pueden   b. muestran   c. recuerdan   d. devuelven

2. En la oficina todos... a las doce.

   a. juegan   b. almuerzan   c. cuestan   d. vuelven

3. ...ir al concierto de Carlos Santana.

   a. Soñamos con   b. Volvemos   c. Podemos   d. Contamos con

4. Yo nunca... el dinero.

   a. devuelvo   b. vuelvo   c. encuentro   d. recuerdo

B. La vuelta (*The return*). Fill in the blanks with the correct form of the verb *volver* to find out at what time the following people return from their vacations.

Susana _____ de los Pirineos a las 10:00 porque no nieva. Juan y Jorge _____ de Málaga a la 1:00 porque llueve. Papá y mamá _____ de Madrid a las 2:00 porque papá está enfermo. Paco y yo _____ a las 7:30 porque no tenemos más dinero. Y tú, ¿a qué hora _____?

C. Plurales. Complete the second sentence with the **nosotros** form of the underlined verb in the first sentence.

1. ¿<u>Cuentan</u> Uds. de uno a cien en francés? No, pero _____ de uno a cien en español.

2. ¿<u>Almuerzan</u> Uds. con el presidente de la compañía? No, pero _____ con el jefe del departamento.

3. ¿<u>Recuerdan</u> Uds. la dirección del Sr. Robles? No, pero _____ el número de teléfono.

4. ¿<u>Vuelven</u> Uds. a la hora de comer? No, pero _____ a eso de las ocho.

5. ¿<u>Duermen</u> Uds. ocho horas cada noche? No, pero _____ mucho los fines de semana.

6. ¿<u>Pueden</u> Uds. jugar al golf? No, pero _____ jugar al béisbol.

D. Preguntas. Answer the following questions with complete sentences.

1. ¿A qué hora...

   a. almuerzan Uds.?

   b. vuelve Ud. a la residencia después de la clase de español?

   c. puede Ud. terminar la tarea los lunes?

2. ¿Cuánto...

   a. dinero encuentra Ud. en los bolsillos (*pockets*)?

   b. cuesta un buen bolígrafo?

   c. recuerdan los estudiantes de la lección dos?

3. ¿Con quién...

    a. cuenta Ud. por ayuda económica?

    b. sueña Ud.?

    c. juega Ud. al tenis?

E. Un día normal. Use the following verbs to tell what your day is normally like. Include the times in which you perform the activities. Then interview a classmate.

1. almorzar...

2. dormir...

3. volver a...

4. soñar con...

5. jugar al...

6. encontrar...

7. poder...

The Verbs *tener* and *venir*

The verbs **tener** (to *have*) and **venir** (to *come*) follow the pattern of change of other e > ie stem-changing verbs. Note, however, that the yo form is irregular. It ends in **-go.**

TENER (to have)		VENIR (to come)	
tengo	tenemos	vengo	venimos
tienes	tenéis	vienes	venís
tiene	tienen	viene	vienen

★ Practiquemos

A. No, pero... Your friends don't have exactly what you're asking for. Ask classmates for the following items. They will answer negatively, substituting the items they do have according to the cues.

> **MODELO**   lápiz / bolígrafo
> Estudiante 1: ¿Tienes un lápiz?
> Estudiante 2: No, pero tengo un bolígrafo.

    1. libro de español / diccionario

    2. computadora / máquina de escribir

    3. 20 dólares / 15 dólares

    4. compañero(a) de cuarto simpático(a) / compañero(a) de cuarto antipático(a)

    5. trabajo de medio tiempo / trabajo de tiempo completo

B. Las cosas que tenemos. Answer the questions on the following page with complete sentences.

¿Qué...

1. tiene el profesor en el despacho?
2. tienen los estudiantes en los dormitorios?
3. tienen Uds. mañana por la mañana?
4. tienen los secretarios en el escritorio?

C. **¿Por qué vienen?** Combine the words and phrases below to form sentences using the verbs **tener** and **venir**. Follow the model and supply any missing words.

MODELO	Luisa y Carlos / universidad / clase

Luisa y Carlos vienen a la universidad porque tienen una clase.

1. nosotros / fiesta / cassettes
2. Anita y Paco / España / amigos aquí
3. tú / restaurante / reservación
4. el Sr. García[1] / hospital / cita con el médico
5. yo / biblioteca / libros para devolver
6. Ud. / oficina / entrevista con el gerente
7. Roberto y yo / almacén / cosas para comprar

Tener Expressions

Forma y función

1. Many idiomatic expressions in Spanish consist of the verb **tener** plus certain nouns. The English equivalent of these expressions is formed by the verb *to be* plus certain adjectives (*I am hungry, I am tired, I am hot,* and so forth).

La abuelita tiene 80 años y María tiene 20 años.

El Sr. Sánchez tiene calor pero la Sra. Sánchez tiene frío.

---

[1]Note the use of the definite article **el** with **Sr. García.** The definite article is used with titles such as **señor(a), señorita, doctor(a), profesor(a),** and so forth when speaking about them. When they are addressed directly, the article is omitted. **El Sr. García está enfermo. Hola, Sr. García.**

Alberto tiene mucha hambre y Pedro tiene mucha sed.

Pablito tiene miedo.

Tienes sueño, ¿no?

Las chicas tienen prisa.

2. Some common **tener** expressions are:

tener... años	*to be . . . years old*
tener calor	*to be hot*
tener celos	*to be jealous*
tener cuidado	*to be careful*
tener éxito	*to be successful*
tener frío	*to be cold*
tener ganas de (+ *infinitive*)	*to feel like (doing something)*
tener hambre	*to be hungry*
tener miedo (de)	*to be afraid (of)*
tener prisa	*to be in a hurry*
tener que (+ *infinitive*)	*to have to (do something)*
(no) tener razón	*to be right (wrong)*
tener sed	*to be thirsty*
tener sueño	*to be sleepy*
tener suerte	*to be lucky*
tener vergüenza	*to be ashamed*

¿Cuántos años tiene Ud.?	*How old are you?*
Tengo 20 años.	*I'm twenty years old.*
No tenemos frío. Tenemos calor.	*We're not cold. We're hot.*
No debes **tener celos** de ella.	*You shouldn't **be jealous** of her.*

3. The adjectives **mucho** and **poco** are used to modify these nouns. They agree in number and gender with the nouns they modify.

No tengo **mucha** sed.	*I'm not **very** thirsty.*
Tenemos **pocas** ganas de ir al trabajo hoy.	*We have **little** desire to go to work today.*

4. **Tener que** + infinitive means to have to do something.

No puedo ir al gimnasio porque **tengo que** estudiar.	*I can't go to the gym because **I have to study**.*

☆ Practiquemos

 A. Ganas. Ask a classmate if he or she feels like doing the following activities. The reply will include a **tener** expression.

MODELO   tomar una limonada
Estudiante 1: ¿Tienes ganas de tomar una limonada?
Estudiante 2: **No, porque no tengo sed.**

1. ir a una pizzería
2. jugar a la lotería
3. comprar un suéter
4. ir rápido
5. dormir ahora

B. Reacciones. Respond to the following situations with a **tener** expression. Follow the model.

MODELO   Raquel y Carmen siempre pierden dinero en el casino.
No tienen suerte.

1. No, gracias. No queremos comer.
2. ¡Vamos rápido! ¡El autobús llega en cinco minutos!
3. Son las tres de la mañana. No puedo estudiar más.
4. Mañana tengo el examen final de cálculo.
5. Pepe, tú bebes mucha agua.
6. El profesor enseña que Venezuela está en Europa.
7. El estudiante contesta, "No, Venezuela está en Sudamérica."

C. Encarna. To solve all of your problems related to work, your love-life, or finances, read Encarna's newspaper column. Fill in the blanks with the correct form of one of the following expressions. You can use the verb **tener** more than once.

tener   tener razón
tener celos   tener miedo
tener éxito   tener cuidado
tener ganas   tener que

Querida Encarna...

Querida (*Dear*) Encarna,
_____24 años de edad y soy programadora para una compañía internacional. _____ un problema en mi trabajo. Es mi jefe, Isabel. Ella es muy antipática y por eso yo no _____ de ir a la oficina. No entiendo. Soy responsable, inteligente y muy aplicada. El trabajo es interesante y hay posibilidades de ascenso. Quiero _____ en mi trabajo. ¿Qué debo hacer?
                    María del Carmen

Querida María,
Sí , Ud. _____. Es un problema. Es evidente que Isabel _____ de Ud. Es importante _____. Ella _____ de perder su autoridad en la oficina. Ud. _____ trabajar mucho pero Ud. debe recordar que Isabel _____ problemas también. No es fácil para ella.
                    Encarna

D. Obligaciones. Answer the following questions in an original way.

¿Qué tiene(n) que hacer...

1. Ud. esta noche?
2. Garfield para estar contento?
3. Uds. para recibir una "A" en español?
4. una persona si quiere hablar bien el español?
5. Ud. para tener amigos?
6. una persona para obtener un buen trabajo?

E. Secretos. Complete the following sentences in an original way.

1. Tengo celos de... porque...
2. Tengo miedo de...
3. Los fines de semana el (la) profesor(a) tiene ganas de...
4. Yo tengo que... pero no quiero porque...
5. Nunca tengo... cuando...
6. Todos los estudiantes en la clase de español tienen...

Possessive Adjectives

Forma

Possessive Adjectives			
mi, mis	*my*	nuestro (-a, -os, -as)	*our*
tu, tus	*your*	vuestro (-a, -os, -as)	*your*
su, sus	*your, his, her*	su, sus	*your, their*

Función

1. Unstressed possessive adjectives are placed before the nouns they modify. The endings of the adjectives **mi, tu,** and **su** agree in number with the items possessed, not with the possessor. **Nuestro** and **vuestro** agree with the items possessed in both number and gender.

¿Es ella **tu** jefe, Amalia?	*Is she your boss, Amalia?*
Sí, es **mi** jefe.	*Yes, she's my boss.*
¿Dónde están **nuestras** solicitudes?	*Where are our applications?*
Sus solicitudes están en **mi** escritorio.	*Your applications are on my desk.*

2. Because **su** and **sus** mean many different things, the following constructions can be used for clarification.

su empleado
$\begin{cases} \text{el empleado de él} \\ \text{el empleado de ella} \\ \text{el empleado de Ud.} \\ \text{el empleado de ellos} \\ \text{el empleado de ellas} \\ \text{el empleado de Uds.} \end{cases}$
sus empleados
$\begin{cases} \text{los empleados de él} \\ \text{los empleados de ella} \\ \text{los empleados de Ud.} \\ \text{los empleados de ellos} \\ \text{los empleados de ellas} \\ \text{los empleados de Uds.} \end{cases}$

Su jefe es boliviano.
El jefe de ella es boliviano. $\Big\}$ *Her boss is Bolivian.*

3. To ask to whom something belongs, use the expressions **¿De quién?** or **¿De quiénes?**

¿De quién son los periódicos?	*Whose newspapers are they?*
Son **mis** periódicos.	*They're my newspapers.*
¿De quiénes es el coche?	*Whose car is it?*
Es **nuestro** coche.	*It's our car.*

✯ Practiquemos

A. ¿Qué usan? With what do the following people work?

> **MODELO**   el secretario / máquina de escribir
> **El secretario trabaja con su máquina de escribir.**

1. el contador / números
2. el jefe / secretario
3. tú / arquitecto
4. los estudiantes / libros
5. yo / amigos
6. Juan Carlos y yo / compañero de cuarto
7. la gerente / empleados
8. nosotras / computadora

B. Diferencias. Finish the sentence using the appropriate possessive adjective and the correct form of the verb.

> **MODELO**   Yo uso <u>mi</u> computadora pero Juan... (máquina de escribir)
> **Yo uso mi computadora pero Juan usa <u>su</u> máquina de escribir.**

1. Rosa viene con <u>sus</u> amigos pero yo... (compañera de cuarto)
2. Arturo prefiere estar en <u>su</u> laboratorio pero tú... (oficina)

3. Ud. y José tienen <u>su</u> clase hoy pero nosotros... (cita)

4. El abogado almuerza con <u>su</u> cliente hoy pero la juez... (secretarias)

5. Tú cuentas con tu artista pero yo... (arquitectos)

 C. Clarificaciones. Iliana has missed the context of the following comments. Have a classmate play the role of Iliana. Look at the drawings and clarify the meaning of **su** in each case. The cues (checks) will tell you how to answer.

MODELO	Su trabajo es fascinante. Iliana: ¿Cuál? ¿El trabajo de él? Ud: **No, el trabajo de ellas.**

1.

Su tienda es nueva.

2.

Sus amigos son interesantes.

3.

Su compañía es muy grande.

4.

Su compañero es presidente.

D. Perspectivas. Lilián is pessimistic and critical. Her friend, Javier, tries to change her perspective. Using the words in parentheses and the appropriate possessive adjective, form Javier's optimistic comments.

> | MODELO | Mi consejero es antipático. (simpático)
> ¡Qué va! (*Come on!*) Tu consejero es simpático. |

1. Mi trabajo es aburrido. (interesante)
2. La secretaria de mi jefe es nerviosa. (tranquila)
3. Tu compañero de cuarto siempre está triste. (alegre)
4. Mis empleados siempre llegan tarde. (temprano)
5. El profesor de Uds. es muy estricto. (flexible)

Indefinite and Negative Expressions

Forma

Indefinite and Negative Expressions

Affirmative		Negative	
algo	*something, anything*	nada	*nothing*
alguien	*someone, anyone*	nadie	*no one, nobody*
algún (alguno, a, os, as)	*some, any*	ningún (ninguno, a, os, as)	*none*
o... o	*either, or*	ni... ni	*neither, nor*
siempre	*always*	nunca/jamás	*never*
también	*also*	tampoco	*neither*

Función

1. You already know how to negate a sentence by placing the word **no** before the verb.

   Yo **no trabajo** con el Sr. Peña.   *I don't work with Mr. Peña.*

2. The negative words **nada**, **nadie**, **nunca**, **jamás**, and **tampoco** can either precede or follow the verb. The word **no** precedes the verb when another negative word follows the verb. In this case, the negative expression can always follow the verb directly and can at times be placed at the end of the sentence. When another negative word precedes the verb, the word **no** is not used.

   No trabajo **nunca** los fines de semana.
   No trabajo los fines de semana **nunca**. } *I never work on weekends.*
   Nunca trabajo los fines de semana.

   No viene **nadie** a la oficina hoy. } *Nobody's coming to the office today.*
   Nadie viene a la oficina hoy.

3. The adjectives **alguno** and **ninguno** drop the final -o before masculine singular nouns just as **uno** shortens to **un**, and **bueno** to **buen**. Note that the plural forms of **ninguno** (**ningunos** and **ningunas**) are rarely used.

   ¿Tienes algunas entrevistas hoy?   *Do you have any interviews today?*
       No, no tengo **ninguna**.   *No, I don't have **any**.*

4. Note that the word **no** is repeated in some sentences to answer a question to which **no** is the appropriate response.

   ¿Vienes al almacén con nosotros?   *Are you coming to the department*
                                                  store with us?

   No, no voy al almacén con Uds.   *No, I'm **not** going to the*
                                                  department store with you.

★ Practiquemos

    A. Problemas en la oficina. José complains to his wife Ana about his office problems. She shows him that he is wrong to worry. Play the role of Ana and change José's statements to the negative in two different ways if possible. Follow the model.

MODELO	José: Mi secretaria siempre llega tarde.

              Ana: **Tu secretaria nunca llega tarde.**
                    Tu secretaria no llega tarde nunca.

1. Pablo siempre duerme en la oficina.
2. Pablo almuerza en la oficina también.
3. Algunas secretarias beben café todo el día.
4. Alguien usa mi computadora.

B. No tengo interés. Celia simply does not want an out-of-office relationship with Rodolfo. Play her part and answer Rodolfo's questions in the negative.

MODELO	Rodolfo: ¿Siempre almuerzas a la 1:00?
	Celia: No, nunca almuerzo a la 1:00.

1. ¿Juegas al tenis con alguien?
2. ¿Vas mucho al teatro?
3. ¿Quieres algo de beber?
4. ¿Siempre tomas el autobús por la mañana?
5. ¿Vas a muchas fiestas, también?

 C. ¿Tienes algunos? Sara always runs out of supplies. Her co-workers are tired of giving her theirs. Answer Sara's questions negatively. Remember that plural forms **ningunos(as)** will not be needed here.

MODELO	Sara: ¿Tienes algunos lápices?
	Ud.: No, no tengo ningún lápiz.

1. ¿Tienes algunos cuadernos?
2. ¿Tienes algunos bolígrafos?
3. ¿Tienes algunas tizas?
4. ¿Tienes algunas gomas (*rubber bands*)?
5. ¿Tienes algunos cassettes?

D. Respuestas negativas. Answer the following questions based on the illustrations.

1.

¿Qué hay en sus bolsillos (*pockets*)?

2.

¿Hay alguien en la oficina?

3.

¿Cuándo estudia Pedro?

4.

Raúl no asiste a clase hoy, ¿y Marta?

5.

¿Hay algunos clientes en la tienda?

6.

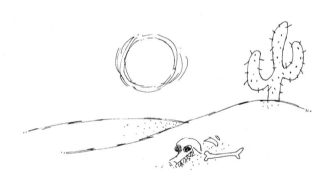

¿Llueve a menudo en el desierto?

En resumen

A. Éxito en la oficina. An executive explains how he climbs the ladder of success.
Fill in the blanks with the appropriate verb in the first-person singular (*yo*).

empezar   tomar   tener
asistir a   recordar   mostrar

1. _____ decisiones.
2. _____ ideas nuevas.
3. _____ el día con energía y optimismo.
4. _____ todas las reuniones importantes.
5. _____ los nombres de todas las personas importantes.
6. _____ interés en las ideas de las otras personas en la oficina.

B. Los títulos mienten. Many professions seem fascinating but in fact involve boring tasks. In groups, list two routine daily activities of the following professionals.

1. médico   **2.** siquiatra   **3.** presidente
4. gerente   **5.** juez

C. Otra consulta con Encarna. Encarna has another column with advice on how to cope with stress. Conjugate the verbs and choose the correct form of the words in parentheses.

Medicina para la tensión

Según la Escuela de (Buen, Bueno) Humor en Valencia, España, hay (bueno, buena) información para las personas que (querer) reducir la tensión que tienen en (su, sus) trabajo. Una dosis de humor es la mejor medicina para prevenir (*prevent*) la tensión. Pero, muchas personas no (recibir) la dosis mínima que los médicos (recomendar). Las investigaciones (mostrar) que las emociones positivas (poder) estimular las funciones inmunológicas de (nuestro, nuestros) organismo. Las personas que (tener) una actitud positiva no (estar) enfermas, (dormir) más y viven más años.

Entonces, si Ud. (pensar) unos segundos y no (recordar) un episodio cómico, pues Ud. (deber) empezar a reír (*laugh*) ahora. ¡Es bueno para Ud.!

D. Un día fatal. Translate the following sentences to Spanish.

1. I'm in a hurry and the bus (*autobús*) isn't coming!
2. My interview is at nine and I don't want to arrive late.
3. I have to call a taxi (*taxi*).
4. It costs a lot but that's alright.
5. Darn! No one is answering, and now it's starting to rain.

E. Minidrama. You're a student at the Escuela de Buen Humor (see exercise C). In groups, write a dialogue that represents a typical class. Share it with the class.

F. Composición. What do you want in a job? Arrange the following in order of importance for you and explain your choices. Add any aspects that are not included. Then write a brief paragraph describing the type of job you want. Read it aloud to your classmates who will try to advise you.

1. un buen sueldo
2. gente simpática con quien trabajar
3. una oficina grande y elegante
4. ser su propio (*own*) jefe
5. la oportunidad de expresar su creatividad
6. beneficios buenos

G. Para buscar trabajo. Fill out the following job application.

I. DATOS PERSONALES		
1. Primer apellido	2. Segundo apellido	3. Nombre
4. Fecha° de nacimiento	5. Lugar de nacimiento°: Municipio	6. Idam: Provincia
7. Domicilio	8. Lugar de domicilio: Municipio	9. Idam: Provincia
10. Sexo Varón ☐ Mujer ☐	11. Estado civil° Soltero° ☐ Casado° ☐ Viudo° ☐	12. Doc. Nal. Identidad Num.	13. Teléfono Num.
14. Nombre de la madre	15. Nombre del padre	16. Profesión del padre

date
birth

marital status
single; married; widowed

II. FORMACIÓN		
17. Títulos académicos que posea	18. Idiomas	

	Traduce			Habla			Escribe		
	Muy Bien	Bien	Básico	Muy Bien	Bien	Básico	Muy Bien	Bien	Básico

🔊 Escuchemos

A. ¿Cuál de los dos? You will hear an incomplete sentence. Choose the word that best completes the sentence.

> **MODELO**   (almorzamos / encontramos)
> Nosotros _____ en la cafetería.   **almorzamos**
> **Nosotros almorzamos en la cafetería.**

1. (cuenta / cuesta)
2. (cierra / empieza)
3. (jugar / llover)
4. (empresa / entrevista)
5. (gerente / cliente)
6. (dejar / nevar)
7. (periodista / periódico)
8. (algo / alguien)

B. Dictado. You will hear a short narration about Elena's job interview. Listen carefully to the entire selection. Listen again and write each sentence during the pauses.

You will then hear a series of false statements related to the dictation. Correct each one with complete sentences. Refer to your dictation.

Gaceta 1

España

El grupo musical «Mecano»

Victoria Abril

Felipe González

Faces; news

audience; he sings

Caras° en las noticias°

Plácido Domingo es uno de los nombres más importantes de la ópera internacional. Tiene un público° grande porque también canta° zarzuelas,[1] tangos y música folk y pop. Acaba de hacer un concierto con José Carreras y Diana Ross, y ahora hace planes con Carreras y Luciano Pavarotti para repetir su recital famoso de 1990. Plácido está mencionado en el Libro Guinness por recibir un aplauso de una hora y cuarto de duración.

---

[1]Spanish musical comedy

Antonio Banderas

Plácido Domingo

Raphael, la estrella° máxima de la balada[1] española, tiene un álbum nuevo que se llama *Raphael.* Es evidente que vivir en Miami influye en° su música porque el álbum tiene un sabor° tropical. En Miami Raphael tiene una estrella en la «acera de las estrellas hispánicas»[2] y en Madrid hay un teatro que lleva su nombre.

    Mecano es el grupo número uno de la música pop española. Los tres artistas del grupo, Ana Torroja y los hermanos° Cano, tienen dinero, fama y un estilo° muy especial. También tienen muchas ganas de ir adelante.° ¿Hasta dónde°? Hasta la conquista° del público norteamericano. Uno de sus álbumes populares se llama *Descanso dominical.*°

    Todos los años el **Rey**° **Juan Carlos** asiste a la Cumbre° lberoamericana, que es una reunión importante de los líderes° de los países° hispánicos. Los temas° de debate son la recesión económica, el narcotráfico° y los programas sociales. ¿La actitud° del rey? Siempre optimista. Juan Carlos cree que España y los países de Latinoamérica deben mirar con esperanza° hacia° el futuro.

    En una entrevista, **Felipe González,** presidente de España desde° 1982, revela que su trabajo es su pasión, y que estar en contacto con los líderes más importantes del mundo es muy emocionante° para él. También, admite que el trabajo de presidente es muy solitario.° Cuando hay un problema nacional, su palabra es la última° palabra... y es mucha responsabilidad.

    El joven actor español, **Antonio Banderas,** es mucho más que° el rey del mambo en la película° *The Mambo Kings Play Songs of Love.* También, actúa° en Buenos Aires y en Toronto, y está muy bien en Hollywood. Quiere trabajar más allí porque, cuenta Banderas, «los Estados Unidos es un país de posibilidades para los artistas.» En 1994, en la película *Philadelphia,* Banderas recibió° la atención mundial.°

    Otra estrella del cine español es **Victoria Abril.** Es famosa por su trabajo con Banderas en las películas *¡Átame!* y *Tacones lejanos*[3] de Pedro Almodóvar. Victoria admite que tiene un temperamento emocional y que puede ser caprichosa.°

star
influences
flavor

brothers; style
forward; To where?
conquest
Sunday Rest

King; Summit
leaders; countries; themes
drug trafficking
attitude
hope; toward

since

exciting
lonely; last

than
movie; he acts

received; worldwide

fickle

---

[1]a romantic and passionate song
[2]Walk of the Hispanic Stars
[3]*Tie me up, tie me down* and *Highheels*

Es decir

Frases incompletas. Choose the correct word(s) to complete each sentence.

1. Plácido Domingo canta...
   a. baladas.
   b. ópera solamente.
   c. varias clases de música.

2. En una acera (*sidewalk*) de... una estrella inmortaliza el nombre de Raphael.
   a. Hollywood
   b. Madrid
   c. Miami

3. Mecano quiere ser...
   a. popular en los Estados Unidos.
   b. rico.
   c. el grupo número uno de Francia.

4. El Rey Juan Carlos es una persona...
   a. negativa.
   b. positiva.
   c. pesimista.

5. Felipe González cree que ser presidente es...
   a. aburrido.
   b. interesante.
   c. fácil.

6. Antonio Banderas tiene... en muchos países (*countries*) del mundo (*world*).
   a. éxito
   b. miedo
   c. problemas

7. Una palabra que describe el temperamento de Victoria Abril es...
   a. tranquilo.
   b. emocional.
   c. pasivo.

★ Practiquemos

La familia real (*The royal family.*) Spaniards are very interested in their royal family. Read the article below and do the exercise that follows.

Las responsabilidades de la familia real son muchas y variadas. Participan en las artes, asisten a conferencias y congresos, visitan a dignitarios internacionales y trabajan para un futuro mejor.° La labor humanitaria y filantrópica de la Reina° Sofía es admirable, y ahora trabaja con grupos de croatas° y serbios° que buscan refugio° en España.

Siempre de interés es la vida° privada de los hijos° reales, el Príncipe Felipe y las Infantas Cristina y Elena. Los tres tienen una vida social muy activa, practican el esquí° y son navegantes ° excelentes. Don Felipe piensa hacer estudios posgraduados en Washington D.C.

Toda Europa espera° la publicación de la biografía de Juan Carlos. El libro se llama *El Rey* y el autor es José Luis de Vilallonga. El rey tiene un papel° importante en la transición política de España a una democracia. No hay duda° que el libro va a ser un documento histórico muy interesante.

better; Queen
Croatians; Serbs
refuge
life; children

skiing; sailors

awaits
role
doubt

(De izquierda a derecha) El Príncipe Felipe, el Rey Juan Carlos,
la Reina Sofía, la Infanta Elena, la Infanta Cristina

The following statements are false. Correct them using complete sentences.

1. La familia real no hace nada importante. Es sólo un símbolo del pasado (*past*) glorioso de España.
2. La Reina Sofía pasa todo su tiempo en reuniones (*meetings*) oficiales.
3. El Rey Juan Carlos escribe su autobiografía.
4. Los hijos de Juan Carlos y Sofía no hacen mucho. Sólo estudian y trabajan.
5. El príncipe tiene planes para pasar un semestre en Italia.

Notas y notables

Pedro Almodóvar y el cine° español

cinema

Un símbolo del nuevo espíritu° artístico de la España posFranco es el cinematógrafo Pedro Almodóvar. Almodóvar tiene fama° internacional por sus películas° *Mujeres al borde de un ataque de nervios,*[1] *¡Átame!* y *Tacones lejanos. Kika,* con Peter Coyote y Victoria Abril es menos radical que sus películas anteriores.° Los temas de Almodóvar son la libertad, la muerte° y el amor.° Es un excelente observador de la vida moderna española, y es evidente que entiende la sicología feminina.

spirit
fame; movies

previous
death; love

La comida° mexicana está de moda° en España

food; in style

Si Ud. visita España y tiene ganas de comer un taco, no tiene que esperar hasta volver a casa. Puede ir a uno de los muchos restaurantes mexicanos y «tex-mex» que hay ahora en las ciudades° españolas. Y si quiere, es posible comprar todos los productos necesarios para preparar enchiladas, fajitas y quesadillas,[2] inclusive° un buen libro de cocina° mexicana. Los críticos° aplauden la autenticidad de los preparativos, las decoraciones y el ambiente° de los restaurantes. ¡México está de moda en España!

cities
including
cookbook; critics
atmosphere

---

[1]*Women on the Verge of a Nervous Breakdown*
[2]*popular Mexican dishes*

Un capítulo olvidado° de la historia

forgotten chapter

Hay mucho que aprender sobre la historia de los Estados Unidos. Estudiamos su pasado° colonial británico pero, ¿por qué ignoramos la importancia de las exploraciones españolas que ocurren mucho antes del establecimiento° de Virginia? Es un capítulo de la historia muy interesante y empieza en la Florida.

past
establishment

Es el mes° de abril de 1513. Con el motivo de encontrar oro,° plata° y la famosa fuente de la juventud,° Juan Ponce de León llega a las costas° de la Florida y toma posesión del territorio en nombre de España. En 1565 —décadas° antes de llegar los puritanos del Mayflower— otro español, Pedro Menéndez de Avilés, llega a San Agustín, coloniza la región y establece la ciudad europea más antigua° de los Estados Unidos. Así empiezan tres siglos° de exploraciones que llegan hasta las costas del Pacífico.

month; gold; silver
fountain of youth; coasts
decades

oldest European city
centuries

Hoy, en San Agustín, ocurre otro momento emocionante° para la historia. Un grupo de arqueólogos acaban de descubrir° la primera fortaleza° de Avilés, construida° en 1565 —16 años antes del Castillo de San Marcos,[1] la fortaleza más antigua del país. Los expertos están contentos. Creen que, con el descubrimiento° nuevo, el mundo° va a saber y apreciar las contribuciones de los primeros exploradores.

exciting
discover; fort; built

discovery
world

Castillo San Marcos, St. Augustine, Florida

La calle St. George, St. Augustine, Florida

[1]National historical monument in Saint Augustine, Florida

Reflexiones sobre el V centenario°

500 years

Vamos a volver al año 1992... Hay mucha controversia sobre la conmemoración del V Centenario del descubrimiento° de América. Muchos grupos y organizaciones critican la celebración porque creen que los actos conmemorativos no incluyen las contribuciones de los indígenas.° Insisten en que el encuentro° entre° Cristóbal Colón y los nativos americanos es una invasión y no un descubrimiento. ¿El resultado° de la invasión? Esclavitud,° genocidio y discriminación que continúa hoy.

discovery

indigenous people; encounter; between; result; Slavery

Las personas que están a favor de la celebración declaran que los críticos no comprenden el contexto histórico y cultural de la época. Enfatizan° la crueldad de Colón pero pasan por alto° los aspectos negativos de la forma de vivir de los indígenas. Afirman que el propósito° del V Centenario es celebrar la unión de los dos mundos. ¿El resultado de la unión? Civilización, progreso industrial y la formación de los Estados Unidos de América.

They emphasize
overlook
purpose

Es decir

¿A qué corresponden? To which of the previous articles do the following statements correspond? Some articles are mentioned twice.

1. Es una celebración de la historia.
2. Es un director de cine famoso.
3. Allí preparan tacos y enchiladas auténticos.
4. Encuentran un monumento histórico nuevo.
5. Muestra la vida contemporánea española.
6. Está en San Agustín, Florida.
7. Hay mucha influencia española en los Estados Unidos.
8. Es un debate controversial.

✭ Practiquemos

El fenómeno del ciclismo (*cycling*) español. Miguel Indurain is one of the most talked-about athletes in Europe. Fill in the blanks with the correct verb from the list below.

es	creen	vive
pasa	están	se llama
hace	acaba	tiene

En España, algo fenomenal _____ en el mundo (*world*) de los deportes (*sports*). El fenómeno _____ Miguel Indurain. Él _____ en la región de Navarra, en el norte (*north*) de España, y _____ 31 años. Los españoles _____ locos (*crazy*) por él y sus adversarios _____ que es sobrehumano (*superhuman*). Indurain _____ de triunfar (*triumph*) por tercera vez consecutiva (*the third consecutive time*) en el Tour de Francia y _____ considerado uno de los mejores (*best*) ciclistas de todos los tiempos. El éxito de Miguel Indurain _____ el ciclismo el deporte nacional del verano (*summer*) de España.

Puerta del sol, Madrid

Una gira° turística por España

tour

Madrid, la capital de España, tiene una población de más de cuatro millones de personas y está situada en el centro de la península. La arquitectura de Madrid refleja° varias épocas históricas: la medieval, la barroca,° la neoclásica, la romántica y la moderna. En el famoso Museo° del Prado hay una magnífica colección de la pintura° española con obras° de El Greco, Velázquez, Murillo y Goya.

reflects
baroque
Museum; painting
works
former
museum-city; value
port; second

A sólo 70 kilómetros de Madrid está *Toledo,* la antigua° capital de España. Toledo se llama la «ciudad-museo»° por su gran valor° artístico e histórico.

Barcelona es el puerto° más grande de España y su segunda° ciudad. Es el núcleo de la vida artística contemporánea y es la ciudad más europea del país. Las Ramblas, una avenida° bonita con flores° y cafés, divide la ciudad en dos partes. El Parque Güell del famoso arquitecto Antonio Gaudí, combina la tradición gótica° con el surrealismo de sus compatriotas Joan Miró y Salvador Dalí.

avenue; flowers
gothic

third
oranges; above all

Valencia, la tercera° ciudad de España, está situada en la costa del Mediterráneo. Es famosa por sus naranjas,°su cerámica exquisita, sus festivales y, sobre todo,° por su paella[1] deliciosa.

south
marvels
Built; Arabs

En el sur° de España, en la región que se llama Andalucía, está *Granada,* la ciudad del flamenco. Allí está el monumento que es una de las maravillas° del mundo, La Alhambra. Construida° en el siglo XII por los árabes,° es comparable sólo al Taj Mahal.

Gypsies
Holy Week; cathedral

Sevilla, capital de Andalucía, simboliza la España romántica... de Carmen, de Don Juan, de los gitanos.° Turistas de todas partes del mundo vienen para ver las procesiones solemnes de Semana Santa° y la catedral° que es la tercera más grande después de San Pedro de Roma y San Pablo de Londres.

---

[1]Refer to page 143 for a description of *paella.*

La catedral de la Sagrada Familia,
Barcelona, España

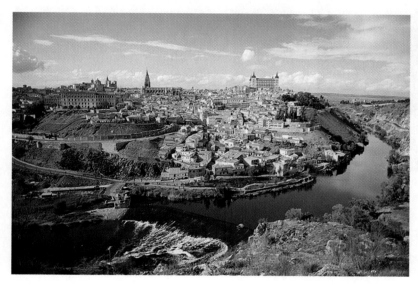

Toledo, España

Es decir

Ciudades españolas (*Spanish cities*). Match the city with the appropriate
description. Two cities are described twice.

Madrid   Barcelona   Granada
Toledo   Valencia   Sevilla

1. Tiene una celebración religiosa muy famosa.
2. Está en el centro del país.
3. Allí bailan flamenco.
4. Si Ud. está en Madrid, puede ir allí en auto en poco tiempo.
5. Es famosa por el arte moderno español.
6. Igual que (*Like*) Granada, está en el sur (*south*) de España.
7. Hacen muy buena paella allí.
8. Es la ciudad más grande del país.

La Alhambra, Granada, España

Procesión de Semana Santa, Sevilla, España

★ Practiquemos

Las playas (*beaches*) españolas. Read the following selection about Spain's famous coastline and beaches and do the exercises that follow.

The Shell

until

nighttime

De todas las playas de la *Costa Cantábrica,* la más famosa es La Concha.° Se llama La Concha porque tiene una forma semicircular. La *Costa Brava* empieza al norte de Barcelona y continúa hasta° Francia. Es una de las zonas más cosmopolitas del país. Un lugar favorito para las vacaciones es la *Costa Blanca.* Tiene playas bonitas, muchas actividades nocturnas° y paella muy deliciosa. Su ciudad principal es Valencia. La *Costa del Sol* se llama La Riviera española. Dos ciudades importantes son Málaga, la capital, y Marbella, el centro del jet-set internacional. La *Costa de la Luz* está en el sur del país, a poca distancia del norte de África.

A. El mapa. Study the map on p. 139. On the lines provided, write the names of Spain's five famous coastlines. Refer to the preceding reading.

B. Based on the map and the reading selection, correct the following false statements.

1. Valencia está en la Costa Brava.
2. La Costa Cantábrica es el lugar favorito de los turistas jet-set.
3. Si Ud. va a pasar las vacaciones en la Costa Blanca puede ir a África también.
4. Barcelona está en la Costa de la Luz.
5. Si Ud. está en el norte (*north*) de la Costa Brava, Italia está a poca distancia.

La Costa Brava, España

ESPAÑA

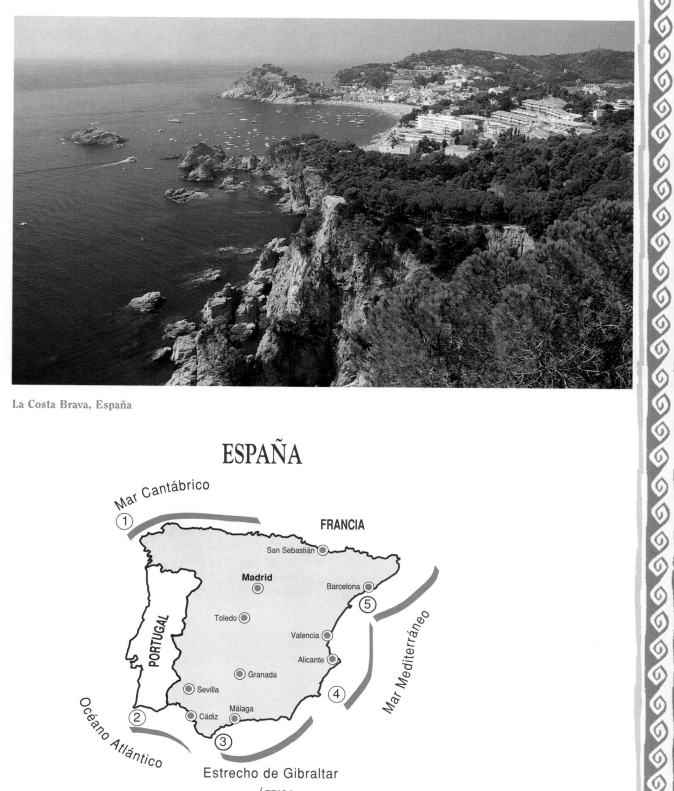

Pedro Calderón de la Barca

Enfoque literario

dramatists
masterpiece; dream
themes
king; Poland; son
predict
incapable; birth; puts

as
to give him; in accordance with
savage

following

Pedro Calderón de la Barca (España, 1600–1681) es uno de los dramaturgos° españoles más famosos de todos los tiempos. Su obra maestra,° *La vida es sueño,*° combina los temas° filosóficos de la salvación, la predestinación y la vida transitoria. Las personas principales del drama son Basilio, rey° de Polonia,° y su hijo,° Segismundo. Los astrólogos predicen° que Segismundo va a ser un monstruo humano, incapaz° de ser rey. Poco después de su nacimiento,° Basilio mete° a su hijo en una prisión, donde vive por muchos años sin contacto con la gente. No comprende quién es y no puede diferenciar entre la realidad y el sueño. Un día Basilio, como° prueba, decide darle° su libertad. Segismundo llega al palacio y, de acuerdo con° la predicción de los astros, es como un animal salvaje° —cruel, brutal y despótico. Vuelve a la prisión. La agonía y la confusión de Segismundo son evidentes en sus palabras siguientes.°

La vida es sueño (*fragmento*)

frenzy

shadow

¿Qué es la vida? Un frenesí.°
¿Qué es la vida? Una ilusión,
una sombra,° una ficción,
y el mayor bien es pequeño;
que toda la vida es sueño,
y los sueños, sueños son.

Es decir

Comprensión

1. ¿Quién es Basilio?
2. ¿Quién es Segismundo?
3. ¿Por qué viven separados Basilio y Segismundo?
4. ¿Qué pasa cuando Segismundo va al palacio por primera vez (*for the first time*)?
5. Describa Ud. el estado (*state*) mental y emocional de Segismundo.
6. En los versos, Segismundo habla de dos cosas que son imaginarias. ¿Cuáles son?

✮ Practiquemos

A. El lenguaje (*language*) literario.

1. Calderón usa cuatro palabras para describir cómo es la vida. ¿Cuáles son?

2. Ahora, sustituya (*substitute*) Ud. las palabras con sus propias (*your own*) palabras para crear (*to create*) frases originales.

B. Discusión. Explique (*Explain*) Ud. cómo el tema de la predestinación está representado en el drama.

C. Reacción personal.

1. Nombre (*Name*) Ud. otras (*other*) obras (*works*) literarias que tienen el mismo (*the same*) tema.

2. ¿Cree Ud. en la predestinación? Explique.

 **Videocultura**

La fiesta de los Reyes Magos°

Wise Kings

En España y en otras partes del mundo hispánico, una parte de la celebración de la Navidad° es la fiesta de los Reyes Magos. En cada° ciudad° la tradición es diferente, pero en Valencia, el día cinco de enero° por la tarde los Reyes llegan al puerto° y cada uno sube° en una carroza°. Luego hay un desfile° que se llama «La Cabalgata de Reyes» del puerto a la plaza principal.

Christmas; each; city
January; port;
gets on; float; parade

To find out more about the celebration of the Three Kings, let's go to Valencia and join the parade. Watch the video and do the exercises that follow.

Palabras útiles

el país	*country*
el niño	*child*
el regalo	*gift*
el desfile	*parade*
la carroza	*float*
la calle	*street*
tirar	*to throw*
el caramelo	*hard candy*
el juguete	*toy*
tocar	*to play (music)*
la barba	*beard*
blanco	*white*
pelirrojo	*red-haired*
negro	*black*
el zapato	*shoe*
los abuelos	*grandparents*
los parientes	*relatives*
el roscón de reyes	*King's cake*

Es decir

A. ¿Qué hay en el desfile? Check off all of the things that you see in the parade.

1. _____ instrumentos musicales
2. _____ niños alegres
3. _____ Gaspar
4. _____ elefantes
5. _____ Melchor
6. _____ caballos (*horses*)

7. _____ niños tristes
8. _____ Baltasar
9. _____ perros (*dogs*)
10. _____ Santa Claus
11. _____ toros (*bulls*)
12. _____ luces bonitas

B. Los Reyes. Choose words from the following list and place them in the appropriate column.

barba blanca
el color azul (*blue*)
hombre negro

tira muchos caramelos
el color amarillo (*yellow*)
va segundo (*second*)

el color rojo (*red*)
el tímpano (*kettledrum*)

Melchor	**Gaspar**	**Baltasar**
_____	_____	_____
_____	_____	_____
_____	_____	_____

C. ¿Cierto o falso? Based on the video, circle C if the sentence is true (**cierto**) and F if the sentence is false (**falso**). Correct the false statements.

C F **1.** La fiesta de Reyes es el seis de enero.
C F **2.** Todas las ciudades celebran la fiesta de la misma (*same*) forma.
C F **3.** Hay cuatro Reyes Magos.
C F **4.** El desfile es por la mañana.
C F **5.** Los niños pueden dejar los zapatos en el balcón para recibir regalos.

D. ¿Qué recuerda Ud.? Based on the video, choose the correct answer.

1. En la fiesta hay...
   a. niños solamente.
   b. niños y sus padres (*parents*).
   c. niños, padres, abuelos y parientes.
2. ¿Qué actividad no hacen en la fiesta?
   a. abrir regalos
   b. comer
   c. bailar
   d. jugar
3. ¿Dónde encuentran los niños sus regalos?
   a. en el dormitorio
   b. delante de la chimenea
   c. en el balcón

☆ Practiquemos

A. ¿Cómo celebra Ud.? ¿Es el día de los Reyes una tradición en los Estados Unidos? ¿Cuándo celebra la gente la Navidad? ¿Cómo celebran?

Tres niños con los Reyes en el almacén Galerías Preciados en Valencia.

B. Los Reyes. Another custom is that of visiting the various department stores to have your picture taken with the Three Kings. Identify each King in the photo above. In groups, act out the following skit.

Un niño muy malo quiere recibir regalos de los Reyes. Él va a visitar a los Reyes en un almacén y empieza a mentir. Su mamá escucha todo.

La paella

Es en Valencia, España, donde Ud. puede encontrar el mejor° arroz.° Creen que es por° la experiencia y la tradición, y también por la clase° de arroz que los valencianos cultivan y por la clase de agua.° La paella es un plato° conocido° por todo el mundo.° Su nombre viene del tipo de recipiente° en que uno prepara el plato, que se llama una paellera. Hace muchos años° la paella era° un plato muy común° de trabajadores y campesinos° pobres. Las mujeres recogían° toda la comida° que sobraba° de la semana y se la echaban° al arroz y se la servían° a la familia. Hoy día° la paella es un plato que podemos encontrar en los restaurantes más elegantes del mundo.

best; rice
because of; type
water; dish; known; all over the world; receptacle
Many years ago; was; common peasants; would collect; food; was left over; would throw it; would serve it; Nowadays

To find out more about paella, let's visit Monkili, a well known paella restaurant in Valencia. Watch the video and do the exercises that follow.

RESTAURANTE

MONKILI, C. B.

Avda. Neptuno, 52
Teléfono 371 00 39

46011 - VALENCIA

Palabras útiles

el cocinero	*cook*
la paella marinera	*seafood paella*
el arroz con azafrán o colorante alimenticio	*rice with saffron or food coloring*
las cigalas	*crayfish*
las gambas	*shrimp*
la sepia troceada	*cuttle-fish cut into pieces*
el perejil	*parsley*
el tomate frito	*fried tomato*
el caldo de pescado	*fish broth*
el aceite de oliva	*olive oil*
el ajo, la sal y otras especias	*garlic, salt and other spices*
el fuego	*fire, heat*
el horno	*oven*
¡Buen provecho!	*Bon appetit!*
el pan	*bread*
la ensalada	*salad*
los calamares a la romana	*fried squid*

Verbos activos

agregar	*to add*
cortar	*to cut*
limpiar	*to clean*
poner	*to put*

Es decir

A. Categorías. Look at the list of ingredients and find as many words as you can that belong to each category.

mariscos (*seafood*)	sazón y especias (*seasoning and spices*)	líquidos
_____	_____	_____
_____	_____	_____
_____	_____	_____
_____	_____	_____

B. ¿Qué agrega primero (*first*)? In what order does the cook add the following ingredients? Number them accordingly, and then form complete sentences using the verb **agregar.**

> | MODELO | _____1_____ el aceite de oliva   El cocinero agrega el aceite de oliva. |
> | --- | --- |

_____ el colorante alimenticio
_____ el tomate frito
_____ la sepia troceada
_____ la sal
_____ el caldo
_____ el perejil
_____ las cigalas y las gambas
_____ el arroz

C. ¿En qué orden? In what order does the cook do the following steps? Number them accordingly, and then form complete sentences.

> | MODELO | _____1_____ encontrar una paellera   El cocinero encuentra una paellera. |
> | --- | --- |

_____ poner la paella en el horno
_____ cortar la sepia
_____ llevar la paella a la mesa (*table*)
_____ poner la paellera con el aceite al fuego
_____ limpiar las cigalas y las gambas
_____ poner todos los ingredientes en la paellera
_____ preparar el fuego

D. ¿Qué recuerda Ud.? Based on the video, choose the correct answer.

1. El cocinero...
   a. tiene aproximadamente 65 años.
   b. es gordo.
   c. es alto y rubio.
   d. es delgado y moreno.
2. El restaurante...
   a. es muy moderno.
   b. tiene un horno muy viejo.
3. Sentados (*Seated*) a la mesa hay...
   a. dos niños y una mujer.
   b. una niña, una mujer y un hombre.
   c. un hombre y dos niños.
   d. una niña, un niño, un hombre y una mujer.

4. En la mesa no hay. . .
   a. pan.
   b. vino.
   c. ensalada.
   d. salsa de tomate (*catsup*).

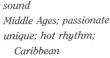 **Practiquemos**

A. Otros platos típicos. ¿Cuáles son los platos típicos de su país (*country*)? ¿De su estado (*state*)? ¿En qué consisten?

B. Los turistas (*tourists*). In groups, act out the following skit.

En el restaurante Monkili, un grupo de turistas quieren saber (*to know*) qué es la paella. El camarero (*waiter*) intenta (*tries*) contestar todas sus preguntas ridículas (*ridiculous*).

La música de los Gipsy Kings

sound
Middle Ages; passionate
unique; hot rhythm;
Caribbean

began to sing
families; gypsies
sons; singer
cousins; brothers-in-law
south; to travel
Says; ties
spirit
slogan; freedom
faith; project
image

Hay un nuevo sonido° en los Estados Unidos. Es un sonido muy contemporáneo pero encontramos el origen en la Edad Media°. Es una música apasionada° y percusiva, única° porque combina la tradición flamenca, el ritmo caliente° de la salsa caribeña° y el sonido más moderno del rock de los Rolling Stones, Sting y Prince. Se llama «Gypsy-rock» y el grupo musical europeo, Los Gipsy Kings, define la música.

El grupo, que consiste en seis músicos, empezó a cantar° en 1979, con la unión de dos familias° de gitanos°. Dos de los miembros del grupo, André y Nicolás Reyes, son los hijos° del famoso cantante° flamenco José Reyes. Los otros cuatro son de la familia Baliardo, y son primos° o cuñados° de la familia Reyes. Algunos de ellos viven en el sur° de Francia pero otros continúan la tradición gitana de viajar° en caravanas. Dice° Chico Bouchikhi, uno de los músicos: «Los lazos° familiares son muy importantes para nosotros, y también la tradición y el espíritu° de los gitanos. No podemos trabajar separados porque somos una familia, y nuestro lema° es libertad° y fe°.» Chico cree que los gitanos son discriminados pero su música ayuda a proyectar° una imagen° positiva.

Chico dice que su música no es una adaptación del flamenco, es una evolución. «Como gitanos, tenemos influencias de todo el mundo°. Nos gusta decir° que nuestra mano derecha° es gitana y la izquierda° es el resto del mundo.» *whole world; We like to say* *right hand; left*

Sus álbumes como *Gipsy Kings* (Elektra Records) y *Mosaique* son muy exitosos°. El grupo canta en una mezcla° de español, francés, catalán[1] y lenguas gitanas, pero la música realmente trasciende la lengua y el estilo° regional. *successful* *mixture* *style*

El video siguiente° muestra una entrevista con Chico Bouchikhi, uno de los músicos con el famoso grupo. Él habla gitano y francés. La entrevista es en Massachusetts, donde ellos actuaron° delante de miles de fanáticos° norteamericanos. *following* *performed; fans*

To find out more about the Gipsy Kings, let's listen to Chico. Watch the video and do the exercises that follow.

Es decir

A. Los Gipsy Kings. Based on the reading, answer the following questions.

1. ¿Cómo es el sonido de los Gipsy Kings?
2. ¿En qué consiste el grupo?
3. ¿Quién es el padre de Nicolás y André?
4. ¿Dónde viven los músicos?
5. ¿En qué idiomas canta el grupo?

B. Más detalles (*More details*). Nombre Ud. (*Name*)...

1. dos familias que forman los Gipsy Kings.
2. dos álbumes del grupo.
3. dos conceptos que forman su lema.
4. tres tipos de música que combinan para formar la música de los Gipsy Kings.

C. ¿Qué recuerda Ud.? After seeing the video, do the following activities.

1. The following sentences are false. Based on the video, correct them.
   a. Hay tres gitanos en el grupo.
   b. Hay dos otros músicos en el grupo.
   c. El instrumento musical principal es el piano.
   d. Chico dice (*says*) que su verdadera (*true*) lengua es el español.
   e. Según (*According to*) Chico, las emociones de los gitanos son sólo sufrimiento (*suffering*) y pena (*pain*).

2. Answer the following questions.
   a. ¿Por qué dice Chico que la mano derecha es gitana y la mano izquierda es el resto del mundo?
   b. ¿Por qué se llama su música «gypsy rock»?
   c. ¿Cómo son los fanáticos que van a sus conciertos?
   d. ¿Cómo se siente Ud. (*do you feel*) cuando escucha la música de los Gipsy Kings? ¿Por qué?
   e. ¿Qué piensa Ud. de su música?

---

[1]El catalán es la lengua que se habla en la provincia española de Cataluña, cuya (*whose*) capital es Barcelona.

D. Djobi Djoba. One of the most popular songs of the Gipsy Kings is *Djobi Djoba,* which in gypsy and catalán mean *yo veo* (I see), *yo voy* (I go). Read the following lyrics and conjugate the verbs in parentheses in the present tense. As this song has a long oral tradition some of the lyrics do not have a literal meaning or a translation. Some of the words are a combination of a few languages. Even the Gipsy Kings themselves could not explain the meaning of all of the words because they don't know either.

Djobi Djoba

Ay niña
Yo te (encontrar) _____
alone   solita° por la calle.
to feel; in love   Yo me (sentir°) _____ amorado°.
alone   Yo me (sentir) _____ triste solo°.
Ref: Djobi Djoba
Each   Cada° día yo te (querer) _____ más.
                Djobi Djobi, Djobi Djoba
                Cada día yo te (querer) _____ más.
                Djobi Djobi, Djobi Djoba
                Cada día yo te (querer) _____ más.
It doesn't matter to me   Que no me importa°
                que la distancia
                ya nos separe.
to be satisfied; I leave Yo me (contentar°) _____ , me retir.°
don't tell me   Y no me diga° ay
(unknown expression) Para guarja ja°.
Ref: Djobi Djoba
                Cada día yo te (querer) _____ más.
                Djobi Djobi, Djobi Djoba
                Cada día yo te (querer) _____ más.
                Djobi Djobi, Djobi Djoba
                Cada día yo te (querer) _____ más.

✦ Practiquemos

A. Los gitanos. To know more about gypsies, fill in the spaces with the appropriate word from the following list.

danza   capital   larga   independencia   gitanos   aproximadamente

Los gitanos tienen una _____ tradición en España. Hay _____ 500.000 (quinientos mil) gitanos en el mundo, y 200.000 (doscientos mil) viven en Andalucía (el sur de España) cerca de (*near*) Madrid, la _____ del país (*country*), y Barcelona. Tradicionalmente los _____ llevaban (*used to lead*) una vida (*life*) nómada. Se conocen (*They are known*) por su _____ , su fidelidad (*loyalty*) al grupo como (*as*) familia, y su gran habilidad para el canto y la _____ . Contribuyen mucho a la cultura española.

B. Preguntas personales. Answer the following questions.

1. ¿Qué tipo de música prefiere Ud.? ¿Por qué? ¿Escucha Ud. música a menudo? ¿Cuándo escucha Ud. música?

2. ¿Cuál es su impresión del «Gipsy-rock»? Los Gipsy Kings son muy populares por toda Europa. ¿Cree Ud. que los Gipsy Kings van a ser populares en los Estados Unidos? ¿Por qué sí o por qué no?

3. Asociamos la música flamenca con España. ¿Qué tipo de música asocia Ud. con las diferentes regiones de los EE.UU.?

C. El catalán. Aquí hay un calendario en catalán. Match the months to their Spanish equivalents.

abril	junio
agosto	marzo
diciembre	mayo
enero	noviembre
febrero	octubre
julio	septiembre

Unidad 2

Estás en mi casa

Una casa en la República Dominicana

Guía para el estudio

Using a Bilingual (English-Spanish) Dictionary

You are already very familiar with a dictionary. You use one frequently to check spelling, meaning, pronunciation, and origin of words, among other things. A bilingual dictionary will give you some similar information and some new information. Some of the uses that will meet your needs at this level of study are:

1. To find the Spanish equivalent of English words and the English equivalent of Spanish words.
2. To check spelling.
3. To check the gender of a Spanish noun.
4. To check the part of speech of a particular word.

Let's examine these four uses more closely.

1. When you look up a word in an English dictionary you find, among other information, its meaning. When you look up a word in one language in a bilingual dictionary you find its second language equivalent, not its definition. You are not generally given this equivalent in context, and this can prove to be very problematic. For example, suppose you want to know how to say *shower* in Spanish. You find a number of possible words, among them: **aguacero, chubasco; ducha.** The punctuation in the dictionary gives you a lot of important information. The comma between **aguacero** and **chubasco** indicates that these words are **synonyms,** or near equivalents, while the semicolon tells you that the English word *shower* has more than one meaning, and separates the **aguacero, chubasco** meaning from the **ducha** meaning. In order to be sure that the word you choose has the meaning you want (in this case, *rain shower*), you need to cross-reference. Look up each Spanish word and look at the English equivalent. You will find that **ducha** means *shower—bath* and **aguacero** and **chubasco** mean *rain shower.* By cross-referencing you are increasing your chances of choosing the correct second language equivalent.

2. Remember that the Spanish alphabet is different from the English alphabet. Therefore, to find the word **chico,** for example, you must look after the last c-word which is possibly **czariano**[1]. The words that begin with the Spanish letter **ch** will start next. Note that words with **ll, ñ,** and **rr**[1] also need special attention.

3. It is important to know the gender of Spanish nouns. In some cases the same noun can be masculine and have one meaning and feminine and have a different meaning. The word **la capital** refers to a capital city while **el capital** refers to money. To find out the gender of a noun you need to look up the word in the Spanish section. The word will be followed by *n.m.* (noun, masculine) or *n.f.* (noun, feminine).

---

[1]In 1994, the Spanish Language Academy declared that *ch* and *ll* are no longer official letters of the Spanish alphabet. This edition of *Así es* follows the pre-1994 system. Future editions will follow the new system.

4. Knowing the part of speech of a word can help you choose the correct second language equivalent. For example, you want to say *that,* as in *that boy.* You look up *that* and find:

a.	ese
conj.	que
adv.	tan

Knowing that you need the adjective for *that,* you choose ese. **Que** is a conjunction and is used to mean *that* in the following example: The boy *that* you see is my brother. **Tan** is an adverb and could be used in the following sentence: She's *that* pretty!

✯ Practiquemos

A. **Cross-referencing.** Look up the following words in a Spanish-English dictionary and try to find the Spanish equivalents.

1. club (as in stick)
2. will (as in volition)
3. light (referring to weight)

B. **The alphabet.** Alphabetize the following Spanish words.

1. barra / baño / banquete / barchilla / barco
2. cuarto / champú / chulo / chullo / crédulo
3. farro / faro / feroz / ferra / feria

C. **Gender and meaning.** Look up the following words and tell what the masculine and feminine forms mean.

1. radio   4. cura
2. corte   5. frente
3. orden   6. artes

D. **Parts of speech.** Look up the Spanish equivalents of the following English words according to their grammatical function.

1. so: adverb; conjunction; interjection
2. while: noun; conjunction; verb

Lección 4

Así es mi familia

Aviso cultural

What is your last name? And your mother's? Your father's? Generally, Hispanics have two last names, that of their father and that of their mother. For example, Laura Vázquez Pérez has the last name of her father, Vázquez, and that of her mother, Pérez. If she marries Manuel Gómez Frontera, their children's last name will consist of the paternal last name from their father followed by the paternal last name from their mother. Thus their daughter will be named Ana Gómez Vázquez. How do you feel about this system? Read the two names below and tell what the last names of Emma and Vicente's parents are. Emma and Vicente have a son named David. What are his last names?

---

emma sopeña balordi

doctora en filología
profesora de universidad

VICENTE GALVAÑ LLOPIS

Catedrático de Construcción Arquitectónica
Escuela Técnica Superior de Arquitectura
de Valencia

Preparativos (You may want to review the vocabulary list on pp. 157–159 before and/or after viewing the video.)

As you watch the video or read the following dialogue, pay close attention to the use of the verbs **saber** and **conocer**. They both mean *to know*. Try to guess from the context what the difference is between them. Pick out a sentence with **conocer** and a sentence with **saber** that illustrate this difference clearly.

Te invito a comer[1]

ROSA   Carla, quiero invitarte a mi casa mañana. Va a estar toda mi familia. ¿Puedes ir?

CARLA Sí, gracias. Me gustaría conocer a tus padres.

ROSA   También van a estar mi hermano menor y mi hermana. Mi hermano mayor no, porque está en la universidad.

CARLA ¡Qué pena! Me dicen que es muy guapo.

ROSA   No te preocupes. Va a estar un primo que también está guapísimo. ¡Te va a encantar!

CARLA ¿A qué hora es la reunión?

ROSA   A las doce, para almorzar.

CARLA ¿A qué hora llega tu primo?

ROSA   Creo que a eso de las once.

CARLA Entonces, ¡yo también voy a estar ahí a las once!

Uds., los actores. Now act out the following segment. Pay close attention to the emphasized structures.

ROSA   Oye, Carla. Tú **sabes** dónde vivo, ¿no? Creo que **conoces** a los López, que también viven en mi calle.

CARLA Sí, sí. Es decir, **conozco** a su hija, Berta. Pero no **sé** llegar a su casa.

ROSA   Mira, te hago un mapa. ¿Está bien?

CARLA Perfecto. Bueno, voy a ir a clase. Hasta luego.

ROSA   Chau, chica.

---

[1]For an English translation of this dialogue, see Appendix A, p. A5.

Es decir

A. Based on the dialogue, fill in the blanks with the correct infinitive from the second column.

1. Va a _____ un primo muy guapo.
2. Me gustaría _____ a tus padres.
3. A las doce, para _____.
4. No sé _____ a su casa.
5. Es _____, conozco a su hija.
6. ¿Puedes _____?
7. Te quiero _____ a mi casa.

    a. almorzar
    b. invitar
    c. decir
    d. llegar
    e. ir
    f. conocer
    g. estar

B. ¡Falso! The following statements are false. Based on the dialogue, correct them.

1. Rosa va a la casa de Carla.
2. Rosa tiene dos hermanas y un hermano.
3. Carla va a conocer al hermano mayor de Rosa.
4. Rosa tiene una prima muy guapa.
5. La reunión es a las seis, para cenar (*have dinner*).
6. Carla sabe llegar a la casa de Rosa.
7. Carla va a su casa ahora.

Practiquemos

 En grupos. Practice the dialogue with your classmates. Now act it out, incorporating the appropriate gestures.

Al ver el video

After viewing the video, complete each sentence with one of the following answers.

1. Carla y Rosa están...
   a. en la sala de clase.
   b. en el patio de la universidad.
   c. en una cafetería.
   d. en un almacén.
2. Allí hay...
   a. plantas.
   b. muchos estudiantes.
   c. mucho tráfico.
   d. un grupo de profesores.
3. Las dos muchachas... mientras (*while*) hablan.
   a. almuerzan
   b. buscan un bolígrafo

     c. toman café
     d. no hacen nada

4. Después de charlar...
     a. las dos salen.
     b. entran en el edificio.
     c. una muchacha entra y la otra sale.
     d. toman el autobús.

Vocabulario

Verbos

conducir (zc) (manejar)	*to drive*
conocer (zc)	*to know (be acquainted with); to meet*
crecer (zc)	*to grow*
dar	*to give*
decir	*to say, tell*
esperar	*to hope; to wait for*
invitar	*to invite*
llorar	*to cry*
ofrecer (zc)	*to offer*
oír	*to hear*
poner	*to put*
producir (zc)	*to produce*
reír[1]	*to laugh*
saber	*to know (how)*
salir	*to go out, leave*
traducir (zc)	*to translate*
traer	*to bring*
ver	*to see*
visitar	*to visit*

Adjetivos

amarillo	*yellow*
anaranjado	*orange*
azul	*blue*
barato	*cheap, inexpensive*
bien(mal) educado	*well-mannered (rude)*
blanco	*white*
caro	*expensive*
casado	*married*
corto	*short (in length)*
divorciado	*divorced*
familiar	*pertaining to the family, familiar*

---

[1]Note the irregular conjugation of reír: río, ríes, ríe, reímos, reís, ríen.

gris	*grey*
joven	*young*
largo	*long*
marrón	*brown*
mayor	*older, oldest*
menor	*younger, youngest*
morado	*purple*
negro	*black*
rojo	*red*
rosado	*pink*
soltero	*unmarried*
verde	*green*
viejo	*old*

Los familiares   *(Family members)*

el (la) abuelo(a)	*grandfather(mother)*
los abuelos	*grandparents*
el (la) cuñado(a)	*brother(sister)-in-law*
la esposa (mujer)	*wife*
el esposo (marido)	*husband*
la familia	*family*
el (la) hermano(a)	*brother(sister)*
el (la) hijo(a)	*son(daughter)*
el (la) hijo(a) único(a)	*only child*
la madre (mamá)	*mother*
el (la) nieto(a)	*grandson(daughter)*
el (la) niño(a)	*child*
el (la) novio(a)	*boy(girl)friend*
el padre (papá)	*father*
los padres	*parents*
el (la) pariente	*relative*
el (la) primo(a)	*cousin*
el (la) sobrino(a)	*nephew(niece)*
el (la) suegro(a)	*father(mother)-in-law*
el (la) tío(a)	*uncle(aunt)*
el (la) viudo(a)	*widower(widow)*

Expresiones

(See pp. 170–172 for dates, seasons, and weather.)

contar chistes	*to tell jokes*
cumplir... años	*to become . . . years old*
estar de moda (onda)	*to be "in"*
¡Feliz cumpleaños!	*Happy Birthday!*
poner la mesa	*to set the table*
sacar fotos (fotografías)	*to take pictures*
sin embargo	*nevertheless*

Otras palabras

además	*besides*
el agua (f.)	*water*

el almuerzo	*lunch*
el aniversario	*anniversary*
el apellido	*last name*
el árbol	*tree*
el barrio	*neighborhood*
la calle	*street*
el campo	*countryside*
la cena	*dinner, supper*
la ciudad	*city*
el coche (carro, automóvil)	*car*
la comida	*food, meal*
el cumpleaños	*birthday*
el desayuno	*breakfast*
la fecha	*(calendar) date*
el helado	*ice cream*
el juguete	*toy*
la muerte	*death*
el nacimiento	*birth*
el pelo	*hair*
el postre	*dessert*
el recuerdo	*memory, souvenir*
el regalo	*gift*
la reunión	*meeting, reunion*
la vida	*life*

Repasemos el vocabulario

A. Antónimos. Look in the second column for the antonym of the words in the first column.

1. casado		**a.** corto
2. llorar		**b.** soltero
3. joven		**c.** menor
4. mayor		**d.** viejo
5. largo		**e.** nacimiento
6. muerte		**f.** reír

B. ¿Cuál no pertenece? (*Which doesn't belong?*) Indicate which word does not belong and explain.

1. nacimiento	regalo	cumpleaños	aniversario
2. automóvil	coche	carro	caro
3. soltero	divorciado	viudo	recuerdo
4. almuerzo	postre	desayuno	cena
5. calle	apellido	ciudad	barrio

C. Los colores. Ask classmates to name something they see or associate with the following colors. Follow the model. Be sure to give the correct form of the color. Note below the following things associated with a specific color.

los Medias Blancas [1]

'Alerta roja'

Las Páginas amarillas

MODELO	Estudiante 1: Nombre Ud. algo blanco.
	Estudiante 2: **La tiza es blanca.**

1. negro **3.** rojo **5.** anaranjado **7.** marrón

2. azul **4.** amarillo **6.** rosado **8.** verde

D. El árbol genealógico (*The family tree*). Study the family tree and complete the sentences that follow.

Alfonso   María

Pedro   Raquel   José   Manuela

Saúl   Juan   Carlos   Rosa

---

[1]Although **medias** (sox) is feminine, the masculine definite article **los** is used, as it refers to **los peloteros** (ballplayers).

1. Alfonso es el ＿＿＿＿＿ de María.

2. Alfonso y María son los ＿＿＿＿＿ de Saúl.

3. Rosa es la ＿＿＿＿＿ de Saúl.

4. Juan, Carlos y Rosa son ＿＿＿＿＿.

5. José es el ＿＿＿＿＿ de Pedro.

6. Alfonso y María son los ＿＿＿＿＿ de Manuela.

7. Raquel es la ＿＿＿＿＿ de Pedro.

8. Raquel y Pedro son los ＿＿＿＿＿ de Carlos.

Now, answer the following questions with complete sentences.

9. ¿Quién es el marido de Manuela?

10. ¿Quién es el hijo único?

11. ¿Quién es la tía de Saúl?

12. ¿Quiénes son los abuelos de Juan?

13. ¿Quién es mayor, Alfonso o José?

E. El sabelotodo (*The know-it-all*). Combine the phrases in both columns to form logical sentences.

| MODELO | Sé (*I know*) que el regalo es caro porque cuesta cincuenta dólares. |

Sé que
1. ellos tienen niños pequeños...
2. es un día especial para la familia...
3. es la hora de almorzar...
4. son hispanos...
5. Ana tiene un novio simpático...
6. el señor es mayor...

porque
a. tiene el pelo blanco.
b. siempre compra regalos para ella.
c. su apellido es Martínez.
d. sacan muchas fotos.
e. la abuela pone la mesa.
f. hay muchos juguetes en la casa.

De uso común

Reacting Affirmatively and Negatively

limpio *I clean*

Expresiones afirmativas		Expresiones negativas	
¡Cómo no!	*Of course!*	¡De ninguna manera!	*By no means!*
¡Claro que sí!	*Of course, absolutely!*	¡Ni modo!	*No way!*
¡Por supuesto!	*Of course!*	¡En absoluto!	*Absolutely not!*
¡Desde luego!	*Of course!*	¡Ni hablar!	*Not a chance!*
¡Correcto!; ¡Cierto!	*Correct! Exactly!*	¡Ni pensarlo!	*Don't even think about it!*

✯ Practiquemos

A. Reacciones. Using the expressions above, react to the following situations.

1. Su amigo(a) pregunta si quiere pasar todo el día en la biblioteca.
2. Su novio(a) invita a toda su familia a comer en un restaurante muy elegante.
3. Gloria Estefan invita a Ud. y a todos sus amigos a su concierto.
4. En un restaurante el cocinero pregunta si Ud. quiere comer la especialidad... anguila (*eel*).
5. Su profesor de español pregunta si Ud. aprende mucho en su clase.
6. Su jefe pregunta si Ud. quiere trabajar todo el fin de semana.

B. Más situaciones. Describe more situations like those listed above and classmates will react appropriately.

More Irregular Verbs in the Present Tense

You have already learned that some verbs in Spanish do not follow the regular -ar, -er, -ir pattern of conjugation but rather have irregular forms. You have studied the irregular verbs **ser**, **estar**, **ir**, **hacer**, **tener**, and **venir** as well as stem-changing verbs. These irregular verbs should be learned well, as they are used very frequently.

Forma

Some verbs have irregular forms only in the first-person singular (**yo**).

CONOCER[1] (to know)		DAR (to give)		PONER (to put, to place)		SABER (to know)	
conozco	conocemos	doy	damos	pongo	ponemos	sé	sabemos
conoces	conocéis	das	dais	pones	ponéis	sabes	sabéis
conoce	conocen	da	dan	pone	ponen	sabe	saben

---

[1]Other verbs similar to **conocer** are **agradecer** (*to thank*), **conducir**, **crecer** (*to grow*), **merecer** (*to deserve*), **obedecer** (*to obey*), **ofrecer**, **producir**, **traducir**.

SALIR (to leave)		TRAER[1] (to bring)		VER (to see)	
salgo	salimos	traigo	traemos	veo	vemos
sales	salís	traes	traéis	ves	veis
sale	salen	trae	traen	ve	ven

Some verbs are irregular in more forms.

DECIR (to say)		OÍR (to hear)	
digo	decimos	oigo	oímos
dices	decís	oyes	oís
dice	dicen	oye	oyen

☆ Practiquemos

A. ¿Y tú? Answer the following questions with the first-person singular (yo) according to the model.

| MODELO | Mis tíos oyen música. ¿Y tú?
No, yo no oigo música.

1. La abuela conduce el coche. ¿Y tú?
2. Mi prima sabe bailar merengue. ¿Y tú?
3. Mi hermana pone la mesa todas las noches. ¿Y tú?
4. Juana y yo traemos juguetes para los niños. ¿Y tú?
5. Nuestro hijo conoce al presidente. ¿Y tú?
6. Marta ve a mi cuñada los lunes. ¿Y tú?

B. Pero yo... más. Form questions from the following cues. A classmate will answer them.

| MODELO | hacer muchos postres (Juan / yo)
Estudiante 1: ¿Quién hace muchos postres?
Estudiante 2: **Juan hace muchos postres pero yo hago más.**

1. saber preparar muchas comidas (las muchachas / yo)
2. traer mucho recuerdos (tú / yo)
3. conocer a muchos actores famosos (Julia / yo)
4. ver muchos programas interesantes (Uds. / yo)
5. traducir muchos documentos del inglés al español (nuestro amigo / yo)
6. salir con muchos chicos españoles (mis hermanas / yo)

---

[1]Another verb similar to **traer** is **caer** (*to fall*).

C. Mi Navidad isleña (*My Island Christmas*). Fill in the blanks with the correct form of the verb in parentheses to find out how Carmen describes the Christmas celebration on her island of Puerto Rico.

Yo (saber) _____ que la Navidad es especial en muchos lugares, pero la Navidad en Puerto Rico no (tener) _____ igual. En diciembre la gente (poner) _____ su árbol de Navidad y su belén (*nativity scene*), y muchos (poner) _____ un San Nicolás en su patio. Yo siempre (salir) _____ y (ver) _____ las decoraciones. Hay mucha actividad aquí. La gente (ir) _____ y (venir) _____ por las puertas de las tiendas grandes con sus regalos. Por las calles yo (oír) _____ los ritmos alegres de los «aguinaldos», que son canciones (*songs*) tradicionales de la Navidad en Puerto Rico. Las familias (conducir) _____ por los barrios y miran todas las luces (*lights*) bonitas.

El 24, la Nochebuena (*Christmas Eve*), nosotros (ir) _____ a la Misa del gallo (*Midnight Mass*). La cena de Navidad es la misma noche. Muchas personas (salir) _____ para comer en restaurantes, pero mamá (hacer) _____ lechón asado (*roast pig*), arroz con gandules (*rice with pigeon peas*) y pasteles de plátano (*plantain pies*), comida típica de la Navidad aquí. Yo siempre (decir) _____ que voy a comer todos los pasteles y que no (ir-yo) _____ a dejar ninguno para mis hermanos... pero es sólo un chiste. Para ayudar a mamá yo (poner) _____ la mesa. El 25 de diciembre, San Nicolás (traer) _____ regalos para todos los niños. Los Reyes Magos (*Wise Men*) (venir) _____ el 6 de enero (*January*) y ellos también (traer) _____ regalos para todos. El 5, por la noche, los niños (poner) _____ hierba (*grass*) debajo de las camas (*beds*) para los camellos (*camels*).

The Personal *a*

Función

1. The personal **a** is used with direct objects that refer to people. The direct object receives the action of the verb and answers the question "what" or "whom." In the sentence, "*I read the book,*" *the book* answers the question, "*What do you read?*" and therefore is the direct object. In the sentence, "*I see Joe,*" *Joe* answers the question, "*Whom do you see?*" and is therefore the direct object.

2. The personal **a** has no English equivalent and cannot be translated in English.

Veo **a** los niños.   *I see the children.*

3. The personal **a** comes immediately before the direct object of a sentence and is used in the following cases.

   a. when the direct object refers to a definite person or persons. It is not used when the direct object refers to things.

Llevo **a** mi prima a clase y luego llevo mis libros a la biblioteca.	*I take my cousin to class and then I take my books to the library.*

   However, when the direct object refers to an indefinite or unspecific person, the personal **a** is not used.

La abuela ve a un médico bueno.	*Grandmother sees a good doctor.*
La abuela necesita un médico bueno.	*Grandmother needs a good doctor.*

   b. with the indefinite pronouns **alguien** and **nadie** when they are used as direct objects.

No veo **a nadie** aquí.	*I don't see **anyone** here.*
Voy a visitar **a alguien** hoy.	*I'm going to visit **someone** today.*

   c. before the interrogative words **quién** and **quiénes** when they are used as direct objects.

¿**A quién** invitas a la reunión?	*Whom are you inviting to the reunion?*
¿**A quiénes** llamas?	*Whom are you calling?*

4. The following are commonly used verbs that require the personal **a**. Although in English these verbs require prepositions (*at, to, for*), in Spanish the preposition is included in the verb.

mirar	*to look at*	buscar	*to look for*
escuchar	*to listen to*	esperar	*to wait for*

—¿A quién buscas?	*Whom are you looking for?*
—Espero a mi tía. Vamos a esperar el autobús aquí.	*I'm waiting for my aunt. We're going to wait for the bus here.*

   ¡AVISO! The personal **a** is usually omitted after the verb **tener**.

Tengo tres tíos.	*I have three uncles.*

✭ Practiquemos

A. **¿El objeto directo?** Find the direct object in the following sentences. Indicate if it answers the question *what* (qué) or *whom* (a quién), and if it requires the personal **a**. Then translate the sentences.

   1. I don't know anyone here.
   2. She finishes her homework.
   3. Marta is taking her grandmother to the reunion.
   4. We need more ice cream.
   5. I see the children over there.

B. De visita en Puerto Rico. Carmen Frontera is Puerto Rican but lives in New York now. She and her family are going to visit relatives on the island. Fill in the blanks with the personal **a** if it's necessary.

¡Vamos a Puerto Rico! En Manatí, un pueblo (*town*) pequeño en la costa, visitamos _____ mi abuela. Vamos a llevar _____ la abuela a Dorado, otro pueblo bonito, para ver _____ mis tíos. Quiero visitar _____ la Universidad de Puerto Rico que está en Río Piedras porque pienso estudiar allí. En San Juan, la capital, vamos a ver _____ los otros familiares. En las calles bonitas del Viejo San Juan, yo siempre miro _____ los turistas que compran _____ mucho en las tiendas. Finalmente, quiero visitar _____ un almacén y comprar regalos para mis amigos.

C. Preguntas y respuestas. Combine the verbs on the left with the words and phrases on the right to form four questions with **¿qué?** and four with **¿a quién?**. A classmate will answer the questions in an original manner.

MODELO	¿Qué ves en la calle? Veo muchos coches. ¿A quién ves? Veo a Cecilia.

		1. en la fotografía?
		2. invitar a la cena?
	ves	3. a la fiesta?
¿Qué...	conoces	4. en la familia Marín?
¿A quién...	prefieres	5. en la calle?
	llevas	6. hacer en Puerto Rico?
		7. a clase?
		8. comer?

D. Los ídolos de los adolescentes. According to a recent survey among university students in Mexico City, the following people are most admired. Form complete sentences by combining the person in the first column with the description in the second to tell why you admire each.

¿A QUIÉNES ADMIRAN NUESTROS MUCHACHOS?

| MODELO | Admiro a Mikhail Barishnikov porque baila muy bien. |

1. Napoleón   **a.** porque enseña a los niños a apreciar la vida submarina.

2. Madre Teresa   **b.** porque todos recuerdan su descubrimiento (*discovery*) importante en el espacio en 1969.

3. Fernando Valenzuela   **c.** porque ayuda a las personas pobres y enfermas.

4. Neil Armstrong   **d.** porque todos aprecian su inteligencia y estrategia militar.

5. Jacques Costeau   **e.** porque él no tiene una buena educación pero visita las escuelas mexicanas para hablar de la importancia de una educación.

Now, answer the following questions.

1. ¿A qué personas famosas admira Ud. mucho? ¿Por qué?

2. De las personas que Ud. conoce personalmente, ¿a quién admira mucho y por qué?

3. ¿A quién(es) admiran
   a. los niños pequeños?   b. los adolescentes?   c. los padres de Ud.?

The Verbs *saber* and *conocer*

Forma

Unlike English, Spanish has two verbs that express the concept of *to know:* saber and conocer.

SABER		CONOCER	
sé	sabemos	conozco	conocemos
sabes	sabéis	conoces	conocéis
sabe	saben	conoce	conocen

Función

Saber is used:

1. to express knowledge of facts or information.

Yo **sé** que Juan tiene dos hermanas menores.	*I know that Juan has two younger sisters.*
Ella **sabe** que Santo Domingo es la capital de la República Dominicana.	*She knows that Santo Domingo is the capital of the Dominican Republic.*
Tú **sabes** mucho de la historia del Caribe, ¿no?	*You know a lot about the history of the Caribbean, don't you?*

2. with an infinitive to indicate *to know how to do something.*

Mi abuelo no **sabe** conducir.	*My grandfather doesn't **know how to** drive.*

Conocer is used:

1. to express familiarity or acquaintance with people, places, or things.

¿**Conoces** a mi marido?	*Do you **know** my husband?*
Conozco bien la ciudad de Ponce.	*I **know** the city of Ponce well.*
No **conozco** su restaurante. ¿Es bueno?	*I **don't know** his restaurant. Is it good?*

2. to mean *to make someone's acquaintance* or *to meet for the first time.*

Voy a **conocer** a sus padres esta noche.	*I'm going **to meet** his parents tonight.*

Note the use of **saber** and **conocer** in the following sentences.

No **sé** mucho de la música de Juan Luis Guerra pero **conozco** su grupo, 4–40.	*I **don't know** a lot about the music of Juan Luis Guerra but I'm **familiar** with his group, 4–40.*
Juan **no sabe** donde vivo pero **conoce** mi calle.	*Juan **doesn't know** where I live but he **knows** my street.*

✦ Practiquemos

A. ¿Qué saben hacer estas personas? Tell what the following people know how to do. Follow the model.

yo

| **MODELO** | Yo sé sacar fotos. |

B. Mucho gusto en conocerlo. Form complete sentences by using the verbs conocer and saber and by matching the people in the first column with the reasons why you want to meet them in the second column.

MODELO	Rubén Blades

Quiero conocer a Rubén Blades porque sabe mucho de la historia de Panamá.

1. Roberto Alomar y Juan González
2. Gabriela Sabatini
3. Gloria Estefan
4. el presidente
5. Cher

a. cantar (*to sing*) en inglés y español.
b. jugar al béisbol.
c. muchos ejercicios aeróbicos.
d. mucho sobre el tenis.
e. mucho de la política.

C. ¿Saber o conocer? Choose the answers that complete the sentences in a logical way. There is more than one correct answer.

1. ¿Sabes...
   a. de quién es el coche?
   b. preparar comida típica del Caribe (*Caribbean*)?
   c. a Marta, la prima de Ramón?
   d. a qué hora empieza el concierto?

2. Queremos conocer...
   a. las tradiciones de Latinoamérica.
   b. a los padres de Josefina.
   c. a qué hora empieza nuestro programa de televisión.
   d. el número de teléfono del dentista.

3. Sé...
   a. su nombre.
   b. al presidente personalmente.
   c. que Alma sale con Jorge.
   d. conducir bien.

4. ¿Cuándo vamos a conocer...
   a. si abuela viene o no?
   b. la respuesta?
   c. a tu novio, Celia?
   d. el arte caribeño?

D. Chismes (*Gossip*). Tell everything you know and everything you want to know about the following people, places, and things.

> | MODELO | Juan Luis Guerra
> | | Yo sé que tiene un grupo musical, que es de la República Dominicana, que es muy popular y que gana mucho dinero. Quiero saber si es casado, si tiene novia y si viene a los Estados Unidos pronto.

1. La Princesa Diana
2. Nueva York
3. Puerto Rico
4. una universidad
5. la paella
6. el Ratón (*mouse*) Mickey

Weather Expressions

Forma

¿Qué tiempo hace?   (*What's the weather like?*)

Hace frío.   (*It's cold.*)

Hace sol. Hace buen tiempo.
(*It's sunny. The weather is nice.*)

Hace calor. *(It's hot.)*

Está nublado. *(It's cloudy.)*

Hace fresco. *(It's cool.)*

Nieva. *(nevar)* *(It's snowing. [to snow])*

Hace viento. *(It's windy.)*

Llueve. (*llover*) Hace mal tiempo.
(It's raining. [to rain] The weather is bad.)

Función

1. Note that while in English the verb *to be* is used to describe many weather conditions, in Spanish the verb **hacer** is frequently used.

2. The adjectives **mucho** and **poco** are used to modify the nouns **frío, calor, fresco, sol,** and **viento.**

   Hace **mucho** viento pero **poco** frío.   *It's very windy but not very cold.*

3. **Mucho** and **poco** are also used as adverbs with the verbs **nevar** and **llover.**

   Nieva **mucho** en enero y llueve **muy poco.**   *It snows a lot in January and rains very little.*

4. The adverb **muy** is used with **buen/mal tiempo.**

   Hace **muy** buen tiempo.   *The weather is very good.*

The Seasons, Months, and Days of the Week

Forma

Las estaciones   *The seasons*

Los meses del año   *The months of the year*

el invierno
winter

la primavera
spring

el verano
summer

el otoño
fall

| ENERO |
| FEBRERO |
| MARZO |
| ABRIL |
| MAYO |
| JUNIO |
| JULIO |
| AGOSTO |
| SEPTIEMBRE |
| OCTUBRE |
| NOVIEMBRE |

| lunes | martes | miércoles | jueves | viernes | sábado | domingo |

DICIEMBRE

lunes	martes	miércoles	jueves	viernes	sábado	domingo
1	2	3	4	5	6

enero   *January*
febrero   *February*
marzo   *March*
abril   *April*
mayo   *May*
junio   *June*
julio   *July*
agosto   *August*
septiembre   *September*
octubre   *October*
noviembre   *November*
diciembre   *December*

Los días de la semana   *The days of the week*

lunes   *Monday*
martes   *Tuesday*
miércoles   *Wednesday*
jueves   *Thursday*
viernes   *Friday*
sábado   *Saturday*
domingo   *Sunday*

Función

1. Note that while the days of the week and the months of the year are capitalized in English, in Spanish they are not.

2. To express *on* a certain day you use only the definite article el. To express habitual action *on* a certain day you use only the definite article los with the plural form of the day.

El domingo voy a visitar al tío Pepe.   *On Sunday I'm going to visit Uncle Pepe.*

Los domingos Susana no va a clase.   *On Sundays Susan doesn't go to class.*

Numbers Above 100

Forma

Los números de cien a un millón					
100	cien	400	cuatrocientos(as)	900	novecientos(as)
101	ciento uno	500	quinientos(as)	1.000	mil
102	ciento dos	600	seiscientos(as)	1.876	mil ochocientos setenta y seis
200	doscientos(as)	700	setecientos(as)	2.000	dos mil
201	doscientos(as) uno(a)	800	ochocientos(as)	1.000.000	un millón
300	trescientos(as)				

Función

1. Cien is used before a noun, before the numbers mil and millón/millones, and when used alone in counting. Otherwise, ciento is used.

Ella tiene cien libros y yo también tengo cien.   *She has a hundred books and I also have a hundred.*

Ciento veinte personas vienen a la reunión.   *One hundred and twenty people are coming to the meeting.*

2. Multiples of a hundred (doscientos, trescientos...) agree in gender with the nouns they modify.

Hay novecientos escritorios y ochocientas sillas.   *There are nine hundred desks and eight hundred chairs.*

3. Mil is used in the singular form.

Yo tengo dos mil centavos y ella tiene tres mil.   *I have two thousand pennies and she has three thousand.*

¡AVISO! The indefinite article un is never used with cien and mil. Cien means *a* hundred and mil means *a* thousand.

4. To express the year, use the following form.

1995	mil novecientos noventa y cinco
1492	mil cuatrocientos noventa y dos
1568	mil quinientos sesenta y ocho

Note that in dates, multiples of a hundred are masculine, as they refer to the word **año** (*year*), which is masculine.

5. In dates, cardinal numbers are used, except to express *the first*.

Hoy es el **primero** de mayo y
mañana es el **dos**.

Today is May first and tomorrow is the second.

To ask what the date is, use the expression: **¿Cuál es la fecha (de hoy)?**

To express the complete date, use the form: **(Hoy) es el cuatro de abril de 1996.**

⭐ Practiquemos

A. El calendario de Sofía. Tell when Sofía is going to do the following activities.

abril						
lunes	martes	miércoles	jueves	viernes	sábado	domingo
						1 🎾
2	3 *Doctor Parra*	4	5	6	7	8
9 *Mecánico*	10	11 *Feliz Cumpleaños*	12	13 ☎ *Papis*	14	15
16	17	18	19	20	21 ❤	22
23 *Perla del Caribe* / 30	24	25	26	27	28 *estudiar*	29

MODELO   Va a llevar el coche al mecánico el lunes, 9 de abril.

1. comer en un restaurante puertorriqueño

2. salir con su novio

3. preparar el examen de historia

4. cumplir 20 años

5. ir al médico

6. jugar al tenis

7. llamar a sus padres

B. Fechas. Change the following dates to Spanish.

1. January 1, 1518   3. August 12, 1492   5. December 25, 2001

2. October 8, 1952   4. September 30, 1883   6. April 2, 1776

C. Inventario en la librería. Raúl needs to know what to order for the bookstore for the coming year. Help him count his inventory by reading him the following information.

Rául, tú tienes...

1. 100 lápices   4. 125 bolígrafos

2. 250 cuadernos   5. 300 libros de sicología

3. 500 tizas   6. 200 botellas (*bottles*) de aspirina.

D. El tiempo en Puerto Rico. Refer to the following weather map of Puerto Rico and tell what today's weather will be on various parts of the island.

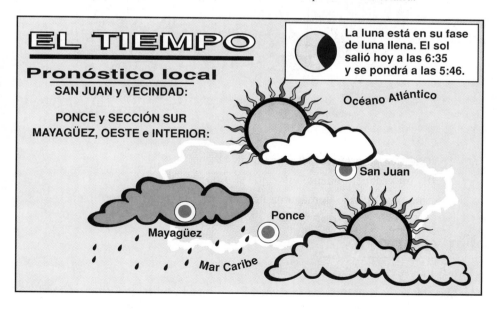

E. Para traducir. Grandmother likes to talk about the weather. Translate the following sentences.

1. What's the weather like today?

2. It's raining and it's windy.

3. The weather's bad. I don't want to go out.

4. I think (that) it's going to snow.

5. Aunt Larisa says that it's very hot in Santo Domingo.

F. La nueva máquina climática (*The new weather machine*). You have just bought the following climate control machine. Answer the following questions.

1. ¿Qué tiempo prefiere Ud. y por qué?
2. ¿Es un producto bueno? ¿Por qué sí o no?
3. ¿Qué pasa cuando la máquina no funciona (*doesn't function*) bien?

En resumen

A. Los colores y la naturaleza (*nature*). Read the ad on the opposite page and answer the questions below.

1. ¿De qué color es esta playa? ¿De qué color debe ser la playa? Explique.
2. ¿De qué color es...
   a. un jardín (*garden*) en la primavera?
   b. un día de otoño?
   c. un arco iris (*rainbow*) después de llover?

¿...Y de qué color son las latas° de su playa°...?

¿Doradas°? ¿rojas? ¿o azules?
No permita que las latas cubran la belleza° de su playa.
Deje° que el color y el calor de la arena° hagan° de ella un
lugar más grato°.

latas *cans*
playa *beach*
Doradas *gold*
belleza *beauty*
deje *let*
arena *sand*
hagan *make*
lugar más grato *a nicer place*

B. El fascinante sol. Read the following article and answer the questions that
follow.

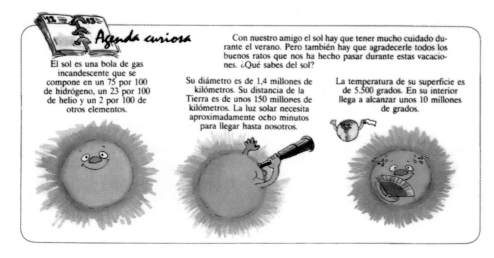

Agenda curiosa

El sol es una bola de gas
incandescente que se
compone en un 75 por 100
de hidrógeno, un 23 por 100
de helio y un 2 por 100 de
otros elementos.

Con nuestro amigo el sol hay que tener mucho cuidado durante el verano. Pero también hay que agradecerle todos los
buenos ratos que nos ha hecho pasar durante estas vacaciones. ¿Qué sabes del sol?

Su diámetro es de 1,4 millones de
kilómetros. Su distancia de la
Tierra es de unos 150 millones de
kilómetros. La luz solar necesita
aproximadamente ocho minutos
para llegar hasta nosotros.

La temperatura de su superficie es
de 5.500 grados. En su interior
llega a alcanzar unos 10 millones
de grados.

buenos ratos *good times*
nos ha hecho *has had us*

Tierra *Earth*
llega a alcanzar *reaches*
por 100 % *(percent)*

1. ¿Qué sabe Ud. del sol? ¿Qué piensa Ud. del sol?
2. ¿Por qué debe Ud. tener cuidado cuando hace sol?
3. ¿Qué usa Ud. para protección cuando hace mucho sol?

Una fiesta de quinceañera

C. La Quinceañera. Many Hispanics celebrate a girl's 15th birthday with a special party. The sentences in the following paragraphs are out of order. Arrange them to form a reading about the **quinceañera.** Then do the activities.

Párrafo 1

1. Puede ser una reunión íntima o una fiesta grande y elegante.

2. La celebración se llama *quinceañera* y significa que la muchacha ahora es una mujer y puede asistir a fiestas y salir con chicos.

3. En muchas familias hispánicas, cuando una muchacha cumple quince años hay una fiesta especial.

Párrafo 2

1. Hoy la quinceañera muestra la importancia de la familia en la cultura hispánica.

2. Hay evidencias de algo similar en la antigua civilización azteca.

3. Nadie sabe cuál es el origen de la quinceañera.

Now, answer the following questions.

1. Tradicionalmente, ¿cómo celebra Ud. el cumpleaños?

2. ¿Cuáles son los cumpleaños importantes en su *(your)* cultura?

3. ¿Cómo es el cumpleaños ideal para Ud.?

D. La familia hispana. Conjugate the verbs and choose or give the correct form of the words in parentheses to find out about the Hispanic family.

La familia es muy importante en la cultura hispánica. Para una persona de los Estados Unidos, la familia (consistir) en el padre, la madre y (los, las) hijos. Para el hispano, el concepto de la familia es más (grande). Consiste en padres, hijos, abuelos, tíos, cuñados y primos. Los abuelos (tomar) una parte muy (activo) en la vida familiar, y con frecuencia viven con la familia. Los niños (aprender) a respetar (a, ____) la gente mayor.

Liliana, una joven puertorriqueña dice: «Mi familia es muy unida. Yo (saber) que (ir-yo) a tener contacto íntimo con mis hermanos para toda la vida. Nosotros (mostrar) (nuestro) emociones. (También/Tampoco) respetamos mucho (a, ____) nuestros padres. Mis abuelos no viven con nosotros. Pero nosotros (ver) mucho a los abuelos porque nosotros (hacer) muchas fiestas y ellos siempre (venir) a comer.»

Indicate if the following observations about Hispanic family life pertain to your culture as well and explain.

1. El aspecto más importante de la vida es la familia.
2. Muchas veces la familia extendida vive en una casa. Es decir, además de los padres y los hijos, también los abuelos viven con ellos, y posiblemente los tíos y primos.
3. El tener «novio» significa el matrimonio. Es decir, es una relación muy seria.

E. Carla va a conocer a Pedro. Translate the following dialogue to Spanish.

Carla:	Raquel, do you know Pedro Ortiz?
Raquel:	Rosa's cousin? No, but I know that he attends the university. Why?
Carla:	Tomorrow I'm going to Rosa's house for lunch and Pedro is going to be there.
Raquel:	He's single, he drives a black Ferrari, they say he's handsome and he just turned 25.
Carla:	Raquel, you know a lot. Do you want to meet Pedro, too?

F. Composiciones breves. Choose one of the following drawings and write a brief story about it. Include the following information.

1. ¿Quiénes son las personas?   3. ¿Qué hacen ellos?   5. ¿Qué tiempo hace?
2. ¿Cómo son y cómo están?   4. ¿Qué quieren hacer?   6. algo original

📼 Escuchemos

A. ¿Cuál de los dos? You will hear an incomplete sentence. Choose the word that best completes the sentence.

> **MODELO**   (oye / trae)
> Antonio _____ un regalo a la fiesta. **trae.**
> **Antonio trae un regalo a la fiesta.**

1. (el desayuno / la cena)
2. (primo / tío)
3. (conducir / traducir)
4. (conoce / sabe)
5. (cuñados / abuelos)
6. (cuentan / crecen)
7. (suegra / nieta)
8. (anaranjado / verde)

B. Dictado (*Dictation*). You will hear a short narration about Liliana and her family. Listen carefully to the entire selection. Listen again and write each sentence during the pauses.

You will then hear a series of false statements related to the dictation. Correct each one with complete sentences. Refer to your dictation.

Lección 5

Así es mi casa

Aviso cultural

(As a reading aid, refer to lesson vocabulary for new words.)

¿Viven sus padres cerca de su trabajo? En España, la idea de «*commuting*» es reciente (*recent*). No hay una palabra en español para expresar la idea de ir en coche de su casa a su trabajo. Por lo general, las personas que viven en la ciudad también trabajan en la ciudad, y las personas que viven en el campo trabajan en el campo. La idea de «*suburbs*» es relativamente nueva en España, aunque ahora hay zonas residenciales o «urbanizaciones» en las afueras de algunas ciudades españolas. ¿Prefiere Ud. vivir en la ciudad, las afueras o el campo? ¿Por qué? ¿Quiere vivir cerca de su trabajo? ¿Cuáles son las ventajas (*advantages*) y desventajas de vivir y trabajar en el mismo lugar?

Preparativos (You may want to review the vocabulary list on pp. 184–186 before and/or after viewing the video.)

As you watch the video or read the following dialogue, pay close attention to the placement of the masculine direct object pronoun **lo**. Where can it be placed in a sentence in relation to the verb? Also note the use of the demonstrative adjective **este**. Try to tell its meaning from the dialogue.

Hogar, dulce hogar[1]

Ana muestra las renovaciones de su casa. Entra con su amiga, Rosa.

ROSA No puedo creerlo. ¡Qué renovación más perfecta!

ANA Acompáñame. Quiero mostrarte toda la renovación.

---

[1]For an English translation of this dialogue, see Appendix A, pp. A5–A6.

Entran en la sala...

ROSA   Me gusta esta sala. Y tiene un estéreo estupendo con disco compacto y un televisor a color con videocasetera. ¡Qué cómoda!

Pasan por el baño...

ANA   Mira. Éste es un cuarto de baño pequeño. Sólo tiene ducha, pero el otro tiene bañera con jacuzzi y un espejo muy grande.

ROSA   Me gustaría ver tu habitación.

Van a la alcoba de Ana...

ANA   Como ves, no es muy grande pero creo que es bonita. Tiene un ropero donde guardo todas mis cosas, y mi cama matrimonial es muy cómoda. Quiero una cama de agua pero mamá dice que no. Y en este escritorio hago mis trabajos de clase, claro, cuando no estoy chismeando contigo por teléfono.

Uds. los actores. Ahora, representen el segmento siguiente. Noten bien las estructuras enfatizadas. (*Now, act out the following segment. Pay close attention to the emphasized structures.*)

ROSA	Me gusta la ventana que hay en el techo. Oye, quiero **preguntar** una cosa. ¿Podemos ir a la cocina? **Estoy muriendo** de hambre.
ANA	Sí, como no. Pero te **pido** algo también. No debes dejarme comer nada. **Sigo** una dieta estricta. Ahora, ¿qué te **sirvo**? (*Van a la cocina*).

Es decir

A. Basándose en el diálogo, nombre Ud... (*Based on the dialogue, name. . .*)

1. un cuarto en que preparamos la comida.
2. otras dos habitaciones en la casa de Ana.
3. tres tipos de muebles.
4. cuatro cosas que usamos para la diversión (*amusement*).

B. En la casa de Ana, ¿en qué habitación encontramos las siguientes cosas? (*In Ana's house, in which room do we find the following things?*)

la sala   la alcoba   el cuarto de baño

MODELO	el jacuzzi

Encontramos el jacuzzi en el cuarto de baño.

1. la ducha
2. el estéreo
3. el ropero
4. la bañera
5. el espejo
6. el televisor a color
7. el escritorio
8. la cama

Practiquemos

En grupos. Practique el diálogo con sus compañeros. En grupos, represéntenlo incorporando los gestos apropiados. (*Practice the dialogue with your classmates. Now act it out, incorporating the appropriate gestures.*)

Al ver el video

Después de ver el video, haga las actividades siguientes. (*After viewing the video, do the following activities.*)

A. ¿A quién corresponden las siguientes frases, a Ana o a Rosa? (*Do the following sentences refer to Ana or Rosa? Form complete sentences.*)

MODELO	Es baja.

Rosa es baja.

1. Es rubia.
2. Entra en la casa primero.
3. Es alta.
4. Tiene un suéter.
5. Es morena.
6. Tiene hambre.

B. ¿Qué palabras corresponden a los cuartos en la casa de Ana? (*Which words correspond to the rooms in Ana's house?*)

1. sala: una mesa blanca   muchas ventanas   muchos libros   un televisor
2. baño: pequeño   blanco   ordenado   negro
3. alcoba: una mesa pequeña   dos sillas   un escritorio moderno   un teléfono

Vocabulario

Verbos

alquilar	*to rent*
arreglar	*to arrange, put in order; to fix*
barrer	*to sweep*
cenar	*to have dinner, supper*
cocinar	*to cook*
compartir	*to share*
competir (i)	*to compete*
conseguir (i)	*to get, obtain*
corregir (i)	*to correct*
chismear	*to gossip*
desayunar	*to eat breakfast*
elegir (i)	*to elect; choose*
fregar (ie)	*to scrub*
lavar	*to wash*
limpiar	*to clean*
olvidar	*to forget*
pedir (i)	*to ask for, request; to order*
planchar	*to iron*
repetir (i)	*to repeat*
secar	*to dry*
seguir (i)	*to follow; to continue*
servir (i)	*to serve*

Partes de la casa   *(Parts of the house)*

la alcoba (el dormitorio)	*bedroom*
la cocina	*kitchen; cuisine*
el comedor	*dining room*
el cuarto (la habitación)	*room*
el cuarto de baño (baño)	*bathroom*
el garaje	*garage*
el hogar	*home*
el jardín	*garden*
el patio	*patio*
el piso	*floor (level of a building); condominium*
la sala (de estar)	*den*
el salón	*living room*
el sótano	*basement*
el suelo	*floor*
el techo	*roof; ceiling*

Muebles y accesorios   *(Furniture and accessories)*

la alfombra	*rug*
la almohada	*pillow*
el armario (ropero)	*closet*
la bañera	*bathtub*

la cama (de agua, matrimonial)	bed (waterbed, double bed)
el cuadro	painting
la ducha	shower
el espejo	mirror
la estufa	stove
el horno	oven
el jabón	soap
el lavabo	sink
la lavadora	washing machine
el lavaplatos	dishwasher
la manta	blanket
la mesa	table
el microondas	microwave oven
el mueble	piece of furniture
la plancha	iron
el radio	radio (object)
la radio	radio (transmission)
el refrigerador (la nevera)	refrigerator
la ropa	clothing
la sábana	sheet
la secadora	dryer
la silla	chair
el sillón	armchair
el sofá	sofa
el televisor	television set

Adjetivos

cada	each
desordenado	messy, disorderly
limpio	clean
lleno	full
ordenado	neat, orderly
solo	alone, lonely
sucio	dirty
vacío	empty

Palabras y expresiones útiles

(Refer to p. 189 for more useful prepositions)

adentro	inside
afuera	outside
las afueras	outskirts, suburbs
el alquiler	rental fee
alrededor (de)	around
aunque	although
cerca de	near
dentro de	inside of
fuera de	outside of
el gato	cat
lejos (de)	far away (from)

el pájaro	bird
pasar la aspiradora	to vacuum
el perro	dog
sacar la basura	to take out the garbage
la tarea doméstica	housework

Repasemos el vocabulario

A. Cuartos. ¿Dónde hace Ud. las actividades siguientes? (*Choose a room and form a complete sentence to tell where you do the following activities.*)

> **MODELO**   escuchar la radio / la alcoba
> **Escucho la radio en la alcoba.**

1. dar una cena elegante
2. charlar con los parientes
3. charlar con los amigos
4. hacer la tarea de clase
5. desayunar
6. lavar la ropa

a. la cocina
b. el dormitorio
c. el sótano
d. la sala de estar
e. el comedor
f. la sala

Nombre Ud. otra actividad que hace en cada cuarto mencionado arriba. (*Name another activity that you do in each of the rooms mentioned above.*)

B. Accesorios. ¿Dónde encuentra Ud. los accesorios siguientes? (*Refer to the drawings and tell where you find each accessory.*)

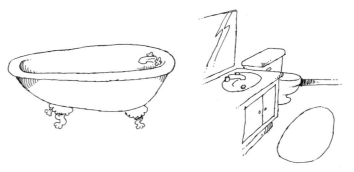

> **MODELO**   La bañera está en el cuarto de baño.

a.

b.

c.

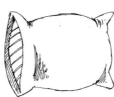

d.

e.

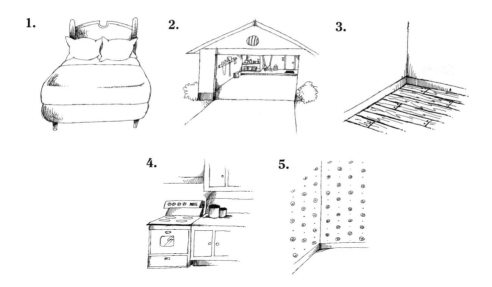

1.   **2.**   **3.**

4.   **5.**

C. Relaciones. Indique Ud. el accesorio que no está relacionado con el cuarto y explique. (*Indicate the accessory that is not related to the room and explain.*)

> **MODELO**   baño: bañera   lavabo   ducha   cama
> *Cama* no está relacionada porque está en la alcoba.

   1. cocina: lavaplatos   estufa   sillón   horno

   2. dormitorio: almohada   sábana   manta   lavabo

   3. salón: jabón   alfombra   cuadro   sofá

   4. garaje: ducha   coche   bicicleta   raqueta de tenis

D. ¿Para qué? Combine Ud. las palabras y frases en las tres columnas para formar frases completas. (*Combine the words and phrases in the three columns to tell why you do things.*)

> **MODELO**   Pongo (*I turn on*) la luz para leer.

   1. Conducir   microondas   ayudar a mamá

   2. Barrer   platos   ir a las afueras

   3. Lavar   sofacama   ayudar a papá

   4. Abrir   coche   dormir

   5. Usar   garaje   comer rápido

E. Preguntas personales.

Conteste Ud. las preguntas siguientes. (*Answer the following questions.*)

   1. ¿Cuántas tareas domésticas puede hacer en diez minutos? ¿Cuáles son?

   2. ¿Prefiere cocinar o planchar? ¿Por qué?

   3. ¿Qué tareas domésticas necesitan el uso de jabón?

   4. ¿Usa Ud. un microondas? ¿Por qué sí o no?

   5. ¿Cómo comparte Ud. las tareas domésticas con la(s) persona(s) con quien(es) vive?

F. Cuartos ideales. Mire Ud. las fotos siguientes de un comedor y una cocina. Descríbalos. (*Look at the following photos of a dining room and kitchen. Describe them.*) ¿Qué muebles hay? ¿Son modernos o viejos? ¿Necesitan renovaciones? ¿Por qué sí o no? ¿Qué piensa Ud. de estos cuartos?

Prepositional Pronouns

Prepositions show relationships of time, location, and position between nouns and other words in a sentence. Some prepositions in English include: *to, at, for, from, near, by, on, under, after, behind, in,* and *before.* What are the Spanish equivalents of these words? Now study the following pronouns that are used with prepositions.

Forma

	mí	*me*	nosotros, as	*us*
	ti	*you*	vosotros, as	*you*
preposition +	él	*him, it*	ellos	*them*
	ella	*her, it*	ellas	*them*
	Ud.	*you*	Uds.	*you*

1. With the exception of the first- and second-person singular (mí, ti), prepositional pronouns have the same form as subject pronouns. Note the accent on the prepositional pronoun **mí** (*me*) to distinguish it from the possessive adjective, mi (*my*).

2. *Yo* and *tú* are used instead of **mí** and **ti** after the following prepositions.

entre	*between, among*	excepto	*except*
incluso	*including*	menos	*except*
según	*according to*	salvo	*except*

   Entre tú y yo, creo que Tomás nunca limpia su cuarto.

   Between you and me, I think that Tomás never cleans his room.

   Todos ayudan a cocinar, **salvo tú.**

   Everyone is helping to cook except you.

3. The preposition con (*with*) has irregular forms when used with the first- and second-person singular pronouns.

   ¿Vienes **conmigo?**

   Are you coming with me?

   Sí, voy **contigo.**

   Yes, I'm going with you.

Función

1. Prepositional pronouns are used with prepositions in place of nouns.

   ¿Sales antes de José?

   Are you going out before José?

   No, salgo después de él.

   No, I'm going out after him.

2. Prepositional pronouns follow their corresponding prepositions.

   para ellos   cerca de **nosotros**   por ella   de mí   a Ud.   en ti

✦ Practiquemos

A. La cena familiar. La familia Moreno acaba de preparar una cena deliciosa, pero no saben qué cosa es para quién. *Correct each statement according to the cues. Replace the name in the model with the appropriate prepositional pronoun.*

> **MODELO**   El sándwich es para Pepe. (mí)
> **No es para él. Es para mí.**

1. La limonada es para Rosita. (ti)
2. Las pizzas son para Vicente y Javier. (nosotras)
3. El helado es para Susana. (Ud.)
4. Los tacos son para los tíos. (Uds.)
5. El café es para el abuelo. (mí)

B. ¡Qué desastre! La casa está muy desordenada y mamá vuelve en diez minutos. *Fill in the blanks with the correct prepositional pronoun to find out how the Gómez kids straighten up the house.*

Elena: Mamá vuelve en pocos minutos. Debemos limpiar todo para _____ (*her*). Susana, cerca de _____ (*you*) está la aspiradora. Debes pasarla. Rafael, cerca de _____ (*me*) está el jabón. Tú vas a fregar el lavabo. Debes venir _____ (*with me*) a la cocina y podemos empezar. Y Susana, tú debes venir con _____ (*us*) también, y puedes barrer el suelo primero.

Susana: Yo no quiero ir _____ (*with you two*). Uds. deben limpiar todo dentro de la casa y yo voy a arreglar todo fuera de _____ (*it*). El patio está muy sucio. ¡Y el garaje! Alrededor de _____ (*it*) Joselito tiene todos sus juguetes.

The Present Progressive Tense

Forma

To form the present progressive tense, use a form of the verb **estar** in the present tense with the present participle. A present participle is formed by removing the infinitive endings **-ar, -er, -ir** and adding **-ando** to **-ar** verbs and **-iendo** to **-er** and **-ir** verbs.

infinitive:	LAVAR	BARRER	ESCRIBIR
present participle:	lav + ando	barr + iendo	escrib + iendo
present progressive:	estoy lavando	estoy barriendo	estoy escribiendo

These participles are equivalent to the verb forms in English that end in *-ing: washing, sweeping, writing.*

1. When the root of an -er or -ir verb ends in a vowel, add -yendo: leer → leyendo, creer → creyendo.

2. With stem-changing verbs that end in -ir, the stem vowel e changes to i and o changes to u: mentir → mintiendo, dormir → durmiendo. Stem-changing verbs that end in -ar or -er do not change in this form: fregar → fregando, volver → volviendo.

Función

While the present indicative can express many different actions,

Escribo $\begin{cases} I\ write\ (in\ general) \\ I\ do\ write\ (every\ day) \\ I\ am\ writing\ (now) \\ I\ will\ write\ (in\ the\ immediate\ future) \end{cases}$

the present progressive is very specific. It only expresses an action that is in progress right now.

Estoy escribiendo.   *I am writing (at this very moment).*

¡AVISO! The following verbs are rarely used in the progressive construction: ir (yendo), venir, ser, and estar.

★ Practiquemos

A. **Pero ahora.** Llene Ud. el espacio con la forma correcta del verbo en el presente del progresivo y diga qué están haciendo las siguientes personas. (*Fill in the blank with the correct form of the italicized verb in the present progressive tense and tell what the following people are doing.*)

MODELO   Normalmente *como* muy despacio pero ahora
_____ rápidamente.
Normalmente como muy despacio pero ahora <u>estoy comiendo</u> rápidamente.

1. Normalmente Javier no *repasa* su tarea pero ahora _____ todas sus composiciones.

2. Generalmente Uds. *leen* periódicos pero ahora Uds. _____ libros de historia.

3. Por lo general mamá *friega* el suelo pero ahora ella _____ el techo.

4. Siempre *plancho* mi ropa pero hoy yo _____ la ropa de mis hermanos también.

5. Cada mañana Juanito *bebe* agua pero hoy él _____ limonada.

6. Todas las noches tú *haces* pizzas deliciosas pero esta noche tú _____ un suflé.

B. ¿Qué está haciendo Ud.? Usando el presente del progresivo, diga qué está haciendo en los lugares siguientes. (*Using the present progressive tense, tell what you are doing in the following places.*)

MODELO	la sala de estar / charlar con amigos
	Estoy charlando con mis amigos en la sala de estar.

1. la cama / dormir
2. el sótano / planchar ropa
3. el garaje / arreglar el carro
4. el sillón / leer un periódico

5. el comedor / servir la cena
6. la cocina / fregar el suelo
7. el jardín / barrer el patio
8. ?

 Ahora nombre Ud. más lugares y un(a) compañero(a) va a decir qué está haciendo.

C. ¿Qué está pasando? Usando el presente del progresivo, diga qué está pasando en los dibujos siguientes. (*Using the present progressive tense, tell what is happening in the following drawings.*)

1.

2.

3.

4.

The Present Tense of *e > i* Stem-changing Verbs

Forma

Certain -ir verbs change the stem vowel from e > i in the present tense when the stem vowel is stressed. As with other stem-changing verbs you have already studied (e > ie and o > ue), the **nosotros** and **vosotros** forms do not have this change. The stem vowel e changes to i in the present participle of these verbs.

PEDIR (to ask for)		REPETIR (to repeat)	
pido	pedimos	repito	repetimos
pides	pedís	repites	repetís
pide	piden	repite	repiten
pidiendo		repitiendo	

Some common e > i stem-changing verbs are:

competir	*to compete*	impedir	*to prevent*
conseguir	*to obtain*	seguir	*to continue; to follow*
corregir	*to correct*	servir	*to serve*
elegir	*to elect, choose*		

Papá **sirve** la cena esta noche.	*Dad's **serving** dinner tonight.*
Nosotros **elegimos** a un presidente mañana.	*We're **electing** a president tomorrow.*
Tú siempre **corriges** todos los errores.	*You always **correct** all of the mistakes.*

Función

1. **Pedir** means *to ask for*. It does not require a preposition since *for* is already included in the verb.

Yo **pido** café todas las mañanas.	*I ask for coffee every morning.*

2. **Pedir** is used to request an object or an action, that is, to ask someone to give or to do something. When you use **pedir** you receive an object or action.

Yo te **pido** el jabón.	*I ask you for the soap.* (The result: You give me the soap.)
Yo te **pido** que laves[1] el suelo.	*I ask you to wash the floor.* (The result: You wash the floor.)

---

[1]The verb *lavar* here is used in the subjunctive. This will be presented later in Lesson 11.

To express *to ask* in the context of asking a question, you use the verb **preguntar**. When you use **preguntar** you receive an answer or information.

Yo te **pregunto** dónde vive José.   *I ask you where José lives.* (Result: You tell me where José lives.)

3.   The verbs **seguir** and **conseguir** (as well as other verbs that end in -**guir**) have an additional spelling change. The **u**, which is used to help maintain the hard **g** sound, is omitted in the first-person singular (yo). Ge and gi produce a soft **g** sound while ga, go, and gu produce a hard **g** sound.

SEGUIR   (to follow)

sigo	seguimos
sigues	seguís
sigue	siguen
siguiendo	

Seguir is often used with the present participle to express a continuing action.

José **sigue** limpiando su cuarto.   *José continues cleaning his room.*

4.   The verbs **corregir** and **elegir** (as well as other verbs that end in -**gir** and -**ger**) have an additional spelling change. The **g** changes to **j** in the first-person singular (yo) in order to maintain the soft **g** sound. Remember that ge and gi produce a soft **g** sound while ga, go, and gu produce a hard **g** sound.

CORREGIR   (to correct)

corrijo	corregimos
corriges	corregís
corrige	corrigen
corrigiendo	

★ Practiquemos

A.   **Servicio especial.** Complete Ud. el párrafo con la forma correcta del verbo servir. (*Complete the paragraph with the correct form of the verb servir.*)

Cuando nuestros amigos vienen a comer, yo siempre _____ la comida y mi esposo _____ el vino. Pero él y yo _____ el postre. ¿Qué _____ tú para una cena especial?

B. Equivocaciones (*Mistakes*). Sus amigos se equivocan mucho. Ud. necesita corregir sus errores. (*Your friends make a lot of mistakes. You need to correct them. Follow the model.*)

> **MODELO**   Corregimos los exámenes hoy. (mañana)
> **No, Uds. corrigen los exámenes mañana.**

1. Servimos la cena a las ocho. (7:30)
2. Conseguimos los libros en la librería. (la biblioteca)
3. Con el postre pedimos café. (vino)
4. Para el semestre primero elegimos biología. (química)
5. Competimos en tenis. (béisbol)
6. Seguimos arreglando el salón. (alcoba)

C. Qué confusión. Our family confuses countries and their cuisines. Using **servir** and **pedir**, form sentences with the following groups of words.

> **MODELO**   «Mesón Don Quijote» / paella / Papá / ravioles
> **El «Mesón Don Quijote» sirve paella pero Papá siempre pide ravioles.**

1. «Café de París» / crepes / yo / enchiladas
2. «Pizzería Nápoli» / pizza / tú / barbacoa
3. «Restaurante Pancho Villa» / tacos / mis hermanos / helado
4. «Buffalo Bill's» / hamburguesas / Ud. / tortilla española
5. «Yen Wu's» / chop suey / nosotros / ?

D. Pedir y preguntar. Forme Ud. frases usando los verbos **pedir** y **preguntar**. (*Form sentences using the verbs pedir and preguntar. Ask for the first item then ask about the second. Follow the model.*)

> **MODELO**   vino / servir / tacos
> **Después de pedir vino voy a preguntar si sirven tacos.**

1. jabón / vender / perfume
2. almohadas / tener / mantas
3. sábanas / vender / alfombras
4. sillas / tener / camas
5. café / servir / agua

 E. Preguntas y respuestas. Su compañero(a) va a contestar sus preguntas. (*Your classmate is going to answer your questions.*)

Pregúntele... (*Ask him/her. . .*)

1. a qué hora sirven la cena en su casa y, generalmente, quiénes sirven.
2. cuántos cursos (*courses*) sigue este semestre.
3. qué pide en su restaurante favorito.
4. si va a conseguir trabajo para el verano.
5. si compite en el tenis.

Demonstrative Adjectives

Forma

	this, these	*that, those* (*nearby*)	*that, those* (*far away*)
masculine singular	este	ese	aquel
feminine singular	esta	esa	aquella
masculine plural	estos	esos	aquellos
feminine plural	estas	esas	aquellas

Función

1. **Demostrar** in Spanish means *to show* or *demonstrate*. Demonstrative adjectives show or point out nouns—people, places, or things. The demonstrative adjective is more specific than the definite or indefinite article.

la casa	*the house*
una casa	*a house*
esta casa	*this house*

Las casas en mi barrio son bonitas, y hay unas casas grandes en mi calle, pero yo prefiero **esta** casa.	*The houses in my neighborhood are pretty, and there are some big houses on my street, but I prefer this house.*

2. Since they are adjectives, they agree in number and gender with the nouns they modify. As they are a type of limiting adjective, they generally precede them.

este refrigerador nuevo	*this new refrigerator*
aquellas sábanas nuevas	*those new sheets (over there)*

3. Pay special attention to the masculine singular forms **este** and **ese**. Note that they end in -e although the plural forms end in -os.

ese horno	*that oven*
esos hornos	*those ovens*

4. **Este** and all its forms mean *this* or *these,* and indicate proximity to the speaker.

Este espejo (que yo tengo) es de Ema.	*This mirror (that I have) is Ema's.*

   Ese and all its forms mean *that* or *those,* and often indicate proximity to the listener or *short* distance from the speaker.

Ese cuadro (que tú tienes) es de José.	*That painting (that you have) is José's.*

   Aquel and all its forms mean *that* or *those,* and often indicate distance from both the speaker and listener or *long* distance from the speaker.

Aquel jardín (en la otra calle) es bonito.	*That garden (on the other street) is pretty.*

Demonstrative Pronouns

Forma

Demonstrative Pronouns

	this, these	*that, those* (*nearby*)	*that, those* (*far away*)
masculine singular	éste	ése	aquél
feminine singular	ésta	ésa	aquélla
masculine plural	éstos	ésos	aquéllos
feminine plural	éstas	ésas	aquéllas
neuter	esto	eso	aquello

Función

1. A pronoun (*pro* = **por** = *in place of*) replaces a noun. Demonstrative pronouns have the same form as demonstrative adjectives, but they have written accents to help distinguish them from the adjectives.

Este lavaplatos es viejo pero **ése** es nuevo.	*This dishwasher is old but **that one** is new.*
Esos platos están sucios pero **éstos** están limpios.	*Those plates are dirty but **these** are clean.*

2. The neuter demonstrative pronouns **esto**, **eso**, and **aquello** are used to refer to abstract ideas, concepts, or situations, and undetermined or unidentified objects.

¿Qué es **esto**?	*What is **this**?*
Eso es fácil de hacer.	*That's easy to do.*
Aquello no es nada. Yo sé más.	*That's nothing. I know more.*

✦ Practiquemos

A. ¿Cuál? Practice agreement of demonstrative adjectives by substituting the words in parentheses for the italicized word in each sentence. Then replace each noun with the corresponding demonstrative pronoun.

> **MODELO**   Busco jabón en esa tienda.
> Busco jabón en *ésa*.

1. Busco jabón en esa *tienda*. (ciudades, habitaciones, catálogos, cuarto de baño, almacén, casa)

2. Van a comprar aquel *microondas*. (estufa, secadoras, radio, muebles, televisor, nevera)

3. Estos *cuadros* son bonitos. (sillones, silla, alfombras, espejo, mesas, jardín)

B. **«¡¿Qué comprar?!»** Mire Ud. el dibujo siguiente y complete Ud. las frases con el adjetivo demostrativo apropiado para saber qué quiere vender la vendedora. (*Look at the drawing and complete the sentences with the appropriate demonstrative adjective to find out what the saleswoman wants to sell.*)

«Señora, _____ microondas tiene reloj y _____ radios son excelentes, son del Japón. _____ sillas y _____ sillón son muy caros, pero _____ plancha no cuesta mucho. Pero, Ud., no puede pagar _____ jabón aquí porque viene del departamento de perfumes y cosméticos. _____ aspiradora no es para vender, sirve de modelo solamente. _____ sábanas cuestan $30.00. ¿Ves _____ lavaplatos? Es el modelo nuevo. _____ secadora es eléctrica, _____ mesa es muy elegante y el cuadro, pues, no sé nada de _____ cuadros.»

C. **En la fiesta familiar (*At the family party*).** Elena muestra a su amiga Rosa sus parientes. Complete Ud. el diálogo con el adjetivo o el pronombre demostrativo apropiado. (*Elena points out her relatives to her friend Rosa. Complete the dialogue with the appropriate demonstrative adjective or pronoun.*)

Elena:	(*This*) _____ hombre es mi padre y (*that one over there*) _____ es mi abuelo.
Rosa:	¡Imposible! ¡No puedo creer (*that*) _____! Es muy joven para ser abuelo.
Elena:	Sí. Mi abuelo dice que es porque él toma (*those*) _____ vitaminas todos los días.
Rosa:	¿Quién es (*that*) _____ chica que habla con (*that*) _____ mujer alta?
Elena:	¿(*That one*) _____? Es Laura, mi prima de Ponce. Es muy simpática. Y (*that*) _____ mujer es mi tía Raquel.
Rosa:	¿Y (*that, far away*) _____ chico guapo cerca del comedor?
Elena:	¿(*That one, far away*) _____? ¡Es Jaime... mi novio!

D. La casa nueva. Mr. and Mrs. Hernández are packing for the move to their new house. With a classmate, use demonstrative pronouns to help them choose the correct items. Follow the model.

MODELO	Sra. Hernández: Necesito esa plancha.

Sr. Hernández: ¿Cuál? ¿ésta?
Sra. Hernández: Sí, ésa.

1. Voy a llevar ese televisor.
2. Ahora pongo esos libros.
3. Debes tener cuidado con ese espejo.
4. Quiero llevar esas sábanas.
5. Creo que necesito esas mantas.
6. No pienso llevar esos sillones.
7. La abuela prefiere ese cuadro.
8. ¿Puedes traer esa almohada?
9. Voy a dejar ese radio allí.
10. Quiero esa mesa.

Direct Object Pronouns

Forma

Direct Object Pronouns			
me	*me*	nos	*us*
te	*you (familiar singular)*	os	*you (familiar plural)*
lo	*him, you (formal, masc. sing.) it (masculine)*	los	*them, you (formal, masc. pl.)*
la	*her, you (formal, fem. sing.) it (feminine)*	las	*them, you (formal, fem. pl.)*

Función

1. Direct object pronouns, like direct object nouns, receive the action of the verb and answer the questions *what* and *whom*. They agree in number and gender with the nouns they replace. Direct object pronouns are placed before a conjugated verb.

Preparo la cena y la sirvo.

I prepare supper and I serve it.

Compro otro televisor porque lo necesito.

I'm buying another television set because I need it.

2. Direct object pronouns may follow and be attached to an infinitive or a present participle. There is absolutely no difference in the meaning or emphasis of the pronoun based on its placement before or after the infinitive or present participle.

La voy a preparar ahora.⎫
Voy a prepararla ahora. ⎭   *I'm going to prepare it now.*

La estoy preparando ahora.⎫
Estoy preparándola ahora. ⎭   *I'm preparing it* now.

Note the addition of a written accent on the present participle when the pronoun is attached. It is needed to maintain the original stress on the syllable.

3. When a negative word precedes the verb, the direct object pronoun is placed between it and the verb.

Yo no lo voy a comprar.   *I'm not going to buy it.*
Nunca las lavo.   *I never wash them.*

¡AVISO! The neuter pronoun lo is often used with verbs like ser, estar, creer, and saber to refer to abstract ideas or situations. In English the pronoun is generally omitted.

¿Sabes que mañana viene José? Sí,   Do you know that tomorrow José is
   lo sé.   coming? Yes, I know.

✹ Practiquemos

A. **Raúl, ¿tienes mi... ?** Andrés siempre acusa a su hermano menor Raúl de usar sus cosas y de no devolverlas. Complete Ud. las frases con la palabra apropiada de la lista. (*Andrés always accuses his younger brother of using his things and not returning them. Complete the sentences with the appropriate word from the list.*)

radio   suéter   videos
almohadas   bolígrafo   libro de cálculo

1. ¿Tienes mi _____ ? No, no lo tengo porque no lo comprendo.
2. ¿Tienes mi _____? No, jamás lo escucho.
3. ¿Tienes mis _____? No, nunca las uso para dormir.
4. ¿Tienes mi _____? No, ¿por qué lo quiero? Hace calor.
5. ¿Tienes mis _____? No. No tengo tiempo para verlos.
6. ¿Tienes mi _____? No. No quiero usarlo. Prefiero escribir con lápiz.

B. **¿Qué hace Ud.?** Replace the underlined nouns with pronouns to tell what you do in each situation. Use the cues and follow the model.

MODELO

El lavabo está sucio. (fregar)
Lo friego.

1. Ud. busca un apartamento y ve uno muy bonito. (alquilar)
2. El suelo de la cocina está sucio. (barrer)
3. Las camas están desordenadas. (hacer)
4. Ud. no sabe el número de teléfono de su amigo. (pedir)

5. Ud. quiere comer <u>la cena</u> pero mamá no está en casa. (cocinar)

6. Ud. trae <u>helado</u> para toda la familia. (servir)

7. Ud. no tiene <u>ropa</u> limpia. (lavar)

8. <u>El sótano y el garaje</u> están desordenados. (arreglar)

Now rewrite your answers to indicate what you are going to do in the future. Use the construction ir a + infinitive, and follow the model.

MODELO	Lo friego.

Lo voy a fregar. or Voy a fregarlo.

C. Un hijo cooperativo. El amigo de Pedro Suárez pregunta sobre su vida familiar. Con un(a) compañero(a) complete el diálogo con el pronombre del complemento directo apropiado. (*Pedro's friend asks about his family life. With a classmate, complete the dialogue with the appropriate direct object pronoun.*)

Jaime: ¿Ayudas a tus padres?

Pedro: Pues, sí, _____ ayudo; en especial a mi mamá. Yo _____ ayudo mucho con las tareas domésticas. Por ejemplo... el cuarto de baño, yo _____ limpio cada semana.

Jaime: Y, ¿sacas la basura?

Pedro: Sí. _____ saco todos los días.

Jaime: ¿Quién _____ ayuda con tu tarea de clase?

Pedro: Mi hermano mayor _____ ayuda siempre.

Jaime: ¿Y haces la tarea todos los días?

Pedro: Sí, siempre _____ hago.

Now ask your classmate about his(her) family life.

D. Tres hermanas. No todos los hijos son cooperativos como Pedro en el ejercicio anterior. ¿Qué dicen sus hermanas? (*Not all of the Suárez children are cooperative. What do his sisters say?*)

MODELO	lavar el coche

Julia: **No quiero lavar el coche.**
Ana: **Yo no quiero lavarlo tampoco. (Yo no lo quiero lavar tampoco.)**
Mari: **Pues, yo no voy a lavarlo. (Yo no lo voy a lavar.)**

1. servir la cena

2. limpiar el garaje

3. arreglar el sótano

4. preparar la comida

5. fregar los platos

6. planchar la ropa

7. lavar los suelos

8. hacer las camas

En resumen

A. **Un dormitorio de niño(a).** Mire Ud. las fotos siguientes de tres dormitorios para niños y haga las actividades. (*Look at the following photos of three children's bedrooms and do the activities.*)

1. Llene Ud. los espacios con la palabra apropiada de la lista siguiente y diga a qué foto corresponde cada descripción. (*Fill in the blanks with the appropriate word from the following list and tell to which photo each description corresponds.*)

   bonito   pequeña   mucho
   paredes   este   ventana
   camas   blanco

   a. En _____ dormitorio del niño la alfombra es azul y el papel pintado (*wallpaper*) en las _____ es azul y _____.
   b. Este dormitorio tiene _____ espacio para un escritorio y una silla _____.
   c. Un dormitorio bonito para las niñas, con un cuadro _____ detrás de las dos _____ y una _____ grande que deja entrar mucha luz.

2. ¿Cuál de estos tres dormitorios es para un niño? ¿para una niña? ¿Por qué?
3. ¿Cúal es similar al dormitorio de Ud. de niño(a)? ¿Cuáles son las similaridades? ¿las diferencias?

1.

2.

3.

B. Las casas del mundo hispánico. Read the selections about various living styles. Do the activity that follows.

Bogotá, Colombia: Lucy Villalobos

Mi casa es como muchas que hay por toda Latinoamérica. El estilo se llama *colonial* porque es del estilo de las casas en España de esa época. Es cuadrada (*square*), de un piso, con un enorme patio sin techo en el centro. Éste es nuestro jardín. Generalmente no tenemos jardines en el frente (*front*) de la casa como en los Estados Unidos. Todos los cuartos dan (*open onto*) al patio. Casi todas las casas de mi barrio son blancas y de ladrillo (*brick*) pintado de cal (*lime*).

Córdoba, España: Silvia Augusto Cobos

Las rejas (*grillwork*) forman parte de la esencia de la típica casa española de la clase media (*middle class*). Son de hierro (*iron*) y protegen (*protect*) las ventanas y decoran los balcones y las terrazas. La idea del patio viene de los romanos, y de los árabes tenemos la tradición de decorarlos con plantas, flores (*flowers*), fuentes (*fountains*) y azulejos (*tiles*) de muchos colores. El patio es el centro de muchas actividades familiares.

Un patio de Córdoba, España

Madrid, España

Una casa caribeña

Madrid, España: Martín Castellano Núñez

Para una familia de nuestra economía, es imposible comprar una casa. Por eso, alquilamos un piso en la ciudad. En las ciudades casi toda la gente vive en apartamentos, y generalmente los apartamentos están en edificios muy viejos. Nuestro piso es pequeño y el alquiler no es muy alto. Tenemos un jardín y garaje comunales, y estamos cerca de las principales zonas comerciales.

Ponce, Puerto Rico: Raquel Torres

La sala de estar es muy grande y está unida al comedor. Pero tenemos la cocina separada totalmente del comedor, cosa típica de la casa latinomericana. Hace mucho calor durante el día y por eso generalmente cerramos las ventanas.

¿Cierto o falso? Si la frase es falsa, corríjala. (*If the sentence is false, correct it.*)

1. La típica casa colonial de Latinoamérica es de dos pisos y es azul.
2. El patio es de origen español.
3. Las rejas sirven de decoración solamente.
4. La idea de decorar el patio viene de los árabes.
5. En las ciudades españolas es más común (*common*) vivir en un apartamento que en una casa.
6. Una ventaja (*advantage*) de vivir en la ciudad es estar cerca de los almacenes y las tiendas.
7. En la casa puertorriqueña generalmente la cocina es una extensión del comedor.
8. No hace mucho calor en Puerto Rico y por eso nunca cierran las ventanas.

C. Residencial Tijerina. Look at the following floor plan of luxury condominiums in Sevilla, Spain. Answer the questions based on the floor plan.

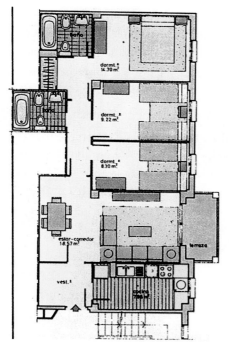

Residencial Tijerina

Por su excelente situación en el centro, la perfecta distribución de sus viviendas° y la financiación más adecuada a sus intereses, con diferentes variantes de las que a continuación° le presentamos una alternativa.

viviendas *dwellings*

a continuación *following*

**Viviendas de 2-3 y 4 dormitorios
V.P.O.–Aparcamiento°
Locales Comerciales–Zonas ajardinadas°.**

Aparcamiento *Parking*
ajardinadas *with gardens*

1. ¿Dónde está la puerta principal?
2. ¿Cuántos dormitorios hay? ¿Cuál es el dormitorio de los padres? Explique.
3. ¿Cuántos baños hay? ¿Son diferentes de los baños en los Estados Unidos? Explique.
4. ¿Cuántas personas pueden comer fácilmente?
5. ¿Dónde puede comer la familia cuando hace mucho calor?
6. ¿Cuáles son dos aspectos del piso que son caraterísticos de las viviendas (*dwellings*) hispanas? (Puede referirse a la lectura anterior.)

Answer the following questions based on the description of **Residencial Tijerina.**

7. ¿Está la Residencial Tijerina en el centro de Sevilla o en las afueras?
8. ¿Es posible conseguir un piso con sólo un dormitorio?
9. Las personas que viven allí, ¿tienen que dejar su coche en la calle?
10. ¿Está lejos de tiendas?
11. ¿Por qué quiere o no quiere Ud. vivir allí?

D. ¡La música motiva mucho! Conjugate the verbs in parentheses in the present tense. If there are two words, choose the most appropriate.

Los estudios (mostrar) que la música (poder) motivar mucho (a, _____) la gente. Y si Uds. no lo creen, (deber) hacer un pequeño experimento. ¿Cuál es (esto, este) experimento? Por cinco minutos Uds. (tener) que escuchar música, pero música animada y contagiosa. ¿Qué pasa? Van a ver que Uds. (son, están) llenos de energía y que ahora Uds. tienen ganas (de, a) limpiar la casa. Ahora, deben escuchar música más lenta y romántica. ¿Qué pasa? Están calmados y un poco tristes. ¿Qué significa (esto, este)? Que la música puede ayudarnos a cambiar de un estado de ánimo (*mental state*) negativo a uno positivo, o vice versa. Y, ¿por qué es importante saber (esta, esto)? Porque pueden poner la música clásica cuando Uds. (son, están) tensos o cuando Uds. (necesitar) estudiar, o la música romántica cuando (querer) pensar en (tus, sus) novios. En otras palabras... ¡Pueden funcionar con ritmo (*rhythm*)!

E. La abuela viene a visitar. Translate the following dialogue to Spanish.

Alberto:	I'm going to have dinner in the city. Do you want to come with me?
Luisa:	I can't. My grandmother arrives in an hour and I'm fixing up the bedroom for her.
Alberto:	Why doesn't your grandmother sleep in that room? It's neat and clean.
Luisa:	She always requests this one because it's far from the cats.
Alberto:	Fine. I'll help you. We can clean it in fifteen minutes.

F. Minidrama. Ud. es una persona ordenada. La persona con quien vive —compañero(a) de cuarto, esposo(a), hermano(a), etc.— es super desordenada. *Act out a day in this odd couple's life.*

G. Composición.

1. Ud. es arquitecto(a). Va a diseñar (*design*) una casa para una pareja (*couple*) joven, con poco dinero. *Convince them that they need the following features.*

   a. piscina (*pool*)
   b. jacuzzi
   c. terraza
   d. patio interior
   e. cinco alcobas

2. *Ideas* es una revista (*magazine*) que ofrece ideas decorativas para su estilo de vida. *Describe the ideas that this magazine offers for the following people.*

   a. un matrimonio (*married couple*) joven con dos hijos.
   b. una muchacha soltera de 25 años con una economía limitada.
   c. un matrimonio mayor.

Compre y coleccione IDEAS para su hogar — La revista que no es revista... ¡es IDEAS!

🎙 Escuchemos

A. ¿Cierto o falso? You will hear a series of statements. Look at the pictures and decide if the statement is true (**cierto**) or false (**falso**). If the statement is false, correct it.

MODELO	Los niños están afuera.
	Falso, los niños están adentro.

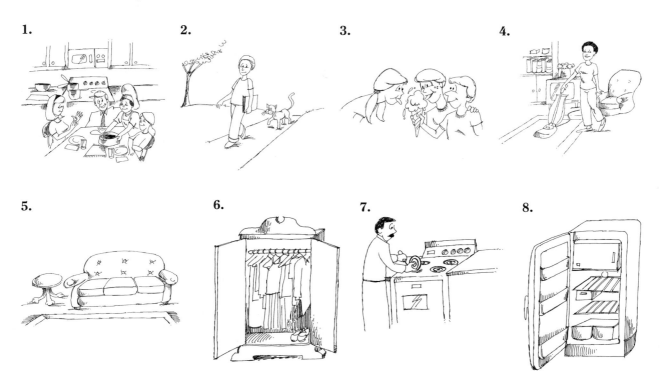

1. **2.** **3.** **4.**

5. **6.** **7.** **8.**

B. Dictado. (*Dictation*). You will hear a short narration about Liliana's house. Listen carefully to the entire selection. Listen again and write each sentence during the pauses.

You will then hear a series of questions related to the dictation. Answer them with complete sentences. Refer to your dictation.

Lección 6

Pasando el día en casa

Aviso cultural
(As a reading aid, refer to lesson vocabulary for new words.)

¿Tiene Ud. un teléfono en su coche? Aunque muchas personas están comprándolos, muchos no los tienen. Madrid es una ciudad famosa por sus problemas de tráfico, especialmente a la hora de ir a y volver del trabajo. ¿Qué hacer cuando es tarde y uno está en su coche sin poder moverse por horas? Un grupo de vendedores muy listos pueden resolver su problema. Van de coche en coche por las calles de Madrid con teléfonos portátiles (*portable*) que alquilan por aproximadamente $2.88 dólares por 30 segundos, tiempo suficiente para decirle a su familia que Ud. va a llegar tarde.

    ¿Qué piensa Ud. de esta idea? ¿Es importante el teléfono en la vida de Ud.? ¿Por qué sí o no? ¿Qué piensa de los teléfonos portátiles? Explique.

Preparativos (You may want to review the vocabulary list on pp. 212–214 before and/or after viewing the video.)

As you watch the video or read the following dialogue, pay close attention to the various ways of greeting people over the telephone. What are three ways of saying *hello?* Which is the most informal? What are two ways of asking who's calling? What are three ways of ending a telephone conversation?

Hablando por teléfono[1]

Una cita por teléfono

JULIO	¿Aló, Paula?
PAULA	Sí. ¿Quién habla?
JULIO	Soy yo, Julio.
PAULA	Ah, Julio. ¿Qué tal?
JULIO	Bien... Oye, ¿qué haces ahora?

---
[1]For an English translation of this dialogue, see Appendix A, pp. A6–A7.

Paula	¿En este momento? Nada.
Julio	Entonces, ¿por qué no vamos al cine? Hay una buena película de Carlos Saura en El Colón.
Paula	¿Ah sí? ¿De qué se trata?
Julio	Se llama *El amor brujo* y tiene música y baile flamenco.
Paula	Parece interesante. ¿A qué hora es?
Julio	A las siete. Paso por ti en media hora y así podemos ir a tomar un refresco, ¿bien?
Paula	¡Perfecto! Te espero.
Julio	Entonces, nos vemos. Chau.

¿Puedo dejar un mensaje?

Hombre 1	Diga...
Hombre 2	Buenos días, ¿está la Sra. Prado?
Hombre 1	¿De parte de quién?
Hombre 2	Estoy llamando de la compañía de seguros Atlas y necesito hablar urgentemente con la Sra. Prado.
Hombre 1	Yo soy su esposo. ¿Para qué la necesita?
Hombre 2	Es para el trabajo de programadora de computadoras que ha solicitado.
Hombre 1	¡Ah sí! El problema es que mi esposa no se encuentra aquí en este momento.
Hombre 2	¿Le puede dar el mensaje? Tiene que venir a nuestras oficinas hoy mismo, antes de las tres.

HOMBRE 1	No hay problema, señor. Ella regresa en una hora. Yo le diré que se comunique con usted.
HOMBRE 2	Muchas gracias. Adiós.
HOMBRE 1	Gracias a usted.

Número equivocado

JUANA	¿Aló, Rosa?
MARÍA	No, soy María.
JUANA	¿Está Rosa?
MARÍA	¿Qué Rosa? Aquí no vive ninguna Rosa.
JUANA	¿Cómo? ¿Éste no es el 25–60–40?
MARÍA	No, señora, tiene el número equivocado.
JUANA	Bueno, perdone y gracias.
MARÍA	No tiene por qué.

Uds. los actores. Ahora, representen el segmento siguiente. Noten bien las estructuras enfatizadas. (*Now, act out the following segment. Pay close attention to the emphasized structures.*)

(*Entra José, el esposo de María*)

José	¿Quién llamó?
María	Pues, fue un número equivocado. Pero es la tercera vez esta semana que alguien nos llama buscando a Rosa. La primera vez no me **molestó**, ni la segunda. Pero ahora creo que debemos cambiar nuestro número de teléfono. ¿Qué piensas?
José	Me **pasó** a mí también, cuatro veces. Por eso, esta mañana **llamé** a la compañía telefónica y van a cambiar el número mañana.

Es decir

A. Basándose en el diálogo, escoja Ud. la respuesta correcta. (*Based on the dialogue, choose the correct answer.*)

1. Según Julio...
   a. no hay buenas películas hoy.
   b. hay una película buena sobre Colón.
   c. hay una película buena en El Colón.

2. Julio dice...
   a. que él no sabe nada de la película.
   b. que es una película con música y baile flamenco.
   c. que es una película histórica de Cristóbal Colón y América.

3. La compañía de seguros Atlas necesita hablar con la Sra. Prado porque...
   a. ella quiere comprar una computadora.
   b. ella quiere un programa para su computadora.
   c. ella quiere trabajar para su compañía.

4. El esposo de la Sra. Prado dice que...
   a. ella está en casa pero está durmiendo.
   b. ella regresa en una hora.
   c. ella tiene un trabajo de programadora de computadoras en otra compañía.

5. La mujer que llama por teléfono a la casa de María...
   a. quiere hablar con María sobre su amiga Rosa.
   b. tiene el número equivocado.
   c. piensa que Rosa vive con María.

B. Llene el espacio con una de las palabras siguientes. (*Fill in the blanks with one of the following words.*)

quién   qué   a   de

1. ¿De parte de _____?

2. Oye, ¿_____ haces ahora?

3. ¿_____ qué hora es la película?

4. Podemos ir _____ tomar un refresco.

5. ¿_____ tal?

6. ¿_____ habla?

7. Tiene que venir _____ nuestras oficinas hoy, antes _____ las tres.

8. Gracias _____ usted.

9. ¿Para _____ la necesitas?

10. Es para el trabajo _____ programadora _____ computadoras.

Practiquemos

 En grupos. Practique el diálogo con sus compañeros. En grupos, represéntenlo incorporando los gestos apropiados. (*Practice the following dialogue with your classmates. Now act it out, incorporating the appropriate gestures.*)

Al ver el video

Después de ver el video, termine Ud. las frases con una de las respuestas siguientes. (*After viewing the video, complete the sentences with one of the following answers.*)

1. En la sala de Julio hay...
   a. un televisor.
   b. un sofá.
   c. un cuadro.
   d. un gato.

2. Julio _____ mientras habla con Paula.
   a. mira su reloj
   b. toma un café
   c. juega con su perro
   d. escucha la radio

3. Paula está en...
   a. la cocina.
   b. el dormitorio.
   c. el patio.
   d. la sala.

4. El señor Prado está _____ cuando contesta el teléfono.
   a. escribiendo
   b. comiendo
   c. usando la computadora
   d. bebiendo

5. El señor Prado y el hombre de la compañía Atlas...
   a. son rubios.
   b. están comiendo sándwiches.
   c. están trabajando en sus escritorios.
   d. están afuera.

6. La señora que tiene el número equivocado trabaja en...
   a. un hospital.
   b. una oficina.
   c. un gimnasio.
   d. un almacén.

Vocabulario

Verbos

agradecer (zc)	*to thank*
apagar	*to turn off*
caminar	*to walk*
cantar	*to sing*
colgar (ue)	*to hang (up)*
construir	*to build*
destruir	*to destroy*
dibujar	*to draw*
encender (ie)	*to turn on, burn*
incluir	*to include*
molestar	*to bother*
parecer (zc)	*to seem*
pintar	*to paint*
prestar	*to lend*
regalar	*to give a gift*
tocar	*to touch, play an instrument*
tratar de (intentar)	*to try*

Sustantivos

el canal	*channel*
la canción	*song*
la carta	*letter*

el cine	*movie theatre*
la diversión	*amusement*
la guitarra	*guitar*
el juego	*game*
el pasatiempo	*hobby, pastime*
la película	*movie*
el piano	*piano*
el refresco	*soft drink, refreshment*
la revista	*magazine*
la telenovela	*soap opera*
la vez	*time, occasion*
el violín	*violin*

Expresiones con **dar** y **hacer**

dar un paseo (una vuelta)	*to take a walk*
darle las gracias a alguien	*to thank someone*
hacerle caso a alguien	*to pay attention to someone*
hacerle una pregunta a alguien	*to ask someone a question*

Reacciones

¡Qué alegría (sorpresa, suerte)!	*What happiness (a surprise, luck)!*
¡Qué bien (gracioso, pesado)!	*How nice (funny, boring)!*
¡Qué lástima (pena)!	*What a shame!*
¡Qué va!	*Oh, go on!*

Las secciones del periódico

los anuncios clasificados	*classified ads*
la cartelera	*entertainment section*
los deportes	*sports*
las noticias (inter)nacionales	*(inter)national news*
las noticias locales	*local news*
los obituarios	*obituary column*
la sección de cocina (de moda)	*cooking (fashion) section*
las tiras cómicas	*comic strips*

Por teléfono   *(By telephone)*

¿Aló? ¿Bueno?	*Hello?*
¿De parte de quién?	*Who's calling?*
dejar un recado (mensaje)	*to leave a message*
¿Diga? ¿Dígame?	*Hello? (Spain)*

¿Está... ?	*Is . . . home?*
Están comunicando.	*The line is busy.*
hacer una llamada	*to make a telephone call*
marcar el número	*to dial the number*
el (la) operador(a)	*operator*
(telefonista)	
¿Quién habla?	*Who is it?*
Soy... (Habla...)	*It is . . .*
tener el número	*to have the wrong*
equivocado	*number*
volver a llamar	*to call back*

Otras expresiones

anoche	*last night*
ayer	*yesterday*
¡Felicidades!	*Much happiness, All the best!*
¡Felicitaciones!	*Congratulations!*
hace[1] (+ *period of time*)	*ago*
jugar a las cartas	*to play cards*
lo siento	*I'm sorry*
mejor	*better, best*
no sólo... sino también	*not only . . . but also*
ocupado	*busy, occupied*
pasarlo bien (mal, de maravilla, fatal)	*to have a good (bad, great, horrible) time*
peor	*worse, worst*
salir con alguien	*to go out (on a date) with someone, date*
ya	*already*

Repasemos el vocabulario

(To reinforce previously presented vocabulary, from here on the exercises will include words and expressions from past lessons).

A. ¿Cuál no pertenece? Indique Ud. la palabra que no está relacionada con las otras y explique. (*Indicate the word that is not related to the others and explain.*)

1.	refresco	diversión	pasatiempo	juego
2.	revista	periódico	libro	fotografía
3.	guitarra	piano	canción	violín
4.	regalar	dar	prestar	molestar
5.	¿Diga?	¿Aló?	¿Qué tal?	¿Bueno?
6.	cartas	cartelera	noticias	tiras cómicas

---

[1]For example: **hace una hora** = *an hour ago;* **hace una semana** = *a week ago.* For more uses of **hace** with time expressions see page 224.

B. ¡Qué expresivo! ¿Qué expresiones usan las personas siguientes? (*What expressions are the following people using?*)

1.

2.

3.

4.

C. Reacciones. Usando las expresiones, reaccione Ud. a los comentarios siguientes que hace su amigo. (*Using the expressions, react to the following comments that your friend makes.*)

1. ¡Acabo de ganar mucho dinero en la lotería!
2. No puedo ir a la fiesta. Tengo que estudiar.
3. Antonio siempre dice que va a llamarme, pero nunca me llama.
4. Mamá dice que mi hermano tiene que venir al cine con nosotros.
5. Susana dice que Tom Cruise es su novio.

D. Expresiones con *dar y hacer*. Complete las frases con una expresión con **dar** o con **hacer**. (*Complete the sentences with an expression with **dar** or **hacer**.*)

1. Profesor, quiero _____. ¿Cómo se dice *hobby* en español?
2. Juan siempre habla en la clase pero la maestra trata de no _____ y sigue dando la lección.
3. Hijo, tenemos que _____ a la abuela por los regalos.
4. ¡Qué día más bonito! ¿Quieres _____ por el jardín?

E. Actividades en la casa. ¿Qué están haciendo las personas siguientes? (*Use the present progressive tense to tell what the following people are doing.*)

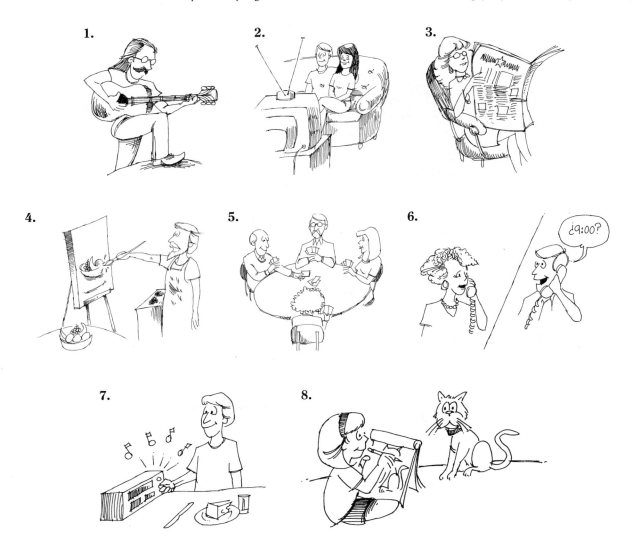

1.

2.

3.

4.

5.

6.

7.

8.

F. Lo paso de maravilla. Diga Ud. cómo lo pasa en las situaciones siguientes. (*Tell what kind of time you have in the following situations.*)

Lo paso...

1. _____ en la oficina del dentista.

2. _____ cuando salgo con mi novio(a).

3. _____ en nuestras reuniones familiares.

4. _____ en la clase de español.

G. Hablando por teléfono. Busque Ud. en la segunda columna las palabras y frases que corresponden a las expresiones telefónicas en la primera columna. (*Look in the second column for the words and phrases that correspond to the telephone expressions in the first column.*)

1. ¿Qué número marca Ud.?	**a.** ¿De parte de quién?
2. ¿Quién habla?	**b.** Vuelvo a llamar.
3. Juan no está en este momento.	**c.** Soy Miguel.
4. ¿Dígame?	**d.** 26–32–75.
5. Están comunicando.	**e.** ¿Puedo dejar un recado?
6. ¿Está Rosa?	**f.** ¿Está María, por favor?

H. En el periódico. Diga Ud. en qué sección del periódico ve a las personas siguientes. (*In which section of the newspaper do you see the following people?*)

1. Ralph Lauren	**4.** Julia Child
2. el Ratón Mickey	**5.** Fidel Castro
3. Roberto Alomar	**6.** Al Gore

Ahora, diga en qué sección Ud. encuentra las palabras y frases siguientes. (*Now tell in which section you find the following words and expressions.*)

7. viudo	**10.** Buscamos secretaria
8. armas nucleares	**11.** Cine Gran Vía
9. Plaza Sésamo	**12.** Tigres 0, Medias Blancas 2

Indirect Object Pronouns

Forma

Indirect Object Pronouns			
me	to, for me	nos	to, for us
te	to, for you (familiar singular)	os	to, for you (familiar plural)
le	to, for him to, for her to, for you (formal singular)	les	to, for them to, for you (formal plural)

Función

1. Indirect object pronouns, like indirect object nouns, indicate *to whom* or *for whom* an action is performed. They agree in number and person with the nouns they replace. Like direct object pronouns, they are placed before a conjugated verb.

Mamá siempre **nos** lee las tiras cómicas.	*Mom always reads the comics to us.*
Susana **me** dice todos sus secretos.	*Susan tells all her secrets to me.*

¡AVISO! Note that in English the word *to* is frequently omitted: *Mom always reads us the comics. Susana tells me all her secrets.*

2. Like direct object pronouns, indirect object pronouns may follow and be attached to an infinitive or a present participle. There is no difference in the meaning or emphasis of the pronoun based on its placement before or after the infinitive or present participle.

Carla **nos** va a cantar una
  canción caribeña.
Carla va a cantar**nos** una
  canción caribeña.
} *Carla is going to sing a Caribbean song to us.*

Carla **nos** está cantando una
  canción caribeña.
Carla está cantándo**nos** una
  canción caribeña.
} *Carla is singing a Caribbean song to us.*

Note the addition of a written accent on the present participle when the pronoun is attached. It is needed to maintain the original stress.

3. When a negative word precedes the verb, the indirect object pronoun is placed between it and the verb.

José no **te** va a comprar las revistas.   *José is not going to buy you the magazines.*

Nunca **les** escribe.   *He never writes to them.*

4. Since le (*to him, to her, to you* [s. formal]) and les (*to them, to you* [pl. formal]) refer to various people, a prepositional phrase (a + prepositional pronoun) is often used for clarification or emphasis.

Yo le escribo una carta **a ella** (a él, a Ud.).   *I write a letter to her (to him, to you).*

Papi va a comprar**les a ellos** (a ellas, a Uds.) un piano.   *Daddy is going to buy a piano for them (m.) (for them f., for you pl.)*

5. The indirect object pronoun is almost always used in Spanish even when the indirect object noun is expressed in the sentence.

Paco siempre **le** dice buenos días a la maestra.   *Paco always says Good Morning to the teacher.*

La abuela **les** manda muchos regalos a sus nietos.   *Grandmother sends a lot of presents to her grandchildren.*

⭐ Practiquemos

A. **Promesas (*Promises*).** Su mamá va a la oficina. Siga el modelo para expresar las cosas que Ud. promete hacer antes de su vuelta. (*Follow the model to express the things that you promise to do before her return.*)

MODELO	limpiar mi habitación
	Mamá, te prometo limpiar mi habitación.

1. practicar
2. fregar
3. preparar
4. hacer
5. lavar
6. apagar

a. la cena
b. el televisor
c. los platos
d. el suelo
e. el piano
f. las camas

B. ¡Qué amigo más bueno! Silvia está enferma y su amigo quiere ayudar. Forme Ud. preguntas y respuestas según el modelo. (*Silvia is sick and her friend wants to help. Form questions and answers according to the model.*)

MODELO	leer / libro

Amigo: ¿Puedo leerte un libro? (¿Te puedo leer un libro?)
Silvia: Sí, puedes leerme un libro. (Sí, me puedes leer un libro.)

1. dar / medicina
2. hacer / café
3. contar / chistes
4. comprar / revistas
5. prestar / cassettes y videos

C. ¿A quién? Ud. necesita las siguientes cosas. ¿A quién le va a pedir cada una? Conteste con frases completas, usando el pronombre del complemento indirecto apropiado. (*Tell whom you are going to ask for the following items. Answer with complete sentences using the indirect object pronoun.*)

MODELO	un libro / la profesora

Le voy a pedir un libro a la profesora.

1. un aumento de salario / mi jefe
2. otro refresco / el camarero
3. un postre delicioso / el cocinero
4. una "A" en el examen final / mi profesor
5. ayuda con la tarea / mis compañeros de clase
6. planos para una casa nueva / los arquitectos
7. una cita / mi novio(a)
8. el uso del coche / mis padres

D. Aburrido en casa. Pedro está muy aburrido. Su madre le recomienda actividades pero Pedro acaba de hacerlas todas. Forme preguntas y un(a) compañero(a) las va a contestar según el modelo. (*Pedro's mother suggests various activities but Pedro has just done them all. With a classmate, play the roles of Pedro and his mother, according to the model.*)

MODELO	escribirles una carta a los abuelos

Mamá: ¿Por qué no les escribes una carta a los abuelos?
Pedro: Acabo de escribirles una carta.

1. contarles chistes a tus hermanos
2. prepararnos café a papá y a uí
3. comprarle el periódico a papá
4. explicarle a tu hermana la tarea
5. contarme todos tus problemas

E. ¿Qué regalar? ¿Qué no va a regalarles Ud. a las personas siguientes? Explique. (*What are you NOT going to get for the following people? Explain.*)

| MODELO | No voy a regalarle un juguete. (No le voy a regalar un juguete.) Ya tiene muchísimos. |

1.   **2.**

3.   **4.**

F. ¿Por qué no... ? Conteste Ud. las preguntas de una forma original, usando el pronombre del complemento indirecto apropiado. (*Answer the questions in an original way, using the appropriate indirect object pronoun.*)

| MODELO | ¿Por qué no le haces una fiesta de cumpleaños a la profesora? **No le hago una fiesta porque no sé la fecha de su cumpleaños.** |

1. ¿Por qué no les traes helado a todos los compañeros de clase?
2. ¿Por qué no me prestas tu coche?
3. ¿Por qué no nos enseñas fotografías de tu familia?
4. ¿Por qué no le devuelves el dinero a tu amigo?
5. ¿Por qué no les escribes a tus abuelos todos los días?
6. ¿Por qué no me compras un coche nuevo?

Direct and Indirect Object Pronouns Used Together

Función

Indirect Object Pronoun	Direct Object Pronoun
me	me
te	te
le → se	lo, la
nos	nos
os	os
les → se	los, las

1. When both direct and indirect object pronouns are used with a verb, the indirect object pronoun precedes the direct object pronoun. These may never be split. They are both placed either before the conjugated verb or they may follow and be attached to an infinitive or a present participle.

   ¿El desayuno?   *Breakfast?*
   Mamá **me lo** prepara.   *Mom is preparing it for me.*

   ¿Las cartas? **Te las** voy a escribir. ⎫ *The letters?*
          Voy a escribír**telas.** ⎭ *I'm going to write them to you.*

   ¿La revista? **Nos la** está leyendo. ⎫
          Está leyéndo**nosla.** ⎭ *The magazine? He's reading it to us.*

   Note the addition of a written accent on the infinitive and present participle when pronouns are attached.

2. When both the indirect (**le, les**) and direct object pronouns (**lo, la, los, las**) are in the third-person, the indirect object pronoun becomes **se**. Therefore **se** can have six different meanings.

$$
\text{se} =
\begin{cases}
\text{le} \begin{cases} \text{a él} \\ \text{a ella} \\ \text{a Ud.} \end{cases} \\
\\
\text{les} \begin{cases} \text{a ellos} \\ \text{a ellas} \\ \text{a Uds.} \end{cases}
\end{cases}
$$

   José **se la** explica.   *José explains it to him (to her, to you
                                   [s. formal], to them, to you [pl. formal]).*

3. For clarification it is often necessary to add appropriate prepositional phrases (**a** + prepositional pronoun).

   José **se la** explica a él.   *José explains it to him.*

   Voy a dár**selo** a ellos.   *I'm going to give it to them.*

✯ Practiquemos

A. Dos pronombres. Busque Ud. en la segunda columna la respuesta a las preguntas en la primera columna. (*Look in the second column for the answer to the questions in the first column. The verbs and pronouns are your clues.*)

> **MODELO**   ¿Cuándo le regalas la guitarra a José?
> **Se la regalo mañana.**

¿Cuándo...

1. nos explican Uds. los verbos?	a. Se lo hago ahora mismo.
2. nos hace Ud. el trabajo?	b. Me lo sirven a las tres.
3. me sirves el café?	c. Te las muestro esta noche.
4. me muestras las fotografías?	d. Te la explico más tarde en clase.
5. te sirven ellos el té?	e. Te lo sirvo después.
6. me explicas la gramática?	f. Se los explicamos el lunes.

B. ¿Qué traes? Marta vuelve de unas vacaciones en el Caribe y trae regalos para todos. (*To find out what she brought to whom, answer the following questions according to the clues, and change the nouns to pronouns. Follow the model.*)

> **MODELO**   ¿A quién le traes los juguetes? (a Rafaelito)
> **Se los traigo a Rafaelito.**

1. ¿A quién le traes los cassettes de Juan Luis Guerra? (a Juan y Laura)
2. ¿A quién le traes el brazalete de ámbar (*amber bracelet*)? (a mamá)
3. ¿A quién le traes el ron (*rum*)? (a papá)
4. ¿A quién le traes los libros de la historia de Puerto Rico? (al profesor García)
5. ¿A quién le traes los periódicos y revistas? (a los abuelos)
6. ¿A quién le traes las maracas? (a ti)

C. La niñera (*The babysitter*). Antes de salir para el cine, los Sres. Vargas contestan las preguntas de su niñera. ¿Qué respuestas les dan a las siguientes preguntas? (*How do Mr. and Mrs. Vargas answer the babysitter's questions? Use the verb **poder** in your answers and replace nouns with pronouns. Follow the model.*)

> **MODELO**   La niñera: ¿Les hago a Uds. mis preguntas ahora?
> Los Sres. Vargas: **Sí, puedes hacérnoslas ahora.**
> **(Sí, nos las puedes hacer ahora.)**

1. ¿Les leo cuentos a los niños?
2. ¿Me escriben Uds. el número de teléfono del cine?
3. ¿Le pongo pañales (*diapers*) al bebé?
4. ¿Les preparo la cena a Carlitos y Rosita?
5. ¿Me dan Uds. el dinero esta noche?
6. ¿Le limpio la cocina, señora?

D. Mamá la investigadora. Eduardo asiste a una universidad lejos de su familia. Cuando su madre le habla por teléfono le hace muchas preguntas personales. Conteste Ud. las preguntas usando los pronombres apropiados. (*Answer all of the questions Eduardo's mom asks him using the appropriate pronouns.*)

1. ¿Les escribes cartas a tus tíos? ¿Cuántas? ¿Quién te escribe a ti? ¿Te escribe cartas románticas tu novia? ¿Te dice que te quiere? ¿Qué más te dice?

2. ¿Te pide dinero tu compañero de cuarto? ¿Se lo das a él? ¿Por qué? ¿Cuánto? ¿Qué le dices cuando te lo pide él? ¿Se lo pides a él, hijo?

3. ¿Allí te enseñan bien? ¿Tus profesores te dan buenas notas? Y tu profesor de español, ¿te enseña bien la gramática?

4. ¿Necesitas algo? ¿Qué te puedo mandar? Si necesitas algo, ¿me lo dices?

The Preterite Tense of Regular Verbs

The preterite is one of the two simple past tenses in Spanish. A simple tense is one that does not need a helping or auxiliary verb. The other simple past tense is the imperfect, and will be presented in Lesson 8.

Forma

The preterite is formed by removing the infinitive endings -ar, -er or -ir and adding the appropriate endings.

CAMINAR		APRENDER		ESCRIBIR	
caminé	*I walked*	aprendí	*I learned*	escribí	*I wrote*
caminaste	*you walked*	aprendiste	*you learned*	escribiste	*you wrote*
caminó	*he, she, you walked*	aprendió	*he, she, you learned*	escribió	*he, she, you wrote*
caminamos	*we walked*	aprendimos	*we learned*	escribimos	*we wrote*
caminasteis	*you walked*	aprendisteis	*you learned*	escribisteis	*you wrote*
caminaron	*they, you walked*	aprendieron	*they, you learned*	escribieron	*they, you wrote*

1. The preterite endings of -er and -ir verbs are identical.

2. The first-person plural (**nosotros**) preterite form of -**ar** and -**ir** verbs is identical to that of the present indicative.

3. -**Ar** and -**er** stem-changing verbs have no stem change in the preterite tense.

4. The first- and third-person singular conjugations (yo and él, ella, usted) of the preterite require written accents. These accents determine the stress of the verb. It is important to differentiate between the verb **camino** (*I walk*) and **caminó** (*he walked*), or between ¡**camine!** (*walk!*) and **caminé** (*I walked*).

5. Regular verbs that end in -**car**, -**gar**, and -**zar** have the following spelling changes in the first-person singular (**yo**) of the preterite, in order to preserve the sound of the infinitive.[1]

c > qu buscar: yo bus**qu**é, tú buscaste, él buscó...

g > gu pagar: yo pa**gu**é, tú pagaste, él pagó...

z > c comenzar: yo comen**c**é, tú comenzaste, él comenzó...

Other verbs in this category include: **sacar, secar, tocar, apagar, colgar, fregar, jugar, negar, almorzar, empezar.**

6. An unstressed **i** between two vowels changes to **y**. This occurs in the third-person singular and plural preterite of some -**er** and -**ir** verbs. Note that all forms have written accents, except the third-person plural (**ellos, ellas, Uds.**).

leer: le**y**ó, le**y**eron

oír: o**y**ó, o**y**eron

Other verbs in this category include: **caer** (*to fall*), **construir, contribuir** (*to contribute*), **destruir, incluir.**

Función

1. The preterite tense is used to describe a completed past action or series of actions, or a change in a mental or emotional state. It is used to report the beginning or end of an action.

José **entró**, me **saludó, buscó** su libro y **salió**.	*José entered, greeted me, looked for his book, and left.*
Susana **empezó** a tener miedo al oír las noticias.	*Susana began to be afraid upon hearing the news.*

2. The Spanish preterite has two meanings in English. For example, **hablé** means *I spoke* and *I did speak*. There is no Spanish equivalent for the auxiliary word *did*. Instead, the simple preterite form is used. Therefore, to form a question in the preterite, you simply invert the subject and verb or use the interrogative intonation.

¿Habló Ud.?
¿Habló? ⎫⎬⎭ *Did you speak?*

To express how long ago an action took place use the following formula:

Hace + period of time + **que** + verb in the preterite[2]

Hace una hora que Juan me llamó. *Juan called me an hour ago.*

To ask how long ago an action took place use the following construction:

¿Cuánto tiempo + **hace** + **que** + verb in the preterite

¿Cuánto tiempo hace que Juan te llamó? *How long ago did Juan call you?*

---

[1]Remember that **c** and **g** before **e** and **i** produce a soft sound.
[2]An alternative construction is: verb in the preterite + **hace** + period of time (**Juan me llamó hace una hora.**) Note that **hace** is used in the present even though past action is expressed.

★ Practiquemos

A. ¿Quién? To find out who did the following activities, give the appropriate form of the preterite tense according to the cues. Follow the model. You may do this with a classmate.

| MODELO | mirar la telenovela / Carlos y Sandra
¿Quién miró la telenovela?
Carlos y Sandra miraron la telenovela. |

-ar
1. hablar por teléfono / el abuelo
2. preparar la cena / mi tía
3. contar chistes / yo
4. comprar los regalos / Uds.

-er
5. comer la pizza / los niños
6. beber el café / tu cuñado
7. volver a casa temprano / mamá
8. perder el video / Anita

-ir
9. asistir a un concierto / Carla y Rosa
10. recibir la llamada telefónica / Enrique
11. escribir las cartas / nosotros
12. salir con Vicente / tú

B. Ayer. Use Ud. el pretérito de los verbos subrayados y complete las frases. (*Use the preterite tense of the underlined verbs and complete the sentences to tell what you did yesterday. The cues will help you.*)

| MODELO | Hoy <u>hablo</u> con la profesora pero ayer... (la decana)
Hoy hablo con la profesora pero ayer <u>hablé</u> con la decana. |

Hoy...
1. <u>invito</u> a mi compañero de clase pero ayer... (mi compañero de cuarto)
2. <u>miro</u> una telenovela pero ayer... (una película de horror)
3. <u>asisto</u> a la clase de biología, pero ayer... (la clase de inglés)
4. <u>aprendo</u> a conducir, pero ayer... (jugar al tenis)
5. <u>friego</u> el suelo de la cocina, pero ayer... (el suelo del baño)
6. <u>pago</u> todos mis libros, pero ayer... (la matrícula)
7. <u>comienzo</u> a estudiar francés, pero ayer... (hacer ejercicios)
8. <u>toco</u> el piano por dos horas, pero ayer... (la guitarra por tres horas)

C. El señor mamá. Manolo tells his wife Ana about his busy day. With a classmate play the roles of Manolo and his wife. Use the preterite and the cues, according to the model.

> **MODELO**
>
> limpiar / el cuarto de baño
> Ana: ¿Qué limpiaste, Manolo?
> Manolo: **Limpié el cuarto de baño.**

1. preparar / el desayuno
2. lavar / los platos
3. barrer / el suelo
4. fregar / el lavabo
5. comprar / la comida
6. leer / tus instrucciones
7. planchar / la ropa
8. comenzar a preparar / la cena
9. escribir / la lista de tareas para mañana

D. Puntos de vista (*Points of view*). Manolo had a relaxing day. Tell what he really did (see ex. C) and at what time. Use the preterite and the cues, according to the model.

> **MODELO**
>
> 7:00 a.m. / caminar por el jardín
> **A las siete de la mañana Manolo caminó por el jardín.**

1. 8:00 a.m. / comer el desayuno
2. 8:15 a.m. / beber café
3. 9:00 a.m. / leer el periódico
4. 11:00 a.m. / comprar revistas
5. 12:30 p.m. / almorzar
6. 1:00 p.m. / jugar al tenis
7. 2:30 p.m. / mirar su telenovela favorita
8. 3:30 p.m. / tocar la guitarra
9. 7:45 p.m. / escuchar música

E. La llamada telefónica. Write a paragraph describing a telephone call you made yesterday. Include how you made it, and the conversation you had. Use the verbs below.

llamar   marcar   contestar   hablar   contar   colgar

The Preterite of the Verbs *ir*, *ser*, *dar*, and *hacer*

The following verbs are irregular in the preterite tense. Note that ir and ser are identical in the preterite. The context helps to determine which verb is being used.

IR, SER	DAR[1]	HACER
fui	di	hice
fuiste	diste	hiciste
fue	dio	hizo
fuimos	dimos	hicimos
fuisteis	disteis	hicisteis
fueron	dieron	hicieron

✸ Practiquemos

A. Al contrario. Conteste Ud. las preguntas. Use el pretérito del verbo y el antónimo de la palabra subrayada. (*Answer the questions. Use the preterite of the verb and the antonym of the underlined word.*)

> **MODELO**   ¿El coche fue muy <u>caro</u>?
> **No, fue muy barato.**

1. ¿Uds. fueron <u>antes</u>?
2. ¿Le diste <u>mucho</u> a Paco?
3. ¿Fueron <u>buenos</u> los conciertos?
4. ¿La cena fue <u>temprano</u>?
5. ¿Ud. fue <u>también</u>?
6. ¿Hiciste <u>algo</u>?

B. Selecciones. Complete Ud. las frases con la forma del pretérito de los verbos: ser, ir, dar y hacer. (*Complete the sentences with the preterite form of the verbs ser, ir, dar, and hacer.*)

1. Yo no _____ nada ayer. ¡Qué pesado!
2. Oscar no me _____ la información.
3. Rocío y yo _____ el trabajo temprano por la mañana.
4. ¿A qué hora _____ Uds. al cine?
5. ¡ _____ una fiesta estupenda!
6. ¿Alguien te llamó a medianoche? No _____ yo.

---

[1]Ver is conjugated in a similar way: vi, viste, vio, vimos, visteis, vieron.

7. Nosotros le _____ un microondas a mamá para su cumpleaños.

8. ¿Tú _____? ¿Con quién?

9. Ella _____ mi profesora de inglés el año pasado (*last*).

10. ¿A quién le _____ Ud. la guitarra?

C. **El primer día de verano.** Marcela describe el primer día de verano en Santo Domingo el año pasado. Cambie Ud. los verbos al pretérito. (*Marcela describes the first day of summer in Santo Domingo last year. Change the verbs to the preterite.*)

Mis padres (empezar) _____ el día a las seis de la mañana. Mamá (hacer) _____ el café y después, Papá (ir) _____ a trabajar. Mamá (salir) _____ afuera y les (dar) _____ agua a las plantas. Más tarde, ella (volver) _____ a casa y nos (preparar) _____ el desayuno. Mis hermanos y yo (hacer) _____ nuestras tareas y después (ir) _____ a jugar al patio. Allí (subir = *to climb*) _____ los árboles de mango. Mi hermano (recoger = *to pick*) _____ los mangos de los árboles más altos, pues son los más dulces (*sweet*). Luego mamá nos (llamar) _____ a almorzar y después nosotros (ir) _____ a jugar afuera otra vez. Más tarde, mamá nos (dar) _____ helado y yo lo (comer) _____ a la sombra (*shade*) de un árbol. Así nosotros (pasar) _____ nuestro primer día de verano.

D. **Una historia original.** Complete Ud. las frases de una manera original para crear una historia lógica. (*Complete the sentences in an original way to create a logical story.*)

1. Ayer, mi novio(a) (mejor amigo, abuelo, otro) y yo...

2. Fue fantástico porque...

3. Después, en el restaurante...

4. Mi novio(a) me...

5. También...

6. A las once de la noche...

7. Creo que soy la persona más feliz de todas porque...

E. **Buenas intenciones.** Lea Ud. la tira cómica y haga la actividad. (*Read the comic strip and do the activity.*)

PERICO   Silvio

alégrate *be happy*

Llene Ud. el espacio con la forma correcta del verbo en el pretérito para contar la historia otra vez. (*Now fill in the blanks with the correct form of the verb in the preterite to retell the story.*)

1. El pobre hombre (ir) _____ a darle una serenata a la vecina.
2. Cuando (volver) _____, su amigo le (preguntar) _____ si salió bien o mal.
3. El hombre le (contestar) _____ que (ir) _____ un desastre.
4. La vecina le (dar) _____ un golpe (*hit*) en la cabeza (*head*) con la guitarra.
5. Afortunadamente, dice el amigo, el hombre no (llevar) _____ el piano.

En resumen

A. En el periódico. Read the index and do the activities.

1. Cuando el Sr. Gaitán lee el periódico, siempre le comenta los artículos interesantes a su esposa. (*Refer to the following index and tell to what section of the newspaper each comment applies. Change the verbs to the preterite.*)

Indice				
Centroamérica	Págs. 6A, 7A	El mundo de los Negocios		Pág. 8A
Clasificados	Págs. 7C, 8C, 9C, 10C, 11C, 12C	España		Pág. 8A
		Horóscopo		Pág. 6C
Cocina	Págs. 5C, 1D, 2D, 3D, 4D, 6D	Iberoamérica		Págs. 2A, 9A, 7C
Crucigrama	Pág. 6C	Locales		Págs. 1B, 2B, 3B, 4C
Defunciones	Pág. 3B	Mujer		Pág. 1C, 2C
Deportes	Págs. 4B, 5B, 6B	Puerto Rico		Pág. 3A
Editorial, Artículos y Comentarios	Págs. 4A, 5A	Sociales		Pág. 3C
		Tiras Cómicas		Pág. 6C

MODELO	La nueva directora (abrir) **abrió** una clínica en la escuela primaria. <u>Locales</u>

a. La Universidad de Nevada (ganar) _____ el campeonato (*championship*) de fútbol. _____
b. El Chef Rondelé (dar) _____ una receta (*recipe*) para el Soufflé Alaska. _____
c. Los Reyes (*King and Queen*) de España (ir) _____ a Alemania. _____
d. La familia Piñero (cambiar) _____ la hora del velorio (*wake*). _____
e. La Fundación Kennedy (hacer) _____ una fiesta elegante anoche. _____
f. La compañía OPTEC (construir) _____ un centro tecnológico en el Japón. _____

2. ¿A qué secciones del periódico corresponden los titulares (*headlines*) siguientes?
   a. El menú de la semana
   b. Tigres defienden el título
   c. «Pot-pourri» culinario
   d. Empresas y empresarios
   e. El feminismo en la década de los 90

B. La televisión... para todos los gustos (*tastes*). Lea Ud. la guía de televisión y haga las actividades. (*Read the t.v. guide and do the activities.*)

1. ¿Qué programas son...

   a. para niños?

   b. religiosos?

   c. documentales?

   d. de noticias?

   e. educativos?

   f. de música y variedades?

   g. películas?

2. El lunes, Ud. y su familia pasaron todo el día mirando la televisión. Conteste las preguntas.

   a. ¿Qué vio Ud. a las siete de la tarde? ¿Fue interesante? ¿A quién se lo recomendó? ¿Por qué?

   b. ¿Cuál fue el programa preferido de su hermano de cuatro años? ¿A qué hora lo miró él.

   c. ¿Qué aprendieron Uds. del programa que vieron a las ocho y media? ¿En qué canal?

   d. ¿A qué hora miraron sus padres las noticias?

   e. Para saber la temperatura, ¿qué programa miró y a qué hora?

C. Cortesía telefónica (*Telephone courtesy*). Haga las actividades siguientes.

1. Lea la lectura sobre la etiqueta telefónica y conteste las preguntas.

   ● El teléfono no es para charlar. Su función principal es comunicar mensajes cortos y rápidos. Es decir, se usa para necesidades, especialmente en España donde cuesta hacer una llamada local. Si Ud. quiere charlar con un amigo, es mejor ir directamente a su casa si no vive muy lejos.

- En todas las ciudades hispánicas hay teléfonos públicos, pero no hay tantos como (*as many as*) en los Estados Unidos. Por eso, la conversación desde un teléfono público debe ser breve porque siempre hay alguien esperando para usar el teléfono.

- En algunas ciudades es necesario comprar una ficha (*token*) especial para usar el teléfono público. Las venden en los quioscos (*kiosks*) y en algunas tiendas.

- Generalmente los números de teléfono se dan en grupos de dos —42–78–35— o con un prefijo (*prefix*)— 397–4–18.

- La manera de contestar el teléfono varía de país en país. En España se dice «Diga» o «Dígame»; en México, «¿Bueno?»; en la Argentina y el Perú, «Hable» u «Oigo»; en Cuba, «¿Qué hay?», en Puerto Rico, «Aló y Hola» y en Colombia, «¿A ver?».

- Para iniciar una conversación, la persona que llama puede preguntar: «¿Está Antonio?»

- Cuando la persona que contesta pregunta, «¿De parte de quién?», algunas posibles respuestas son: «Habla Francisco Madero» o «Soy Francisco».

- Si Ud. tiene el número equivocado, es feo colgar sin decir: «Lo siento, tengo el número equivocado».

- Cuando llama y contesta el contestador automático (*answering machine*), es mejor ser breve y claro, y dejar su nombre y número de teléfono.

¿Qué hace Ud. si...

   a. no tiene fichas para el teléfono público?
   b. está en México y contesta el teléfono? ¿en Puerto Rico? ¿en España? ¿en el Perú?
   c. Ud. llama y pregunta por Juan? Su mamá pregunta, ¿de parte de quién?
   d. contesta el contestador automático?

2. Conversaciones telefónicas. Con un(a) compañero(a), complete Ud. el diálogo telefónico entre dos chicas colombianas. (*With a classmate, complete the telephone dialogue between two Colombian girlfriends.*)

«¡¡¡¡Brrrrrrrring!!!!»

Carolina: _____

Teresa: ¿Está Carolina?

Carolina: _____

Teresa: Carolina, soy Teresa. ¿Qué tal?

Carolina: _____

Teresa: _____

Ahora escriban Uds. diálogos originales, incorporando los cambios siguientes. (*Now write original dialogues, incorporating the following changes.*)

 a. La madre de Carolina contesta.

 b. El novio de Carolina llama y el padre contesta.

D. El fin de semana. Translate the following dialogue to Spanish.

Anita:	How did you spend the weekend? Wasn't it Julio's birthday?
Paula:	Yes. We had dinner at a nice restaurant and then we went to the movies.
Anita:	What did you buy him?
Paula:	Three cassettes. I gave them to him at the restaurant.
Anita:	I went to Paquita's house. We watched TV and played cards.

 E. Minidrama

 1. Ud. es adicto(a) a la televisión y no sabe qué hacer. Sus amigos y familiares intentan resolver el problema.

 2. Ud. trata de comunicarse con un amigo por teléfono pero es imposible porque siempre tiene el número equivocado. Sin embargo (*however*), resultan unas conversaciones telefónicas muy interesantes.

 F. Composición.

 1. **Mi querido (*dear*) Ramón.** Todos los días Cecilia le escribe una carta a su novio Ramón pero exagera mucho las actividades de su día. (*Write a letter from Cecilia to Ramón using the verbs below and any others to tell him about your unbelievable day. A classmate will write letter #2 from Julito, based on your letter.*)

 ir   comprar   viajar   ver   escribir   dar   hacer   pintar

 2. **La verdad (*The truth*).** Julito, el hermano menor de Cecilia, sabe que Cecilia exagera. Él le escribe otra carta a Ramón y le dice la verdad de la vida de su hermana.

🖭 Escuchemos

A. ¿Cuál de los dos? You will hear an incomplete sentence. Choose the word that best completes the sentence.

MODELO	(agradece / apaga)
	Papá _____ la televisión. (apagar)
	Papá apaga la televisión.

 1. (caminar / dar)

 2. (una película / un cine)

3. (prestar / dejar)

4. (tocar / jugar)

5. (deportes / obituarios)

6. (¿Diga? / ¡Qué va!)

7. (el canal / la canción)

8. (encender / apagar)

B. Dictado. You will hear a short narration about Liliana's weekend. Listen carefully to the entire selection. Listen again and write each sentence during the pauses.

You will then hear a series of questions related to the dictation. Answer them with complete sentences. Refer to your dictation.

✦ Gaceta 2

Puerto Rico y la República Dominicana

Juan Luis Guerra

Rita Moreno

Raúl Julia

Caras en las noticias

Tito Puente es un puertorriqueño que creció en la ciudad de Nueva York. De niño tomó clases de piano. En los años 40, gracias a los conciertos que Tito dio en el Palladium de Nueva York, el público norteamericano empezó a conocer y apreciar° la música latino-caribeña. Hoy, con tres «Grammys» y 100 discos° Tito Puente es el rey° del Mambo, el rey de los Timbales° y un nombre máximo de la percusión,° el piano, el saxofón y la dirección de orquestas.

El baloncesto° norteamericano ahora tiene un sabor° latino. **Felipe López,** un joven dominicano que vive en Nueva York, es el mejor jugador colegial° de los Estados Unidos. Va a ser el primer° dominicano en la NBA y, con los puertorriqueños José Ortiz y Ramón Rivas, es uno de los pocos hispanos que juegan al baloncesto profesional en este país.°

Juan Luis Guerra asistió al Conservatorio Nacional de Música en su país, y estudió jazz en Berklee School of Music en Boston, Massachusetts. Fue en esa época cuando decidió dejar el jazz y volver a su música— el merengue.[1] Ahora dicen que el grupo musical Guerra 4–40 es el salvador° de la música merengue. El grupo dominicano combina los ritmos° del merengue tradicional, la poesía de Juan Luis Guerra y los estilos° musicales de los EE.UU, África y otras partes de Latinoamérica. Sus álbumes más populares son *Acarreo y Mudanza, Mientras más lo pienso... tú, Ojalá que llueva café* y *Areito.*

appreciate
records
king; drums;
  percussion

basketball; flavor
school
first

country

saviour
rhythms
styles

---

[1]Música típica de la República Dominicana.

El actor **Raúl Julia** nació° en Puerto Rico y allí estudió derecho. En 1964 llegó   *was born*
a Nueva York y empezó su carrera artística. Julia participó en obras° de teatro como   *plays*
Man of La Mancha, actuó en Argentina e hizo películas en Hollywood. Fue° famoso   *He was*
por *The Kiss of the Spider Woman, Romero, The Rookie, Havana* y *The Addams
Family.* Raúl quería° ver más influencia hispánica en el cine, y creía° que los hispanos   *wanted; believed*
debían° luchar° contra° los estereotipos de la gente hispánica. Murió en octubre   *should; fight; against*
de 1994.

El cantante° puertorriqueño **Chayanne** entró en el mundo° artístico a los diez   *singer; world*
años y hoy es popular en España, Latinoamérica y el mercado° hispano de los Estados   *market*
Unidos. Por su video *El ritmo se baila así,* Chayanne recibió la nominación al Grammy
en la categoría de mejor cantante de pop latino.

Rita Moreno, la gran artista puertorriqueña, tiene el honor de ganar cuatro
premios° muy importantes... el Oscar por ser Anita en *West Side Story,* el Tony por   *awards*
su actuación en la comedia *The Ritz,* el Emmy por su participación en la televisión
y el Grammy por su música. ¡Felicitaciones, Rita!

Es decir

¿Qué recuerda Ud.? ¿A quién se refiere cada frase?

1. Empezó su carrera muy joven.
2. Es un músico muy versátil.
3. Canta, baila y actúa en la televisión, el teatro y las películas.
4. Es la salvación del merengue.
5. Ayudó a cambiar la imagen (*image*) de la gente hispánica.
6. Su nombre está en la sección de deportes de los periódicos.

✶ Practiquemos

Una cara histórica. *Diego Colón is an important figure in the early history of
the Dominican Republic, or La Española, as it was called in the fifteenth
century.* Complete el párrafo con los verbos de la lista.

vinieron	perdió	tomó
fue	hizo	vivió
llegó		

Diego Colón, el hijo mayor de Cristóbal Colón, _____ el segundo (*second*) gobernador (*governor*) de La Española. En Santo Domingo, la capital de
la isla (*island*), Colón _____ construir (*to construct*) El Alcázar, un
palacio fabuloso donde él _____ por muchos años. Dicen que cuando
Sir   Francis   Drake _____ a   la   isla,   invadió   el   palacio
y _____ todos los objetos de valor (*value*). En esa época muchos africanos _____ a la isla para trabajar en los campos de azúcar (*sugarcane
fields*). Con el descubrimiento (*discovery*) del oro (*gold*) y la plata (*silver*) en
México, Colombia y el Perú, La Española _____ su importancia como
colonia (*colony*) de España.

Notas y notables

Cristóbal Colón, ¿dónde estás?

¿EN SANTO DOMINGO, SEVILLA O LA HABANA?

CRISTOBAL COLON

Buscando a Cristóbal Colón

remains

¿Dónde están los restos° de Cristóbal Colón? ¿En Sevilla, España? ¿En Santo Domingo, República Dominicana? ¿En la Habana, Cuba? Nadie sabe. Pero sí sabemos que su *tomb; second* primera tumba° está en Valladolid, España, su segunda° tumba está en Sevilla, y su *third* tercera° está en la República Dominicana.

El problema es que nadie identificó la tumba. Muchos creen que en 1795 los restos de Colón llegaron a Cuba y que fueron divididos... unos fueron a Santo Domingo y otros fueron a Sevilla. ¡Qué complicada es la cosa!

Puerto Rico y los Estados Unidos... una relación única°

unique

1952 es un año importante en la historia de Puerto Rico y los Estados Unidos. En este año Puerto Rico entró en una relación nueva con los Estados Unidos. Se llama *Free Associated State* Estado Libre Asociado° o ELA y es la relación que existe hoy día. Los puertorriqueños *citizens; customs* son ciudadanos° de los Estados Unidos y usan el mismo sistema de dinero, aduana° *mail; governor* y correos.° Tienen un gobernador° y votan en las elecciones locales. No pueden votar en las elecciones presidenciales de los Estados Unidos sin vivir en el continente por seis meses.

Hay conflicto en la isla sobre su situación política. Muchos puertorriqueños no están contentos con su status de ELA. Dicen que Puerto Rico no es un estado, no es libre pero sí está asociado con los Estados Unidos de una forma ambigua.° Para *ambiguous* ellos ser estado es la solución. Otros quieren mantener el status de ELA porque tienen miedo de perder su cultura, su idioma y su identidad. Hay otros puertorriqueños que quieren la independencia completa. ¿Qué debe hacer Puerto Rico? ¿Mantener su status de ELA, ser estado de los Estados Unidos o conseguir la independencia?

Pedro Rosselló, gobernador de Puerto Rico

built
western

La Fortaleza, situada en Viejo San Juan y construida° en 1540, es la mansión ejecutiva más antigua en el hemisferio occidental.° Es la residencia del gobernador de Puerto Rico, Pedro Rosselló, su esposa Maga y sus tres hijos, Juan Oscar, Luiso y Ricky. Rosselló asistió a las Universidades de Yale y Notre Dame, es médico, juega muy bien al tenis y cree en la importancia de la familia.

Pedro Rosselló el gobernador de Puerto Rico

Rosselló quiere establecer programas nuevos de salud,° educación y justicia,° y lucha° contra el crimen que está relacionado con el narcotráfico. También, hace mucho para unificar° a la gente puertorriqueña y para proteger° los recursos° naturales de la isla.° Es un hombre optimista y cree que la estadidad° es la esperanza° para el futuro de Puerto Rico.

health; justice
fights
unify; protect; resources
island; statehood; hope

Es decir

Preguntas. Basándose en los artículos, conteste Ud. las preguntas con frases completas.

1. ¿Quién sabe dónde están los restos de Cristóbal Colón?
2. ¿Dónde está la primera tumba de Colón?
3. ¿Cómo se llama la relación política que Puerto Rico tiene con los Estados Unidos?
4. ¿Cuándo pueden votar los puertorriqueños en las elecciones presidenciales?
5. ¿De qué tienen miedo muchos puertorriqueños?
6. ¿Quién es Pedro Rosselló?
7. ¿Qué quiere Rosselló para Puerto Rico, estadidad o independencia?
8. ¿Qué sabe Ud. de la vida personal de Pedro Rosselló?

✰ Practiquemos

En Puerto Rico hay mucho que comprar. *Find out why it's fun to shop in Puerto Rico.* Use las palabras de la lista para completar el párrafo.

vienen	muebles	encontrar
camina	venden	mantas
regalos	calles	hay

Comprar en Puerto Rico es una buena experiencia. Si Ud. _____ por las _____ de San Juan, va a _____ muchas tiendas de _____ y arte indígena. Puede comprar _____ para la cama que _____ de la India, y _____ españoles para todas las habitaciones de la casa. También _____ boutiques que _____ la ropa tradicional de Puerto Rico.

La Playa de Luquillo en Puerto Rico

Una gira turística por Puerto Rico

Para conocer la isla de Puerto Rico es bueno empezar en el *Viejo San Juan*. Fundado en 1521, es una isleta° que está unida a la isla por puentes.° Por todas partes de la ciudad hay calles pintorescas,° casas antiguas y patios bonitos que recuerdan el pasado colonial español.

Hay varias fortalezas° en la isla. La construcción del Castillo de San Felipe del Morro, la fortaleza principal de la isla, empezó en 1521 y no terminó hasta 1787. San Cristóbal es un edificio enorme que domina toda la ciudad. Los turistas pueden pasar horas explorando el interior misterioso de esta fortaleza.

El Yunque es el único bosque° tropical de los Estados Unidos. Tiene plantas y flores° tropicales y también un fabuloso bosque pluvioso.°

A unos 42 kilómetros de El Yunque está la famosa *Playa° de Luquillo*. Cada año turistas de todas partes del mundo van allí para pasar sus vacaciones en el sol tropical del Caribe.° Las aguas son muy claras y es posible ver hasta el fondo.°

tiny island; bridges
picturesque

fortress

forest
flowers; rain
Beach

Caribbean; bottom

El castillo El Morro

Es decir

¿Cierto o falso? Si la frase es falsa, corríjala con una frase completa. (*If the statement is false, correct it with a complete sentence.*)

1. El Viejo San Juan está en el centro de Puerto Rico.
2. La arquitectura de San Juan muestra la influencia española en la isla.
3. La gente no puede entrar en San Cristóbal.
4. Para conocer las playas de Puerto Rico los turistas van a El Yunque.
5. Luquillo es famoso por sus plantas exóticas.

✦ Practiquemos

A. **La historia de Puerto Rico.** *Before the Spaniards arrived, the island of Puerto Rico was called Borikén, and it was populated by the Taíno Indians.* Para aprender más sobre la historia de Puerto Rico, busque en la segunda columna la terminación de la frase en la primera columna. Cambie los verbos al pretérito.

1. Cristóbal Colón (llegar)...	a. la guerra.
2. En 1508, Juan Ponce de León (comenzar)...	b. Puerto Rico, Cuba y las Filipinas.
3. Ponce de León (ser)...	c. el primer gobernador español de la isla.
4. La Guerra (*War*) Hispanoamericana (empezar)...	d. la colonización de la isla.
5. Los Estados Unidos (ganar)...	e. en la presente relación política de Estado Libre Asociado (ELA).
6. Los Estados Unidos (recibir)...	f. a la isla en 1493.
7. En 1952 Puerto Rico y los Estados Unidos (entrar)...	g. en 1898.

B. **¿En qué orden?** *The paragraphs below contain information about Puerto Rico and the Dominican Republic.* Arregle Ud. las frases para formar dos párrafos lógicos.

Puerto Rico

1. La economía de la isla está basada en el cultivo de café, tabaco y frutas tropicales.
2. Puerto Rico es una de las 7.000 islas tropicales que hay en el Caribe y San Juan es la capital.
3. La manufactura de textiles es importante también.
4. Otras ciudades principales son Ponce, Mayagüez y Bayamón.

La República Dominicana

1. Es una ciudad moderna pero tiene muchos edificios históricos.
2. Es más grande que Puerto Rico y llueve más, también.
3. Santo Domingo, la capital, es la ciudad más antigua de Hispanoamérica.
4. Otra isla del Caribe es la República Dominicana.

Santo Domingo, República Dominicana

Enfoque literario

Julia de Burgos

Julia de Burgos (Puerto Rico, 1916–1953) escribió poesías que no tienen igual en la lírica de Puerto Rico. Salió de la isla para estudiar en Nueva York, pero la experiencia urbana fue asfixiante° para ella. Muchos de sus poemas reflejan° la angustia° de su exilio y su deseo de volver a Puerto Rico. Otros temas incluyen el destino° personal, el amor y la muerte, y sus libros principales son *Poema en veinte surcos, Canción de la verdad sencilla* y *El mar y tú,* publicado después de su muerte.

suffocating; reflect; anguish
destiny

Ay, ay, ay, de la grifa° negra (*second half*)

kinky-haired

Dícenme° que mi abuelo fue el esclavo°
por quien el amo° dio treinta monedas.°
Ay, ay, ay, que el esclavo fue mi abuelo
es mi pena,° es mi pena.
Si hubiera sido° el amo,
sería° mi vergüenza°
que en los hombres, igual que° en las naciones,
si el ser el siervo° es no tener derechos,°
el ser el amo es no tener conciencia.
Ay, ay, ay, los pecados° del rey° blanco
lávelos° en perdón la reina° negra.

They tell me; slave
master; coins

sorrow
he had been
it would be; shame
just as
servant; rights

sins; king
wash them; queen

Ay, ay, ay, que la raza se me fuga°	*escapes me*
y hacia° la raza blanca zumba° y vuela°	*toward; buzzes; flies*
a hundirse° en su agua clara,	*sinks into*
o tal vez° si la blanca se ensombrará° en la negra.	*perhaps; will be enshrouded*
Ay, ay, ay, que mi negra raza huye°	*flees*
y con la blanca corre° a ser trigueña°	*runs; light brown skinned*
¡a ser la del° futuro,	*that of*
fraternidad° de América!	*brotherhood*

Es decir

Comprensión. Conteste Ud. las preguntas siguientes.

1. ¿Qué fue el abuelo de la poeta?
2. ¿Cómo consiguió el amo al abuelo de la poeta?
3. Hay algo que un esclavo no tiene. ¿Qué es?
4. Y hay algo que un amo no tiene. ¿Qué es?
5. En el poema hay evidencia de la ascendencia (*ancestry*) africana de la poeta. ¿Cuáles son algunos ejemplos?

✯ Practiquemos

A. El lenguaje (*language*) literario. Las palabras de la lista están en el poema. Arréglelas (*Arrange them*) según las categorías siguientes.

Esclavitud (*Slavery*)		Personas	Emociones	Colores
esclavo	siervo	negro		pena
vergüenza	hombres	trigueña		reina
blanco	ay, ay, ay	rey		
abuelo	amo	no tener derechos		

B. Discusión. Haga Ud. las actividades siguientes.

1. ¿Cuál es el tema del poema? Explique su selección. Puede seleccionar más de uno.
   a. la esclavitud (*slavery*)
   b. el racismo
   c. la injusticia social
   d. la etnicidad (*ethnicity*)
   e. la cultura africana
2. En sus propias (*own*) palabras, explique Ud. el significado (*meaning*) del verso siguiente.
   «*Ay, ay, ay, que mi negra raza huye*
   y con la blanca corre a ser trigueña»
3. ¿Qué es el «futuro fraternidad de América»?

C. Reacción personal. Haga Ud. las actividades siguientes.

1. Describa (*Describe*) Ud. las emociones de la poeta.
2. ¿Es importante la etnicidad de una persona? Explique.

📺 Videocultura

Puerto Rico

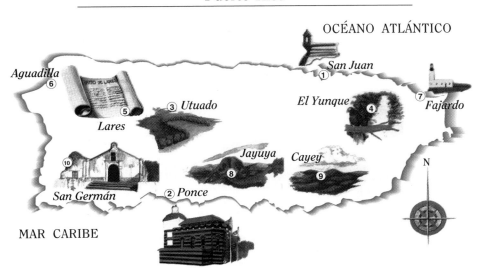

OCÉANO ATLÁNTICO

Aguadilla ⑥

San Juan ①

El Yunque ④

Fajardo ⑦

Utuado ③

Lares ⑤

Jayuya ⑧

Cayey ⑨

N

San Germán ⑩

Ponce ②

MAR CARIBE

rainbow people; to describe

Tainan Indian

island; beaches; mountains

statehood; present;

   Commonwealth

Le dicen *el pueblo arco iris*° para describir° a la gente de Puerto Rico, una combinación de tres ricas culturas: la europea, la taína° y la africana. Esta diversidad caracteriza también la geografía de la isla° con sus bonitas playas°, altas montañas° y ciudades cosmopolitas. También la futura política de Puerto Rico ofrece tres opciones: la independencia, la estadidad° o la situación actual° Estado Libre Asociado.°

📺   Para conocer mejor a la gente y la isla, vamos a Puerto Rico. (*Watch the video and do the exercises that follow.*)

Palabras útiles

la isla	*island*
el castillo	*castle*
el ataque	*attack*
el pirata	*pirate*
la fortaleza	*fort*
la garita del diablo	*sentry box of the devil*
la estatua	*statue*
el gobernador	*governor*
la iglesia	*church*
el bosque (pluvioso)	*(rain) forest*
la playa	*beach*
la palmera	*palm tree*
el ciudadano	*citizen*
votar	*to vote*
el derecho	*right*
el estado	*state*

el partido	*(political) party*
ha decidido (querido)	*has decided (wanted)*
propio	*own*
la estadidad	*statehood*
sea	*be*

Es decir

A. Sitios de interés. Check off all of the landmarks you saw in the video.

_____ el Castillo San Felipe del Morro   _____ Ponce de León

_____ la Garita del Diablo   _____ Cristóbal Colón

_____ la Fortaleza de San Gerónimo   _____ la Biblioteca de las Américas

_____ el Castillo de San Cristóbal   _____ el bosque tropical El Yunque

_____ la Catedral de San Juan   _____ la Playa de Luquillo

_____ la Iglesia de San José   _____ San Juan

_____ el Museo (*museum*) Taíno   _____ Ponce

B. ¿Qué recuerda Ud.? Based on the video, tell if the following statements are true (*cierto*) or false (*falso*). Correct the false statements.

1. Puerto Rico es una isla muy grande.
2. Todos los puertorriqueños son ciudadanos de los EE.UU.
3. Puerto Rico es un estado de los EE.UU.
4. No hay ciudades grandes en Puerto Rico.
5. Ponce es la capital de Puerto Rico.
6. En noviembre de 1993 la mayoría (*majority*) de los puertorriqueños votaron por la independencia.
7. El elemento africano está presente en la cultura puertorriqueña.
8. Hay mucha influencia india en la cultura puertorriqueña.

C. La situación política. What are the advantages associated with the three political possibilities for Puerto Rico? Match each example with one of the following. There may be more than one possible answer.

E.L.A. (Estado Libre Asociado)   Estadidad   Independencia

1. Para poder recibir todos los beneficios (*benefits*) de ser ciudadano.
2. Para poder tomar sus propias decisiones.
3. Para poder seguir hablando español como idioma oficial de la isla.
4. Para mantener una relación con los EE.UU. y al mismo tiempo mantener su identidad latina.
5. Para tener votos y representación en el Congreso de los EE.UU.
6. Para poder votar por el presidente de los EE.UU.
7. Para determinar el tipo de gobierno (*government*) que la gente de Puerto Rico prefiere.
8. Para mantener su propia cultura y forma de vida pero también recibir protección y ayuda de los EE.UU.

✣ Practiquemos

A. La bandera (*flag*) puertorriqueña. This flag was adopted in 1952 as the official emblem of the *Estado Libre Asociado*. To learn about the Puerto Rican flag, match each symbol in the first column to its significance in the second column.

1. la estrella (*star*) blanca

   a. la sangre (*blood*) vital que nutre (*nourishes*) un gobierno republicano

2. el triángulo azul

   b. los derechos humanos

3. las tres franjas (*stripes*) rojas

   c. sus tres ángulos representan los tres poderes (*powers*) del gobierno republicano: el legislativo, el ejecutivo y el judicial

4. las dos franjas blancas

   d. el símbolo de Estado Libre Asociado

B. El debate. En tres grupos, representen un debate sobre el status político de Puerto Rico. Un grupo va a representar la independencia, otro grupo la estadidad y el tercer grupo el *status quo* (Estado Libre Asociado). Deben hablar de las ventajas (*advantages*) y desventajas de cada posibilidad.

Los beisbolistas° caribeños

baseball players

El amor por el béisbol no es nuevo en Puerto Rico porque 300 años antes de la llegada° de Cristobal Colón, los indios taínos jugaban° al batú, un juego° con un bate° y una pelota° de goma°. Hoy el béisbol sigue siendo el deporte° más popular de Puerto Rico y la República Dominicana. Algunos beisbolistas de las ligas mayores nos hablan de este fenómeno.

arrival; used to play; game
bat; ball; rubber; sport

Juan González   Iván Rodríguez

To find out more about the importance of baseball in the Caribbean, watch the video and do the exercises that follow.

Palabras útiles

el receptor	*catcher*
los Medias Rojas	*the Red Sox*
el beisbolista (pelotero)	*ballplayer*
el ídolo	*idol*
único	*only*
el campo corto	*shortstop*
las ligas (mayores)	*(major) leagues*
el deporte	*sport*
el país	*country*
la isla	*island*
propio	*own*
la bandera	*flag*
pertenecer	*to belong*
orgulloso	*proud*
el coquí	*frog indigenous to Puerto Rico*
criado	*raised*
los campos	*fields*
echar hacia un lado	*to put aside*
los recuerdos	*memories*

Es decir

A. Entrevistas (*Interviews*) Listen carefully to the interviews with Tony Peña and Luis Rivera and fill in the missing words.

1. Tony dice:

    Yo _____ que en mi país, pues, la _____ Dominicana, el béisbol es una cosa muy importante para _____ . Siempre _____ un ídolo, siempre _____ ser como alguien que está delante de _____ cuando somos niños. Es una cosa muy _____ . Yo creo que por eso es que el _____ es tan popular en la República _____ .

2. Luis dice:

    Yo me considero puertorriqueño. Yo nací en _____ . Tenemos nuestra propia bandera, todavía pertenecemos a nuestro propio país, y _____ a Dios me considero y estoy muy orgulloso de ser _____ .

B. Entrevistas (*Interviews*). Listen carefully to the interviews with Iván Rodríguez and Juan González and fill in the missing words.

1. Iván dice:

    Mi _____ es Iván Rodríguez. Soy de _____ , criado en Vega Baja, Puerto Rico, y mi _____ es el béisbol profesional.

2. Juan dice:

La diferencia es que en _____ países _____ no _____ estas oportunidades tan _____ como las que hay aquí en _____ Unidos.

C. **¿De quién(es) hablan?** Based on the video, to which ballplayer(s) does each word or expression pertain? Form an original sentence for each one to describe the player. Some words may refer to more than one player.

Luis Rivera   Tony Peña   Iván Rodríguez   Juan González

1. República Dominicana   **7.** Texas
2. Puerto Rico   **8.** Boston
3. receptor   **9.** la discriminación
4. campo corto   **10.** el coquí
5. 29 años   **11.** su papá
6. bigote (*mustache*)   **12.** es importante tener un modelo

D. **La discriminación.** Resuma Ud. (*Summarize*) los comentarios de Juan González sobre la discriminación. ¿Está Ud. de acuerdo (*in agreement*)? Explique.

✦ Practiquemos

Los peloteros latinos. To find out more about Latin ballplayers, fill in the spaces with the appropriate word from the list below.

control   bateó   brillantes   radio   perdió   ligas
béisbol   jugó   septiembre   latino   víctimas

La historia del _____ incluye los nombres de grandes latinoamericanos que jugaron un papel (*role*) importante en las grandes _____ , nombres que todavía podemos oír en parques de pelota (*ballparks*) entre los aficionados (*fans*) y que la gente menciona repetidamente por la televisión y la _____ cuando hablan de los memorables jugadores del pasado.

Roberto Clemente de los Piratas de Pittsburgh fue uno de los peloteros más _____ en la historia del béisbol. En el mes de _____ de 1972 _____ su «hit» número 3000. Éste fue su último porque un poco después _____ su vida en un accidente de avión (*airplane*). Iba (*He was going*) a Nicaragua para llevar provisiones a las _____ de un terremoto (*earthquake*) cuando chocó (*crashed*) su avión. El público nunca olvidó su talento y él fue el primer pelotero _____ en llegar al Salón de la Fama (*Hall of Fame*).

Juan Marichal siguió a Clemente, consiguiendo fama por su «picheo» (*pitching*). Marichal nació en la República Dominicana y _____ para los Gigantes de San Francisco. Combinó la velocidad con un _____ casi perfecto y ganó 243 juegos en 16 temporadas (*seasons*). Podemos ver en el gráfico que sigue que hay una representación bastante grande de jugadores hispanos en las grandes ligas, y la lista sigue creciendo.

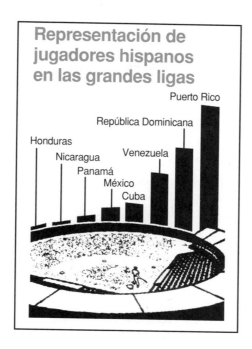

Representación de jugadores hispanos en las grandes ligas

Puerto Rico
República Dominicana
Honduras
Nicaragua
Venezuela
Panamá
México
Cuba

La música caribeña

La música del Caribe es tan diversa como° la gente. Tiene influencias africanas,   *as diverse as*
indias y europeas. La asociación política y económica que Puerto Rico tiene con los
Estados Unidos desde 1898 también influye en la música. La influencia del jazz es
evidente en la música salsa, y del rap americano salió el rap latino: el salsa-rap, el
merengue-rap y el mambo-rap.

To hear the rich and rhythmic Caribbean beats and learn more about their
origins, watch the video and do the exercises that follow.

Palabras útiles

el espíritu	*spirit*
hispano-caribeño	*Hispanic-Caribbean*
la sensibilidad	*sensitivity*
la barrera	*barrier*
el mensaje	*message*
el ritmo	*rhythm*
el corazón	*heart*
la mezcla	*mixture*
enriquecer	*to enrich*
se expresa	*is expressed*
étnico	*ethnic*
calabazas secas	*dried gourds*
el sonido	*sound*
el timbal	*kettle drum*
el orgullo	*pride*

Vocabulario e identificaciones para la canción rap
«Puerto Rican and Proud»

Pedro Navaja	*fictitious character in a famous Rubén Blades song*
Willie Colón	*Puerto Rican salsa musician*
Iris Chacón	*Cuban singer and popular icon*
Coco Rico	*coconut soft drink*
piragua	*snow cone*
coquito	*beverage made with rum and coconut liquor*
Bustelo, El Pico	*brands of Puerto Rican coffee*
el cuchifritos	*restaurant that serves Puerto Rican food*
carnicería	*butcher shop*
«¿Qué caramba tú queríah?»	*What the heck do you want?*
tontería	*foolishness*
porquería	*junk*

Es decir

A. Información musical. Based on the video, choose the correct answer(s).

1. La música caribeña...
   a. es una rica combinación de muchos elementos culturales.
   b. tiene influencias de España solamente.
   c. sólo es popular en Puerto Rico.

2. Algunos tipos de música del Caribe son...
   a. la bomba de origen africano.
   b. el tango argentino.
   c. la danza de origen español.

3. Dos ritmos caribeños muy populares en los EE.UU. son...
   a. el flamenco y la conga.
   b. el merengue y el flamenco.
   c. el merengue y la salsa.

B. Identificaciones. Which musical instrument(s) did each group contribute? Name each one.

1. los africanos   **2.** los indios   **3.** los españoles

a.   b.   c.   d.   e.

C. Los instrumentos. Which instruments did you see the various groups play?

1. la guitarra
2. la campanita (*cowbell*)
3. el piano
4. el violín
5. la conga
6. la trompeta
7. la maraca
8. el güiro
9. el bajo (*bass*)
10. la castañuela (*castanet*)
11. el bongó
12. el saxófono
13. el timbal
14. el órgano

D. ¿Qué recuerda Ud.? Match each person or group with all the things you associate with them. You may use some expressions in more than one category.

pelo blanco	rap	timbales	barba (*beard*)
«spanglish»	salsa	no tocan instrumentos	25 años
65 años	una banda musical	jazz	concierto
nadie canta	alguien baila	piano	Celia Cruz

Tito Puente	Eddie Palmieri	Latin Empire
_____	_____	_____
_____	_____	_____
_____	_____	_____
_____	_____	_____
_____	_____	_____
_____	_____	_____
_____	_____	_____
_____	_____	_____
_____	_____	_____

E. El «spanglish». Based on the rap song «Puerto Rican and Proud», answer the questions.

1. ¿Qué es el *spanglish?*
2. ¿Cuáles son algunos ejemplos del *spanglish* en la canción?
3. ¿Cuándo usa el grupo el inglés y cuándo usa el español? ¿Por qué?
4. ¿Qué piensa Ud. del *spanglish?*

⭐ Practiquemos

A. La música en los EE.UU. ¿Cuáles son algunos tipos de música popular de los EE.UU.? ¿Cuál es el origen de esta música? (Si no sabe, invente algo original.)

B. Minidrama. Ud. está de visita en la República Dominicana. Descríbale a un dominicano que no conoce los EE.UU. los bailes (*dances*) típicos de su país.

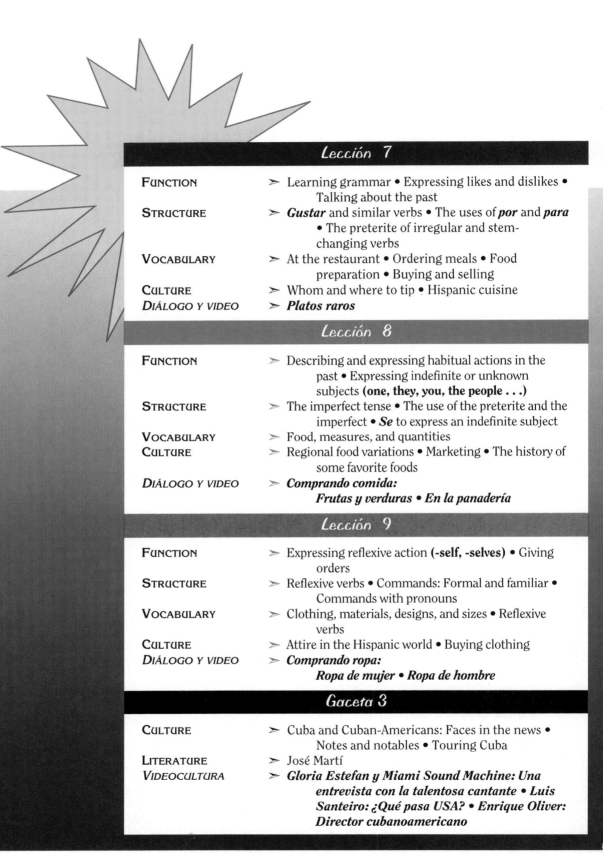

Unidad 3

Las necesidades de la vida

Un mercado al aire libre

✯ Guía para el estudio

Learning Grammar

You have already studied many grammatical structures by now, and have begun to incorporate them into your use of the Spanish language. Learning how to make a smooth transition from studying a new grammatical structure to being able to use it correctly and naturally in Spanish, and particularly in spoken Spanish, can be difficult. The following suggestions may facilitate this process.

1. Be sure that you fully understand the basic parts of English grammar (verb, noun, adjective, direct object, and so on). If you need to review, seek out a good basic English grammar text, refer to the *Así es* glossary on pp. A25–A29, or ask your instructor for suggestions. It is essential that you understand the fundamentals of grammar in order to study a foreign language more efficiently and effectively.

2. Learn grammar in a context. Be sure that as you learn a rule, you also memorize an example to accompany that rule. This will make the rule clear for you and will also give you a model, or practical use. For example, if you are studying the use of the personal **a**, first learn the following rule: The personal **a** is used before a direct object that refers to a person, but is generally omitted after the verb **tener**. Also learn a simple example like, **Paco lleva *a* su hermana al baile porque no tiene novia.** Here you have an example of use as well as omission of the personal **a**.

3. Do not try to find a word-for-word correspondence or an identical grammatical structure across languages. Often vocabulary or structures will vary greatly from language to language. Instead of comparing English to Spanish, simply acknowledge that each language has its own way of expressing certain concepts, and learn them. Compare the following English and Spanish grammatical structures used to express duration of an action. To express the length of time an action has been taking place in English, use the present perfect progressive tense: *I have been studying* for two hours. To express the length of time an action has been taking place in Spanish use **hace** (in the present tense) and the main verb in the simple present tense: **Hace dos horas que *estudio.***

✯ Practiquemos

A. Definiciones. Defina Ud. las siguientes estructuras gramaticales. Dé Ud. ejemplos de cada una.

1. un sustantivo (*noun*)
2. un verbo: conjugado, un infinitivo
3. una preposición
4. un adjetivo
5. un adverbio
6. un adjetivo demostrativo
7. una palabra interrogativa
8. un artículo: definido, indefinido
9. un complemento directo
10. un complemento indirecto

B. Identificaciones. Identifique las estructuras subrayadas (*underlined*) en las frases siguientes.

1. <u>Mi</u> <u>hermano</u> <u>vive</u> en <u>esa</u> casa <u>cerca de</u> la escuela.

2. Es verdad que <u>Juan</u> <u>nos</u> va a <u>escribir</u> <u>todos los días</u>.

3. <u>La</u> chica <u>alta</u> <u>con</u> pelo rubio es <u>una</u> amiga de José.

C. Ejemplos. Dé Ud. (*Give*) un ejemplo de cada regla (*rule*) gramatical.

1. In Spanish, the adjective agrees in number and gender with the noun that it modifies.

2. When a verb has both a direct and indirect object pronoun in the third-person, the indirect object pronoun becomes **se**.

3. The prepositions **a** and **de** used before the masculine singular definite article form the contractions **al** and **del**.

4. Demonstrative pronouns carry a written accent in Spanish while demonstrative adjectives do not.

D. Diferencias gramaticales. ¿Cómo se expresan los siguientes conceptos en español? (*How are the following concepts expressed in Spanish?*)

1. I <u>am</u> cold.

2. I <u>don't</u> want to go there <u>ever</u>.

3. <u>Did</u> you read that book?

4. <u>Do</u> you understand?

Lección 7

En el restaurante

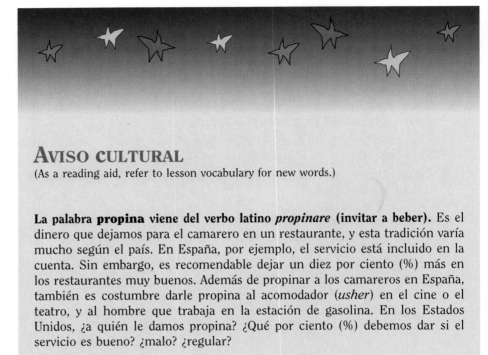

La palabra propina viene del verbo latino *propinare* (invitar a beber). Es el dinero que dejamos para el camarero en un restaurante, y esta tradición varía mucho según el país. En España, por ejemplo, el servicio está incluido en la cuenta. Sin embargo, es recomendable dejar un diez por ciento (%) más en los restaurantes muy buenos. Además de propinar a los camareros en España, también es costumbre darle propina al acomodador (*usher*) en el cine o el teatro, y al hombre que trabaja en la estación de gasolina. En los Estados Unidos, ¿a quién le damos propina? ¿Qué por ciento (%) debemos dar si el servicio es bueno? ¿malo? ¿regular?

Preparativos (You may want to review the vocabulary list on pp. 257–259 before and/or after viewing the video.)

As you watch the video or read the following dialogue, pay close attention to the uses of the preposition **para**.

Platos raros[1]

Mozo	¿El señor es norteamericano?
John	Sí, soy norteamericano.
Mozo	Si Ud. me permite, quisiera[2] recomendarle algo. Es la especialidad de nuestro cocinero y además es el plato favorito de los norteamericanos. Es éste. El arroz tropical a la orden. Ud. escoge los ingredientes y nosotros lo hacemos como Ud. lo pida. Hay veintidós ingredientes para escoger. Es un plato delicioso.
Esposo	Una idea sensacional, ¿no, John?
John	Sí... Pero yo no sé qué son todas estas cosas.

---

[1]For an English translation of this dialogue, see Appendix A, p. A8.
[2]This is the imperfect subjunctive form of the verb **querer** and is often used to indicate politeness.

ESPOSA	Es verdad. Tenemos que ayudarte.
MOZO	Pues... Yo puedo volver más tarde. ¿Está bien, señores?
JOHN	Pues yo sé qué son cebollas, ajo, tomates, garbanzos y chiles. Pero ¿qué son aceitunas?
ESPOSO	Las aceitunas son los frutos de los olivos. Son verdes, como de este tamaño y a veces están rellenas de pimientos.
JOHN	Claro... Aceitunas... como aceite.
ESPOSO	Exactamente.
JOHN	A ver... ¿Qué más? Guisantes, habichuelas, frijoles, hongos, maíz, lentejas... Ummm. Todos me gustan.
ESPOSO	Y ¿no le ponen carne al arroz?
ESPOSA	No sé. No está en la lista.
ESPOSO	La lista no incluye carnes.
MOZO	Sí, es que nuestro cocinero prefiere cocinar sin carne —es mejor para la salud— pero si Uds. desean carne tenemos res, pollo, pescado y varias clases de mariscos.
JOHN	Yo lo prefiero sin carne de todos modos.
PILAR	Yo quiero dos pasteles. Uno de quesito con almendras y el otro de nueces con crema de zanahoria.
MOZO	Muy bien.
ESPOSA	Para mí la piña rellena, por favor.
MOZO	Muy bien. Y el caballero, ¿va a probar el arroz?
JOHN	Sí, para mí el arroz. Y aquí tengo la lista... aceitunas, cebollas, ajo, tomates, frijoles...

Uds., los actores. Ahora, representen el segmento siguiente. Noten bien las estructuras enfatizadas.

John	Quiero agradecerles mucho. **Me encantó** el arroz y **me gustó** mucho el restaurante.
Esposa	Sí, sí. **Me parece** un sitio muy agradable. **Vinimos** aquí en diciembre, para celebrar el cumpleaños de Pilar. Ella **pidió** el arroz tropical también, con quince ingredientes, y no **pudo** terminarlo, ¿verdad que sí, Pilar?
Pilar	Mami, por favor. No **le interesa a** John escuchar esas cosas.

Es decir

A. Basándose en el diálogo, busque Ud. en la segunda columna la palabra que corresponde a la definición en la primera columna.

1. preparar la comida   **a.** cocinero
2. la fruta del olivo   **b.** aceituna
3. la persona que prepara la comida   **c.** escoger
4. un cereal que crece donde hace calor   **d.** arroz
5. seleccionar o decidir entre varias cosas **e.** cocinar

B. Las frases siguientes contienen una palabra equivocada (*incorrect*). Escoja (*Choose*) Ud. la palabra apropiada de la lista siguiente.

mejores   pasteles   sin   tropical   carnes   ingredientes

1. El plato favorito de los norteamericanos es el arroz <u>frío</u>.
2. Uno puede escoger veintidós <u>frutas</u> en el arroz a la orden.
3. Las <u>piñas</u> no están en la lista.
4. La chica quiere comer dos <u>guisantes</u>.
5. El cocinero prefiere cocinar <u>con</u> carne.
6. Los platos sin carne son <u>peores</u> para la salud.

✡ Practiquemos

En grupos. Practique el diálógo con sus compañeros. En grupos, represéntenlo incorporando los gestos apropiados.

Al ver el video

Después de ver el video, termine Ud. las frases con una de las respuestas siguientes.

1. Los clientes están en un restaurante...
   a. pequeño.
   b. de estilo japonés.
   c. informal.
   d. muy elegante.

2. En el restaurante...
   a. no hay otros clientes.
   b. hay árboles y flores.
   c. podemos ver objetos de arte moderno.
   d. oímos música mexicana.

3. Juan, el norteamericano, es...
   a. joven, moreno y tiene un acento norteamericano.
   b. joven, rubio y habla español con un acento norteamericano.
   c. joven, moreno y no tiene acento.
   d. joven, rubio y habla español perfectamente.

4. Los padres de Pilar...
   a. son viejos.
   b. nunca miran a John.
   c. son antipáticos.
   d. tienen aproximadamente cuarenta años.

5. Pilar...
   a. es una adolescente.
   b. es una niña pequeña.
   c. es mucho menor que John.
   d. es mucho mayor que John.

Vocabulario

Verbos

andar	*to walk*
cortar	*to cut*
encantar	*to delight, charm*
escoger	*to choose*
faltar	*to lack, be missing*
gozar (de)	*to enjoy*
gustar	*to be pleasing*
hacer falta	*to be in need of*
importar	*to matter*
interesar	*to interest*
merendar (ie)	*to snack*
permitir	*to allow*
probar (ue)	*to taste, try*
soler (ue) (+ *infinitive*)	*to be accustomed to (doing something)*

Alimentos *(Foods)*

el aceite (de oliva)	*(olive) oil*
la aceituna (oliva)	*olive*
el ajo	*garlic*
el arroz	*rice*
los camarones (las gambas)	*shrimp*

la carne (de res)	meat (beef)
la cebolla	onion
la ensalada	salad
el flan	caramel custard
el frijol	bean (kidney, pinto)
el guisante	pea
la lechuga	lettuce
el maíz	corn
los mariscos	shellfish
el pan	bread
el pastel	pastry, pie
el pescado	fish
la pimienta	pepper (ground)
la piña	pineapple
el pollo	chicken
el queso	cheese
la sal	salt
la sopa	soup
el tomate	tomato
la torta (tarta)	cake
la verdura (legumbre)	vegetable
la zanahoria	carrot

Bebidas   (Drinks)

el café	coffee
la cerveza	beer
el jugo	juice
la leche	milk
el té	tea
el vino (blanco, rosado, tinto)	(white, rosé, red) wine

Adjetivos

asado	roasted
caliente	hot (temperature)
delicioso (rico, sabroso)	delicious
dulce	sweet
frío	cold
frito	fried
picante	hot, spicy
raro	strange
salado	salty
sano (saludable)	healthy (healthful)
último	last
único	only, unique

En el restaurante   (In the restaurant)

la cocina	cuisine; kitchen
la copa	goblet, wine glass
la cuchara	spoon

el cuchillo	*knife*
la cuenta	*check, bill*
la especialidad	*specialty*
el ingrediente	*ingredient*
la lista (el menú)	*menu*
el (la) mozo(a)	*waiter, waitress*
(camarero/a)	
el plato	*plate; dish*
la propina	*tip*
la receta	*recipe; prescription*
la servilleta	*napkin*
la taza	*cup*
el tenedor	*fork*
el vaso	*glass*

Otras palabras y expresiones

(See p. 266 for expressions with **por**)

¡Buen provecho!	*Enjoy your meal!*
la costumbre	*custom*
la flor	*flower*
la merienda	*snack*
tomar una copa	*to have a drink*
	(alcoholic beverage)

Repasemos el vocabulario

A. ¿Cuál no pertenece? Indique Ud. la palabra que no está relacionada con las otras y explique.

1.	picante	dulce	salado	sano
2.	cebolla	pescado	zanahoria	tomate
3.	caliente	frito	raro	asado
4.	tenedor	propina	cuchillo	cuchara
5.	flan	jugo	cerveza	leche

B. Especialidades. ¿Cuál es la especialidad de...

1. la cafetería?   **2.** Ud.?   **3.** su restaurante preferido?   **4.** su abuela?

C. Definiciones. ¿Cómo se llama...

1. el postre más popular de España?

2. el dinero que Ud. deja para el camarero después de comer?

3. el alimento que le hace llorar?

4. el utensilio que Ud. usa para comer la sopa?

5. la lista de los platos que sirven en un restaurante?

6. la persona que le sirve a Ud. en un restaurante?

D. ¿En qué orden? Ud. prepara una cena para muchas personas. Diga (*Tell*) en qué orden va a hacer las actividades siguientes. Use la primera persona singular (yo) de los verbos.

MODELO	escoger el menú #1. Yo escojo el menú.

_____ servir la cena

_____ poner la mesa

_____ llenar los vasos de agua

_____ preparar la comida

_____ probar la comida para ver si necesita sal o pimienta

_____ saludar a los invitados

E. Costumbres culinarias. Pregúntele a un(a) compañero(a) qué suele comer él (ella)...

1. cuando está nervioso(a).

2. cuando está triste.

3. antes de dormir.

4. en clase.

5. cuando sale con su novio(a).

6. después de hacer algún ejercicio físico.

7. cuando estudia para un examen.

8. en una fiesta.

De uso común

Buying and Selling

Dice el vendedor		Dice el comprador	
¿En qué puedo servirle?	*How may I help you?*	¿Cuánto es (vale, cuesta)... ? ¿A cuánto está?	*How much is (it) . . . ?*
		¿Cuál es el precio?	*What is the price?*
		¡Qué caro (barato)!	*How expensive (cheap)!*
Es una ganga (regalado).	*It's a bargain.*	Me costó un ojo de la cara (un dineral).	*It cost me a fortune.*
¿Algo más?	*Anything else?*	Nada más.	*Nothing else.*

☆ Practiquemos

A. En un restaurante elegante. You have chosen a restaurant too expensive for your budget. The waiter hands you a menu with no prices listed. You ask him/her the cost of various items and respond to the price. With a classmate, play the roles of the client and waiter.

MODELO	Cliente: ¿Cuánto cuesta la paella? ($30.00)
	Camarero: La paella cuesta treinta dólares.
	Cliente: ¡Dios mío! Es muy cara.

¡Es regalado!	Es muy barato.	¡Cuesta un dineral!
Es muy caro.	¡Qué caro!	¡Dios mío!

1. ¿Cuánto es el cóctel de gambas? ($15.00)
2. ¿Cuánto cuesta una copa de vino tinto? ($9.00)
3. ¿Cuánto cuesta la ensalada? ($2.00)
4. ¿Cuánto es el flan? ($8.00)
5. ¿Cuánto cuesta la especialidad de la casa? ($50.00)
6. ¿Cuánto cuesta el pan? ($1.00)

B. Diálogos. Complete Ud. los diálogos siguientes de una forma original.

1. En la frutería

Frutero:	¿En qué puedo servirle, señora?
Cliente:	_____
Frutero:	Son 50 pesos por kilo.
Cliente:	_____
Frutero:	Es porque no es la temporada (*season*), señora.

2. En un mercado (*market*)

Vendedor:	Buenos días, señores.
Turistas:	_____
Vendedor:	Sí, los tengo. Son 70 centavos.
Turistas:	_____
Vendedor:	¿Algo más?
Turistas:	_____

Gustar and Similar Verbs
Forma y función

The verb **gustar** is used to express likes and dislikes.

Me gusta el café pero no me **gustan**	*I like coffee but I don't like*
las bebidas alcohólicas.	*alcoholic beverages.*

Since **gustar** does not mean literally *to like*, but rather *to be pleasing*, a different sentence structure is required. Look at the above example of **gustar**. Why do you think the first form of **gustar** is singular (**gusta**), but the second form is plural (gustan)? What is the subject of the verb in each case? Although in English the subject of the verb *like* is *I* in both cases, in Spanish the subject of the verb **gustar** is **café** in the first part of the sentence, and **bebidas alcohólicas** in the second part. Literally you say *"Coffee is pleasing to me but alcoholic beverages are not pleasing to me."* Note that the subject in the English sentence is the indirect object in the Spanish sentence, and the direct object in the English sentence (the thing liked) is the subject in the Spanish sentence.

subject	verb	direct object	=	indirect object	verb	subject
I	like	coffee	=	Me		gusta	el café

Note that it is common to place the subject after the verb with **gustar** and similar verbs, particularly when the subject is a thing or an infinitive. Study the following examples of the use of the Spanish verb (**gustar**—*to be pleasing*) and the English equivalent (*to like*).

Spanish	**English Equivalent**
Nos gusta la cocina cubana.	*We like Cuban cuisine.*
Le gusta preparar su especialidad.	*He likes to prepare his specialty.*
Te gustan las zanahorias.	*You like carrots.*

Study the following rules.

1. When **gustar** is followed by one or more infinitives, the third-person singular is used.

   Me gusta cantar, bailar y pasarlo bien.   *I like to sing, dance, and have fun.*

2. Even when the indirect object noun is expressed, the indirect object pronoun must be used.

   Al mozo no **le** gustó la propina que dejamos.   *The waiter didn't like the tip we left.*

   A ellos, no **les** gusta este café.   *They don't like this coffee.*

3. A prepositional phrase is often used for clarification or emphasis.

   A él no **le** gusta este restaurante pero **a mí** me gusta mucho.   *He doesn't like this restaurant but I like it a lot.*

4. Although all forms of **gustar** can be used, it is most commonly used in the third-person singular and plural.[1]

   Nos gusta el arroz pero no **nos gustan** los tomates.   *We like the rice but we don't like the tomatoes.*

---

[1]Gustar: gusto, gustas, gusta, gustamos, gustáis, gustan. Tú me gustas. *You are pleasing to me (I like you).* Yo les gusto. *I am pleasing to them (They like me).*

5. Some verbs similar to **gustar** are:

encantar	*to delight, charm (love)*	importar	*to matter*
faltar	*to lack, be missing*	interesar	*to interest*
fascinar	*to fascinate*	molestar	*to bother, annoy*
hacer falta[1]	*to be in need of*	parecer	*to seem*

6. To express degrees of like you can use the following progression.

Me gusta el flan. También me gusta mucho el helado. ¡Pero me encantan los pasteles!   *I like flan. I also like ice cream a lot. But I love pastries!*

Identify the verbs used like **gustar** in the following ad. What are the subjects in each case?

...es que me fascina.
(trago)
No sé por qué, pero me hace sentir especial.
(traguito)
Me acompaña a todos lados.
Me gusta.

trago *gulp*

sentir *to feel*

a todos lados *everywhere*

⭐ Practiquemos

A. Preferencias. ¿Cuáles de las comidas siguientes le gustan (o no le gustan) a Ud.? Siga el modelo.

> **MODELO**   el maíz: Me gusta el maíz.
> los mariscos: No me gustan los mariscos.

1. el flan	**6.** las cebollas
2. los frijoles	**7.** la lechuga
3. las aceitunas	**8.** los guisantes
4. el pollo	**9.** el pescado
5. el queso	**10.** los pasteles

B. Tiempo libre (*Free time*). Llene Ud. el espacio con la forma correcta del verbo **gustar** para saber cómo las personas siguientes pasan su tiempo libre.

Los fines de semana, a mí me _____ hacer muchas cosas. Me _____ los conciertos. También me _____ participar en los deportes. A mis amigos Sandra y Carlos les _____ visitar los museos. A Simón no le _____ las actividades culturales. A todos nosotros nos _____ cenar en restaurantes exóticos. Y a Ud., ¿qué es lo que más le _____ hacer?

---

[1]Note that for this expression, **hacer** is conjugated but **falta** remains constant as it is used as a noun.

C. Disgustos (*Dislikes*). Busque Ud. en la segunda columna la terminación de las frases en la primera columna para saber las cosas que no les gustan a las personas siguientes. Use la forma correcta del verbo **gustar**.

| MODELO | Al camarero *no le gusta* servirle a una familia con seis niños pequeños. |

1. Al profesor de español...
2. A nosotros, los estudiantes universitarios...
3. A los niños pequeños...
4. A una persona que está a dieta...
5. A una persona nerviosa...

    a. la cafeína
    b. ver tortas y pasteles
    c. las legumbres
    d. mucha tarea los fines de semana
    e. hablar inglés en clase

D. Reacciones. Practique **gustar** y verbos similares. Describa los dibujos (*drawings*) según el modelo.

Eduardo / hacer falta

| MODELO | A Eduardo le hace falta el dinero para hacer una llamada telefónica. |

1.

Mamá / molestar

2.

Nosotros / fascinar

3.

Paula / encantar

4.

Yo / no gustar

5.

Juan / gustar

6.

Tú / hacer falta

E. Preguntas personales. Conteste Ud. las preguntas siguientes con frases completas. Luego, cambie las preguntas a la forma de **tú** y entreviste (*interview*) a un(a) compañero(a). Compare sus respuestas (*answers*).

1. ¿Le gusta comer en la cafetería? ¿Por qué sí o no?
2. ¿Qué les hace falta a los estudiantes? ¿a Ud.?
3. ¿Qué le molesta a su profesor de español? ¿a sus padres? ¿a su novio(a)?
4. ¿Cuáles son tres cosas que... a Ud.?
    a. le molestan   b. le fascinan   c. le encantan

F. Traducciones (*Translations*). Traduzca Ud. (*Translate*) las frases siguientes al español.

1. The menu in that restaurant doesn't interest me. I only like the desserts.
2. We need onions and carrots. We also need milk.
3. Did you like the fish? I loved the pineapple cake.
4. He lost the money, but it didn't matter to Mom.
5. Last night the waiter really annoyed them.

The Uses of *por* and *para*
Función

Although **por** and **para** can both mean *for* in English, they are not synonyms, but rather are used in very different contexts to express many different concepts. There is no one rule that tells you when to use **por** and **para**. In general, however, **por** may express reason or cause behind an action (having done something) while **para** may refer to an underlying goal, purpose, or use.

Lo compré **por** necesidad.	*I bought it **out of** (because of) necessity.*
Lo compré **para** regalárselo a mi hermana.	*I bought it (**in order**) to give it to my sister.*

Study some of the following meanings of **por** and **para**.

Por can mean:

1. *in exchange for*

Compré los tomates **por** 75 pesetas.	*I bought the tomatoes **for** (in exchange for) 75 pesetas.*
Te doy mi helado **por** tu tarta.	*I'll give you my ice cream **for** your cake.*

2. *during* or *for* when referring to:

a. length of time

Tienes que cocinar el arroz **por** 45 minutos.	*You have to cook the rice for 45 minutes.*

¡AVISO! Note that in this context, **por** is often omitted by native speakers, just as *for* is often omitted in English. **Tienes que cocinarlo 45 minutos.** *You have to cook it 45 minutes.*

b. general time (*in*)

Por la mañana estudio pero **por** la
tarde voy a clase.

*In the morning I study but **in** the
afternoon I go to class.*

¡AVISO! Remember that when a specific hour is mentioned, de is used
instead of **por**. A las 10:00 *de* la mañana estudio y a las 3:00 *de* la tarde voy
a clase.

3. *along, through, by*

Me gusta caminar **por** la calle.

*I like to walk **along** the street.*

Entramos **por** la puerta principal.

*We enter **through** the main door.*

4. *by (means of)*

Siempre van **por** avión (tren, barco).

*They always go **by** plane (train, boat).*

Rosita nos habla **por** teléfono cada
semana.

*Rosita talks to us **by** phone every
week.*

Ganó su fortuna **por** trabajar mucho.

*She earned her fortune **by** working
a lot.*

5. *because of, on account of, for* (referring to cause or reason)

Estoy enferma **por** comer las
gambas.

*I'm sick **because** of eating the
shrimp.*

No vamos al restaurante **por** falta de
dinero.

*We're not going to the restaurant
for lack of money.*

6. *on behalf of, for the sake of, in place of*

Acepto el Premio Nobel **por** mi
abuela.

*I accept the Nobel Prize **on behalf** of
my grandmother.*

Lo hicieron **por** su amigo.

*They did it **for the sake** of their
friend.*

7. **Por** is used in many idiomatic expressions such as the following.

por cierto	*for sure*	por lo menos	*at least*
por Dios	*for God's sake*	por otro lado	*on the other hand*
por ejemplo	*for example*	por primera (última) vez	*for the first (last) time*
por fin	*finally*	por supuesto	*of course*
por lo general	*generally*		

Para can mean:

1. *In order to, for the purpose of* (before an infinitive)

Juan toma una clase de cocina **para**
poder preparar una cena **para** su
novia.

*Juan takes a cooking class **in order
to** be able to prepare a dinner **for**
his girlfriend.*

2. *to* (referring to destination)

Vamos **para** el mercado central.   *We're going to the main market.*

Ana va **para** Cuba en agosto.   *Ana is going to Cuba in August.*

3. *by* (referring to deadline)

Para el lunes Uds. deben leer la   *By Monday you should read*
lección 8.   *lesson 8.*

4. *for,* to express the following concepts:

a. goal or destination

El pescado es **para** papá y el pollo es   *The fish is for dad and the chicken*
para la abuela.   *is for grandmother.*

b. use or purpose

La copa es **para** vino y el vaso es   *The goblet is for wine and the glass*
para agua.   *is for water.*

c. employed by

Susana trabaja **para** el Café   *Susana works for Café Atlántico.*
Atlántico.

Por and **para**

There are times when both **por** and **para** are grammatically correct to use in the same context, but very different concepts are expressed.

Yo preparé el flan **para** ti.   *I prepared the flan for you.* (you are the recipient)

Yo preparé el flan **por** ti.   *I prepared the flan for you.* (in place of you)

¿Vas **para** la Plaza Betances?   *Are you going to* (destination) *Betances Square?*

¿Vas **por** la Plaza Betances?   *Are you going by* (through) *Betances Square?*

★ Practiquemos

A. Las especialidades de la casa. Forme frases completas y use **por** para indicar las especialidades de los restaurantes siguientes. Siga (*follow*) el modelo.

> | MODELO | El restaurante Ali Baba es famoso **por** su cuscús.

1. Bella Italia   **a.** barbacoa

2. Perla del Caribe   **b.** enchiladas

3. Les Amis   **c.** lasaña y ravioles

4. Tejas   **d.** soufflés y patés

5. Acapulco   **e.** arroz con pollo y frijoles negros

B. Tiendas especializadas. Muchas personas prefieren comprar en las pequeñas tiendas especializadas. Forme frases completas para indicar para qué estas personas fueron a las tiendas especializadas. Siga el modelo.

> **MODELO**   Mamá / pescadería (*fish market*)
> **Mamá fue a la pescadería para comprar pescado.**

1. yo / pastelería
2. mis abuelos / carnicería
3. la tía / pizzería
4. nosotros / frutería
5. tú / panadería
6. Pepe y yo / heladería

C. ¿Por dónde y para qué? Diga Ud. cómo llegaron a su destino las personas siguientes. Use **por** y **para** y siga el modelo.

> **MODELO**   el estudiante / correr
> **El estudiante corrió por la calle para llegar a la escuela.**

1.

los señores Álvares / pasar

2.

Sara / caminar

3.

Javier / ir

4.

la doctora Torres / manejar

D. Curso básico de cocina. Este curso es para las personas que no saben hacer nada en la cocina. Use Ud. **para** y busque en la segunda columna el uso de las cosas que están en la primera columna. Forme Ud. frases completas según el modelo.

> **MODELO**   Usamos la sal **para** sazonar (*to season*) la comida.

1. tomates y lechuga
2. pan
3. chocolate
4. cuchillo
5. cuchara
6. carne

a. hacer hamburguesas
b. medir (*to measure*) los ingredientes
c. hacer ensaladas
d. hacer un sándwich
e. hacer tortas y pasteles
f. cortar las verduras

E. Comentarios culinarios. Para saber los secretos de la buena cocina, complete Ud. las frases con **por** o **para**.

1. _____ preparar un auténtico plato cubano es necesario tener una buena receta.
2. _____ ejemplo, _____ cocinar sopa de frijoles negros, es necesario cocinar los frijoles _____ un mínimo de cuatro horas.
3. Mi mamá pone la sopa a cocinar _____ la mañana y está lista _____ la hora del almuerzo.
4. Siempre uso un plato pequeño _____ las cebollas que sirvo con la sopa.
5. En muchas de las recetas, Ud. puede sustituir leche _____ crema.
6. Si le falta algún ingrediente, es mejor llamar _____ teléfono al mercado _____ saber si lo tienen.
7. Pagué $10.00 _____ un libro de recetas caribeñas. Luego preparé una cena muy sabrosa _____ mi novia Julia. Ella probó el arroz con pollo _____ primera vez, y le gustó mucho.
8. _____ fin, serví el postre, queso crema con guayaba (*guava jelly*). _____ supuesto, a Julia le encantó.

The Preterite of More Irregular Verbs

Forma

In Lesson 6 you studied the irregular preterite forms of the verbs **ir, ser, dar,** and **hacer.** The following are additional irregular verbs in the preterite tense that should be learned. They are verbs that are frequently used in daily conversation. The preterite of these verbs is formed by adding the appropriate endings to the irregular preterite stems.

Infinitive	Stem		Preterite Ending
andar	anduv-		
estar	estuv-		e
poder	pud-		iste
poner	pus-		o
querer	quis-		imos
saber	sup-		isteis
tener	tuv-		ieron
venir	vin-		

The following group of irregular stems that end in -j have no i in the third-person plural form.

conducir	conduj-	e
decir	dij-	iste
producir	produj-	o
traducir	traduj-	imos
traer	traj-	isteis
		eron

1. Unlike regular verbs in the preterite, the irregular verbs have no written accent on the first- and third-person singular forms (yo, él, ella, and Ud.).

2. The preterite form of **hay** (*there is, there are*), is **hubo** (*there was, there were*).

3. **Saber** in the preterite means *to find out.*

   Supe las noticias ayer.   *I found out the news yesterday.*

★ Practiquemos

A. **La cena.** Anoche organizamos una cena. Llene Ud. el primer espacio con la forma correcta del verbo **venir**, y el segundo (*second*) espacio con la forma correcta del verbo **traer** para saber quiénes vinieron y qué trajeron. Siga el modelo.

> **MODELO**   Yo vine a la cena y **traje** la sopa.

1. Mi novio y yo _____ a la cena y _____ los frijoles negros.
2. Mis padres _____ a la cena y _____ el vino.
3. Mi abuela _____ a la cena y _____ el flan.
4. Tú _____ a la cena y _____ los refrescos.

5. Mis primos _____ a la cena y _____ el helado.

6. Mi hermano Vicente _____ a la cena y _____ a su amigo Pepe.

B. **¿Y tú?** Con un(a) compañero(a), pregunten y contesten las preguntas siguientes.

MODELO   ¿(Saber) _____ Uds. su nombre o su dirección?
Estudiante 1: ¿**Supieron Uds.** su nombre o su dirección?
Estudiante 2: **Supimos** su nombre. ¿Qué **supiste** tú?
Estudiante 1: **Supe** su dirección.

1. ¿(Traer) _____ Uds. el vino o la cerveza?
2. ¿(Hacer) _____ Uds. los pasteles o el flan?
3. ¿(Poner) _____ Uds. sal o pimienta?
4. ¿(Tener) _____ Uds. sopa o ensalada?
5. ¿(Poder) _____ Uds. pedir tacos o enchiladas?

C. **El Café Caribe.** Anoche fue la inauguración (*opening*) del nuevo Café Caribe. Cambie Ud. los verbos entre paréntesis al pretérito para saber qué pasó.

Anoche yo (ir) _____ al Café Caribe por primera vez. Cuando yo (llegar) _____ yo (ver) _____ a muchos de mis amigos. Yo no (tener) _____ que esperar mucho. Yo (poder) _____ entrar inmediatamente. El camarero (venir) _____ pronto y me (dar) _____ el menú. Otro camarero (poner) _____ pan en la mesa y me (traer) _____ agua mineral. Después, él me (decir) _____ cuáles son las especialidades de la casa. Para mí, la decisión (ser) _____ muy difícil, pero por fin (decidir–yo) _____ probar el sándwich caribeño con tostones (*fried plantains*) y mermelada de mango. Todo (estar) _____ muy rico. Y el servicio (ser) _____ excelente. Cuando yo (salir), _____ yo (dejar) _____ una propina muy buena para los camareros.

D. **Cambio de dieta.** Ayer, la familia Sánchez empezó una dieta más nutritiva. Termine Ud. las frases de una forma original, usando el pretérito de los verbos subrayados (*underlined*). Siga el modelo.

MODELO   Normalmente <u>tengo</u> pasteles para el postre pero ayer...
Normalmente tengo pasteles para el postre pero ayer **tuve fruta.**

1. Siempre <u>pongo</u> crema en el café, pero ayer...
2. Mi mamá siempre <u>dice</u> que le gustan las comidas fritas pero ayer...
3. Normalmente <u>tenemos</u> flan, pero ayer...
4. Generalmente papi <u>trae</u> helado del mercado, pero ayer...
5. Los niños generalmente <u>están</u> contentos con tortas y pasteles, pero ayer...

The Preterite of Stem-changing Verbs

Forma

Stem-changing verbs that end in -ar and -er have no stem change in the preterite tense.

PENSAR		VOLVER	
pensé	pensamos	volví	volvimos
pensaste	pensasteis	volviste	volvisteis
pensó	pensaron	volvió	volvieron

Stem-changing verbs that end in -ir have a stem change in the third-person singular and plural (él, ella, Ud. and ellos, ellas, Uds.). The stem vowel e changes to i and the stem vowel o changes to u.

PREFERIR		DORMIR		PEDIR	
preferí	preferimos	dormí	dormimos	pedí	pedimos
preferiste	preferisteis	dormiste	dormisteis	pediste	pedisteis
prefirió	prefirieron	durmió	durmieron	pidió	pidieron

✷ Practiquemos

A. No cambian. Las raíces (stems) de los siguientes verbos no cambian en el pretérito. Cambie Ud. los verbos entre paréntesis al pretérito y conteste las preguntas según el modelo.

> **MODELO**   ¿Recordaste tú el número de teléfono o la dirección?
> Yo **recordé** el número de teléfono. ¿Y mamá?
> Mamá **recordó** la dirección.

1. ¿(Cerrar) _____ tú la puerta o la ventana? ¿Y los mozos?
2. ¿(Volver) _____ tú el sábado o el domingo? ¿Y ella?
3. ¿(Probar) _____ tú el pescado o la carne de res? ¿Y los tíos?
4. ¿(Almorzar) _____ tú antes o después? ¿Y Antonia?
5. ¿(Perder) _____ tú el dinero o los cheques? ¿Y papá?

B. Un almuerzo familiar. Complete Ud. las frases con el verbo apropiado en el pretérito.

seguir   pedir   dormir   servir   repetir   conseguir

1. El camerero _____ el café con el postre.
2. Los niños _____ tres veces: «No queremos beber leche».

3. Nosotros _____ la cuenta inmediatamente.

4. Los niños _____ gritando (*yelling*): «No queremos estudiar».

5. Después del almuerzo mis padres _____ la siesta.

6. Yo _____ el puesto de gerente del restaurante, porque el gerente renunció (*resigned*).

C. Preguntas y respuestas. Cambie Ud. los verbos entre paréntesis al pretérito para formar preguntas. Un(a) compañero(a) va a encontrar las respuestas correctas en la segunda columna, y va a contestar con frases completas.

| MODELO | ¿(Seguir) Uds. al criminal? **¿Siguieron** Uds. al criminal?
Sí, _____ al criminal por la calle Florida.
Sí, **seguimos** al criminal por la calle Florida. |

1. ¿(Dormir) Ud. bien anoche?
2. ¿Le (pedir) tú dinero a papá?
3. ¿(Servir) Uds. en la cocina?
4. ¿(Conseguir) Uds. un buen trabajo?
5. ¿(Repetir) yo todas las palabras?
6. ¿(Morir) el Sr. Contreras?

a. Sí, _____ diez dólares.
b. Sí, _____ de un ataque cardíaco.
c. No, _____ en el comedor.
d. Sí, _____ y con buena pronunciación.
e. No, _____ por el insomnio.
f. Sí, _____ en una compañía muy grande.

En resumen

A. En el pasado. Cambie Ud. los verbos entre paréntesis al pretérito.

Ayer, Juan (andar) _____ a su restaurante favorito, (pedir) _____ la especialidad de la casa, la (probar) _____ , pero como no le (gustar) _____ , le (preguntar) _____ al camarero: «¿Qué es esto?» El camarero le (decir) _____ : «La especialidad de la casa... pollo con aceitunas en salsa (*sauce*) de chocolate.» Juan (decir) _____: «Cuando yo (probar) _____ este plato, casi (morir) _____ . Yo (venir) _____ a este restaurante porque la semana pasada yo (tener) _____ una cena maravillosa aquí. Yo (estar) _____ muy contento después de comerla. Por eso, yo (volver) _____ hoy. Pero, este plato que Ud. me (servir) _____ es un desastre.» El camarero (ver) _____ la expresión rara en la cara (*face*) de Juan, y le (traer) _____ el menú. Juan (escoger) _____ otro plato que le (gustar) _____ mucho.

B. ¿Qué cocinar? Lea Ud. el índice de la revista *Cocina sabrosa en pocos minutos*. Luego, diga a qué secciones corresponden las situaciones siguientes.

| MODELO | Mamá está aburrida de preparar los mismos platos todos los días. Mamá debe leer la sección «Variemos (*Let's vary*) el menú» para buscar platos diferentes. |

COCINA SABROSA EN POCOS MINUTOS

huevos *eggs*
a la parrilla *grilled*
rellenos *stuffed*
toque *touch*
dórelos *brown them*
endulzando *sweetening*
mar *sea*
congelar *freeze*
especias *spices*

1. El presidente de la compañía viene a cenar a la casa de Ud. y Ud. necesita servirle algo elegante.
2. Ud. está a dieta. Quiere comer algo nutritivo y de pocas calorías.
3. A sus amigos les encanta la comida picante.
4. Ud. piensa hacer una barbacoa para el Día de la Independencia.
5. Para celebrar el cumpleaños de su esposo(a), Ud. invita a treinta personas a cenar a su casa.
6. Su pasión son los postres de chocolate.
7. A Ud. le gusta mucho el pescado pero no sabe prepararlo.
8. El equipo (*team*) de fútbol de su hijo viene a comer.

C. El Conde (*Count*) de Sándwich. Complete Ud. la lectura (*reading*) siguiente con la forma correcta del verbo en el pretérito. Si hay dos palabras, escoja (*choose*) la más apropiada.

Nacido (*Born*) en 1718, el Conde de Sándwich (asistir) al colegio y a la universidad, pero no (lo, le) (interesar) la vida académica. (Ser) expulsado (*thrown out*) por robar pedazos (*pieces*) de pan y (por, para) hacer «experimentos raros» con ellos. En 1758, él (recibir) (un, una) comisión de la Reina (*Queen*) de Inglaterra (*England*) (por, para) preparar «algo especial» (por, para) el embajador (*ambassador*) de España. (Trabajar) noche y día, y (por, para) fin, a las 4:17 (de, por) la mañana (de la, del) 27 de (Abril, abril), (hacer) el primer sándwich — varias rebanadas (*slices*) de jamón (*ham*) encerradas (*enclosed*) por arriba y por abajo en dos rebanadas de pan centeno (*rye*). En (un, uno) momento de inspiración, le (poner- él) mostaza (*mustard*). (Ser) un éxito inmediato.

El Conde (conseguir) más éxito. Todos los grandes hombres de la época (lo, la) (visitar): Haydn, Kant, Rousseau y Benjamin Franklin, y todos (pedir) (estos, estas) delicias (por, para) llevar a sus casas.

El Conde también (inventar) la hamburguesa. (Demostrar-él) cómo prepararla en las grandes ciudades de Europa. En Alemania, Goethe (recomendar) el uso del bollo (*roll*). Al Conde le (encantar) la idea. En Londres (supervisar) la construcción del primer «sándwich héroe.» Este famoso inventor (morir) en 1792, a los 74 años de edad. En su funeral, un poeta (decir) que el Conde de Sándwich (liberar) a la humanidad del almuerzo caliente.

D. El sándwich caribeño. Lea Ud. los ingredientes de este sándwich. ¿Le gusta la combinación?

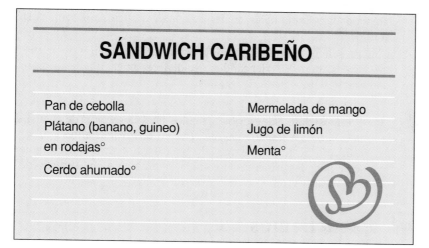

SÁNDWICH CARIBEÑO

Pan de cebolla

Plátano (banano, guineo)

en rodajas°

Cerdo ahumado°

Mermelada de mango

Jugo de limón

Menta°

en rodajas *slices*
cerdo ahumado *smoked pork*
menta *mint*

¿Qué alimentos y condimentos va a incluir el sándwich...(use su imaginación)

a. mexicano?

b. francés?

c. estudiantil?

d. bostoniense?

e. tejano?

f. californiano?

E. Preguntas. Entreviste Ud. a un(a) compañero(a) para saber sus gustos y costumbres.

1. ¿A ti te gusta la pizza? ¿Por qué? ¿Por qué es tan popular? ¿Cuándo sueles tú comerla?

2. ¿Qué preparas tú cuando muchas personas vienen a comer a tu casa? ¿Y cuando vienen pocas personas?

3. ¿Cuál es tu restaurante preferido? ¿Por qué te gusta tanto? Describe la comida, el ambiente (*atmosphere*) y la decoración.

4. Tú estás a dieta pero decides olvidarla por un día. ¿Qué vas a comer?

F. El restaurante. Translate the following dialogue to Spanish.

Juan: Did you like the restaurant?

Sara: Yes . . . there was a small problem, but it didn't matter to us.

Juan: What happened?

Sara: Dad ordered shellfish paella and white wine for four. The waiter brought chicken paella and red wine. But it was delicious.

Juan: Ummm . . . I love a good paella. Let's go!

 G. Minidrama. En grupos, representen una de las escenas siguientes.

1. Ud. es adicto(a) a la «comida-chuchería» (*junk food*), y sus padres están preocupados. Explíqueles cuáles son los beneficios de comer este tipo de comida.

2. Cuando salen a comer, las familias con niños pequeños suelen ir a lugares informales. Pero los Hernández deciden cenar en un restaurante elegante con sus tres hijos de 2, 5 y 8 años.

 H. Composición. Ud. escribe artículos para la sección de cocina de un periódico. La semana pasada cenó en dos restaurantes nuevos en su ciudad. Uno fue fantástico, el otro fue un desastre. Escriba dos artículos, describiendo la comida, el ambiente y el servicio de los dos restaurantes.

Escuchemos

A. Un compañero lógico. You will hear an incomplete sentence. Choose the object that logically accompanies the one in the sentence.

> **MODELO**   (pescado/helado)
> A los niños les gusta comer torta y _____. helado.
> **A los niños les gusta comer torta y helado.**

1. (cebolla / cerveza)
2. (ensalada / sal)
3. (ajo / queso)
4. (té / jugo)
5. (recetas / tenedores)
6. (aceite / arroz)
7. (cuenta / pimienta)
8. (verduras / piña)

B. Dictado. You will hear a short narration about the food that Cecilia's Cuban grandmother prepares. Listen carefully to the entire selection. Listen again and write each sentence during the pauses.

You will then hear a series of false statements related to the dictation. Correct each one with a complete sentence. Refer to your dictation.

Lección 8

¡Qué comida más fresca!

Aviso cultural
(As a reading aid, refer to lesson vocabulary for new words.)

Los nombres de los varios tipos de comida pueden variar mucho de país (*country*) en país. Por ejemplo, en España la palabra **plátano** significa *banana* pero en Puerto Rico significa *plantain*. Hay que pedir un **guineo** en Puerto Rico y una **banana** en algunos otros países de la América Latina. Los frijoles en Cuba son **habichuelas** en Puerto Rico y **alubias** en México. Una **china** en Puerto Rico es una **naranja** en España. Para pedir *peas* en el Perú, hay que pedir **alverjas**, pero son **petits pois** en Puerto Rico y **guisantes** en muchos otros países, incluso (*including*) en España. ¿Cuáles son algunas palabras en inglés que pueden ser diferentes según la región o el país? ¿Cómo se dice papas fritas en inglés en los EE.UU? ¿en Inglaterra?

Preparativos (You may want to review the vocabulary list on pp. 280–281 before and/or after viewing the video.)

As you watch the video or read the following dialogue, pay close attention to shopping customs and etiquette. How many different stores do the clients visit? What do they buy in each? How does this differ from grocery shopping in the United States?

Comprando comida[1]

Frutas y verduras

MUJER	Bueno, ya tenemos peras y manzanas. ¿Qué más llevamos?
HOMBRE	Naranjas y plátanos. Ya sabes tú cómo les gustan a los chicos.
MUJER	Los plátanos están un poco feos. Mejor llevamos naranjas y uvas.
HOMBRE	Bien. Señora, denos diez naranjas y dos kilos de uvas, por favor.
DEPENDIENTE	Cómo no. ¿Desean verduras también?
MUJER	Sí. Una lechuga, dos pepinos, un kilo de tomates, medio kilo de cebollas y dos kilos de papas. ¿Alguna otra cosa?

---

[1]For an English translation of this dialogue, see Appendix A, pp. A9–A10.

| HOMBRE | Yo creo que eso es todo lo que necesitamos, ¿no? Por favor, lo pone todo junto. Regresamos a recogerlo en quince minutos. |
| DEPENDIENTE | Sí, señor; aquí estará todo listo. |

En la panadería

DEPENDIENTE	Buenas, buenas. Ya tengo aquí todo lo que me pidieron. Tres litros de leche, medio kilo de mantequilla, medio kilo de queso del país y dos panes de molde.
MUJER	También necesitamos huevos.
DEPENDIENTE	¿Cuántos quiere?
MUJER	Dos docenas.
DEPENDIENTE	Aquí tiene. Bueno... con los huevos son 10.500 pesos.
HOMBRE	Aquí tiene y gracias.
DEPENDIENTE	Gracias a ustedes. Hasta el próximo domingo, ¿no?
MUJER	Así es. Hay que comer, ¿no?

Uds., los actores. Ahora, representen el segmento siguiente. Noten bien las estructuras enfatizadas.

Dependiente	Sí, claro, hay que comer. Pero hoy día todos comen comida rápida. Cuando yo **era** pequeña, mi mamá nos **preparaba** una comida grande todos los días, y **pasábamos** una hora a la mesa comiendo y charlando.
Mujer	Sí. Ud. tiene razón. Ayer **almorcé** sólo una naranja y unas galletas porque **tuve** que estar en Monterrey a las tres para una reunión.
Hombre	Y yo tampoco **almorcé**. **Tomé** un refresco a las tres, pero nada más.

Es decir

A. Basándose en el diálogo, nombre Ud...

1. cuatro tipos de fruta que compran en el mercado al aire libre.

2. cinco tipos de verduras que compran en el mercado al aire libre.

3. cinco cosas que compran en la panadería.

B. Escoja Ud. la respuesta apropiada para cada una de las preguntas siguientes.

1. ¿Cuánta leche quiere?
2. ¿Desean verduras también?
3. ¿Alguna otra cosa?
4. ¿Cuántos huevos quiere?
5. ¿Cuánto le debemos?

a. Dos docenas, por favor.
b. No, eso es todo.
c. 10.500 pesos.
d. Tres litros.
e. Sí, una lechuga y medio kilo de cebollas.

⭐ Practiquemos

En grupos. Practique los diálogos con sus compañeros. En grupos, represéntenlos incorporando los gestos apropiados.

📺 Al ver el video

Después de ver el video, termine Ud. las frases con una de las respuestas siguientes.

1. La frutería...
   a. está al aire libre.
   b. está llena de gente.
   c. vende sólo frutas.
   d. tiene pocas frutas frescas.

2. La señora que vende las frutas y verduras...
   a. escribe todo en un papel.
   b. lleva un suéter.
   c. es muy delgada.
   d. es antipática.

3. Hace...
   a. mucho sol.
   b. mal tiempo.
   c. mucho viento.
   d. frío.

4. La señora que trabaja en la panadería...
   a. pone las compras en una bolsa.
   b. es vieja.
   c. no tiene preparadas las compras de la cliente.
   d. tiene que ir a buscar los huevos.

5. La cliente...
   a. no tiene bastante dinero.
   b. paga la comida.
   c. tiene flores en la bolsa.
   d. le da dinero a su esposo.

Vocabulario

Verbos

adelgazar (zc)	*to lose weight, get thinner*
engordar	*to gain weight, get fatter*
evitar	*to avoid*
mezclar	*to mix*
pesar	*to weigh*
recoger	*to gather, pick up*
regatear	*to bargain, haggle*
romper	*to break*

En el mercado · *(In the market)*

la bolsa	*bag*
la botella	*bottle*
la caja	*box*
la carnicería	*butcher shop*
el (la) carnicero(a)	*butcher*
el (la) dependiente	*clerk*
la docena	*dozen*
el kilo	*kilogram (approximately 2.2 pounds)*
la lata	*can*
la libra	*pound*
el litro	*liter*
la panadería	*bakery*
la pastelería	*pastry shop*
el precio	*price*
el (super)mercado	*(super)market*

Frutas y verduras · *(Fruits and vegetables)*

la fresa	*strawberry*
el limón	*lemon*
la manzana	*apple*
el melocotón	*peach*
la naranja	*orange*
la papa (patata)	*potato*
el pepino	*cucumber*
la pera	*pear*
el plátano (la banana)	*banana*
la uva	*grape*

Otros alimentos · *(Other foods)*

el atún	*tuna fish*
el azúcar	*sugar*
el bistec	*steak*
el bocadillo	*sandwich on Spanish bread*

el bombón	*chocolate candy, bonbon*
el caramelo	*hard candy, caramel*
el cerdo	*pork*
el chorizo	*sausage*
la galleta (salada)	*cookie (cracker)*
la hamburguesa	*hamburger*
el huevo	*egg*
el jamón	*ham*
la langosta	*lobster*
la mantequilla	*butter*
la mayonesa	*mayonnaise*
la mostaza	*mustard*
las papitas	*potato chips*
el pavo	*turkey*
el perro caliente	*hot dog*
la salsa de tomate	*catsup*
el vinagre	*vinegar*

Adjetivos

bastante	*enough*
crudo	*raw*
delgado	*thin*
demasiado[1]	*too much, too many*
flaco	*skinny*
fresco	*fresh, cool*
gordo	*fat*
hervido	*boiled*
ligero	*light (referring to weight)*
pesado	*heavy (boring)*

Otras palabras y expresiones

al aire libre	*open-air*
de acuerdo	*okay, agreed*
en seguida	*right away*
estar a dieta (seguir un régimen)	*to be on a diet*
hay que (+ *infinitive*)	*one must (+ verb)*
ir de compras	*to go shopping*
mientras	*while*

Repasemos el vocabulario

A. ¿Cuál no pertenece? Indique Ud. la palabra que no está relacionada con las otras y explique.

1. langosta	atún	cerdo	camarones
2. botella	lata	fresa	caja
3. vinagre	chorizo	mostaza	mayonesa
4. pera	melocotón	uva	pepino
5. pavo	galleta	bombón	caramelo

---

[1]Demasiado is also an adverb and when used as such is invariable. **Sara es demasiado flaca.** *Sara is too skinny.*

B. Antónimos. Busque Ud. en la segunda columna el antónimo de las palabras en la primera columna.

1. engordar
2. ligero
3. en seguida
4. evitar
5. hay que
6. delgado

a. no es necesario
b. gordo
c. adelgazar
d. más tarde
e. pesado
f. buscar

C. Parejas (Pairs). En la cocina norteamericana, algunos alimentos forman parejas naturales, como sal y pimienta. Busque Ud. en la segunda columna la pareja de cada una de las palabras en la primera columna.

1. aceite
2. jamón
3. pan
4. torta
5. galletas
6. fresas
7. lechuga
8. hamburguesa

a. helado
b. mantequilla
c. papas fritas
d. vinagre
e. huevos
f. tomate
g. crema
h. leche

D. ¿Cómo los venden? ¿Cómo corresponden las medidas (measures) en la primera columna con los productos en la segunda columna? Siga el modelo.

| MODELO | una libra de mantequilla |

1. una botella de...
2. un kilo de...
3. una docena de...
4. una lata de...
5. un litro de...
6. una caja de...
7. una bolsa de...

a. papitas
b. vino
c. leche
d. galletas saladas
e. huevos
f. manzanas
g. atún

E. ¡Qué problema! Ud. fue de compras pero no pudo encontrar nada. Escoja Ud. un lugar y un producto y diga qué pasó allí. Siga el modelo.

| MODELO | Fui a la frutería para comprar uvas pero el frutero me dijo que vendió todas. |

panadería	langosta	no me gustaron
pastelería	queso	no las vi
pescadería	cerdo	el pescadero vendió la última
carnicería	panecillos (rolls)	sólo encontré hamburguesa
lechería	galletas de chocolate	no lo pude encontrar

F. ¿Es Ud. goloso(a)? (*Do you have a sweet tooth?*) Lea Ud. (*Read*) el artículo y conteste las preguntas.

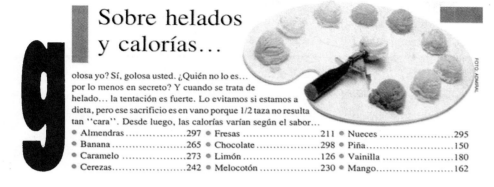

g | Sobre helados y calorías...

olosa yo? Sí, golosa usted. ¿Quién no lo es... por lo menos en secreto? Y cuando se trata de helado... la tentación es fuerte. Lo evitamos si estamos a dieta, pero ese sacrificio es en vano porque 1/2 taza no resulta tan "cara". Desde luego, las calorías varían según el sabor...

● Almendras	297	● Fresas	211	● Nueces	295
● Banana	265	● Chocolate	298	● Piña	150
● Caramelo	273	● Limón	126	● Vainilla	180
● Cerezas	242	● Melocotón	230	● Mango	162

golosa *sweet tooth*
se trata de *it's about*
taza *cup*
Desde luego *of course*
sabor *flavor*
Almendras *Almonds*
Cerezas *Cherries*
Nueces *Walnuts*

1. ¿Quiénes evitan el helado?
2. ¿Qué sabor(es) (*flavors*) de helados...
   a. tiene(n) menos calorías?
   b. tiene(n) más calorías?
   c. le gusta(n) más a Ud.?
   d. no le gusta(n) a Ud.?
   e. es (son) tropical(es)?
   f. es (son) cítrico(s)?
   g. quiere Ud. probar?

The Imperfect Tense

You have learned to express past action by using the preterite tense: **Compré el chorizo y le dí el dinero al carnicero.** (*I bought the sausage and gave the money to the butcher.*) The imperfect tense also expresses past action but it is used in different contexts and focuses on the continuation of the action in the past.

Forma

To form the imperfect tense of -ar verbs remove the infinitive ending and add -aba, -abas, -aba, -ábamos, -abais, -aban. To form the imperfect of -er and -ir verbs, remove the infinitive endings and add -ía, -ías, -ía, -íamos, íais, -ían.

HABLAR		COMER		ESCRIBIR	
hablaba	hablábamos	comía	comíamos	escribía	escribíamos
hablabas	hablabais	comías	comíais	escribías	escribíais
hablaba	hablaban	comía	comían	escribía	escribían

There are only three irregular verbs in the imperfect tense.

IR		SER		VER	
iba	íbamos	era	éramos	veía	veíamos
ibas	ibais	eras	erais	veías	veíais
iba	iban	era	eran	veía	veían

Función

1. The imperfect tense has several different meanings in English.

Yo **hablaba** con el carnicero.
$\begin{cases} \textit{I spoke (repeatedly) with the butcher.} \\ \textit{I was (in the process of) speaking with the butcher.} \\ \textit{I used to (would) speak with the butcher.} \end{cases}$

¡AVISO! Note that the first example (*I spoke*) can also be expressed with the preterite tense. The tense is determined by whether the speaker wishes to convey completed action (preterite: Yo **hablé** con el carnicero ayer. *I spoke with the butcher yesterday.*) or repeated or ongoing action (imperfect: Yo **hablaba** con el carnicero todos los días. *I spoke with the butcher every day.*)

2. The imperfect tense is used:

a. to express time and age in the past.

Era tarde. **Eran** las tres de la mañana.	*It was late. It was three o'clock in the morning.*
José **tenía** trece años aquel verano.	*José was thirteen years old that summer.*

b. to describe a past action that was still going on at a certain time in the past, or an action whose beginning and end are not known or are not important. The English equivalent is *was* or *were* + *the present participle.*

Javier **miraba** los precios.	*Javier **was looking** at the prices.*
Susana y yo **regateábamos** en el mercado.	*Susana and I **were haggling** at the market.*

c. with the conjunction **mientras** (*while*) to describe two or more ongoing and simultaneous actions.

Vicente **bebía** su café **mientras** Ema **charlaba** con su madre.	*Vicente **was drinking** his coffee **while** Ema **was chatting** with her mother.*

d. to describe things or people in the past and to set the scene of past situations.

Era una noche bonita. **Había** mucha gente en el patio del restaurante y todos lo **pasaban** bien.	*It **was** a lovely evening. There **were** a lot of people in the patio of the restaurant and everyone **was having** a good time.*
Paco **era** moreno, guapo y muy amable.	*Paco **was** dark, handsome and very nice.*

e. to describe ongoing physical, emotional or mental states and desires in the past.

Siempre le **gustaba** ir de compras y **estaba** contento de poder venir con nosotros.	*He always **liked** to go shopping and he **was** happy to be able to come with us.*

f. to express repeated or habitual past action. The English equivalent is *used to* or *would* + *verb*.

De niño, Roberto **tomaba** leche con todas las comidas y después siempre **pedía** postre.	*As a child Roberto **used to drink** milk with all his meals and afterwards he **would** always **ask** for dessert.*

¡AVISO! Certain expressions that reflect habitual or repeated action often accompany this use of the imperfect tense. Some of these are: **siempre, todos los días (meses, años...**), **con frecuencia, generalmente** and **por lo general.**

✴ Practiquemos

A. De compras en la Pequeña Habana... ¡Recuerdos bonitos! Cambie Ud. los verbos subrayados (*underlined*) al imperfecto.

1. Todos los veranos <u>vamos</u> a Miami y <u>compramos</u> la comida en los mercados.
2. Me <u>gustan</u> más las frutas dulces que <u>encuentro</u> allí.
3. <u>Es</u> interesante mirar a todas las personas que <u>hacen</u> sus compras.
4. Siempre <u>busco</u> el pan más fresco que <u>venden</u> en las panaderías.
5. Cuando <u>tenemos</u> sed <u>tomamos</u> jugo de naranja de la frutería. ¡Qué rico!

B. Un restaurante ideal. El Restaurante Camagüey ya no (*no longer*) existe pero sus clientes hablan de la comida y del servicio que ofrecía (*used to offer*). Busque Ud. en la segunda columna la terminación de la frase en la primera columna. Cambie los verbos al imperfecto.

1. El restaurante (ser)...
2. La orquesta siempre (tocar)...
3. El chef (preparar)...
4. Su carne siempre (estar)...
5. El chef nunca (servir)...
6. Camagüey (ofrecer)...
7. Los camareros nunca (romper)...

a. precios muy buenos.
b. ideal para una cena romántica.
c. margarina, sólo mantequilla.
d. los platos.
e. música clásica.
f. muy fresca.
g. una sopa de frijoles negros excelente.

C. De compras. La familia Benítez siempre iba de compras todos los sábados. ¿Qué hacía cada persona? Cambie Ud. el verbo al imperfecto y forme frases completas según el modelo.

MODELO	Susana / comprar

Susana compraba las legumbres en el mercado.

1.

nosotras / ir

2.

Paquito / recoger

3.

papá / pesar

4.

Raúl / romper

5.

mamá / regatear

6.

nosotros / comer

D. Preguntas. Conteste Ud. las preguntas. Luego cambie las preguntas a la forma de **tú** y entreviste (*interview*) a un(a), compañero(a).

1. De niño(a), ¿quién era su mejor amigo(a)? ¿Cómo era él(ella)? ¿Qué hacían Uds. los sábados por la noche?
2. De niño(a), ¿qué le gustaba hacer en el verano? ¿en el invierno?
3. ¿Qué hacía su familia los fines de semana?
4. Cuando era niño(a), ¿comía las mismas cosas que Ud. come hoy día? ¿Qué frutas o legumbres no comía? ¿Cuáles prefería?

E. Así era mi vida. Usando el imperfecto, nombre Ud. tres cosas que Ud. hacía...

1. en la escuela.
2. después de clase.
3. cuando estaba solo(a).
4. para ayudar a su mamá o papá en la casa.
5. con su familia.

The Use of the Preterite and Imperfect

Función

In English there are many different ways to express past action. You, the speaker, choose which form best expresses the concepts you wish to convey. Note the difference in meaning in the following sentences because of the verb tenses used.[1]

1. I **ate** lunch at 12:30.
2. I **was eating** lunch at 12:30.
3. I **used to eat** lunch at 12:30.

Only one of these forms will accurately describe the particular situation that the speaker wishes to convey. Which of the previous sentences is the most appropriate response to the following questions?

a. What were you doing today at 12:30 when I called you?
b. Have you always eaten lunch at 1:00?
c. What time did you eat lunch yesterday?

---

[1]Note the English structures and how they are expressed in Spanish:

English		Spanish
1. Simple past	→	Preterite
2. Past progressive	→	Imperfect
3. Auxiliary verb "used to" + verb	→	Imperfect

This same concept is true in Spanish. Although there are times when only the preterite or the imperfect can be used (for example, to express time in the past you must use the imperfect), in other instances both past tenses may be grammatically correct in the same sentence, but they refer to different situations.

Review the following table of uses of the preterite and the imperfect. You may refer to Lesson 6 for a complete explanation of the preterite tense.

Uses of the Preterite and Imperfect

Preterite	Imperfect
1. to focus on the beginning or end of a past action.	**1.** to emphasize the action in progress.
Juan **anduvo** por una hora y **volvío** a casa.	¿Qué **hacías** ayer a las tres?
Juan walked for an hour and returned home.	*What were you doing yesterday at three o'clock?*
2. to describe a series of past actions.	**2.** to describe habitual or continuous past action.
Entró en la tienda, **puso** algunas cosas en su bolsa, **miró** por todas partes, y **salió** sin pagar.	Todos los sábados, **íbamos** al mercado y allí **comprábamos** frutas frescas.
She entered the store, put a few things in her bag, looked all around and left without paying.	*Every Saturday, we used to go to the market and there we would buy fresh fruit.*
3. to describe a change in physical, emotional and mental states and desires.	**3.** to describe physical, emotional and mental states and desires; to set the scene; to express age and time in the past.
Juan **estuvo** furioso cuando vio su coche después del accidente.	Juan **era** un hombre alto y delgado. **Tenía** 29 años. Yo **sabía** que él **estaba** contento de pasar el verano con nosotros.
Juan was (i.e., became) furious when he saw his car after the accident.	*Juan was a tall, thin man. He was 29 years old. I knew that he was happy to spend the summer with us.*

Often the preterite and the imperfect will appear in the same sentence. The preterite action frequently interrupts the ongoing action of the imperfect.

Yo **cenaba** cuando Juan **llegó**.   *I was dining when Juan arrived.*

To see the preterite and imperfect in context, read the following excerpt from a short story by the Cuban author Reinaldo Arenas, entitled *Con los ojos cerrados (With Eyes Closed)*. Then read the English translation that follows and study the underlined past tense verb forms. In what contexts does the author choose to use the preterite? The imperfect?

«Seguí caminando con los ojos muy cerrados. Y llegué de nuevo a la dulcería. Pero como no podía comprarme ningún dulce porque gasté hasta la última peseta de la merienda, solamente los miré a través de la vidriera. Y estaba así mirándolos, cuando oí dos voces detrás del mostrador que me decían —¿No quieres comerte algún dulce?— Y cuando levanté la cabeza vi que eran las dos viejitas. No sabía qué decir. Pero parece que adivinaron mis deseos y sacaron una torta grande de chocolate y almendras. Y me la pusieron en las manos.»

"I continued walking with my eyes tightly closed. And I arrived again at the pastry shop. But since I wasn't able to buy any sweets because I spent my last penny on snacks, I only looked at them through the glass case. And I was looking at them like that when I heard two voices behind the counter that were saying to me, "Don't you want to eat a pastry?" And when I raised my head I saw that it was the two old ladies. I didn't know what to say. But it seems that they guessed my desires and took out a large chocolate and almond torte. And they put it in my hands."

Verbs That Change Meaning in the Preterite and Imperfect

The following verbs have different meanings when used in the preterite than when used in the imperfect. Learn these as you would learn new vocabulary.

	Preterite	**Imperfect**
saber	to find out	to know
	Supe las noticias ayer.	Sabía que venía a Miami.
	I found out the news yesterday.	*I knew she was coming to Miami.*
conocer	to meet	to know, be acquainted with
	Conocí a mi esposo en 1980.	No lo conocía cuando vivía en Cuba.
	I met my husband in 1980.	*I didn't know him when I lived in Cuba.*
querer	to try	to want
	Quise comprar pan pero la panadería estaba cerrada.	Quería comprar pan pero no tenía bastante dinero.
	I tried to buy bread but the bakery was closed.	*I wanted to buy bread but I didn't have enough money.*
no querer	to refuse	not to want
	Pedrín **no quiso** beber la leche.	Elena **no quería** estudiar con nosotros.
	Pedrín refused to drink the milk.	*Elena didn't want to study with us.*
poder	to manage	to be able
	No **pude** hacer las compras.	No **podía** ir al cine porque tenía que trabajar.
	I didn't manage (failed) to do the shopping.	*I wasn't able to go to the movies because I had to work.*

✷ Practiquemos

A. ¿Pretérito o imperfecto? ¿Qué aspectos del pasado usa Ud. para las siguientes funciones, el pretérito o el imperfecto? Dé Ud. (*Give*) un ejemplo.

> **MODELO**   para expresar la edad (*age*): el imperfecto
> **Juan tenía trece años.**

1. para expresar acción repetida o habitual
2. para expresar la hora
3. para expresar una acción o una serie de acciones terminadas
4. para enfatizar una acción continua
5. para enfatizar un cambio (*change*) de emociones
6. para expresar edad
7. para describir estados (*states*) físicos o mentales
8. para enfatizar el comienzo (*beginning*) de una acción

B. La cena romántica. Javier quería tener una cena romántica con su novia, Elena, pero había muchas interrupciones. Cambie Ud. los verbos al pretérito o al imperfecto, según el contexto.

> **MODELO**   Los dos (bailar) _____ cuando Elena (comenzar)
> _____ a cantar.
> **Los dos bailaban cuando Elena comenzó a cantar.**

1. Javier (declarar) _____ su amor por Elena cuando la orquesta (empezar) _____ a tocar un tango.
2. Los dos se (besar [*to kiss*]) _____ cuando el camarero (llegar) _____ a la mesa.

3. Javier le (dar) _____ el anillo (*ring*) cuando Elena (romper) _____ un vaso.

4. Javier le (pedir) _____ la mano (*hand*) a Elena cuando el camarero (volver) _____ con la cena.

5. Elena (confesar) _____ su amor por Javier cuando él (descubrir) _____ que no tenía bastante dinero para pagar la cuenta.

C. ¡Qué vacaciones! Llene Ud. el espacio con la forma correcta del verbo en el pretérito o el imperfecto. Explique sus respuestas (*answers*).

En abril, mis amigos y yo (pasar) _____ unas vacaciones estupendas. Nosotros (ir) _____ a San Juan, Puerto Rico. Todos los días (andar— nosotros) _____ por el centro y (comprar) _____ frutas frescas de los vendedores. (Tomar—nosotros) _____ refrescos en una cafetería al aire libre y (mirar) _____ a toda la gente.

Un día, mi amigo Juan Carlos y yo (decidir) _____ explorar un poco. Juan Carlos me (decir) _____ que él (saber) _____ ir a una panadería excelente que (estar) _____ cerca del aeropuerto. Al entrar, (poder—nosotros) _____ oler (*to smell*) los panes frescos. Mientras (escoger—nosotros) _____ nuestros panes, un hombre nos (decir) _____ que él (ser) _____ el chef en un pequeño restaurante, y nos (invitar) _____ a entrar y probar la comida. ¡Qué experiencia más divina! Nosotros (probar) _____ un poco de todo: jamones, tostones (*fried plantains*) y arroz con gandules (*pigeon peas*). Yo (beber) _____ agua mineral y Juan Carlos (tomar) _____ un poco de vino blanco.

Después de comer, yo (tener) _____ ganas de visitar el museo taíno. Le (preguntar) _____ a Juan Carlos si él (querer) _____ venir conmigo. El chef nos (dar) _____ direcciones y nos (decir) _____ que el museo (estar) _____ abierto (*open*) hasta las 5:00. Como ya (ser) _____ las 3:00, Juan Carlos y yo (ir) _____ corriendo.

D. ¿Cuál fue la pregunta? Forme Ud. las preguntas que Gladys les preguntó a Laura y Juan Carlos sobre su día en el ejercicio C. Siga el modelo.

MODELO	Fuimos a una panadería.
	¿Adónde fueron Uds.?

1. El restaurante estaba cerca de la panadería.

2. El chef era alto, guapo y simpático.

3. Probamos un poco de todo.

4. No, la especialidad del día era el arroz con gandules.

5. Yo pedí la especialidad.

6. Salimos del restaurante a las tres.

E. La historia de la piña. Lea Ud. la selección y cambie los verbos entre paréntesis al pretérito o imperfecto.

　　　　En 1493, cuando Cristóbal Colón (llegar) _____ a Guadalupe en el Caribe, (encontrar) _____ una fruta rara. La gente que (cultivar) _____ esta fruta la (llamar) _____ «ananá», una palabra india que significa fragancia. La fruta (ser) _____ dulce aunque algunas veces (poder) _____ ser un poco ácida.

　　　　Cuando los españoles (ver) _____ la piña por primera vez, (pensar) _____ que la fruta (tener) _____ mucho en común con la piña del pino (*pine cone*), y por eso le (dar) _____ el nombre de «piña de las Indias».

　　　　La piña (ganar) _____ fama por toda Europa en muy poco tiempo. A los reyes españoles, Fernando e Isabel, les (encantar) _____ la fruta en seguida. En Francia, los jardineros (*gardeners*) de Luis XIV (pagar) _____ mucho dinero para cultivar varios tipos de la piña en Francia. Esta fruta dulce (empezar) _____ a ser muy popular y sigue siéndolo.

F. ¿Qué aprendió Ud. de la piña? Basándose en el ejercicio E., conteste las preguntas.

1. ¿Cuándo llegó Colón a Guadalupe?
2. ¿Cuál era el nombre original de la fruta?
3. ¿Por qué llamaron los españoles la fruta «piña»?
4. ¿Cuál fue la reacción de Fernando e Isabel cuando la probaron?
5. ¿Hay piñas en Europa?

G. Una cena memorable. Termine Ud. las frases siguientes con el pretérito o el imperfecto para crear (*create*) una historia original.

1. Una noche mi amigo(a) y yo...
2. Entramos en el restaurante y...
3. Después de mirar el menú...
4. Con la cena...
5. Toda la noche...
6. Después de comer...

H. Preguntas. Conteste Ud. las preguntas. Luego, cambie las preguntas a la forma de **tú** y entreviste (*interview*) a un(a) compañero(a).

1. ¿A qué persona interesante conoció Ud. el primer día del semestre? ¿Cómo es?
2. ¿Ya conocía Ud. a algunos amigos antes de asistir a esta universidad?

3. ¿Sabía Ud. que tenía que estudiar mucho para recibir buenas notas en esta clase? ¿Cuándo lo supo?

4. ¿Qué cosa quiso Ud. hacer hoy pero no pudo?

Se to Express an Indefinite Subject

Forma y función

In English when a sentence has no definite subject the following structures can be used:

One does what *one* must.

People say that milk is good for your health.

It is known that coffee has a lot of caffeine.

They eat well in Miami.

You can find everything *you* need in that supermarket.

In Spanish, these impersonal subjects are often expressed by using the following construction.

---

se + verb in the third person singular

Se hace lo que se debe.

Se dice que la leche es buena para la salud.

Se sabe que el café tiene mucha cafeína.

Se come bien en Miami.

Se puede encontrar todo lo que se necesita en aquel supermercado.

✦ Practiquemos

A. ¿Quién lo hace? Cambie Ud. el subjeto de la gente al uso del se impersonal, según el modelo.

MODELO	En los EE.UU. la gente pica (*snack*) después de la cena.
	En los EE.UU. se pica después de la cena.

1. En España la gente cena a las 10:00 de la noche.

2. En México la gente come la tortilla de maíz.

3. En la Argentina la gente suele comer mucha carne de res.

4. En Puerto Rico la gente dice que el jugo de mango es muy sabroso.

5. En Cuba la gente sabe que los frijoles negros tienen muchas vitaminas.

6. En los EE.UU. la gente debe aprender a comer de una forma más saludable.

B. Una prueba pequeña. Para saber algo sobre la comida que comemos, forme Ud. preguntas según el modelo y contéstelas, buscando la información correcta en la segunda columna.

> **MODELO**   el plátano   tiene mucho postasio
> ¿Qué se sabe del plátano?
> **Se sabe que el plátano tiene mucho potasio.**

1. la langosta	**a.** engordamos si comemos muchos
2. las zanahorias	**b.** producen mucho en Cuba
3. las galletas	**c.** a la gente le gusta en los perros calientes
4. el azúcar	**d.** la Florida y Valencia, España son dos lugares famosos por estas frutas dulces
5. la mostaza	
6. el atún	**e.** contienen mucha vitamina A
7. los bombones	**f.** a los niños les gusta comerlas con leche
8. las naranjas	**g.** es un tipo de marisco
	h. es un pescado que se suele vender en lata

 Ahora, hágales las mismas preguntas a sus compañeros. Ellos van a contestar de una forma original.

C. ¿Qué se hace? Escoja Ud. (*Choose*) un verbo de la lista siguiente para decir qué se hace en cada lugar.

> **MODELO**   ¿Qué se hace en una cafetería?   (charlar)
> **Se charla en una cafetería.**

engordar   cenar   cocinar   regatear   adelgazar   comprar

1. ¿Qué se hace en un mercado al aire libre?
2. ¿Qué se hace en una cocina?
3. ¿Qué se hace en un comedor?
4. ¿Qué se hace en un supermercado?
5. ¿Qué se hace en una pastelería?
6. ¿Qué se hace en un gimnasio?

D. Traducciones (*Translations*).

1. In Spain people dine at ten o'clock.
2. It is known that hot chocolate is great in the winter.
3. Here, people believe that garlic is good in all dishes.
4. They say that Cuban food is delicious.
5. It is thought that the sausage in that restaurant is very good.

En resumen

A. El café. ¿Cuánto sabe Ud. del café? Para saber la historia del café, lea la selección y cambie los verbos entre paréntesis al pretérito o imperfecto.

Probando café en Costa Rica

El uso del café como bebida se (originar) _____ en Etiopía hace más de 1.000 años. Allí la gente lo (beber) _____ todos los días. El café (pasar) _____ de Etiopía al Próximo Oriente (*Near East*) donde los musulmanes (*muslims*) lo (adoptar) _____ como sustituto del alcohol que (ser) _____ prohibido por su religión. La palabra café viene de la palabra árabe «kaveh» que significa **vino.**

En el siglo (*century*) XVI la fama del café (llegar) _____ a Grecia y Turquía. Los turcos (llevar) _____ el café con ellos a Europa a finales del siglo XVII. Pronto el café (empezar) _____ a ser una bebida muy popular por todo el continente. Los ingleses (llevar) _____ el café a América, donde sigue gozando de una popularidad enorme.

B. El ajo. Complete Ud. la lectura (*reading*) con la forma correcta del verbo en el pretérito o el imperfecto. Si hay dos palabras, escoja (*choose*) la más apropiada. Traduzca (*Translate*) las expresiones subrayadas (*underlined*) al español. Haga el ejercicio.

El ajo es uno de los condimentos principales en las cocinas de China, India e Italia y también (es, está) muy importante en la cocina hispánica. Además de (ser, estar) delicioso, (es, está) digestivo y nutritivo. Reduce (el, la) hipertensión, limpia los bronquios y puede curar el catarro (*cold*).

En los tiempos antiguos (*ancient*), los egipcios (*Egyptians*) (les, los) (dar) el ajo (a, __) los esclavos (*slaves*) que (hacer) las pirámides (para, por) darles mayor resistencia. Los griegos (*Greeks*) también lo (comer). Los romanos lo (nombrar) *alluilm* y lo (llevar) (por, para) toda Europa.

El ajo es un condimento perfecto (por, para) las personas que (les, los) encanta el sabor fuerte (*strong taste*) de (ese, eso) alimento. (Por, Para) curar el aliento (*breath*) malo, es bueno comer una manzana. También, (<u>one can</u>) masticar (*chew*) unos granos de café (antes, después) de las comidas. Si (<u>one wants</u>) vivir en el mundo del mediterráneo, comer al estilo de los héroes griegos y preservar la vida, es importante hacer el ajo una parte integral de su vida y aprender a cocinar con (lo, él).

Nombre Ud...

a. cuatro adjetivos que describen el ajo.

b. tres beneficios (*benefits*) del ajo.

c. tres hechos (*facts*) históricos sobre el ajo.

d. dos tipos de cocinas que usan el ajo.

e. una desventaja (*disadvantage*) de comer el ajo.

C. El vino. Lea Ud. la lectura y haga el ejercicio.

No se sabe con seguridad cuándo el hombre adquirió (*acquired*) el vino, pero desde el principio fue considerado como un regalo de los dioses (*gods*). Hoy, el vino tiene una importancia social, cultural y económica, y es la bebida más representativa de la cocina hispánica. Se toma con muchas comidas, se usa en la cocina para preparar salsas para carne y pescado y es un elemento frecuente en la preparación de pasteles y postres. El vino, tomado en moderación, puede ser beneficioso para la digestión. Pero se sabe que el alcohol en exceso produce la dependencia.

Se dice que el champán es la bebida más refinada por excelencia. Se cree que un monje (*monk*) francés de la Abadía de Haut Villers inventó el champán. Cuando lo probó por primera vez exclamó: «¡Vengan, (*Come*), estoy bebiendo estrellas (*stars*)!» En Francia este vino espumoso (*bubbly*) se llama «el único vino para las fiestas del corazón (*heart*)».

¿Cierto o falso? Si la frase es falsa, corríjala.

1. El vino no se bebe mucho en los países hispánicos.
2. Es cierto que el vino se originó en 1823.
3. El vino puede ayudar el sistema digestivo.
4. Es costumbre tomar el vino con las comidas.
5. El vino no se usa mucho en la preparación de las comidas.
6. El champán fue inventado en España.

D. La sangría. Al ver la sangría en botella, un español dijo: «¡Dios mío, qué ironía!» Es decir, se debe beber la sangría fresca. Lea Ud. la receta siguiente para la sangría y arregle (*arrange*) las instrucciones en un orden lógico.

1 botella de vino tinto español	canela (*cinnamon*)
2 cucharadas de jugo de naranja	1 cucharada de azúcar
2 cucharadas de licor sabor de naranja como Grand Marnier	1 taza de agua gaseosa (*seltzer*)
trozos (*pieces*) de melocotón, naranja y limón	

En una jarra (*pitcher*) de cristal alta,

1. se sirve en copas para vino
2. se añade (*add*) el hielo
3. se saca (*take out*) la canela antes de servir
4. se combina todo, menos el hielo y se mezcla (*mix*) bien
5. se bebe
6. se pone en el refrigerador por unas horas

E. Recuerdos infantiles. Translate the following sentences to Spanish.

1. When I was a little girl, I went shopping with my grandmother every Monday.
2. At the pastry shop Grandma always bought me a bag of cookies.
3. One day I ate a dozen lemon cookies and a pound of chocolate candy.
4. I was sick for three days.
5. After that day I wasn't able to eat candy for a long time.

F. Minidrama. En grupos, representen una de las escenas siguientes.

1. Ud. aprendió las técnicas de regatear en los mercados al aire libre de México. Ahora en los EE.UU. Ud. intenta regatear en una tienda elegante donde los precios son fijos (*fixed*).

2. Su cena es un desastre. Ud. preparó una comida muy especial para varias personas. Cuando llegan, Ud. descubre que uno es vegetariano, otro está a dieta y otro no toma alcohol. ¿Qué hace Ud.?

 G. Composición.

1. Escriba Ud. un diálogo entre una mujer y su esposo que están de compras en un supermercado. La señora quiere comprar la comida para toda la semana y su esposo desea comprar sólo lo necesario para la cena.

2. Escriba Ud. un régimen para...
   a. un(a) amigo(a) que quiere engordar.
   b. un(a) amigo(a) que es adicto(a) a la comida rápida y quiere dejar de comerla.

Escuchemos

A. La lista. Sra. Álvarez is making her grocery list. You will hear a series of incomplete sentences from her list. Choose the word that best completes the sentence.

MODELO   (uvas / huevos)
Es necesario comprar una docena de _____ . huevos
Es necesario comprar una docena de huevos.

1. (mayonesa / bombones)
2. (limón / jamón)
3. (papitas / pavos)
4. (peras / mostaza)
5. (pepino / tomate)
6. (vinagre / mantequilla)
7. (azúcar / atún)
8. (langostas / galletas)

B. Dictado. You will hear a short narration about Sra. Álvarez doing her grocery shopping. Listen carefully to the entire selection. Listen again and write each sentence during the pauses.

You will then hear a series of false statements related to the dictation. Correct each one with a complete sentence. Refer to your dictation.

Lección 9

¡Toma y pruébatelo!

Aviso cultural

(As a reading aid, refer to lesson vocabulary for new words.)

¿Cómo se viste un hispano? Esta pregunta es imposible de contestar. Es como preguntar, ¿cómo se viste un norteamericano? La forma de vestir depende de muchos factores, como la región, el nivel (*level*) socioeconómico y el clima (*climate*). En España y en las capitales cosmopolitas de Latinoamérica, la gente suele vestirse de la última moda de Europa. En regiones más remotas de Latinoamérica se ve más la ropa tradicional: ropa bordada (*embroidered*) a mano (*by hand*) y de muchos colores. Los vestidos flamencos, las mantillas y los abanicos (*fans*) que solemos asociar con España, y los trajes multicolores y bordados de México no son para todos los días. Son para festivales tradicionales o folklóricos. En los EE.UU., ¿hay un traje típico que llevemos sólo para festivales tradicionales? ¿Cómo es? En los EE.UU., ¿se viste toda la gente de la misma forma? ¿Por qué creen muchos extranjeros (*foreigners*) que todos los americanos se visten de ropa de vaquero (*cowboy*)?

Preparativos (You may want to review the vocabulary list on pp. 303–304 before and/or after viewing the video.)

As you watch the video or read the following dialogue, pay close attention to the form and use of commands in Spanish. How do you say the following? a. Try this on. b. Follow me.

Comprando ropa[1]

Ropa de mujer

DEPENDIENTE   ¿En qué puedo servirles?

MUJER 1   Busco un suéter; algo no muy formal.

---

[1]For an English translation of this dialogue, see Appendix A, pp. A10–A11.

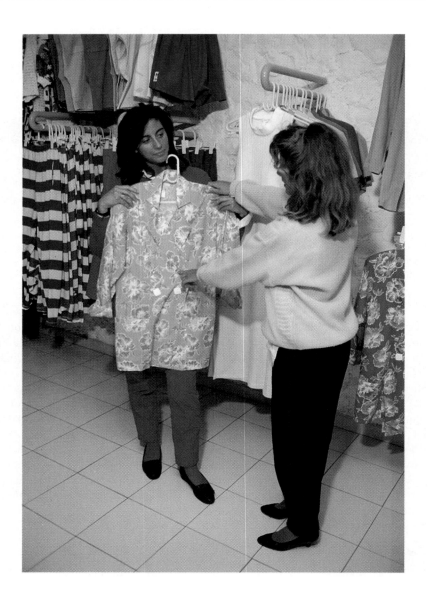

DEPENDIENTE	¿Prefiere algún color en especial?
MUJER 1	Puede ser en azul, pero no muy oscuro.
DEPENDIENTE	Tenemos varios modelos y todos son muy bonitos. En seguida se los muestro. Pruébese éste primero.
MUJER 1	¿Qué te parece?
MUJER 2	¡Te queda perfecto! Muy lindo.
MUJER 1	No sé. Mientras me decido, ¿por qué no pides tú lo que quieres?
MUJER 2	Bien. Señorita, yo quisiera una blusa, una falda, medias y un cinturón.
DEPENDIENTE	No hay problema; tenemos de todo. Sígame, por favor...

Ropa de hombre

DEPENDIENTE   Estas chaquetas son de muy buena calidad. ¿Quiere probarse otra?

HOMBRE   Sí, una más grande porque ésta no es de mi talla.

DEPENDIENTE   A ver... Sí, aquí hay otra. A ver si le queda.

HOMBRE   No sé. Es un poco incómoda. Me queda demasiado apretada aquí en los hombros. Además el color es demasiado llamativo.

DEPENDIENTE   Pruébese ésta. ¿Le gusta?

HOMBRE   No, tampoco. Mire, voy a ver otras tiendas y si no encuentro nada, regreso.

DEPENDENTE   Cómo no, señor. Aquí lo esperamos.

Uds., los actores. Ahora, representen el segmento siguiente. Noten bien las estructuras enfatizadas.

En otra tienda de ropa

Dependiente   ¿Busca Ud. algo en especial?

Hombre   Sí. Quiero **comprarme** una chaqueta.

Dependiente   Pues, tenemos una selección muy grande. Siéntese y le muestro algunos de los últimos modelos.

El dependiente va y vuelve con tres chaquetas.

Pues, tenemos ésta de lana, ésta de cuero marrón y otra gris, de algodón.

Hombre   Ah, me gusta mucho esta última. Quiero **probármela** (*Se la prueba*). No, no me gusta. Me queda muy grande.

Dependiente   Pues, quítesela y póngase la otra.

Hombre   Sí, sí. Mucho mejor. **Me la compro.**

Es decir

A. Llene Ud. los espacios con las palabras apropiadas de la lista siguiente.

incómoda   modelos   blusa
formal   talla   tiendas

1. La primera mujer busca un suéter no muy _____ .

2. La dependiente dice que tiene varios _____ de suéteres y todos son muy bonitos.

3. La segunda mujer quiere una _____ , una falda, medias y un cinturón.

4. La chaqueta no es de la _____ del hombre.

5. La chaqueta es un poco _____ .

6. El hombre no encuentra nada; por eso va a ver otras _____ .

B. Llene Ud. el espacio con **en** o **de**, según el contexto.

1. _____ seguida se los muestro.
2. Tenemos _____ todo.
3. ¿_____ qué puedo servirles?
4. Ésta no es _____ mi talla.
5. Son _____ muy buena calidad.
6. ¿Prefiere algún color _____ especial?

C. Llene Ud. el espacio con uno de los siguientes pronombres, según el contexto: **lo, los, le, les.**

1. Pruébese ésta, señor. ¿_____ gusta?
2. Aquí _____ esperamos, señor.
3. ¿En qué puedo servir_____ a Uds.?
4. A ver si _____ queda bien a Ud., señor.
5. Tenemos varios modelos. En seguida se _____ muestro.

Practiquemos

 En grupos. Practique los diálogos con sus compañeros. En grupos, represéntenlos incorporando los gestos apropiados.

Al ver el video

Después de ver el video, termine Ud. las frases con una de las respuestas siguientes.

1. La tienda de ropa para señoras...
   a. parece estar en un centro comercial.
   b. está al aire libre.
   c. es diferente de una tienda norteamericana.
   d. no es muy moderna.

2. Las mujeres...
   a. tienen bolsos.
   b. no llevan suéteres.
   c. son rubias.
   d. entran con sus amigos.

3. En la tienda de ropa para señores, el señor...
   a. viene con su mujer.
   b. mira las chaquetas en el espejo.
   c. no se prueba las chaquetas.
   d. está solo.

4. Las chaquetas que se prueba...
   a. son todas de cuero.
   b. son muy elegantes.
   c. son de un estilo informal.
   d. son para el invierno.

Vocabulario

Verbos

(See p. 309 for additional reflexive verbs)

acostarse (ue)	*to go to bed*
afeitarse	*to shave*
atender (ie)	*to attend to, wait on*
bajar	*to go down, lower, get off*
bañarse	*to bathe*
casarse (con)	*to marry, get married (to)*
despertarse (ie)	*to wake up*
divertirse (ie, i)	*to have a good time, amuse oneself*
levantarse	*to get up*
parecerse a (zc)	*to resemble*
ponerse	*to put on; to become*
probarse (ue)	*to try on*
quedarse	*to stay, remain*
quitarse	*to take off*
sentarse (ie)	*to sit down*
sentirse (ie, i)	*to feel*
subir	*to go up; to get on*
vestirse (i, i)	*to get dressed*

[handwritten annotation: yo form in present]

Ropa y accesorios   (Clothing and accessories)

el abrigo	*coat*
el anillo	*ring*
el arete	*earring*
los blue jeans (vaqueros)	*blue jeans*
la blusa	*blouse*
el bolso	*purse, pocketbook*
las botas	*boots*
el brazalete	*bracelet*
los calcetines	*socks*
la camisa	*shirt*
la camiseta	*T-shirt*
la cartera	*wallet*
el cinturón	*belt*
la corbata	*tie*
la chaqueta	*jacket*
la falda	*skirt*
los guantes	*gloves*
el impermeable	*raincoat*
las medias	*stockings*
los pantalones	*pants*
el paraguas	*umbrella*
la ropa interior	*underwear*
el sombrero	*hat*
el suéter	*sweater*

el traje (de baño)	(bathing) suit
el vestido	dress
las zapatillas	slippers, sneakers
los zapatos	shoes

Adjetivos

abierto	open
ancho	wide
apretado	tight
cerrado	closed
claro	light (colored), clear
(in)cómodo	(un)comfortable
elegante	elegant, formal
estrecho	narrow, tight
(in)formal	(in)formal
lindo	pretty
llamativo	loud, gaudy
oscuro	dark

Otras palabras y expresiones

el algodón	cotton
el centro comercial	shopping mall, shopping area (of a city)
el cuero	leather
de buen (mal) gusto	in good (bad) taste
durante	during
el estilo	style
estar de venta	to be on sale
estar pasado de moda	to be out of style
hacer juego con	to match
la lana	wool
la liquidación	sale
el oro	gold
el par	pair
la plata	silver
el probador	dressing room
quedarle (bien, mal, perfecto, grande...)	to fit (well, badly, perfectly, to be big ...)
la seda	silk
la talla _(el numero)_	size _el tamaño - dimensions_
la tela	material, fabric
la variedad	variety

Repasemos el vocabulario

A. ¿Cuál no pertenece? Indique Ud. la palabra que no está relacionada con las otras y explique.

1. el abrigo   la chaqueta   el anillo   el impermeable
2. los calcetines   el paraguas   los zapatos   las medias

3. ancho	incómodo	estrecho	oro
4. claro	lana	seda	algodón
5. acostarse	probarse	ponerse	vestirse

B. Antónimos. Complete Ud. la frase con el antónimo de la palabra indicada, en la forma correcta.

1. ¿El azul *claro*? No, no, tenemos. ¿Quiere probarse una blusa de azul _____?

2. A las nueve las tiendas no están *cerradas*. Al contrario, están _____ .

3. *¿Subimos* al departamento de ropa para niños? No, nosotros _____ al departamento para mujeres.

4. Mamá, no están de moda las faldas *anchas*. Quiero comprar una falda _____ .

5. Si vas a caminar mucho, necesitas zapatos *cómodos*. Tus botas parecen _____ .

C. ¡Me queda... estupendo! ¿Qué dicen las personas siguientes? Use la construcción **quedarle** + (bien, mal, grande...)

yo

MODELO	Estos zapatos me quedan bonitos.

1.

tú

2.

Ud.

3.

Uds.

4.

nosotros

5.

ella

D. ¿Hace juego? Busque Ud. en el segundo grupo el artículo que hace juego con el artículo del primer grupo.

| MODELO | La falda hace juego con el suéter. |

Grupo I

1.   **2.**   **3.**   **4.**   **5.**

Grupo II

a.    **b.**   **c.**   **d.**   **e.**

E. Definiciones. Complete Ud. las definiciones con las palabras apropiadas.

| · sala | tienda | ·zapatos | · amarillo | ·bajan |
| · precios | · ropa | · clientes | gente | ·lleva |

1. probador: una _____ pequeña en una tienda de ropa donde la _____ se prueba la _____

2. dependiente: una persona que atiende a los _____ en una _____

3. liquidación: una venta cuando los _____ en una tienda _____

4. zapatillas: _____ ligeros que la gente _____ en casa o para jugar a los deportes

5. oro: un metal de color _____ brillante

F. Queremos saber. ¿En qué ocasiones...

1. usa Ud. un sombrero?
2. no lleva zapatos?
3. compra anillos, aretes o brazaletes de oro?
4. lleva un cinturón?
5. usa botas?

¡Viva la moda!

G. La moda femenina. Éste es un artículo de una revista de mujeres. Complete Ud. el párrafo con las palabras apropiadas de la lista siguiente.

vida	activa	asiste	blusa	afuera
estilos	chaquetas	comenzar	trabaja	moda

La función principal de la _____ es ayudar a la mujer _____ : a la mujer que _____ y tiene su familia y _____ al teatro, cena _____ , y generalmente no tiene mucho tiempo libre. Una _____ tan llena y ocupada necesita una variedad de _____ : algunos muy informales y otros más formales. La idea es combinar la ropa... una falda estrecha para la oficina con una _____ de seda que sirve para las fiestas. Hay que _____ con una base negra... falda, vestido y suéter... y añadir el color con varias _____ .

H.   Tengo mis ideas. Complete Ud. las frases siguientes de una forma original. Luego, entreviste (*interview*) a un(a) compañero(a). Compare sus respuestas.

1. Siempre llevo _____ cuando voy al cine porque...
2. Para estar en casa llevo _____ porque...
3. Nunca salgo con un hombre (una mujer) que lleva...
4. Por lo general, los hombres (las mujeres) que llevan _____ son...
5. Yo nunca llevo _____ para ir _____ porque...
6. Me gusta más la ropa de (verano, invierno, primavera, otoño) porque...

Reflexive Verbs
Forma

A reflexive verb is one in which the action reflects back to the subject. That is, the subject does the action of the verb to itself. The pronoun se at the end of an infinitive indicates that the verb is reflexive. When conjugated, the verb is accompanied by the following reflexive pronouns.

PROBARSE (to try on)			
yo	me pruebo	nosotros(as)	nos probamos
tú	te pruebas	vosotros(as)	os probáis
él		ellos	
ella	se prueba	ellas	se prueban
Ud.		Uds.	

Reflexive pronouns, like direct and indirect object pronouns, precede a conjugated verb and can follow and be attached to an infinitive or present participle. Reflexive pronouns precede other object pronouns.

Me lo pruebo.	*I try it on.*
Me lo voy a probar. ⎫ Voy a probár**melo**. ⎭	*I'm going to try it on.*
Me lo estoy probando. ⎫ Estoy probándo**melo**. ⎭	*I'm trying it on.*

Función

1. Many Spanish verbs can be used reflexively and non-reflexively.

Yo lavo mi coche. (non-reflexive)	*I wash my car.*
Yo **me** lavo. (reflexive)	*I wash (myself).*

2. In English, reflexive action is expressed in different ways:

    a. By the use of the pronouns that end in *-self* and *-selves*.

Me corté.	*I cut myself.*
Ellos **se ven** en el espejo.	*They see themselves in the mirror.*

b. By using the auxiliary verb *to get*.

Nos levantamos, nos lavamos y nos vestimos.	*We get up, get washed, and get dressed.*

c. Many verbs have reflexive meanings that are not expressed but rather understood.

Roberto se baña y se afeita.	*Roberto bathes (himself) and shaves (himself).*

3. In a reflexive construction, the definite article rather than the possessive adjective is generally used with parts of the body and articles of clothing. Since the reflexive expresses action that the subject does to itself, possession is understood.

Laura se lava la cara y se pone el sombrero.	*Laura washes **her** face and puts on **her** hat.*
Debes quitarte la chaqueta porque hace calor.	*You should take off **your** jacket because it's hot.*

4. Some common reflexive verbs are:

acostarse (ue)	*to go to bed*	lavarse	*to get washed*
afeitarse	*to shave*	levantarse	*to get up*
bañarse	*to bathe*	llamarse	*to call oneself (be named)*
despertarse (ie)	*to wake up*	sentarse (ie)	*to sit down*
divertirse (ie, i)	*to have a good time*	vestirse (i, i)	*to get dressed*

5. Some verbs have slightly different meanings when used reflexively:

casar	*to marry (perform the ceremony)*	casarse	*to get married*
dormir (ue, u)	*to sleep*	dormirse (ue, u)	*to fall asleep*
ir	*to go*	irse	*to go away, leave*
poner	*to put*	ponerse[1]	*to put on*
probar (ue)	*to try, taste*	probarse (ue)	*to try on*
quedar	*to be located, be left*	quedarse	*to stay, remain*
quitar	*to take away*	quitarse	*to take off*
sentir (ie, i)	*to feel (sorry), regret*	sentirse (ie, i)	*to feel*

6. The verb **sentir(se)** (*to feel*) is used reflexively with an adjective and non-reflexively with a noun.

Pilar **se siente alegre** cuando piensa en Pablo.	*Pilar feels **happy** when she thinks about Pablo.*
Los niños **sienten** mucha alegría.	*The children feel much **happiness**.*

---

[1]**Ponerse** can also express *to become* when referring to a change in emotion or mental state. José *se puso feliz cuando abrió el regalo*. José *became happy when he opened the present.*

✯ Practiquemos

A. ¿Qué hace Ud. primero? Diga Ud. en qué orden hace las actividades siguientes. Forme frases completas.

> **MODELO**   ¿comer o sentarse a la mesa?
> **Primero me siento a la mesa y luego como.**

1. ¿despertarse o levantarse?
2. ¿bañarse o ponerse el suéter?
3. ¿acostarse o dormirse?
4. ¿quitarse los zapatos o acostarse?
5. ¿probarse los pantalones o comprar los pantalones?
6. ¿buscar una silla o sentarse?

B. Mi verano. Antonio nos habla de un día típico de verano. Llene Ud. el espacio con la forma correcta de los verbos reflexivos entre paréntesis.

Present indicative

Siempre lo paso muy bien en el verano. Por la mañana yo (despertarse) _____ a las nueve, pero no (levantarse) _____ inmediatamente. (Quedarse—yo) _____ en la cama, escucho la radio y leo el periódico. A las nueve y media (bañarse—yo) _____ y (vestirse) _____. Entonces bajo a la cocina y (prepararse) _____ el desayuno. Salgo para ver a mis amigos.

Nosotros siempre (divertirse) _____ porque hay mucho que hacer. Visitamos muchos almacenes y tiendas donde (probarse—nosotros) _____ toda clase de ropa. Luego buscamos un restaurante y (sentarse—nosotros) _____ por horas charlando y probando varias comidas. Por la tarde, si llueve, (ponerse—nosotros) _____ los impermeables y vamos al cine. Después de cenar mis amigos vienen a mi casa y (quedarse—ellos) _____ varias horas. Miramos la tele o jugamos al dominó. A las diez, ellos (irse) _____ y yo voy a mi alcoba. (Quitarse—yo) _____ la ropa, (lavarse—yo) _____, y (acostarse—yo) _____ a eso de las once. ¿Cómo pasas tú el verano?

C. La rutina. Los Sres. Ordóñez siguen la misma rutina todos los días. Combine Ud. palabras de las dos columnas y forme frases que describen su mañana.

> **MODELO**   Los Sres. Ordóñez se despiertan a las seis en punto.

Pres. indic.

1. quedarse	a. media hora después
2. levantarse	b. al trabajo
3. bañarse	c. rápidamente
4. vestirse	d. con agua fría
5. irse	e. en la cama y miran las noticias

D. Actividades reflexivas. Use Ud. los verbos siguientes para decir qué hacen las personas en las situaciones siguientes. Puede usar los mismos verbos más de una vez. Siga el modelo.

quitarse	quedarse	sentarse
ponerse	bañarse	acostarse
vestirse	despertarse	probarse

	en el invierno	para ir a una fiesta	en casa	en el verano
papá	se pone un suéter			
mis amigos				
yo				
nosotros				
el niño				
?				

E. ¿Qué pasó ayer? Diga Ud. qué hicieron las personas siguientes ayer. Use el pretérito de los verbos siguientes, y use la forma reflexiva si es necesario.

probar(se)   dormir(se)   acostar(se)   poner(se)   levantar(se)

yo

MODELO   Yo me probé el sombrero.

1.

nosotras

2.

mamá

3.

los estudiantes

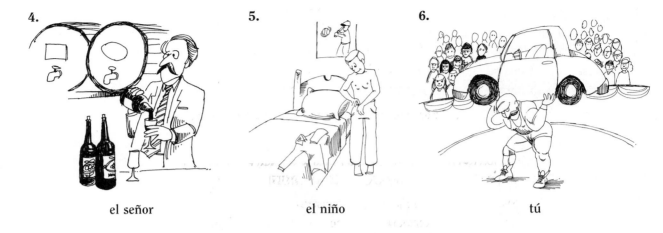

el señor   el niño   tú

F. Entrevista (*Interview*). Conteste Ud. las preguntas. Luego cambie las preguntas a la forma de tú y entreviste (*interview*) a un(a) compañero(a).

1. ¿Cómo se llama Ud.?

2. ¿Se baña Ud. con agua fría o caliente? ¿Prefiere bañarse por la mañana o por la noche? ¿Por qué?

3. ¿A qué hora se levantó esta mañana? ¿A qué hora se levantó su compañero(a) de cuarto?

4. ¿Se duerme en la clase de español? ¿Por qué sí o no?

5. ¿Le gusta acostarse tarde o temprano? ¿Por qué?

Commands: Formal and Familiar

Forma y función

The command form of a verb is used to order someone to do something. It is used very frequently in daily speech. Think of how often you tell someone to do something. *Come in and sit down. Listen, put that down and try this on.*

In English and Spanish, commands can be directed at *you,* singular (**tú, Ud.**) as in *Take off your coat,* and *you,* plural (**vosotros, Uds.**), as in *Hand me your umbrellas.*

Commands with *Ud.* and *Uds.*

To form affirmative and negative **Ud.** and **Uds.** (formal) commands, take off the final -o from the first-person singular (yo) of the present indicative conjugation (habl-o, com-o, escrib-o) and add -e endings to -ar verbs and -a endings to -er and -ir verbs.

HABLAR			COMER			ESCRIBIR		
Hable. (Ud.)	(*Speak.*)		Coma. (Ud.)	(*Eat.*)		Escriba. (Ud.)	(*Write.*)
Hablen. (Uds.)	(*Speak.*)		Coman. (Uds.)	(*Eat.*)		Escriban. (Uds.)	(*Write.*)

1. Verbs that have irregular roots in the indicative **yo** form maintain the irregular root in the command form.

CONOCER	TRAER	ESCOGER	CONSTRUIR	DECIR
conozca	traiga	escoja	construya	diga
conozcan	traigan	escojan	construyan	digan

2. Stem-changing verbs have the same stem changes as in the present indicative.

pensar:	piense, piensen
dormir:	duerma, duerman
sentir:	sienta, sientan
pedir:	pida, pidan

3. Verbs that end in **-car**, **-gar**, and **-zar** have a spelling change in order to maintain the original sound of the consonant. These changes are: **-car > que**, **-gar > gue**, and **-zar > ce**.

buscar:	busque, busquen
pagar:	pague, paguen
comenzar:	comience, comiencen

4. There are five irregular command forms.

saber:	sepa, sepan
ser:	sea, sean
ir:	vaya, vayan
dar:	dé, den
estar:	esté, estén

5. Negative commands with **Ud.** and **Uds.** are formed by placing the negative word before the command.

No **vuelva** muy tarde.	***Don't return*** *very late.*
Nunca **compren** en aquel almacén.	***Never buy*** *in that department store.*

6. Although subject pronouns are rarely used with commands, they can be placed after the verb to strengthen the command or for courtesy.

Vuelvan **Uds.** a las 3:00.	*Come back at 3:00.*
Tome **Ud.** asiento.	*(Please) Sit down.*

Commands with *tú*

To form affirmative familiar (tú) commands, use the third-person singular indicative verb form. The negative **tú** command is formed in the same manner as formal commands.[1]

Infinitive	Affirmative Command	Negative Command
HABLAR	habla	no hables
COMER	come	no comas
BUSCAR	busca	no busques
COMENZAR	comienza	no comiences

What are the negative forms of the following affirmative commands?

compra / no _____   vuelve / no _____   duerme / no _____
escribe / no _____   paga / no _____

Explain why the following affirmative and negative **tú** commands have different roots.

trae / no traigas   conoce / no conozcas   escoge / no escojas   oye / no oigas

1. The following **tú** commands are irregular in the affirmative. Except for **ir** and **ser**, their corresponding negative forms are formed in the same manner as the formal commands, by dropping the -o from the yo form of the present indicative tense and adding the opposite endings: (-es to -ar verbs and -as to -er and -ir verbs).

DECIR	di	no digas	TENER	ten	no tengas
HACER	haz	no hagas	VENIR	ven	no vengas
PONER	pon	no pongas	IR	ve	no vayas
SALIR	sal	no salgas	SER	sé	no seas

2. The verbs **dar**, **estar**, and **saber** have regular affirmative **tú** command forms, but have irregular negative command forms.

DAR	da	no des
ESTAR	está	no estés
SABER	sabe	no sepas

---

[1]The affirmative **vosotros** command is formed by substituting -d for the final -r of the infinitive (**hablad, comed, venid**). The negative **vosotros** command is formed by removing the final -o from the first-person singular of the present indicative and adding -e endings to -ar verbs and -a endings to -er and -ir verbs.

★ Practiquemos

A. De moda. Para estar de moda, siga las recomendaciones. Cambie Ud. el verbo al mandato formal (**Ud.**).

1. (Aprender) _____ a comprar bien.

2. No (comprar) _____ algo sólo porque le gusta.

3. (Buscar) _____ en las revistas antes de ir al centro comercial.

4. (Escoger) _____ el color mejor para Ud.

5. No (hacer) _____ combinaciones ridículas, como zapatos negros con calcetines blancos.

6. (Conseguir) _____ por lo menos una cosa de un color llamativo.

7. (Saber) _____ que los accesorios también son importantes.

B. Alternativa. Los Sres. Cabazos hacen una gran cena familiar. Los invitados (*guests*) quieren ayudar. La Sra. Cabazos les dice qué hacer. Cambie Ud. el verbo a un mandato informal (**tú**) negativo y afirmativo según el modelo.

MODELO	Invitado: ¿Compro los pasteles? (pan)
	Sra. Cabazos: **No, no** *compres* los pasteles. *Compra* pan.

1. ¿Corto los tomates para la ensalada? (la lechuga)

2. ¿Pongo platos en la mesa? (vasos)

3. ¿Sirvo el café? (el vino)

4. ¿Abro la botella de vino? (las botellas de cerveza)

5. ¿Traigo flores para la mesa? (tenedores)

6. ¿Vengo a las siete? (las seis y media)

7. ¿Voy a la pastelería? (la panadería)

8. ¿Lavo los platos? (los cuchillos)

C. Los consumidores ingenuos (*naive*). Todos tenemos momentos vulnerables cuando vamos de compras. Aquí ofrecemos unas recomendaciones importantes. Cambie Ud. los verbos al mandato formal plural (**Uds.**).

1. No (ser) _____ impulsivos con el dinero.

2. (Ir) _____ a las tiendas que ya conocen bien.

3. No (salir) _____ a comprar cuando están tristes.

4. (Hacer) _____ sus compras más importantes con un(a) amigo(a).

5. (Leer) _____ las etiquetas (*labels*) con cuidado.

6. No (creer) _____ todos los anuncios que leen en el periódico.

7. (Tener) _____ cuidado con los vendedores en las calles.

8. (Tratar) _____ de combinar calidad (*quality*) y buenos precios.

D. Más consejos. Déle (*Give*) Ud. cuatro consejos a...

1. una estudiante: Piensa tomar esta clase.

2. su abuela: Va a empezar sus estudios universitarios.

3. su hermano menor: Va a salir con una chica por primera vez.

4. su amigo: Quiere adelgazar.

5. un cubano: Va de compras en este país por primera vez.

Commands with Pronouns

Forma

1. Pronouns are ~~placed after and are~~ attached *to the end of* affirmative commands and precede negative commands.

Ponte las botas. No te pongas las zapatillas.	*Put on your boots. Don't put on your sneakers.*
Dígame la talla. No me diga el precio.	*Tell me the size. Don't tell me the price.*

2. It is often necessary to add a written accent to an affirmative command when you add pronouns.[1]

Si hay una liquidación, **cómprame** dos camisetas y **tráemelas** esta noche.	*If there is a sale, buy me two T-shirts and bring them to me tonight.*

✴ Practiquemos

A. Para relajar (*relax*). Alicia está muy tensa. Su amiga le da las recomendaciones siguientes. Forme Ud. mandatos informales[1] (tú) de los verbos entre paréntesis.

1. (Despertarse) _____ con música clásica. (Quedarse) _____ en la cama por diez o quince minutos y luego, (levantarse) _____ lento.

2. No (vestirse) _____ en seguida. (Bajar) _____ a la cocina primero y (prepararse) _____ el desayuno.

3. Si hace sol, (sentarse) _____ en el patio y (tomar) _____ el desayuno allí. Pero, no (comerlo) _____ rápido.

4. (Leer) _____ el periódico, pero si hay noticias malas, no (leerlas) _____ .

5. Después, (subir) _____ al baño y (lavarse) _____ . (Ponerse) _____ ropa cómoda y zapatillas de tenis.

6. (Salir) _____ de la casa, (ir) _____ al gimnasio y (hacer) _____ algún ejercicio físico, pero no (hacer) _____ demasiado.

7. (Bañarse) _____ y (vestirse) _____ para ir a la oficina. No (ir) _____ al trabajo sin tener una actitud positiva.

---

[1]See rules for stress and accentuation in *Unidad preliminar, Sección 1.*

B. ¿Tiene Ud. buenos o malos modales (*manners*)? Complete Ud. las frases con el mandato formal (Ud.).

1. ¿Qué hago con los regalos en mi fiesta de cumpleaños?
   a. (Abrir) _____ cada regalo delante de sus invitados (*guests*).
   b. No (abrirlos) _____ . (Tomarlos) _____ y (ponerlos) _____ en otro cuarto.
   c. (Preguntarles) _____ a todos dónde compraron los regalos porque Ud. va a devolverlos.

2. Todos mis amigos van a una fiesta. Yo quiero ir también.
   a. (Llamar) _____ al anfitrión (*host*) y (preguntarle) _____ si Ud. puede asistir.
   b. No (pensar) _____ en la fiesta. (Hacer) _____ planes para ir al cine.
   c. (Escribirle) _____ una nota para aceptar, aunque Ud. no recibió una invitación.

3. Salí con un hombre que me gusta mucho. Lo pasamos muy bien. ¿Cómo le doy las gracias?
   a. (Llamarlo) _____ por teléfono para agradecerle.
   b. No (darle) _____ las gracias. No es necesario.
   c. (Comprarle) _____ flores.

4. Mi amiga se compró un vestido que le queda muy mal. Quiere llevarlo a una fiesta especial.
   a. (Ser) _____ franco y (decirle) _____ que le queda mal.
   b. (Recordarle) _____ que ella tiene un vestido negro en el armario que le queda perfecto.
   c. No (decirle) _____ nada.

5. Mis tíos me invitaron a cenar en un restaurante elegante, pero no tengo ropa formal.
   a. (Vestirse) _____ de blue jeans con camiseta y (ponerse) _____ corbata. Es más formal.
   b. (Explicarles) _____ a los tíos que no puede porque tiene mucha tarea.
   c. (Preguntarle) _____ a su compañero si puede llevar un traje de él.

C. Comprando por taxi. ¿Qué le dice Carolina a su chófer de taxi cuando va de compras a la Ciudad de Nueva York? Cambie Ud. el verbo al mandato formal (Ud.) y busque en la segunda columna la terminación de la frase en la primera columna.

MODELO	Recogerme en el Hotel Park Plaza a las 9:00.
	Recójame en el Hotel Park Plaza a las 9:00.

1. Llevarme
2. No conducir
3. Darme el periódico
4. Bajar
5. Apagar la radio
6. Esperarme
7. No llegar
8. Decirme

a. por dos horas. Hay una liquidación en esta tienda.
b. del taxi porque necesito ayuda con mis paquetes.
c. cuánto dinero le debo.
d. tarde porque no me gusta esperar.
e. muy rápido.
f. a Tiffany's ahora.
g. porque la música me molesta.
h. porque quiero leer los anuncios comerciales.

D. Ideas. Diga Ud. qué Susana puede hacer con los artículos siguientes. Forme el mandato formal (**Ud.**) y use el pronombre apropiado en la respuesta, según el modelo.

> | MODELO |
>
> Susana: ¿Qué hago con *estos pantalones?* Me quedan grandes. (devolver)
> **Devuélvalos.**

¿Qué hago con...

1. *estos zapatos?* Me quedan muy mal. (quitarse)
2. *este bolso?* No hace juego con los zapatos rojos. (cambiar)
3. *este suéter* que me dio mamá? El color me queda bien. (ponerse)
4. *ese vestido?* Lo vi en el almacén y me gustó mucho. (probarse)
5. *esta camisa?* Me queda muy grande. (devolver)

En resumen

A. El hábito sí hace al monje (*monk*). Haga las actividades siguientes.

1. Mire Ud. los dibujos y explique por qué la forma de vestir de cada persona no es apropiada (la falda le queda... , ya no está de moda el...).
2. Use Ud. mandatos y diga qué deben hacer las personas para estar bien vestidas (*dressed*).

B. La moda.

1. Describa Ud. la forma de vestirse de...

   a. los «yuppies»   **d.** los «jocks»

   b. los «preppies»   **e.** los «nerds»

   c. los del estilo «grunge»

2. Describa la forma de vestir de alguna persona famosa (estrella de cine, músico, político...). La clase va a tratar de adivinar (*guess*) quién es.

3. Ud. es un(a) famoso(a) diseñador(a) (*designer*) de ropa. No le gusta la moda de hoy. Invente un estilo totalmente diferente. Descríbalo con detalles (*details*).

C. Para los hombres. Lea Ud. la selección sobre la guayabera y haga el ejercicio.

La guayabera

La guayabera

Para cierto hombre latino de raíces, o afinidades caribeñas, la guayabera clásica, de manga larga, de lino o algodón, es casi un uniforme. Esta prenda, descendiente de la túnica militar, imparte un aire de sobria disciplina, reemplazando al traje en ocasiones formales.

En su famosa **Casa de las Guayaberas de Miami (305-266-9683)** Ramón Puig, vende guayaberas hechas, o las corta para una selecta clientela de latinos y norteamericanos. Unos las prefieren ajustadas y otros más sueltas. Y a sus clientes que son policías, Puig les pregunta de que lado del torso cargan el arma para darles un poco más de tela y evitar un bulto sospechoso. ◆

raíces *roots*
caribeñas *Caribbean*
manga *sleeve*
lino *linen*
prenda *article of clothing*
sobria *sober*
reemplazando *replacing*
hechas *made*
ajustadas *tapered*
sueltas *loose*
lado *side*
cargan *carry*
bulto sospechoso *suspicious bulge*

Complete Ud. las frases.

1. A _____ les gusta mucho la camisa guayabera.

2. La guayabera clásica está hecha (*made*) de _____ .

3. Para una ocasión formal, la guayabera puede sustituir al _____ .

4. En este país se puede conseguir auténticas camisas guayaberas en _____ .

5. El señor Puig hace las camisas de una forma especial para sus clientes _____ .

D. Selecciones. Complete Ud. la lectura (*reading*) siguiente. Dé Ud. la forma correcta del verbo o escoja la palabra correcta entre paréntesis. Traduzca las palabras subrayadas (*underlined*) al español.

En España (<u>one dresses</u>) bien

Al español (se, le) gusta (vestirse) bien. (Es, está) cuestión de honor, y en su opinión, es (un, una) obligación social. La ropa para los deportes (es, está) tan popular en España como en los EE.UU., pero (<u>one considers it</u> = considerar) de mal gusto (llevarla, llevarlo) en el centro (del, de la) ciudad. Por su forma de vestir, (<u>one does not know</u>) a qué clase social pertenece (*belongs*) el español.

Forme Ud. mandatos formales (Ud.) de los infinitivos entre paréntesis. Si hay dos palabras, escoja la más apropiada.

Cuidado cuando va (a, de) compras

Cuando Ud. va de compras (tomar) (estos, estas) precauciones. (Saber) que, «no todo lo que brilla (*glitters*) es oro». Los letreros (*signs*) anuncian, «¡Gran venta!, ¡Fantásticas gangas! ¡Liquidación!» Pero, (tener) cuidado. (No creer) todo lo que lee. (Mirar) bien el artículo que piensa comprar porque muchas veces es inferior y cuesta un dineral. (Probarse) la ropa antes de comprarla. (No comprarla) si le queda mal. También, (leer) todas las instrucciones (antes de, después de) comprar un producto. (Ser) alerta en las calles y en las tiendas. Si Ud. lleva varios paquetes en la mano, (recordar) guardar bien su bolso o cartera.

E. En el almacén. Translate the following dialogue to Spanish.

Silvia:	Don't try on the dress. It's very dark for you. Put on the wool suit.
Carolina:	OK. Stay here for a minute. I see a blouse that matches the skirt.
Silvia:	The suit fits you perfectly. Buy it.
Carolina:	It's very expensive and I know that there's going to be a sale at Casa Ramona.
Silvia:	You don't need the black shoes. Return them, and don't buy a purse.

F. Minidrama. En grupos representen la escena siguiente. Ud. es vendedor(a) y va de casa en casa (*from house to house*) vendiendo sus productos. Llame a la puerta de estas personas e intente venderles las cosas siguientes: una aspiradora, enciclopedias, revistas, cuchillos.

1. un(a) famoso(a) músico(a) de rock
2. Batman o Superman
3. un actor (una actriz)
4. un(a) artista de fama internacional

G. Composición.

1. Un hombre que Ud. conoce (padre, hijo, novio...) inventó un estilo nuevo. Escriba un artículo para una revista de moda para hombres. Incluya la información siguiente: quién es, su forma de vestir, qué personajes famosos van a seguir esta moda nueva, etc.

2. Ud. ganó veinte mil dólares en un concurso (*contest*). Tuvo que gastarlo (*spend it*) todo en 24 horas. ¿Qué hizo con el dinero?

 # Escuchemos

A. ¿Es lógico? You will hear a series of sentences. Indicate if they are logical or not logical by placing a check on the appropriate line.

MODELO	Hace mucho frío y por eso me pongo el traje de baño.

                                                    ✓

               Es lógico   No es lógico

1. _____ _____
        Es lógico   No es lógico

2. _____ _____
        Es lógico   No es lógico

3. _____ _____
        Es lógico   No es lógico

4. _____ _____
        Es lógico   No es lógico

5. _____ _____
        Es lógico   No es lógico

6. _____ _____
        Es lógico   No es lógico

7. _____ _____
        Es lógico   No es lógico

8. _____ _____
        Es lógico   No es lógico

B. Dictado. You will hear a short narration about a party that Cecilia attended and what some of the people were wearing. Listen carefully to the entire selection. Listen again and write each sentence during the pauses.

You will then hear a series of statements related to the dictation. Correct the false ones with complete sentences. Refer to your dictation.

★ Gaceta 3

Cuba y los cubanoamericanos

Alicia Alonso, Ballet Nacional de Cuba   Andy García

Caras en las noticias

Se dice que Cuba exporta tres productos principales: el tabaco, el azúcar y Alicia Alonso. **Alicia Alonso** es una bailarina del ballet clásico y es famosa por todo el mundo. Nació en La Habana en 1927. A los ocho años fue a España para aprender el baile flamenco, y el año próximo° volvió a Cuba para empezar a estudiar el ballet clásico.

following

A los 15 años fue a Nueva York con Fernando Alonso, hijo de la directora de su escuela de ballet, y poco después, los dos se casaron. En esa época Alicia empezó a perder la vista° y se quedó parcialmente ciega.° Eso no impidió su carrera. A los 19 años ya era una estrella° y bailaba por toda Europa y América. En 1959 volvió a La Habana, estableció el Ballet Nacional de Cuba y participó en la revolución de Fidel Castro. Alicia Alonso es la mujer más famosa de Cuba y la llaman la leyenda viva° del ballet.

sight; she remained partially blind; star

living legend

En 1990 el cubanoamericano **Oscar Hijuelos** ganó el Premio Pulitzer[1] por su segunda novela, *The Mambo Kings Play Songs of Love*. Poco después, la novela fue adaptada para el cine por la cubana Cynthia Cidre. Cuenta la historia de los exiliados° cubanos en Nueva York en los años 40 y 50. Después de terminar *The Mambo Kings*, Hijuelos dijo que quería escribir una novela sobre mujeres. En *The Fourteen Sisters of Emilio Montez O'Brien*, su tercera° novela, seguimos la vida de Emilio y sus hermanas que viven en un pueblo° pequeño de Pensilvania.

exiles

third
town

from

Andy García llegó a Miami desde° Cuba cuando tenía ocho años. Después de graduarse de la universidad, fue a Hollywood, donde, por ser latino, los únicos papeles° que le ofrecían eran los de drogadictos y criminales. García dijo: «Voy a ser actor y no sólo una selección racial». Hoy día García tiene talento, fama, premios° y muchas oportunidades para actuar° en películas importantes como: *Viniendo a casa (Coming Home)*, *Estar allí (Being There)*, *Los intocables (The Untouchables)*, *Lluvia negra (Black Rain)*, *Héroe (Hero)* y *Jennifer 8*.

roles
awards
to act

[1]Oscar Hijuelos es el primer novelista hispánico en ganar el Premio Pulitzer.

El poeta **Nicolás Guillén** nació en 1902 en la provincia de Camagüey. Sus poemas son de temas° afrocubanos y muestran su profundo sentido° humano. Algunos de sus honores son: «Hijo Distinguido», «Profesor de Mérito» y, de la Universidad de la Habana y de la Universidad de Burdeos en París, «Doctor honoris causa». Es famoso por todo el mundo como el Poeta Nacional de Cuba. Sigue un segmento de su poema «Sensemayá (Canto para matar una culebra°)». La musicalidad, el ritmo° y la influencia africana son características de la obra° de Guillén y son evidentes en este poema.

themes; feeling

snake; rhythm

work

> ¡Mayombé—bombe—mayombé![1]
> Sensemayá,[2] la culebra...
> ¡Mayombé—bombe—mayombé!
> Sensemayá, no se mueve°...
> ¡Mayombé—bombe—mayombé!
> Sensemayá, la culebra...
> ¡Mayombé—bombe—mayombé!
> ¡Sensemayá, se murió!

is not moving

Es decir

¿Cierto o falso? Si la frase es falsa, corríjala (*correct it*) con una frase completa.

1. Andy García no tiene mucha educación.
2. Alicia Alonso estudió en Cuba y en Europa.
3. Los temas de los poemas de Nicolás Guillén son políticos (*political*).
4. Andy García vino a los Estados Unidos cuando era joven.
5. Alicia Alonso dejó de (*stopped*) bailar cuando perdió la vista.
6. Oscar Hijuelos recibió el Pulitzer por su tercera novela.
7. La influencia de África es evidente en los poemas de Guillén.
8. Oscar Hijuelos escribe para el cine.

✯ Practiquemos

Figuras famosas. Las frases siguientes contienen más información sobre Oscar Hijuelos, Alicia Alonso, Andy García y Nicolás Guillén. ¿A quién se refiere cada frase?

1. Sus primeros poemas estuvieron en una revista en 1920.
2. No tuvo que cambiar su nombre latino para actuar en Hollywood.
3. De padres cubanos, nació en Nueva York, cerca de donde vive ahora.
4. Es presidente de la Unión Nacional de Escritores (*Writers*) de Cuba.
5. Muchas personas lo vieron en *El padrino III* (*The Godfather III*).
6. Tiene más de 60 años y sigue bailando.
7. Quería escribir una historia desde el punto de vista (*point of view*) femenino.
8. En Cuba todos la conocen.

---

[1]Las palabras tienen connotaciones musicales y mágicas. Reflejan (*They reflect*) la influencia africana.
[2]Esta palabra tiene un sonido (*sound*) musical.

Notas y notables

Novedades° de Fidel

news

dream; pitcher
major leagues; athlete

game; he would stop
became
team; Bearded Ones; army
removed; game

Muy pocas personas saben que un sueño° de Fidel Castro era de ser lanzador° en las ligas mayores° de béisbol. De niño siempre era un buen atleta° y, en 1943, fue el mejor atleta de todas las escuelas de Cuba. Fidel siempre quería ganar pero no sabía perder. Si no le gustaba el partido° que jugaba, dejaba de° jugar y se iba para su casa. Cuando se hizo° presidente de la isla, empezó a jugar al béisbol con el equipo° los Barbudos,° el nombre del ejército° original de Castro. No era el mejor lanzador del equipo pero nunca lo sacaban° del juego.° ¿Quién se atrevería a quitarle el puesto a Fidel?[1] Dice un hombre que jugaba con Fidel cuando eran niños: «Si hubiéramos sabido que él quería ser dictador, lo habríamos hecho árbitro[2]».

Fidel Castro

---

[1]Who would dare to take the position away from Fidel?
[2]"If we had known that he wanted to be dictator, we would have made him umpire."

Celia Cruz

Celia Cruz... ¡*Azúcar!*[1]

La quieren en el Japón, es una leyenda° en el Caribe,° triunfó en España y su nombre es mágico en América. Por más de 40 años, **Celia Cruz** es la Reina° de la Salsa, y nadie en el mundo de la música latina disputa este título. Celia creció en un barrio pobre de La Habana, y según ella, no sabía montar° en bicicleta, no sabía ni cocinar[2] ni patinar.° No sabía hacer nada excepto cantar. Este talento la sacó° de la pobreza° y para 1950 ya tenía fama en Cuba. En 1960, Celia salió de la isla y vino a vivir a los Estados Unidos.

Celia tiene más de 50 álbumes[3] y una estrella° en la acera° de Hollywood Boulevard. Cantó en el cine cubano, mexicano y norteamericano, y cantó por primera° vez en inglés en la película *The Mambo Kings*. Con frecuencia trabaja con otras figuras grandes de la música latina como Tito Puente[4] y Johnny Pacheco. Va a seguir cantando los ritmos° afrocaribeños, pero también está abierta a los sonidos° nuevos del pop latino. Emilio y Gloria Estefan le escribieron la canción «Sazón» que está en su álbum *Azúcar negra*. Gloria y Jon Secada cantan en el fondo° de esta canción, que es una versión moderna de la rumba. «De La Habana hasta aquí» es otra canción notable en el álbum, y es una crónica° musical de la carrera de Celia.

legend; Caribbean
Queen

to ride

to skate; removed; poverty

star; sidewalk
first

rhythms; sounds

background

chronicle

---

[1]Celia tiene la costumbre de gritar (*yell*) ¡*azúcar!* mientras canta.
[2]Ahora Celia sabe cocinar y muy bien, gracias a su esposo Pedro Knight, quien le enseñó a preparar los platos cubanos tradicionales.
[3]Algunos de sus álbumes son: *Recordando el ayer, Feliz encuentro, Grandes éxitos de Celia Cruz y La Reina del ritmo cubano*.
[4]Ud. puede leer sobre Tito Puente en la página 234 de Gaceta 2.

Es decir

Comprensión. Complete Ud. las frases con la palabra correcta de la lista siguiente. Diga a quién se refiere (*refers*) cada frase: Fidel Castro o Celia Cruz.

vivir   sabía   molestaba   era   jugaba

1. De niña _____ pobre.
2. Le _____ mucho perder.
3. Sólo _____ cantar.
4. _____ bien a los deportes (*sports*).
5. Fue a _____ en los EE.UU.

✦ Practiquemos

Más sobre Fidel. Lea Ud. (*Read*) la selección sobre Fidel Castro. Las frases que la siguen son falsas. Corríjalas con frases completas.

De padre español y madre cubana, Fidel Castro Ruz nació en 1927. Estudió para abogado y se graduó de la Universidad de La Habana. Castro y otros enemigos° del dictador° Fulgencio Batista fueron a la prisión por atacar el Cuartel° Moncada el 26 de julio de 1953, una fecha que los cubanos en la isla celebran con entusiasmo. En 1956, con un grupo de amigos, Castro hizo una serie de ataques° de guerrillas que pusieron fin al gobierno° de Batista en 1959. Más de 300.000 cubanos de la clase media y alta° salieron de la isla. Castro se declaró Presidente por vida y buscó ayuda económica y política en Rusia. Hoy Fidel Castro es el jefe del Partido° comunista, el único° partido político de Cuba.

enemies
dictator; Barracks

attacks
government
middle and upper class
party
only

1. Fidel Castro tiene 60 años.
2. Asistió a una universidad en España.
3. El gobierno de Batista terminó en 1956.
4. Después de la Revolución, miles de cubanos pobres salieron de la isla.
5. Después de declararse presidente, Castro le pidió dinero a Francia.
6. Castro sólo puede ser presidente por un máximo de 40 años.
7. Hay dos partidos políticos en Cuba.

Una gira turística por la isla de Cuba

La Habana, la capital de Cuba, fue fundada en 1515 por el español Diego de Velázquez. Está a 90 millas° de Cayo Hueso (*Key West*), Florida y tiene una población de unos 2.000.000 de personas.

En La Habana Vieja hay castillos,° plazas, patios y calles estrechas° que recuerdan el pasado colonial español. Lugares como el Museo° de Arte Colonial, las fortalezas° antiguas y la Casa de José Martí enseñan la historia de la isla.

La Habana moderna es una combinación de muchos estilos arquitectónicos, desde° el neoclásico hasta el arte deco. Allí está la Plaza, el centro político de la ciudad, el Parque° Lenin, la Universidad de La Habana y La Rampa, el centro de la vida nocturna.° Otro lugar de reunión social son las heladerías° Coppelia. El helado que venden es muy rico y muchas personas lo llaman la comida nacional de Cuba.

miles

castles; narrow
Museum; forts

from
Park
night; ice cream shops

La playa Varadero, Cuba

La Habana Vieja, Cuba

second; cradle

sugar (adj.)

beaches

Santiago es la segunda° ciudad de la isla y la cuna° de la Revolución. Allí están las tumbas de José Martí y otros héroes de la independencia. La producción de azúcar es la industria principal de la isla. La ciudad de Camagüey está en el centro de la región azucarera° y, para los turistas que quieren aprender sobre esta industria, es un lugar muy interesante.

Las playas° magníficas son el centro turístico de la isla. La playa más popular es Varadero con casi veinte kilómetros de aguas cristalinas, hoteles elegantes y actividades culturales y recreativas.

Es decir

✱ A. Descripciones de Cuba. Busque en la segunda columna la frase que corresponde a las palabras en la primera columna.

1. azúcar	**a.** Describe la arquitectura de La Habana Vieja.
2. helado	**b.** No está muy lejos de Cuba.
3. La Rampa	**c.** Es importante para la economía de Cuba.
4. colonial	**d.** Hay que comerlo en La Habana.
5. playas	**e.** La gente va allí para divertirse por la noche.
6. el estado (*state*) de Florida	**f.** Son el centro turístico de la isla.

✱ B. Lo pasé bien en Cuba. Ud. acaba de pasar una semana de vacaciones en la isla de Cuba. Use frases completas y diga cuáles son...

1. cuatro cosas que Ud. aprendió sobre Cuba.

2. tres actividades que Ud. hizo.

3. dos lugares de interés que Ud. visitó.

4. una pregunta que Ud. quiere hacerle a un cubano sobre su país.

✫ Practiquemos

¿Cuál es la pregunta? Las frases que siguen contienen más información sobre Cuba. Forme Ud. una frase que corresponde a cada ejemplo. Hay más de una respuesta correcta.

MODELO	el azúcar, las frutas cítricas, el cemento y el tabaco
	¿Cuáles son las industrias de Cuba?

Palabras útiles

deporte (*sport*)	tiempo	presidente
comida	descubrir	población (*population*)

1. pescado, mariscos, platos de origen español, comidas preparadas con arroz

2. el béisbol, pero también el boxeo, el vólibol y el básquetbol

3. calor, todo el año

4. Cristóbal Colón (*Christopher Columbus*)

5. diez millones de personas

6. Fidel Castro

José Martí, el apóstol de la
independencia de Cuba

Enfoque literario

José Martí (Cuba, 1853–1895), poeta, ensayista° y autor de prosa muy variada. Martí tiene muchos títulos. Lo llaman poeta, profeta,° héroe, mártir° y apóstol... de la independencia de Cuba. Nació en La Habana y murió en 1895 en una batalla° en Dos Ríos, luchando contra° los españoles. Esta batalla siguió por tres años y terminó con el triunfo de Cuba. Es un momento irónico de la historia porque el próximo° año, 1898, los Estados Unidos ganó la Guerra° Hispanoamericana contra España, y los Estados Unidos ocupó la isla.°

    Como resultado de° sus actividades revolucionarios, Martí estableció el Partido revolucionario cubano, unificó° a la gente cubana, pasó tiempo en la prisión y varias veces° dejó la isla para buscar refugio° en otros países.° Además de ser abogado y revolucionario, Martí fue un escritor° prolífico. Escribió novelas, poemas, obras de teatro,° ensayos° políticos, crónicas° y más. Su defensa de la gente pobre es evidente en este segmento de su poema «Versos sencillos°».

essayist
prophet; martyr
battle
fighting against
following
War
island
As a result of
unified
times; refuge; countries
writer
plays; essays; chronicles
simple

> Yo soy un hombre sincero
> de donde crece la palma;°
> y antes de morirme quiero
> echar° mis versos del alma.°
>
> Mi verso es de un verde claro
> y de un carmín encendido°
> mi verso es un ciervo herido°
> que busca en el monte° amparo.°
>
> Con los pobres de la tierra,°
> quiero yo mi suerte echar;°
> el arroyo° de la sierra°
> me complace° más que el mar.°

palm tree

to pour out; soul

bright red
wounded deer
mountain; protection

land
share my future
brook; mountain chain
pleases me; sea

Es decir

Comprensión. Basándose en la lectura, conteste Ud. las preguntas siguientes.

1. ¿Qué tipo de hombre es el poeta?
2. ¿Qué quiere hacer antes de morirse?
3. ¿De qué color es su verso?
4. ¿Con qué compara su verso?
5. ¿Con quiénes se identifica el poeta?

✯ Practiquemos

A. El lenguaje (*language*) literario. Las palabras en la primera columna aparecen (*appear*) en el poema. Busque Ud. los sinónimos de las palabras en la segunda columna.

1. carmín   a. árbol tropical
2. sincero   b. poema
3. palma   c. humilde
4. verso   d. explorar
5. pobre   e. de color rojo
6. buscar   f. franco

B. Discusión. Haga Ud. las actividades siguientes.

1. Nombre Ud. algunas de las referencias que el poeta hace a la naturaleza (*nature*).
2. En sus propias (*own*) palabras, explique Ud. el significado (*meaning*) de las frases siguientes.
   Con los pobres de la tierra, quiero mi suerte echar;
   el arroyo de la sierra me complace más que el mar.
3. ¿Cuál es el significado de los colores verde y carmín?

C. Reacción personal.

1. Termine Ud. las frases siguientes.
   a. Me gusta el poema porque...
   b. No me gusta el poema porque...
2. ¿Conoce Ud. un poema con un tema (*theme*) similar a éste? Explique.

📺 Videocultura

Gloria Estefan y Miami Sound Machine: Una entrevista con la talentosa cantante°

singer

Gloria y Emilio Estefan, del famoso grupo musical Miami Sound Machine, son ejemplos excelentes de la preservación de la cultura hispánica. Los dos nacieron en Cuba y vinieron a los Estados Unidos en la década de 1960. Ellos se adaptaron a su nuevo país°, pero también pudieron mantener su cultura y su idioma. Su CD titulado *Mi tierra* refleja° sus raíces° afrocubanas.

country

reflects; roots

Gloria Estefan

 Para saber más sobre la vida, la música y la cultura de Gloria Estefan, vamos a uno de sus conciertos. Mire Ud. el video y haga los ejercicios que siguen.

Palabras útiles

el fundador	*founder*
el sueño	*dream*
la libertad	*freedom*
los esfuerzos	*efforts*
ha conseguido	*has obtained*
ha mantenido	*has maintained*
fuerte	*strong*
criarse	*to be raised*
el ambiente	*atmosphere*
lo latino	*the Latin element*
el toquecito	*little touch*
suena	*it sounds*
se mantendrá igual	*will remain the same*
bilingüe	*bilingual*
sino	*but rather*
cualquier	*any*
la mente	*mind*
el punto de vista	*point of view*
el ser humano	*human being*

Es decir

A. Sobre los Estefan. Basándose en el video, conteste Ud. las preguntas siguientes con frases completas.

1. ¿Cuándo vinieron las familias de Gloria y Emilio a los EE.UU.?
2. ¿Por qué vinieron?
3. ¿Por qué a Gloria le gusta Miami?
4. ¿Cuál fue el primer idioma de Gloria?
5. ¿Qué idioma habla Gloria mejor?
6. ¿Cómo es la familia de Gloria?
7. ¿Qué dice Gloria de lo latino?
8. Según Gloria, ¿por qué es importante ser bilingüe?

B. Sus canciones. ¿Cuáles de las siguientes canciones canta Gloria en el video? ¿Las canta en inglés o en español?

1. «Primitive Love»
2. «Don't Wanna Lose You»
3. «Conga»
4. «Body to Body»
5. «Oye mi canto»
6. «The Rhythm is Gonna Get You»

C. ¿Qué recuerda Ud.? ¿Qué cosas hace Gloria en el video?

1. Habla español.
2. Habla inglés.
3. Canta en inglés.
4. Canta en español.
5. Baila.
6. Lleva pantalones.
7. Lleva un vestido elegante.
8. Lleva botas.
9. Toca un instrumento musical.
10. Cuenta un chiste.
11. Presenta a su esposo Emilio.
12. Le dedica una canción a su hijo Nayib.
13. Lleva ropa de muchos colores brillantes.
14. Lleva aretes.

D. No quiero perderte (*Don't Wanna Lose You*). Escuche Ud. bien la canción que Gloria canta y llene los espacios con las palabras apropiadas.

No quiero perderte

Por _____ vez, tenemos que _____ .

Mejor que sea° ya, pues mi valor° me _____ faltar°.

Por más que traté, no te pude cambiar.

Tú que me entiendes bien, sabrás° que vi y nada te quiero ocultar°.

Pero tengo que ser... tengo que ser como _____ ,

Aunque te pierda a ti, seré° llena de _____ .

Nadie dará° lo que te _____ , por eso hoy...

Si voy a perderte ya, que sea por vez _____ .

Si voy a perderte ya, es para siempre, ¿entiendes?

Que prefiero dejarte ir, y _____ a vivir sin ti,

Porque si voy a perderte ya, no _____ .

that it be; courage; may fail me

should know; hide

I will be

will give

Esperas° de mí, espero nada de ti.   *You expect*

Yo sólo quiero que seas feliz, aunque sé que puede ser que sea sin _____ .

Pero mi corazón°, ya _____ puede más.   *heart*

Si te vuelvo a perder tal vez° yo seré la que no vuelve jamás.   *perhaps*

Ya no más.

Si voy a perderte ya, que sea por vez final.

Si voy a perderte ya, es para _____ , ¿_____?

Que _____ dejarte ir, y aprender _____ vivir sin _____ ,

Y si voy a perderte ya, no vuelvas, no vuelvas _____ .

Si voy a perderte, perderte ya, que sea por vez final.

Si voy a perderte ya, si voy a perderte...

✦ Practiquemos

A. Preguntas personales. Conteste Ud. las preguntas siguientes con frases completas.

1. ¿Conoce Ud. la música de Gloria y Miami Sound Machine? ¿Le gusta? ¿Por qué sí o no?

2. ¿Cree Ud. que es importante hablar más de un idioma? ¿Por qué sí o no?

3. ¿Cuáles son algunos de los idiomas que hay que (*one should*) saber hablar? ¿Por qué?

4. Para la persona que estudia español, ¿es también importante conocer la cultura hispánica? Explique.

B. Más sobre Gloria. Llene Ud. los espacios con la forma correcta del verbo en el pretérito.

Gloria Estefan (crecer) _____ en un apartamento muy pequeño en Miami. Vivía modestamente con su madre. Su padre (participar) _____ en la invasión de la Bahía de Cochinos (*Bay of Pigs*) en 1961, (ser) _____ capturado y (tener) _____ que ir a la prisión en Cuba. En 1963 fue liberado, (volver) _____ a Miami, (entrar) _____ en el ejército y (ir) _____ a Vietnam. Él (regresar) _____ muy enfermo y (morir) _____ en 1980.

Para Gloria el escape de sus problemas era la música. Cantaba para su madre y amigas la siguiente canción que refleja la tristeza que los cubanos (sentir) _____ cuando (salir) _____ de Cuba.

> Cuando salí de Cuba
> Dejé mi vida, dejé mi amor
> Cuando salí de Cuba
> Dejé enterrado (*buried*) mi corazón (*heart*).

En 1975, Gloria (conocer) _____ a su esposo, Emilio, quien tenía una banda, Miami Latin Boys. Emilio (oír) _____ cantar a Gloria y la (invitar) _____ a ser parte del grupo. En 1976 ellos (cambiar) _____ el nombre del grupo a Miami Sound Machine, y en 1979 (casarse) _____ .

Con su canción Conga, una canción afrocubana con letra (*words*) en inglés, ellos (hacer) _____ popular el sonido de Miami y (conseguir) _____ la fama internacional. En el invierno de 1990 el grupo (tener) _____ un accidente terrible y Gloria (romperse) _____ la espalda (*back*). Ella (pasar) _____ un año de terapia física y (volver) _____ al escenario (*stage*) en Miami el primero de marzo de 1991.

Para Gloria, el ser cubana es muy importante. Sin embargo, dice que no va a volver a la Cuba de Fidel Castro porque «sería como traicionar (*betray*) a mi padre y no lo quiero hacer».

Luis Santeiro: *¿Qué pasa USA?*

Luis Santeiro nació en Cuba y vino a los EE.UU. con su familia en 1960, un año después de la Revolución. Cuando se graduó de Syracuse University, empezó a escribir para la televisión. Escribió *The Boy who Couldn't Remember* para los programas de educación bilingüe en la Florida y en Texas escribió para el programa *Carrascolendas*. De 1976 a 1979 trabajó para PBS escribiendo los episodios del programa *¿Qué pasa USA?*

¿Qué pasa USA? era una comedia bilingüe sobre tres generaciones de una familia de refugiados cubanos que vivían en Miami... en la misma casa. Los abuelos no sabían hablar inglés. Los padres hablaban inglés con un acento español pero preferían hablar español. Los hijos hablaban los dos idiomas perfectamente pero no querían hablar español. El programa mostraba los conflictos que tenía esta familia en adaptarse y asimilarse a la vida en los EE.UU. También enseñaba sobre la cultura cubana y los problemas que tenían los jóvenes°... problemas relacionados con el sexo, la religión, el racismo y la familia.

Luis escribe segmentos en inglés y español para *Sesame Street*. Y para el teatro escribió *Our Lady of the Tortilla, Mixed Blessings* y *A Lady from Havana*.

young people

Para conocer a la familia bilingüe y bicultural de *¿Qué pasa USA?* vamos a Miami. Mire Ud. el video y haga los ejercicios que siguen.

Palabras útiles

el ladrón	*thief, robber*
tratar de	*to be about*
atado	*tied up*
tapado	*covered*
más cubano que el azúcar	*more Cuban than sugarcane*
tener que ver con	*to have to do with*

Es decir

A. Sobre Luis. Basándose en el video y la lectura, use Ud. la información siguiente para formar cinco frases que describen la vida de Luis.

1. 1960
2. Syracuse University
3. la educación bilingüe
4. Texas
5. *¿Qué pasa USA?*
6. la televisión
7. el teatro
8. conflictos

B. ¿Cómo son? ¿Cuáles son dos adjetivos que describen a las personas siguientes de *¿Qué pasa USA?*

1. la abuela
2. la mujer policía
3. el ladrón
4. la vecina (*neighbor*), Mrs. Allen
5. la amiga norteamericana
6. la mamá
7. Carmen

C. ¿Qué recuerda Ud.? Nombre Ud. a todas las personas que hablan los siguientes idiomas. ¿Lo(s) habla bien o mal? Explique.

1. inglés
2. español
3. los dos idiomas

D. Problemas. ¿Cuáles de los siguientes problemas presenta Luis en su programa *¿Qué pasa USA?*

1. la educación
2. las chaperonas
3. la religión
4. el racismo
5. el sexo
6. el comunismo
7. la familia
8. las drogas

✯ Practiquemos

Preguntas personales. Conteste Ud. las preguntas siguientes con frases completas.

1. ¿Por qué cree la familia que el ladrón no puede ser latino? ¿Qué pensó Ud. cuando vio al ladrón? ¿Por qué?
2. ¿Cuáles son algunos de los problemas que tiene la gente joven hoy día (*nowadays*)?
3. ¿Qué importancia tiene la familia en la vida de un(a) adolescente en la cultura de Ud.?
4. ¿Cuáles son algunas ventajas (*advantages*) y desventajas de vivir con los padres y los abuelos?
5. ¿Qué conflictos hay entre las varias generaciones de una familia?

Enrique Oliver: Director cubanoamericano

Enrique Oliver y su familia salieron de Cuba a causa de la represión y las malas condiciones económicas. Después de vivir en España por dos años fueron a Boston, Massachusetts, donde encontraron muchos contrastes entre Cuba y los EE.UU. Todo era muy diferente para la familia Oliver —el clima,° la comida, la lengua, las costumbres y la gente. En su barrio cubano en Boston, el mundo° anglo no existía. Pero, poco a poco° Enrique empezó a salir a otras partes de la cuidad donde conoció un mundo nuevo.

climate

world

little by little

Enrique Oliver

Asistió a Emerson College donde estudió la producción y la cinematografía, y allí hizo su primera película *Photo Album*. *Photo Album* es una trágicomedia. Muestra el humor y el dolor° del conflicto entre la vieja generación y la nueva generación de cubanos que viven en los EE.UU. En la película, el protagonista vive en una familia cubana pero quiere ser americano y eso les molesta mucho a sus padres. *Photo Album* ganó muchos premios,° incluso el Guggenheim, y mucha atención de los críticos. La segunda° película de Enrique, *Loca la loca,* también tuvo éxito. Enrique trabajó en el Instituto Sundance de Robert Redford, y también con Jonathan Demme, director de *Silence of the Lambs* y *Philadelphia.*

pain

prizes
second

Para saber más de las experiencias de Enrique, vamos a visitarlo. Mire Ud. el video y haga los ejercicios que siguen.

Es decir

A. Todo falso. Las frases siguientes son falsas. Basándose en el video, corríjalas.

1. Enrique vino a los EE.UU. directamente (*directly*) de Cuba.
2. En su barrio cubano había mucha influencia angla.
3. Nadie habla español en Boston.
4. En la universidad, Enrique estudió medicina.
5. El tema (*theme*) de *Photo Album* es la represión política en Cuba.
6. *Photo Album* es una comedia.

B. ¿Qué recuerda Ud.? Escoja (*Choose*) la respuesta correcta.

1. Enrique nació en...
   a. Cuba.   b. Miami.   c. España.

2. En *Photo Album* un joven cubano tiene vergüenza de su...
   a. falta de educación.   b. familia.   c. acento.

3. Según Enrique, su vida en Boston era...
   a. real.   b. ideal.   c. surreal.

4. Donde Enrique vivía, todos hablaban...
   a. portugués.   b. inglés.   c. español.

5. Enrique sabe que... van a volver a Cuba.
   a. nunca   b. siempre   c. algún día

6. Al principio (*In the beginning*), para Enrique los americanos eran...
   a. antipáticos.   b. amables.   c. invisibles.

7. La... ayuda a unir (*unite*) a la familia cubana.
   a. fiesta   b. religión   c. cultura

8. La santería refleja la influencia de la cultura...
   a. africana.   b. española.   c. india.

9. Una canción muy cubana es...
   a. «Guantanamera».   b. «Granada».   c. «La cucaracha».

C. Su interpretación. Conteste Ud. las preguntas con frases completas.

1. ¿Por qué se llama la película de Enrique *Photo Album?*

2. ¿Cuáles son ejemplos del humor en la película?

3. ¿Qué elementos culturales en la película *Photo Album* no comprendió Ud.? ¿Qué elementos de la cultura de Ud. pueden ser difíciles de comprender para personas de otras culturas? ¿Por qué?

✷ Practiquemos

A. Actores y directores. Enrique es el protagonista de sus películas. Conteste las preguntas.

1. ¿Qué otros directores salen en sus propias (*own*) películas?

2. ¿Qué otros directores hacen películas que reflejan su cultura? Dé Ud. ejemplos.

B. La asimilación. Describa Ud. (*Describe*) los problemas que una persona que acaba de llegar a los EE.UU. puede tener cuando quiere hacer las actividades siguientes.

1. llamar por teléfono

2. usar el transporte público como el autobús, el taxi o el tren (*train*)

3. ir al médico

Unidad 4

De viaje

El aeropuerto de México, D.F.

Guía para el estudio

Recognizing False Cognates

As you learned in the preliminary sections, cognates are words that look similar across languages. These words are easily recognizable and are simple to learn. Some examples of cognates in Spanish and English are:

americano	*American*	nación	*nation*
elegante	*elegant*	usar	*to use*

Although most similar words are, in fact, true cognates, you should not immediately assume that all of the "look-alike" words in Spanish have the same meaning as their English equivalents. The following are examples of false cognates.

asistir	*to attend*
colegio	*primary or secondary school*
constipado	*suffering from a cold, congested*
embarazada	*pregnant*
pariente	*relative*
realizar	*to accomplish or carry out*
sensible	*sensitive*
sopa	*soup*

If a word looks like a true cognate, check the context of the sentence to make sure that the meaning makes sense. If the word does not seem to make sense in a particular context, check the dictionary meaning. It may very well be a false cognate.

✯ Practiquemos

A. Palabras problemáticas. ¿Cuáles de las palabras siguientes son cognados? Use un diccionario. ¿Qué significan las palabras que no son cognados?

1. lectura	**4.** real	**7.** pretender	**9.** éxito
2. planeta	**5.** drama	**8.** actual	**10.** catedral
3. molestar	**6.** capital		

B. El significado verdadero (*true*). Las siguientes palabras no son cognados. Use un diccionario y diga qué significan.

1. dormitorio

2. fábrica

3. sano

4. conferencia

¿Cómo se dice...

1. *dormitory?*

2. *fabric?*

3. *sane?*

4. *conference?*

Lección 10

Por vía aérea

Aviso cultural

(As a reading aid, refer to lesson vocabulary for new words.)

¿Qué sabe Ud. de México? Este país atrae a turistas de todo el mundo que van allí para gozar del clima (*climate*) fabuloso y del ambiente (*atmosphere*) histórico y cosmopolita. Al visitar sus museos y catedrales fascinantes se puede ver la influencia de sus tres grandes culturas importantes: la española, la indígena y la mestiza.[1] La Ciudad de México, capital del país, ofrece una vida nocturna (*night*) muy variada, desde los más típicos y populares «mariachis»[2] hasta los más sofisticados clubes nocturnos (*night clubs*). Los turistas suelen visitar la famosa Zona Rosa para gozar de los restaurantes elegantes y de las discotecas que están abiertas hasta muy tarde. También el país de magníficas ruinas aztecas, de artesanía (*crafts*) exquisita y playas (*beaches*) sin par, México tiene algo para todos. ¿Conoce Ud. México? ¿Cuáles son otros lugares populares que los turistas suelen visitar? ¿Por qué son populares? ¿Cuáles son algunos problemas que suelen encontrar los turistas cuando viajan?

Preparativos (You may want to review the vocabulary list on pp. 344–346 before and/or after viewing the video.)

Al mirar el video o leer el diálogo siguiente, note bien el proceso de viajar al extranjero. ¿Es complicado? Explique. ¿Qué cosas tiene Ud. que hacer que no hace cuando viaja nacionalmente? También, note Ud. el uso frecuente de los mandatos.

Un viaje en avión[3]

¿Adónde vamos?

MUJER	Lo que queremos son unas vacaciones baratas por dos semanas. Más tiempo no tenemos... por desgracia.
AGENTE	Bueno, este verano los viajes a España están muy baratos. Podrían ir a Andalucía.

---

[1]*Mestizo* is a combination of Indigenous and European.
[2]*Mariachi* is a type of Mexican music and also refers to the musicians.
[3]For an English translation of this dialogue, see Appendix A, pp. A11–A12.

HOMBRE	Andalucía, ¿eh? Ummm, eso suena interesante. ¿Qué te parece?
MUJER	¡Sería fantástico! ¡Imagínate: Sevilla, Granada, Córdoba! Pero todo depende del precio, ¿no?
AGENTE	¡Un verdadero regalo, señora! Por este paquete pueden visitar esas tres ciudades y también Málaga.
HOMBRE	¿Y qué más incluye este paquete?
AGENTE	Además del pasaje, el hotel y dos comidas al día. Una ganga, ¿no?
HOMBRE	La verdad, sí. ¡Háganos los boletos!
AGENTE	¿Cuándo desean viajar?
MUJER	En dos semanas. ¿Tiene algo para el quince de enero, regresando el treinta más o menos?
AGENTE	Déjeme ver. Sí, no hay problema. Mañana mismo les mando los boletos y toda la información sobre su viaje.
HOMBRE/MUJER	Buenas tardes. Gracias.
AGENTE	Hasta luego.

Antes de abordar el avión

SEÑORITA	Pasaportes y boletos, por favor.
HOMBRE	Aquí los tiene. Dígame, ¿está a tiempo el vuelo?
SEÑORITA	Sí, señor. El avión saldrá a las diez en punto. ¿Tienen equipaje?
MUJER	Una maleta cada uno, nada más.
SEÑORITA	Escriban su nombre y dirección en estas tarjetas y pónganlas en sus maletas. Por favor, también en su equipaje de mano.
HOMBRE	Los asientos los queremos para la sección de no fumar.
SEÑORITA	Cómo no. ¿Desean ventana o pasillo?
MUJER	Ventana, pero no muy atrás.
SEÑORITA	Aquí tienen todo. Vayan a la puerta veintisiete y tengan lista su tarjeta de embarque. ¡Buen viaje!
HOMBRE/MUJER	Gracias. Adiós.

Uds., los actores. Ahora, representen el segmento siguiente. Noten bien las estructuras enfatizadas.

Hombre	Por fin, dos semanas de vacaciones... Pero, ¿qué hacemos primero?
Mujer	Es importante que **vayamos** directamente al hotel. Estoy muy cansada. Pero no es fácil **encontrar** un taxi libre.
Hombre	Es probable que **encontremos** uno por aquí, cerca de la entrada central del aeropuerto. Es mejor que **esperemos** aquí y que **seamos** pacientes.
Mujer	Mira. Aquí vienen dos taxis. Es cierto que uno **puede** llevarnos al hotel. Necesito acostarme un poco antes de ver los sitios de interés.

Es decir

A. Las siguientes frases son falsas. Basándose en el primer diálogo, corríjalas (*correct them*).

1. El hombre y la mujer van a pasar tres semanas de vacaciones.
2. Ellos saben exactamente dónde quieren pasar las vacaciones.
3. El agente recomienda México.
4. El paquete incluye tres comidas, hotel y boletos.
5. Quieren viajar en dos meses.
6. El viaje es muy caro.

B. Busque Ud. en la segunda columna la pregunta que está relacionada con las respuestas en la primera columna.

1. El pasaje, el hotel y dos comidas al día.
2. En dos semanas.
3. Sí, el avión va a salir a las diez en punto.
4. Ventana, pero no muy atrás.
5. Una maleta cada uno.

a. ¿Tienen equipaje?
b. ¿Desean ventana o pasillo?
c. ¿Está a tiempo el avión?
d. ¿Cuándo desean viajar?
e. ¿Qué incluye este paquete?

C. Basándose en los diálogos, ¿qué les dice la señorita en el aeropuerto al hombre y la mujer? Forme Ud. mandatos con **Uds.** de los verbos en la primera columna y busque la terminación apropiada en la segunda columna, según el modelo.

MODELO Decirme cuál es su nombre
Díganme cuál es su nombre.

1. mostrarme los
2. escribir su nombre y
3. ir a
4. tener lista su
5. poner las

a. la puerta 27
b. tarjeta de embarque
c. tarjetas en sus maletas
d. dirección
e. pasaportes

Practiquemos

 En grupos. Practique los diálogos con sus compañeros. En grupos, represéntenlos incorporando los gestos apropiados.

Al ver el video

Después de ver el video, termine Ud. las frases con una de las respuestas siguientes.

1. Cuando comienza el episodio en la agencia de viajes...
   a. los clientes entran y se sientan.
   b. la agente de viajes no está.
   c. los clientes están leyendo folletos turísticos.
   d. todos ya están sentados (*seated*).

2. El hombre...
   a. lleva un traje.
   b. tiene el pelo blanco.
   c. no usa corbata.
   d. lleva sombrero.

3. Mientras habla, la agente...
   a. usa una computadora.
   b. mira a las dos personas.
   c. escribe a máquina.
   d. parece estar triste.

4. En el aeropuerto los señores...
   a. pierden sus pasaportes.
   b. compran pasajes.
   c. son los primeros en la cola.
   d. hacen cola por mucho tiempo.

5. En el aeropuerto el hombre lleva...
   a. un impermeable.
   b. una chaqueta de lana.
   c. un traje.
   d. una chaqueta de cuero.

Vocabulario

Verbos

abordar	*to board*
abrochar	*to fasten*
cancelar	*to cancel*
confirmar	*to confirm*
despedirse de (i, i)	*to say good-bye to, take leave of*

extrañar	*to miss, long for*
facturar	*to check (baggage)*
fumar	*to smoke*
meter	*to put into*
reservar	*to reserve*
revisar	*to examine*
sacar	*to take out*
tardar en	*to delay in, take time*
viajar	*to travel*
volar (ue)	*to fly*

En el aeropuerto   *(At the airport)*

la aduana	*customs*
el aeromozo	*(male) flight attendant*
el asiento	*seat*
el avión	*plane*
la azafata	*(female) flight attendant*
el boleto (billete, pasaje)	*ticket*
el cinturón de seguridad	*seat belt*
la entrada	*entrance; ticket (to an event)*
el equipaje	*luggage*
la llegada	*arrival*
la maleta	*suitcase*
el (la) pasajero(a)	*passenger*
el pasaporte	*passport*
el pasillo	*aisle*
la puerta	*gate*
la sala de espera	*waiting room*
la salida	*exit; departure*
la tarjeta (postal)	*(post)card*
el (la) turista	*tourist*
el viaje	*trip*
el (la) viajero(a)	*traveler*
el vuelo	*flight*

Adjetivos

extranjero	*foreign*
gratis (gratuito)	*free of charge*
libre	*free, unoccupied, at liberty*
verdadero	*true, genuine*

En la agencia de viajes   *(At the travel agency)*

el (la) agente	*agent*
la excursión (gira)	*tour*
el folleto turístico	*travel brochure*
el (la) guía turístico(a)	*tour guide*

el mundo	*world*
el país	*country*
el paquete	*package*
la reservación (reserva)	*reservation*
el sitio (lugar)	*place*

Otras palabras y expresiones
(See impersonal expressions on p. 353)

al extranjero	*abroad*
¡Buen viaje!	*Have a good trip!*
la cámara (fotográfica)	*camera*
con destino a	*destined for*
desde	*since, from*
estar atrasado (a tiempo)	*to be late (on time)*
estar de vacaciones	*to be on vacation*
hacer cola	*to stand in line*
hacer la maleta	*to pack a suitcase*
hacer un viaje	*to take a trip*
hasta	*until*
ida y vuelta	*round-trip*
más o menos	*more or less*
por desgracia	*unfortunately*
todo el mundo	*everybody, everyone*

Repasemos el vocabulario

A. ¿Qué son? Diga Ud. en español qué significan las siguientes palabras. Siga el modelo.

> **MODELO**   el guía: El guía es la persona que nos muestra los sitios de interés en una gira.

1. la azafata
2. el asiento
3. la tarjeta postal
4. el pasajero
5. el billete
6. el pasaporte

B. ¿Qué se hace...? Busque Ud. en la segunda columna la palabra o frase que mejor corresponde al verbo en la primera columna.

> **MODELO**   cancelar: la reservación

1. abordar
2. despedirse
3. facturar
4. abrochar
5. extrañar
6. confirmar

- **a.** el equipaje
- **b.** a los amigos
- **c.** el avión
- **d.** la reservación
- **e.** de los amigos
- **f.** el cinturón de seguridad

C. Lo esencial. Conteste Ud. las preguntas con frases completas.

¿Qué necesita Ud. para...

   1. hacer un vuelo internacional?

   2. sacar fotos?

   3. conseguir el asiento que Ud. quiere en el avión?

   4. planear el viaje ideal?

D. ¿En qué orden? El Sr. Rivas acaba de volver de un viaje en avión. Él dice en qué orden hizo las actividades siguientes. Arregle Ud. las actividades lógicamente usando la primera persona singular (yo) del pretérito de los verbos.

> | MODELO | Buscar un taxi para ir al aeropuerto.
> **Yo busqué un taxi para ir al aeropuerto.**

   1. abordar el avión

   2. darle las gracias a la azafata por sus atenciones

   3. abrochar el cinturón de seguridad

   4. despertarse unos minutos antes de llegar al destino

   5. hacer cola en el aeropuerto

   6. llegar al aeropuerto

   7. pedir un asiento en la sección de no fumar

   8. dormirse

Más actividades. Ahora, incluya Ud. cinco actividades lógicas que no mencionó el Sr. Rivas.

E. Formando palabras nuevas. La lista de vocabulario incluye sustantivos (*nouns*) que corresponden a los verbos siguientes. ¿Cuáles son?

   1. llegar _____

   2. entrar _____

   3. volar _____

   4. viajar _____

   5. esperar _____

   6. salir _____

   7. reservar _____

   8. pasar _____

   9. sentarse _____

F. Expresiones con *hacer*. Llene Ud. los espacios con una de las siguientes expresiones con **hacer** de esta lección y de las lecciones anteriores.

hacer + { preguntas   frío   cola   viaje
          maleta   calor   llamada   juego

   1. Hace _____ . Debemos encender el aire acondicionado.

   2. Pásame el abrigo, por favor. Hace mucho _____ en este aeropuerto.

   3. ¿Hay un teléfono aquí? Necesito hacer una _____ .

   4. Hay muchas personas delante de mí. Voy a tener que hacer _____ por una hora.

   5. Juanito es muy curioso. Siempre me hace mil _____ .

6. Estos zapatos rojos no hacen _____ con tu falda anaranjada.

7. La noche antes de viajar es mejor hacer la _____ y tener todo preparado.

8. No conozco México. Quiero hacer un _____ a Taxco y Acapulco algún día.

De uso común

Getting Around Without Getting Lost

Los turistas preguntan

¿Dónde queda... ?	
¿Dónde está... ?	*Where is. . . ?*
¿Dónde se encuentra... ?	
¿Cómo se llega a... ?	*How does one*
¿Por dónde se va a... ?	*get to. . . ?*

Los ciudadanos (*citizens*) contestan

Siga Ud. derecho (recto).	*Go straight.*
Doble a la izquierda (derecha).	*Take a left (right).*
Baje (Suba) Ud. esta calle.	*Go down (Go up) this street.*
Queda en la esquina.	*It's on the corner.*
Camine Ud. dos cuadras (manzanas).	*Walk two blocks.*

✦ Practiquemos

A. **¿Dónde queda... ?** Ud. es estudiante de primer año en esta universidad y no conoce bien el campus ni la ciudad. Otro(a) estudiante va a darle instrucciones a los lugares siguientes y Ud. tiene que identificarlos.

1. el mejor lugar para comer pizza

2. el mejor sitio para estudiar

3. la mejor residencia de la universidad

4. el mejor sitio para conocer a otros estudiantes

B. ¿Cómo se llega a... ? Un turista mexicano que no habla inglés se perdió en el centro de su ciudad. Él le pregunta a Ud. cómo llegar a los sitios siguientes. Con un(a) compañero(a), representen la escena.

1. un buen hotel
2. el cine
3. el mejor restaurante de su ciudad
4. un almacén donde puede comprar ropa de moda

The Present Subjunctive: Form and Meaning

Forma

You are already familiar with various tenses of the indicative mood, such as the present, the present progressive, the preterite, and the imperfect. The tense is the time in which the action of the verb takes place. The *mood* (from *mode*, meaning *manner*) reflects the way the speaker feels about what he or she is saying. Is he or she feeling doubt or certainty, emotion or objectivity? The mood reflects these attitudes.

In Spanish there are two moods: the *indicative* and the *subjunctive*. While the indicative mood has many different simple tenses,[1] the subjunctive has only two: the present and the imperfect (past). To form the present subjunctive, take off the final -o from the first-person singular (**yo**) of the present indicative conjugation (**habl -o, com -o, escrib -o**) and add -e endings to -ar verbs and -a endings to -er and -ir verbs.

HABLAR	COMER	ESCRIBIR
hable	coma	escriba
hables	comas	escribas
hable	coma	escriba
hablemos	comamos	escribamos
habléis	comáis	escribáis
hablen	coman	escriban

---

[1]A *simple* tense consists of one main verb (*I ate*). A compound tense consists of an auxiliary verb and a participle (*I have eaten*).

Why do you need to begin with the first-person singular form of the verb, rather than the infinitive? Study the subjunctive forms of the following verbs. Notice that the irregular form in the first-person singular is maintained throughout the entire conjugation.

tener:	tenga, tengas, tenga, tengamos, tengáis, tengan
decir:	diga, digas, diga...
traer:	traiga, traigas, traiga...
conocer:	conozca, conozcas, conozca...
incluir:	incluya, incluyas, incluya...
escoger:	escoja, escojas, escoja...

1. Stem-changing verbs that end in -ar and -er have the same stem changes as in the present indicative. Note that there is no stem change in the **nosotros** and **vosotros** forms.

pensar:	piense, pienses, piense, pensemos, penséis, piensen
volver:	vuelva, vuelvas, vuelva, volvamos, volváis, vuelvan

2. Stem-changing verbs that end in -ir and have a diphthong (e > ie, o > ue) have an additional change (e > i, o > u) in the **nosotros** and **vosotros** forms.

sentir:	sienta, sientas, sienta, sintamos, sintáis, sientan
dormir:	duerma, duermas, duerma, durmamos, durmáis, duerman

3. Stem-changing verbs that end in -ir and have an e > i change show the change throughout the entire conjugation.

pedir:	pida, pidas, pida, pidamos, pidáis, pidan

4. Verbs that end in -car, -gar, and -zar have a spelling change in the subjunctive in order to maintain the original sound of the consonant.

buscar:	busque, busques, busque, busquemos, busquéis, busquen
pagar:	pague, pagues, pague, paguemos, paguéis, paguen
comenzar:	comience, comiences, comience, comencemos, comencéis, comiencen

5. There are six irregular verbs in the present subjunctive.

saber:	sepa, sepas, sepa, sepamos, sepáis, sepan
ser:	sea, seas, sea, seamos, seáis, sean
ir:	vaya, vayas, vaya, vayamos, vayáis, vayan
haber:	haya, hayas, haya, hayamos, hayáis, hayan
dar:	dé, des, dé, demos, deis, den
estar:	esté, estés, esté, estemos, estéis, estén

¡AVISO! The subjunctive form is also used to express commands, as you have studied in Lesson 9. Review the following command table.

Subject	Affirmative Command	Negative Command
Ud.	subjunctive	subjunctive
Uds.	subjunctive	subjunctive
tú	third-person singular indicative	subjunctive

Función

The indicative mood is generally used to express certainty, reality, and objectivity and to report factual information.

I know that John **is** here.
It is true that the travel agency **is** closed today.
I'm sure that the airline **gives** special weekend rates.

The subjunctive mood is used to express conjecture, uncertainty, emotion, subjectivity, doubt, probability, influence, that which is as yet unknown, and that which you would like to happen.

I prefer that John **be** here early.
The travel agency **might be** closed today.
I insist that the airline **give** me their special weekend rate.

In Spanish the subjunctive is used much more frequently than in English. It is usually used in a sentence that has at least two clauses, a main or independent clause and a subordinate or dependent clause. It is the verb in the main clause which determines the use of the subjunctive or the indicative in the subordinate clause. The most common conjunction used to join the two clauses is **que** (*that*). Note that while in English the conjunction is often omitted, in Spanish it must always be expressed.

Espero que el avión **llegue** a tiempo.	*I hope (that) the plane **arrives** on time.*
Dudo que podamos fumar en el avión.	*I doubt (that) we can smoke on the plane.*

Generally the subject of the main clause is different from the subject of the subordinate clause. When the subject of both clauses is the same, the infinitive is used.

Yo espero que tú **vayas**.	*I hope that you go.*
Yo espero **ir**.	*I hope to go.*

⭐ Practiquemos

A. La forma del presente del subjuntivo. Aquí vemos el subjuntivo en varios contextos. Identifique Ud. el subjuntivo y diga por qué cree Ud. que hay que usar el subjuntivo en estos contextos.

1.

«No creo que vaya a cambiar...»

("I don't think that it is going to change...")

2.

Es lógico que cada vez haya más Metros por ahí.

(It's logical that each time there are [may be] more subways there.)

3.

En los niños pequeños es normal que se muestren algo retraídos con personas que no conocen.

(In small children it is normal that they [may] seem a bit withdrawn with people they don't know.)

4.

Y ahora puede ir de vacaciones al lugar de España que Ud. elija.

(And now you can go on vacation to the place [any place] in Spain that you might choose.)

5.

(I hope that your day ends better than it has begun.)

6.

Aunque no nos g<u>u</u>ste pensar en eso,...

(Although we may not like to think about it,…)

7.

Hay 9.065 posibilidades
de que éste <u>sea</u> su nuevo auto

(There are 9,065 possibilities that this may be your new car)

B. Formando el subjuntivo. Todas las cláusulas principales siguientes requieren el uso del subjuntivo en la cláusula subordinada. Cambie Ud. los infinitivos al subjuntivo para formar frases completas.

1. Es preferible que el avión...
- a. salir a tiempo
- b. ir directamente a la Ciudad de México
- c. ser un 767
- d. llegar antes de las tres de la tarde

2. Es posible que nosotros...
- a. comprar un pasaje de ida y vuelta
- b. hacer cola en el aeropuerto
- c. escoger nuestros asientos
- d. dormir en el avión

3. Es probable que yo...
- a. quedarme en México por dos semanas
- b. viajar a varios pueblos mexicanos
- c. sacar muchas fotos
- d. volver con muchos recuerdos

The Present Subjunctive with Impersonal Expressions

Función

An impersonal expression is an expression whose subject is not a specific person or thing, but rather is the impersonal (subject pronoun) *it*.

1. An impersonal expression reflects a generalization and is followed by an infinitive when the dependent verb has no expressed subject.

    Es necesario **comprar** un pasaje de ida y vuelta.

    *It is necessary **to buy** a round-trip ticket.*

    Es preferible **viajar** por avión.

    *It is preferable **to travel** by plane.*

2. When the dependent verb of an impersonal expression has an expressed subject, the subjunctive is used in the dependent (subordinate) clause.

    Es necesario que **tú compres** un pasaje de ida y vuelta.

    *It is necessary that **you buy** a round-trip ticket.*

    Es preferible que **nosotros viajemos** por avión.

    *It is preferable that **we travel** by plane.*

    Some common impersonal expressions of this kind are:

es buena idea	*it is a good idea*	es malo	*it is bad*
es bueno	*it is good*	es mejor	*it is better*
es común	*it is common*	es necesario	*it is necessary*
es de esperar	*it is hopeful*	es preferible	*it is preferable*
es dudoso	*it is doubtful*	es probable	*it is probable*
es importante	*it is important*	es ridículo	*it is ridiculous*
es (im)posible	*it is (im)possible*	es sorprendente	*it is surprising*
es (una) lástima	*it is a shame*	es terrible	*it is terrible*

→ used w/ the subjunctive

3. When the impersonal expression indicates certainty and there is a specific subject, the indicative is used in the dependent clause. Some common impersonal expressions that require the indicative are:

es cierto	*it is certain*	es seguro	*it is certain*
es claro	*it is clear*	es verdad	*it is true*
es evidente	*it is evident*	no hay duda	*there is no doubt*
es obvio	*it is obvious*		

→ used w/ the indicative

4. When you negate an impersonal expression of certainty, you express doubt or denial and therefore the subjunctive is used. When you negate an impersonal expression of doubt, you express certainty and therefore the indicative is used.

Es cierto que vamos a Guadalajara.	*It's certain that we're going to Guadalajara.*
No es cierto que Pablo venga con nosotros.	*It's not certain that Pablo is coming with us.*
Es dudoso que vayamos a Guadalajara.	*It's doubtful that we're going to Guadalajara.*
No es dudoso que Pablo viene con nosotros.	*It's not doubtful that Pablo is coming with us.*

¡AVISO! Only impersonal expressions of doubt and certainty are affected by negation. All other impersonal expressions require the subjunctive with a specified subject whether they are affirmative or negative. **Es posible que Pablo** *venga.* **No es posible que Pablo** *venga.* **Es necesario que** *vayamos* a Guadalajara. **No es necesario que** *vayamos* a Guadalajara.

✳ Practiquemos

A. El nuevo agente de viajes. Ricardo empieza a trabajar en la agencia Aviajar. ¿Qué le dice su jefe el primer día de trabajo? Llene Ud. los espacios con el infinitivo.

> **MODELO**   Es posible (hacer) _____ las reservaciones ahora.
> **Es posible hacer las reservaciones ahora.**

1. Es importante (saber) _____ toda la información en nuestros folletos.
2. Es mejor (empezar) _____ a trabajar hoy mismo.
3. Es necesario (llegar) _____ a la oficina a las nueve en punto.
4. Es malo no (tener) _____ mucha experiencia.
5. Es bueno (ofrecer) _____ varias excursiones.

Ahora, cambie las frases, añadiendo (*adding*) el sujeto Ud. en la segunda cláusula, según el modelo.

> **MODELO**   Es posible hacer las reservaciones ahora. (Ud.)
> **Es posible que Ud. haga las reservaciones ahora.**

B. El primer día. Ricardo pasó su primer día en la agencia hablando con muchos clientes. Llene Ud. los espacios con la forma correcta del verbo en el indicativo o el subjuntivo.

1. Es cierto que (haber) _____ problemas políticos en ese país.
2. Es verdad que los inspectores (tener) _____ que revisar el equipaje.
3. No es cierto que el vuelo (estar) _____ lleno.
4. Es obvio que algunas personas (preferir) _____ sentarse cerca de la ventana.
5. No es verdad que los pasajeros (poder) _____ fumar en el avión.

C. Van a hacer un viaje. Los hermanos Gómez, David y Manolo, van de viaje y David, el hermano mayor, les dice qué necesitan hacer para prepararse. Forme Ud. frases con el nuevo sujeto.

> **MODELO**   Es recomendable hacer las reservaciones ahora. (yo)
> **Es recomendable que yo haga las reservaciones ahora.**

1. Es posible comprar los boletos en la agencia de viajes. (papá y mamá)
2. Es necesario confirmar las reservaciones pronto. (Manolo)
3. No es buena idea sentarse en la sección de fumar. (Uds.)
4. Es buena idea sentarse en la sección de primera clase. (yo)
5. Es importante no tardar en escribir tarjetas postales. (tú)
6. Es preferible facturar todo el equipaje. (Manolo y yo)

D. ¿En qué puedo servirle? Ud. es agente de viajes en la agencia Aviajar. Hágales recomendaciones a los hermanos Gómez del ejercicio C, usando expresiones impersonales de la lista siguiente con el indicativo o el subjuntivo.

es verdad   es buena idea   es cierto   es importante
es probable   es mejor   es preferible   es necesario

> **MODELO**   La Sra. Gómez: Los niños quieren ver el océano. (ir)
>   Ud.:   **Es recomendable que vayan a Cozumel.**

1. El Sr. Gómez: No queremos pagar los boletos ahora. (pagar)
2. Manolo: Me gusta caminar por el avión durante el vuelo. (sentarse)
3. La Sra. Gómez: Andrea no come carne. (pedir)
4. David: Quiero regresar con muchos regalos para mis amigos. (comprar)
5. El Sr. Gómez: No queremos llevar equipaje en el avión. (facturar)

E. ¿Qué les dicen? Pablo y Carmen les dan muchas recomendaciones a sus amigos. ¿Qué les dicen? Con un(a) compañero(a), usen expresiones impersonales y su imaginación para formar recomendaciones originales.

> **MODELO**   Un amigo siempre regresa de los viajes sin recuerdos para sus amigos.
> **No es necesario que compres regalos caros.**
> **Es importante que compres tarjetas postales también.**

1. Su amigo quiere ser aeromozo.
2. Otro amigo tiene miedo de volar pero quiere hacer un viaje a Europa.
3. Su compañero de cuarto fuma dos paquetes de cigarrillos al día.
4. Dos de sus amigos reciben notas muy malas en la clase de español.
5. El novio de una amiga estudia durante el día y trabaja en un supermercado durante la noche.

Relative Pronouns

Forma y función

A relative pronoun replaces a noun or pronoun and often joins two clauses together. In English the four main relative pronouns are: *that, which, who,* and *whom.* In Spanish three common relative pronouns are: que, quien(es), and lo que.

Juana es la azafata. La conocí en el avión.	*Juana is the flight attendant. I met her on the plane.*
Juana es la azafata **que** conocí en el avión.	*Juana is the flight attendant **that** I met on the plane.*

1. Que can mean *that, which,* or *who.* It is the most common relative pronoun and can be used to refer to a person, place, or thing.

El agente **que** trabaja en esa oficina hizo las reservaciones.	*The agent **who** works in that office made the reservations.*
Los pasajes **que** dejé en la mesa son para ti.	*The tickets **that** I left on the table are for you.*

2. Quien(es) can mean *who* or *whom,* and is used after a preposition to refer to a person or persons.

La chica **con quien** fui a Monterrey es española.	*The girl **with whom** I went to Monterrey is Spanish.*
Los pilotos **de quienes** hablas te están escuchando.	*The pilots **about whom** you're speaking are listening to you.*
Paco es el agente **a quien** le diste el dinero.	*Paco is the agent **to whom** you gave the money.*

3. Lo que can mean *what* or *that which.* It is used to refer to abstract ideas, situations, actions, or concepts.

Lo que acabas de decir es fascinante.	***What** you just said is fascinating.*
No vamos a hacer **lo que** tú recomiendas.	*We're not going to do **what** you recommend.*

4. In English the relative pronoun is frequently omitted in daily speech. In Spanish, however, the relative pronoun must be expressed.

El viaje **que** hicimos el verano pasado fue maravilloso.	*The trip **(that)** we took last summer was marvellous.*
El hombre **que** conocimos en el avión es el hermano de Pilar.	*The man **(whom)** we met on the plane is Pilar's brother.*

5. In spoken English there is a tendency to end a sentence with a preposition (*John is the boy I'm going out with.*) rather than to express this same concept more formally (*John is the boy with whom I'm going out.*) Only the formal English word order corresponds to correct Spanish word order: *Juan es el chico con quien salgo.*

Express the following in formal English and then in correct Spanish.

a. He is the tour guide you're writing to.

b. She is the flight attendant I was talking about.

c. They are the passengers we traveled with.

★ Practiquemos

★ **A. Formando frases.** Forme Ud. frases lógicas, combinando las frases en las dos columnas con el pronombre relativo **que**. Cambie los verbos al imperfecto. Hay varias combinaciones posibles.

| MODELO | Ése es el agente que planeaba el viaje. |

1. Ése es el pasajero...
2. Ésos son los turistas...
3. Ésa es la azafata...
4. Ése es el inspector...
5. Ésos son los extranjeros...

a. (pedir) _____ información.
b. (revisar) _____ las maletas.
c. (traer) _____ la comida.
d. (sacar) _____ tantas fotos.
e. (dormir) _____ durante el vuelo.

B. Lo que. Traduzca Ud. los anuncios siguientes al inglés. Noten bien el uso de **lo que.**

1. ¡Sí! Porque a veces mami sabe lo que es mejor...

2. ¿Qué es lo que más me gusta?

3. Sí, una revista completa en donde Ud. puede encontrar todo lo que le interesa.

4. Ven y visítanos para que descubras todo lo que tenemos para ti.

5. Lo que está in. Lo que está out.

C. Que, quien(es) o lo que. Complete Ud. las frases con el pronombre relativo apropiado.

1. _____ me gusta mucho es viajar en primera clase.

2. ¿En qué asiento está el pasajero de _____ hablabas?

3. Papá, _____ tú necesitas son unas vacaciones largas.

4. Busco el folleto turístico _____ incluye un mapa de la ciudad.

5. Ésa es una foto de las personas con _____ fui a Mazatlán.

6. Allí está la empleada _____ facturó las maletas.

D. Ud. decide. Diga Ud. lo que necesitan las personas siguientes. Conteste con frases completas y dé por lo menos dos ideas.

| MODELO | Lo que esta mujer necesita es ayuda (*help*).
Lo que esta mujer necesita son unas vacaciones. |

1.

2.

¡QUÉ CARRO MÁS BONITO! PERO...

3.

4.

 E. Díganos. Conteste Ud. las preguntas siguientes. Luego, cámbielas a la forma de **tú** y entreviste a un(a) compañero(a).

¿Qué es lo que...

1. Ud. quiere más en el mundo?

2. Ud. hace mejor que nadie (*than anyone*)?

3. les fascina mucho a sus padres?

4. le molesta a su profesor(a)?

5. está muy de moda entre los estudiantes de su universidad?

En resumen

A. Conozca Ud. Boston... en español. Muchos turistas hispanos vienen a Boston para conocer esta ciudad histórica. Por eso, hay folletos turísticos en español. Repase Ud. los mandatos formales (**Ud.**). Complete las frases con el mandato del verbo entre paréntesis.

Es un rincón° de Estados Unidos donde comenzó la historia.   *corner*

(Venir) _____ y (caminar) _____ por las calles de Massachusetts y sus 300 años de historia de Estados Unidos. En Boston, (seguir) _____ la «senda de la libertad» (el Freedom Trail) al dinámico mercado de Faneuil Hall, o (ir) _____ a Lexington y Concord para asistir a la recreación de los eventos históricos. (Participar) _____ en nuestros festivales étnicos en ciudades como Springfield, Worcester y Lowell. (Probar) _____ las muchas cocinas internacionales en uno de nuestros restaurantes elegantes, o (sentarse) _____ en un café al aire libre. Venga y (sentir) _____ el ritmo (*rhythm*) de la vida urbana en nuestros teatros, museos, clubes y estadios de deportes profesionales. Para sus vacaciones, venga y (compartir) _____ el espíritu. Para más información, (llamar) _____ al 800–447–MASS.

PRESENTAMOS CON ORGULLO
LA PRIMERA CLASE DE MEXICANA.

Jorge Alberto Díaz y Araceli Caballero, sobrecargos de MEXICANA.

La tradicional hospitalidad MEXICANA y la más moderna tecnología, sólo se encuentran en nuestra Primera Clase* MEXICANA, la única en México y a la altura de las mejores del mundo.

Con amplios y cómodos asientos de piel, monitores individuales de televisión en estéreo, cocina nacional e internacional y las bebidas de su predilección. Además, mostradores exclusivos en todos los aeropuertos, recepción y entrega preferencial de su equipaje y la hospitalidad de nuestro personal que hacen la diferencia en Primera Clase.

* Actualmente disponible en nuestras rutas más importantes. Muy pronto en todos nuestros vuelos.
Consulte a su agente de viajes o llame a MEXICANA 325 09 90.

(Please note that although Mexicana Airlines no longer offers the "Primera Clase" program, the airline has many other excellent programs available.)

Con el orgullo de ser ...

B. La Primera de Mexicana. Lea Ud. la descripción precedente de la Primera Clase de Mexicana y nombre Ud. ...

1. dos cosas que se encuentran en la Primera Clase de Mexicana.
2. dos tipos de cocina que sirven a bordo (*on board*).
3. dos adjetivos para describir los asientos.
4. tres servicios en el aeropuerto que hace la diferencia en Primera Clase.
5. el número de teléfono de la línea aérea (*airline*).
6. la razón principal por la cual Ud. va a escoger Primera Clase de Mexicana.

C. ¿Qué cree Ud.? Reaccione Ud. (*React*) a las ideas de su amigo. Forme frases empezando con una de las siguientes expresiones impersonales.

(no) es cierto	es lástima	es obvio
es importante	es dudoso	(no) es buena idea

> **MODELO** Amigo: Llevo mucho dinero cuando viajo.
> Ud: **No es buena idea que lleves mucho dinero cuando viajas.**

1. Muchos de los aviones no llegan a tiempo.
2. Los viajeros reservan los asientos en la sección de no fumar.
3. Los aeromozos nunca ayudan a los pasajeros.
4. Declaro las cosas que compro en países extranjeros.
5. Los inspectores de aduana sólo revisan las maletas de los hombres de 15 a 25 años de edad (*age*).
6. No tengo que llevar mi pasaporte cuando viajo a México.

D. ¡Qué aburrido! Su vuelo es muy largo y no sabe qué hacer para divertirse. Haga los ejercicios siguientes.

1. Un pasajero le recomienda las siguientes actividades. Llene los espacios con un verbo apropiado en el presente del subjunctivo y arregle las actividades en orden de preferencia.

   Yo recomiendo que Ud. ...
   a. _____ un refresco.
   b. _____ el almuerzo.
   c. _____ con la azafata.
   d. _____ la música.
   e. _____ una carta.
   f. _____ la película.

2. Ud. hizo todas las actividades anteriores y todavía está aburrido(a).
   a. Describa un juego que puede hacer solo(a) o con otra persona.
   b. Describa tres cosas que Ud. trae para pasar el tiempo durante el vuelo.

E. De vacaciones. Traduzca el diálogo siguiente al español.

Roberto: You're on vacation for four weeks. How nice! Are you planning to take a trip?

Pablo: It's possible that we'll go to Mexico, but I prefer to travel in August.

Roberto: It's a good idea to go to Mexico in April. The weather is nice and the flights are cheap.

Pablo: You're right. Is it necessary for us to talk to a travel agent?

Roberto: Call Sandra Pardo. I am going to give you her number. She's the agent who helped us with our trip to Cancún. She's very good.

F. Minidrama. En grupos, representen una de las escenas siguientes.

1. Ud. es aeromozo/azafata en un vuelo internacional. Uno de los pasajeros causa problemas. Insiste en fumar en la sección de no fumar, no quiere abrochar el cinturón de seguridad y sólo quiere comer la comida de los pasajeros de primera clase.

2. Ud. va a pasar por la aduana y Ud. inventa mil maneras para evitar que el aduanero revise su equipaje.

 G. Composición

1. Ud. es de un país hispánico y acaba de pasar un año en los EE.UU. Para no olvidar su experiencia, escriba en su diario sobre todas las cosas que hacía todos los días, y algunas de las cosas que hizo en una o varias ocasiones.

2. Ud. es de un país hispánico pero pasó tres años en Nueva York. Sus amigos van a Nueva York por primera vez y le piden a Ud. recomendaciones. Use expresiones personales y escriba una lista de diez recomendaciones. (**Es importante (que)...** ; **Es necesario (que)...** , etc.)

3. Ud. está en España u otro país extranjero. Escríbales una tarjeta postal a sus padres, una a su profesor(a) de español y otra a su mejor amigo(a). Varíe las tarjetas para corresponder a cada persona.

 # Escuchemos

A. ¿Es lógico? You will hear a series of sentences. Indicate if they are logical or not logical by placing a check on the appropriate line.

| MODELO | Para sacar fotos el viajero necesita un buen folleto turístico. |

_____   _____
   Es lógico   No es lógico

1. _____   _____
   Es lógico   No es lógico

2. _____   _____
   Es lógico   No es lógico

3. _____   _____
   Es lógico   No es lógico

4. _____   _____
   Es lógico   No es lógico

5. _____   _____
   Es lógico   No es lógico

6. _____   _____
   Es lógico   No es lógico

7. _____   _____
   Es lógico   No es lógico

8. _____   _____
   Es lógico   No es lógico

B. Dictado. You will hear a short narration about Susan's travel plans. Listen carefully to the entire selection. Listen again and write each sentence during the pauses.

You will then hear a series of questions related to the dictation. Answer them with complete sentences. Refer to your dictation.

Lección 11

En tren se ve todo

Aviso cultural

(As a reading aid, refer to lesson vocabulary for new words.)

Cuando uno viaja a un país extranjero, para conocer bien la cultura es importante probar las varias cocinas. México realmente no tiene una comida nacional. La comida de México muestra las diferencias geográficas, climáticas y étnicas del país. En el norte y el centro los platos populares son tacos, burritos, quesadillas y tamales. Las costas ofrecen toda clase de pescado y mariscos. Yucatán tiene sopa de limón (*lime, Mex.*). Oaxaca es famoso por el chocolate delicioso, y en Puebla se come mucho mole, que es una salsa (*sauce*) de chiles, chocolate y otros ingredientes. El **mole poblano,** que es pollo o pavo preparado con esa salsa, es uno de los platos más distinguidos del país.

Preparativos (You may want to review the vocabulary list on pp. 367–369 before and/or after viewing the video.)

Al mirar el video o leer el diálogo siguiente, note bien el uso del infinitivo. ¿Cuándo se usa el infinitivo? ¿Cuándo hay que conjugar el verbo? Busque ejemplos en el diálogo.

Se nos fue el tren[1]

HOMBRE	Dios mío, ¿y el tren? ¿Dónde está el tren?
MUJER	No sé. A lo mejor éste no es el andén.
HOMBRE	¡Se nos fue el tren con todo nuestro equipaje! ¿Y ahora qué hacemos?
MUJER	Vamos a «información». Tal vez haya otro tren en un par de horas.
HOMBRE	Sí, ¡vamos rápido!

---

[1]For an English translation of this dialogue, see Appendix A, pp. A13–A14.

(*Encuentran a un empleado*)

HOMBRE ¡Señor, por favor, tiene que ayudarnos! Hemos perdido nuestro tren y...

EMPLEADO Cálmese, señor. Dígame, ¿cuál es su problema?

MUJER Pues que nos bajamos un rato a tomarnos unos refrescos y a estirar las piernas, y cuando regresamos ya no estaba el tren.

HOMBRE Por favor, fíjese si hay otro tren para Monterrey hoy mismo.

EMPLEADO Déjeme ver, un momento... Lo siento, pero hoy ya no salen más trenes para Monterrey.

MUJER ¡No puede ser! ¡Señor, por favor, haga algo! No podemos pasar la noche aquí.

EMPLEADO Pues, no veo otra solución. Ummm, a menos que...

HOMBRE ¿A menos que qué? Díganos. Estamos dispuestos a hacer cualquier cosa con tal de llegar a Monterrey hoy mismo.

EMPLEADO Bueno, pero es un poco complicado.

MUJER No importa.

EMPLEADO Miren, hay un tren que sale para León dentro de una hora, a las once en punto. Allí pueden tomar otro para Torreón y de allí viajar a Monterrey en camión.

HOMBRE ¿Es rápida la conexión en Léon?

EMPLEADO Hay una espera de hora y media.

MUJER ¿Y ahí tenemos que conseguir un camión para Monterrey... ? Dios, ¡qué problema!

EMPLEADO Es la única solución si quieren llegar esta noche.

MUJER Bueno, ni modo, ¿no?

HOMBRE Sí, no tenemos más remedio. ¿Dónde podemos comprar los boletos?

el camino	road
la circulación (el tráfico)	traffic
el (la) conductor(a)	driver
la estación de gasolina (gasolinera)	gas station
el freno	brake
el gasto	expense, waste
la licencia de conducir	driver's license
la llanta	tire
el maletero	trunk
la milla	mile
el motor	engine
la multa	traffic fine
el policía[1]	(police) officer
la policía[1]	police
el ruido	noise
el semáforo	traffic light
el taller	repair shop, workshop
el tanque	tank
la velocidad	speed

Adjetivos

(des)agradable	(un)pleasant
amable	nice
complicado	complicated
descompuesto (roto)	broken
desinflado (pinchado)	deflated, flat
peligroso	dangerous
ruidoso	noisy

Otras palabras y expresiones

a lo mejor	probably
a menos que	unless
el autobús	bus
el barco	boat
la bicicleta	bicycle
el camión	truck, bus (Mexico)
el centro	center, downtown
el consejo	advice
cualquier(a)	any
hacer autostop	to hitchhike
el metro	subway
la motocicleta (moto)	motorcycle
no tener (hay) más remedio	to have (there is) no other choice
el norte (sur, este, oeste)	north (south, east, west)
ojalá	it is hoped, I hope (God willing)

---

[1]La policía refers to *the police* collectively. A female police officer is often referred to as **la mujer policía**.

¡Ojo!
el paisaje
perder el tren (avión)

tal vez (quizás)

Careful!
countryside
to miss the train
*   (plane)*
maybe, perhaps

Repasemos el vocabulario

A. Antónimos. Busque Ud. en la segunda columna el antónimo de las palabras en la primera columna.

1. alegrarse	**a.** sur
2. tal vez	**b.** silencio
3. parar	**c.** oeste
4. norte	**d.** manejar
5. ruido	**e.** estar triste
6. estacionar	**f.** ir
7. caerse	**g.** por cierto
8. este	**h.** levantarse

B. ¿Cuál no pertenece? Indique Ud. la palabra que no está relacionada con las otras y explique.

1. gasolinera	andén	coche cama	estación
2. calle	autopista	metro	camino
3. este	sur	ojalá	oeste
4. maletero	freno	llanta	paisaje
5. avión	autobús	coche	motocicleta

C. Anatomía de un auto. Nombre Ud. las partes del auto.

D. La respuesta correcta. Termine Ud. las frases con las palabras correctas.

1. Los pasajeros esperan en (la estación, el maletero, el taller).

2. El coche está descompuesto. Tiene que (alquilarlo, estacionarlo, arreglarlo).

3. Para comprar un boleto, vaya (a la ventanilla, al andén, al metro).

4. El policía me dio (una milla, un freno, una multa) por manejar demasiado rápido.

5. El tanque está vacío. (Llénelo, Frénelo, Párelo), por favor.

E. ¿Cómo prefiere viajar Ud.? Combine Ud. las palabras en la primera columna con las frases en la segunda columna para completar la frase lógicamente. Siga el modelo.

| MODELO | barco   me encanta el océano.   Voy por...
Voy por barco porque me encanta el océano. |

1. avión	a. gasta menos gasolina que el coche
2. bicicleta	b. me gusta conducir
3. coche	c. es buen ejercicio
4. motocicleta	d. es la forma más rápida de viajar
5. tren	e. quiero ver el paisaje
6. metro	f. es mejor que el autobús

F. Modos de transporte. En su opinión, ¿qué modo de transporte es más...

1. cómodo?	4. incómodo?
2. caro?	5. barato?
3. aburrido?	6. romántico?

 Explique sus respuestas. Luego, entreviste a un(a) compañero(a) para saber cómo prefiere viajar y por qué.

The Present Subjunctive in Noun Clauses to Express Emotion, Desire, Doubt, and Influence

As discussed in Lesson 10, the subjunctive is used to express conjecture, uncertainty, emotion, subjectivity, doubt, probability, and influence.

| **Sugiero** que él **haga** reservaciones. | *I suggest that he make reservations.* |
| **Preferimos** que ella **llegue** a tiempo. | *We prefer that she arrive on time.* |

As you can see in the preceding examples, the subjunctive is generally used in the subordinate clause. *He make* and *she arrive* are examples of the subjunctive form in English. The corresponding indicative forms are *he makes* and *she arrives*. The verb in the main clause determines the need for the subjunctive or the indicative in the subordinate clause. The conjunction **que** (*that*) joins the two clauses. Remember, if the subject of both clauses is the same, the infinitive is generally used.

| Preferimos llegar a tiempo. | *We prefer to arrive on time.* |

The subjunctive is used in noun, adjective, and adverbial clauses. A noun clause is a clause that functions like a noun and serves as the direct object of the verb in the main clause.

Identify the direct objects in the following sentences.

1. Yo prefiero un vuelo temprano. — *I prefer an early flight.*
2. Queremos un pasaje de ida y vuelta. — *We want a roundtrip ticket.*
3. Ella recomienda el Hotel Astoria. — *She recommends the Astoria Hotel.*

Identify the noun clauses in the following sentences.

1. Yo prefiero que tomemos un vuelo temprano. — *I prefer that we take an early flight.*
2. Queremos que nos den un pasaje de ida y vuelta. — *We want them to give us a roundtrip ticket.*
3. Ella recomienda que nos quedemos en el Hotel Astoria. — *She recommends that we stay in the Astoria Hotel.*

Función

1. The subjunctive is used in a subordinate noun clause when the verb in the main clause expresses emotion, hope, or desire.

Espero que ellos no **fumen** en el tren.	*I **hope** (that) they don't **smoke** on the train.*
Está contenta de que tú **puedas** conducir.	*She's **happy** that you can drive.*
Queremos que Ud. **descanse**.	*We **want** you to rest.*

Some other verbs and expressions that require the subjunctive for these reasons are:

alegrarse (de)	*to be happy (about)*
desear	*to desire, want*
estar feliz (triste, etc.)	*to be happy (sad, etc.)*
gustar	*to be pleasing*
ojalá[1]	*I hope*
preferir	*to prefer*
sentir	*to feel sorry, regret*
sorprenderse	*to be surprised*
tener miedo de (temer)	*to be afraid*

2. Verbs that indicate doubt, denial, and other expressions of uncertainty require the use of the subjunctive. When verbs and expressions of certainty are negated, they then indicate doubt, and therefore require the subjunctive.

Dudo
Niego } que **haya** un tren a las 3:00.
No creo

I doubt
I deny } *that there is*
I don't think *a train at 3:00.*

When verbs of doubt are negated they indicate certainty, and therefore require the indicative.

No dudo
No niego } que **hay** un tren a las 3:00.
Creo

I don't doubt
I don't deny } *that there is*
I think *a train at 3:00.*

¡AVISO! Although the English equivalents of **creer** and **pensar** can indicate some uncertainty (*I think so, but I'm not sure*), in Spanish these verbs express certainty. When a speaker says **Creo que hay un tren**, the speaker believes this to be true.

3. Verbs of influence require the use of the subjunctive in the subordinate clause. This category includes any verb that tries to influence the outcome of the action of the verb in the subordinate clause. These are verbs that command, suggest, advise, recommend, permit, allow, forbid, consent, oppose, request, or approve.

Yo **recomiendo** (**pido, permito, mando**) que tú **compres** el boleto.

I recommend (request, permit, order) that you buy the ticket.

Some other verbs that require the subjunctive for these reasons are:

aconsejar	*to advise*	insistir en	*to insist*
aprobar	*to approve*	ordenar	*to order*
decir	*to tell*	prohibir	*to forbid*
dejar	*to allow*	sugerir	*to suggest*
hacer	*to make*		

---

[1]**Ojalá (que)** is an expression of Arabic origin that literally means *Would to Allah (God).* It is used to express hope or desire, and requires the subjunctive.

4. **Decir** and **insistir** are examples of verbs that can require either the subjunctive, when influence is expressed, or the indicative when information is communicated. Compare the following sentences.

José me dice que salga ahora.	*José tells me to leave now.*
José me dice que María sale ahora.	*José tells me that María is leaving now.*
Tú insistes en que Paco esté aquí.	*You insist that Paco be here.*
Tú insistes en que Paco está aquí.	*You insist that Paco is here.*

In the first sentence of each example the subject of the main clause is influencing the behavior of the subject of the subordinate clause by ordering that he or she do something. In the second sentence of each example the subject of the main clause is merely communicating information about the subject of the subordinate clause.

✫ Practiquemos

A. Una compañera desagradable. Sara tiene una actitud negativa y no quiere hacer ninguna de las actividades que sugiere su amiga durante su viaje por tren. Combine la frase favorita de Sara, **no quiero que,** con las ideas de su amiga. Cambie el verbo al subjuntivo.

> | MODELO | Amiga: Yo duermo antes de cenar. |
> |---|---|
> | | Sara: **No quiero que tú duermas antes de cenar.** |

1. El mozo lleva nuestras maletas.
2. Le doy una propina grande al mozo.
3. Este señor se sienta con nosotros durante el viaje.
4. Cenamos en el coche comedor esta noche.
5. Ponen música clásica durante la cena.
6. Los pasajeros juegan a las cartas por la noche.

B. Cómo hacer una maleta. Para saber cómo hacer una maleta sin arrugar (*without wrinkling*) la ropa, siga las instrucciones. Cambie los verbos al subjuntivo.

1. Recomendamos que Ud. (tener) _____ una maleta grande, y es preferible que (ser) _____ de buena calidad.
2. Ahora que tiene la maleta, queremos que Ud. la (llenar) _____ de la manera siguiente.

3. Sugerimos que (empezar) _____ con los zapatos, las blusas y la ropa interior.

4. Luego, es mejor que Ud. (poner) _____ los pantalones y las faldas sin doblarlos (*folding them*) por ahora. Vea el dibujo.

5. Preferimos que Ud. (meter) _____ las chaquetas y los vestidos boca arriba (*face up*), y luego las camisas y los suéteres.

6. Ahora, con cuidado, aconsejamos que (doblar) _____ los pantalones y las faldas hacia adentro.

7. Finalmente, insistimos en que (llevar) _____ los cosméticos en una bolsa de mano.

C. El grupo turístico. Antes de salir para una gira, el grupo de viajeros habla con su guía, quien les hace algunas recomendaciones. Use Ud. el subjuntivo o el infinitivo para completar las frases siguientes.

1. Para viajar fuera del país, los oficiales insisten en que todos (tener) *tengan* un pasaporte.

2. Para escribir al extranjero, recomiendo que Uds. (mandar) _____ las cartas por avión.

3. Sugiero que nadie (llevar) _____ muchos brazaletes, anillos y aretes de oro porque es posible (perderlos) _____ durante el viaje.

4. Yo siempre prefiero (cambiar) _____ mi dinero al llegar al aeropuerto porque tarda menos tiempo. Deseo que Uds. lo (hacer) _____ también.

5. Si quieren (sacar) _____ fotos desde la ventanilla del avión, aconsejo que Uds. (poner) _____ la cámara cerca del cristal pero es importante que no lo (tocar) _____ .

6. Finalmente, me alegro de que Uds. (querer) _____ viajar con nosotros y espero que este viaje (ser) _____ una experiencia estupenda. Ahora espero (poder) _____ contestar todas sus preguntas.

D. Preocupaciones. Amalia es pesimista pero su esposo Raúl es optimista. Hablan de su viaje. Con un(a) compañero(a) hagan los papeles (*play the roles*) de Amalia y Raúl. Formen frases con **no creo que** + el subjuntivo y **no dudo que** + el indicativo según el modelo.

MODELO	Nuestro guía turístico / ser / bueno

Amalia: **No creo que nuestro guía turístico** *sea* **bueno.**
Raúl: **No dudo que nuestro guía turístico** *es* **bueno.**

1. Nosotros / poder / comprar boletos de primera clase
2. Nosotros / conseguir / asientos en la sección de no fumar
3. Ellos / servir / refrescos en el tren

4. El tren / ir / directamente a la Ciudad de México

5. Nosotros / llegar / a tiempo

6. Nosotros / ver / las ruinas mayas de Chichén Itzá.

E. Vacaciones... con hijos incluidos. Marta habla con su agente. Quiere hacer un viaje con su familia. Llene Ud. los espacios con la forma correcta del verbo en el subjuntivo, el indicativo o el infinitivo.

Marta: Quiero (pasar) _____ una semana de vacaciones en México. Tengo seis hijos de dos a quince años, y no creo que (ser) _____ posible (encontrar) _____ algo para todos. Es lástima que yo no (conocer) _____ México.

El agente: Yo creo que nosotros (tener) _____ el plan ideal para Ud. Yo recomiendo que Uds. (ir) _____ al «Club Familia» en Ixtapa. Es verdad que ellos (tener) _____ de todo. Por ejemplo, sugiero que los niños mayores de seis años (participar) _____ en el «Mini Club». Ofrecen tenis, golf y actividades acuáticas y no dudo que les (ir) _____ a gustar todo. Aconsejo que Ud. (llevar) _____ a los niños menores de seis años al «Club Bebé», donde van a recibir mucha atención especial.

Marta: ¿Y qué recomienda Ud. que mi marido y yo (hacer) _____?

El agente: Es importante que Uds. (tener) _____ tiempo para descansar, y para estar solos. Con seis hijos, yo dudo que Uds. (pasar) _____ mucho tiempo relajándose. Ahora pueden (aprovecharse) _____ de esta oportunidad.

Marta está considerando este plan, pero todavía tiene dudas. Combine Ud. las expresiones en la primera columna con las de la segunda columna para formar frases completas. Use la forma apropiada de los verbos entre paréntesis en el subjuntivo o el indicativo. Hay varias combinaciones posibles.

1. Espero que...
2. Me molesta que...
3. Me alegro de que...
4. Ojalá que...
5. Siento que...
6. Creo que...

a. a todos mis hijos les (gustar) el «Club Familia»
b. Paquito no (divertirse) en el «Mini Club»
c. las actividades (incluir) el tenis y el golf
d. Raquel (poder) comprar muchos recuerdos en las tiendas
e. no (haber) actividades para mi esposo
f. nosotros (volver) aquí todos los años

F. Terminaciones originales. Termine Ud. cada frase de una forma original.

1. El agente de viajes recomienda que nosotros...
2. El guía no permite que ellos...
3. Siento mucho que el tren...
4. El conductor no duda que...
5. Los pasajeros no creen que...
6. Ojalá que mañana nosotros...

Se to Express Unplanned Occurrences

You have learned three uses of the pronoun **se** so far.

1. Se as a reflexive pronoun: Él *se* lava la cara. Ellos *se* lavan las manos.

2. Se as a third-person indirect object pronoun in place of **le** and **les** before a third-person direct object pronoun (**lo, la, los, las**): Yo *se* lo doy a María.

3. Se to express an indefinite subject with the verb in the third-person singular: *Se* dice que el español es una lengua muy bonita.

Se is also used to express unplanned occurrences, such as forgetting, losing, breaking, or dropping something. In English and Spanish, this type of action can be expressed two ways. By using an active construction, the subject takes responsibility for the mishap.

Yo rompí los vasos.	*I broke the glasses.*
Tú siempre **pierdes** tu pasaporte.	*You always lose your passport.*

Another common form of expressing these actions is by not having the subject be directly responsible for them. The subject becomes the victim; someone to whom these unfortunate actions happen rather than the perpetrator of them.

Se me rompieron los vasos.	*The glasses broke on me.*
Siempre **se te pierde** el pasaporte.	*Your passport always gets lost.*

In Spanish, the object (*the glasses, the passport*) becomes the subject and does the action of the verb to the victim (*to me, to you*).

Spanish sentence	Literal English	English equivalent
Se me rompieron los vasos.	*The glasses broke (themselves) on me.*	*The glasses broke.*

The Spanish sentence is composed of:

Se + *indirect object pronoun* + *verb in the third-person singular or plural* + *subject*

As with **gustar** and similar verbs the subject follows the verb. If the indirect object noun is expressed or if clarification is desired, a prepositional phrase is used.

A **Manuel** se le rompieron los vasos.	*Manuel broke the glasses.*
A **Uds.** se les olvidó ir a clase.[1]	*You forgot to go to class.*
A **nosotros** se **nos** fue el tren.	*We missed the train.*

This construction is commonly used with the following verbs.

acabar		ocurrir	quedar
caer	olvidar	perder	romper

Se me **acaba** el dinero. — *I am **running** out of money.*

Se nos **quedaron** los pasaportes en el avión. — *We **left** our passports on the plane.*

A papá se le **ocurre** una idea fantástica. — *Dad **has** a fantastic idea.*

✸ Practiquemos

A. Se me olvidó. Para practicar el uso de **se** para expresar eventos inesperados (*unexpected events*), llene Ud. los espacios con el pronombre del complemento indirecto (*indirect object pronoun*) apropiado, según el modelo. Traduzca las frases al inglés.

> **MODELO** A ti, se ___**te**___ ocurrió una idea estupenda.
> **A great idea occurred to you. (You had a great idea.)**

1. A Susana, se ___*le*___ rompió el vaso.
2. A los abuelos, se _____ olvidó llamarme.
3. A mí, se _____ acabó el dinero.
4. A Luis, se _____ perdieron los boletos.
5. A Juan y a mí, se _____ fue el tren.
6. A Paquita y Ema, se _____ cayeron los lápices.

Ahora, llene Ud. los espacios con la forma correcta del verbo entre paréntesis en el pretérito. Traduzca las frases al inglés.

> **MODELO** A Juan, se le (romper) ___**rompió**___ la ventana.
> **John broke the window.**

7. A nosotros, se nos (olvidar) ___*olvidó*___ traer el vino.
8. A Marta, se le (perder) _____ los boletos.
9. A mis padres, se les (ir) _____ el autobús.
10. A Pedro, se le (caer) _____ la leche.
11. A la tía, se le (ocurrir) _____ las respuestas.
12. A mí, se me (acabar) _____ el café.

---

[1]If the subject is an infinitive, a singular verb is used.

B. Preparativos de viaje. Use Ud. los verbos entre paréntesis para explicar qué les pasó a las siguientes personas cuando hacían sus preparativos de viaje. Siga el modelo.

MODELO	Lilia / gafas de sol (romper) **A Lilia se le rompieron las gafas de sol.**

1. Eduardo / los mapas de la autopista (perder)
2. Nora / hacer las reservaciones del hotel (olvidar)
3. Guillermo y Flora / el último autobús para el aeropuerto (ir)
4. Nicolás / las cámaras (caer)
5. Marcela y Gilda / la gasolina en su coche (acabar)
6. Jorge y Ángela / la licencia de conducir (perder)
7. Marcos / llenar el tanque con gasolina (olvidar)
8. Ud. / ?

C. ¿Qué pasó? Diga Ud. qué pasó en las situaciones siguientes.

MODELO	a Ud. / caer / el dinero **A Ud. se le cayó el dinero.**

1.

a mí / ir / el autobús

2.

a nosotros / quedar / los billetes

3.

¿a ti / perder / la licencia de conducir?

4.

a nosotros / olvidar / los regalos

5.

a Ud. / romper / el zapato

D. Un día fatal. Complete Ud. el párrafo siguiente con **se** + pronombre y el verbo apropiado.

caer	olvidar	perder	quedar
ocurrir	ir	abrir	romper

Hace unas semanas, a papá _romper_ el despertador (*alarm clock*), y no _olvidar_ comprar otro. Pero, eso no presentó mayores problemas... hasta hoy, el día de nuestro viaje a México. Todos nosotros nos levantamos tarde, y claro, llegamos tarde al aeropuerto. En la sala de espera del aeropuerto _abrir_ la maleta de mi hermana... ropa, zapatos y cosméticos por todas partes. Y no pudo cerrarla porque _perder_ las llaves (*keys*). Por estar muy nerviosa, a mamá _caer_ una taza de café en su vestido nuevo. Yo me puse de mal humor porque _olvidar_ traer la cámara fotográfica. Por fin llegó el momento de subir al avión. No nos permitieron entrar porque _quedar_ las tarjetas de embarque (*boarding*) en la sala de espera. Y lo peor es que el avión _ir_ . ¡Qué día fatal!

Commands: *nosotros*

Forma y función

You have already learned how to express formal and informal commands by using the subjunctive form of the verb. In English and Spanish commands can be directed at *you*, singular (**tú, Ud.**) and plural (**vosotros, Uds.**) as in *Park the car over there* and *us* (**nosotros**), as in *Let's fill the tank*.

To form affirmative and negative **nosotros** commands, take off the final -o from the first-person singular (**yo**) of the present indicative conjugation (**habl-o, com-o, escrib-o**) and add **-emos** to **-ar** verbs and **-amos** to **-er** and **-ir** verbs. The same orthographic and stem changes that occur when forming the subjunctive apply to the **nosotros** commands.

Nosotros commands	
Infinitive	**Affirmative and negative command**
HABLAR	(no) hablemos
COMER	(no) comamos
BUSCAR	(no) busquemos
COMENZAR	(no) comencemos
DORMIR	(no) durmamos
SENTIR	(no) sintamos

1. There are five irregular command forms.

   saber: sepamos
   ser: seamos
   ir: vayamos
   dar: demos
   estar: estemos

2. The affirmative **nosotros** command of **ir** is **vamos**. The negative command is **no vayamos**.

   Vamos por tren y **no vayamos** por barco.   *Let's go to by train and let's not go by boat.*

3. There are two other ways to express **nosotros** commands (*let's*).

   Vamos a descansar.⎫
   A descansar.   ⎭   *Let's rest.*

   However, to express a negative **nosotros** command you must use the subjunctive form.

   No descansemos ahora.   *Let's not rest now.*

4. When a **nosotros** affirmative command has a reflexive pronoun, the final s is dropped from the conjugated verb. Note the addition of a written accent when pronouns are added.

   Levantémonos temprano, **vistámonos** rápido y **aprovechémonos** del buen tiempo.   *Let's get up early, let's get dressed quickly and let's take advantage of the nice weather.*

✦ Practiquemos

A. Ideas maravillosas. Susana y Marta no tienen planes para hoy. Susana sugiere muchas cosas pero a Marta no le gusta ninguna. Forme Ud. mandatos afirmativos y negativos con **nosotros**, según el modelo.

> | MODELO | escribir cartas
>   Susana: ¿Escribamos cartas?
>   Marta: No, no escribamos cartas.

1. visitar a la abuela
2. hacer una fiesta de sorpresa para Magdalena
3. leer revistas
4. almorzar en un restaurante
5. comprar ropa
6. ir al cine
7. limpiar nuestro cuarto
8. volver a casa y dormir un poco

Ahora, forme tres planes originales y un(a) compañero(a) va a reaccionar.

B. Vámonos. Para saber qué vamos a hacer hoy, forme Ud. mandatos con nosotros de los verbos entre paréntesis.

1. (Levantarse) _____ temprano, (bañarse) _____ , (desayunar) _____ y (vestirse) _____ , todo antes de las 8:00 de la mañana.

2. (Ponerse) _____ el abrigo y (salir) _____ de la casa a las 8:00 en punto.

3. (Subir) _____ al coche y (conducir) _____ al centro comercial.

4. (Llegar) _____ temprano y (buscar) _____ un sitio para aparcar el coche.

5. (Entrar) _____ en la tienda porque hay grandes liquidaciones.

6. (Probarse) _____ la ropa y (pagar) _____ todo con cheque.

7. (Irse) _____ a casa con nuestras compras.

Ahora, cambie todos los mandatos al negativo.

C. Un viaje por tren. Forme Ud. cuatro mandatos afirmativos y cuatro mandatos negativos para describir un viaje por tren que Ud. quiere hacer con unos amigos. Use los verbos indicados, y su imaginación.

comprar	hacer	dormir	descansar	mirar
almorzar	pagar	jugar	leer	aprovecharse de

MODELO	cenar

Cenemos en el coche comedor.
No cenemos en la cafetería en la estación de trenes.

En resumen

A. Alquilemos un auto. Haga Ud. las actividades siguientes.

1. Lea Ud. el anuncio y nombre...
   a. cuatro servicios que ofrece esta compañía.
   b. tres tipos de vehículos que provee.
   c. dos servicios esenciales para un hombre / una mujer de negocios.

2. **El mejor servicio.** Arregle Ud. los servicios en el orden de su preferencia personal y explique.

   a. aire acondicionado
   b. cuatro puertas
   c. transmisión automática
   d. precios bajos
   e. teléfono
   f. televisor
   g. gran selección de vehículos
   h. no tener que dejar depósito

3. **Preguntas.**
   a. ¿En qué situaciones es necesario alquilar un coche?
   b. Esta compañía puede ofrecerle cualquier marca (*brand*) de automóvil. ¿Qué marca va a pedir Ud.? ¿Por qué?

B. **Las emergencias en la autopista.** Un muchacho acaba de conseguir su licencia de conducir. Sus padres le dan consejos sobre qué hacer en caso de emergencia. Cambie los verbos entre paréntesis al subjuntivo o indicativo. Si hay dos palabras, escoja la más apropiada.

Si tú tienes un accidente es posible que un desconocido (*stranger*) (parar) para darte ayuda. Pero, hijo, no te recomendamos que (contar) con (el, la) bondad (*kindness*) de gente desconocida (por, para) ayudarte. Es mejor que les (dar) las gracias y que les (pedir) que ellos (llamar) a la policía. Creemos que los policías (ser) capaces de ayudarte.

Si tienes un accidente de noche en la autopista, sugerimos que tú (subir) el capó (*hood*), que (meterse) en tu coche y (cerrar) la puerta. Si una persona que no es policía te ofrece ayuda, queremos que (bajar) la ventana un poquito y que le (decir) que sólo necesitas un policía.

Una autopista en una noche cuando llueve no es el (mejor, peor) lugar (por, para) aprender a cambiar una llanta. Insistimos en que (aprender) hoy mismo a cambiarla. Pensamos que (ser) sumamente importante que tú (saber) hacer estas cosas. Es verdad que a veces una persona (poder) quedarse (sin, con) gasolina, pero esperamos que esto no te (pasar) (nunca, siempre) a ti.

C. **El hombre o la mujer delante del volante (*steering wheel*).** ¿Quién maneja mejor? ¿Está Ud. de acuerdo con los comentarios siguientes? Defiéndase.

   1. Hay una diferencia entre la manera en que manejan los hombres y las mujeres.
   2. Las mujeres son «terrores al volante».
   3. La mujer conduce con más cuidado que el hombre.
   4. Los hombres son conductores agresivos.
   5. Las mujeres son conductoras nerviosas.

D. **Problemas en el camino.** Traduzca las frases siguientes al español.

   1. I ran out of gas. If I don't get to the station by five, I'm going to miss my train. What'll I do?
   2. It's easy. I recommend that you hitchhike. Lots of people use this road.
   3. No way! It's dangerous. I suggest that you take the subway to downtown and from there walk to the station.
   4. With all those suitcases . . . impossible! Allow me to take you in my car.
   5. Be careful! You don't know him. I don't think it's a good idea.

E. Minidrama. En grupos, representen una de la escenas siguientes.

1. Ud. viaja por tren. Tiene mucho sueño y sólo quiere dormir. El (La) pasajero(a) cerca de Ud. no quiere dejarlo(la) tranquilo(a). El (La) pasajero(a)...
   a. está nervioso(a) e inventa mil pretextos para hablar con Ud.
   b. ronca (*snores*) mucho.
   c. es un(a) niño(a) muy ruidoso(a).

2. Ud. y su amigo alquilaron un coche para hacer un viaje por México pero hay algunos problemas.
   a. Uds. se quedan sin gasolina.
   b. Uds. tienen una llanta pinchada.
   c. Ud. y su amigo descubren que no son compatibles.
   d. Invitan a una chica que hace autostop a subir al coche.
   e. Es de noche. Tienen un accidente. Un desconocido (*stranger*) les ofrece ayuda.

 F. Composición. Ud. y su prima, que vive en otra ciudad, quieren hacer un viaje. Ella prefiere volar y Ud. quiere ir por tren porque tiene miedo de volar. Escríbale una carta en la cual menciona lo bueno de viajar por tren y lo malo de viajar por avión.

▣ Escuchemos

A. ¿Es lógico? You will hear a series of sentences. Indicate if they are logical or not logical by placing a check on the appropriate line.

| MODELO | El maletero es donde meto las maletas. |

               ✔
           _____   _____
           Es lógico   No es lógico

1. _____   _____
     Es lógico   No es lógico

2. _____   _____
     Es lógico   No es lógico

3. _____   _____
     Es lógico   No es lógico

4. _____   _____
     Es lógico   No es lógico

5. _____   _____
     Es lógico   No es lógico

6. _____   _____
     Es lógico   No es lógico

7. _____   _____
     Es lógico   No es lógico

8. _____   _____
     Es lógico   No es lógico

B. Dictado (*Dictation*). You will hear a short narration about an accident Susan witnessed while on vacation in Mexico. Listen carefully to the entire selection. Listen again and write each sentence during the pauses.

You will then hear a series of false statements related to the dictation. Correct each one with a complete sentence. Refer to your dictation.

Lección 12

¿Qué clase de hotel es éste?

Aviso cultural

(As a reading aid, refer to lesson vocabulary for new words.)

En las tiendas de los grandes hoteles mexicanos se suele vender una gran variedad de recuerdos que reflejan (*reflect*) la rica historia y cultura del país. Pero siempre es mejor visitar los pueblos donde se produce esta artesanía (*crafts*). Cada región produce artículos diferentes según los recursos (*resources*) naturales que hay. Son también de distintos colores, siendo espejo del paisaje regional. México tiene una gran selección de cerámica, de textiles, de artículos de madera (*wood*) y de vidrio (*glass*), juguetes y artículos de varios metales como hojalata (*tin*), oro, cobre (*copper*) y plata. ¿Cuáles son ejemplos de la artesanía de los Estados Unidos?

Preparativos (You may want to review the vocabulary list on pp. 388–389 before and/or after viewing the video.)

Al mirar el video o leer el diálogo siguiente, note bien las expresiones relacionadas con el alojamiento (*lodging*). ¿Cuáles son cinco preguntas que a Ud. le gusta hacer a la recepcionista de un hotel antes de decidir quedarse?

En el hotel[1]

En la recepción del hotel

HOMBRE	Buenos días, señorita. Queremos una habitación.
RECEPCIONISTA	Buenos días. ¿Tienen reservación?
HOMBRE	No, pero espero que eso no sea un problema.
RECEPCIONISTA	En absoluto. ¿Qué tipo de habitación desean?
MUJER	Una doble, con baño y si es posible, con vista al mar.

---

[1]For an English translation of this dialogue, see Appendix A, pp. A14–A15.

RECEPCIONISTA	¿La prefieren en la planta baja o más arriba?
MUJER	A mí me da lo mismo. Escoge tú.
HOMBRE	Pues, yo prefiero arriba.
RECEPCIONISTA	¿Qué les parece el quinto piso?
HOMBRE	Está bien. ¿Cuánto cuesta la habitación?
RECEPCIONISTA	Diez mil pesetas por noche con el desayuno incluido. Si quieren, también pueden almorzar y comer aquí.
MUJER	No, gracias. Sólo con el desayuno.
RECEPCIONISTA	¿Cuánto tiempo planean permanecer con nosotros?
HOMBRE	No estamos seguros; posiblemente una semana.
RECEPCIONISTA	Muy bien. Denme sus pasaportes, por favor, y llenen esta tarjeta. El botones los ayudará con el equipaje. Pedro, por favor acompaña a los señores a la habitación 504.

(*Le da los pasaportes a la recepcionista*)

HOMBRE	Aquí tiene, gracias.
RECEPCIONISTA	A sus órdenes. Cualquier cosa que necesiten, pueden llamar directamente a la recepción.
MUJER	Gracias.

Cambio de habitación

MUJER	¡Uf, qué calor hace aquí! Voy a prender el aire acondicionado. (*Y más tarde...*) Intenté varias veces pero este aparato no funciona.
HOMBRE	Entonces llama a recepción y pídeles que nos den otra habitación.
MUJER	¿Aló, señorita? Estoy llamando de la habitación 504. Sí, hay un pequeño problema; el aire acondicionado no está funcionando y queremos cambiarnos de cuarto. Sí, en el mismo piso está bien. Gracias. (*A su esposo*) Dice que ahora sube el botones para llevarnos al cuarto de al lado.

Uds., los actores. Ahora, representen el segmento siguiente. Noten bien las estructuras enfatizadas.

Mujer	Bueno, vamos a descansar un poco y luego, vamos a salir a conocer la ciudad. Quiero probar una paella que **sea** verdaderamente española. También quiero encontrar una discoteca adonde **vayan** los españoles, y no sólo los turistas. No conozco a nadie que **viva** aquí y quiero saber cómo es la gente.
Hombre	Sí, yo conozco a un hombre que **es** español y trabaja conmigo, pero como ya no vive en España, no sabe cómo es.

Es decir

A. Basándose en los diálogos, llene Ud. los espacios con la palabra apropiada de la lista siguiente.

pesetas   doble   botones
quinto   órdenes   mar
recepción

1. Queremos una habitación _____ .
2. ¿Tiene un cuarto con vista al _____ ?
3. A sus _____ .
4. El _____ puede subir su equipaje.
5. Si necesitan algo, llamen a _____ .
6. Cuesta diez mil _____ por noche.
7. Queremos estar en el _____ piso.

B. Escoja Ud. la forma del verbo más apropiado y explique.

1. El aire acondicionado no está (funcionar, funcionando, funciona).
2. También pueden (almuerzan, almorzar, almuercen).
3. Llama a recepción y (pídeles, pedirles, pídales) que nos (dan, dar, den) otra habitación.
4. Denme sus pasaportes y (llenar, llenan, llenen) estas tarjetas.
5. Espero que no (es, sea, ser) un problema.

Practiquemos

 En grupos. Practique los diálogos con sus compañeros. En grupos, represéntenlos incorporando los gestos apropiados.

Al ver el video

Después de ver el video, diga Ud. si las frases siguientes son ciertas o falsas. Si son falsas, corríjalas.

1. Es evidente que el hotel es muy antiguo.
2. El vestíbulo del hotel es muy grande.
3. Hay varios recepcionistas.
4. La recepcionista que habla con los señores parece estar muy triste.
5. La recepcionista es joven y morena.
6. Mientras que los señores hablan con la recepcionista muchas personas van y vienen.
7. Todos los muebles en la habitación son ultramodernos.
8. Hay una cama doble en la habitación.
9. La señora se sienta en el sofá.

Vocabulario

Verbos

acordarse (ue) de	*to remember*
alojarse	*to stay, lodge*
cobrar	*to charge (money)*
(des)empacar	*to (un)pack*
firmar	*to sign*
funcionar	*to function, work*
nadar	*to swim*
permanecer (zc)	*to stay, remain*
prender	*to turn on*
relajarse	*to relax*
salvar	*to save (people)*
tomar el sol	*to sunbathe*

En el hotel

el aire acondicionado	*air conditioning*
el aparato	*apparatus, machine*
el ascensor	*elevator*
el balcón	*balcony*
el botones	*bellboy*
el (la) criado(a)	*servant, maid*
el cheque de viajero	*traveler's check*
la escalera (mecánica)	*stairway (escalator)*

las gafas (de sol)	*(sun)glasses*
el (la) huésped(a)	*guest*
la lavandería	*laundry*
la llave	*key*
la pensión	*rooming-house*
la piscina (alberca, Méx.)	*swimming pool*
la playa	*beach*
el portero	*doorman*
la recepción	*reception desk*
el (la) recepcionista	*receptionist*
la tarjeta de crédito	*credit card*
la toalla	*towel*
el vestíbulo	*lobby*
la vista	*view*

Adjetivos

(See p. 395 for ordinal numbers)

antiguo	*old, antique, former*
bello	*beautiful*
doble	*double*
extraño	*strange*
(inter)nacional	*(inter)national*
lujoso	*luxurious*
moderno	*modern*
nocturno	*related to the night*
silencioso	*silent*
tradicional	*traditional*
tranquilo	*tranquil*

tostado-tan

Otras palabras y expresiones

a la vez	*at the same time*
abajo	*down, downstairs*
al lado de	*next to*
arriba	*up, upstairs*
el buzón	*mailbox*
el castillo	*castle*
el cepillo	*brush*
el correo	*post office*
el champú	*shampoo*
dar a	*to face, look out onto*
echar una carta	*to mail a letter*
el itinerario	*itinerary*
el mar	*sea, ocean*
Me da lo mismo (igual).	*It's all the same to me.*
el museo	*museum*
la parada (de taxi, autobús)	*(taxi, bus) stop*
la pasta dental	*toothpaste*
el quiosco	*kiosk, newsstand*
el sello (timbre)	*stamp*
el sobre	*envelope*
todavía	*still, yet*

Repasemos el vocabulario

A. ¿Dónde están? ¿Dónde puede Ud. encontrar a las personas siguientes? Forme Ud. frases completas.

> **MODELO**   niños / piscina
> Los niños están en la piscina.

1. recepcionista	**a.** cocina
2. botones	**b.** habitación
3. huésped	**c.** recepción
4. guía	**d.** restaurante
5. cocinero	**e.** vestíbulo
6. camarero	**f.** museo

B. Lo puedo encontrar en el hotel. Ud. se queda en un buen hotel y tiene muchas necesidades. El hotel tiene de todo. ¿Qué necesita Ud...

> **MODELO**   si quiere abrir la puerta de su habitación?
> Necesito la llave.

1. si quiere saber qué sitios visitar y a qué hora?

2. si tiene que echar una carta?

3. para ver bien en la playa?

4. después de salir de la piscina?

5. si va a lavarse el pelo (*hair*)?

C. ¿Cuál no pertenece? ¿Qué palabras no corresponden a los lugares siguientes? Explique.

1. piscina:	gafas de sol	agua	toalla	ascensor
2. correo:	sellos	parada	tarjeta postal	buzón
3. habitación:	timbres	cama	toallas	balcón
4. vestíbulo:	recepcionista	botones	portero	playa
5. baño:	cepillo	castillo	champú	pasta dental

The Present Subjunctive in Adjective Clauses to Express the Indefinite and Non-existent

The subjunctive is generally used in the subordinate clause when the verb in the main clause requires its use by expressing conjecture, uncertainty, emotion, subjectivity, doubt, probability, desire, or influence. You have studied the subjunctive in noun clauses, that is, clauses that act as nouns and serve as the direct object of the verb in the main clause.

The subjunctive is also used in adjective clauses. These are clauses that act as adjectives and modify a noun in the main clause.

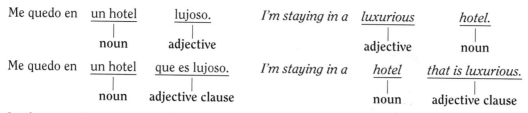

Me quedo en   un hotel   lujoso.   *I'm staying in a*   *luxurious*   *hotel.*
       | | | |
       noun   adjective   adjective   noun

Me quedo en   un hotel   que es lujoso.   *I'm staying in a*   *hotel*   *that is luxurious.*
       noun   adjective clause   noun   adjective clause

In the preceding sentence, the entire clause (**que es lujoso** = *that is luxurious*) modifies the noun (**un hotel** = *a hotel*) in the main clause. The indicative is used in this example because the hotel is a definite, concrete object that exists, since I am staying there. Compare the following examples.

EL SUBJUNTIVO

Quiero quedarme en un hotel que **sea** lujoso.
I want to stay in a hotel that is luxurious.

Busco un hotel que **sea** lujoso.
I am looking for a hotel that is luxurious.

¿Hay un hotel que **sea** lujoso?
Is there a hotel that is luxurious?

No hay ningún hotel que **sea** lujoso.
There is no hotel that is luxurious.

EL INDICATIVO

Me quedo en un hotel que **es** lujoso.
I'm staying in a hotel that is luxurious.

Encontré un hotel que **es** lujoso.
I found a hotel that is luxurious.

Hay un hotel que **es** lujoso.
There is a hotel that is luxurious.

Hay muchos hoteles que **son** lujosos.
*There are many hotels that **are** luxurious.*

In the first set of sentences, the speaker either does not know that a luxury hotel exists, or thinks that it is non-existent. In the second set of sentences the speaker is certain that a luxury hotel exists. What conclusions can you draw about the use of the subjunctive in adjective clauses?

Función

1. The subjunctive is used in the subordinate adjective clause when the antecedent (the noun or pronoun in the main clause that is modified by the adjective clause) is:

   a. negative and therefore does not exist. You cannot assign the indicative mood as it reflects that which is concrete and definite.

No hay ningún cuarto que **tenga** vista al mar.	*There is **no** room that **has** a view of the sea.*
No conozco a nadie que **tenga** un cuarto con vista al mar.	*I **don't know anyone** who **has** a room with a view of the sea.*

   b. indefinite. The speaker is not certain of its existence.

¿Hay un cuarto que **tenga** vista al mar?	*Is there a room that **has** a view of the sea?*
Busco un cuarto que **tenga** vista al mar.	*I'm looking for a room that **has** a view of the sea.*

2. The personal **a** is not used when the antecedent is indefinite. It is used with **alguien** and **nadie**.

Necesito una criada que **pueda** limpiar el cuarto ahora.	*I need a maid who **can** clean the room now.*
Necesito a la criada que **limpia** el cuarto todos los días.	*I need the maid who **cleans** the room every day.*
Necesito a alguien que **pueda** limpiar el cuarto.	*I need someone who **can** clean the room.*

⭐ Practiquemos

A. **Problemas en el hotel.** Ud. entra en su habitación en el Hotel Barato y encuentra algunos problemas. Llene Ud. los espacios con la forma correcta del verbo entre paréntesis en el subjuntivo. Explique por qué es necesario usar el subjuntivo.

1. Quiero una cama que no (ser) _____ antigua.
2. Busco una llave que (abrir) _____ la puerta.
3. Necesito un teléfono que (funcionar) _____ .
4. Quiero un balcón que no (estar) _____ sucio.
5. Prefiero tener una habitación que (dar) _____ a la calle.
6. Busco un botones que (poder) _____ llevar todas mis maletas.
7. Deseo unas sillas que (ser) _____ más cómodas.
8. Necesito un criado que me (ayudar) _____ a desempacar.
9. Busco una lavandería que (planchar) _____ camisas muy bien.
10. Quiero una habitación que (ser) _____ más lujosa.

B. Las cosas que tenemos y las cosas que queremos. Cuando viajan, los García nunca están contentos. Llene Ud. los espacios con la forma apropiada del verbo entre paréntesis en el indicativo o el subjuntivo.

1. Tenemos reservaciones en un hotel que (tener) _____ tres estrellas (*stars*) pero queremos hacer reservaciones en un hotel que (tener) _____ cinco estrellas.

2. Nos quedamos en un hotel que (ser) _____ muy antiguo pero queremos quedarnos en un hotel que (ser) _____ muy moderno.

3. Tenemos un cuarto que (dar) _____ a la piscina pero queremos un cuarto que (dar) _____ a la playa.

4. Nos alojamos en el hotel que (estar) _____ al lado de un museo pero queremos alojarnos en un hotel que (estar) _____ cerca de un castillo.

5. En nuestro hotel hay un quiosco que (aceptar) _____ cheques de viajero pero necesitamos encontrar un quiosco que (aceptar) _____ tarjetas de crédito.

6. El restaurante en nuestro hotel (servir) _____ comida nacional pero buscamos un restaurante que (servir) _____ comida internacional.

7. Tenemos aire acondicionado que (hacer) _____ mucho ruido pero queremos aire acondicionado que no (hacer) _____ ruido.

8. En la cafetería hay un cocinero que (saber) _____ preparar panes muy buenos pero queremos un cocinero que (saber) _____ preparar pasteles deliciosos.

C. Comprando en México. Las personas siguientes están en México y quieren comprar objetos de artesanía (*crafts*) local. Un mexicano les dice dónde están los mejores sitios. Llene Ud. los espacios con la forma apropiada del verbo entre paréntesis en el subjuntivo. Con un(a) compañero(a), hagan los papeles (*roles*) de los turistas y el mexicano.

MODELO

Estudiante 1: Quiero comprar un libro que (tener) <u>tenga</u> información sobre la artesanía.

Estudiante 2: Yo sugiero que Ud. (ir) <u>vaya</u> a una librería en Taxco.

1. Quiero unos aretes de plata que no (ser) _____ muy caros. Recomiendo que Ud. (ir) _____ a Taxco.

2. Buscamos una tienda que (vender) _____ productos de cuero. Sugiero que Uds. (comprarlos) _____ en la capital.

3. ¿Dónde encuentro cestos (*baskets*) que yo (poder) _____ usar para frutas y verduras? Aconsejo que Ud. (buscarlos) _____ en cualquier mercado popular.

4. ¿Conoce Ud. un artesano que (hacer) _____ vasos de cerámica? Sí, recomiendo que Uds. (viajar) _____ a Guadalajara.

5. ¿Quién conoce un almacén que (tener) _____ ropa regional para niños?
   Yo, sí. Es necesario que Uds. (tomar) _____ el autobús para el centro de la ciudad.

6. Deseo comprar cristalería que ninguno de mis amigos (tener) _____ .
   Pues, es importante que Ud. (visitar) _____ los talleres de cristalería en Guadalajara.

D. Un turista que exagera. En cada grupo de turistas hay uno que exagera mucho. Dígale Ud. a este turista que Ud. no lo cree. Use la frase **No hay ningún...**

| MODELO | Turista: Nuestro guía habla doce idiomas perfectamente.
Ud.:   No hay ningún guía que hable doce idiomas perfectamente. |

Subjunctive

1. El hotel tiene veinte piscinas.
2. Mi cuarto cuesta diez dólares por noche.
3. El chef sabe cocinar mejor que Julia Child.
4. El criado limpia el cuarto cinco veces cada día.
5. El quiosco vende revistas de todos los países del mundo.
6. El restaurante sirve tres postres gratis con cada comida.

E. Un hotel de lujo. Lea Ud. el anuncio siguiente. Ud. es un agente de viajes. Intente explicarle a un cliente que ningún hotel le ofrece los servicios que busca. Luego, basándose en el anuncio, dígale qué ofrece el Hotel Intercontinental.

TOMESE TODO EL LUJO DE CALI POR SOLO $11.000 DIARIOS*

PLAN DE VACACIONES
Comparta con su familia unas verdaderas vacaciones, porque nunca antes se habían reunido tantas ventajas y facilidades para que usted disfrute el lujo cinco estrellas: • Dos niños menores de 12 años se alojan gratis con sus padres • Bienvenida con trago para los adultos y helado para los niños • Desayuno Buffet diario • Cancha de Tenis, Piscina, Sauna, Baño Turco y Jacuzzi • Recreación para niños y adultos • Menú Infantil con precios especiales • Camisetas • Descuentos en alquiler de Autos Hertz. Además El Casino El Dorado le ofrece • $6.000 en fichas por adulto • Gran tómbola con un Mazda 323 y maravillosos premios sorpresa. *Con base en habitación doble, mínimo tres noches.

HOTEL INTER·CONTINENTAL CALI

INTER·CONTINENTAL HOTELS

Reservaciones:
Bogotá 2425137, Medellín 2464710, Cali 812186
o en su Agencia de Viajes.
Oferta válida hasta el 31 de Agosto de 1989

MODELO   Cliente: ¿Hay un hotel que (vender) <u>venda</u> sombreros especiales?
Agente: No, pero el Hotel Inter-continental (vender) <u>vende</u> camisetas.

1. ¿Hay un hotel que (tener) _____ cuatro canchas (*courts*) de tenis?
2. ¿Hay un hotel que (servir) _____ un almuerzo buffet diario?
3. ¿Hay un hotel que (organizar) _____ recreación para los viejos?
4. ¿Hay un hotel que (dar) _____ descuentos (*discounts*) en alquiler de Autos Avis?
5. ¿Hay un hotel que (ofrecer) _____ alojamiento gratis para tres niños?
6. ¿Hay un hotel que (regalar) _____ 10.000 en fichas (*tokens*) en el casino?

Ordinal Numbers

Forma

Función

1. Ordinal numbers are adjectives and therefore agree in number and gender with the nouns they modify.

   Los dos primeros[1] **días** de la semana son lunes y martes.   *The **first two days** of the week are Monday and Tuesday.*

   La sexta casa a la derecha es de José.   *The **sixth house** on the right is José's.*

2. **Primero** and **tercero** drop the final —o before a masculine singular noun.

   Nos gustó el **primer** pueblo que visitamos.   *We liked the **first** town we visited.*

   Vive en el **tercer** edificio a la derecha.   *She lives in the **third** building on the right.*

[1]Note that unlike English, in Spanish the cardinal number precedes the ordinal number.

✴ Practiquemos

A. ¿En qué orden? Diga Ud. el orden de los diez primeros meses del año.

 # days of week

↓ don't use w/days

| MODELO | Enero es el primer mes del año.

B. Los ordinales. Llene Ud. los espacios con el número ordinal apropiado.

1. George Washington fue el _premer_ presidente de los EE.UU.
2. En los EE.UU., el jueves es el _____ día de la semana.
3. Siete es el _____ número.
4. Enero, febrero y marzo son los tres _____ meses del año.
5. Según la canción, el _____ día de la Navidad (*Christmas*) mi novio me regaló cinco anillos de oro.
6. Si Ud. es «*junior*» en una universidad en los EE.UU. éste es su _____ año de estudios.
7. El _____ mes del año es octubre.
8. La _____ comida del día es el almuerzo.

Comparatives and Superlatives

Comparatives allow you to compare equal and unequal degrees of qualities and characteristics.

Forma

Comparando adjetivos y adverbios

PABLO ES MÁS ALTO QUE ANTONIO Y ES MÁS RICO QUE ÉL, PERO ANTONIO ES MENOR. ANTONIO ES MÁS DELGADO QUE PABLO, PERO ES EL PEOR ESTUDIANTE PORQUE ES MENOS INTELIGENTE. TOMÁS ES EL MÁS INTELIGENTE DE TODOS Y ES EL MEJOR ESTUDIANTE, PERO ES EL MÁS BAJO PORQUE ES EL MENOR. TOMÁS ES TAN RICO COMO ANTONIO.

PABLO   ANTONIO   TOMÁS

| Inequality: | verb | + | más (menos) | + | adjective or adverb | + | que |
| Equality: | verb | + | tan | + | adjective or adverb | + | como |

Función

1. Comparisons of unequal degrees in English are usually formed adding -er to the end of an adjective or adverb to compare greater degrees, or by placing the word *less* before an adjective or adverb to compare lesser degrees. The word *than* is used in both comparisons.

   Rosa is smarter than María but less creative than she.
   María drives faster than Rosa.

   In Spanish the words **más** (*more*) or **menos** (*less*) + **que** are used.

   Rosa es **más** inteligente **que** María pero **menos** creativa **que** ella.
   María conduce **más** rápidamente **que** Rosa.

2. Comparisons of equality in English are usually expressed with the construction *verb + as + adjective or adverb + as.*

   Rosa is as smart as María.
   María drives as fast as Rosa.

   In Spanish, the words **tan** (*as*) + **como** (*as*) are used.

   Rosa es **tan** inteligente **como** María.
   María conduce **tan** rápidamente **como** Rosa.

3. Certain comparative forms are irregular in Spanish.

bueno (adjective)	*good*	**mejor** (adjective)	*better*
bien (adverb)	*well*	**mejor** (adverb)	*better*
malo (adjective)	*bad*	**peor** (adjective)	*worse*
mal (adverb)	*badly*	**peor** (adverb)	*worse*
viejo (adjective)	*old*	**mayor** (adjective)	*older*[1]
joven (adjective)	*young*	**menor** (adjective)	*younger*[1]

   Yo bailo **mal** pero tú bailas **peor** que yo.

   I dance poorly but you dance worse than I.

   Susana es **mayor** que yo.

   Susana is older than I.

4. Superlatives express the highest or lowest degree of a comparison of more than two things. In English, superlatives are formed by adding the suffix -est to an adjective: *tallest, happiest, brightest,* and so forth. In Spanish the following construction is used:

   definite article + (noun) + **más** (**menos**) + adjective + **de**[2]

   María es **la estudiante más** inteligente de la clase.

   María is the smartest student in the class.

   ¡AVISO! Note that the use of the noun is optional. It is correct to use the definite article when the subject is understood: María es *la* más inteligente de la clase.

---

[1]**Mayor** and **menor** are not used with inanimate objects.
[2]To form the superlative of adverbs use the following construction: verb + **lo** + **más** (**menos**) + adverb + **de**. Él corre **lo más** rápidamente **de** todos (*He runs the fastest of all*).

5. Certain superlative forms are irregular in Spanish.[1]

| mejor *best* | peor *worst* | mayor *oldest* | menor *youngest* |

Ellos son **los mayores** de todos sus amigos.   *They are **the oldest** of all their friends.*

Forma

Comparando sustantivos

| Inequality: | verb | + | más (menos) | + | noun | + | que |
| Equality: | verb | + | tanto(a, os, as) | + | noun | + | como |

Función

1. To compare nouns of inequality, place **más** or **menos** before the noun and **que** after the noun.

Yo compré **más (menos)** recuerdos que tú.   *I bought **more (fewer)** souvenirs than you.*

2. To compare nouns of equality place a form of **tanto** before the noun and **como** after the noun. **Tanto** is an adjective and therefore agrees in number and gender with the noun it modifies.

Irma compró **tantos** recuerdos **como** yo.   *Irma bought **as many** souvenirs as I.*

Tú compraste **tantas** tarjetas postales **como** ella.   *You bought **as many** postcards as she.*

3. **De** is used with **más** or **menos** before a number.

Leí **más de** diez libros durante el viaje.   *I read **more than** ten books during the trip.*

✦ Practiquemos

A. **Comparaciones.** Use Ud. los adjetivos para hacer dos comparaciones de las personas siguientes.

MODELO   Susana va a muchas fiestas. Iris se queda en casa. (popular)
Susana es más popular que Iris. Iris es menos popular que Susana.

1. Emilio recibió una A en la prueba. Oscar recibió una D. (aplicado)
2. Cristián siempre le da flores a su novia. Héctor olvida el cumpleaños de su novia. (romántico)
3. Ignacio escribe poesía y lee filosofía. Manuel baila la lambada. (serio)

[1]Note that these are identical to the irregular comparative forms.

4. Ramona juega al tenis, al golf y al béisbol. Felipe mira la tele. (atlético)

5. Amalia viaja a lugares exóticos. Rodolfo nunca viaja. (interesante)

B. Falso. Corrija Ud. los errores de su amigo sobre México usando **más de** o **menos de** y la información correcta entre paréntesis.

MODELO	Hay sólo un famoso muralista mexicano, Diego Rivera. (David Siqueiros, José Clemente Orozco). **No tienes razón. Hay más de un famoso muralista mexicano.**

1. México consiste en 30 estados (*states*). (32)

2. La Ciudad de México tiene diez millones de habitantes. (16 millones)

3. Cincuenta por ciento de los mexicanos trabajan en los campos. (30%)

4. Sólo hay un volcán (*volcano*) principal. Se llama Paricutín. (muchos)

5. En México, 50% (por ciento) de la gente tiene coches. (5%)

6. Hay una bebida tradicional, la tequila. (mezcal, atole, tepache, etc.)

C. ¡Qué diferentes! Compare Ud. a las personas siguientes.

1. su madre y su padre

2. su mejor amigo(a) y Ud.

3. Danny DeVito y Arnold Schwarzenegger

4. Donald Trump y su profesor(a) de español

5. Tom Cruise y Woody Allen

inequality or equality

D. En la estación de ferrocarriles. Compare Ud. a las personas y las cosas en el dibujo.

MODELO	El padre es más gordo que la madre.

E. Idénticos. Compare Ud. los adverbios siguientes según el modelo.

MODELO	Eduardo baila bien, y Pilar, también. **Pilar baila tan bien como Eduardo.**

1. El autobús llega tarde, y el tren, también.

2. Mamá conduce rápido, y papá, también.

3. Antonio se levanta temprano, y mi prima, también.

4. Nuestro amigo está mal, y yo, también.

5. El abuelo camina lento, y la abuela, también.

F. Exageraciones. A Ud. le gusta hacer comparaciones pero exagera. Forme comparaciones entre una persona que Ud. conoce y las personas siguientes, según el modelo.

> | **MODELO** | famosa / Oprah Winfrey |
> |---|---|
> | | **Mi tía es tan famosa como Oprah Winfrey.** |

1. cómico / Bill Cosby
2. alto / Michael Jordan
3. elegante / la Princesa Diana
4. guapo / Mel Gibson
5. antipático / Scrooge

 G. Todo igual (*equal*). Miguel no quiere que su hermano tenga más que él. Su madre le dice que todo es igual. Con un(a) compañero(a), hagan los papeles (*roles*) de Miguel y mamá y formen comparaciones según el modelo.

> | **MODELO** | Miguel: Mamá, ¿come José más papitas que yo? |
> |---|---|
> | | Mamá: **No, hijo. José come tantas papitas como tú.** |

1. ¿Tiene más chocolate que yo?
2. ¿Juega con más juguetes que yo?
3. ¿Recibe más regalos que yo?
4. ¿Va a más fiestas que yo?
5. ¿Invita a más amigos que yo?
6. ¿Mira más programas de televisión que yo?

H. Gemelas (*Twins*). Inés y Carmela son gemelas. Sus posesiones son idénticas y hacen las mismas actividades. Forme Ud. comparaciones de igualdad (*equality*) según el modelo.

> | **MODELO** | Inés lee tantos libros como Carmela. |
> |---|---|

1.

2.

3.

4.   **5.**   **6.**

I. Siempre mejor. La suegra de Maricarmen cree que sabe lo que es mejor. ¿Qué le dice a Maricarmen? Forme Ud. superlativos según el modelo.

MODELO	Ir a España / visitar México

Ir a España es *bueno* pero visitar México es *mejor*.

1. tomar un autobús / alquilar un auto
2. comer en esta cafetería / cenar en aquel restaurante
3. vivir en el norte / quedarse en el sur
4. tener un piso en la ciudad / tener una casa en las afueras
5. viajar por avión / ir en tren

En resumen

A. Las artesanías de Yucatán. Complete Ud. la lectura con la forma correcta del verbo entre paréntesis. Si hay dos palabras, escoja la más apropiada.

Si Ud. (es, está) en Yucatán y busca un recuerdo que (ser) único, recomendamos que (ir) a un mercado mexicano y (comprar) ropa. (El, La) tradición de hacer y exportar ropa (venir) de la época de los indios aztecas. (Esta, Este) región es famosa (por, para) las guayaberas (vea la p. 319) y el huipil, que (es, está) una

Oaxaca, México

camisa (blanco, blanca), de algodón, bordada (*embroidered*) con muchos colores. También (es, hay) una (grande, gran) variedad de sombreros. No (irse) Ud. de Yucatán sin conseguir una «jipijapa», un sombrero muy cómodo y flexible. Aconsejamos que Ud. (comprar) muchos para regalarles a sus amigos. Es cierto que les (ir) a gustar.

B. **Un hotel ideal.** El Hotel Sol Azteca ofrece todo... hasta un abrelatas (*can opener*) para el cliente que quiere abrir una lata de atún. Combine Ud. las palabras en las dos columnas para formar palabras compuestas (*compound*). Después, conteste las preguntas que siguen.

1. abre-
2. para-
3. saca-
4. par(a)-
5. salva-
6. abre-

a. vidas
b. corchos (*corks*)
c. sol
d. cartas
e. latas
f. aguas

Ahora, ¿qué necesita el cliente que quiere...

1. abrir una botella de vino?
2. leer una carta?
3. ir a la piscina pero no sabe nadar (*to swim*)?
4. pasearse cuando hace mucho sol?
5. comer sopa en lata?
6. salir a la calle cuando llueve mucho?

C. **La civilización de los mayas.** Los mayas vivieron en México y Centroamérica durante mil años y tuvieron una de las culturas más importantes de América. Lea Ud. la lectura siguiente y haga la actividad.

La cultura maya ya existía mucho antes de llegar Cristóbal Colón. La arquitectura de los mayas es impresionante, con sus palacios (*palaces*), pirámides (*pyramids*) y templos enormes. Eran expertos en la astronomía. Construyeron grandes observatorios con sus ventanas perfectamente orientadas (*facing*) hacia (*towards*) el sol y los planetas. Su calendario tenía un margen de error de sólo dos segundos mientras que en nuestro calendario el margen de error es de seis horas. Los mayas practicaban un sistema político muy sofisticado y eran agricultores excelentes. Usaban el cero antes de las otras civilizaciones de su época. Su religión era mística y politeísta (*polytheist*). Desaparecieron (*disappeared*) misteriosamente en el siglo (*century*) X. Cuando los españoles llegaron, no había muchas evidencias de su existencia. Hoy todavía hay descendientes de esa gran civilización que preservan sus costumbres y su idioma. Algunos testimonios de su arquitectura y cultura son los sitios arqueológicos de Chichén Itzá, Uxmal (pronunciado «*Ushmal*»), Tulum, Cobá y Palenque.

1. Basándose en la lectura (*reading*), diga Ud. cómo sabe que los mayas...
   a. sabían medir (*measure*) el tiempo.
   b. tenían interés en la astronomía.
   c. usaban las matemáticas.
   d. creían en más de un dios (*god*).
2. Basándose en la lectura diga Ud. cómo sabe que existía la antigua civilización maya. Ud. puede leer sobre otra gran civilización india, los aztecas, en la Gaceta 4 en la p. 415.

El observatorio «el Caracol», Chichén-Itzá, México

El templo de Kukulkán, Chichén Itzá, México

D. ¿Qué hacemos? Traduzca el diálogo siguiente al español.

Mónica: I can't believe it . . . two tranquil weeks in a luxurious hotel in Acapulco? What'll we do?

Luis: It's all the same to me. Go to the beach? Buy stamps? Unpack?

Mónica: I want to have dinner in a restaurant that serves fresh fish.

Luis: Fine, but first let's look for a kiosk that sells international newspapers.

Mónica: The receptionist told me that the hotel has as many newspapers as the kiosk.

 E. Minidrama. En grupos, representen una de las escenas siguientes.

1. Uds. son viajeros. Llegan a su destino muy cansados y sólo quieren pasar unas vacaciones tranquilas en su hotel de lujo. Pero, descubren que este «hotel de lujo» no es nada como la descripción en el folleto turístico.

2. Uds. son turistas «típicos», de los estereotipos... los que viajan al extranjero y esperan que todo sea igual que en su propio país. Representen una escena en un hotel en México.

 F. Composición.

1. Ud. es un(a) viajero(a) muy difícil de complacer (*please*). Quiere que todo sea perfecto. Escríbale una carta al gerente de un hotel donde piensa quedarse durante un viaje. Pregúntele sobre los servicios que ofrece el hotel como piscina, restaurantes y otros aspectos.

2. Su estancia (*stay*) en un hotel muy caro y lujoso fue una experiencia horrible. Escríbale una carta al gerente del hotel, contándole todos los problemas y explicando por qué Ud. quiere que le devuelva su dinero.

 ## Escuchemos

A. ¿Qué hace Marcos? You will hear a series of sentences that tell you what Marcos is doing. Repeat each one, and then decide if the corresponding drawing matches the description. Write **cierto** or **falso** in the space below each example.

| MODELO | Marcos pasa una noche tranquila en su habitación.
                        _____Falso_____

1.

2.

3.

4.

5.

6.

7.

8.

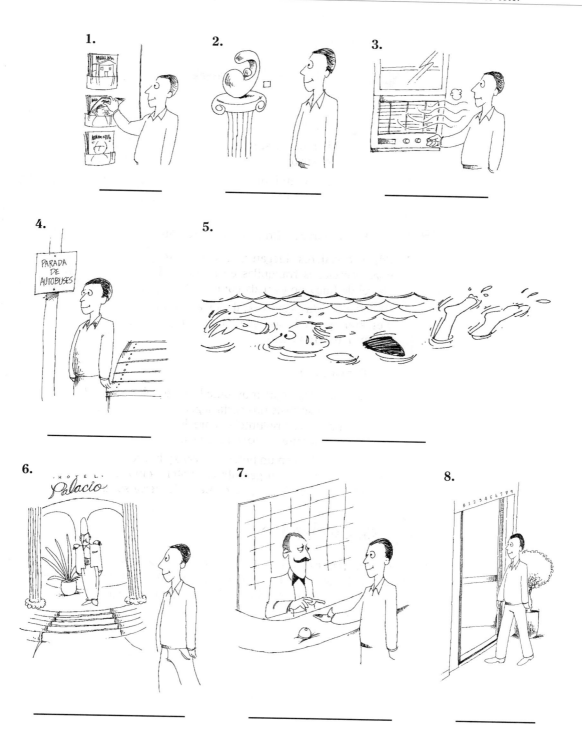

B. Dictado. You will hear a short narration about Susan's hotel preferences. Listen carefully to the entire selection. Listen again and write each sentence during the pauses.

You will then hear a series of questions related to the dictation. Answer them with complete sentences. Refer to your dictation.

Gaceta 4

México y los mexicanoamericanos

Edward James Olmos

Carlos Fuentes

Caras en las noticias

Historian

in this way
life; theme

ambassador

sacred

campaign

taxes
illegal
world
step; stability

Historiador°[1], diplomático, profesor y crítico literario, **Carlos Fuentes** es el novelista más famoso de México y uno de los autores más prolíficos de Latinoamérica. Nació en 1928 en México. De niño viajó mucho y así° conoció la gran diversidad cultural. La policultura y su impacto en la vida° norteamericana es un tema° común de sus conferencias. El autor cree que esta variedad cultural es algo muy positivo, y dice que todos deben aprender a vivir en un contexto multirracial.

Fuentes fue embajador° de México en Francia y fue profesor de literatura en las Universidades de Harvard y Oxford. Escribió *La región más transparente, Aura, Zona sagrada*°, y por su novela *La muerte de Artemio Cruz*, lo comparan con William Faulkner. Generalmente, sus novelas son de temas mexicanos, pero su última novela, *La campaña*°, es sobre la independencia de Argentina.

En 1992, el Presidente de México, **Pedro Salinas de Gortari**, firmó el Tratado de Libre Comercio, o TLC (*North American Free Trade Agreement [NAFTA]*) con Canadá y los EE.UU. ¿Qué impacto puede tener el TLC en el futuro económico de México? Mucho según Salinas y los otros proponentes del tratado. La reducción de los impuestos° a la importación de productos y servicios va a crear nuevos trabajos en México y así bajar el número de emigrantes ilegales° que vienen a los EE.UU. para buscar empleo. La creación de la zona libre de comercio más grande del mundo° es, para Salinas, el paso° más importante en conseguir la estabilidad° económica en México y en toda Latinoamérica.

---

[1]En honor del V Centenario, Carlos Fuentes escribió y presentó una serie para la BBC que se llama, *El espejo enterrado (The Broken Mirror): reflexiones sobre España y el Nuevo Mundo.*

Pero no todos son tan optimistas como Salinas. En México los trabajadores ganan mucho menos que en los EE.UU. Por eso, los sindicatos° temen que miles de personas pierdan sus trabajos cuando las fábricas° norteamericanas inundan° México. También, muchos ecólogos tienen miedo de que esta gran inundación de compañías sea un desastre° para la naturaleza°.

El actor chicano, **Edward James Olmos** ya° tiene su estrella° en la acera° de Hollywood Boulevard, y muchos otros honores, también. Recibió los premios° Emmy y el Golden Globe por su papel° de Martín Castillo en la serie de televisión *Miami Vice*, una nominación al Tony por su participación en la obra teatral *Zoot Suit* de Luis Valdez y una nominación al Oscar en la categoría de Mejor Actor para la película *Stand and Deliver*.[1] Aunque es un artista apasionado° y perfeccionista, el cine no es su única° pasión. Le encanta el béisbol, y cuando era joven jugó como receptor en las ligas menores°. Está orgulloso° de ser chicano y lo latino° influye en todos los aspectos de su vida.

labor unions
factories; inundate

disaster; nature
now; star; sidewalk

awards
role

passionate
only
minor leagues; proud; the latin element

Es decir

¿Comprendió Ud.? Basándose en la lectura y en sus propias (*own*) palabras explique Ud. por qué...

1. Carlos Fuentes puede comprender y apreciar a personas de otras culturas.
2. el TLC puede ayudar el futuro económico de México.
3. Edward James Olmos es considerado un artista versátil.

⭐ Practiquemos

Más figuras famosas. Para saber algo de Octavio Paz, Linda Ronstadt y Emmanuel, arregle Ud. las siguientes frases de cada grupo para formar párrafos lógicos.

Octavio Paz, escritor mexicano

Publicó su primer libro de poemas cuando tenía 19 años.

Otra gran figura de la literatura mexicana es el escritor (*writer*), diplomático y filósofo Octavio Paz.

En 1990 recibió el Premio Nobel de Literatura.

Cuando era joven, pasaba mucho tiempo en la biblioteca de su abuelo, y así empezó a interesarse (*to become interested*) en la literatura.

Linda Ronstadt, artista musical de origen mexicano

Su álbum *Frenesí* contiene música tropical y boleros, que son las canciones románticas que están muy de moda ahora.

Tiene una larga carrera de cantar la música rock, disco, blues, nueva ola (*new wave*), mexicana, pop y ópera.

Otro álbum es *Más canciones*, que canta con sus dos hermanos Mike y Pete.

Linda Ronstadt, la cantante norteamericana de origen mexicano, es una de las cantantes más versátiles de este país.

---

[1]Otras películas de Edward James Olmos son *Bladerunner*, *The Ballad of Gregorio Cortez*, *Triumph of the Spirit*, *Talent for the Game* y *American Me*.

Emmanuel, ex torero (*matador*) y cantante mexicano

Es un experto de la innovación y le gusta romper con las tradiciones y experimentar con otras formas de cantar.

Emmanuel es considerado uno de los mejores artistas de la música pop en español.

Ahora trata de combinar los elementos latinos con la música pop para crear algo diferente.

Notas y notables

El fenómeno de Frida Kahlo

Frida Kahlo

«Retrato de Luther Burbank» de Frida Kahlo

work; resurged
became

plays
self-portraits
century
ancestry; Jewish

unstable; suffering
majority

En los años setenta el interés en la obra° artística de Frida Kahlo renació° y Frida se hizo° un fenómeno. Veinte años más tarde la manía de Frida continúa. Venden sus cuadros por millones de dólares, publican sus biografías[1] y hacen películas y obras de teatro° sobre su vida. Su popularidad viene de la originalidad de sus famosos autorretratos° y de su vida heróica y controversial. Para muchos, Frida Kahlo es un símbolo de la independencia y la liberación, y es la artista más celebrada de este siglo°.

De ascendencia° judía°-europea, Frida nació en Coyoacán, México en 1910. A los seis años sufrió un ataque de poliomelitis, y a los 15 años tuvo un accidente terrible y quedó infértil y paralizada. Fue en esa época cuando empezó a pintar. A los 19 años se casó con el famoso artista Diego Rivera, ella por primera vez y él por tercera vez. El matrimono fue complicado e inestable,° y le causó mucho sufrimiento°. Su dolor físico, sicológico y emocional está presente en la mayoría° de sus 200 cuadros. Según muchos críticos, la obra de Frida tiene las influencias del surrealismo

[1]*Frida Kahlo: An Open Life* por Raquel Tibol y *Frida Kahlo: Torment and Triumph in Her Life and Art* por Malka Drucker son dos biografías de la artista.

porque combina los autorretratos con imágenes precolombinas y folkóricas. Sin embargo, Frida insistió en que no era surrealista sino° realista, y que estas imágenes eran «su propia realidad». *but rather*

En honor de Frida, Diego Rivera le regaló a su país una casa extraordinaria. Hoy, la casa contiene el Museo Frida Kahlo, y está situada en Coyoacán, en las calles Allende y Londres. Se pueden ver los vestidos indígenas de Frida, sus cartas de amor y otros artículos personales, y de esta manera°, entrar un poco en la vida privada de Frida y Diego Rivera. *in this way*

Los mexicanoamericanos: Inmigrantes en su propia° tierra

own

En 1848, al terminar la Guerra México-americana, los Estados Unidos y México firmaron el Tratado de Guadalupe Hidalgo, y México perdió mucho de su país. California, Nevada, y gran parte de Nuevo México, Arizona y Utah pasaron a ser parte de los Estados Unidos por sólo 15 millones de dólares. El gobierno de los Estados Unidos les prometió a los 100.000 mexicanos que vivían en ese territorio sus derechos como ciudadanos norteamericanos y la preservación de su cultura y sus tierras. Pero las promesas° fueron rotas°, y estos primeros mexicanoamericanos fueron explotados° y tratados como subordinados. Perdieron sus tierras, sus bienes° y sus derechos.° *promises; broken; exploited* *belongings; rights*

En los años 40, para escaparse de la inestabilidad económica y política de su país, miles de mexicanos empezaron a venir a trabajar en las minas, las fábricas y los campos norteamericanos. Irónicamente, estos «braceros»° se encontraron atrapados° en un ciclo de pobreza, sin salida y sin esperanza.° Hoy este ciclo continúa debido al° gran número de inmigrantes sin documentación que cruza la frontera entre México y los Estados Unidos en busca de un futuro mejor. *day labourers* *trapped; hope* *due to*

Tratado de Guadalupe Hidalgo 1848

El legado° de César Chávez

legacy

¿Quién nos va a ayudar ahora? Ésta es la pregunta que hacen muchos campesinos° chicanos° desde la muerte de César Chávez. Chávez, fundador° y presidente del Sindicato de Trabajadores Agrícolas, o STA (*United Farm Workers of America, UFWA*), murió el 23 de abril de 1993, y dejó un vacío° tremendo en el STA, y en la vida de muchas personas. Chávez dedicó toda su vida a la protección de los derechos° humanos del trabajador migratorio° y a la unificación política de la gente chicana. *farmers* *U.S. citizen of Mexican origin;* *founder* *vacuum* *rights* *migrant*

César Chávez

farm; Great Depression
town to town

César Chávez nació en Arizona en 1927 y vivió allí hasta 1937 cuando su familia perdió su finca° de 160 acres en la Gran Crisis°. Tuvieron que viajar de pueblo en pueblo° buscando trabajo temporal. El joven César experimentó personalmente las condiciones miserables de los trabajadores migratorios: los salarios bajo el sueldo mínimo, y la falta de casas, de beneficios médicos, de facilidades sanitarias y mucho más.

union organizer
level; strategies; boycott
hunger strike
joined; support

En los años 50, Chávez empezó su trabajo de organizador sindical°. Para llamar la atención a su causa a nivel° nacional, sus estrategias° incluían el boicoteo° y la huelga de hambre°. Figuras famosas como Robert Kennedy, Rubén Blades y Edward James Olmos se unieron° a la causa y le dieron apoyo° a Chávez. En 1970, después de un boicoteo nacional de uvas, los rancheros firmaron un contrato con el sindicato. Sin embargo, para 1980 sólo uno de cada cinco campesinos recibía beneficios médicos y de trabajo.

were getting
fought
members
spirit

En 1984, Chávez descubrió que un gran número de familias migratorias que trabajaban en regiones de California donde usaban ciertos pesticidas, contraía° cáncer. Empezó su nuevo boicoteo para impedir el uso de estos pesticidas. Chávez luchó° mucho para los campesinos chicanos y les consiguió mucho. Los miembros° del STA esperan que la gente no olvide el espíritu°, la dedicación y la generosidad de César Chávez y que siga luchando.

El origen de La Bamba

Sólo el mundo hispánico conocía la canción «La Bamba», hasta 1958, cuando un joven cantante chicano, Richard Valenzuela (Ritchie Valens) la hizo popular con los ritmos° de rock and roll. Hoy, es muy probable que «La Bamba» sea la canción hispánica más popular del mundo. El origen de la canción es interesante, y está asociado con la ciudad mexicana de Veracruz.

rhythms

coast
century
slaves
theory
next; became known

En 1519, el español Hernán Cortés llegó a la costa° de México y empezó la colonización de Veracruz. En el siglo° XVII los españoles comenzaron a importar esclavos° africanos, y con ellos vinieron sus canciones y tradiciones. Según una teoría°, la canción y el baile «La Bamba» vinieron de Mbamba, un lugar en África. El baile fue muy popular en Veracruz, y en los próximos° dos siglos llegó a conocerse° por todas partes del país.

Hay muchos versos de «La Bamba», pero la más famosa es:

Para bailar La Bamba
Para bailar La Bamba se necesita
una poca de gracia°   *grace*
una poca de gracia y otra cosita°   *little thing*
ay arriba°, ay arriba.   *up*
Ay arriba, ay arriba, ay arriba iré°   *I will go*
Yo no soy marinero°.   *seaman*
No soy marinero, por ti seré°, por ti seré, por ti seré   *for you I will be*
(Una alternativa: No soy marinero, soy capitán, soy capitán, soy capitán)

¿Y qué significan los versos? Veracruz era un puerto° importante y allí siempre había   *port*
marineros extranjeros que querían, naturalmente, conocer a las mujeres de esa
ciudad. Los hombres de Veracruz, compitiendo° por las atenciones de las mujeres,   *competing*
les cantaban a las mujeres «no soy marinero, pero por ti seré... o, mejor que marinero,
soy capitán».

En los EE.UU., más de 150 artistas grabaron° «La Bamba»: Chuck Berry, Chubby   *recorded*
Checker, The Mormon Tabernacle Choir, Harry Belafonte, Neil Diamond, Los Lobos,
y más. A algunos mexicanos no les gustan las versiones modernas o americanizadas.
Dice Danny Valdez, asistente al productor para la película *La Bamba*: «Es como
tocar un canto gregoriano en un sintetizador, pero prueba que la canción tiene vida
y capacidad de trascender generaciones». Hay una versión que se llama «La Bamba
Chicana» y dice así: «Para ser chicano se necesita un poquito de boicot».

Es decir

¿Qué sabe Ud.? Diga Ud. por qué...

1. la vida y la obra artística de Frida Kahlo son tan populares.
2. muchos críticos creen que los cuadros de Frida Kahlo son surrealistas.
3. la canción «La Bamba» está asociada con África y con la ciudad mexicana
   de Veracruz.
4. muchas personas conocen la canción «La Bamba».
5. César Chávez conocía personalmente la vida del trabajador migratorio.
6. el trabajo de César Chávez debe continuar.
7. México fue un país más grande antes de 1848.

✦ Practiquemos

A. El muralista (*muralist*) mexicano, Diego Rivera.[1] Para aprender sobre la vida y la carrera del artista Diego Rivera, complete Ud. la selección con el verbo apropiado de la lista. Hay varias posibilidades.

Un mural de Diego Rivera en
el Palacio Nacional, México, D.F.

conoció	volvió	estudió	viajó	fue
murió	pintó	empezó	tuvo	

Diego Rivera, fundador (*founder*) del movimiento muralista mexicano, nació en 1886 en el pueblo (*town*) colonial de Guanajuato. La revolución de 1910 _____ mucha influencia en la vida del joven Rivera y despertó su patriotismo y su conciencia política. Rivera _____ por todo México y _____ los pueblos, los paisajes (*landscapes*), el pasado precolombino y, más importante, a la gente. A los 24 años _____ a París donde _____ , _____ y _____ a experimentar con otros estilos (*styles*) artísticos como el cubismo. _____ a México, y en el ambiente (*atmosphere*) de libertad y democracia, adornó (*he decorated*) las murallas de la ciudad con murales de la historia del pueblo (*people*) mexicano. Rivera _____ en 1957, dejándole a su país y al mundo miles de obras artísticas.

B. El arte chicano. El cuadro (*painting*) siguiente forma parte de la exposición (*exhibition*) «Arte Chicano: Resistencia y Afirmación». Refleja (*It reflects*) con ironía los problemas que causan los pesticidas para la gente chicana. Mire Ud. el cuadro y conteste las preguntas. El vocabulario siguiente puede ayudar a contestar las preguntas.

---

[1]José Clemente Orozco y David Alfaro Siqueiros son otros famosos muralistas mexicanos.

Ester Hernández, 1983

esqueleto *skeleton*   pasas *raisins*   enojado *angry*

1. ¿Qué ve Ud. en este cuadro? Descríbalo.
2. ¿Cuál es el mensaje de este cuadro?

Una gira turística por México

México es una república con treinta estados° y un distrito federal, y tiene una *states* población de casi 80.000.000 de personas. La Ciudad de México, a 2.280 metros de altitud, es la capital del país y la ciudad más grande del mundo hispánico. El Palacio de Bellas Artes° contiene la famosa cortina de vidrio° de Tiffany y obras° de los tres *Fine Arts; glass; works* muralistas mexicanos, José Clemente Orozco, Diego Rivera y David Alfaro Siqueiros. En el Parque° de Chapultepec hay un zoo y un castillo que es la antigua residencia *Park* del Emperador° Maximiliano.[1] Hoy contiene el Museo° Nacional de Historia. También *Emperor; Museum* en el parque está el Museo de Antropología con artículos de los 11.000 sitios arqueológicos de México.

El Palacio de Bellas Artes, México, D.F.

[1]El francés Maximiliano de Habsburgo, con su esposa Carlota, gobernó México desde 1864 hasta 1867 cuando fue ejecutado por las fuerzas (*forces*) de Benito Juárez.

La catedral de Santa Prisca, Taxco, México

Las ruinas de Uxmal en la península de Yucatán, México

pyramids
centuries

businesses; silversmith trade

Mexican cowboy; typical dance

charm

climate

Mayan

lost; jungle
bay
surrounded; mountains
water; night; high divers
paradise
village; fishermen
Caribbean
islands
scenery

Desde la capital se pueden hacer muchas excursiones de un día. En San Juan, Teotihuacán, a 48 kilómetros al norte, las pirámides° y ruinas son de los primeros siglos° de la época cristiana. En Cuernavaca, la ciudad favorita de Maximiliano y Carlota, hay mansiones, calles típicas y jardines bonitos. El Palacio de Cortés tiene un fresco impresionante de Diego Rivera. Al sur de Cuernavaca está Taxco. Con su fabulosa arquitectura colonial y los 800 comercios° dedicados a la platería°, es un centro turístico muy popular.

Guadalajara, la ciudad del charro°, de la música mariachi y del jarabe tapatío°, es la segunda ciudad del país. Es el «México de los mexicanos» porque tiene el encanto° y las tradiciones de su pasado colonial y también un ambiente cosmopolita con museos, tiendas y plazas elegantes. Tiene más de 4.000.000 de personas y el mejor clima° de Norteamérica.

Mérida es la «ciudad blanca» de México, la capital de Yucatán y un centro importante de la antigua civilización maya.° Desde allí hay excursiones a famosos sitios arqueológicos como Uxmal, Kabah, Chichén Itzá y las misteriosas ciudades perdidas° de la selva° de Yucatán.

¿Quién no conoce las magníficas playas de México? En una bahía° del Pacífico, rodeada° de montañas° está Acapulco, la playa más famosa del país. Los deportes acuáticos°, la intensa vida nocturna° y los clavadistas° de La Quebrada son sólo algunos de los atractivos de este paraíso°. Otro sitio muy bonito en el Pacífico es Puerta Vallarta, un antiguo pueblo° de pescadores° donde filmaron la película *The Night of the Iguana*. En el Caribe° hay importantes centros turísticos como Cancún y las islas° preciosas de Cozumel e Isla Mujeres. El clima, la abundancia de flores y frutas tropicales, los paisajes° fabulosos y la hospitalidad de la gente hacen de México un lugar ideal para pasar las vacaciones.

Es decir

A. Diga Ud...

1. cuántas personas viven en México.
2. quién es Diego Rivera.
3. dónde venden objetos de plata.
4. qué ciudad está cerca de la capital.
5. cuántos sitios arqueológicos hay en México.

B. Nombre Ud... .

1. cinco razones por las que muchas personas pasan sus vacaciones en México.

2. cuatro hechos (*facts*) referentes a la capital.

3. tres adjetivos que describen el país de México.

4. dos preguntas que Ud. quiere hacerle a una persona que acaba de volver de México.

5. un aspecto de México que Ud. quiere investigar.

La pirámide del Sol, Teotihuacán, México

✦ Practiquemos

A. La civilización azteca. Para aprender sobre la antigua civilización azteca, lea Ud. la lectura siguiente y conteste las preguntas.

Se cree que los aztecas, una tribu° de cazadores° y agricultores°, dejaron su tierra de Aztlán en el norte de México en 1168 y llegaron al Valle° de México en el año 1348. Conquistaron a las tribus que vivían allí, construyeron su capital de Tenochtitlán y eligieron a Moctezuma I como jefe supremo. Para el siglo° XV, los aztecas eran muy poderosos° y su imperio° se extendía hasta el Pacífico.

    La base de su economía era el cultivo° de maíz, frijol, cacao y algodón. De los indios toltecas aprendieron el arte de hacer ornamentos de oro. Interpretaron los astros°, calcularon el calendario, escribieron poesía, tocaron música y construyeron grandes templos religiosos. Su escritura° era jeroglífica, y dos de sus dioses° eran Quetzalcoatl y Tláloc. Creían que tenían que alimentar° a sus dioses con la sangre° humana, especialmente al dios de la guerra°, Huitzilopóchtli.

    En el año 1519, el conquistador español Hernán Cortés llegó a México y, con la ayuda de las tribus enemigas°, destruyó por completo al imperio azteca.

tribe; hunters; farmers
valley

century
powerful; empire
cultivation

stars
writing; gods
feed; blood
war

enemy

1. ¿De dónde vinieron los aztecas?

2. ¿Cómo se llamaba su jefe?

3. ¿En qué estaba basada su economía?

4. ¿Cuáles son algunos aspectos culturales de la civilización azteca?

5. ¿Qué hacían los aztecas para satisfacer (*satisfy*) a sus dioses?

6. ¿Por cuántos años vivieron los indios aztecas en el Valle de México?

B. El origen de las piñatas. A muchos turistas les gusta comprar piñatas en México. Para aprender sobre el origen de las piñatas, lea Ud. la lectura siguiente y haga el ejercicio.

Carmen Lomas Garza, «Cumpleaños de Lala y Tudi» Oil on canvas, 36″ × 48″. Collection of Paula Maciel Benecke & Norbert Benecke, Aptos, CA.

century
court; courtesans
initiated
coins; precious stones

Lent
became; Christmas
star
silvery

turtles

La historia de la piñata empezó en el siglo° XIII cuando el marinero Marco Polo volvió de un viaje a Asia y presentó las piñatas en la corte° italiana. Los cortesanos° iniciaron° la costumbre de romper las piñatas en sus fiestas elegantes. Sus piñatas no tenían frutas, juguetes y bombones, sino monedas° de oro y piedras preciosas°. Las piñatas pasaron a España y formaron parte de las tradiciones religiosas de la Cuaresma°. Cuando llegaron a América con los conquistadores y colonizadores españoles se hicieron° una parte importante de la celebración de la Navidad°. Hay piñatas multicolores en todos los mercados de México. La piñata clásica es la estrella° de papel plateado°, pero hoy día hay piñatas para todos los gustos —flores, aviones, todo tipo de animales y los héroes infantiles como Batman, Superman y las tortugas° Ninja.

Las frases siguientes son falsas. Corríjalas con frases completas.

1. En Italia la gente pobre rompía piñatas en sus fiestas.
2. Solamente en España las piñatas eran una parte de las celebraciones religiosas.
3. La piñata llegó a América en el siglo XII.
4. La piñata más tradicional es la flor.
5. Para comprar una piñata en México hay que ir a una tienda elegante.

Enfoque literario

agricultural; stories

childhood
real
storm; crops
faith
Mex. currency
destined for; gathered

hidden

Gregorio López y Fuentes (México, 1897–1966) creció en el campo de Veracruz donde se familiarizó con la vida agrícola,° un elemento importante en sus cuentos°. En el libro *Cuentos campesinos de México,* el autor escribió sobre las experiencias y las personalidades de su niñez.° Dice el autor: «No es un México perfecto ni un México ideal; es simplemente un Mexico verídico°. . .» En el cuento «Una carta a Dios», hubo una gran tempestad° que destruyó todas las cosechas° de los campesinos del pueblo. Lencho, uno de los campesinos y un hombre de mucha fe°, le escribió una carta a Dios pidiéndole cien pesos.° Cuando el jefe de la oficina de correos, vio la carta dirigida° a Dios, estuvo tan impresionado con la fe de ese hombre que reunió° sesenta pesos, se los puso en una carta dirigida a Lencho y firmó «Dios». Al día siguiente, Lencho volvió para ver si había una carta para él. Los empleados, escondidos° en la oficina, esperaban para ver su reacción.

Una carta a Dios
(última parte, la reacción de Lencho)

Lencho no mostró la menor sorpresa° al ver° los billetes°—tanta° era su seguridad°—, pero hizo un gesto de cólera° al contar el dinero... ¡Dios no podía haberse equivocado,° ni negar lo que se le había pedido!°

Inmediatamente, Lencho se acercó° a la ventanilla para pedir papel y tinta°. En la mesa destinada al público, se puso a° escribir... Al terminar, fue a pedir un timbre...

En cuanto° la carta cayó al buzón, el jefe de correos fue a recogerla. Decía:«Dios: Del dinero que te pedí sólo llegaron a mis manos° sesenta pesos. Mándame el resto, que me hace mucha falta, pero no me lo mandes por conducto° de la oficina de correos, porque los empleados son muy ladrones.°—Lencho».

surprise; upon seeing; bills; so much; confidence; anger; have made a mistake; had asked; approached; ink he began
As soon as
hands
by means of
thieves

Es decir

Comprensión. Busque Ud. en la segunda columna la terminación de la frase en la primera columna.

1. Lencho no mostró
2. Lencho se acercó a
3. Se puso a
4. Fue a pedir
5. Sólo llegaron a mis manos
6. Los empleados son

a. un timbre.
b. escribir.
c. la menor sorpresa.
d. muy ladrones.
e. la ventanilla.
f. sesenta pesos.

✦ Practiquemos

A. El lenguaje (*language*) literario. En el segmento del cuento, busque Ud. las palabras que tienen el mismo significado (*same meaning*) que las palabras y frases siguientes.

1. el dinero
2. para
3. ventana pequeña
4. empezó a
5. solamente
6. no son muy honestos

B. Discusión.

1. Describa Ud. { a Lencho.
   { al jefe de correos.

2. Explique Ud. { la situación económica de Lencho.
   { por qué Lencho le escribió una carta a Dios.
   { la reacción de Lencho cuando leyó la carta de Dios.

C. Reacción personal.

El final del cuento puede ser cómico o triste, depende de su punto de vista (*point of view*). ¿Qué piensa Ud.?

Videocultura

Tino Villanueva

La vida del mexicanoamericano:
Una entrevista con el poeta chicano Tino Villanueva

Tino Villanueva es profesor universitario en Boston, y también es escritor y poeta mexicanoamericano. Escribe de la vida difícil del campesino° chicano, y de su experiencia personal de niño, en los campos de algodón, pizcando° para patrones.° La vida del trabajador migratorio° era uno de constante cambio.

Tino tuvo la oportunidad de estudiar en la universidad gracias a becas que recibió del gobierno. Recibió su título universitario y luego su doctorado de Boston University. Su poesía chicana es conocida por todo el mundo.

farm worker
picking; bosses
migrant worker

 Vamos a conocer al poeta. Mire Ud. el video y haga los ejercicios que siguen.

Palabras útiles

el trabajador migratorio	*migrant farmworker*
surgir	*to appear*
el campesino	*farmworker, person from the country*
la faena	*duty, task*
pizcar	*to pick (fruits and vegetables)*
la cosecha	*crop*
empaquetar	*to pack*
pertenecer	*to belong*
el patrón	*boss*
el cosechero	*owner of a crop*
explotado	*exploited*
el sindicato	*labor union*
el beneficio	*benefit*
la huelga	*strike*
la cereza	*cherry*
la voz	*voice*
la tierra	*land*

Es decir

A. La obra (*work*) poética. Sigue una parte de su primer poema sobre la vida del chicano. Basándose en el video, llene Ud. los espacios con la palabra correcta.

Que hay otra voz°

voice

¡Y éntrale° otra vez con la frescura!   *get to work (slang)*
Éntrale a los surcos agridulces° más _____   *bittersweet rows*
que la vida misma:

plums	beans
_____	cotton
betabel°	pepinos°
pruning	_____
_____	apricots
chopping	plucking
soybeans	_____

beets; cucumbers

no *importa.*
Que hay que comer, hacer pagos, sacar la ropa
del Lay-Away; '55 Chevy engine tune-up;
los niños en seventh-grade piden lápices
con futuro. Hay otra voz que _____
Tú,
    cómotellamas, mexicano, _____ , Meskin,
    skin, Mex-guy, Mex-Am, _____ ,
    Mexican-American, Chicano,
tú,
    de las manos diestras°, y la espalda°   *skilled; back*
    empapada° desde que cruzó° tu _____ el Río°,   *soaking wet; crossed; Río Grande*
Las estaciones siguen en su madura marcha   *River*
de generación en _____ , de mapa en _____ ,
de patrón en patrón, de surco en surco.

Surcos,
viñas°,   *vineyards*
de donde ha brotado el grito audaz°.   *the bold cry has burst forth*
las huelgas° siembran° un día _____   *strikes; are sowing*
El boycott es religión,
y la múltiple existencia se confirma en celdas°.   *jail cells*

B. ¿Qué recuerda Ud.? Basándose en el video, escoja Ud. (*choose*) la respuesta correcta.

1. La palabra «chicano» significa...
   a. latino
   b. español
   c. mexicanoamericano

2. ¿De dónde es Tino?
   a. México
   b. Texas
   c. Boston

3. ¿Hasta qué edad (*age*) trabajó Tino en el campo?
   a. hasta los 17 años
   b. hasta los 13 años
   c. hasta los 20 años

4. Según Tino, ¿quiénes son los más explotados (*exploited*)?
   a. los patrones
   b. los campesinos
   c. los que trabajan en las ciudades
5. ¿Cuál fue la única defensa que tenían los trabajadores migratorios?
   a. buscar otros trabajos
   b. ir a la ciudad
   c. participar en un boycott
6. ¿Cuál es el tema del primer poema de Tino?
   a. el trabajo difícil de los campesinos
   b. César Chávez
   c. sus años en la universidad

C. ¿Quién es? ¿Qué es? En sus propias palabras, diga Ud. ...

1. ¿Quién es Tino Villanueva y cómo era su vida?
2. ¿Qué es el Ballet Folklórico de Aztlán?
3. ¿Qué es Aztlán?

D. El ballet. Conteste Ud. las preguntas con frases completas.

1. ¿Cómo son los trajes (*costumes*) que llevan los bailarines? ¿Por qué son diferentes para los dos bailes? ¿Qué reflejan (*reflect*) los trajes?
2. ¿Qué baile parece tener más influencia de los EE.UU.? ¿Y de México? Explique.

✦ Practiquemos

A. ¿Qué piensa Ud.? Después de leer el poema «Que hay otra voz», conteste Ud. las preguntas.

1. ¿Por qué está el poema escrito (*written*) en inglés y español?
2. ¿Cuál es el significado de las listas largas de cosechas y faenas que hacen los campesinos?
3. ¿Cuáles son algunos de los nombres que se usan para referirse a un chicano? ¿Por qué usan estos nombres? ¿Quiénes los usan?
4. ¿Qué es un «lápiz con futuro»? ¿Qué es lo que quieren los niños?
5. ¿Es el poema optimista? Explique.

B. Actividades extraescolares. Describa Ud. las actividades extraescolares y culturales que hay en su universidad. ¿Hay grupos de baile folklórico? ¿Participa Ud. en ellos? ¿Por qué sí o no?

Peter Rodríguez: El arte como reflejo de la cultura

alive
founder; Museum

Peter Rodríguez nació en California de padres mexicanos. Mantiene muy viva° su cultura mexicana en su arte personal y también como fundador° del Museo° Mexicano de San Francisco, un museo dedicado a la protección del arte mexicano y chicano en los EE.UU. Es un artista de mucho talento, y expresa su creatividad por varios medios artísticos, pero siempre refleja el folklorismo mexicano.

left:
Peter Rodríguez,
"Self Portrait" (1975),
Acrylic on canvas, 40″ × 42″.

right:
Peter Rodríguez,
"Santo Niño de Atocha"
(1984)

Para ver la obra° artística de Peter Rodríguez, mire Ud. el video y haga los   *work*
ejercicios que siguen.

Palabras útiles

la pintura	*painting*
la caja	*box*
el tapete	*small carpet*
surgir	*to appear*
utilizar	*to utilize*
el nopal	*prickly pear cactus*
	(Mex.)
el diseño	*design*
el tallador	*carver*
el sentido	*feeling, sense*
cotidiano	*daily*
el santo	*saint*
el homenaje	*homage*
cariñoso	*affectionate*
la guerra	*war*
el retrato; autorretrato	*portrait; self-portrait*
el soldado	*soldier*
el cofre	*coffin*
la bandera	*flag*
exhibir	*to exhibit*

Es decir

A. Uno es falso. Basándose en la lectura (*reading*) y el video, diga Ud. cuál de las
respuestas es falsa.

1. Peter Rodríguez es...
   a. artista   b. autor   c. fundador de un museo
2. Peter quiere preservar el arte...
   a. chicano   b. cubano   c. mexicano
3. El arte chicano surgió en los...
   a. 80   b. 60   c. 70
4. Peter hace...
   a. fotografía   b. video   c. cajas
5. En la cultura de México, siempre utilizan...
   a. el taco   b. el nopal   c. el chile

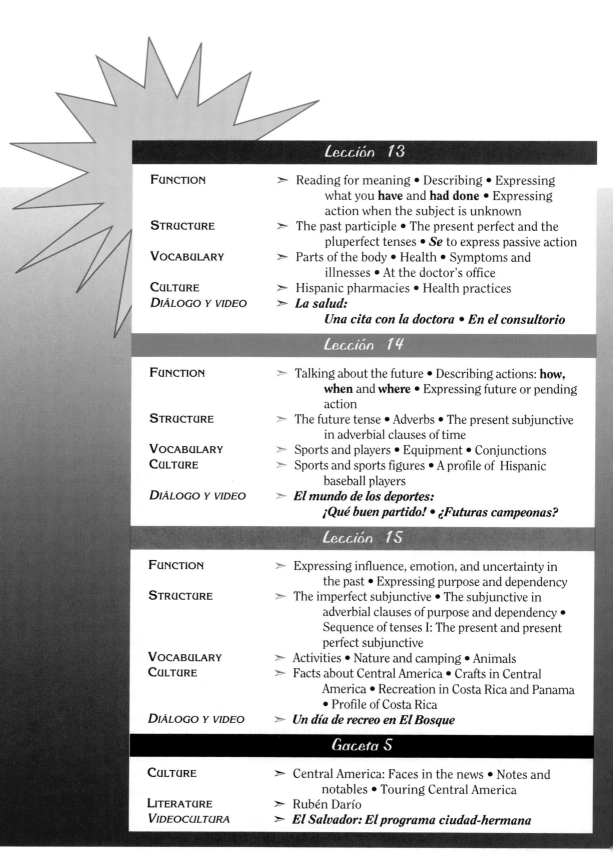

Unidad 5

Cuidando el cuerpo

Unos jóvenes juegan al fútbol.

⭐ Guía para el estudio

Reading for Meaning

When you read in your native language you rarely know the meaning of every word. However, you don't continually consult a dictionary because often you can guess the meaning of the unknown words from the context of the sentence. Many times it's not important for you to know the meaning of every word in order to understand the sentence. When you read in a foreign language you should use this same technique of word guessing. Other reading aids include:

1. **recognizing cognates.** Cognates and false cognates are discussed in the preliminary sections and the **Guía para el estudio** section of Unit four.

2. **reading aloud.** Sometimes hearing yourself pronounce the words aids in recognition or comprehension.

3. **identifying the grammatical function of the word.** Is it a verb? Does it modify a noun? Knowing the function can help you guess the meaning.

4. **finding words in the same family.** You may know another form of the word in question. For example, you know the noun **universidad**. Do you know its adjective form **universitario**, as in **la vida universitaria**? You know the word **estudiante**. What do you think the adjective **estudiantil** means, as in **los años estudiantiles**?

5. **learning to identify certain prefixes and suffixes and their English equivalents.** For example:

prefixes		suffixes	
in-	*un-, in-*	-dad	*-ity*
des-	*dis-, un-*	-ción	*-tion*
pre-	*pre-*	-ancia, -encia	*-ance, -ence*
		-ismo	*-ism*
		-ista	*-ist*
		-mente	*-ly*

🌠 Practiquemos

A. De la misma familia. ¿Qué sustantivos (*nouns*) están relacionados con los adjetivos siguientes?

1. verdadero
2. nocturno
3. amueblado
4. anaranjado
5. amigable

B. Prefijos y sufijos. Identifique Ud. las palabras siguientes por sus prefijos o sufijos.

1. unidad
2. innecesario
3. desordenado
4. localidad
5. tolerancia

C. Comprensión de lectura. Lea Ud. el anuncio siguiente sobre la vitamina C. Adivine (*Guess*) el significado de las palabras subrayadas. (*Use the numbered clues to help you choose a technique.*)

1. cognate
2. grammatical function, context
3. word from the same family
4. prefix, context
5. context
6. context

¿Lo sabía? La vitamina C se puede tomar en la forma tradicional... pero también de otra mucho más agradable, como si fuera un refresco, gracias a las <u>tabletas</u> <u>efervescentes</u> (1.) con sabor a naranja <u>fabricadas</u> (2.) por la compañía suiza Swiss Pharma Trading Corporation.

La vitamina C <u>mejora</u> (3.) los mecanismos de defensa del organismo al aumentar el poder defensivo de los glóbulos blancos, encargados de combatir a las bacterias. De ahí su importancia durante una convalescencia o para <u>prevenir</u> (4.) infecciones.

Ayuda a reducir <u>el</u> <u>nivel</u> (5.) de colesterol en la sangre.

Esta tableta tiene un rico sabor a naranja por lo que resulta el modo ideal de <u>suministrar</u> (6.) vitamina C, tanto a niños como a adultos.

¡Ay, doctora!

Aviso cultural
(As a reading aid, refer to lesson vocabulary for new words.)

¿Qué se puede comprar en una farmacia en los EE.UU.? Nombre 10 cosas.
En las farmacias de España y de algunos países hispanoamericanos se venden
medicinas casi exclusivamente. Para comprar champú y otros productos hay
que ir a una perfumería. Muchas de las medicinas que en los EE.UU. requieren
una receta (como los antibióticos), se pueden comprar sin receta. Cuando uno
se siente enfermo es común ir a la farmacia en vez de llamar al médico, porque
los farmacéuticos pueden poner inyecciones y recomendar tratamientos. Las
«farmacias de guardia» son las farmacias que se quedan abiertas por la noche
y los días de fiesta, y sus direcciones (*addresses*) y números de teléfono se
publican en el periódico porque varían todas las semanas. ¿Cuál es su impresión
de las farmacias y los farmacéuticos españoles? ¿Suelen los farmacéuticos en
los EE.UU. recomendar tratamientos y poner inyecciones? Explique.

Preparativos (You may want to review the vocabulary list on pp.
431–433 before and/or after viewing the video.)

Al mirar el video o leer los diálogos siguientes, note bien las palabras de las varias
partes del cuerpo humano y las descripciones del estado de la salud. ¿Cuántas partes
del cuerpo menciona la doctora? ¿Cuáles son?

La salud[1]

Una cita con la doctora
(*Suena el teléfono*)

ENFERMERA   Buenos días, consultorio de la Dra. Silva.

SEÑORA   Buenos días, señorita. Habla la Sra. Pineda. Quisiera hacer otra cita
con la doctora lo más pronto posible.

---

[1]For an English translation of this dialogue, see Appendix A, pp. A15–A17.

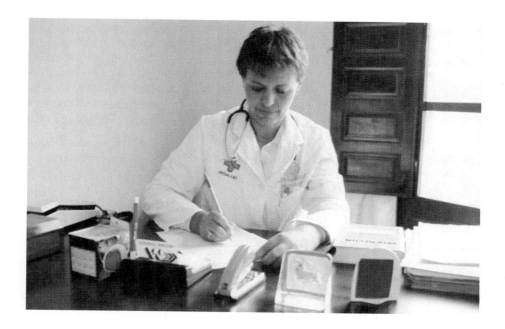

ENFERMERA	¿Es algo urgente? ¿Quiere la cita para hoy?
SEÑORA	Sí, por favor. Es para mi hijo Pablito, el menor.
ENFERMERA	¿Me puede decir qué le pasa?
SEÑORA	Pues, que no se le va la fiebre... Ya lleva varios días tomando las pastillas que le recetó la doctora y nada.
ENFERMERA	Sí, aquí tengo su ficha. ¿Algún otro problema?
SEÑORA	No tiene fuerzas para nada y está muy pálido.
ENFERMERA	Bueno. ¿Lo puede traer esta tarde a las dos?
SEÑORA	¿No puede ser ahora mismo?
ENFERMERA	Lo siento, pero la doctora no está aquí. La llamaron del hospital por una emergencia y no llegará hasta las dos.
SEÑORA	Bueno. ¿Debo llamar antes para confirmar?
ENFERMERA	No, no es necesario. Estará aquí la doctora.
SEÑORA	Bueno. Gracias.
ENFERMERA	Hasta más tarde, Sra. Pineda.
SEÑORA	Adiós.

En el consultorio

DOCTORA	(*A Pablo*) Primero vamos a tomarte la temperatura. A ver. Abre bien la boca y mantén el termómetro debajo de la lengua. Así. Muy bien. (*A la señora*) ¿Cómo está Pablito de apetito?
SEÑORA	Está comiendo muy poco, doctora. Sólo sopa y frutas. Estoy muy preocupada.

DOCTORA	No se preocupe. Eso es bastante. Bueno, ahora veamos esa fiebre. Ummmm. (*A Pablo*) Sí tienes fiebre, pero muy poca, apenas unas décimas. A ver. Desabróchate la camisa, que quiero revisarte el pecho. Respira hondo. Así. Muy bien. Ahora vamos a revisarte la garganta. Abre la boca y saca la lengua. Di—¡ahhh! Bueno, ya puedes abrocharte la camisa. (*A la señora*) No tiene nada serio, señora. Tiene congestionado el pecho y un poco inflamada la garganta, pero eso es todo.
SEÑORA	¿Le sigo dando las mismas pastillas?
DOCTORA	No, ya no. Le voy a recetar un antibiótico.

Uds. los actores. Ahora representen el segmento siguiente. Noten bien las estructuras enfatizadas.

SEÑORA	Muy bien. La verdad es que he estado muy **preocupada**. Por eso **hemos venido** hoy a su consultorio. Yo sabía que Pablito necesitaba otra forma de medicina.
DOCTORA	Sí. He visto dos casos iguales hoy. Con el antibiótico Pablito va a sentirse mucho mejor. Váyase a la farmacia y déle la receta al farmacéutico. Y... no se preocupe. Estas enfermedades se curan fácilmente.

Es decir

A. Basándose en los diálogos, llene Ud. los espacios con la palabra apropiada de la lista siguiente.

hospital	garganta	boca	fiebre
pálido	emergencia	termómetro	lengua
pecho	antibiótico		

1. Pablito tiene el _____ congestionado y la _____ inflamada.
2. La doctora quiere que él tome un _____ .
3. La madre describe la condición de su hijo diciendo que tiene _____ y está muy _____ .
4. La doctora no está en su oficina en la mañana porque la llamaron del _____ por una _____ .
5. La doctora le dice a Pablito que él abra la _____ y mantenga el _____ debajo de la _____ .

B. Basándose en los diálogos, identifique a la persona que dijo las frases siguientes.

Pablito   la madre de Pablito   la Dra. Silva   la enfermera

1. Lo siento, pero la doctora no está aquí.
2. ¿Cómo está Pablito de apetito?
3. ¡Aahhh!
4. Voy a recetarle un antibiótico.

5. Ya lleva varios días tomando las pastillas que le recetó la doctora y nada.
6. ¿Es algo urgente? ¿Quiere la cita para hoy?
7. Abre la boca y saca la lengua.

✷ Practiquemos

En grupos. Practique los diálogos con sus compañeros. En grupos, represéntenlos incorporando los gestos apropiados.

  ## Al ver el video

Todas las frases siguientes son falsas. Después de ver el video, corríjalas.

1. El teléfono suena (*rings*) dos veces.
2. La señora y la enfermera llevan vestidos blancos.
3. La señora llama a la doctora desde su oficina.
4. Mientras habla por teléfono, la enfermera trabaja con una computadora.
5. La enfermera es rubia.
6. Pablito tiene tres años.
7. Pablito respira hondo cinco veces para la doctora.
8. La señora no se sienta durante la consulta.
9. Pablito se queja mucho durante la cita con la doctora.
10. Pablito no quiere sacar la lengua.

Vocabulario

Verbos

aliviar	*to relieve*
cuidar(se)	*to take care of (onself)*
curar	*to cure*
doler (ue)	*to hurt*

enfermarse	*to get sick*
mantener	*to maintain, keep, support (financially)*
operar	*to operate*
portarse	*to behave*
preocuparse (de)	*to worry (about)*
quejarse (de)	*to complain (about)*
recetar	*to prescribe*
resfriarse	*to catch a cold*
respirar	*to breathe*
sufrir	*to suffer*
toser	*to cough*

El cuerpo humano   *(The human body)*

la boca	*mouth*
el brazo	*arm*
la cabeza	*head*
el cerebro	*brain*
el corazón	*heart*
el cuello	*neck*
el dedo (del pie)	*finger (toe)*
el diente	*tooth*
la espalda	*back*
el estómago	*stomach*
la garganta	*throat*
el hueso	*bone*
el labio	*lip*
la lengua	*tongue*
la mano	*hand*
la nariz	*nose*
el oído	*ear (inner)*
el ojo	*eye*
la oreja	*ear (outer)*
el pecho	*chest*
el pie	*foot*
la piel	*skin*
la pierna	*leg*
el pulmón	*lung*
la rodilla	*knee*
la sangre	*blood*
el tobillo	*ankle*

Adjetivos

alérgico	*allergic*
congestionado	*congested*
doloroso	*painful*
embarazada	*pregnant*
grave (serio)	*serious*

herido	wounded
hinchado	swollen
hondo	deep (adv. deeply)
inflamado	inflamed
mareado	dizzy, nauseated
pálido	pale
urgente	urgent

Medicamentos, síntomas y enfermedades	(Medicines, symptoms and illnesses)
el antibiótico	antibiotic
la apendicitis	appendicitis
la aspirina	aspirin
la caries	cavity
el catarro (resfriado)	cold
la cura	cure
el dolor	pain
la fiebre	fever
la gripe	flu
el jarabe	syrup
la medicina	medicine
la operación	operation
la pastilla (píldora)	tablet (pill)
la queja	complaint
la temperatura	temperature
el termómetro	thermometer
la tos	cough
el tratamiento	treatment
la vitamina	vitamin

La salud	(Health)
la ambulancia	ambulance
el consultorio	doctor's office
el cuidado (médico)	(health) care
el (la) farmacéutico(a)	pharmacist
la farmacia	pharmacy
el hospital	hospital
el (la) paciente	patient
el peligro	danger
la sala de emergencia	emergency room
los seguros (médicos)	(health) insurance

Palabras y expresiones útiles	
a ver	let's see
apenas	scarcely
lo más pronto posible	as soon as possible
poner una inyección	to give an injection

MENTIRA MÉDICA NÚMERO 19

mentira *lie*

Repasemos el vocabulario

A. Relaciones. Busque Ud. en la segunda columna la palabra o frase que
corresponde a las palabras en la primera columna.

1. fiebre		**a.** tos
2. aspirina		**b.** gripe
3. enfermedad		**c.** para aliviar el dolor y la inflamación
4. emergencia		**d.** penicilina
5. antibiótico		**e.** 103 grados Fahrenheit
6. vitaminas		**f.** ataque de corazón
7. síntoma		**g.** están en los alimentos que comemos

B. El cuerpo. ¿Qué parte(s) del cuerpo usa Ud. para...

1. bailar?   **3.** comer?   **5.** tocar el piano?

2. oír?   **4.** leer?   **6.** respirar?

C. Los especialistas. ¿En qué parte(s) del cuerpo se especializan los médicos
siguientes?

1. la ortopedista   **3.** la oftalmóloga *optomologist ojos*   **5.** el cardiólogo

2. el neurólogo   **4.** el dentista   **6.** la gastroenteróloga

D. ¿Quién lo dijo? Llene Ud. los espacios con la letra que corresponde a la
persona que dijo las frases siguientes.

a. el paciente

b. el farmacéutico

c. la doctora

d. la recepcionista

e. la enfermera

_____E___ **1.** Le voy a tomar la temperatura mientras
esperamos al doctor.

_____ **2.** Este jarabe cuesta 600 colones.[1]

_____ **3.** ¿Tiene Ud. seguro médico?

_____ **4.** Me duelen la cabeza y el estómago.

_____ **5.** A ver. ¿Cuál es el problema?

_____ **6.** Abra la boca y...

_____ **7.** ¡Aahhh!

_____ **8.** Lo siento, pero el doctor no está aquí.

_____ **9.** Esta medicina viene en pastillas o en
cápsulas.

_____**10.** Voy a recetarle un antibiótico.

[1]Currency of Costa Rica. One U.S. dollar = 135 colones.

E. Remedios y tratamientos. ¿Qué hace Ud. cuando...

1. le duele la cabeza?
2. tiene un resfriado?
3. sufre de insomnio?
4. está con fiebre?
5. está enfermo(a) y no puede conseguir una cita con el médico?

F. ¿Cierto o falso? Si la frase es falsa, corríjala.

1. Si la señora está mareada es posible que esté embarazada.
2. Si sufre de insomnio es bueno tomar café o té antes de acostarse.
3. Si le operaron de apendicitis le duelen los pies.
4. Si el doctor le manda ir a la sala de emergencia es porque está muy sano.
5. Si tiene dolor de cabeza el doctor le receta un antibiótico.
6. Si le ponen una inyección le duele el pecho.

De uso común

At the Doctor's Office

—¡Curada! ¡Qué bien estar curada! Pero... , ¿y de qué voy a hablar ahora?

El doctor pregunta:

¿Cómo se siente?	*How do you feel?*
¿Cómo está (se encuentra)?	*How are you?*
¿Qué le pasa?	*What's wrong with you?*
¿Tiene alguna molestia (algún dolor)?	*Do you have any pain?*
¿Le duele algo?	*Does something hurt you?*

El paciente contesta:

Me siento muy mal.	*I feel very badly.*
Estoy regular (más o menos; así, así).	*I'm okay.*
Me encuentro fatal.	*I feel horrible.*
Tengo fiebre.	*I have a fever.*
Estoy cansado.	*I'm tired.*
Tengo el pie hinchado.	*My foot is swollen.*
Me duele la cabeza.	*My head hurts.*
Me duelen los pies.	*My feet hurt.*

El doctor recomienda:

Guarde cama.	*Stay in bed.*
No fume.	*Don't smoke.*
No se mueva.	*Don't move.*
Tome aspirina.	*Take aspirin.*

★ **Practiquemos**

A. Diferentes problemas. ¿Qué le recomienda Ud. a la persona que...

1. tiene tos? *tome jarabe*
2. acaba de caerse?
3. acaba de tener una operación?
4. sufre de dolor de cabeza?

B. ¡Ay! ¡Cuánto sufro! Con un(a) compañero(a), hagan los papeles del médico y de la paciente hipocondríaca del dibujo. Es su primera visita al consultorio y tiene muchos dolores y quejas.

The Past Participle

The past participle in English is often formed by adding *-ed* to the verb: *opened, closed, formed, pronounced, added.* Some past participles end in *-en: written, spoken, eaten;* many are completely irregular: *sung, seen, done, said.* The past participle is commonly used as an adjective as well as with a form of the verb *to have* to form the perfect tenses. *The doctor has **prescribed** penicillin and I have **followed** his advice.*

Forma

The past participle in Spanish is formed by removing the infinitive endings (**-ar, -er, -ir**) and adding **-ado** to **-ar** verb stems and **-ido** to **-er** and **-ir** verb stems.

hablar	hablado	comer	comido	asistir	asistido

1. The past participles of stem-changing verbs show no stem change.

   encontrar encontrado   sentir sentido   jugar jugado   pedir pedido

2. **-Er** and **-ir** verbs with stems that end in a, e, and o add a written accent to the i of the ending.

   traer traído   leer leído   oír oído

3. The following verbs have irregular past participles.

abrir	**abierto**	hacer	**hecho**	romper	**roto**
(des)cubrir	**(des)cubierto**	morir	**muerto**	ver	**visto**
decir	**dicho**	poner	**puesto**	(de)volver	**(de)vuelto**
(d)escribir	**(d)escrito**	resolver	**resuelto**		

Note that the past participles of **ser** (**sido**) and **ir** (**ido**) are regular.

Función

1. The past participle used as an adjective agrees in number and gender with the noun it modifies.

Paco tiene un **brazo roto.**   *Paco has a **broken arm.***

También tiene las **piernas hinchadas.**   *He also has **swollen legs.***

2. The past participle is often used with the verb **estar** to express a condition that results from a previous action. The participle functions as an adjective, and must agree with the noun it modifies.

El médico escribió las recetas.   *The doctor wrote the prescriptions.*

Las recetas **están escritas.**   *The prescriptions **are written.***

El farmacéutico cerró la farmacia.   *The pharmacist closed the pharmacy.*

La farmacia **está cerrada.**   *The pharmacy **is closed.***

3. As with other adjectives, the past participle generally follows the noun it modifies.

Elena nos dio una **receta escrita.**   *Elena gave us a **written prescription.***

⭐ Practiquemos

A. Los participios pasados y la salud. Forme Ud. el participio pasado de los infinitivos siguientes. Luego, úselos para describir el sustantivo (*noun*) indicado, y traduzca la frase al inglés. Siga el modelo.

> **MODELO**   recetar / jarabe
>   **recetado. El jarabe recetado** (*The prescribed syrup*)

1. hinchar / pierna
2. beber / té
3. sugerir / cura
4. escribir / recetas
5. abrir / farmacias
6. resolver / problemas
7. poner / inyección
8. hacer / tratamientos

B. No te preocupes, mamá. Mamá está enferma. Su familia le explica que todas las tareas domésticas ya están hechas. Forme Ud. frases con los sustantivos y la forma correcta de **estar** + *el participio pasado* de los verbos.

> **MODELO**   cuartos / arreglar
>   **Los cuartos están arreglados.**

1. cena / preparar
2. lavabo / fregar
3. niños / acostar
4. camas / hacer
5. ropa / lavar
6. perro / bañar

C. Todavía enferma. Mamá sigue en la cama. Su hijo le contesta sus preguntas acerca de la casa. Mire Ud. el dibujo y conteste las preguntas.

MODELO	¿Cerraste la puerta?
	Sí, mamá, la puerta está cerrada.

1. ¿Apagaste el televisor?
2. ¿Barriste el suelo?
3. ¿Limpiaste los baños?
4. ¿Abriste las ventanas?
5. ¿Escribiste las cartas?
6. ¿Pusiste la mesa?

 Ahora forme más preguntas de mamá y un(a) compañero(a) va a contestar.

7. tarea / hacer
8. camisas / planchar
9. trabajo / terminar
10. problema / resolver

The Present Perfect and the Pluperfect Tenses

As you've already seen, the past participle in English and Spanish can be used as an adjective (*the broken arm, the closed window*). It can also be used with the auxiliary verb *to have* (**haber**) to form the perfect tenses. Note that **haber** and **tener** can both mean *to have,* but they are not interchangeable. **Tener** means to have in one's possession while **haber** is an auxiliary verb used to express an action that one has done, had done, will have done, and so forth.

Forma

The perfect tenses are formed by combining the auxiliary verb **haber** in any tense with the past participle.[1]

HABER (to have)					
present indicative		**present subjunctive**		**imperfect**	
(*have, has*)		(*have, has*)		(*had*)	
he	hemos	haya	hayamos	había	habíamos
has	habéis	hayas	hayáis	habías	habíais
ha	han	haya	hayan	había	habían

1. **Haber** in the present indicative combines with the past participle to form the present perfect tense. **Haber** in the present subjunctive combines with the past participle to form the present perfect subjunctive. **Haber** in the imperfect combines with the past participle to form the pluperfect tense.

Yo sé que el doctor **ha llamado.**	*I know that the doctor **has called.***
Espero que el doctor **haya llamado.**	*I hope that the doctor **has called.***
Cuando llegué a casa, el doctor ya **había llamado.**	*When I arrived home, the doctor **had already called.***

2. When used to form a perfect tense, the past participle ends in -o and never changes in number or gender.

Las pacientes **han ido** al hospital.	*The patients **have gone** to the hospital.*
Nosotros **hemos venido** para ver al médico.	*We **have come** to see the doctor.*

3. The past participle immediately follows the form of **haber.**

José **ha hecho** una cita con el dentista.	*José **has made** an appointment with the dentist.*

---

[1]The preterite forms of **haber** are not commonly used in perfect constructions.

4. Negative expressions such as **no**, **nunca**, and **nadie**, and object and reflexive pronouns are always placed before the conjugated form of **haber**.

No **le** han puesto la inyección todavía. *They haven't given **him** the shot yet.*

Función

1. The present perfect indicative is used as its English equivalent to express a recently completed action.

El farmacéutico nos **ha dado** las píldoras. *The pharmacist **has given** us the pills.*

2. The present perfect subjunctive is used to express a recently completed action in a context which requires the use of the subjunctive. Compare the following sentences.

Present perfect indicative:

Yo sé que tú **has ido** al médico. *I know that you **have gone** to the doctor.*

Present perfect subjunctive:

Yo dudo que tú **hayas ido** al médico. *I doubt that you **have gone** to the doctor.*

3. The pluperfect tense is used to describe an action that had taken place prior to a more recent past action.

Ya **había llamado** a su esposa cuando llegó la ambulancia. *He **had already called** his wife when the ambulance arrived.*

4. Do not confuse the structure **acabar + de** that you learned in Lesson 1 with the perfect tenses. **Acabar** in the present tense + **de** reflects immediacy of a past action. Note the difference in meaning between the following structures.

Acabo de comer. *I have **just** eaten.*
He comido. *I have eaten.*

Acabar in the imperfect tense + **de** means *had just*. Compare the following structures:

Acababa de comer. *I had **just** eaten.*
Había comido. *I had eaten.*

Note that in Spain the present perfect tense is often used instead of the preterite. A child's daily health record from a popular preschool in Valencia, Spain, is shown on page 441. Note the frequent use of the present perfect.

```
Parvulario
BAMBINI
★ ★ ★ ★ ★          ALUMNO: David

                         LUNES

                    HA COMIDO _____
                    HA DORMIDO_____
                    HA HECHO PIPI Sí
                    HA TOSIDO No
                    FIEBRE No
                    VÓMITOS No
                    ACTIVIDAD Buena
```

parvulario preschool

✱ Practiquemos

A. Ha hecho todo. Marisa está en el hospital. Su compañera de cuarto es una «sabelotodo» (*"know-it-all"*). Siga Ud. el modelo.

> **MODELO**
>
> Marisa: Algún día quiero hacer una gira por Centroamérica.
> Compañera: **Ya he hecho una gira por Centroamérica.**

1. Algún día quiero leer todos los poemas de Rubén Darío.
2. Algún día quiero subir las pirámides de los mayas.
3. Algún día quiero escuchar la música de Rubén Blades.
4. Algún día quiero probar la comida costarricense.
5. Algún día quiero ir de compras en los mercados de Chichicastenango.
6. Algún día quiero aprender a hablar cuna, una lengua indígena.

B. Una emergencia en casa. Cuando la Sra. Galván llega a casa, descubre que su hijo Paquito está enfermo. Ella les hace preguntas a los otros familiares. Complete Ud. las frases con el presente perfecto del verbo apropiado.

comer	ver	tomar
hablar	decir	ir
dar		

indicative

1. Papi, ¿_____ con el doctor?
2. Y, ¿le _____ tú al doctor que es urgente?
3. ¿Cuántas veces le _____ Uds. la temperatura?
4. ¿Quién le _____ aspirinas?
5. ¿_____ Arturo y Lucy a la farmacia?
6. Paquito, mi hijito, ¿_____ algo?
7. ¿_____ Uds. que Paquito está muy pálido?

C. En el hospital. Paquito está en el hospital. ¿Qué han hecho las personas siguientes?

yo

| MODELO | Yo le he traído flores. |

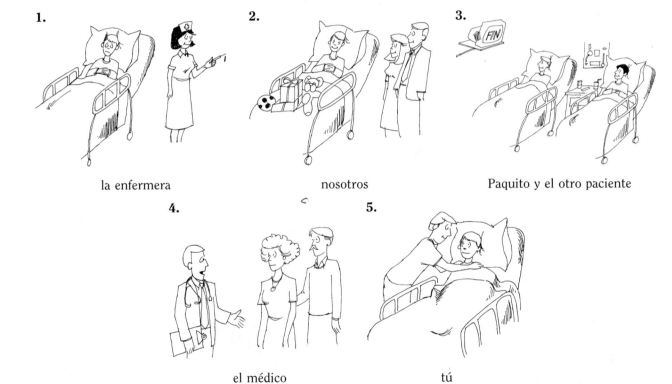

1.

la enfermera

2.

nosotros

3.

Paquito y el otro paciente

4.

el médico

5.

tú

D. Buenas intenciones. Mamá (de la página 437) está mucho mejor después de una semana en la cama. Pero su casa es un desastre. Haga Ud. el papel de mamá y responda a las confesiones de su hijo, usando el pluscuamperfecto (pluperfect).

| MODELO | Hijo: Pero, mamá, yo iba a lavar los platos. |
| | Mamá: **Y, ¿por qué me dijiste que los habías lavado?** |

1. Pero, mamá, yo iba a pasar la aspiradora.

2. Pero, mamá, papá iba a sacar la basura.

3. Pero, mamá, íbamos a preparar la cena.

4. Pero, mamá, Pedrín y Rosita iban a hacer las camas.

5. Pero, mamá, papá iba a lavar el coche.

6. Pero, mamá, yo iba a limpiar el garaje.

E. Un episodio de «Hospital Típico». Ud. mira la telenovela «Hospital Típico» por primera vez. Su amigo intenta explicarle quiénes son los personajes (*characters*) principales. Llene Ud. los espacios con la forma correcta del verbo **haber** en el presente del indicativo, el presente del subjuntivo o el imperfecto.

Ese hombre es Juan, quien ___ha___ sido siempre el enemigo (*enemy*) del Dr. Moreno. Hace dos semanas, pareció que Juan ___había___ muerto, pero resultó que sólo ___había___ fingido (*pretended*) para ver la reacción de Julia, su novia. Ahora, mucho ___ha___ pasado entre los dos. Aunque el año pasado ellos ___habían___ decidido casarse, cuando Julia supo que Juan ___había___ hecho esto, ella rompió con él. Ella ___ha___ empezado a salir con Rogelio. Pero, la verdad es que me sorpende mucho que Rogelio ___haya___ salido con ella porque él ___ha___ dicho recientemente que va a dedicarse a su trabajo solamente.

Es interesante que el Dr. Moreno no ___haya___ llamado a Julia todavía, porque él la quiere mucho. Aunque Julia ___ha___ conocido al Dr. Moreno el verano pasado, no ___haya___ podido salir con él. Además, hace dos años Juan le ___había___ dicho al Dr. Moreno que no quería verlo con Julia jamás. El doctor nunca ___haya___ olvidado eso. Es increíble que él ___ha___ seguido trabajando en el mismo hospital.

F. Recuerdos. Al Sr. García le gusta hablar del pasado con su familia. Cambie Ud. los verbos al pluscuamperfecto, según el modelo.

| MODELO |

A los ocho años de edad, Oscar ya (estar) **había estado** en el hospital tres veces.

1. A los 18 años, yo ya (casarse) _____ .

2. A los 30 años, su abuela ya (tener) _____ seis hijos.

3. A los dos años, tú ya (romperse) _____ la pierna.

4. A los 65 años, sus abuelos ya (irse) _____ a vivir en la Florida.

5. En 1980, su abuela ya (enfermarse) _____ gravemente.

Se to Express Passive Action

We have discussed various uses of the pronoun se: as a reflexive or indirect object pronoun, to express unplanned occurrences, as well as in the absence of a definite subject (the impersonal se). Se is used in another construction when the agent (person or thing doing the action) is indefinite or unknown.

3. Sus ideas de la buena salud son únicas. Reaccione Ud. a las «ideas» siguientes.

   a. Comer chocolate y papas fritas es muy sano y son elementos importantes en la dieta.
   b. El ejercicio físico no es necesario para los mayores de quince años. Puede causar daño (*harm*).
   c. La comida más importante del día es la cena.
   d. Sin mucha tensión no nos sentimos bien y no podemos triunfar.

B. Para los «chocohólicos». Lea Ud. la lectura siguiente y haga el ejercicio.

¡BUENAS NOTICIAS SOBRE EL CHOCOLATE!

¿Te parece que una pequeña dosis de chocolate te hace sentir bien? Probablemente. Los expertos en nutrición han llegado a la conclusión de que cuando comemos chocolate, nuestro cerebro responde segregando una sustancia química llamada serotonina, que controla algunas funciones de nuestro cuerpo… y nos hace sentir una sensación de felicidad.

Ahora bien, se dice que el chocolate, por otro lado, causa caries. ¡Falso! Lo que causa las caries es el azúcar contenido en el chocolate. Sin embargo, muchos chocolates contienen caseína (la proteína de la leche), que aparentemente evita las caries. Pero sí es cierto que el chocolate contiene alta cantidad de grasas saturadas, aunque el oscuro y amargo tiene más que el claro. Además, este último, al contener más azúcar, diluye la grasa y, por lo tanto, tiene menos calorías.

Una gran noticia: Se está fabricando una versión nueva del chocolate que es mucho más sana, y tiene como principal ingrediente el cacao.

por otro lado *on the other hand*

grasas *fats;* **amargo** *bitter*
diluye *dilutes*

¿Cierto o falso? Si la frase es falsa, corríjala.

1. El cacao es el ingrediente en el chocolate que causa caries.
2. El chocolate puede tener un efecto positivo en nuestro cerebro.
3. La caseína es una sustancia química contenida en el cerebro humano.
4. En general, el chocolate es muy bueno para la salud.
5. Las palabras, **claro, oscuro** y **amargo** describen tipos de chocolate.

 C. Preguntas. Conteste Ud. las preguntas siguientes. Luego, cámbielas a la forma de **tú** y entreviste a un(a) compañero(a).

1. ¿Está Ud. de buena salud? ¿En qué consiste estar de buena salud? ¿Qué se puede hacer para mantenerse en buenas condiciones?
2. ¿Cuáles son los alimentos que...
   a. son buenos para la salud?
   b. causan problemas dentales?
   c. son malos para el cuerpo?
3. ¿Mantiene Ud. un equilibrio (*balance*) entre el trabajo y el recreo? Explique. ¿Qué hace Ud. para controlar los nervios? ¿Qué hace Ud. para relajarse?
4. ¿Es Ud. hipocondríaco(a)? ¿Cuáles son algunas características del hipocondríaco?

D. Libros para la salud. Lea Ud. los anuncios y haga las actividades.

Dejar de fumar

Jean-Luc Roger

Finalmente, el método para
dejar de fumar de una vez.

Adelgazar de una vez para siempre[1]

Ghislaine Andréani y
Christine Flament-Hennebique

Ya es posible adelgazar y
mantenerse delgados.

Una espalda sana en seis semanas

Alexander
Melleby

Práctica médica segura
para relajar la musculatura.

Adiós al estrés
...y a los dolores de estómago y cabeza

Vernon Coleman y Lilian Rowen

El sistema más rápido y
seguro contra el estrés.

1. Diga Ud. qué libro les va a recomendar a las personas siguientes y explique
   por qué.
   a. sus padres
   b. su profesor(a)
   c. su novio(a)
   d. su compañero(a) de cuarto

2. ¿A qué libro corresponden las frases siguientes?
   a. Cuídela bien... es necesaria para la movilidad.
   b. Miles de personas deciden hacerlo cada año, pero no es fácil.
   c. Cómo llegar a la talla que quiere.
   d. La terapia (*therapy*) musical: una forma barata y rápida para aliviar
      las tensiones.
   e. Hágalo de repente (*instantly*) o gradualmente, pero hágalo.
   f. Aprenda Ud. a sentirse tranquilo.

3. Aquí se ofrecen algunos de los consejos en el libro *Dejar de fumar*. Llene
   Ud. los espacios con la palabra apropiada de la lista siguiente.

día	cigarrillos	escoja
dejar	dígales	fume
compre		

   a. _____ un cigarrillo menos cada día.
   b. Sólo deje por un _____ . No piense en «siempre».
   c. Llame a sus amigos y _____ que quiere _____ de fumar.
      Un anuncio público ayuda.
   d. _____ el día y hágalo.
   e. Esconda (*hide*) sus _____ y ceniceros (*ashtrays*).
   f. _____ una cantidad de chicles (*gum*), caramelos y bombones.

---

[1] "...de una vez para siempre" (. . . *once and for all*).

E. Sea optimista y tenga buena salud. Complete Ud. el párrafo con la forma correcta de la palabra entre paréntesis. Si hay dos palabras, escoja la más apropiada.

¿(Ha, Has) observado Ud. lo difícil que (es, está) encontrar personas enfermas entre aquellas que tienen un carácter (optimista)? Pues, (este, esta) observación es (correcto). Según los estudios recientes, las personas que son más (tenso) tienen más tendencia a sufrir de enfermedades (crónico). Muchos médicos (hayan, han) llegado (al, a la) conclusión que la mejor forma (por, para) evitar (los, las) enfermedades (es, está) evitar (los, las) tensiones. Recomiendan que la gente (vivir) en armonía con sus amigos y familiares y que (mantener) relaciones cordiales con los compañeros de trabajo. También aconsejan que todos (hacer) ejercicios, (controlar) las comidas y (buscar) un equilibrio (*balance*) entre el trabajo y el recreo.

F. Una visita al médico. Traduzca las frases siguientes al español.

1. Doctor, my son has caught a lot of colds this winter.
2. My husband thinks that he's allergic to something in the house, like the cat.
3. But he had already gotten sick when we bought the cat.
4. He doesn't complain much, but I know that he doesn't feel well.
5. The pharmacist recommended this syrup for his cough, but it hasn't helped.

 G. Minidrama. En grupos, representen una de las escenas siguientes.

1. Ud. le tiene mucho miedo al dentista. El dentista trata de examinar sus dientes pero Ud. inventa mil pretextos para no abrir la boca.
2. Los participantes de un grupo de terapia están en el consultorio del sicólogo. Todos sufren de una forma de tensión mental o física. Comparen sus problemas y compartan soluciones.

 H. Composición.

1. Ud. es el (la) autor(a) de la sección siguiente de una revista popular. Escriba el artículo para esta semana.

Medicina

Una sección en la que usted podrá encontrar los últimos adelantos que la ciencia ha producido para preservar su salud

2. En una revista popular hay la siguiente sección dedicada a contestar las preguntas de los lectores. Ud. es el (la) Dr. (Dra.) Hernández y va a escribir un párrafo en el que contesta una de las cartas siguientes.

   a. Mi hijo le tiene miedo al doctor. No quiere ir. ¿Qué puedo hacer para aliviar su miedo?

   b. Paso todas las noches sin dormir. No quiero tomar píldoras pero, ¡necesito dormir! ¿Qué me recomienda, doctor?

🔊 Escuchemos

A. Ay, no me siento bien. You will hear a series of incomplete statements that Dr. Sánchez makes as he examines a sick patient. Choose the word that best completes each sentence.

MODELO

(garganta / lengua)
Abra Ud. la boca y saque la _____ , por favor. **lengua.**
Abra Ud. la boca y saque la lengua, por favor.

1. (alérgico / herido)
2. (sangre / fiebre)
3. (mareada / inflamada)
4. (inyección / pastilla)
5. (peligro / jarabe)
6. (operar / aliviar)
7. (catarro / corazón)
8. (Cuídese / Quéjese)

B. Dictado. You will hear a short narration about Elena's father's sudden illness. Listen carefully to the entire selection. Listen again and write each sentence during the pauses.

You will then hear a series of false statements related to the dictation. Correct each one with a complete sentence. Refer to your dictation.

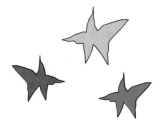

Lección 14

La vida deportiva

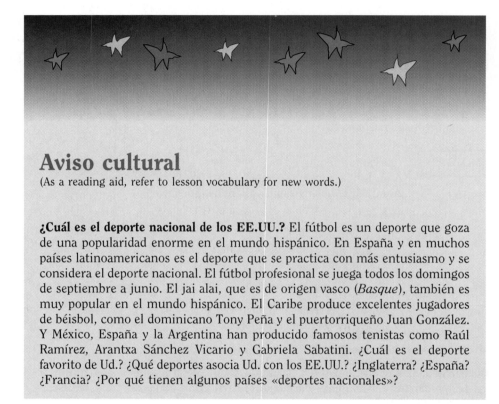

Aviso cultural
(As a reading aid, refer to lesson vocabulary for new words.)

¿Cuál es el deporte nacional de los EE.UU.? El fútbol es un deporte que goza de una popularidad enorme en el mundo hispánico. En España y en muchos países latinoamericanos es el deporte que se practica con más entusiasmo y se considera el deporte nacional. El fútbol profesional se juega todos los domingos de septiembre a junio. El jai alai, que es de origen vasco (*Basque*), también es muy popular en el mundo hispánico. El Caribe produce excelentes jugadores de béisbol, como el dominicano Tony Peña y el puertorriqueño Juan González. Y México, España y la Argentina han producido famosos tenistas como Raúl Ramírez, Arantxa Sánchez Vicario y Gabriela Sabatini. ¿Cuál es el deporte favorito de Ud.? ¿Qué deportes asocia Ud. con los EE.UU.? ¿Inglaterra? ¿España? ¿Francia? ¿Por qué tienen algunos países «deportes nacionales»?

Preparativos (You may want to review the vocabulary list on pp. 453–455 before and/or after viewing the video.)

Al mirar el video o leer los diálogos siguientes, note bien las varias maneras de expresar acción en el futuro. ¿Cuáles son ejemplos de las tres formas diferentes?

El mundo de los deportes[1]

¡Qué buen partido!
(*Dos amigos miran un partido de fútbol.*)

RICARDO	Qué buen partido, ¿no? Los Pumas ganaron otra vez. ¿Viste qué bien jugaron? Si siguen así, van a ganar el campeonato.
MARCOS	Creo que exageras. Traen buen equipo, pero el América es mejor y va en primer lugar.

---

[1]For an English translation of this dialogue, see Appendix A, pp. A17–A18.

RICARDO	¿El América mejor que los Pumas? No sabes lo que dices. El América perdió ayer contra el Guadalajara.
MARCOS	Es cierto. Pero jugaron sin su mejor jugador, porque estaba lesionado. Pero con él no han perdido un solo juego en toda la temporada.
RICARDO	Pues yo insisto en que los Pumas serán los campeones este año.
MARCOS	Eso lo veremos. El próximo domingo se enfrentan contra el América y entonces veremos quién es el campeón.
RICARDO	Mira, si gana el América te invito al cine y a comer.
MARCOS	Y si ganan los Pumas te invito yo.
RICARDO	¿Trato hecho?
MARCOS	¡Trato hecho!

¿Futuras campeonas?
(*Un reportero le hace una entrevista a la entrenadora de básquetbol*)

REPORTERO	Su equipo se ve muy bien. ¿Ya están listas las muchachas para el próximo partido?
ENTRENADORA	Todavía nos falta practicar algunas jugadas. Pero físicamente las chicas están muy bien preparadas. Ayer se dedicaron toda la tarde a hacer ejercicios.
REPORTERO	¿Y cómo se sienten mentalmente?
ENTRENADORA	Muy optimistas. Saben que si ganamos el sábado pasamos a la final.
REPORTERO	Este año han tenido muchos éxitos. Sin embargo, el año pasado fue un fracaso. ¿Qué ocurrió?
ENTRENADORA	El año pasado teníamos un equipo nuevo y las chicas necesitaban un poco más de experiencia.
REPORTERO	¿Cree usted que ganarán el campeonato?

ENTRENADORA	Primero tenemos que ganar el próximo partido.
REPORTERO	Pues les deseamos mucha suerte. El sábado todos estaremos ahí para apoyar a nuestras muchachas. Gracias por su tiempo.
ENTRENADORA	A usted. Adiós. ¡Vamos, muchachas, tenemos que seguir practicando!
REPORTERO	En el ancho mundo del deporte, Jorge Arrespite.

Uds. los actores. Ahora representen el segmento siguiente. Noten bien las estructuras enfatizadas.

Y, fuera de la cámara...

REPORTERO	Oiga, una cosa más. Quiero mirar su práctica. ¿Hasta qué hora **estarán** aquí?
ENTRENADORA	Bueno, las chicas **practicarán** hasta que **sepan** bien todas las nuevas jugadas. En cuanto las **aprendan**, **podrán** ir a descansar.
REPORTERO	Pues, **volveré** antes de que **termine** la práctica. Hasta pronto.

Es decir

A. Basándose en los diálogos, llene Ud. los espacios con la palabra apropiada de la lista siguiente.

- temporada
- equipo
- jugador
- ganaron
- hecho
- físicamente
- suerte
- practicar

1. Ayer los Pumas _____ otra vez.
2. Trato _____ .
3. El mejor _____ estaba lesionado.
4. El América es un _____ muy bueno.
5. Todavía nos falta _____ algunas jugadas.
6. Les deseo mucha _____ .
7. _____ las chicas están bien preparadas.
8. No han perdido en toda la _____ .

B. Llene Ud. los espacios con **a**, **en** o **que**, según el contexto.

1. Creo _____ exageras.
2. Te invito _____ comer.
3. Insisto _____ que los Pumas serán los campeones.
4. Pasamos _____ la final.
5. Primero tenemos _____ ganar el próximo partido.
6. El América es mejor _____ los Pumas.

7. El América va _____ primer lugar.

8. No han perdido _____ toda la temporada.

9. No sabes lo _____ dices.

10. Vamos a apoyar _____ nuestras muchachas.

✯ Practiquemos

 En grupos. Practique los diálogos con sus compañeros. En grupos, represéntenlos incorporando los gestos apropiados.

Al ver el video

Después de ver el video, conteste Ud. las preguntas siguientes.

1. ¿Dónde están los dos chicos?

2. ¿Qué hacen?

3. ¿Cómo están vestidos los dos?

4. ¿Qué hacen los chicos para sellar (*seal*) su trato?

5. ¿Dónde están jugando las chicas?

6. ¿Qué juegan?

7. ¿De qué colores son sus uniformes?

8. ¿Cómo es el reportero? ¿la entrenadora?

Vocabulario

Verbos

apoyar	*to support*
batear	*to hit, bat*
coger	*to catch*
correr	*to run*
dañar(se)	*to harm (get hurt)*
desarrollar	*to develop*
enfrentarse con (contra)	*to face (go against)*
entrenar	*to train*
esquiar	*to ski*
lanzar	*to throw, pitch*
mejorar(se)	*to improve, get better*
patinar	*to skate*
sonreír	*to smile*
tirar	*to throw*
vencer[1]	*to win, beat*

---

[1]Note that the **c** > **z** before **a** and **o**. (venzo, venza)

Deportes y jugadores   *(Sports and players)*

el básquetbol (baloncesto)	*basketball*
el béisbol	*baseball*
el (la) beisbolista (pelotero/a)	*baseball player*
el boxeador	*boxer*
el boxeo	*boxing*
el ciclismo	*cycling*
el (la) ciclista	*cyclist*
el (la) entrenador(a)	*trainer, coach*
el equipo	*team, equipment*
el esquí	*skiing*
el fútbol	*soccer*
el fútbol americano	*football*
el (la) futbolista	*football (soccer) player*
el golf	*golf*
el (la) nadador(a)	*swimmer*
la natación	*swimming*
el tenis	*tennis*
el (la) tenista	*tennis player*

Sustantivos

el (la) aficionado(a)	*fan*
la anotación	*score*
el bate	*bat*
el campeón (la campeona)	*champion*
el campeonato	*championship*
la cancha	*(tennis) court*
la carrera	*race, contest*
la competencia	*competition*
el desarrollo	*development*
el (la) espectador(a)	*spectator*
los esquís	*skis*
el estadio	*stadium*
el fracaso	*failure*
la fuerza	*force, strength*
el partido	*game, match*
la pelota	*ball*
la raqueta	*racket*
la red	*net*
la regla	*rule*
la temporada	*season*

Adjetivos

activo	*active*
ágil	*agile*
animado	*spirited, full of life*
débil	*weak*

divertido	*fun, amusing*
entusiasmado	*excited*
fuerte	*strong*
lastimado	*injured*
optimista	*optimistic*
pesimista	*pessimistic*
próximo	*next*
típico	*typical*

Conjunciones   *(Conjunctions)*

antes de que	*before*
después de que	*after*
en cuanto	*as soon as*
hasta que	*until*
tan pronto como	*as soon as*

Otras palabras y expresiones

el año que viene	*next year*
montar a caballo	*to ride a horse*
montar (andar) en bicicleta	*to ride a bicycle*
el rato libre	*free time*
tener lugar	*to take place*

¿QUÉ TE PARECE UN PARTIDO DE TENIS AHORA?

Repasemos el vocabulario

A. ¿Cuál no pertenece? Indique Ud. la palabra que no está relacionada con las otras y explique.

1. coger	batear	patinar	tirar
2. aficionado	ciclista	tenista	pelotero
3. anotación	campo	cancha	estadio
4. pelota	raqueta	red	esquí
5. competencia	bate	carrera	partido

B. El mundo de los deportes. *(son)...*

1. ¿Qué deporte(s) usa(n)...

   a. una pelota?   c. un entrenador?   e. unos guantes?
   b. un caballo?   d. una red?   f. un bate?

2. ¿Qué deporte(s) se practica(n) en...

   a. un estadio?   c. un campo?   e. un gimnasio?
   b. una cancha?   d. una piscina?

3. ¿Qué deportes...

   a. sólo necesitan el cuerpo humano?
   b. cuestan mucho dinero si se practican con frecuencia?
   c. se asocian con los EE.UU.?
   d. se asocian con Europa y Latinoamérica?
   e. pueden ser peligrosos? Explique.

C. La cadena (*channel*) de los deportes. Complete Ud. el anuncio con las palabras apropiadas de la lista.

deporte	lo que	deportivas
equipo	canchas	internacional

RADIO DEPORTES

**TODOS LOS DEPORTES
TODOS LOS DIAS
CON TODOS LOS QUE
SABEN DE DEPORTES**

nivel *level*

• Radio Deportes es la cadena especializada en transmisiones ___1___. Está presente en todos los eventos deportivos a nivel nacional e ___2___ que usted desea escuchar.

• Cuenta con el mejor ___3___ de narradores y comentaristas especializados en cada ___4___. Que le llevan toda la emoción. Todas las jugadas Todo ___5___ sucede en las ___6___. En las carreteras. En los escenarios deportivos.

sucede *happens*
carreteras *roads*

D. Gustos y disgustos. Refiriéndose a las palabras relacionadas con los deportes en la lista de vocabulario, termine Ud. las frases de una forma original.

1. En el invierno, me gusta mucho...

2. No me gusta _____ porque...

3. A muchos norteamericanos les encanta...

4. A mis amigos les gusta _____ pero a mí...

5. No me interesa _____ porque...

6. Siempre me ha gustado...

E. Los deportes y el clima. Escoja Ud. una estación, un tipo de clima y un deporte y termine la frase de una forma original.

> | MODELO | En el otoño cuando hace fresco me gusta ir a los partidos de fútbol porque... (voy con mis amigos, nos divertimos mucho y después del partido hacemos una fiesta.)

LAS ESTACIONES   **EL CLIMA**

el invierno   hace frío

la primavera   hace sol

el verano   nieva

el otoño   hace fresco

                             hace calor

LOS DEPORTES

The Future Tense

So far you have learned two ways to express future action, the present tense and **ir + a + infinitive.**

1. The present tense can be used to express action taking place in the near future.

Estoy en casa todo el día hoy.   *I'll be home all day today.*

Esta noche **tomo** una clase de   *Tonight I'm taking (I will take) an*
aeróbicos.   *aerobics class.*

2. The construction **ir** + **a** + *infinitive* is frequently used to express future action.

Vamos a jugar al vólibol mañana. | *We're going to play volleyball tomorrow.*

El equipo va a viajar a Honduras el año que viene. | *The team is going to travel to Honduras next year.*

The future tense is also used to express future action.

Forma

The Future Tense					
HABLAR		**COMER**		**ESCRIBIR**	
hablaré	hablaremos	comeré	comeremos	escribiré	escribiremos
hablarás	hablaréis	comerás	comeréis	escribirás	escribiréis
hablará	hablarán	comerá	comerán	escribirá	escribirán

1. To form the future tense, add the endings -é, -ás, -á, -emos, -éis, -án to the infinitive. It may be helpful to know that these endings come from the present indicative of the verb **haber**: he, has, ha, hemos, habéis, han (**hablar** he > **hablaré**).

2. The following verbs have irregular future stems. The future endings are added to these.

verb	stem	ending	Example: PONER	
decir	dir-		pondré	*I will put*
haber	habr-		pondrás	*you will put*
hacer	har-	é	pondrá	*he, she, you will put*
poder	podr-	ás	pondremos	*we will put*
poner	pondr-	á	pondréis	*you will put*
querer	querr-	emos	pondrán	*they, you will put*
saber	sabr-	éis		
salir	saldr-	án		
tener	tendr-			
venir	vendr-			

Yo le **diré** a Pablo que tú **vendrás** mañana. | *I'll tell Pablo that you'll come tomorrow.*

Habrá[1] treinta mil personas en el estadio. | *There will be thirty thousand people in the stadium.*

¡AVISO! Infinitives with written accents (**oír**, **sonreír**) drop the accents in the future tense (**oiré**, **sonreiremos**).

---

[1]Note that **habrá** is used in the singular to express *there will be* for both singular and plural concepts.

Función

1. The future tense describes an action that will or shall take place. Although English requires the use of the auxiliary verbs *will* and *shall,* in Spanish only the simple future form is used.

   Iremos la semana que viene.   *We will (shall) go next week.*

2. To express willingness to do something the verbs **querer** or **desear** are used instead of the future tense.

   ¿Quiere Ud. **acompañarme** al   *Will you accompany me to the*
   partido?   *game?*

3. Remember that future action is expressed by the present subjunctive in a sentence that requires the use of the subjunctive.

   Dudo que Jaime **lance** mañana.   *I doubt that Jaime will pitch*
                                                                       tomorrow.

4. The future tense can be used to express conjecture or probability in the present. Although in English special phrases are needed to indicate conjecture (*I wonder, I suppose, I guess, probably*), in Spanish they are not necessary.

   ¿Dónde **estará** su mejor jugador?   *Where do you suppose their best*
                                                                       player is? (I wonder where their
                                                                       best player is.)

   Estará lastimado.   *He's probably injured.*

★ Practiquemos

A. Lo que siempre haremos. Cambie Ud. los verbos del presente al futuro según el modelo.

> **MODELO**   Yo siempre *entreno* a los equipos y siempre los <u>entrenaré</u>.

1. Siempre *juego* al tenis y siempre lo _____ .
2. José siempre *lanza* la pelota y siempre la _____ .
3. Nosotros siempre *ganamos* los partidos y siempre los _____ .
4. Nuestro equipo siempre *tiene* suerte y siempre la _____ .
5. Yo siempre *hago* ejercicios aeróbicos y siempre los _____ .

B. Lo que nunca haremos. Cambie Ud. los verbos del presente perfecto al futuro, según el modelo.

> **MODELO**   Mamá nunca *ha mirado* el boxeo y nunca lo <u>mirará</u>.

1. Los abuelos nunca *han esquiado* y nunca _____ .
2. Juanito nunca *ha patinado* y nunca _____ .
3. Susana y yo nunca *hemos apoyado* a tu equipo y nunca lo _____ .
4. Tú nunca *has asistido* a un partido de fútbol y nunca _____ .
5. Yo nunca *he visto* una carrera de coches y nunca la _____ .

DEPORTES ACUÁTICOS.

C. Una entrevista exclusiva. Un periodista habla con un tenista sudamericano antes de comenzar la Copa Davis, el famoso campeonato de tenis. Cambie Ud. los verbos al futuro.

Periodista: Ud. (jugar) _____ su primer partido de este campeonato en dos días. ¿(Sentirse) _____ nervioso? ¿Qué (hacer) _____ en las horas antes del partido?

Tenista: Yo (ver) _____ si tengo todo el equipo... raquetas, toallas, etc. (Hablar) _____ con los periodistas. (Tratar) _____ de estar muy tranquilo pero eso (ser) _____ difícil porque (haber) _____ millones de televidentes (*viewers*) mirando el partido.

Periodista: Y, después del campeonato, ¿qué (hacer) _____ Ud.?

Tenista: Yo (seguir) _____ practicando todos los días y (empezar) _____ a entrenarme para el próximo campeonato. Mi hermano (jugar) _____ conmigo. Nosotros (practicar) _____ otros deportes como el baloncesto y la natación, y así me (mantener) _____ en buena forma.

D. En el partido de tenis. Diga Ud. en qué orden van a pasar las actividades siguientes. Cambie los verbos al futuro.

1. Los amigos del campeón (ir) _____ a un club después para celebrar.
2. El primer jugador (servir) _____ la pelota.
3. Los jugadores (salir) _____ a la cancha.
4. Los jugadores (saludarse) _____ antes de empezar a jugar.
5. Ellos (jugar) _____ por una hora, pero (haber) _____ sólo un campeón.
6. El partido (empezar) _____ a las cinco.
7. El mejor jugador (ganar) _____ .
8. Los aficionados (sentarse) _____ en sus asientos.

Adverbs

Forma

1. Many adverbs in Spanish end in the suffix **-mente**, just as many in English end in -*ly* (for example, *easily, quickly, perfectly*). To form an adverb, add **-mente** to the feminine singular form of an adjective. Adverbs are invariable in form.

adjective	feminine form	adverb	English equivalent
rápido	rápida	rápidamente	*quickly*
fácil	fácil	fácilmente	*easily*
inteligente	inteligente	inteligentemente	*intelligently*

¡AVISO! When an adjective has a written accent, the adverb maintains the accent, as in **rápidamente** and **fácilmente**.

2. Many adverbs do not follow this pattern and should be learned. Some commonly used adverbs are:

ahora	cada día (año...)	muy	siempre
allí, aquí	mal	nunca	todos los días
bien	mucho	poco	una vez (dos veces, a veces)

Función

1. Adverbs modify verbs, adjectives, and adverbs. They directly precede the adjective or adverb they modify and are placed after and close to the verb they modify.

Dora es **muy** fuerte y patina **muy** rápidamente.   *Dora is **very** strong and skates **very** quickly.*

2. Adverbs can indicate:
   a. **quantity.** They answer the question *how much?*

Él esquía **mucho** y patina **un poco**.   *He skis **a lot** and skates **a little**.*

   b. **time.** They answer the question *when?*

María llegará **temprano** pero Raúl no vendrá **hoy**.   *María will arrive **early** but Raúl won't come **today**.*

   c. **place.** They answer the question *where?*

Susana no vive **aquí** pero vive **cerca**.   *Susana doesn't live **here** but she lives **nearby**.*

   d. **manner.** They answer the question *how?*

El equipo jugó **muy bien**.   *The team played **very well**.*

✦ Practiquemos

A. La sección de deportes del periódico. Cambie Ud. los adjetivos a adverbios.

   1. En el partido, España tuvo problemas (principal) _____ contra Uruguay.
   2. Los jugadores hondureños jugaron (ágil) _____ en el estadio.
   3. (Técnico) _____ los brasileños son superiores, pero (físico) _____ los colombianos son los mejores.
   4. El campeón habló (tranquilo) _____ y contestó las preguntas (honesto) _____ .
   5. René Higuida, el gran futbolista colombiano, pasó la pelota (fácil) _____ .

B. Al contrario. Conteste Ud. las preguntas en el negativo, utilizando el antónimo de los adverbios subrayados.

   1. ¿El tenista recibió el premio <u>tristemente</u>? (feliz)
   2. ¿Los guatemaltecos ganaron el partido <u>difícilmente</u>? (fácil)

3. ¿Los boxeadores practican <u>esporádicamente</u>? (frecuente)

4. ¿Corrieron los peloteros <u>lentamente</u>? (rápido)

5. ¿Los jugadores hablaron <u>nerviosamente</u>? (tranquilo)

C. La prognosis deportiva. Cambie Ud. los verbos entre paréntesis al futuro y termine las frases, formando adverbios de los adjetivos en la segunda columna.

1. Todos los peloteros (practicar)_____   a. fuerte

2. Bobby Bonilla (coger)_____   b. rápido

3. Los Medias Rojas (perder)_____   c. fácil

4. Juan González (batear)_____   d. perfecto

5. Fernando Valenzuela (lanzar)_____   e. frecuente

6. Roberto Alomar (tirar)_____   f. activo

The Present Subjunctive in Adverbial Clauses of Time

Forma y función

1. An adverbial clause is a clause (subject + verb) that modifies a verb in the main clause. Adverbial clauses are always introduced by conjunctions (words that join other words and phrases).

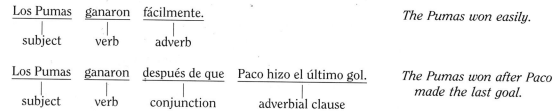

<u>Los Pumas</u>	<u>ganaron</u>	<u>fácilmente.</u>		*The Pumas won easily.*
subject	verb	adverb		

<u>Los Pumas</u>	<u>ganaron</u>	<u>después de que</u>	<u>Paco hizo el último gol.</u>	*The Pumas won after Paco made the last goal.*
subject	verb	conjunction	adverbial clause	

2. You already know the most common conjunction in Spanish: **que.** The subjunctive is used in an adverbial clause with the following conjunctions when future or pending actions are expressed or implied.

cuando	*when*	hasta que	*until*
después (de) que	*after*	mientras	*while*
en cuanto	*as soon as*	tan pronto como	*as soon as*

Iré a esquiar **en cuanto haya** suficiente nieve.

*I will go skiing **as soon as** there's enough snow.*

Sigan Uds. practicando **hasta que** el partido **empiece.**

*Continue practicing **until the game starts.***

The preceding sentences express an action in the main clause that will take place pending the completion of the action in the subordinate clause. You cannot be sure that these actions will occur since the future is uncertain. Will there ever be enough snow? Are you sure the game will start? Therefore, the subjunctive is used to indicate the uncertainty of the situation.

3. Many conjunctions are formed by adding **que** to a preposition (**después de que, hasta que**, and so on). Generally when there is no change of subject, the preposition is used with the infinitive. Compare the following sentences.

Después de patinar, voy a preparar chocolate caliente.	*After skating, I'm going to prepare hot chocolate.*
Después de que yo patine, mamá va a preparar chocolate caliente.	*After I skate, mom is going to prepare hot chocolate.*

4. The indicative is used after these conjunctions to indicate completed past action or to describe habitual action in the present.

Fui a esquiar **en cuanto había** suficiente nieve.	*I went skiing as soon as there was enough snow.*
Siempre voy a esquiar **en cuanto hay** suficiente nieve.	*I always go skiing as soon as there is enough snow.*

5. The subjunctive is always used with the conjunction **antes (de) que** (*before*).

José siempre practica **antes de que** lleguen los otros jugadores.	*José always practices **before** the other players arrive.*

✦ Practiquemos

A. ¡Excusas! Un(a) amigo(a) quiere salir con Ud. pero Ud. no tiene interés y siempre le da una excusa. Cambie Ud. el verbo entre paréntesis al presente del subjuntivo. Siga el modelo.

> **MODELO**   No puedo jugar al tenis contigo hasta que mamá me (comprar) _____ una raqueta.
> **No puedo jugar al tenis contigo hasta que mamá me compre una raqueta.**

1. Sólo puedo ir al partido de fútbol contigo después de que papá (volver) _____ de la farmacia.

2. No puedo ir a esquiar contigo hasta que Luis me (devolver) _____ los esquís.

3. Iré a nadar contigo tan pronto como yo (encontrar) _____ un traje de baño.

4. No puedo hacer nada antes de que mi hermano me (dar) _____ dinero.

5. Puedo ir a un partido de básquetbol en cuanto yo (terminar) _____ toda la tarea.

6. Sólo puedo salir contigo cuando mamá me (llamar) _____ de la oficina.

7. Iré contigo a patinar cuando mi hermana me (prestar) _____ sus guantes favoritos.

8. Saldremos tan pronto como yo (ganar) _____ la lotería.

B. Listos para salir. La familia Vasallo quiere ir a un partido de fútbol hoy pero no pueden salir todavía por varias razones. Llene Ud. los espacios con la forma correcta del verbo entre paréntesis en el presente del subjuntivo. Traduzca las frases al inglés.

MODELO	*future* No iremos hasta que todos (estar) _____ listos. **No iremos hasta que todos estén listos.** *We will not go until everyone is ready.*

1. Iremos al partido cuando papi (llegar) _____ .
2. Saldremos en cuanto nosotros (encontrar) _____ las entradas.
3. No saldremos hasta que Susana (ponerse) _____ la chaqueta y los guantes.
4. Estaremos listos después de que mamá (preparar) _____ los sánd-wiches.
5. Te llamaremos tan pronto como nosotros (volver) _____ a casa.

Ahora, en el pasado. Por fin, la familia fue al partido. Llene los espacios con la forma correcta del verbo entre paréntesis en el pretérito. Traduzca las frases al inglés. Compare las frases en el pasado con las frases en el futuro de la primera parte de este ejercicio.

MODELO	No fuimos hasta que todos (estar) _____ listos. **No fuimos hasta que todos estuvieron listos.** *We did not go until everyone was ready.*

1. Fuimos al partido cuando papi (llegar) _____ .
2. Salimos en cuanto nosotros (encontrar) _____ las entradas.
3. No salimos hasta que Susana (ponerse) _____ la chaqueta y los guantes.
4. Estábamos listos después de que mamá (preparar) _____ los sánd-wiches.
5. Te llamamos tan pronto como nosotros (volver) _____ a casa.

C. Condiciones. Busque Ud. en la segunda columna la terminación de las frases en la primera columna. Note Ud. el uso del subjunctivo o del infinitivo.

1. Los aficionados estarán muy contentos en cuanto... *C*   a. terminar el partido de fútbol.
2. Mi hermanito jugará al béisbol cuando...   b. Pablo venga en el coche.
3. Ud. debe seguir bateando hasta que...   c. su equipo favorito gane.
4. Ana empezará un partido de tenis después de...   d. él sea mayor.
5. Saldré para el estadio tan pronto como...   e. jugar al tenis?
6. ¿Por qué no nadas en la piscina antes de...   f. el entrenador vuelva.

D. Papi, ¿cuándo... ? Un padre lleva a su hijito a un partido de fútbol profesional por primera vez. Forme frases con las conjunciones adverbiales siguientes para contestar las preguntas del hijo. Con un(a) compañero(a), hagan los papeles del padre e hijo.

cuando   en cuanto   después de que   tan pronto como

MODELO	Papi, ¿cuándo vamos a venir a otro partido? (tú / ser mayor) **Hijo, vamos a venir a otro partido cuando tú seas mayor.**

1. Papi, ¿cuándo vas a comprarme un refresco? (tú / tener sed)
2. Papi, ¿cuándo va a empezar el partido? (los jugadores / estar preparados)

3. Papi, ¿cuándo voy a comer helado? (nosotros / terminar los perros calientes)

4. Papi, ¿cuándo van a sentarse los aficionados? (nuestro equipo / perder el partido)

5. Papi, ¿cuándo voy a hablar con los jugadores? (ellos / salir del campo)

6. Papi, ¿cuándo vamos a salir? Estoy aburrido. (el partido / terminar)

En resumen

A. Los peloteros hispanos en los EE.UU. Escoja Ud. la palabra correcta entre paréntesis o forme un adverbio del adjetivo entre paréntesis.

Según los peloteros hispanos, para (llegar, llega) a las (gran, grandes) ligas hay que (saber, conocer) hablar inglés. Sin embargo, se (ha, han) notado un aumento (*increase*) en el número de jugadores puertorriqueños, cubanos, dominicanos, mexicanos, venezolanos y más. (Este, Esta) temporada ha (comenzada, comenzado) con más de 80 jugadores latinoamericanos. (Desafortunado), no se (encuentra, encuentran) entre ellos ninguno que (es, sea) de las proporciones legendarias de un Roberto Clemente o un Juan Marichal, pero dice el vicepresidente de los New York Mets: «Los de hoy son (tan, tantos) buenos (que, como) los de ayer». No hay duda que entre los más famosos (estén, están) el jardinero (*outfielder*) puertorriqueño Juan González, el jugador del cuadro (*infielder*) dominicano Tony Fernández y (seguro), el receptor (*catcher*) puertorriqueño que promete (ser, estar) otro Johnny Bench, Benito Santiago. Su (brazo, pierna)

JUAN GONZALEZ
OUTFIELDER/JARDINERO
TEXAS RANGERS

TONY FERNANDEZ
INFIELDER/JUGADOR DEL CUADRO
TORONTO BLUE JAYS

Nació: San Pedro de Macoris, R.D.; 30/6/62
Batea/Lanza: Ambas manos/Derecha
Estatura/Peso: 6'2"/175 lbs.
1992: Bateó para .275, 4 Jonrones,
37 Impulsadas

Nació: Vega Baja, P.R.; 16/10/69
Batea/Lanza: Derecha/Derecha
Estatura/Peso: 6'3"/210 lbs.
1992: Bateó para .260, 43 Jonrones,
109 Impulsadas

BENITO SANTIAGO
CATCHER/RECEPTOR
FLORIDA MARLINS

Nació: Ponce P.R.; 9/3/65
Batea/Lanza: Derecha/Derecha
Estatura/Peso: 6'1"/185 lbs.
1992: Bateó para .251, 10 Jonrones,
42 Impulsadas

es un auténtico cañón (*cannon*) y hace que la pelota (llega, llegue) a la (segundo, segunda) base antes de que un corredor (*runner*) se la (pueda, puede) robar.

(Triste), es común que el latinoamericano que llega aquí (sufra, sufre) del cambio de culturas y de idioma. Pero los equipos (ha, han) (comenzados, comenzado) a (preocuparse, se preocupan) por el pelotero hispano y ofrecen clases de inglés. Es probable que los jugadores (sabrán, sepan) hablar inglés (perfecto) en cuanto (empiece, empieza) la nueva temporada.

B. Para estar siempre en forma.

1. ¿Qué deporte practica este hombre? ¿Es éste un deporte realmente peligroso? Explique. ¿Qué otro deporte recomienda Ud. que él juegue? ¿Por qué?

2. Complete Ud. las frases para describir a este pobre pelotero.
   a. Le _____ la cabeza.
   b. Tiene la _____ rota.
   c. Le está sangrando (*bleeding*) la _____ .
   d. Tiene el _____ hinchado.
   e. Ha perdido dos _____ de la boca.

3. En su opinión, ¿cuál es la mejor actividad física para desarrollar el cuerpo? ¿Participa Ud. en ella? Explique. ¿Qué actividades se consideran peligrosas? ¿Por qué?

C. El boxeo. Complete Ud. el artículo con las palabras apropiadas de la lista.

guante	separarse	boxeador	boca
dientes	mano	edad (*age*)	

caucho *rubber;* blando *soft*

venda quirúrgica *surgical bandage;*
suave *soft*

ALGUNOS DATOS CURIOSOS

La 1_____ mínima para un 2_____ profesional es de 17 años cumplidos.

Cada 3_____ pesa 227 gramos. El protector de los 4_____ es de un material de caucho y mezcla de plástico blando que se hace sobre la medida de la 5_____ de cada boxeador.

El boxeador puede llevar en cada 6_____ una venda quirúrgica suave que no exceda de 2,5 metros de largo y 5 cms. de ancho.

La palabra Break quiere decir 7_____, Jab es un golpe de derecha realizado casi en línea recta al contendor.

D. El esquí. Con un(a) compañero(a), lean Uds. el anuncio siguiente y hagan las actividades.

1. Arreglen Uds. los artículos de esquí mencionados en el anuncio y los que están en la lista siguiente en el orden de importancia para Ud.

las botas	los guantes	otros
los palos (*poles*)	la chaqueta	

anoraks *ski jackets;*
gorros *caps*
fijaciones *bindings;*
marcas *brands*

Este es el momento de equiparse para la práctica del esquí. En El Corte Inglés encontrará todo lo necesario: pantalones, anoraks, gorros, gafas, esquís, fijaciones... La mayor variedad de modelos de todas las grandes marcas.

FORME EQUIPO CON NOSOTROS Y LANCESE A DISFRUTAR SOBRE LA NIEVE

2. Uds. van a esquiar con sus amigos. Describan el viaje perfecto según el criterio siguiente.

a. el alojamiento   c. la comida y bebida   e. la ropa
b. las actividades sociales   d. las condiciones de la pista (*course*)   f. el clima

E. Un jugador pesimista. Traduzca Ud. el diálogo siguiente al español.

Paco: Don't worry. Next year our team will win the championship . . . easily.

Fernando: How do you know? Martínez is better than us now, and next year he'll be stronger.

Paco: Don't be so pessimistic. We'll improve, too.

Fernando: Yeah, but as soon as the season ends, I have to get back to work and classes will begin.

Paco: It doesn't matter. We'll train in our free time. You'll see.

F. Minidrama. En grupos, representen una de las escenas siguientes.

1. Un hombre invita a una mujer a cenar en un restaurante y pasa toda la noche hablando sólo de los deportes. Ella intenta hablar de otra cosa pero resulta difícil.

2. Hágale Ud. una entrevista a un(a) atleta célebre.

G. Composición.

1. Escriba Ud. un tema explicando por qué Ud. quiere o no quiere ser un(a) atleta profesional.

2. Lea Ud. el artículo siguiente. Luego, termínelo con más descripciones de la casa del futuro.

Así será la casa que habitaremos en el año 2000

Dentro de quince años las casas llevarán incorporado un ordenador, que se encargará de controlar la temperatura ambiente, preparar el baño o hacer los pedidos al supermercado.

llevarán incorporado *will have*
ordenador *computer*
se encargará *will be in charge*
ambiente *environment*
pedidos *errands*

3. Escriba un artículo original sobre el (la)... del futuro.
   - a. ciudad
   - b. coche
   - c. familia
   - d. escuela o universidad
   - e. comida
   - f. deporte

 # Escuchemos

A. ¡Los campeones! Oscar comments on the success of last night's baseball game. His statements are incomplete. Choose the word that best completes each sentence.

> **MODELO**　(optimista / pesimista)
> Siempre ganamos y por eso nuestro entrenador se siente muy _____. optimista
> Siempre ganamos y por eso nuestro entrenador se siente muy optimista.

1. (rato / estadio)
2. (vencimos / entrenamos)
3. (animados / ágiles)
4. (fracaso / fuerte)
5. (batear / patinar)
6. (bateó / cogió)
7. (campeonato / campeón)
8. (equipo / partido)

B. Dictado. You will hear a short narration about Anita and her feelings about tennis. Listen carefully to the entire selection. Listen again and write each sentence during the pauses.

You will then hear a series of questions related to the dictation. Answer them with complete sentences. Refer to your dictation.

Lección 15

Hay que divertirse

Aviso cultural
(As a reading aid, refer to lesson vocabulary for new words.)

¿Qué sabe Ud. de los seis países centroamericanos de habla española? Guatemala: En el norte se encuentran las ruinas de Tikal, una antigua ciudad maya. Guatemala también es el país nativo del ganador del Premio (*prize*) Nóbel de literatura en 1967, Miguel Ángel Asturias y la ganadora del Premio Nóbel de paz en 1992, Rigoberta Menchú. El Salvador: Aquí se encuentra la «Fuente de fuego (*fire*)», el volcán Izalco que produce una constante columna de fuego. Honduras: Es el único país de Centroamérica que no tiene volcán. Nicaragua: Es el país más grande de Centroamérica. La capital es Managua. Costa Rica: Es el único país de Centroamérica que no tiene ejército (*army*). Panamá: Su moneda oficial lleva el nombre del descubridor del océano Pacífico, Balboa. El famoso sombrero llamado la jipijapa (*Panama hat*) se produce en Ecuador y no en Panamá. ¿Sabe Ud. a qué país corresponden las siguientes ciudades capitales? San Salvador, San José, Tegucigalpa, Panamá, Guatemala.

Preparativos (You may want to review the vocabulary list on pp. 473–475 before and/or after viewing the video.)

Al mirar el video o leer los diálogos siguientes, note bien las varias formas de recreo que hay en el mundo hispánico. ¿Cuáles son algunas de las actividades? ¿Se practican en los EE.UU. también? Explique.

Un día de recreo en El Bosque[1]

REPORTERO   Muy·buenas tardes, amigos televidentes, y bienvenidos a otro segmento de nuestro programa «Vida al aire libre». Hoy, domingo, 15 de abril, nos encontramos en el campo de recreo El Bosque, para

---

[1]For an English translation of this dialogue, see Appendix A, pp. A18–19.

mostrarles a ustedes cómo los habitantes de nuestra ciudad descansan y se divierten después de una intensa semana de trabajo. Vayamos[1] directamente al lago. Aquí, como pueden ustedes observar, son varias las cosas que pueden hacerse, como esa pareja que está pescando, o aquella familia paseando en bote. También se puede nadar, pero hoy, aunque es un día soleado, todavía se siente un poco de frío ya que sólo estamos en abril. Bueno, sigamos ahora por ahí a ver qué encontramos. Allí hay una pareja curiosa: él monta en bicicleta y ella está corriendo. Jóvenes, ¿me permiten una pregunta?

LA JOVEN   Cómo no. Diga.

REPORTERO   ¿Usted corre todos los días?

LA JOVEN   No, señor. No tengo el tiempo. Sólo vengo a correr los fines de semana.

REPORTERO   ¿Y usted?

EL JOVEN   Yo también. Sólo sábados y domingos.

REPORTERO   ¿Y no le gusta correr?

EL JOVEN   No. Prefiero montar en bicicleta; es más divertido.

LA JOVEN   Pero correr es mejor ejercicio...

REPORTERO   ¡Adiós! ¡Gracias!... Bueno, por lo menos se saben divertir juntos, ¿no? Pero sigamos...
Como pueden ver, hay mucha actividad. Pero no todos vienen a hacer ejercicio. Hay mucha gente que sólo viene a descansar y a pasar un buen rato tranquilo. Ahí tienen, por ejemplo, a ese joven leyendo, a esos muchachos tocando música y a esa señora que ha venido a tomar la siesta. Pero también hay otras formas de divertirse,

---

[1]Although **Vamos** is the more common expression for *Let's go*, some people prefer **vayamos**.

como la de esa pareja... Qué vista más romántica, ¿no? Amigos, la tarde todavía es joven; no se queden en sus casas, aprovechen este hermoso día y vengan a El Bosque solos o con sus familias a pasar un rato muy agradable.

Y nosotros nos despedimos hasta el próximo domingo, cuando les traeremos un segmento más de «Vida al aire libre». ¡Hasta entonces!

Uds., los actores. Ahora, representen el segmento siguiente. Noten bien las estructuras enfatizadas.

(*El reportero habla con su director...*)

REPORTERO	Pues, ¿cómo salió el segmento?
DIRECTOR	Yo quería que tú **hablaras** con más personas y por más tiempo.
REPORTERO	Quería hablar más con los jóvenes pero tenía miedo de que siguieran su disputa sobre qué actividad es mejor. No me gustaba que se **portaran** así por la televisión.
DIRECTOR	Sí, sí. Tienes razón. Era necesario que **terminaras** la entrevista pronto.

Es decir

A. Basándose en el diálogo, indique quién hace las actividades siguientes.

un joven   una familia   una señora   una pareja

1. tomar una siesta
2. leer
3. pescar
4. pasear en bote

B. Escoja Ud. las dos frases correctas de cada grupo.

1. En el lago...
   a. se puede nadar.
   b. se puede correr.
   c. se puede pasear en bote.

2. La pareja...
   a. viene al parque los fines de semana.
   b. practica dos deportes diferentes.
   c. no quiere hablar con el reportero.

3. En el parque...
   a. hay mucha gente que viene a descansar.
   b. muchos vienen a hacer ejercicios.
   c. no hay nadie porque está lloviendo.

4. El reportero quiere que los habitantes de la ciudad...
   a. vengan a El Bosque.
   b. aprovechen el hermoso día.
   c. se queden en sus casas.

5. El reportero se despide, diciendo...
   a. hasta mañana.
   b. hasta el próximo domingo.
   c. hasta entonces.

C. Busque Ud. en la segunda columna lo que se necesita para hacer las actividades en la primera columna.

1. tocar música
2. pescar
3. correr
4. tomar una siesta
5. nadar
6. leer
7. montar en bicicleta

a. agua
b. dos llantas
c. libros
d. instrumentos
e. zapatillas
f. peces
g. sueño

★ Practiquemos

En grupos. Practique el diálogo con sus compañeros. En grupos, represéntenlo incorporando los gestos apropiados.

Al ver el video

Después de ver el video, conteste Ud. las preguntas siguientes.

1. ¿Cómo es el reportero? Describa su ropa, su aspecto físico y algún aspecto de su personalidad.
2. ¿Qué aspectos de la naturaleza se pueden ver en este episodio? Describa Ud. el ambiente.
3. ¿Cómo es la mujer que corre? ¿el hombre que monta en bicicleta?
4. El reportero dice que hay mucha actividad en el campo de recreo. ¿Está Ud. de acuerdo? Explique.
5. Ahora que Ud. ha visto el campo, ¿qué otras actividades se pueden hacer allí?
6. ¿Vio Ud. a los jóvenes que tocan música? ¿Qué instrumento tocan ellos?
7. ¿Es romántica la escena con los novios? Explique.

Vocabulario

Verbos

acampar (hacer cámping)	*to camp, go camping*
acercarse (a)	*to approach, come near (to)*
acompañar	*to accompany*
ahorrar	*to save (money, time . . .)*
alejarse (de)	*to withdraw, move away (from)*
atraer	*to attract*
disfrutar (de)	*to enjoy*
escalar	*to climb*
pescar	*to fish*

Adjetivos

contaminado	*polluted, contaminated*
chistoso (cómico)	*funny*
feroz	*ferocious*
gracioso	*funny, entertaining; graceful*
indígena	*indigenous, native*
intenso	*intense*
junto	*together*
mundial	*universal, worldwide*
panorámico	*panoramic*
puro	*pure*
salvaje	*savage, wild*
soleado	*sunny*

Animales

el elefante	*elephant*
el insecto	*insect*
el león	*lion*
el mono	*monkey*
el mosquito	*mosquito*
el oso	*bear*
el pez[1]	*fish*
la rana	*frog*
el tiburón	*shark*
el tigre	*tiger*
la tortuga	*turtle, tortoise*

La naturaleza   *(Nature)*

el aire	*air*
el ambiente	*environment, surroundings*
el bosque	*forest, woods*
el cielo	*sky*
el desierto	*desert*
la estrella	*star*
el lago	*lake*
la luna	*moon*
la montaña	*mountain*
el océano	*ocean*
la paz	*peace*
el río	*river*
la selva	*jungle, forest*
la tierra	*earth, land, soil, ground*
la tranquilidad	*tranquility*
el volcán	*volcano*

---

[1]Note that **pescado** also means *fish*, but refers to the fish when caught and prepared to be eaten.

Sustantivos

el acuario	*aquarium*
el bote	*rowboat*
el circo	*circus*
el globo	*balloon*
la mochila	*knapsack, backpack*
la pareja	*couple*
el parque (de atracciones)	*(amusement) park*
el payaso	*clown*
el recreo	*recreation*
el saco de dormir	*sleeping bag*
la tienda de campaña	*tent* - el techo - ceiling, roof

Otras palabras y expresiones

(Refer to conjunctions on p. 482)

como[1](conj.)	*as; since; because*
estar de acuerdo	*to agree*
soñar despierto	*to daydream*
tomar (echar) una siesta	*to take a nap*

Repasemos el vocabulario

A. ¿Cuál no corresponde? Indique Ud. la palabra que no está relacionada con la palabra a la izquierda y explique.

1. río:	bote	globo	pez	pescar
2. zoológico:	tigre	selva	elefante	mono
3. hacer cámping:	acuario	mochila	saco de dormir	mosquitos
4. circo:	payaso	globo	desierto	león
5. naturaleza:	río	circo	montaña	estrella

B. Nombre Ud. tres... *son*

1. cosas que se necesitan para acampar.
2. cosas que hay en un circo.
3. sitios donde se puede nadar.
4. tipos de animales que hay en el acuario.
5. tipos de animales salvajes.

C. Descripciones. Use Ud. adjetivos de esta lección y de las lecciones anteriores para describir las cosas siguientes.

1. un desierto
2. el cielo
3. la vista desde una montaña
4. un payaso
5. un volcán

---

[1]Note that **como** is used to mean *because* in the sense of *as* or *since*. Como no tengo dinero, no puedo ir al circo. *Because (As, Since) I don't have money, I can't go to the circus.*

D. ¿Conoce Ud. los animales? Diga Ud. a qué animal corresponden las descripciones siguientes.

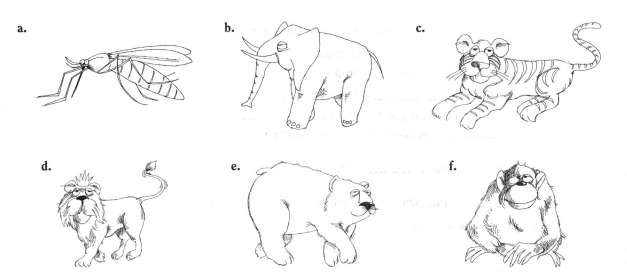

a.   **b.**   **c.**

d.   **e.**   **f.**

1. Este enorme animal vive en la India y África. Tiene una trompa larga y generalmente es gris.

2. Es un animalito ágil, inteligente y sociable, relacionado con el ser humano.

3. Vive en las zonas frías. Come frutas y miel (*honey*). Sabe defenderse valientemente.

4. Es un pequeño insecto que vuela y toma la sangre de los seres humanos y otros animales.

5. Es el rey (*king*) de la selva africana. Es de color marrón claro y el macho (*male*) tiene mucha más piel (*fur*) que la hembra (*female*).

E. Otros animales. Nombre Ud. los animales siguientes. Descríbalos y diga todo lo que sabe de ellos.

1.   **2.**

3.   **4.**

Ahora con un(a) compañero(a) escriban frases originales de cinco palabras de la lista del vocabulario y la clase tiene que adivinarlos (*guess them*).

F. Definiciones. Complete Ud. las definiciones con las palabras apropiadas.

árboles	animales	puro	graciosas	tanque
pasearse	barco	nariz	parque	salvajes

1. bosque: Sitio lleno de _____ y aire _____ .

2. bote: _____ pequeño que se usa para _____ en el agua.

3. zoológico: _____ donde se encuentran animales _____ o exóticos.

4. payaso: Cómico con una _____ grande y roja que hace cosas _____ .

5. acuario: _____ destinado a la exhibición de _____ acuáticos.

Ahora, defina los términos siguientes:

6. selva

7. tienda de campaña

8. estrella

9. aire contaminado

G. Una excursión al Gran Cañón. Con un(a) compañero(a), lean Uds. el anuncio y contesten las preguntas.

EXCURSION DE LUJO POR AIRE Y TIERRA

EXCURSION No. 2

Incluye BANQUETE AL ESTILO INDIO
DURACION APROXIMADA:
5 HRS. DESDE LA SALIDA
HASTA EL REGRESO AL HOTEL.

$149.⁵⁰

PRECIO POR PERSONA
EN EFECTIVO

- Confortables asientos en la ventanilla para que todos los participantes puedan relajarse.
- Vuelo sobre la majestuosa Represa de Hoover, el Lago Mead y Fortification Hill -- un volcán extinto.
- Luego, un vuelo zigzagueante entre las abruptas paredas del cañón de más de dos millones de años de antigüedad.
- Luego, un vuelo rasante sobre las torrentosas aguas del Río Colorado.
- Viaje en autobús al borde del cañón, con panorámicas paradas.
- Disfrute de un almuerzo al estilo Indio cerca de Eagles Nest -- 3.500 pies sobre el nivel del Río.
- Al despedirse de sus amigos Indios, regreso a Las Vegas.
- Certificado Oficial de Vuelo.

Represa *Dam*

zigzagueante *winding*

rasante *hair-raising*

nivel *level*

1. ¿Cómo son los tres vuelos que hacen los participantes?

2. ¿A qué hora volverá si sale la excursión a las diez de la mañana?

3. ¿Cuánto cuesta la excursión?

4. ¿Dónde van a almorzar los participantes?

5. ¿Qué tipo de comida van a probar?

The Imperfect Subjunctive

When studying the indicative and subjunctive moods, you learned that the indicative mood has many different simple tenses while the subjunctive mood has only two.

Indicative mood	Subjunctive mood
present future	present
preterite imperfect conditional (Lesson 16)	imperfect

As you know, the present subjunctive is used to express present or future action in a sentence that requires the use of the subjunctive.

Dudo que Juan **esté** aquí hoy.
$\begin{cases} \textit{I doubt that Juan } \textbf{is } \textit{here today.} \\ \textit{I doubt that Juan } \textbf{will be } \textit{here today.} \end{cases}$

In a sentence that requires the use of the subjunctive, the imperfect subjunctive is used to express both completed and habitual past action (preterite and imperfect meanings). It is also used to express conditional meaning (*would be, would do,* and so forth). The conditional tense is fully discussed in Lesson 16.

Forma

HABLAR		COMER		ESCRIBIR	
hablara	habláramos	comiera	comiéramos	escribiera	escribiéramos
hablaras	hablarais	comieras	comierais	escribieras	escribierais
hablara	hablaran	comiera	comieran	escribiera	escribieran

1. To form the imperfect subjunctive of regular -ar, -er, and -ir verbs remove the -on from the third-person plural (ellos) preterite form and add the endings -a, -as, -a, -amos, -ais, -an.[1] Note that the first-person plural (nosotros) form has a written accent (**compráramos, bebiéramos**).

2. There are no irregular verbs in the imperfect subjunctive because any stem change, spelling change, or irregularity already occurred in the preterite. All imperfect subjunctive verbs follow the rule of using the third-person plural preterite stem with imperfect subjunctive endings. Study the following verbs.

Infinitive	Third-person plural preterite	First-person singular imperfect subjunctive
dormir	durmieron	durmiera
sentir	sintieron	sintiera
leer	leyeron	leyera
Irregular verbs		
andar	anduvieron	anduviera
dar	dieron	diera
decir	dijeron	dijera
estar	estuvieron	estuviera
haber	hubieron	hubiera
hacer	hicieron	hiciera
ir	fueron	fuera
poder	pudieron	pudiera
poner	pusieron	pusiera
querer	quisieron	quisiera
saber	supieron	supiera
ser	fueron	fuera
tener	tuvieron	tuviera
venir	vinieron	viniera

Función

1. The imperfect subjunctive is used in noun, adjective, and adverbial clauses to express past action in a sentence that requires the use of the subjunctive.

- El presente: cláusula sustantiva

    Yo **no quiero** que tú **escales** los Himalayas.

    I don't want you to climb the Himalayas.

- El pasado: cláusula sustantiva

    Yo no **quería** que tú **escalaras** los Himalayas.

    I didn't want you to climb the Himalayas.

---

[1]An alternate form is to remove the -ron from the third-person plural preterite and add the endings -se, -ses, -se, -semos, -seis, -sen: habla-ron + se = hablase... These forms are used interchangeably and primarily in Spain.

● El presente: cláusula adjetival

Yo **quiero** escalar una montaña que **sea** alta.

I want to climb a mountain that is tall.

● El pasado: cláusula adjetival

Yo **quería** escalar una montaña que **fuera** alta.

I wanted to climb a mountain that was tall.

● El presente: cláusula adverbial

Yo **nadaré** en el río antes de que tú **escales** los Himalayas.

I will swim in the river before you climb the Himalayas.

● El pasado: cláusula adverbial

Yo **nadé** en el río antes de que tú **escalaras** los Himalayas.

I swam in the river before you climbed the Himalayas.

2. The imperfect subjunctive has various English equivalents according to the context in which it appears.

Esperábamos que Juan **viniera** al lago.

*We hoped that Juan **would come** to the lake.*

Era bueno que Juan **viniera** al lago.

*It was good that Juan **came** to the lake.*

De niño me gustaba que Juan **viniera** al lago.

*As a child I liked that Juan **used to come** to the lake.*

Queríamos que Juan **viniera** al lago.

*We wanted Juan **to come** to the lake.*

3. The imperfect subjunctive of the verbs **querer**, **poder**, and **deber** can be used to indicate courtesy or to soften a request.

¿**Pudiera** pasarme la sal, por favor?

Could you please pass me the salt?

Quisiera pedirte un favor.

I would like to ask you a favor.

Debiera tener cuidado en el bosque.

You really should be careful in the forest.

⭐ Practiquemos

A. **De compras en Centroamérica.** Ada nos dice lo que su guía turístico le aconsejó acerca de comprar en Guatemala. Llene Ud. los espacios con la forma correcta del verbo entre paréntesis en el imperfecto del subjuntivo.

El guía turístico me aconsejó que yo...

1. no les (dar) _____ propinas a los taxistas.

2. (buscar) _____ las pequeñas tiendas de artesanías. Son más baratas.

3. (conseguir) _____ un «huipil», que es la blusa típica de las indias.

4. no (pagar) _____ más de 20 dólares por una falda estilo maya.

5. no (comprar) _____ los productos farmacéuticos norteamericanos. Son caros.

6. (Ir) _____ al Mercado Nacional de Artesanía.

B. **Actividades variadas.** La familia de Ada prefiere hacer otras actividades. Mire Ud. los dibujos y diga qué sugirió el guía turístico que hicieran los familiares de Ada. Use el imperfecto del subjuntivo y termine la frase siguiente:

El guía turístico sugirió que...

Cecilia y Carlos / visitar

MODELO	El guía turístico sugirió que Cecilia y Carlos visitaran las ruinas mayas.

1.

la abuela / descansar

2.

las jóvenes / ver

3.

papá / jugar

4.

Felipe / montar

5.

nosotros / comer

†All adj. clause statements!

C. Una noche de recreo. Puede ser difícil pasar un buen rato en una ciudad extranjera. Cambie Ud. el verbo entre paréntesis al imperfecto del subjuntivo o del indicativo, según sea necesario.

1. Buscábamos un club nocturno que (tocar) _____ música rock.

2. Queríamos ver una película que no (tener) _____ subtítulos.

3. Conocimos a otro extranjero que no (saber) _____ hablar español.

4. No había ningún restaurante que (servir) _____ comida norteame-ricana.

5. Yo esperaba encontrar un museo que (ofrecer) _____ exhibiciones por la noche.

6. No vi ninguna taquilla (*box office*) que (vender) _____ entradas para el concierto.

7. Había varios autobuses que (poder) _____ llevarnos al centro.

8. Finalmente compramos un libro que (tener) _____ mucha información sobre la vida nocturna de esta ciudad.

D. Siempre cortésmente (*courteously*). Exprese Ud. las siguientes frases de una forma cortés cambiando el verbo subrayado del presente del indicativo al imperfecto del subjuntivo. Siga el modelo.

MODELO	Quiero pedirte un favor.
	Quisiera pedirte un favor.

1. Ud. no debe acercarse a los animales salvajes.
2. ¿Pueden Uds. acompañarme?
3. Queremos saber la fecha del viaje.
4. ¿Puede Ud. decirnos cuál es el itinerario?
5. Uds. deben seguir con cuidado.

The Subjunctive in Adverbial Clauses of Purpose and Dependency

Función

You have learned that the subjunctive is used in the subordinate clause after conjunctions of time when future or pending actions are expressed or implied. When completed past action or habitual present action is indicated, the indicative is used.

The subjunctive is also used in adverbial clauses after conjunctions of purpose (*I will write to you in order that you may know what's happening*) and after conjunctions that express situations of dependency (*I will go to the movies provided that my check arrives*).

1. The following conjunctions reflect purpose or dependency. The subjunctive is always used in a subordinate clause that is introduced by these conjunctions.

a menos que	*unless*	en caso (de)[1] que	*in case that*
antes (de)[1] que	*before*	para que	*in order that*
con tal (de)[1] que	*provided that*	sin que	*without*

Iré con José **con tal que** él me invite.	*I'll go with José **provided that** he invites me.*
Fui al museo **antes de que** se cerrara.	*I went to the museum **before** it closed.*

---

[1]Note that the use of the preposition **de** in these conjunctions is optional.

2. Remember that when there is no change of subject the infinitive is used after the prepositions **antes de, para,** and **sin.**

Vamos a las montañas **para** descansar.	*Let's go to the mountains to rest.*
Vamos a las montañas **para que** papá descanse.	*Let's go to the mountains so that dad will rest.*
Dejé las llaves en casa **sin** saberlo.	*I left the keys at home **without knowing it**.*
Dejé las llaves en casa **sin que** mamá lo supiera.	*I left the keys at home **without mom knowing it**.*

☆ Practiquemos

A. El cámping. Vuelva a escribir (*Rewrite*) la frase, formando otra cláusula con el nuevo sujeto. Luego, un(a) compañero(a) escribirá toda la frase en el pasado. Siga el modelo:

> **MODELO**
> Voy a acampar para gozar de la paz. (mis hijos)
> Voy a acampar **para que mis hijos** gocen de la paz.
> **Acampé** para que mis hijos **gozaran** de la paz.

1. Vamos a hacer cámping para disfrutar de la naturaleza. (Rafaelito)
2. Dormiremos afuera para ver las estrellas. (Rosita).
3. No beberé el agua de la montaña sin saber si es pura. (mi esposo)
4. Nadaré en el lago antes de andar por el bosque. (todos nosotros)
5. Volveré a casa antes de aburrirme de la paz y tranquilidad. (mi familia)

B. Conexiones con «a menos que» y «para que». Haga Ud. las actividades siguientes.

1. Busque Ud. en la segunda columna la terminación de la frase en la primera columna. Use la conjunción **a menos que** para unir (*unite*) las frases. Cambie el verbo al presente del subjuntivo. Luego, traduzca las frases al inglés.

> **MODELO**
> Iremos al parque...   papá (tener) que trabajar
> **Iremos al parque a menos que papá tenga que trabajar.**
> *We will go the park unless dad has to work.*

El parque de atracciones

a. Juanito no quiere ir al parque de atracciones...

b. Vamos a la montaña rusa (*roller coaster*)...

c. Podemos comprar perros calientes...

d. De postre comeremos helado...

e. Pasaremos todo el día allí...

1. nos (doler) _____ el estómago.
2. (llover) _____ .
3. (haber) _____ caballitos (*carousel*).
4. tú (tener) _____ miedo.
5. sólo se (vender) _____ hamburguesas.

2. Ahora, use Ud. la conjunción **para que** para unir las frases siguientes. Cambie Ud. el verbo al imperfecto del subjuntivo. Luego, traduzca las frases al inglés.

Viajes de recreo

a. Papá volvió al hotel...

b. Mis tíos fueron a Centroamérica...

c. Viajamos a la costa...

d. Juan quería subir la montaña...

e. Mi abuela fue a Arizona...

1. mi abuelo (respirar) _____ el aire puro.

2. nosotros (disfrutar) _____ de la vista.

3. mamá (tomar) _____ una siesta.

4. mis primos (ver) _____ los volcanes.

5. mis hermanitos (divertirse) _____ en la playa.

C. Sólo el subjuntivo. Complete Ud. las frases con la conjunción apropiada. Cambie los verbos al presente del subjuntivo. Puede usar algunas conjunciones más de una vez.

a menos que	con tal (de) que	para que	sin que	en caso (de) que
unless	*provided that*	*in order that*	*without*	*in case*

1. Vamos al acuario _____ los niños (asistir) _____ a una exhibición de tortugas gigantescas.

2. Compra tú otro boleto _____ Oscar (querer) _____ ir al circo, también.

3. Papá no va a las montañas _____ nosotros (poder) _____ pescar.

4. Voy al museo contigo ahora _____ tú (ir) _____ al mercado conmigo más tarde.

5. Prefiero subir las pirámides por la mañana _____ (hacer) _____ calor por la tarde.

6. Es imposible planear el viaje _____ ella lo (saber) _____ .

7. Podemos conseguir las mochilas hoy _____ la tienda no (estar) _____ cerrada.

8. No quiero irme del país _____ mi mamá me (comprar) _____ un collar de jade.

Sequence of Tenses I: The Present and Present Perfect Subjunctive

Función

1. The present subjunctive and the present perfect subjunctive are used in the subordinate clause of a sentence that requires the subjunctive when the verb in the main clause is in the present tense, the future tense, or is a command.[1]

---

[1]This sequence of tenses applies to the corresponding compound tenses as well (present progressive, present perfect, future progressive, and future perfect). Some of these tenses have not yet been presented.

Main clause	Subordinate clause
present future } command	present subjunctive present perfect subjunctive

Le **pido** a Roberto
Le **pediré** a Roberto } que traiga
Pídale Ud. a Roberto   las mochilas.

I ask Robert
I will ask Robert } *to bring*
Ask Robert   *the backpacks.*

2. The present perfect subjunctive is used in the subordinate clause to express action that has already taken place in a context that requires the use of the present subjunctive.

Me alegro de que tú **hayas acampado**
con nosotros.

*I'm happy that you **have camped**
with us.*

Espero que todos lo **hayan pasado**
bien.

*I hope that everyone **has had** a good
time.*

✯ Practiquemos

A. Costa Rica. Ud. sabe mucho de este país centroamericano. Aconséjeles a las personas siguientes sobre qué hacer allí. Use los verbos sugeridos (*suggested*) y cambie los infinitivos al subjuntivo.

> **MODELO**   Quiero <u>nadar</u> en Puntarenas. (recomiendo / Puerto Viejo)
> **Recomiendo que nades en Puerto Viejo.**

1. Ramona quiere <u>sacar</u> fotos en San José. (será mejor / Cartago)
2. Queremos <u>visitar</u> Costa Rica en agosto. (sugiero / mayo)
3. Papá tiene ganas de <u>probar</u> los frijoles de allí. (recomiendo / los tamales)
4. Los Ortiz van a <u>alojarse</u> en el Hotel Costa Rica. (insistiré en que / la Pensión Heredia)
5. Yo quiero <u>pasar</u> una semana en Alajuela. (aconsejo / la capital)
6. Los turistas desean <u>ver</u> el volcán Irazú. (dígales / el volcán Poás)

B. Unas vacaciones para todos. Susana escribe un artículo cada semana para el periódico sobre qué hacer y adónde ir. Llene Ud. los espacios con la forma correcta del verbo en el subjuntivo, indicativo o infinitivo.

No es fácil (encontrar) _____ un sitio ideal para (pasar) _____ las vacaciones con la familia. Siempre buscamos un lugar que (ofrecer) _____ diversiones para los niños para que sus vacaciones (ser) _____ memorables. Pero es cierto que los padres también (necesitar) _____ actividades que (ser) _____ sólo para ellos. Pues, es verdad que yo (haber) _____ encontrado el sitio perfecto para Uds. Si Uds. quieren visitar una ciudad que (tener) _____ un ambiente tranquilo y cosmopolita, tienen que (visitar) _____ Antigua, Guatemala. Todos saben que Antigua (ser) _____ la antigua capital del país y que fue destruida (*destroyed*) casi completamente en 1773. También es verdad que Antigua (gozar) _____ de un clima muy bueno. ¿Qué pueden Uds. (hacer) _____ allí?

1. Será mejor que Uds. (quedarse) _____ en un hotel que (tener) _____ piscina para los niños. Con el calor que hace, ellos podrán (pasar) _____ todos los días nadando.

2. Sugiero que todos (disfrutar) _____ de la gran variedad de artesanía que se encuentra en este gran centro artístico. Sé que a Uds. les (ir) _____ a gustar los tejidos (*weavings*) bonitos.

3. Antes de que Uds. (salir) _____ , deben comprar un recuerdo muy único... el jade de Guatemala. Los mayas valoraban (*valued*) esta piedra (*stone*) preciosa mucho, y lo usaban para crear obras (*works*) artísticas excelentes.

Espero que Uds. se (haber) _____ aprovechado de mis consejos y les quiero (desear) _____ un buen viaje.

C. Decisiones. Pepa y Amalia planean un fin de semana divertido, pero a Amalia no le gustan las ideas de Pepa. Con un(a) compañero(a); hagan los papeles de Pepa y Amalia y terminen Uds. las frases de una forma original.

1. ¿Por qué no vamos al circo?
   No, porque no me gusta que...

2. Tengo ganas de ir al Jardín Botánico. ¿Y tú?
   Yo no. He insistido en que...

3. ¿Vamos al Museo de Antropología?
   En mi opinión, será mejor que...

4. Dicen que la feria (*fair*) de artesanías es interesante. ¿Quieres ir?
   No creo. Allí no hay nada que...

5. Javier nos invita al cine. ¿Vamos?
   ¡De ninguna manera! Dile a Javier que...

6. Me encantan los cafés al aire libre. ¿Me acompañas?
   Ahora no, a menos que...

7. Me interesan los pueblos pequeños en las afueras. ¿Quieres visitarlos?
   Ya sabes, Pepa, que prefiero...

8. Podemos probar la comida típica en un restaurante local. Y tú, ¿qué dices?
   No puedo comer en un restaurante que no...

Escriban dos ideas más de Pepa y las reacciones de Amalia.

En resumen

A. Centroamérica... un paraíso (*paradise*). Relacione Ud. los siguientes lugares centroamericanos con la descripción apropiada. Busque la «pista» (*clue*) en las descripciones.

Monteverde

el lago de Atitlán

la selva de Petén

Portobelo

islas (*islands*) de San Blas

1. _____ es una densa jungla guatemalteca.

2. _____ en Panamá fue el puerto (*port*) más rico de la ruta entre España y América en el siglo (*century*) XVI.

3. _____ en Guatemala está rodeado (*surrounded*) de doce pueblos pequeños que son accesibles sólo por barco.

4. En las 368 _____ , al norte de Panamá, viven los indios cunas que mantienen costumbres antiguas, de hace más de mil años.

5. _____ es una reserva biológica situada en la parte montañosa de Costa Rica.

B. Si Ud. es deportista, vaya a Panamá. Complete Ud. el párrafo con la forma apropiada del verbo entre paréntesis en el presente del indicativo, el presente del subjuntivo o el infinitivo.

Voy a hacer un viaje al extranjero. Todo el mundo recomienda que yo (ir) _____ a Panamá, un pequeño país situado entre Costa Rica en Centroamérica y Colombia en la América del Sur. Sugieren que yo (conseguir) _____ un pequeño bote para (pescar) _____ en los ríos. Es fácil (alquilar) _____ caballos y equipo para que nosotros (poder) _____ hacer cámping. Quiero que mi hermano me (acompañar) _____ , pero no creo que él (poder) _____ porque (querer) _____ ahorrar su dinero para ir a esquiar en Chile en julio. Como no quiero ir solo, llamaré a mi amigo Carlos para ver si él quiere (viajar) _____ conmigo. Yo dudo que él (poder) _____ encontrar el dinero en tan poco tiempo. Tengo muchas ganas de (ir) _____ . Todos aconsejan que yo (asistir) _____ a un partido de baloncesto, un deporte muy popular allí. ¡Qué experiencia más fantástica! No puedo esperar.

Ahora, en el pasado. Cambie Ud. todo el párrafo al pasado.

C. El circo mundial. Lea Ud. el anuncio y conteste las preguntas.

al dorso *on the back*

1. ¿Qué es un circo mundial?
2. ¿A qué países corresponden algunas de las banderas (*flags*) que se ven en el anuncio?
3. A muchos niños les encanta el circo. A otros, no. ¿Por qué será?
4. Imagínese que Ud. es un(a) niño(a) y acaba de volver del circo. Le gustó mucho (o no le gustó nada). Escriba cuatro frases para describir la experiencia.

D. Aqualandia. Ud. quiere pasar un día con su familia en Aqualandia. Su esposo(a) tiene muchas dudas. Mire el dibujo y el anuncio y conteste las preguntas. Un(a) compañero(a) hará el papel (*role*) del (de la) esposo(a).

a partir de after

AQUALANDIA OFRECE DIVERSIÓN A CADA UNO DE LOS MIEMBROS DE LA FAMILIA.

PARA PASAR UN DÍA INOLVIDABLE. ABIERTO A PARTIR DE LAS DIEZ DE LA MAÑANA.

DESDE MAYO A SEPTIEMBRE. PARKING GRATUITO PARA 2.000 COCHES Y AUTOBUSES.

PRECIOS ESPECIALES PARA GRUPOS. NIÑOS MENORES DE 3 AÑOS GRATIS.

SERVICIO DE AUTOBÚS DIRECTO DE BENIDORM A AQUALANDIA.
ABONOS POR TEMPORADA O TIEMPO PARCIAL.

abonos vouchers

Socorristas Medics

entorno surroundings;
*   botiquín first-aid kit*

tumbonas   hammock

AQUALANDIA, el mayor parque acuático del mundo, le ofrece 150.000 metros cuadrados en un entorno natural con vegetación típica de la Costa Levantina.

Diez millones de litros de agua para su uso y disfrute, repartidos en 10 piscinas, 15 toboganes, 10 juegos infantiles, 1.000 hamacas y tumbonas y un sinfín de atracciones. Pero es sobre todo AQUALANDIA, un lugar ideal para cualquier persona.

Sea cual sea su edad y ganas de jugar.

Sierra Helada - Partida de Bayo, s/n. BENIDORM (Alicante)

• Socorristas especializados.
• Médicos, A.T.S. y botiquín.
• Prohibición de latas y cristal.
• Normas de uso de actividades.

Merece la pena It's worth the
*   trouble*

Y si lo prefiere puede divertirse viendo disfrutar a los demás.
Merece la pena.

Comida típica

Barbacoa

Zumos y helados

Zumos juices

¿Qué hacemos si...
1. hay un accidente?
2. tenemos hambre?
3. hace mucho calor y el sol está muy fuerte?
4. los niños están cansados?
5. el hijo mayor se aburre en la piscina?
6. la abuela no quiere participar?

Ahora, conteste las preguntas.

7. ¿Pagan todos el mismo precio para entrar? Explique. ¿Quién puede entrar sin pagar?

8. ¿Se puede entrar a las 9:30? ¿Por qué sí o no?

9. ¿Por qué no puedo ir en enero?

10. ¿Cuáles son algunas de las comidas y refrescos que sirven allí?

11. ¿Cuál de las atracciones parece ser la más peligrosa? ¿la menos peligrosa? ¿la más divertida? ¿la más exótica?

12. ¿Por qué dice el anuncio que «es un lugar ideal para cualquier persona»?

13. ¿Qué pasa si Ud. está lastimado en las atracciones?

14. ¿Cuáles son tres razones por las que Ud. quiere o no quiere pasar un día en Aqualandia?

E. En Costa Rica. Complete Ud. la lectura con la forma correcta de la palabra entre paréntesis. Si hay dos palabras, escoja la más apropiada. Traduzca las palabras subrayadas al español.

Costa Rica es uno de los (país) _____ más variados (del, en el) mundo. El Estado (has made) _____ un sistema (modelo) _____ de parques nacionales donde (one finds) _____ (un, una) variedad de flora y fauna: (volcán) _____ activos, jardines de orquídeas (*orchids*) y bosques tropicales. (It is interesting) _____ (ir) _____ de excursión al Parque Nacional Tortuguero que (Is) _____ en la costa del Caribe. Allí (one can) _____ observar la naturaleza del trópico en su estado salvaje: (monkeys) _____ , tortugas y (more) _____ . (Esto, Este) parque fue creado (por, para) (el, la) protección de la tortuga verde, un animal importante y en (danger) _____ de extinción. (Otro) _____ excursión fascinante es (to the) _____ Parque Nacional del volcán Poás, un volcán moderadamente activo. Es recomendable que el viajero (llevar) _____ un abrigo porque (it's very cold) _____ allí.

F. Acampando en las montañas. Traduzca Ud. el diálogo siguiente al español.

Raúl: Fresh air, peace, tranquility . . . You'll enjoy this place.

Ana: Frogs, insects, wild animals . . . I didn't want you to bring me here. You know that I don't like to camp. I insist that we go home right now.

Raúl: Ana, don't be this way. We can't leave without you seeing the moon and the stars and the mountains.

Ana: Okay, I'll stay for one day, provided that we go to the beach next year. Do you agree?

Raúl: Yes. When I was a child I always wanted my parents to take me to the beautiful beaches of Costa Rica.

G. Minidrama. En grupos, representen una de las escenas siguientes.

1. Ud. intenta planear un día de recreo para la familia pero resulta difícil. A su hijo de seis años no le gustan ni el circo ni el acuario. Él prefiere participar en otras actividades.

2. A Ud. le gusta la ciudad y a su amigo le gusta el campo. No saben qué hacer para pasarlo bien el próximo fin de semana.

 H. Composición

1. Escriba Ud. sobre un día de recreo muy divertido (aburrido, fascinante, peligroso) que Ud. pasó cuando era niño(a).

2. Refiriéndose a los ejercicios de esta lección que describen Centroamérica, escríbale una carta breve a su amigo(a) en la cual Ud. habla de su viaje a algunos de estos lugares.

Escuchemos

A. ¡Qué divertido es hacer cámping! You will hear a series of statements that Roberto makes that describe what he and his family are doing during a camping trip. Repeat each one, and then decide if the corresponding drawing matches the description. Write **cierto** or **falso** in the space below each drawing.

| MODELO | Nosotros hacemos cámping en un desierto grande.

<u>Falso</u>

1.

2.

_____   _____

3.

4.

5.

6.

7.

8.

B. Dictado. You will hear a short narration about Marta's afternoon at the circus with her little sister, Rosita. Listen carefully to the entire selection. Listen again and write each sentence during the pauses.

You will then hear a series of false statements related to the dictation. Correct each one with a complete sentence. Refer to your dictation.

✦ Gaceta 5

Centroamérica

Rigoberta Menchú

Violeta de Chamorro

Caras en las noticias

En 1987, el ex presidente de Panamá, **Oscar Arias Sánchez**, recibió el Premio Nóbel de la paz por sus esfuerzos° por mantener la paz y la democracia en Centroamérica. Cuando aceptó el premio, Arias Sánchez dijo: «Yo recibo este premio como uno de los 27.000.000 de centroamericanos». Según él: «la paz no tiene línea final°».

Cinco años más tarde, otra centroamericana recibió el Premio Nóbel[1] por su trabajo constante de activar el interés en la pobreza° y la discriminación de los indígenas° de Guatemala y otras partes. **Rigoberta Menchú**, de Guatemala, es joven, es indígena quiché[2] y es poco conocida comparada con otros ganadores° recientes del Premio Nóbel, como Mikhail Gorbachev (1990), Elie Wiessel (1986), Desmond Tutu (1984) y Lech Walesa (1983). Menchú escribió el libro *Me llamo Rigoberta Menchú y así me nació la conciencia*. Ella es considerada un símbolo de paz y reconciliación en su país y en el mundo.

Violeta Barrios de Chamorro intenta gobernar el país de Nicaragua, un país profundamente dividido y lleno de dificultades y miseria. Coexisten el gobierno° de Chamorro, ahora muy débil, los sandinistas[3] (el grupo político más poderoso° de Nicaragua), la Unión Nacional de Oposición, y 30 grupos armados con nombres como «el Movimiento Armado para la Defensa Nacional» y «Fuerzas Democráticas de Salvación Nacional». Además de eso, la economía de Nicaragua está en un estado crítico. Han pasado 15 años desde el derrocamiento° de la dictadura° de Somoza, y Nicaragua todavía está lejos de conseguir una paz verdadera.

---

[1]Otros latinoamericanos que han ganado el Premio Nóbel de la paz: Carlos Saavedra Lamas (Argentina, 1936) y Adolfo Pérez Esquivel (Argentina, 1976).

[2]Los indígenas quichés vinieron de la región El Quiché en las montañas de Guatemala. Se unieron con los mayas (siglos IV–IX, época cristiana) y desarrollaron una cultura notable.

[3]Grupo revolucionario que tomó su nombre del patriota y mártir nicaragüense, Augusto César Sandino (1895–1934). Los sandinistas derrocaron (*overthrew*) el régimen del dictador Anastasio Somoza en 1979, y gobernaron el país hasta la elección de Chamorro en 1990.

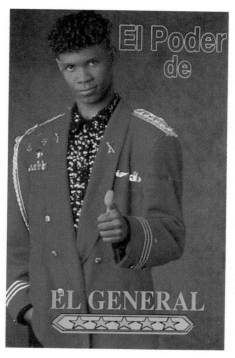

«El General» (Edgardo Franco)

Violeta Barrios nació en el pueblo de Rivas. A los 20 años se casó con Pedro Chamorro, director del periódico *La Prensa* y crítico ardiente° del régimen de Somoza. Después de la muerte de Pedro, Violeta se hizo administradora de *La Prensa* y se unió con° los sandinistas. Poco después, se desilusionó con ese grupo y empezó a criticar activamente sus tendencias marxistas. En 1990, Chamorro fue elegida la primera mujer presidente de Nicaragua, y es el símbolo de la democracia y la oposición al sandinismo.

ardent

united with

Se viste como militar pero el panameño°[1] Edgardo Franco, conocido como El General, es una de las figuras máximas de la música rap latinoamericana. Su música representa la fusión de reggae y ritmos caribeños como la salsa y el merengue, y los temas incluyen narrativos humorísticos e historias de la vida real como su canción antidroga°: «Regresa mi amigo».

person from Panama

anti-drug

Cuando era pequeño leía los libros de Verne, Galileo y Copérnico.[2] ¿Su programa de televisión favorito? «Viaje a las estrellas» (*Star Trek*). Y su sueño era volar en el espacio algún día. Para Franklin Chang-Díaz, sus sueños se han hecho realidad.

Nació en San José, Costa Rica y vino a los EE.UU. en 1968 para estudiar. Recibió su doctorado del Instituto de Tecnología de Massachusetts en 1977 y en 1980 fue a trabajar para NASA. En 1983 fue puesto en órbita por primera vez y ha participado en otras misiones espaciales.

---

[1]Otras nacionalidades centroamericanas: nicaragüense, guatemalteco, salvadoreño, hondureño, costarricense.

[2]Julio Verne es un novelista francés del siglo (*century*) XIX famoso por sus libros científicos. Escribió *Viaje al centro de la tierra*, *Veinte mil leguas de viaje submarino*, *La vuelta al mundo en 80 días* y otros. Galileo (1564–1642) y Copérnico (1473–1543) son astrónomos famosos.

Rubén Blades

politician
salsa singer
successful
master's degree

political party

he fights; rights
hopes

¿Es **Rubén Blades** actor, abogado, cantante, director de orquestas o político°? En 1984, el abogado panameño y famoso salsero°, pionero de la «Nueva Canción» (combinación de poesía, política y ritmos caribeños), dejó una exitosa° carrera musical para sacar la maestría° en derecho en Harvard University. Después de graduarse volvió a la música, al cine (ha salido en muchas películas que incluyen: *The Milagro Beanfield War*, *Crossover Dreams*, *The Super*, *The Two Jakes*, *Fatal Beauty*, *Mo Better Blues*, *Critical Condition*, *Crazy from the Heart*)... y a la política.

En Panamá, Blades fundó un nuevo partido político°, Papá Egoró, nombre indígena que significa Madre Tierra, y participó en el partido como candidato a la presidencia, en 1994, aunque no ganó las elecciones. No sólo se dedica a la política panameña, sino también lucha° por los derechos°, la unidad y la integración de la gente hispana en los EE.UU. ¿Sus esperanzas° para el futuro? Que el mundo sea un lugar donde lo que importa más es el carácter de una persona, y donde el «corazón no necesita visa».

Es decir

Explique, por favor. Diga Ud. cuáles son...

1. los nombres de *seis* personas famosas de Centroamérica.
2. *cinco* aspectos de la vida política de Rubén Blades.
3. *cuatro* palabras que describen la música de El General.
4. *tres* datos (*facts*) biográficos sobre Franklin Chang-Díaz.
5. *dos* características interesantes de Rigoberta Menchú.
6. *una* razón por la que Oscar Arias Sánchez recibió el Premio Nóbel de la paz.

✦ Practiquemos

Gente plástica. Lea Ud. estos versos de la canción «Plástico» de Rubén Blades. En el segundo verso, cambie Ud. el infinitivo al mandato informal (tú). Luego, conteste las preguntas.

Plástico

Era una pareja plástica, de esas que veo por ahí; él pensando siempre en dinero, ella, en la moda en París. Aparentando (*appearing to be*) lo que no son, viviendo en un mundo de pura ilusión, diciendo a su hijo de 5 años, no juegues con niños de color extraño (*strange*), ahogados (*drowning*) en deudas (*debts*) para mantener su status social, en boda (*wedding*) o coctel. (Oír) _____ latino (oír) _____ hermano,   (oír) _____ amigo,   nunca (vender) _____ tu destino (*destiny*) por el oro, ni la comodidad (*comfort*); (aprender) _____ , (estudiar) _____ , pues nos falta andar bastante, marcha, siempre hacia adelante (*ahead*) para juntos acabar con la ignorancia que nos trae sugestionados (*influenced*), con modelos importados que no son la solución.

No te dejes confundir (*let yourself be confused*), (buscar) _____ el fondo (*the innermost part*) y su razón, (recordar) _____ , se ven las caras y jamás el corazón.

1. Según Rubén, ¿en qué piensa el hombre plástico? ¿En qué piensa la mujer plástica?
2. ¿Por qué compara Rubén a estas personas al plástico?
3. ¿Conoce Ud. a gente plástica? ¿Cómo son ellos?
4. ¿Qué es un mundo de ilusión? ¿Es el mundo de Ud. real o de ilusión? Explique.
5. ¿Qué consejos tiene Rubén para sus hermanos latinos?

Notas y notables

Datos de Centroamérica

- Centroamérica es una región muy montañosa con aproximadamente 75 volcanes, algunos todavía activos.

- Antes de 1881, Belice fue una colonia inglesa.

- Panamá fue parte de Colombia hasta la construcción del canal de Panamá en 1903.

- La mayoría de la población centroamericana es mestiza, lo que es el resultado de la mezcla° de europeos con indígenas. Casi todos hablan español, pero en algunas regiones como en Belice y en las islas de la bahía en Honduras, el inglés es predominante.   *mixture*

- Centroamérica importa muchos de sus productos de consumo diario°; maquinaria, medicinas, productos químicos, fertilizantes, petróleo y aparatos eléctricos de tecnología avanzada.   *daily*

- La comida centroamericana es variada, barata y rica en verduras, frutas exóticas y carnes y mariscos frescos. El maíz es el ingrediente más común en la comida diaria. En Guatemala, por ejemplo, la tortilla de maíz forma una parte integral de todas las comidas —el desayuno, el almuerzo y la cena.

currencies

inflation and devaluation-proof

- Nicaragua es el único país donde circulan simultáneamente tres monedas°: el córdoba oro, el córdoba corriente que se usa para pagar los salarios y el dólar, la única moneda a prueba de inflación y devaluación.°

- El lago de Nicaragua es el único lago de agua fresca del mundo que tiene tiburones.

- El béisbol es el deporte nacional de Nicaragua.

nickname; add; suffix

- Es común usar «tico» o «tica» para referirse a una persona de Costa Rica. Este apodo° viene de la costumbre que tienen los costarricenses de agregar° el sufijo° «-tico» a muchas palabras. *«Espera un momentico, por favor».*

picturesque

Chichicastenango: Un pueblo pintoresco° de Guatemala

La diosa Ixchel

Una mujer de Guatemala

En Guatemala, una excursión muy interesante es al pueblo maya[1] de Chichicastenango. Los jueves y domingos este pueblo pintoresco se llena de gente que viene de todas partes para ir al mercado más famoso del país. Los campesinos° de los pueblos vecinos° venden sus frutas, verduras, flores, cerámicas y telas°. Lo que

farmers
neighboring; cloth

[1]Hay información sobre la antigua civilización maya en las páginas 402–403.

más atrae° a los turistas es la variedad de tejidos°. Los colores brillantes de las telas *attracts; weavings*
y los dibujos° geométricos son simbólicos y describen historias antiguas y dioses *designs*
mitológicos. El color de la guerra° es negro y el de la vida es rojo. El amarillo *war*
simboliza el dolor y el verde es la eternidad. Las rayas° representan los maizales° y *stripes; cornfields*
los árboles que traen la buena suerte. Según la mitología maya-quiché, Ixchel, la
diosa de la luna, era la patrona de la tejeduría°. La mujer indígena de hoy se sienta *weaving*
fuera de su casa y teje° exactamente como lo hacía Ixchel hace miles de años. *she weaves*

¿Quién sabe bien la geografía?

Seguramente un niño escolar° saldría° mejor en un examen de la geografía centro- *school child; would do*
americana que el reportero para la revista norteamericana *Newsweek*. En el número° *issue*
del 7 de mayo de 1990, cuando dieron los resultados de varias elecciones, identificaron
equivocadamente° todos los países de Centroamérica. Honduras fue identificado como *incorrectly*
Nicaragua, Nicaragua como El Salvador, El Salvador como Costa Rica y Costa Rica
como Honduras. ¡Ahora nos dirán que California está en Nueva Inglaterra!

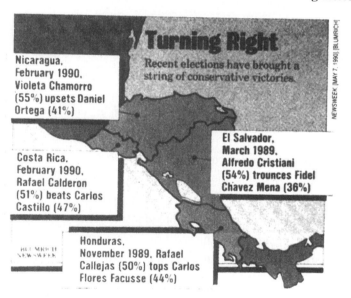

Es decir

A. ¿Cierto o falso? Si la frase es falsa, corríjala.

1. Chichicastenango es una ciudad grande.
2. En el mercado de Chichicastenango, lo que más les gusta a los turistas son las frutas exóticas.
3. En los tejidos de los indígenas, el amarillo representa el dolor.
4. Nicaragua es más grande que El Salvador.
5. Guatemala está al norte de Honduras.
6. La carne de res es la comida más típica de Centroamérica.
7. Una de las exportaciones principales de Centroamérica son los productos químicos.
8. Panamá se hizo (*became*) parte de Centroamérica en el siglo (*century*) XX.

B. El mapa. Corrija Ud. el mapa de la página 497 con los nombres correctos de los países de Centroamérica.

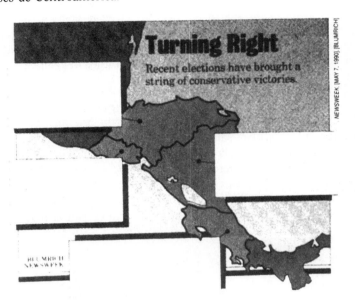

✯ Practiquemos

El regateo (*bargaining*). El arte de discutir con el vendedor el precio de una cosa es una costumbre muy típica de los mercados de Latinoamérica. Para aprender a regatear, arregle Ud. las frases siguientes en el orden apropiado para formar un párrafo lógico.

1. El mercado de Chichicastenango es el sitio perfecto para practicar el regateo.
2. Luego, Ud. debe ofrecer el precio más bajo posible.
3. El regateo sigue hasta que el comprador y el vendedor estén satisfechos.
4. La primera regla (*rule*) es no mostrar interés especial en el artículo.
5. Pero, esto se debe hacer sin insultar al artesano (*craftsman*).

Una gira turística por Centroamérica

Centroamérica une° América del Norte con América del Sur, y geográficamente se extiende desde el istmo° de Tehuantepec en el sur de México hasta el istmo de Panamá. Está cruzada° de norte a sur por la cadena° volcánica del océano Pacífico. En esta tierra, donde lo antiguo se combina con lo moderno, hay actividades diversas y atractivos° naturales que pueden satisfacer los gustos de todos.

    Guatemala es la tierra de la eterna primavera con lagos, volcanes y centros coloniales de mucho interés. Sus diversos grupos indígenas ofrecen un colorido° especial por sus bellos tejidos° y sus trabajos en plata. La Ciudad de Guatemala, la capital del país, es un metrópoli famoso por sus museos y sus mercados. La Antigua es una joya° de arquitectura colonial y es el centro de producción artesanal°. Las ruinas mayas de Tikal en la selva de Petén son admiradas por miles de turistas cada año. No hay pueblo que no tenga su propio volcán, que da un toque° especial al paisaje guatemalteco. A unas horas de la capital está el lago de Atitlán, llamado «el lago más bello del mundo» por el escritor inglés Aldous Huxley.

unites
isthmus
crossed; chain

attractions

color
weavings

jewel; craft

touch

La catedral y un parque colonial en la ciudad de Guatemala

El volcán Izalco en El Salvador

El pequeño país de **El Salvador** tiene 25 volcanes, y los más importantes son Santa Ana, San Miguel e Izalco. Los mayas de El Salvador abandonaron el país cuando un volcán destruyó sus ciudades y las enterró° con cenizas°. Sus numerosas ruinas todavía están en un proceso de exploración. Es una nación de mucha industria, y muchos hogares° son pequeñas fábricas de ropa, tejidos, cerámica y joyería°. El país tiene diez parques naturales o «Turicentros» y uno de los más famosos está situado en el lago Ilopango, un inmenso lago volcánico. *buried; ashes* *homes; jewelry*

En Copán, **Honduras**, está una de las ciudades mayas más grandes de su tiempo. Fundada en el siglo V, fue la primera capital del imperio maya. Allí hay pirámides, cortes, templos y otros tesoros° arqueológicos. Copán ha sido nombrado patrimonio° nacional para todo el continente. *treasures; heritage*

Como Honduras, **Nicaragua** es una tierra de montañas y bosques. En 1931 y en 1972 Managua, la capital, sufrió terremotos° que destruyeron casi totalmente su aspecto colonial. La ciudad de Granada, un tesoro histórico-artístico, y el lago Nicaragua, con 310 isletas bonitas, son dos sitios que hay que visitar. *earthquakes*

La playa Cahuita en Costa Rica

army; Switzerland
barracks
soldiers; level; illiteracy

Costa Rica, por no tener un ejército° nacional, se llama la Suiza° de Centro-américa. A los costarricenses les gusta decir que sus cuarteles° se han convertido en escuelas, y sus soldados° en maestros. El nivel° de analfabetismo° es de 10%, uno de los más bajos de toda América. Diferente de los otros países centroamericanos, la población indígena es sólo de 1%. San José, la capital y las playas hermosas son dos atractivos turísticos.

Panamá, un país lleno de bosques y selvas, es famoso por la hospitalidad de sus habitantes y la flora y fauna exóticas. Es interesante visitar la activa Zona del canal de Panamá para ver las enormes exclusas° y aprender sobre la historia del canal.

locks

Es decir

A. Los países centroamericanos. Comente Ud. los países centroamericanos según el criterio siguiente.

Guatemala	El Salvador	Nicaragua
Honduras	Costa Rica	Panamá

1. paisaje
2. característica única
3. atractivos turísticos
4. influencia indígena
5. otro

B. Lugares de interés en Centroamérica. Relacione Ud. el lugar en la primera columna con la información en la segunda columna. ¿A qué país corresponde cada lugar?

Las ruinas mayas de Copán, Honduras

1. Managua	**a.** volcán
2. Atitlán	**b.** centro de artesanía indígena
3. Zona del canal	**c.** capital de un país fundamentalmente pacífico
4. La Antigua	**d.** conexión entre el Atlántico y el Pacífico
5. Tikal	**e.** antigua capital de los mayas
6. Izalco	**f.** ciudad maya situada en la selva
7. Copán	**g.** el lago más bonito del mundo
8. San José	**h.** destruida dos veces

✫ Practiquemos

La música de Centroamérica. Complete Ud. la lectura (*reading*) sobre la música de Centroamérica con las palabras apropiadas de la lista siguiente.

viene	han sido	instrumentos
vestirse	es	han traído
son	tocar	gusta

La música y la danza __han sido__ parte del pueblo (*people*) centroamericano desde antes de la colonización.

La marimba, un instrumento musical de madera (*wood*), similar al xilófono, __viene__ de los indígenas mayas. Varias personas se unen (*get together*) para __tocar__ la marimba, y __es__ común unir varias marimbas de tonalidades (*tones*) diferentes. La armonía que resulta es magnífica. La música de los garifunas[1] se caracteriza por el uso de varias clases de tambores (*drums*), caracoles (*seashells*) y otros __instrumentos__ de percusión. Su forma de __vestirse__ y sus melodías son muy únicas.

Los medios de comunicación —radio, televisión y cine— __han traído__ a Centroamérica el baile y la música de otras partes del mundo. Actualmente (*presently*), __son__ muy populares los estilos de música de México, los EE.UU., Europa y las islas del Caribe. A muchos centroamericanos les __gusta__ bailar salsa, merengue, reggae y lambada.

---

[1] Grupo de origen africano que ha mantenido su idioma y sus tradiciones.

Enfoque literario

Rubén Darío

Rubén Darío (Nicaragua, 1867–1916) es el padre del modernismo y uno de los mejores poetas de Latinoamérica. Perfeccionó la forma artística, añadiendo° ritmos nuevos y revolucionando el lenguaje° con imágenes elegantes y exóticas. Influyó en° la poesía tanto en España como en América, y Darío mismo° decía: «Soy español de América y americano de España». Sus temas incluyen la herencia° indígena, lo español y la belleza°. Su preocupación por la muerte y la incertidumbre° de la vida está reflejada en el poema siguiente.

adding
language; He influenced
himself
heritage
beauty; uncertainty

Lo fatal

Dichoso° el árbol que es apenas sensitivo,
y más la piedra dura,° porque ésa ya no siente,
pues no hay dolor más grande que el dolor de ser vivo,°
ni mayor pesadumbre° que la vida consciente.

Ser, y no saber nada, y ser sin rumbo° cierto,
y el temor° de haber sido y un futuro terror...
y el espanto° seguro de estar mañana muerto,
y sufrir por la vida y por la sombra° y por
lo que no conocemos y apenas sospechamos,°
y la carne que tienta° con sus frescos racimos,°
y la tumba que aguarda° con sus fúnebres ramos,°
y no saber adónde vamos,
¡ni de dónde venimos... !

Happy
hard rock
alive
sorrow

direction
fear
fear
shadow
we scarcely suspect
tempts; branches
awaits; branches

Es decir

Comprensión. Conteste Ud. las preguntas siguientes.

1. ¿Qué imágenes de la naturaleza aparecen en los primeros versos?
2. ¿Qué es lo que se sienten estas imágenes y por qué?
3. ¿Qué es lo que le duele a Darío?
4. ¿Cuál es el mayor dolor?
5. ¿Qué tienen en común el pasado y el futuro?

★ Practiquemos

A. El lenguaje literario.

1. Darío tenía miedo de morir. ¿Qué palabras reflejan su intensa preocupación por la muerte?
2. Las palabras, **pesadumbre, seguro** y **temor** aparecen en el poema. Busque Ud. en el poema sinónimos de estas palabras.

B. Discusión

1. ¿Por qué a Darío le duele tanto vivir?
2. Hay dos versos (*lines*) que reflejan muy bien la incertidumbre mortal de Darío. ¿Cuáles son?

C. Reacción personal

1. ¿Qué piensa Ud. de este poema? ¿Es pesimista? ¿Le gustó? Explique.
2. ¿Tiene Ud. las mismas preocupaciones que Darío? ¿Por qué sí o no?

 **Videocultura**

El Salvador: El programa ciudad-hermana

 **CIUDAD HERMANA**

Cambridge-El Salvador

Desde 1980, el gobierno de El Salvador ha causado la evacuación de muchos salvadoreños inocentes de sus pueblos como resultado de las luchas constantes que sufre el país. El gobierno no quiere que los habitantes ayuden al ejército guerrillero°. Se han destruido muchas casas, animales y cosechas y muchas familias han tenido que huir, buscando refugio en las montañas, en campos especiales para refugiados donde viven bajo condiciones miserables, o en otros países.

guerilla fighter

En 1986, el pueblo de San José Las Flores encontró ayuda en la ciudad de Cambridge, Massachusetts, en la forma del programa Ciudad-Hermana. Esta relación les da ayuda y protección a los habitantes de San José Las Flores. Cambridge envía delegados anualmente al pueblo para traerles herramientas, materiales para la construcción y otras provisiones. También observan las condiciones políticas en el pueblo, para poder proteger los derechos humanos más básicos de la gente.

Unidad 6

Celebremos el amor

Una boda sudamericana

Guía para el estudio

Developing Writing Skills

Learning how to write well takes time and patience. Many of the language-learning skills you have already acquired are also used when writing. The following are useful tips to remember when writing in a foreign language:

1. Use words and expressions you already know rather than relying too heavily on a dictionary that may give you a word that is inappropriate for your needs.

2. Avoid literal translations, particularly when using figurative speech such as similes and metaphors:

Es tan bueno como **el pan**.	*He's as good **as gold**.*
Le costó **un ojo de la cara**.	*It cost him **an arm and a leg**.*
Te tomo **el pelo**.	*I'm pulling your **leg**.*

3. Keep your sentences short and simple for the first draft of your piece. Be sure that you have a subject and a verb and perhaps direct and indirect objects. Then, try to add descriptors—adjectives and adverbs that embellish your piece or help you to express your thoughts precisely. The descriptors help to make your piece interesting and unique. Observe the different moods that you can create by means of your choice of descriptors.

La mujer miraba al niño.	*The woman was looking at the child.*
La mujer **joven** miraba **cariñosamente** al niño mientras jugaba **alegremente**.	*The **young** woman was looking **affectionately** at the child while he was playing **happily**.*
La **pobre** mujer miraba **tristemente** al niño **pálido** y **enfermizo**, **dormido** en su camita.	*The **poor** woman was **sadly** looking at the **pale, sickly** child **asleep** in his **small** bed.*

4. Use linking or transition words that join two or more short sentences to form a longer, more descriptive sentence.

La novia estaba muy tranquila. El novio estaba nervioso.	*The bride was very calm. The groom was nervous.*
La novia estaba muy tranquila **pero** el novio estaba nervioso.	*The bride was very calm **but** the groom was nervous.*
Mi padre estaba muy cansado. Tuvimos que irnos a las 11:00.	*My father was very tired. We had to leave at 11:00.*
Mi padre estaba muy cansado **y por eso** tuvimos que irnos a las 11:00.	*My father was very tired **and therefore** we had to leave at 11:00.*

Some common transition words are:

además	*besides*	pero	*but*
así	*in this way, therefore*	por eso	*therefore*
como	*as, since*	por otra parte	*on the other hand*
cuando	*when*	por otro lado	*on the other hand*
en cambio	*on the other hand*	pues	*well, then*
luego	*later, then*	sin embargo	*nevertheless*
mientras	*during, while*	y	*and*

★ Practiquemos

A. Formando frases. Usando palabras transicionales, forme Ud. una sola frase de los grupos siguientes.

1. José entró en la cocina. Él me vio. Salió inmediatamente.
2. Llegué a la fiesta. La banda tocaba un tango. Todos bailaban alegremente.
3. Todas las mañanas me levanto. Voy al baño. Me lavo. Me visto. Bajo a la cocina. Tomo el desayuno. Salgo para la escuela.

B. Más detalles (*More details*). Añada (*Add*) Ud. adjetivos y otras expresiones para formar frases más descriptivas. Escriba cada frase de dos formas diferentes.

1. El chico corrió por la calle.
2. Papá nos contó las noticias.
3. El matrimonio encontró la casa.

C. Al mínimo. Las siguientes frases son largas y descriptivas. Simplifique Ud. las frases, reduciéndolas al mínimo (sujeto, verbo, complemento).

1. Vi una gran nube amarilla que brillaba unas veces más fuerte que otras, igual que el sol cuando se va cayendo entre los árboles.
2. Conozca México a fondo, desde la gran vida cosmopolita de la capital hasta las magníficas ruinas aztecas y las exquisitas playas de Acapulco.
3. Esta ciudad tropical, fundada en 1550 y situada en la costa del Pacífico, fue durante algún tiempo un importante centro comercial.

Lección 16

Con todo mi corazón

Aviso cultural
(As a reading aid, refer to lesson vocabulary for new words.)

En los EE.UU., ¿qué cosas les dicen los hombres a las mujeres que quieren conocer? Por las calles de algunos países hispánicos es probable que se oigan «piropos» originales que dicen algunos hombres como forma de expresar su admiración por las mujeres. Ejemplos de unos piropos únicos son:

«Si cocina como camina me como hasta la olla (*pot*)», «Que Dios bendiga (*bless*) el árbol que dio la madera (*wood*) con que hicieron la cama donde tú naciste». Las mujeres hispánicas generalmente no reaccionan a estas expresiones. ¿Qué piensa Ud. de esta forma de conocer al sexo opuesto? ¿Cuáles son algunas otras técnicas? ¿Es fácil conocer a personas nuevas hoy día? Explique.

Preparativos (You may want to review the vocabulary list on pp. 512–514 before and/or after viewing the video.)

Al mirar el video o leer el diálogo siguiente, note bien el uso de las expresiones o reacciones siguientes: **¡Esto es una locura!**, **¡Uy!**, **¡Ojalá!**, **¡Tonterías!** y **¿No es cierto?** ¿Qué significan? Dé Ud. una frase que provoque cada expresión.

Preparativos para la boda[1]

ELENA   Sólo faltan dos semanas para nuestra boda y todavía queda tanto por hacer. ¡Esto es una locura! No entiendo por qué tenemos que hacer una boda tan grande.

MAMÁ   No te preocupes, hijita. Todo va a salir muy bien.

ELENA   Lo que pasa es que me siento muy nerviosa, sobre todo respecto a la recepción. Papá, ¿ya arreglaste lo de la orquesta?

---
[1] For an English translation of this dialogue, see Appendix A, pp. A19–A20.

Papá   Sí, hijita, eso ya está resuelto. He contratado una banda muy buena; tocan de todo, música tradicional para nosotros los viejos y música moderna para ustedes.

Arturo   Una combinación perfecta. ¿Y cómo anda lo de la comida?

Mamá   Eso también ya está listo. Pondremos la comida en el patio y vamos a decorar todo bien bonito.

Elena   ¡Uy! Lo único que faltaría es que ese día llueva.

Arturo   Elenita, por favor, no seas tan pesimista. Vas a ver que ese día hará un sol maravilloso.

Elena   ¡Ojalá! Dicen que es mala suerte casarse cuando llueve.

Papá   ¡Tonterías! Tu madre y yo nos casamos con lluvia y mira... ¡todavía juntos y felices!

Arturo   Con lluvia o con sol, también nosotros vamos a ser felices, ¿no es cierto, mi amor?

Uds. los actores. Ahora representen el segmento siguiente. Noten bien las estructuras enfatizadas.

Elena   De todas formas me **gustaría** que **hiciera** buen tiempo. Es un día muy especial para nosotros y sólo ocurre una vez en la vida.

Arturo   Sí pero, no te olvides de una cosa. Si lloviera, **podríamos** comer adentro. ¡No es para tanto! Cariño, tienes que estar más tranquila.

Mamá   Arturo tiene razón. Hablas como si **fueras** una niña de diez años. Sería mucho mejor que **te calmaras** e **hicieras** un esfuerzo para gozar de esta experiencia especial.

Es decir

A. Basándose en el diálogo, termine Ud. las frases en la primera columna con la terminación apropiada en la segunda columna.

1. Vas a ver que ese día hará...   a. sobre todo con respecto a la recepción.
2. No te preocupes...   b. lo de la orquesta?
3. Es que me siento muy nerviosa...   c. casarse cuando llueve.
4. Dicen que es mala suerte...   d. un sol maravilloso.
5. Papá, ¿ya arreglaste...   e. todo va a salir muy bien.

B. Todas las frases siguientes son falsas. Basándose en el diálogo, corríjalas.

1. Elena se va a casar en una semana.
2. La mamá de Elena está preocupada porque la boda es muy grande.
3. La banda que tocará en la boda toca sólo música tradicional.
4. Pondrán la comida de la boda en un salón elegante.
5. El papá y la mamá de Elena se casaron en un día de sol maravilloso.

★ Practiquemos

En grupos. Practique Ud. los diálogos con sus compañeros. En grupos, represéntenlos incorporando los gestos apropiados.

Al ver el video

Después de ver el video, diga Ud. si las frases son ciertas o falsas. Si son falsas, corríjalas.

1. Ellos comen la cena mientras hablan.
2. Por su forma de vestir, parece que los novios acaban de jugar al tenis.
3. Es evidente que la muchacha está nerviosa.
4. La hija se parece (*resembles*) mucho a su madre.
5. Es de noche.
6. Están en la cocina.
7. El novio trata a su novia con cariño.
8. Al final del episodio, los novios se besan.

Vocabulario

Verbos

abrazar	*to hug*
amar	*to love*
besar	*to kiss*

casarse (con)	to marry
comprometerse (hacerse novios)	to become engaged
contratar	to hire
disputar [reñir (i)]	to argue
divorciarse	to get a divorce
enamorarse (de)	to fall in love (with)
fracasar	to fail
negarse a (ie)	to refuse to
odiar	to hate
pelear (luchar)	to fight
resolver (ue)	to resolve, solve
respetar	to respect
reunir(se) (con)	to gather, reunite (meet with)

Adjetivos

cariñoso	affectionate
celoso	jealous
cortés	courteous
enamorado (de)	in love (with)
envidioso	envious
infantil	childish, relating to childhood
loco	crazy, foolish
maduro	mature

Sustantivos

el abrazo	hug
la amistad	friendship
el amor	love
el anillo de casado (de compromiso)	wedding (engagement) ring
la banda (el conjunto musical)	band (musical group)
el beso	kiss
la boda	wedding
el caballero	gentleman
el cariño	affection
los celos	jealousy
el compromiso	engagement
la disputa (riña)	argument
el divorcio	divorce
el flechazo	love at first sight
la iglesia	church
la invitación	invitation
el (la) invitado(a)	guest
la locura	craziness, nonsense
la luna de miel	honeymoon

el matrimonio	matrimony, married couple
el noviazgo	courtship
el (la) novio(a)	boy(girl)friend, fiancé(e), groom (bride)
la orquesta	orchestra
los preparativos	preparations
la realidad	reality
la recepción	reception
la sinagoga	synagogue
la soledad	loneliness

Otras palabras y expresiones

cariño (cielo)	sweetheart, honey
de vez en cuando	from time to time
hacer esfuerzos	to make the effort
hacer las paces	to make up
llevarse bien (mal)	to get along well (badly)
querido(a)	dear, darling
los recién casados	newlyweds
salir bien (mal)	to turn out well (badly)
el sentido de humor	sense of humor
sobre todo	above all, especially

Repasemos el vocabulario

A. Sinónimos. Busque Ud. en la segunda columna el sinónimo de las palabras en la primera columna.

1. reñir	a. pareja
2. amar	b. envidioso
3. hacer esfuerzos	c. comprometerse
4. banda	d. disputar
5. matrimonio	e. querer
6. hacerse novios	f. intentar
7. celoso	g. conjunto

B. Antónimos. Busque Ud. en la segunda columna el antónimo de las palabras en la primera columna.

1. pelear	a. maduro
2. amar	b. siempre
3. divorciarse	c. hacer las paces
4. matrimonio	d. divorcio
5. salir bien	e. casarse
6. infantil	f. odiar
7. de vez en cuando	g. fracasar

C. La pareja ideal. ¿Cuáles son las características del (de la) novio(a) ideal? Arregle Ud. las cualidades siguientes en el orden de su preferencia personal y explique.

4 1. inteligencia   3 4. sentido de humor   4 7. educación

7 2. pasión   6 5. profesión   5 8. aspecto físico
affection

3. cariño - *affection*   8 6. dinero   9. ¿ ?

D. Todo para la boda. Complete Ud. el anuncio siguiente con las palabras apropiadas.

recepción   de   numerosa   invitaciones   futura   escoja

PARA LA NOVIA . . .

1 _____

2 _____ de nuestra 3 _____ selección de 4 _____ de boda, álbumes, libros de invitados, accesorios para la 5 _____ y artículos 6 _____ decoración.

MARGARITA'S SHOP
Hallmark
Westbird Center 11489 S.W. 40 Street
Miami, Florida 33165 Tel.: 552-6395

E. Preparativos para la boda. Ud. y su novio(a) planean su boda juntos. Con un(a) compañero(a) de clase, completen la lista de preparativos de la lista de vocabulario.

1. Un mes antes...
   a. preparar la lista de _____
   b. escoger las _____
   c. planear la _____ y hacer las reservaciones
   d. _____

2. Dos semanas antes...
   a. enviar el anuncio de la _____ a los periódicos
   b. solicitar la licencia de _____
   c. _____
   d. _____

3. Tres días antes...
   a. preparar el equipaje para la luna de miel
   b. _____
   c. _____
   d. _____

4. La noche anterior...
   a. _____
   b. _____

F. Refranes amorosos (*Amorous sayings*). Un refrán es un proverbio que ofrece consejo. Los refranes siguientes hablan del amor. Busque Ud. en la segunda columna la terminación de la frase en la primera columna. Luego, tradúzcalos al inglés.

1. Antes que te cases...	**a.**	es ciego (*blind*).
2. Para el mal de amores...	**b.**	hay dolor.
3. El amor...	**c.**	mujer peligrosa.
4. No firmes sin leer, no...	**d.**	mira lo que haces.
5. Mujer hermosa...	**e.**	no hay doctores.
6. Donde hay amor...	**f.**	leona furiosa.
7. Mujer celosa...	**g.**	te cases sin ver.

G. Pero, papá, lo quiero mucho. A la madre le gusta mucho el novio de su hija, Juanita, pero al padre no le gusta nada. Para cada comentario positivo que hace la madre, forme Ud. un comentario negativo.

MODELO	Madre: Este joven me encanta. Padre: A mí no me gusta nada.

1. Madre: Es todo un caballero... muy cortés. En fin, es un amor.
   Padre: _____

2. Madre: Y él es muy maduro, inteligente y guapo.
   Padre: _____

3. Madre: Estoy segura que él la tratará muy bien.
   Padre: _____

4. Madre: Espero que se casen pronto.
   Padre: _____

De uso común

Stalling for Time, Filling in, and Clarifying

joyería *jewelry store*

kilates *karats*

este...	*umm . . .*	en otras palabras...	*in other words . . .*
sabe(s)...	*you know . . .*	Ya veo.	*I see.*
es decir...	*that is to say . . .*	ya, ya...	*uh huh, uh huh . . .*
o sea...	*that is . . .*		

✳ Practiquemos

En situaciones tensas. Explíqueles a las siguientes personas qué pasó, incorporando algunas de las expresiones anteriores para darle a Ud. tiempo para pensar.

1. El padre de su novio(a) quiere saber por qué volvieron de su cita a las 2:00 de la mañana.
2. El (La) profesor(a) quiere saber por qué no ha hecho su tarea para hoy.
3. Ud. perdió el dinero que su clase reunió para su fiesta de fin de año y la clase quiere saber dónde está.

The Conditional Tense
Forma

HABLAR		COMER		ESCRIBIR	
hablaría	hablaríamos	comería	comeríamos	escribiría	escribiríamos
hablarías	hablaríais	comerías	comeríais	escribirías	escribiríais
hablaría	hablarían	comería	comerían	escribiría	escribirían

1. To form the conditional tense, add the endings -ía, -ías, -ía, -íamos, -íais, -ían to the infinitive. These endings are identical to those used to form the imperfect indicative of -er and -ir verbs. Remember that the conditional is formed by adding these endings to the infinitive while the imperfect is formed by removing the -er and -ir infinitive endings first and then adding the -ía endings.

Pablo dijo que **comería** (*conditional*) después de la ceremonia.	*Pablo said that **he would eat** after the ceremony.*
Pablo **comía** (*imperfect*) cuando llegamos.	*Pablo **was eating** when we arrived.*

¡AVISO! Note that all forms have a written accent.

✳ 2. The following verbs have irregular conditional stems, identical to those used to form the future tense.

Verb	Stem	Ending	Example: PONER	
decir	dir–		pondría	*I would put*
haber	habr–		pondrías	*you would put*
hacer	har–	ía	pondría	*he, she, you would put*
poder	podr–	ías	pondríamos	*we would put*
poner	pondr–	ía	pondríais	*you would put*
querer	querr–	íamos	pondrían	*they, you would put*
saber	sabr–	íais		
salir	saldr–	ían		
tener	tendr–			
venir	vendr–			

El novio **tendría** que prepararse en el hotel.

*The groom **would have to** get ready at the hotel.*

La novia **podría** vestirse en la iglesia.

*The bride **could** (**would be able to**) get dressed at the church.*

Función

1. The conditional tense describes what you *would do* (under certain conditions). In English this concept is expressed with the auxiliary verb *would* + verb. In Spanish the simple conditional tense is used.

   Lo **invitaría** a la recepción.

   *I **would invite** him to the reception.*

   Ana dijo que **asistiría** a la boda.

   *Ana said that she **would attend** the wedding.*

2. The conditional tense is commonly used with the verbs **deber**, **gustar**, and **poder**, as well as with other verbs to reflect courtesy or to politely suggest something.

   Ud. **debería** comprar un regalo más elegante.

   *You **really should** buy a more elegant gift.*

   ¿**Podría** ayudarme?

   Could you (please) help me?

3. The conditional tense is **not** used to express *would* in the sense of past habitual action (an action that one used to do). The imperfect tense is used in this context.

   De niño, José **pasaba** todos los veranos en las montañas.

   *As a child José **would spend** every summer in the mountains.*

4. The conditional tense can be used to express conjecture or probability in the past. Although in English special phrases are needed (*I wonder, I suppose, I guess, probably*), in Spanish they are not necessary.

   —¿Adónde **iría** el matrimonio después de la boda?

   Where do you think the couple went after the wedding?

   —**Irían** al aeropuerto.

   *They **probably went** to the airport.*

¿Qué le pasaría a la novia?
What do you suppose happened to the bride?

✦ Practiquemos

A. Mi hermana la consejera. En cuestiones de amor, mi hermana es experta. Comience Ud. cada frase con **Mi hermana me dijo que...** y cambie los verbos del tiempo futuro al condicional.

> **MODELO**   Conoceré a un hombre maravilloso.
> **Mi hermana me dijo que conocería a un hombre maravilloso.**

1. Saldré con Marcos.
2. Nos llevaremos muy bien.
3. A mis padres les gustará mucho.
4. Lo querré mucho.
5. Estará muy celoso de mis antiguos novios.
6. Tendremos una riña.
7. Haremos las paces.
8. Nos casaremos.

B. Los invitados hablan de la boda. Cambie Ud. las frases del presente al pasado de acuerdo con los verbos entre paréntesis.

> **MODELO**   Creo que la novia llevará un vestido blanco. (Creía)
> **Creía que la novia llevaría un vestido blanco.**

1. Pienso que habrá mucha comida exótica. (Pensaba)
2. Creo que la orquesta tocará hasta la 1:00. (Creía)
3. Estoy segura de que el vestido de la novia será elegante. (Estaba)
4. Me dicen que habrá más de 300 invitados en la boda. (dijeron)
5. Todos creen que los novios pasarán la luna de miel en Caracas. (creían)
6. Sé que ellos serán muy felices. (Sabía)

C. Un poco más cortés, por favor. Vuelva Ud. a expresar las frases siguientes de una forma más cortés. Luego, traduzca las frases al inglés.

> **MODELO**   ¿Me <u>ayudas</u> con las maletas?
> **¿Me ayudarías con las maletas?**
> *Would you help me with the suitcases?*

1. ¿<u>Puede</u> decirme dónde está la iglesia?
2. ¿<u>Es</u> posible acompañarte al teatro?
3. Ud. no <u>debe</u> pasar por esa puerta.
4. ¿<u>Vienes</u> conmigo a la boda?
5. ¿Nos <u>lleva</u> a la recepción?

D. La luna de miel. Hágale a un(a) compañero(a) las siguientes preguntas. Él (Ella) va a contestar de acuerdo con los dibujos. Usen el tiempo condicional para expresar probabilidad en el pasado. Luego, traduzcan las preguntas y las respuestas al inglés.

MODELO	¿A qué hora empezaría la boda?

¿A qué hora empezaría la boda?
La boda empezaría a las dos.
What time do you think the wedding started?
The wedding probably started at 2:00.

1.

¿Qué hora sería cuando el matrimonio llegó al aeropuerto?

2.

¿Adónde irían los novios para la luna de miel?

3.

¿Cómo llegarían al hotel?

4.

¿Cómo sería su habitación?

5.

¿Cómo pasarían su primer día de casados?

E. Situaciones. Use Ud. el condicional para decir lo que haría en las situaciones siguientes.

1. Ud. y su esposo(a) acaban de tener un bebé. Su suegra vino para ayudar. Ud. pensó que iba a quedarse por sólo dos semanas, pero han pasado tres meses y todavía está con Uds.

2. Ud. lleva a su novio(a) a conocer a sus padres y no les gusta.

3. Ud. descubre que su mejor amigo(a) está enamorado(a) de su novio(a).

4. Su novio(a) quiere casarse lo más pronto posible. Ud. prefiere esperar.

5. Ud. y su esposo(a) son recién casados. Él (Ella) anuncia que quiere un divorcio.

Conditional *if*-Clauses

Forma

To express what you do, will do, or would do (hypothetically) if certain conditions exist or were to exist, use the following formulas.

1. **si** + present indicative +	{ command present indicative future }

Si José te llama, { **sal** con él.
puedes salir con él.
saldrás con él. }   *If José calls you,* { *go out with him.*
you can go out with him.
you will go out with him. }

2. **si** + imperfect subjunctive + conditional

Si José te **llamara**, **saldrías** con él.   *If José called (were to call) you, you would go out with him.*

To express contrary-to-fact situations, use the following construction.

3. **como si** + imperfect subjunctive

Javier habla **como si conociera** bien a la pareja.   *Javier talks as if he knew the couple well.*

Función

1. When an *if*-clause expresses present action, **si** is followed by the present *indicative*. The present subjunctive is *never* used after **si**.

Si tú **llegas** temprano, yo te veré.   *If you arrive early, I'll see you.*

2. When an *if*-clause expresses hypothetical or contrary-to-fact situations **si** is followed by the imperfect subjunctive.

Si **llegaras** temprano, yo te vería.   ***If you arrived (were to arrive) early, I'd see you.***

3. Although the order of the clause may be reversed, the relationship to the verbs in each clause remains the same.

Si **llegaras** temprano, yo te vería.   ***If you arrived early I would see you.***

Yo te vería si **llegaras** temprano.   ***I would see you if you arrived early.***

4. Since **como si** (*as if, as though*) expresses contrary-to-fact situations, it is followed by the imperfect subjunctive.

Se porta **como si fuera** el novio.   ***He acts as if he were the groom (but he's not).***

✯ Practiquemos

A. **¿Realidad o fantasía?** Vuelva Ud. a escribir (*Re-write*) las frases cambiándolas del presente + el futuro para expresar la realidad, al imperfecto del subjuntivo + el condicional para expresar una situación hipotética. Traduzca las frases al inglés, según el modelo.

MODELO   Si todo <u>sale</u> bien, <u>pasaremos</u> una luna de miel fantástica.   *If everything goes well, we'll have a fantastic honeymoon.*
Si todo <u>saliera</u> bien, <u>pasaríamos</u> una luna de miel fantástica.   *If everything were to go well, we would have a fantastic honeymoon.*

1. Si <u>tenemos</u> dinero, <u>iremos</u> a Buenos Aires después de la boda.
2. Si a mis padres no les <u>gusta</u> la idea, no me <u>importará</u>.
3. Si no <u>es</u> muy tarde, <u>podremos</u> salir esta noche.
4. Si el avión <u>llega</u> a tiempo, <u>estaremos</u> en la Argentina a las 6:00.
5. Si no <u>tenemos</u> una reservación en el Hotel Astoria, nos <u>quedaremos</u> en el Hotel Intercontinental.

B. **Un acuerdo.** Ramón y Linda son recién casados. Intentan adaptarse a su vida nueva. Llene Ud. los espacios con la forma correcta del verbo entre paréntesis para practicar las cláusulas condicionales.

Dice Ramón:

1. Yo volveré a casa a las 6:00 en punto si tú (tener) _____ la cena preparada.
2. Yo no miraré a otras mujeres si tú no (mirar) _____ a otros hombres.
3. Yo no iré a los partidos de fútbol con mis amigos si tú no (pasar) _____ tanto tiempo con tus amigas.
4. Yo haré la cama si tú (preparar) _____ el desayuno de vez en cuando.
5. Yo limpiaré la casa si tú (lavar) _____ el coche.

Dice Linda:

6. Yo pondría la mesa si tú (hacer) ＿＿＿＿＿＿ las compras.

7. Yo lavaría la ropa si tú la (planchar) ＿＿＿＿＿ .

8. Yo iría a un partido de fútbol contigo si tú (ir) ＿＿＿＿＿ a un partido de béisbol conmigo.

9. Yo estaría mucho más contenta si tú no (ser) ＿＿＿＿＿ tan celoso.

10. Yo te querría para siempre si tú me (querer) ＿＿＿＿＿ a mí para toda la vida.

C. Sueños (*Dreams*). Conteste Ud. las preguntas siguientes. Luego, cambie las preguntas a la forma de tú y entreviste a un(a) compañero(a).

Si Ud. pudiera escoger...

1. ¿con quién se casaría?

2. ¿dónde celebraría su boda?

3. ¿cómo sería la boda?

4. ¿dónde pasaría su luna de miel?

5. ¿cómo lo (la) trataría su esposo(a)?

6. ¿cómo sería su familia ideal?

—¡Pepa, la comida estaba estupenda! ¿Es que ha venido mi madre?
(«Reveille»)

D. La suegra. Mire Ud. el dibujo y conteste las preguntas.

Si Ud. fuera la mujer de este hombre...

1. ¿cómo reaccionaría al escuchar su pregunta?

2. ¿qué le contestaría?

3. ¿qué haría para cambiar su situación?

4. ¿qué tipo de relación tendría con su suegra?

5. ¿qué le prepararía para la próxima cena?

A propósito, (*By the way*), si Ud. pudiera tener la suegra ideal, ¿cómo sería?

E. Como si. Busque Ud. en la segunda columna la terminación de la frase de la primera columna. Cambie el verbo al imperfecto del subjuntivo.

1. Me dices que me quieres pero me tratas como si... *as if*
2. Carolina mira a Juan como si...
3. Cuando Andrés y Sara están en público hablan como si...
4. Los novios gastan dinero en la boda como si...
5. Paco se le acercó a ella como si...
6. Ella llora como si...

a. no (tener) problemas.
b. él (ir) a besarla.
c. me (odiar).
d. lo (querer) con locura.
e. (perder) a su único amigo.
f. (ser) millonarios.

F. Terminaciones personales. Termine las frases de una forma lógica y original.

1. Mi novio(a) es muy romántico(a) y habla como si...
2. Mis padres ya son mayores pero bailan como si...
3. Antonio está casado pero se porta como si...
4. José y Ana siempre riñen, pero delante de nosotros se portan como si...

Sequence of Tenses II: The Imperfect Subjunctive

Función

1. The imperfect subjunctive[1] is used in the subordinate clause of a sentence that requires the subjunctive when the verb in the main clause is in the preterite tense, the imperfect indicative tense, or the conditional tense.[2]

Main clause	Subordinate clause
preterite } imperfect } conditional }	imperfect subjunctive

Le dije a Roberto }
Le decía a Roberto } que **contratara** la orquesta.
Le diría a Roberto }

I told Robert }
I was telling Robert } *to hire the band.*
I would tell Robert }

---

[1] The pluperfect subjunctive (el **pluscuamperfecto del subjuntivo**) can also be used in the subordinate clause of a sentence that requires the subjunctive. It describes an action that had previously taken place when a more recent past action occurred. The pluperfect subjunctive is formed by using the imperfect subjunctive of **haber** (**hubiera, hubieras...**) with the past participle.

[2] This sequence of tenses applies to the corresponding compound tenses as well (past progressive, pluperfect, conditional progressive, and conditional perfect). Some of these tenses have not yet been presented.

2. Remember that there are only two simple tenses in the subjunctive mood: the present and the imperfect. The present subjunctive can express present and future action. The imperfect subjunctive can express past and conditional action.

Tengo miedo de que el novio esté nervioso. $\begin{cases} \textit{I'm afraid that the groom is nervous.} \\ \textit{I'm afraid that the groom \textbf{will be} nervous.} \end{cases}$

Tenía miedo de que el novio estuviera nervioso. $\begin{cases} \textit{I was afraid that the groom \textbf{was} nervous.} \\ \textit{I was afraid that the groom \textbf{would be} nervous.} \end{cases}$

✦ Practiquemos

A. Comentarios sobre la boda. Al día siguiente todos comentan la boda de Silvia y Pedro. Cambie Ud. los verbos de acuerdo con las palabras entre paréntesis.

> **MODELO**   Pedro estaba muy nervioso. (Teníamos miedo de)
> **Teníamos miedo de que Pedro estuviera muy nervioso.**

1. Se casaron en junio. (Sus padres insistieron en)
2. La boda fue en la iglesia. (Era mejor)
3. Llovió todo el día. (Era una lástima)
4. Los niños pudieron participar en la ceremonia. (Me alegré de)
5. Tocaron música tradicional. (El padre de la novia insistió en)
6. Nadie lloró. (Yo no podía creer)
7. Se besaron al terminar la ceremonia. (El pastor les dijo)
8. Pudieron ir a Buenos Aires. (Era maravilloso)

B. Sería mejor así. Pedro y Silvia hablan de su boda y de lo que preferirían. Forme Ud. frases nuevas comenzándolas con **Preferiríamos (que)**...

> **MODELO**   Mamá invitará a <u>300</u> personas. (100)
> **Preferiríamos que invitara a cien personas.**

1. En la recepción servirán <u>bistec</u>. (langosta)
2. Habrá aperitivos <u>fríos</u> antes de la comida. (calientes)
3. Los fotógrafos sacarán fotos <u>después de</u> la ceremonia. (antes de)
4. El pastor nos casará <u>a mediodía</u>. (más tarde)
5. La madre del novio llevará un vestido <u>verde</u>. (azul)
6. La luna de miel empezará <u>inmediatamente</u> después de la boda. (dos días)

C. El traje de novia (_The wedding gown_). Para saber algo sobre la evolución del traje de novia, llene Ud. los espacios con la forma correcta del verbo entre paréntesis en el indicativo, el subjuntivo o el infinitivo.

1. Yo buscaba un artículo que (ofrecer) ＿＿＿＿＿＿ información sobre el origen del traje de novia.
2. Conocía a una señora que (tener) ＿＿＿＿＿＿ un libro sobre las costumbres matrimoniales.

3. Era interesante que el velo (*veil*) (originarse) _____ en la época romana.

4. Pero en la Edad Media (*Middle Ages*), no había ninguna novia que lo (usar) _____ .

5. Me gustaría (ver) _____ ilustraciones de una boda medieval.

6. En el siglo XIX, era necesario que el velo (formar) _____ parte del traje tradicional.

7. Hasta esta época, las novias preferían (llevar) _____ sombreros o flores.

8. A partir de 1870, los diseñadores (*designers*) insistieron en que el velo (ser) _____ largo.

9. Creía que en esa época el traje de novia (simbolizar) _____ la pureza (*purity*).

10. Es interesante que muchas novias modernas (eliminar) _____ el velo.

D. La luna de miel. Los novios hablan de lo bueno y lo malo de su luna de miel. Su amigo hace comentarios. Use las expresiones siguientes para formar frases nuevas.

Era horrible	Sentía mucho	No dudé
Me alegré de	Era una lástima	Creía
Era bueno	Tenía miedo de	Fue horrible

MODELO	La comida del hotel estaba deliciosa.
	Era bueno que la comida del hotel estuviera deliciosa.

1. El viaje costó mucho dinero.

2. La línea aérea perdió el equipaje.

3. Hacía buen tiempo.

4. Silvia se enfermó.

5. Hubo un robo en el hotel.

6. Plácido Domingo cantó una noche en el Teatro Nacional.

7. Había una vida nocturna muy buena.

E. Remordimientos (*Regrets*). Ud. necesita explicarle a Silvia por qué no asistió a su boda. Termine Ud. las frases de una forma lógica y original.

Querida Silvia,

Quería asistir a tu boda, pero...

1. era importante...

2. no había nadie que...

3. mi hermano menor me pidió que...

4. mis padres me dijeron que...

5. necesitaba...

6. mi profesor mandó que...

Ahora, un(a) compañero(a) hará el papel de Silvia y reaccionará a las excusas que Ud. hace usando las expresiones siguientes y otras originales.

No creía que...

Me molestó mucho que...

No me importa que...

Dudo que...

En resumen

A. El noviazgo en el mundo hispánico. Complete Ud. la lectura con la forma correcta de la palabra entre paréntesis. Si hay dos palabras, escoja la más apropiada. Traduzca las palabras en inglés al español.

(*Traditionally*) _____ cuando las chicas estaban en edad casadera (*it was necessary*) _____ que (saber) _____ cocinar y hacer todo (*that which*) _____ correspondía a la casa. No se permitía que ellas (salir) _____ solas con un hombre sin que una persona mayor las (acompañar)_____ . Los hombres podían visitarlas en las casas (*only*) _____ con el permiso de los padres.

Aunque las costumbres (del, de la) noviazgo en el mundo hispánico (*have changed*)_____ , (*especially*) _____ en las grandes ciudades, son diferentes a (los, las) tradiciones estadounidenses. La gente joven sale en grupos (por, para) ir (al, a la) cine o hacen (otro) _____ actividades. (*Generally*) _____ las señoritas empiezan a (*go out*) _____ solas de noche con los hombres a los 18 años. El concepto norteamericano de «girlfriend» o «boyfriend» no tiene equivalente en español. Cuando «se hacen novios» eso quiere decir que (el, la) relación es íntima y seria y que (*they will marry*) _____ en el futuro. En la Argentina, por ejemplo, es común que el compromiso (hacerse) _____ formal «ante Dios» en una iglesia, reflejando (el, la) seriedad de (este, esta) costumbre.

B. Traducciones. Traduzca Ud. las frases siguientes al español.

1. Would you marry him if you knew he was jealous?
2. I wanted her to kiss me.
3. If we have time we'll go to Peru, also.
4. We preferred to serve white wine at the reception.
5. What time do you suppose he got home last night?
6. I love you. Marry me, darling. If you marry me, I'll be very happy.
7. If you had the money, would you have a large wedding?
8. If I were you, I'd go out with her.
9. Do you believe in love at first sight? I didn't believe it was possible . . . until now.
10. Would you give me a hug?

C. Una telenovela (*soap opera*) fascinante. Las fotos siguientes corresponden a algunos episodios de *Amor en silencio,* una telenovela hispánica de «relaciones íntimas, brutales traiciones (*betrayals*) y amor puro que trasciende los peores obstáculos». Haga Ud. las actividades.

 ¿Qué dicen los actores?

1. Con un(a) compañero(a), escriban Uds. un diálogo original. Sean lógicos y creativos. Representen una breve escena delante de la clase.

2. Usen su imaginación y expliquen en breve la historia de cada personaje (*character*) en la foto.

3. ¿Qué opina Ud. de las telenovelas en general? ¿Cuáles son algunos de los temas comunes de las telenovelas norteamericanas? ¿A qué se debe su popularidad?

D. Un hispano habla del matrimonio de los 90. Lea Ud. la lectura y haga el ejercicio.

En el acelerado ritmo de la vida y con los frecuentes cambios en todos los aspectos sociales, sobrevive (*survives*) la institución del matrimonio. Para nosotros, los latinos, el matrimonio es muy importante... y sin embargo está sufriendo los ataques de las complicaciones de este mundo contemporáneo. Cuando un matrimonio fracasa, ¡qué tragedia de soledad e ilusiones rotas! Cuando hay hijos, ¡qué sufrimiento de inocentes!

Algunos dirán que las razones por las cuales antes los matrimonios duraban (*used to last*) era porque se respetaba más el aspecto religioso de esta unión. O que la mujer tenía que quedarse en silencio porque el hombre era quien mantenía a la familia. No sé qué pensar sobre esas ideas. De lo que sí estoy seguro es que el matrimonio de hoy tiene mayores posibilidades de ser feliz.

¿Por qué? Principalmente porque para que un matrimonio tenga éxito en nuestro mundo moderno, lo más importante es la comunicación de la pareja. Con la comunicación existe el potencial para ser felices, para adaptarse a las situaciones difíciles, para compartir las profundas alegrías.

Siento un gran optimismo por el matrimonio moderno porque creo que ahora entendemos mucho mejor qué es lo que se necesita para tener éxito. La sicología, las comunicaciones modernas, las actitudes mucho más abiertas de la gente hacen que podamos aprender cómo ser mejores parejas y mejores padres.

Basándose en la lectura, termine Ud. las frases.

1. El matrimonio está sufriendo...

2. Cuando hay divorcio...

3. En el pasado, los matrimonios duraban por más tiempo porque...

4. Un ingrediente principal para el éxito del matrimonio moderno...

5. Otros factores que contribuyen al buen matrimonio...

6. La actitud del autor hacia (*toward*) el matrimonio...

E. ¡Cómo han cambiado las costumbres! Mire Ud. el dibujo y haga el ejercicio.

1. Dé Ud. dos ejemplos de cómo este dibujo representa un cambio completo de las costumbres tradicionales del matrimonio.

2. Use mandatos formales y escriba cinco advertencias (*warnings*) para el (la) soltero(a) que está a punto de (*about to*) casarse.

F. ¿El matrimonio perfecto? Traduzca Ud. el monólogo siguiente al español.

1. My boyfriend Jorge gets along well with my family, he respects me, and I love his sense of humor. But if I could, I'd change his infantile jealousy.

2. Everything would be perfect if he weren't so jealous.

3. Yesterday we fought a lot. He didn't want me to attend my cousin's wedding because Juan was going to be there. Do you believe it?

4. And he wanted us to become engaged last week! He's crazy!

5. I would make up with Jorge if he would make the effort to solve his problem.

 G. Minidrama. En grupos, representen una de las escenas siguientes.

1. Sus padres quieren que Ud. se case. Trate de convencerlos de las ventajas de ser soltero(a).

2. Con un(a) compañero(a), hagan los papeles de unos recién casados que tienen muchas dificultades en acostumbrarse a su vida nueva de casados.

3. Lean Uds. el anuncio y representen las escenas siguientes entre el (la) entrevistador(a) y el (la) candidato(a).

a. El (La) candidato(a) es norteamericano(a) y quiere conocer a una mujer (un hombre) latina(o).
b. El (La) candidato(a) se pone nervioso(a) y no quiere seguir con la entrevista.
c. El (La) entrevistador(a) invita al (a la) candidato(a) a salir.

 H. Composición.

1. Escríbale una carta a la consejera sentimental de un periódico. Pídale ayuda para tener más éxito con el sexo opuesto.

2. Ud. es un(a) consejero(a) sentimental para un periódico. Contéstele a la persona que le escribió pidiéndole ayuda para tener éxito con sus problemas amorosos. Déle recomendaciones originales.

 # Escuchemos

A. ¿Es lógico? You will hear a series of sentences. Indicate if they are logical or not logical by placing a check on the appropriate line.

| MODELO | Una mujer enamorada le muestra cariño a su novio. |

      ✔
     Es lógico   No es lógico

1. _____ Es lógico   _____ No es lógico

2. _____ Es lógico   _____ No es lógico

3. _____ Es lógico   _____ No es lógico

4. _____ Es lógico   _____ No es lógico

5. _____ Es lógico   _____ No es lógico

6. _____ Es lógico   _____ No es lógico

7. _____ Es lógico   _____ No es lógico

8. _____ Es lógico   _____ No es lógico

B. Dictado. Sandra attended her cousin Luisa's wedding yesterday. Listen carefully to the entire description of the wedding. Listen again and write each sentence during the pauses.

You will then hear a series of questions related to the dictation. Answer them with complete sentences. Refer to your dictation.

La pareja de los 90

Aviso cultural
(As a reading aid, refer to lesson vocabulary for new words.)

En los EE.UU., cuando una pareja decide casarse, ¿qué cosa le da el hombre a la mujer? En España cuando los novios deciden casarse el hombre le compra una pulsera (*bracelet*) de oro a la mujer. A veces la pareja intercambia regalos. Después de casarse se lleva el anillo de casados en la mano izquierda. En muchos países hispanos los padres del novio ayudan a pagar la boda. En los EE.UU., ¿quién paga los gastos de la boda? ¿Cuál será el origen de esta costumbre? ¿Es justo?

Preparativos (You may want to review the vocabulary list on pp. 535–536 before and/or after viewing the video.)

Al mirar el video o leer el diálogo siguiente, note bien el uso del mandato y del subjuntivo. Identifique las frases que contienen verbos en el subjuntivo y explique por qué se usa el subjuntivo en cada caso.

La riña[1]

PILAR   He visto una casa preciosa cerca de la Facultad de Derecho.

CARLOS   ¿Para qué quieres una casa cerca de la universidad si ya encontramos una cerca de mi trabajo?

PILAR   Tú sólo piensas en ti y nunca te acuerdas de lo que yo quiero hacer.

CARLOS   No empieces a quejarte. Pues, tú ya sabes que tu deber es ser ama de casa y dejarme a mí hacer mi trabajo.

PILAR   ¿A qué quieres someterme? ¿A estar embarazada, dar a luz, criar hijos y ser tu obediente ama de casa?

---

[1]For an English translation of this dialogue, see Appendix A, pp. A20–A21.

CARLOS	No, no es eso. Pero la feminidad obliga a hacer un papel en el hogar, como cuidar a los niños.
PILAR	Carlos, no creo lo que oigo. No eres el mismo Carlos de quien me enamoré. Todo lo que dices es un mito machista. Lo que intentas es que yo sea pasiva, sumisa y obediente.
CARLOS	Pero la masculinidad del hombre requiere que su mujer esté en casa haciendo las tareas domésticas.
PILAR	Estás loco. Sacas tus ideas de la Edad Media. Yo soy muy sociable y me gusta trabajar. Y si tú piensas dominar el matrimonio, llegaremos al divorcio.
CARLOS	Pilar, no provoques riñas inútiles porque enojarse trae malas consecuencias.
PILAR	Yo sólo quiero poner mis pensamientos claros y no quiero que te enfades, porque si quieres casarte conmigo, tenemos que llegar a un acuerdo.
CARLOS	Seré flexible si tú cumples con tus deberes y no olvidas tus sentimientos maternos.
PILAR	Pues claro que no olvidaré mis deberes. Hay soluciones muy sencillas, por ejemplo, las guarderías infantiles para los niños. Así que puedo seguir estudiando y luego trabajar sin problema. Pero tampoco debes olvidar tus sentimientos paternos —del hombre moderno, liberal y liberado. Me ayudarás con los niños y con todo el trabajo de la casa mitad y mitad.
CARLOS	Trato hecho. Pero oye, otra cosa. Tú sabes que soy un poco celoso. Prométeme que no vas a ser coqueta en tu trabajo.
PILAR	No seas tonto. Tú eres el único que amo. Además, con los estudios, los niños y el trabajo, no tendré ni tiempo ni energía para mirar a otros hombres.
CARLOS	Bueno mi amor... y ahora... ¿Dónde dices que está esa casa?

Uds. los actores. Ahora, representen el segmento siguiente. Noten bien las estructuras enfatizadas.

PILAR	¡Qué bien! **Lo bueno** es que es bastante grande y el precio es muy razonable. Hay tres alcobas, una pequeña y dos grandes, y dos baños. **El mío** es azul con una bañera enorme y **el tuyo** es blanco y gris con una ducha nueva.
CARLOS	**Lo cierto** es que sí, tú necesitas tu propio baño. Voy a llamar a José, **un amigo mío** que es agente de bienes raíces. Él podrá ayudarnos.

Es decir

A. Basándose en el diálogo, conteste Ud. las preguntas.

1. ¿Están casados Pilar y Carlos?
2. ¿Cuál es su conflicto principal?
3. ¿Cuáles son cuatro ejemplos de la actitud sexista de Carlos?
4. ¿A qué acuerdo llegan los dos?
5. ¿Por qué no debe sentirse celoso Carlos?

B. Busque Ud. en la primera columna el verbo asociado con las palabras en la segunda columna.

1. dar   a. una casa
2. estar   b. ama de casa
3. criar   c. un papel
4. hacer   d. embarazada
5. ser   e. a luz
6. encontrar   f. a los hijos

Practiquemos

En grupos. Practique el diálogo con sus compañeros. En grupos, represéntenlo incorporando los gestos apropiados.

Al ver el video

Después de ver el video, haga las actividades siguientes.

A. Todas las frases son falsas. Basándose en el video, corríjalas.

1. La conversación tiene lugar en la playa.
2. Carlos llega primero.
3. Carlos y Pilar se levantan mucho durante toda la escena.

4. Hace mucho frío y nieva.

5. Pilar lleva blue jeans y una camiseta blanca.

6. Carlos lleva un traje gris con corbata roja.

7. Pilar es morena y Carlos es rubio.

8. Pilar lleva pequeños aretes de oro.

B. Describa el ambiente. ¿Dónde están? ¿Cómo es el lugar? ¿Qué cosas ve Ud. allí?

C. Describa Ud. algunos de los gestos que usan Pilar y Carlos cuando hablan. ¿Qué hacen cuando están enojados? ¿Qué hacen para mostrar su amor?

Vocabulario

Verbos

combatir	*to combat, fight*
cooperar	*to cooperate*
criar	*to raise (children)*
discriminar	*to discriminate*
dominar	*to dominate*
enfadarse (enojarse)	*to become (get) angry*
obligar	*to oblige*
oponerse a	*to oppose*
provocar	*to provoke*
someter	*to subject*
triunfar	*to triumph*
votar (por)	*to vote (for)*

Adjetivos

agresivo	*aggressive*
capaz	*capable*
conservador	*conservative*
coqueta	*flirtatious*
enfadado (enojado)	*angry*
flexible	*flexible*
inútil	*useless*
liberado	*liberated*
liberal	*liberal*
machista	*macho*
materno	*maternal*
obediente	*obedient*
pasivo	*passive*
paterno	*paternal*
rígido	*rigid*
sensible	*sensitive*
sociable	*sociable*
útil	*useful*

Sustantivos

el ama de casa (*f.*)	*housewife*
el comportamiento	*behavior*
la dama	*lady*
el deber	*duty*
el derecho	*right*
la discriminación	*discrimination*
la faena	*task*
la feminidad	*femininity*
el lazo	*tie, link*
el machismo	*exaggerated importance given to masculinity*
el macho	*male*
la masculinidad	*masculinity*
la mitad	*half*
la pelea (lucha)	*fight (struggle)*
el prejuicio	*prejudice*

la hembra-female [handwritten]

Palabras y expresiones

contra	*against*
cumplir con	*to fulfill*
dar a luz	*to give birth*
en cuanto a	*as for, referring to*
el hecho de que	*the fact that*
la guardería infantil (el centro para niños)	*day care center*
hacer (jugar) un papel	*to play a role*
los demás	*the rest, everyone else*
llegar a un acuerdo	*to reach an agreement*

Repasemos el vocabulario

A. Antónimos. Busque Ud. en la segunda columna el antónimo de cada palabra de la primera columna.

1. liberado	**a.** masculinidad
2. feminidad	**b.** paterno
3. flexible	**c.** dominado
4. materno	**d.** agresivo
5. liberal	**e.** conservador
6. pasivo	**f.** rígido

B. Combinaciones. Busque Ud. en la primera columna el verbo asociado con las palabras en la segunda columna.

1. llegar a	**a.** los deberes
2. combatir	**b.** un acuerdo
3. cumplir con	**c.** los prejuicios
4. luchar por	**d.** los demás
5. cooperar con	**e.** los derechos

C. Formando frases. Complete Ud. las frases con las palabras apropiadas de la lista de vocabulario.

1. Voy a _votar_ por ese candidato en las próximas elecciones.

2. En la mañana la madre deja al bebé en la _____ mientras el padre lleva al hijo a la escuela.

3. Una característica de las familias hispanas son los fuertes _____ familiares.

4. La razón por la cual ese hombre pelea tanto es para probar su _____ .

5. Mi abuela no trabajaba. Prefería quedarse en casa para _____ a sus hijos.

D. Definiciones. Busque Ud. en la segunda columna la definición de cada palabra de la primera columna. Complete las frases con las palabras apropiadas.

sentimental   en unión   se opone a   conducta

inferioridad   conocerlo   superior

1. discriminar	**a.** forma de ser, _____
2. prejuicio	**b.** prudente, moderado; a veces _____ las innovaciones
3. machismo	**c.** dar tratamiento de _inferioridad_ a una persona o colectividad
4. conservador	**d.** trabajar _____ con otras personas
5. sensible	**e.** opinión sobre algo sin _____ de verdad
6. comportamiento	**f.** fácil de conmover (*move emotionally*), _____
7. cooperar	**g.** ideología del hombre que se cree _____ a la mujer

E. ¿Cómo son? Dé Ud. una característica de los personajes siguientes. Un(a) compañero(a) va a dar un ejemplo de cada persona, nombrando a una persona famosa o de la clase.

MODELO	un hombre coqueta

Intenta salir con muchas chicas.
Arnie Becker del programa «Los abogados» es coqueta.

1. un hombre machista
2. una mujer coqueta
3. una persona sensible
4. un niño obediente
5. un político liberal
6. un chico rígido
7. una profesora flexible
8. una adolescente pasiva

Adjectives Used as Nouns

Forma y función

1. Adjectives can generally function as nouns when used with the corresponding definite article.

El hombre alto es mi esposo.	*The tall man is my husband.*
El alto es mi esposo.	*The tall one is my husband.*
Los niños rubios viven cerca de mí.	*The blond children live near me.*
Los rubios viven cerca de mí.	*The blond ones live near me.*

2. The neuter article **lo** is frequently used with the masculine singular form of the adjective to describe general characteristics and qualities as well as abstract ideas. This structure can be expressed in various ways in English.

Lo bueno es que la boda es en abril.	*The good thing (part, What's good) is that the wedding is in April.*
Lo romántico es muy importante para un matrimonio.	*The romantic aspect is (Romantic things are) very important for a marriage.*

✦ Practiquemos

A. ¿Quiénes son los personajes? Hay muchos personajes diferentes en las telenovelas. Reemplace Ud. el sustantivo subrayado con el adjetivo usado como sustantivo.

> **MODELO**   El hombre <u>gordo</u> es el padre de <u>los muchachos maleducados.</u>
> **El gordo es el padre de los maleducados.**

1. <u>La mujer rubia</u> está enamorada <u>del hombre alto.</u>
2. Pero, <u>el hombre alto</u> está enamorado de <u>la mujer morena.</u>
3. <u>El chico joven</u> es el hijo de <u>los señores argentinos.</u>
4. <u>La mujer vieja</u> es la abuela de <u>la niña mimada</u> (*spoiled*).
5. <u>El hombre divorciado</u> quiere salir con <u>la mujer soltera.</u>
6. <u>La mujer soltera</u> sale con <u>el hombre boliviano.</u>

B. Hablando en serio. Forme Ud. oraciones originales con las frases de las dos columnas. Hay varias posibilidades.

> **MODELO**   Lo bueno   ser soltero
> **Lo bueno de ser soltero es el tiempo libre que uno tiene y las posibilidades de viajar.**

1. lo bueno
2. lo malo
3. lo importante
4. lo difícil
5. lo mejor
6. lo peor
7. lo trágico
8. lo maravilloso

   a. el divorcio
   b. casarse muy joven
   c. pelear con su novio(a)
   d. las guarderías infantiles
   e. el matrimonio
   f. ser madre o padre
   g. ser soltero
   h. ¿ ?

C. Hablando personalmente. Termine las frases con **lo... de mi vida** según el modelo.

> **MODELO**   Lo más fascinante de mi vida es que anoche conocí al famoso futbolista argentino Diego Maradona.

1. lo más interesante
2. lo más triste
3. lo más importante
4. lo más cómico
5. lo más fascinante
6. lo mejor

Ahora, compare Ud. estos aspectos de su vida con los de sus compañeros.

D. Juntos para siempre. Traduzca Ud. las frases siguientes al español.

1. The good thing is that they always resolve their problems.
2. The bad part is that they fight a lot.
3. What's important is that they're in love.
4. What's certain is that they'll always be together.
5. What's wonderful is that she's pregnant.

Review of the Subjunctive Mood
Función

1.   The present subjunctive form is used to express all commands except the affirmative informal commands (**tú** and **vosotros**).

Vengan a la recepción pero **no traigan** el perro.	*Come to the reception but **don't** bring the dog.*
Comamos temprano porque la fiesta es a las seis.	*Let's eat early because the party is at 6:00.*

2. In noun clauses the subjunctive is used:

    a. when the verb in the main clause expresses emotion, desire, doubt, petition, hope, obligation, insistence, approval, denial, conjecture, subjectivity, and other types of influence.

Espero que los novios **hagan** las paces antes de la boda.	*I hope the bride and groom make up before the wedding.*

    b. after impersonal expressions that do not indicate certainty.

Es probable que **vayan** a Quito para la luna de miel.	*It's probable that they'll go to Quito for their honeymoon.*

3. In adjectival clauses the subjunctive is used when the antecedent is negative or indefinite.

Busco una orquesta que **sepa** tocar música latina.	*I'm looking for an orchestra that knows how to play Latin music.*

4. In adverbial clauses the subjunctive is used:

    a. always after the conjunctions **antes de que, para que, sin que, en caso (de) que, con tal (de) que,** and **a menos que.**

Llegué **antes de que** la ceremonia **empezara.**	*I arrived before the ceremony started.*

    b. with conjunctions of time to express pending or future actions.

Estaré aquí **hasta que** la ceremonia **empiece.**	*I will be here until the ceremony starts.*

5. In conditional clauses the imperfect subjunctive is used to express hypothetical or contrary-to-fact ideas.

Si yo **fuera tú,** iría con Juan.	*If I were you, I'd go with Juan.*

6. In a sentence in which the subjunctive is required, the present subjunctive is used when the verb in the main clause expresses present or future action. The imperfect subjunctive is used when the verb in the main clause expresses past or conditional action.

Hoy **quiero** que tú me **acompañes** pero ayer **quería** que Javier me **acompañara.**	*Today I want you to accompany me but yesterday I wanted Javier to accompany me.*

✦ Practiquemos

A. La riña justa (fair). Todos los matrimonios tienen riñas de vez en cuando. Aquí le explicamos cómo pelear y seguir amándose. Cambie Ud. los verbos a mandatos formales (Ud.).

    1. No (exagerar) _____ la situación.

    2. (Resolver) _____ el conflicto en seguida; no (esperar) _____ mucho tiempo.

    3. Nunca (atacar) _____ las debilidades (*weaknesses*) de su pareja.

    4. (Respetar) _____ sus ideas. (Ser) _____ justo(a).

    5. (Decirle) _____ exactamente lo que le molesta.

6. (Saber) _____ lo que Ud. quiere obtener como resultado de esta disputa.

7. No (enojarse) _____ por errores que su pareja cometió en el pasado.

8. (Recordar) _____ que no hay vencedores ni vencidos (*winners or losers*).

B. ¿Riñiendo otra vez? El Sr. Sopeña nunca ayuda con las tareas domésticas, lo cual siempre causa la misma riña. Cambie Ud. el verbo entre paréntesis al subjuntivo y luego forme un mandato informal (**tú**), según el modelo. Con un(a) compañero(a), hagan los papeles de los Sopeña.

> **MODELO** Sra. Sopeña: Recomiendo que tú (barrer) __barras__ el suelo, querido.
> Sr. Sopeña: **Bárrelo tú, mi amor.**

1. Insisto en que (sacar) _____ la basura.
2. Es necesario que (acostar) _____ a los niños.
3. Quiero que (hacer) _____ las camas.
4. Te he pedido mil veces que (lavar) _____ el coche.
5. Te digo que (fregar) _____ los platos.
6. Mando que (preparar) _____ la cena.
7. Prefiero que (poner) _____ la mesa ahora mismo.
8. Necesito que (planchar) _____ la ropa.

C. Reflejos de los 90. Llene Ud. los espacios con la forma correcta del verbo en el indicativo, el subjuntivo o el infinitivo.

Hoy día hay muchas madres de niños pequeños que (trabajar) _____ fuera de casa. Para (poder) _____ hacer eso, es importante que el matrimonio (estar) _____ basado en el respeto mutuo. Hace 20 años era común que la mujer (quedarse) _____ en casa con los niños. Yo no conocía a ninguna mujer que (tener) _____ una carrera y (cuidar) _____ de una familia también, pero sabía que muchas mujeres no (estar) _____ contentas con su papel de ama de casa. Me alegro de que todo eso (haber) _____ cambiado.

Trabajo para una compañía que les (dar) _____ las mismas oportunidades y el mismo pago a los hombres que a las mujeres. En mi oficina no hay ningún hombre que (tener) _____ una actitud negativa hacia las mujeres. Además, es verdad que muchos de los hombres con quienes trabajo (compartir) _____ el trabajo de la casa y las responsabilidades de criar a los niños también. A ellos les gusta (pasar) _____ tiempo con sus hijos y creen que (ser) _____ importante que ellos (participar) _____ en criarlos. A mí me encanta mi trabajo, pero no hay nada que (ser) _____ más importante que mi familia.

D. Con el consejero matrimonial. Una pareja tiene una cita con el consejero matrimonial. Llene Ud. los espacios con la forma correcta del verbo en el indicativo, el subjuntivo o el infinitivo.

La señora habla.

1. Hemos venido aquí para que Ud. nos (ayudar) _____ .

2. No podemos pasar un día entero sin (reñir) _____ .

3. Yo lo trataré mejor con tal que él me (dar) _____ amor y respeto.

4. Por ejemplo, anoche, después de que nosotros (cenar) _____ él se sentó delante de la tele sin (hacerme) _____ caso toda la noche... hasta (acostarse) _____ .

5. Hasta que él (tener) _____ una actitud más abierta, no podremos comunicarnos.

El señor habla.

6. Yo la trataré con respeto en cuanto ella (dejar) _____ de criticarme.

7. A menos que ella (cumplir) _____ con sus deberes domésticos no podremos resolver nuestros problemas.

8. Cuando ella (entender) _____ mi punto de vista, habrá esperanza (*hope*) para nosotros.

9. Por ejemplo, anoche, después de (cenar) _____ yo estaba muy cansado y sólo quería mirar la tele sin que nadie me (molestar) _____ . Ella se enfadó.

10. Antes de que yo la (poder) _____ perdonar, necesito tiempo para pensar.

E. ¿Una mujer agresiva? Mire Ud. el dibujo y termine las frases siguientes.

EM— DISCULPE, ¿CREE USTED QUE MI PERRO PODRÍA OBTENER EL NÚMERO TELEFÓNICO DE SU PERRO?

1. La mujer quería que el hombre...

2. Ella creía que el hombre...

3. Por la expresión de la mujer, es evidente que ella...

4. Para poder salir con la mujer, es necesario que el hombre...

5. El perro del hombre se alegra de que...

6. Es dudoso que...

7. ¿Sería posible que... ?

Possessive Pronouns and the Stressed Form of Possessive Adjectives

Forma

Possessive Pronouns/Stressed Possessive Adjectives			
mío (a, os, as)	*mine, my*	nuestro (a, os, as)	*ours, our*
tuyo (a, os, as)	*yours, your*	vuestro (a, os, as)	*yours, your*
suyo (a, os, as)	*his, his* *hers, her* *yours, your*	suyo (a, os, as)	*theirs, their* *yours, your*

Función

1. Possessive pronouns and stressed possessive adjectives have the same form.

2. The possessive pronoun and stressed form of the possessive adjective agree in number and gender with the nouns they replace or modify.

   Mi novio y **el tuyo** son guapos.　　*My boyfriend and **yours** are handsome.*

   Una prima **mía** se casa en junio.　　*A cousin **of mine** is getting married in June.*

3. Although possessive pronouns are generally used with the corresponding definite article, the article may be omitted after the verb **ser**.

   Tengo mi anillo y **el tuyo**.　　*I have my ring and **yours**.*

   ¿Es **tuyo** este anillo?　　*Is this ring **yours**?*

4. The stressed form of the possessive adjective follows the noun. The definite or indefinite article is always used. This form is used to express *of mine, of yours,* and so on, and to emphasize ownership. In English, emphasis is expressed with intonation.

   Un amigo **mío** vino a verme ayer.　　*A friend **of mine** came to see me yesterday.*

   La familia **tuya** es muy simpática.　　*Your family is very nice.*

⭐ Practiquemos

A. ¿De quién es? Rosa y Jorge acaban de romper después de pasar tres años saliendo juntos. Rosa intenta determinar de quién son los artículos siguientes. Rosa cree que todos son suyos pero Jorge no está de acuerdo. Con un(a) compañero(a) hagan los papeles de Rosa y Jorge y practiquen los pronombres posesivos según el modelo.

MODELO	Rosa: Es mi disco compacto. Jorge: No, no es tuyo. Es mío.

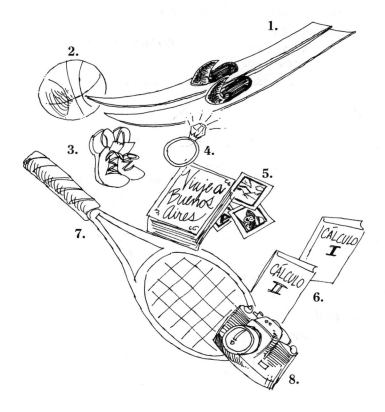

B. **¡Qué confusión!** Eva y Alberto limpian un baúl (*trunk*) que tenían en el sótano. Conteste Ud. las preguntas en el negativo, usando pronombres posesivos según el modelo.

MODELO	¿Son éstos tus esquís? (de Rolando) No, no son míos. Son suyos.

1. ¿Es ésta tu mochila? (de Josefina)
2. Y éste, ¿es mi sombrero? (de Gerardo)
3. ¿Es ésta tu guitarra? (de las chicas)
4. ¿Son éstas las pelotas de Carmen? (de mí)
5. ¿Es éste mi álbum? (de María)
6. ¿Son éstos los libros de la abuela? (de ti)

C. Opuestos (*Opposites*). Diga Ud. lo opuesto de lo que le dice su amigo, usando pronombres posesivos y el antónimo de la palabra subrayada.

> **MODELO**   Mi vida es muy <u>difícil</u>.
> La mía es muy fácil.

1. Mis padres son muy <u>liberales</u>.
2. Mis problemas son muy <u>grandes</u>.
3. Mi profesora es muy <u>flexible</u>.
4. Mis ideas son muy <u>útiles e inteligentes</u>.
5. Mi hermano es muy <u>pasivo</u>.

D. ¿Qué hacemos? Ud. se siente muy indeciso(a) (*indecisive*) hoy. Quiere que su esposo(a) tome todas las decisiones. Con un(a) compañero(a), practiquen los pronombres posesivos y los mandatos con **nosotros**. Sigan el modelo.

> **MODELO**   Ud.:   ¿Escuchamos mis cassettes o los de Felipe?
> Su esposo(a): **Escuchemos los tuyos.**

1. ¿Vamos a nuestra casa o a la de Ofelia?
2. ¿Usamos mis platos o los de mamá?
3. ¿Servimos mis galletas o las de Ángel?
4. ¿Manejamos nuestro coche o el de Marcos?
5. ¿Hablamos con mi consejero o con el de mis abuelos?

En resumen

A. Todo tiene solución. Haga Ud. el papel de un(a) sicólogo(a) e intente ayudar a la señora del siguiente artículo a resolver su problema. Busque una terminación apropiada para las frases de la primera columna y use la forma apropiada de los verbos entre paréntesis en el indicativo o en el subjuntivo.

> **CELOSO DEL TRABAJO**
> Problema: Cada vez que regreso del trabajo, mi marido se porta como un niño celoso, acusándome de que le dedico mucho tiempo y atención a mi trabajo y no a él. ¿Qué puedo hacer?

1. La solución...
2. Los celos de su marido...
3. Muchos hombres creen que son los únicos que...
4. Por eso, es importante que Ud. no...
5. Es necesario que él...
6. Déjele saber que Ud...
7. Es verdad que su relación...

a. (saber) que Ud. le tiene amor y respeto.
b. (preferir) trabajar fuera de la casa.
c. (ir) a ser más fuerte que nunca.
d. (tener) raíces (*roots*) profundas.
e. (poder) mantener a una familia.
f. (dañar) su ego.
g. (ser) fácil.

B. Si Ud. fuera ella... Mire Ud. el dibujo y haga los ejercicios.

LA ÚNICA VEZ QUE ÉL ME HA SACADO ES PARA
VENIR AQUÍ.

1. ¿Cuál es... de esta situación?
   - a. lo cómico
   - b. lo malo
   - c. lo bueno
   - d. lo triste
2. Diga Ud. lo que está pensando cada persona en este momento.
3. Nombre Ud....
   - a. dos quejas que el hombre tendrá de su mujer.
   - b. dos quejas que la mujer tendrá de su marido.
   - c. dos consejos que la consejera tendrá para esta pareja.

C. El papel del padre en los 90. Complete Ud. la lectura con la forma correcta de la palabra entre paréntesis. Si hay dos palabras, escoja la más apropiada. Traduzca las palabras subrayadas al español.

REGRESARÉ UN POCO TARDE ESTA NOCHE PORQUE TENGO MUCHO QUE HACER. TE LLAMARÉ CUANDO SALGA DE LA OFICINA. QUIERO QUE TENGAS PREPARADA LA CENA CUANDO LLEGUE...

Quizás porque la literatura (<u>has presented</u>) (a, ___) los hombres en (<u>roles</u>) menos sentimentales, nosotros (<u>haven't believed</u>) que los hombres (ser) capaces de cuidar a los hijos. Hemos pensado que (<u>they only know how</u>) mantenerlos económicamente.

Muchos creen que (<u>to be</u>) padre es una (<u>task</u>) muy difícil para la cual el hombre no ha sido educado. La mujer (<u>traditionally</u>) comienza desde niña a jugar con muñecas (*dolls*) y así se prepara (por, para) el papel de (futuro) ama de casa. El hombre, al contrario, (sólo, solo) ha (desarrollar) su parte (masculino) y sus juegos de niño no (lo, la) preparaban (por, para) criar y educar (a, ___) los hijos.

Pero (el nuevo) generaciones (have) aprendido que un hijo es preocupación de los dos padres. Es evidente que (haber) (un) mayor conciencia (del, de la) papel del padre en desarrollar una vida familiar equilibrada (balanced). La década de los 90 trae una imagen completamente cambiada del padre. Esperamos que el padre (aprender) a (participar) en todos los aspectos de la vida familiar.

D. El machismo... ¿existe de verdad? Lea Ud. la lectura y haga los ejercicios.

El típico machista es el hombre que en todo momento tiene que probar su superioridad, su fuerza física y su dominación sexual. Según las teorías sociológicas contemporáneas, el machismo es una actitud autoritaria que nace de hondos (deep) sentimientos de debilidad e inseguridad. El machista divide el mundo entre «cosas de hombres» y «cosas de mujeres», y afirma la imagen de la mujer mártir, sufrida y sumisa que fue creada sólo para planchar, barrer y coser (sew). Esta actitud discriminatoria ha existido en todas las culturas del mundo hasta cierto punto. En la cultura hispánica se ve esto reflejado en las figuras como «don Juan», el «latin lover» y los matadores.

Hoy día en la cultura hispánica, la definición de los papeles todavía se basa, en gran parte, en el sexo y en las tradiciones de una sociedad patriarcal. El poder (power) que mantiene la mujer dentro de la casa está relacionado con los trabajos domésticos y la crianza (raising) de los hijos. El hombre casi nunca ayuda con las tareas domésticas y participa muy poco en la educación básica de los hijos. El mundo fuera de casa ha sido y todavía es «cosa de hombres».

Pero, con los cambios políticos y socioeconómicos de la última década, los hispanos son más flexibles. Las mujeres participan más en los empleos tradicionalmente considerados masculinos, y la familia se encuentra en un estado de renovación. El cambio de cualquier mentalidad es lento y es un cambio que debe empezar en el hogar donde los niños aprenden a tratar a hombres y mujeres por igual.

1. Cierto o falso. Si la frase es falsa, corríjala.
   a. El hombre machista se cree superior a las mujeres.
   b. Según los expertos, el hombre machista tiene mucha confianza en sí mismo.
   c. El machismo es una característica de la cultura hispánica solamente.
   d. En la cultura hispánica, el sexo determina el papel que hace una persona en la sociedad.
   e. El hombre hispano se interesa mucho por la educación de sus hijos.
   f. En los países hispánicos, el hogar es mayormente «cosa de mujeres».
   g. En los últimos diez años ha habido un cambio completo en la mentalidad hispánica en cuanto a las relaciones hombre-mujer.
2. Conteste Ud. las preguntas.
   a. ¿Existe el machismo en la cultura de Ud.? Explique.
   b. ¿Qué personajes simbolizan (o han simbolizado) el machismo en este país? ¿en otras culturas que Ud. conoce?
   c. En los últimos diez años, ¿cuáles son los cambios más evidentes de los papeles y el comportamiento general de los hombres y las mujeres en este país? ¿Cree Ud. que son todos positivos?

E. Cooperación matrimonial. Traduzca Ud. el diálogo siguiente al español.

Antonia: My husband and I have reached an agreement: I'll work fewer hours provided that he cooperates more in the kitchen.

Silvia: I'd prefer my husband to play a more aggressive role with the children. He's very passive.

Antonia: Mine is passive, too, and then he gets angry when the children behave badly.

Silvia: The good thing is that neither your husband nor mine is rigid and macho.

 F. Minidrama. En grupos, representen una de las escenas siguientes.

1. Ud. es instructor(a) en un instituto que les enseña a los hombres a ser buenos amos de casa. Representen una clase típica con sus estudiantes.

2. Representen los problemas y obstáculos que encuentra una mujer ejecutiva con su jefe machista.

 G. Composición.

1. Ud. ha visto unas características en su novio que parecen ser un poco machistas y quiere hablar con él sobre la situación. Sus amigos le aconsejaron que Ud. escribiera una lista de sus quejas. Use los mandatos y el subjuntivo para formar la lista.

> **MODELO**   No seas tan posesivo. Sé más sensible.
> No me gusta que tomes todas las decisiones nuestras.

2. Aparte de sus padres, ¿quién es la persona (hombre o mujer) que ha influido más en su vida? Escríbale una carta a esta persona, agradeciéndole su influencia y ayuda.

 # Escuchemos

A. Tome Ud. una decisión. You will hear a series of incomplete sentences. From the list below choose the word that best completes each sentence.

> **MODELO**   Antes de ir al trabajo yo llevo a los niños a _____ . la guardería infantil
> Antes de ir al trabajo yo llevo a los niños a la guardería infantil.

se opone a	deber	lazos	se enojó
machista	dio a luz	liberal	mitad

B. Dictado. You will hear a short narration about an incident that took place in the López family. Listen carefully to the entire selection. Listen again and write each sentence during the pauses.

You will then hear a series of questions related to the dictation. Answer them with complete sentences. Refer to your dictation.

Graciela	Este disco que están tocando ahora es tuyo, ¿no?
Gonzalo	Sí. ¿Te gusta?
Graciela	Sí, este tipo de música me gusta mucho, sobre todo para bailar.
Gonzalo	Claro. Entonces, ¿por qué no bailamos?
Graciela	Buena idea. ¡Vamos!

(*Gonzalo y Graciela empiezan a bailar. Mientras tanto, Pablo, otro invitado, ve a una amiga.*)

Pablo	María, ¡qué gusto verte! Pensé que estabas en la capital.
María	Regresé esta mañana. Me encontré con la invitación de Ramiro y aquí estoy.
Pablo	Acabas de llegar a la fiesta, ¿no?
María	Sí, hace unos minutos. ¿Cómo está la fiesta?
Pablo	Ya lo ves, ¡fabulosa! ¿Quieres servirte un poco de vino?
María	Ahora no, gracias. Primero quiero ir a saludar a Ramiro.
Pablo	Yo voy a seguir bailando.

(*Entra Ramiro*)

Ramiro	¡Un momento de atención, por favor! Propongo un brindis en honor de nuestros queridos amigos, Carlota y Ramón. Vengan aquí, por favor. No sé cuántos de ustedes ya sepan la noticia de que Carlota y Ramón se casan. Brindemos por la felicidad de los novios. ¡Salud y que sean muy felices!
Todos	Salud.

Uds. los actores. Ahora representen el segmento siguiente. Noten bien las estructuras enfatizadas.

(*Carlota y Ramón se miran y se besan*)

Carlota	Gracias, queridos amigos nuestros. La verdad es que siempre **soñaba** con conocer a un hombre como Ramón. Y, el año pasado, aquí mismo en una fiesta de Ramiro, Ramón y yo **nos vimos** por primera vez.
Ramón	Fue un flechazo. Ahora, exactamente un año después de **conocernos**, tenemos el gran placer de compartir nuestras felices noticias con todos Uds.
Todos	¡Enhorabuena!

Es decir

A. La lista siguiente contiene pares de antónimos. Identifique los antónimos y basándose en el diálogo, escoja la palabra de cada pareja que mejor complete las frases.

llegar a	difícil	malísimos	encanta
irte de	buenísimos	divertida	fácil
molesta	aburrida		

1. ¡Qué _____ está la fiesta!
2. Estos discos están _____ .
3. Esta música me _____ .
4. El trabajo tuyo debe de ser _____ .
5. Acabas de _____ la fiesta, ¿no?

B. Basándose en el diálogo, termine Ud. la frase.

1. Los discos de la fiesta...
2. Graciela no ha dejado de bailar porque...
3. Los amigos de Ramiro se saludan diciendo...
4. Ramiro quiere que José...
5. Gonzalo conoce a Ramiro porque...
6. El trabajo de Graciela es...
7. María...
8. Ramiro hace un brindis porque...

Practiquemos

En grupos. Practique el diálogo con sus compañeros. En grupos, represéntenlo incorporando los gestos apropiados.

Al ver el video

Después de ver el video, haga los ejercicios siguientes.

A. Todas las frases son falsas. Basándose en el video, corríjalas.

1. Graciela está tomando un refresco.
2. Ramiro lleva blue jeans.
3. La fiesta es en el salón de la casa de Ramiro.
4. Tocan música clásica en la fiesta.
5. Se sirve poca comida en la fiesta.
6. Pablo lleva un traje con corbata.
7. Carlota lleva una falda roja y un suéter blanco.
8. El cinturón de Carlota es negro.

B. Nombre cuatro actividades que hacen los chicos en la fiesta.

C. Describa con detalles la ropa de José, Gonzalo y María.

D. Nombre algunas similaridades entre esta fiesta y las fiestas que Ud. suele dar.

¡UN BRINDIS PARA NUESTROS QUERIDOS AMIGOS, ANA Y ANDRÉS, EN HONOR DE SUS VEINTE FELICÍSIMOS AÑOS DE MATRIMONIO! ANA, ANDRÉS, USTEDES SON UNA INSPIRACIÓN PARA TODOS.

Vocabulario

Verbos

brindar	*to toast*
burlarse (de)	*to make fun (of)*
celebrar	*to celebrate*
disfrazarse (de)	*to disguise oneself (as), dress up*
enterrar (ie)	*to bury*
esconder	*to hide*
felicitar	*to congratulate*
festejar	*to have a party, celebrate*
juntar	*to gather, bring together*
rezar	*to pray*
suceder	*to happen*

Sustantivos

el alma (*f.*)	*soul*
el brindis	*toast*
el cementerio	*cemetery*
la corrida de toros	*bullfight*
el cura (sacerdote)	*priest*
el desfile	*parade*
el disco (compacto)	*record (compact disk) (CD)*
el disfraz	*disguise*
el entierro	*funeral, burial*

el espíritu	*spirit*
la felicidad	*happiness*
la festividad	*festivity*
la misa	*mass*
el (la) muerto(a)	*dead person*
el pastor	*minister*
el rabino	*rabbi*
la religión	*religion*
la sorpresa	*surprise*
el velorio	*wake*
el villancico	*Christmas carol*

Adjetivos

católico	*Catholic*
cristiano	*Christian*
deprimente	*depressing*
fabuloso	*fabulous*
judío	*Jewish*
maravilloso (estupendo)	*marvellous (wonderful)*
protestante	*Protestant*
religioso	*religious*
sagrado	*sacred*
solemne	*solemn*

Días festivos y fechas importantes

(Holidays and important dates)

el Año Nuevo	*New Year*
Carnaval	*Carnival, Mardi Gras*
el Día de los Muertos	*Day of the Dead*
el Día de (los) Reyes (Magos)	*Kings' Day (Epiphany)*
el Día del Santo	*Saint's Day*
Janucá	*Chanukah*
la Misa del gallo	*Midnight Mass*
la Navidad	*Christmas*
la Nochebuena	*Christmas Eve*
la Noche vieja	*New Year's Eve*
la Pascua	*Passover*
la Pascua (Florida)	*Easter*
la Semana Santa	*Holy Week*

Palabras y expresiones útiles

aún no	*not yet*
¡Enhorabuena!	*Congratulations!*
¡Feliz Navidad! (¡Felices Pascuas!)	*Merry Christmas!*
Mi más sincero pésame	*My condolences*
¡Próspero Año Nuevo!	*Happy New Year!*
¡Salud!	*Cheers!*

Repasemos el vocabulario

A. ¿Cuál no pertenece? Indique Ud. la palabra que no está relacionada con las otras y explique.

1. velorio | desfile | cementerio | entierro
2. rabino | sorpresa | pastor | sacerdote
3. Misa del gallo | Janucá | Navidad | Nochebuena
4. misa | cura | rezar | corrida de toros
5. católico | judío | protestante | religioso
6. enterrar | celebrar | festejar | felicitar

ÉSTA ES LA NOCHEBUENA Y LA VIDA BUENA, ¿EH, AMIGOS?

B. Palabras cognadas. Las palabras en la segunda columna no se encuentran en la lista de vocabulario de esta lección. Sin embargo, se pueden reconocer fácilmente por ser similares a sus equivalentes en inglés. Busque Ud. en la segunda columna dos palabras que corresponden a cada una de las palabras en la primera columna.

	a. crucifijo
	b. procesiones
1. entierro	**c.** máscara
2. iglesia	**d.** San Nicolás
3. Navidad	**e.** tumba
4. Carnaval	**f.** Polo Norte
	g. sepulcro
	h. altar

C. El Día de los Muertos... los mexicanos celebran la muerte. El primero de noviembre es el Día de Todos los Santos, una fiesta importante para los hispanos católicos de todas partes del mundo. Pero, el dos de noviembre es un día aún más especial para los mexicanos. Complete Ud. los párrafos con las palabras apropiadas.

El Día de los Muertos, México, D.F.

celebran	2 recuerdan	10 pastelerías	1 festividad
4 rezar	espíritus	3 cementerio	almas
muerte	5 tumbas	preparan	

En México, el dos de noviembre se llama el «Día de los Muertos», y es una combinación curiosa de solemnidad y *festividad*. En este día los mexicanos _____ a sus queridos. Van al _____ para llorar, _____ y decorar las _____ con flores. En las tiendas venden objetos relacionados con la muerte. En las panaderías y _____ los panes, pasteles y dulces tienen la forma de esqueletos (*skeletons*) y calaveras (*skulls*). También se come el delicioso «pan de muertos».

En Pátzcuaro, un viejo pueblo colonial de México, los indios _____ ese día con mucho entusiasmo. Creen que las _____ de los muertos regresan cada año para visitar a sus queridos. Encienden velas (*candles*) para iluminar el camino a la tumba para los _____ de sus queridos y _____ las comidas y bebidas favoritas del muerto para mostrar su devoción. Estas costumbres reflejan la actitud de aceptación y resignación que tiene esa gente hacia la _____ .

D. Expresiones apropiadas. ¿Qué dice Ud. en las situaciones siguientes?

1. Está en la boda de su hermano y le piden que brinde a los recién casados.
2. Una pareja anuncia que se va a casar.
3. Va a un velorio. Habla con la viuda del hombre que acaba de morir.
4. Es el 25 de diciembre y ve al cura en la iglesia.
5. Se reúne con un grupo de amigos para despedir el año. Son las doce en punto.

E. Definiciones. Busque Ud. en la lista de vocabulario las palabras que corresponden a las definiciones siguientes. Complete la definición con las palabras apropiadas.

religioso	cantar	año	muertos
beber	días	nacimiento	celebran

1. *el cementerio* :   Sitio donde entierran a los *muertos* .

2. _____ :   Día en que se celebra el _____ de Jesucristo.

3. _____ :   Última noche del _____ .

4. _____ :   Fiesta solemne que _____ los cristianos en memoria de la resurrección de Cristo.

5. _____ :   Fiesta que celebran los judíos que dura (*lasts*) ocho _____ .

6. _____ :   Acción de _____ a la salud de una persona.

7. _____ :   Líder _____ de los católicos.

8. _____ :   Canción que se suele _____ en la Navidad.

F. Reyes. Para saber algo sobre la tradición navideña hispana, «El Día de los Reyes Magos», haga las actividades.

1. Lea Ud. la descripción de la fiesta de Reyes y conteste las preguntas.

En muchos países hispanos los niños reciben sus regalos el 6 de enero. Este día se llama «Reyes» o el «Día de los Reyes Magos». Hace más de dos mil años Jesucristo nació en Belén. Los Reyes Magos lo visitaron y le trajeron regalos. Según la tradición, ellos se llamaban Gaspar, Melchor y Baltasar. Para celebrar la fiesta, algunos de los niños dejan sus zapatos debajo de la cama o en la puerta de su dormitorio. Otros niños ponen cajas llenas de hierba (*grass*) debajo de la cama para dar de comer a los camellos de los Reyes. Si los niños han sido muy buenos, al día siguiente encuentran los regalos. Pero, si han sido muy malos, encuentran carbón (*coal*). Muchas de las pastelerías venden un dulce que se parece mucho al carbón, pero en realidad es de azúcar. En la tarde toda la familia se reúne y hace una gran comida. En España, se suele comer el famoso «roscón de Reyes», que es una tarta especial que tiene un regalito y una haba (*bean*) escondidos adentro. La persona que encuentra el haba tiene que pagar el roscon. La persona que encuentra el regalito recibe una corona (*crown*) de papel.

a. ¿Cuándo se celebra el Día de los Reyes Magos?

b. ¿Cómo se llaman los tres Reyes?

c. ¿Qué hacen los niños para celebrar la fiesta?

d. ¿Qué encuentran los niños buenos al día siguiente?

e. ¿Qué encuentran los niños malos?

f. ¿Qué es el «roscón de Reyes»?

2. Lea Ud. el dibujo. ¿Con quién habla por teléfono el rey? Termine Ud. la conversación telefónica en este dibujo. ¿Qué más dice el rey y qué le dice la otra persona?

— ¿*American Express? Mire, les llamo porque esta noche teníamos pensado salir de compras y...*

3. En muchos de los almacenes de España en la época de Reyes, les dan a los niños formularios especiales para escribirles cartas a los Reyes Magos. Escríbale una carta a los Reyes y un(a) compañero(a) contestará.

Los Reyes Magos llegaron a Cuenca a lomos de camellos

a lomos de *on the backs of*
camellos *camels*

Queridos Reyes Magos:
_____
_____
_____
_____
_____
_____

Review of the Use of the Preterite and Imperfect

The preterite is used . . .

1. to describe or relate a completed action or a series of completed actions.

    Joselito **se despertó, se levantó** y   *Joselito **woke up, got up,** and **went***
      salió al balcón para ver qué le   *out on the balcony to see what*
      habían dejado los Reyes.   *the Kings left him.*

2. when a past action occurs a specific number of times.

    Fui a Sevilla para Semana Santa tres   *I **went** to Seville for Holy Week*
      veces.   *three times.*

3. to indicate a change in a physical, emotional, or mental state at a specific time
    in the past.

    Al abrir el regalo el niño **estuvo**   *Upon opening the present the child*
      feliz.   ***became** happy.*

4. to focus on the beginning or end of a past action.

    Laura **se rió** al ver a papá disfrazado   *Laura **laughed** upon seeing dad*
      de San Nicolás.   *dressed up as Santa Claus.*

The imperfect is used . . .

1. to describe past action that was still ongoing at a certain time in the past, or
    an action whose beginning or end is not indicated.

    Mamá **preparaba** la cena todo el día.   *Mom **was preparing** dinner all day*
                                                   long.

2. to express repeated or habitual past action. The English equivalent is *used to*
    or *would* + verb.

    De pequeño siempre **íbamos** a la   *When I was a child we **would***
      Misa del gallo.   *always **go** to Midnight Mass.*

3. to express time and age in the past.

    Paco **tenía** tres años.   *Paco **was** three years old.*

    Eran las seis cuando llegamos a   *It **was** six o'clock when we arrived*
      casa.   *home.*

4. to describe things or people in the past and to set the scene of past situations.

    Era un día muy bonito. El sol   *It **was** a beautiful day. The sun **was***
      brillaba en el cielo y los pájaros   ***shining** in the sky and the birds*
      cantaban.   ***were singing.***

5. to describe ongoing physical, emotional, or mental states and desires in the past.

    Quería ir a la fiesta hoy pero **estaba**   *He **wanted** to go the party today*
      enfermo.   *but **he was** sick.*

Often the preterite and the imperfect appear in the same sentence with the conjunction **cuando**. The preterite action frequently breaks up the ongoing action of the imperfect.

Mamá **escondía** los regalos cuando los niños la **descubrieron**.

*Mom **was hiding** the presents when the children **found** her.*

✦ Practiquemos

A. La corrida de toros. La corrida de toros es considerada la «Fiesta nacional de España». También es popular en México, Perú, Ecuador, Colombia y Venezuela. En Lima, Perú siempre se celebra la corrida de toros más importante del año el Día de Navidad. Cambie Ud. los verbos al pretérito.

El año pasado yo (pasar) _____ el mes de diciembre en Lima, Perú. El día 25 yo (ir) _____ a una corrida de toros. Mis amigos y yo (sentarse) _____ en la sección de «sombra» (*shade*) y (esperar) _____ el comienzo del espectáculo. En cada corrida siempre hay tres matadores que lidian (*fight*) con dos toros cada uno. La corrida (empezar) _____ a las cinco en punto. Todos los participantes —los tres matadores y sus cuadrillas (*teams*)— (salir) _____ de paseo por la plaza. ¡(Ser) _____ magnífico!

Después, (seguir) _____ los tres segmentos de la corrida. En el primero, los «picadores», montados a caballo, (debilitar = *to weaken*) _____ el toro con picas (*lances*). En el segundo, el «banderillero» (poner) _____ banderillas (*barbed darts*) en el cuello del toro para provocarlo. Luego (llegar) _____ «la faena», la parte más emocionante, en que el matador (demostrar) _____ sus artes y (matar) _____ el toro.

B. La Navidad en aquel entonces. Octavia Gonzales Hurtado, una abuela colombiana, describe la Navidad que se celebraba en Colombia. Cambie Ud. los verbos al imperfecto.

Nosotros (celebrar) _____ la Navidad de una forma muy diferente cuando yo (ser) _____ pequeña. Los niños (soñar) _____ con la llegada del día e (imaginar) _____ cómo sería el día mágico. Nosotros no (tener) _____ televisión y por eso, no (ver) _____ los anuncios comerciales que intentan venderle sus productos al público. Todos (esperar) _____ la Navidad. Los niños (creer) _____ que el Niño Dios (ser) _____ responsable por todos los bonitos regalos que (encontrar) _____ debajo de sus almohadas.

Nosotros (adornar) _____ las casas con decoraciones que nosotros (hacer) _____ . Los amigos (traer) _____ las comidas que cada uno (preparar) _____ para la ocasión. Los dulces y los tamales (llenar) _____ las mesas, y toda la casa (oler = *to smell*) _____ a Navidad.

Los niños de ayer (cambiar) _____ automáticamente en la época navideña. (Portarse) _____ como angelitos. (Soler) _____ escribirle cartas al Niño Dios, en las cuales (describir) _____ con detalles los regalos que (querer) _____ recibir... soldaditos de estaño (*tin soldiers*) o muñecas de trapo (*rag dolls*). Y mamá (pasar) _____ meses preparando nuestros regalos que (ser) _____ todos hechos por su propia (*own*) mano.

C. ¡Cómo ha cambiado la cosa! Contraste Ud. la manera en que Octavia (véase el ejercicio B) celebraba la Navidad hace muchos años en Colombia con la forma en que se celebra esta fiesta en los EE.UU. hoy. Cambie los verbos entre paréntesis al imperfecto.

| MODELO | (Haber) **Había** poca influencia de la tele.
Hoy hay mucha influencia de la tele. |

La Navidad colombiana de ayer   **La Navidad de hoy en los EE.UU.**

1. El Niño Dios (dejar) los regalos.   1. _____

2. Nosotros (hacer) las decoraciones a mano.   2. _____

3. Típicamente todos (comer) tamales.   3. _____

4. Los niños le (escribir) cartas al Niño Dios.   4. _____

5. Ellos (querer) soldaditos y muñecas de trapo.   5. _____

6. La mamá (hacer) los juguetes a mano.   6. _____

D. El origen de la corrida de toros. Para aprender sobre el origen de la corrida de toros, cambie Ud. los verbos entre paréntesis al pretérito o al imperfecto.

Algunos expertos creen que la corrida (originarse) _____ hace 6.000 años. Otros opinan que ya (existir) _____ hace 15.000 años. Pero se sabe por seguro que los gladiadores (luchar) _____ con toros en el Coliseo de Roma antes del nacimiento de Cristo. Y en los circos romanos la corrida (ser) _____ uno de los atractivos principales. Luego los moros (*Moors*) (incorporar) _____ el caballo como parte integral de la corrida. Está documentado que Carlos V de España (participar) _____ en una corrida en Madrid en 1528.

Ahora lea Ud. el anuncio siguiente de una corrida de toros y conteste las preguntas.

1. ¿Dónde fue la corrida?

2. ¿A qué hora empezó?

3. ¿Quiénes torearon?
4. ¿En que fecha ocurrió la corrida?
5. ¿Con cuántos toros torearon los matadores?
6. ¿Cómo eran los toros?

E. **El Carnaval en la Argentina.** El Carnaval precede la Cuaresma (*Lent*). Se celebra en febrero o marzo y dura (*lasts*) unos cinco días. Ceci, una argentina, habla de cómo celebraba el Carnaval cuando vivía allí. Cambie los verbos al pretérito o al imperfecto.

A mí siempre me (gustar) _____ el Carnaval. En las calles de Córdoba, mi ciudad, siempre (haber) _____ un ambiente festivo. La gente (disfrazarse) _____ de la ropa típica del Carnaval de Brasil y (haber) _____ bailes, desfiles, música, danza, comida y bebida hasta muy tarde. También (ser) _____ la costumbre llenar con agua unos globos pequeños y tirárselos a la gente.

Yo me acuerdo de una vez cuando (tener) _____ 16 años. Ese día mis amigos y yo (vestirse) _____ de payasos, (salir) _____ a la calle y (comer) _____ «choripán» (*bread with grilled sausage*) y «panchos» (*hot dogs*), la comida típica de esa época. (Ser) _____ las cinco o las seis de la tarde. Nosotros (caminar) _____ por la calle cuando unos jóvenes, desde el séptimo piso de un edificio, nos (tirar) _____ un balde (*bucket*) de agua con jabón. Al principio yo (ponerse) _____ enojada, pues (tener) _____ la ropa mojada (*wet*), pero después (reírse) _____ . (Ser) _____ un día memorable.

Reciprocal Actions with *se*

The reciprocal construction expresses *each other* or *one another*.

Forma

nosotros	nos	ellos	
vosotros	os	ellas } se	
		Uds.	

Nos queremos mucho.	*We love each other very much.*
¿Os conocéis?	*Do you know each other?*
Se ayudan siempre.	*They always help each other.*

Función

1. The plural reflexive pronouns can be used to express either reflexive or reciprocal action.

Magdalena y Laura **se ven.** $\begin{cases} \textit{Magdalena and Laura see \textbf{themselves}.} \\ \textit{Magdalena and Laura see \textbf{each other}.} \end{cases}$

2. It is generally clear from the context which concept is being expressed.

Jorge y Manolo **se escriben** a menudo.   *Jorge and Manolo **write to each other** often.*

✯ Practiquemos

A. Distancias. Gabriela vive muy lejos de su hermana. ¿Qué hacen las dos hermanas para mantener una relación íntima? Forme frases que muestran acción recíproca según el modelo.

MODELO	mandar / muchas fotos
	Se mandan muchas fotos.

1. llamar / por teléfono
2. escribir / cartas
3. visitar / cada mes
4. escuchar / cuando tienen problemas personales
5. decir / todos sus secretos

B. En mi familia todos celebramos. Mi familia es muy grande y así celebramos la Navidad. Usando el reflexivo recíproco de la primera persona plural (nosotros), termine Ud. el párrafo con los verbos apropiados de la lista siguiente.

MODELO	desear	**Nos deseamos mucha felicidad en el año nuevo.**

contar	saludar	querer	preguntar
decir	ayudar	besar	abrazar
dar	mostrar		

Siempre celebramos la Navidad en la casa de mi abuela. Al llegar a la casa _____ cariñosamente y _____ «Feliz Navidad». Como es una cena muy grande, _____ con los preparativos. Después de comer, _____ fotos y _____ anécdotas sobre todos los eventos del año. _____ cómo están los niños y cómo van los trabajos, y _____ los regalos que hemos traído. Al salir _____ y _____ . En mi familia _____ mucho.

B. **¡Feliz cumpleaños... al estilo hispánico!** Complete Ud. la selección con la forma correcta de las palabras entre paréntesis. Si hay dos palabras, escoja la más apropiada. Traduzca las palabras en inglés al español y cambie los verbos al pretérito o al imperfecto.

En una familia grande como (*mine*), no es posible que los padres festejen todos los cumpleaños de sus hijos a gran escala. Pero, (mi) padres me (festejar) los quince años. (Por, Para) una chica, los quince es la fiesta más importante que se hace. Yo (empezar) a asistir a las fiestas de quince años cuando (tener) 14 años y (terminar) a los 16 años —pues, tengo muchas amigas y todas me (invitar). (Por, Para) mi fiesta, yo (hacer) mi propia (*cake*) y los recuerdos, y mis hermanas me (ayudar) a hacer muchas cosas. Mi mamá (preparar) muchos platos. La fiesta no (ser) grande... (*only*) amigos. No (querer) invitar a mis parientes. La fiesta (terminar) a (los, las) siete (por, de) la mañana. Mi mamá (hacer) un (gran, grande) (*breakfast*) (por, para) todos los que (quedar) y después, todos (irse) (por, para) (su) casas.

C. **Para una fiesta... hay que planear bien.** En esta lección Ud. ha leído sobre varias celebraciones hispánicas. Basándose en esta información, diga para qué fiesta o celebración Ud. necesita los artículos mencionados en el anuncio.

TODO PARA SU FIESTA

- Máscaras y Disfraces
- Maquillaje
- Piñatas
- Globos

- Accesorios de Teatro
- Regalos
- Sillas y Mesas
- Todo lo que Necesita

8150 S.W. 8 St., Suite 119   Telf. 262-0584

MODELO	sillas y mesas Necesito alquilar / comprar sillas y mesas porque hacemos una gran fiesta de cumpleaños para mamá. Habrá 50 personas y serviremos una cena en el patio de mi casa.

D. **¡Vamos al Carnaval!** Traduzca Ud. el diálogo siguiente al español.

Pablo: Your cousin in Argentina took this photo in 1962! How old were you?

María: Fifteen. I used to live in Córdoba and Cecilia lived in Buenos Aires. We used to see each other every year during Carnaval.

Pablo: Look at this parade and these costumes! Paco told me that Carnaval was a very solemn time.

María: No way! We'd celebrate for many days. One year we celebrated Carnaval in Río de Janeiro in Brazil. It was fabulous!

F. Minidrama. En grupos, representen una de las escenas siguientes.

1. Un encuentro entre los Reyes Magos y Santa Claus.
2. Un(a) niño(a) descubre a su papá vistiéndose de Santa Claus.

F. Composición

1. Su amigo es de la Argentina donde la Navidad es en el verano. Imagine que Ud. es de Michigan. Escríbale a su amigo y dígale cómo Ud. celebra la Navidad durante el invierno norteamericano.
2. En la Noche vieja, cada persona tiene su propia forma de celebrar. En España, por ejemplo, la gente come 12 uvas para simbolizar doce meses de buena suerte. ¿Cuál es su forma de celebrar? Describa Ud. con detalles tres formas originales e innovadoras de despedir el año.

*TRES DELICIOSAS
FORMAS DE
¡DESPEDIR EL AÑO!*

Escuchemos

A. ¿Qué palabra escoge Ud.? You will hear a series of incomplete sentences. Choose the word that best completes each sentence.

| MODELO | El hombre judío quiere hablar con su _____ . rabino.
El hombre judío quiere hablar con su rabino. |

1. (¡Salud! / ¡Enhorabuena!)
2. (solemne / alegre)
3. (los Reyes Magos / la misa del gallo)
4. (muerto / espíritu)
5. (sorpresa / desfile)
6. (Felices Pascuas / Mi más sincero pésame)
7. (Carnaval / Navidad)

B. Dictado. Enrique was in South America during Carnaval time. Listen carefully to the entire description of Enrique's experience. Listen again and write each sentence during the pauses.

You will then hear a series of questions related to the dictation. Answer them with complete sentences. Refer to your dictation.

✦ Gaceta 6

Sudamérica

Gabriel García Márquez

Don Francisco

Gabriela Sabatini

Caras en las noticias

Parece increíble, pero cuando **Gabriel García Márquez** terminó su novela *Cien años de soledad* en 1967, tenía tan poco dinero que su esposa vendió su licuadora° para poder mandarle el manuscrito al redactor°. Hoy, *Cien años de soledad* es la novela hispánica más conocida y más traducida (50 ediciones en español y traducciones en 27 idiomas) después de *Don Quijote*, y García Márquez es uno de los escritores más famosos de este siglo. Con una mezcla de ficción y realidad, dos elementos característicos de su obra, García Márquez cuenta la historia de Macondo, un pueblo imaginario que sintetiza la historia y la cultura de Latinoamérica.

Nació en 1928 en Aracataca, Colombia, uno de 16 hijos de un operador de teléfonos. Ha trabajado de redactor, periodista y guionista° y publicó su primera novela, *La hojarasca,* en 1955. Este hombre humilde° de extraordinario talento literario, recibió el Premio Nóbel de la literatura en 1982.

Un día, un ingeniero peruano de origen japonés, **Alberto Fujimori**, decidió que quería hacer algo para sacar° su país de la miseria racial y socioeconómica de que sufría. Con la ayuda de amigos y sin ninguna experiencia política, Fujimori fundó un nuevo partido político, Cambio 90. Muy poco después, venció al otro candidato, el autor Mario Vargas Llosa, y se hizo° presidente de uno de los países más problemáticos de América.

Quizás la cara más conocida en la televisión por toda la América Latina, incluso la televisión en los EE.UU., es la del chileno **don Francisco**, el «adorable inculto°» del programa «Sábado Gigante». Este programa combina concursos°, entrevistas, cantantes y música, y llega a más de dos millones de hogares° en los EE.UU., Centro y Sudamérica. Dice él: «Yo tengo la suerte de Bolívar. Bolívar soñó hace 100 años con unificar a todos los países hispanos en un sólo país. Ése es mi sueño en la televisión. Unificar a todo el mundo en un programa de televisión».

blender
editor

script writer
humble

remove

became

clown
contests
homes

¿El rock latino? Pues, aunque parezca increíble, los EE.UU., donde nació la música rock, ahora está importando el rock en español. El trío argentino **Soda Stereo** tiene una popularidad inmensa en Sudamérica, Centroamérica y México, y ha cruzado las fronteras° estadounidenses. Este grupo combina la influencia de la «nueva ola°» de The Police y Talking Heads con su propio toque°. Ha abierto el camino a más bandas hispánicas que siguen con nombres originales como Hombres G, El Último de la Fila°, Los Enanitos° Verdes y Los Toreros Muertos°.

La tenista argentina **Gabriela Sabatini** empezó a interesarse en el tenis cuando tenía seis años y, según ella, prefería jugar con pelotas y raquetas que con muñecas. Para la edad de diez años ya era la mejor jugadora en su categoría de toda Argentina. En 1984, a la edad de 14 años, se hizo la tenista más joven en ganar un partido° en el U.S. Open. Actualmente está muy alta en el ranking mundial, y está haciendo todo lo posible para alcanzar° la posición número uno. Sabatini ha conseguido el apoyo de varias empresas° que incluyen las compañías Ray Ban, Fuji y Perrier, y es la primera mujer atleta en conseguir un contrato con Pepsi-Cola. Cuando no está jugando, le gusta escribir poesía, tocar la guitarra, bailar en los discos y pasearse por las calles de Buenos Aires en su motocicleta.

borders; wave

touch

line; dwarfs; dead

match

to reach

firms

Es decir

Comprensión. Comente Ud...

1. la popularidad de la novela *Cien años de soledad* por Gabriel García Márquez.
2. la presidencia de Alberto Fujimori.
3. el sueño de don Francisco.
4. la música rock latina.
5. la niñez de Gabriela Sabatini.

✸ Practiquemos

A. Figuras famosas. Las frases siguientes contienen más información sobre las personas o temas anteriores. ¿A cuál corresponde cada una?

1. Produce varias versiones de su programa debido a (*due to*) la variedad nacional de su público (*audience*).
2. A la edad de trece años empezó a prepararse profesionalmente en los EE.UU. con el entrenador Patricio Apey.
3. Aunque es considerado el colombiano más famoso de toda la historia, nunca se olvida de su pasado humilde.
4. Después de la segunda guerra mundial (*Second World War*) sus padres salieron del Japón y se establecieron en el Perú.
5. La Pestilencia, Delia y los Aminoácidos y Neurosis son tres grupos que han tenido mucho éxito en Sudamérica.
6. Esta novela comenzó un período que se llama el «boom» de la literatura latinoamericana.
7. Viaja mucho, mantiene apartamentos en Virginia y la Florida y vive con su familia en las afueras de Buenos Aires.
8. En 1939 sus padres huyeron de la Alemania (*Germany*) de los nazis y emigraron a Chile.
9. Es el primer descendiente de japoneses en llegar a ser presidente de un país latinoamericano.

B. Su opinión. Conteste Ud. las preguntas con frases completas.

la música rock:

1. ¿Cuáles son algunos de los temas comunes de la música rock hoy día?

2. ¿Cuáles serán algunos de los temas de las canciones rock de Sudamérica?

la televisión:

3. ¿A qué se debe la gran popularidad de programas como *Sábado Gigante*?

4. ¿Qué clase de programas de televisión le gusta a Ud.?

la literatura:

5. Combinar lo real con lo imaginario es una técnica literaria popular de García Márquez y otros escritores contemporáneos de Latinoamérica. ¿Por qué será tan popular esta técnica?

6. En su opinión, ¿en qué consiste una gran novela? ¿Ha leído Ud. *Cien años de soledad?* ¿Le gustó? Explique. ¿Cuál es su novela favorita? ¿Por qué le gusta?

los deportes:

7. En el mundo de los deportes profesionales hay mucha competencia. ¿Qué debe hacer un atleta para tener mucho éxito?

8. Describa un día típico de Gabriela Sabatini.

la política:

9. ¿Qué cualidades o talentos debe tener un buen presidente?

10. ¿Cómo fue posible que un hombre sin experiencia política se hiciera presidente del Perú?

Notas y notables

Simón Bolívar: El Gran Libertador de Sudamérica

genius

Simón Bolívar —filósofo, orador, político extraordinario y genio° militar— llevó una vida que afectó el destino de millones de sudamericanos. Nació en 1783 en Caracas[1], Venezuela, de una familia rica y aristocrática. De joven pasó mucho tiempo en Europa donde fue inspirado por los ideales de libertad y las teorías revolucionarias. Con la

mines; slaves
could have chosen
direction
He swore

fortuna de las minas°, las tierras y los esclavos° que sus padres le dejaron, Bolívar podría haber escogido° un estilo de vivir fácil y cómodo. Pero dos eventos cambiaron completamente el rumbo° de su vida: la trágica muerte de su esposa cuando él tenía 19 años, y la debilitación de España por la invasión de Napoleón. Juró° nunca volver a casarse y juró dedicar su vida a la liberación de Venezuela del dominio español y a la creación de los Estados Unidos de Latinoamérica. Declaró Bolívar: «...juro por

nation
rest; repose; chains
oppress; power
army

el Dios de mis padres, juro por ellos, juro por mi honor y juro por la patria°, que no daré descanso° a mi brazo ni reposo° a mi alma hasta que haya roto las cadenas° que nos oprimen° por voluntad del poder° español».

   Bolívar cumplió con su palabra. Organizó un ejército°, y, durante más de diez años, batalló a las tropas españolas. La lucha por la independencia fue larga y difícil,

---

[1]En Caracas se puede visitar: La Plaza Bolívar, la Casa Natal (*Birth*) de Bolívar, el Centro Simón Bolívar, el Museo Bolívar y el Panteón Nacional donde guardan los restos (*remains*) de este gran héroe. La moneda (*monetary unit*) de Venezuela es el *bolívar*.

con grandes derrotas° y tropas mal entrenadas. En 1813, Bolívar fue proclamado *defeats*
«libertador» en Caracas, y en los próximos años recibió el mismo título en Bolivia,
Perú, Colombia y el Ecuador. Pero sus esfuerzos por unificación fracasaron, y los
países entraron en un período de caos°. El libertador de cinco naciones murió en *chaos*
1830 de tuberculosis, pobre y desilusionado.

Además de sus otros talentos, Bolívar fue un escritor prolífico. Siguen algunas
de las palabras de Bolívar que expresan su pasión por una América fuerte, unida y libre:

- *Yo deseo más que otro alguno ver formar en América la más grande nación
  del mundo, menos por su extensión y riquezas° que por su libertad y gloria.* *riches*
- *Mi único amor siempre ha sido el de la Patria; mi única ambición, su libertad.*
- *Divididos, seremos más débiles, menos respetados de los enemigos y neu-
  trales.*[1]

Simón Bolívar   Eva Perón

No llores por ella, Argentina: Evita Perón

María Eva Duarte nació en 1919 en un pueblo pobre de la Argentina. Su madre
trabajaba de cocinera y tenía un burdel°. Evita iba a los bares en busca de hombres *brothel*
para llevarlos al burdel de su madre. A los 15 años Evita fue a Buenos Aires para
conseguir trabajo. Era delgada, pálida y no muy atractiva pero sabía atraer°, usar y *to attract*
manipular a los hombres para sus propias ambiciones. Pasó unos años trabajando
de prostituta, y luego consiguió trabajo en la radio, un puesto que quería por mucho tiempo.

Cuando tenía 20 años, conoció a Juan Perón, un alto funcionario del gobierno°. *government official*
Perón se enamoró de ella, y poco después los dos comenzaron su campaña° política. *campaign*
Su meta° era conseguir el apoyo° de las masas pobres. La gente respondió con *goal; support*
entusiasmo, y en 1946, Juan Perón se hizo presidente de la Argentina. Antes de las
elecciones Juan y Evita se habían casado secretamente. Evita controló todo y gobernó
por medio de° la tortura y la represión. Los que la criticaron o se opusieron° al *by means of; opposed*
gobierno fueron a la cárcel°. Exigió° la adoración de los argentinos y todos conocían *jail; she demanded*
su hipocresía y su avaricia. En 1952, a los 33 años, Evita Perón murió de cáncer.

---

[1]En su novela *El general en su laberinto*, Gabriel García Márquez examina los aspectos poco conocidos
de la vida del legendario Simón Bolívar.

Es decir

Frases falsas. Las frases siguientes son falsas. Corríjalas, basándose en las lecturas.

1. Bolívar pasó su vida entera como soltero.
2. Evita nació en una familia rica de la clase alta.
3. Bolívar luchó para mantener separados los países de Sudamérica.
4. Juan y Evita tenían un gobierno justo y benévolo.
5. Bolívar nació en Bolivia de una familia pobre.
6. Evita era extraordinariamente bonita.
7. Bolívar limitó su misión a su país natal (*native*).
8. Bolívar murió en una batalla contra las tropas españolas.

★ Practiquemos

A. Evita en el extranjero. Evita hizo muchos viajes al extranjero, y a veces se portaba de una manera impropia. Para saber qué le pasó en los lugares indicados en la primera columna, busque Ud. la frase apropiada en la segunda columna.

1. En España...
2. En Roma...
3. En París...
4. En Inglaterra (*England*)...
5. En Suiza (*Switzerland*)...

a. se enojó porque quería quedarse en Buckingham Palace y no le permitieron hacerlo.
b. le tiraron tomates y piedras (*rocks*).
c. vio al Papa (*Pope*) pero ella se enojó porque no le gustaron los regalos que él le dio a ella.
d. la recibió el dictador español Francisco Franco.
e. las mujeres francesas, que se vestían muy de moda, criticaron la ropa llamativa de Evita.

B. El «Gran Libertador». Simón Bolívar era el «Gran Libertador» de Sudamérica. José Martí era «el Padre de la Independencia» de Cuba. ¿Qué otros títulos de personajes históricos sabe Ud.?

C. ¿Héroe o villano? En grupos, escojan a un(a) héroe (heroína) o villano(a), y preparen una presentación breve sobre su vida.

Una gira turística por Sudamérica

En Sudamérica hay ciudades cosmopolitas y pequeños pueblos coloniales. Los muchos museos tienen tesoros° de arte contemporáneo y preciosos vestigios° de civilizaciones pasadas. Hay paisajes montañosos, selvas exóticas, valles, playas soleadas° y grandes plantaciones de café, cacao y bananas. En cuestiones de clima, de recreo, de cocina y de cultura... hay de todo en Sudamérica.

La asombrosa° ciudad-fortaleza° de los incas, Machu Picchu, está situada en los Andes peruanos a unos 112 kilómetros de Cuzco, la antigua capital incaica. Fue construida en el siglo XV y abandonada a la llegada de los conquistadores españoles.

treasures; vestiges
sunny

awesome; fortress

Las ruinas de Machu Picchu, Perú

Buenos Aires, Argentina

farmers

undoubtedly

small barren islands

Easter Island

megalithic

festive gathering

walled

belongs
sand

Este santuario servía de refugio para los líderes de los incas en caso de peligro. Estaba tan escondido en las montañas que sólo unos campesinos° sabían de su existencia hasta 1911 cuando fue «descubierto» por Hiram Bingham, un ex gobernador de Connecticut. Las ruinas que se han conservado son magníficas: templos, casas, palacios, una fortaleza, un cementerio, calles y avenidas. Es indudablemente° el espectáculo más impresionante de la América del Sur.

Diecisiete islas grandes, más de cien islotes° y unos pueblos pequeños constituyen las islas Galápagos, una de las reservas ecológicas más importantes del mundo. A mil kilómetros de la costa del Ecuador, este parque nacional tiene tortugas gigantescas y reptiles antedeluvianos. Fue aquí donde Carlos Darwin, en 1835, empezó a formular su famosa teoría sobre la evolución.

En Chile, después de gozar del ambiente sofisticado de Santiago, su capital, y de la belleza de las playas increíbles de Viña del Mar y de la tranquilidad de los lagos plácidos de Puerto Montt, hay que hacer una excursión a la isla de Pascua°, situada a unos 3.000 kilómetros de la costa. Por sus cráteres, volcanes, tumbas ceremoniales y sus 500 estatuas megalíticas° de origen misterioso, es llamado «el museo al aire libre».

Bolivia es el único país del continente que no tiene acceso al mar con la excepción de Paraguay. La Paz, la capital del país, y Potosí son dos ciudades pintorescas que han conservado casi intacta su antigua belleza colonial. Aquí se puede probar comidas picantes, escuchar música regional en una peña° folklórica y visitar museos interesantes. Cerca de la frontera entre Bolivia y el Perú está el lago Titicaca, el lago navegable más alto del mundo.

Para los viajeros que quieren combinar playas fabulosas con un poco de historia, el lugar favorito es Cartagena de las Indias, la ciudad amurrallada° del Caribe. Fundada en 1533, Cartagena guardaba las grandes riquezas del nuevo mundo antes de enviarlas a España. Fue la ciudad más rica de las Américas. Un lugar de veraneo que se ha hecho popular últimamente es Margarita, una isla que pertenece° a Venezuela. Las playas de arena° fina y las aguas cristalinas son incomparables.

Es decir

A. Atractivos turísticos. En Sudamérica, ¿adónde iría Ud. para...

1. navegar en un lago muy famoso?
2. hacer una variedad de actividades?
3. visitar un museo único?
4. pasar su luna de miel?
5. ver un verdadero museo de la vida incaica?
6. saber cómo era la vida colonial en la América del Sur?

B. Lugares de interés. Identifique Ud. los lugares siguientes. Luego, colóquelos (*locate them*) en el mapa.

1. un lugar de vacaciones «de moda»
2. la capital de Bolivia
3. el espectáculo más majestuoso del continente
4. un refugio natural que hay que conservar
5. el antiguo «puente» (*bridge*) que conectaba España y América
6. un lago de una altitud extraordinaria

MAR CARIBE

OCÉANO
ATLÁNTICO

BELICE
HONDURAS
NICARAGUA
Lago de
Managua
Barranquilla
Maracaibo
Lago de
Maracaibo
Caracas
San Cristóbal
Río Orinoco
EL
SALVADOR
GUATEMALA
PANAMÁ
COSTA RICA
Medellín
Bogotá
Cali
VENEZUELA
Georgetown
GUAYANA
Paramaribo
SURINAM
Cayena
Boa Vista
GUAYANA
FRANCESA

ECUADOR

COLOMBIA
Quito
ECUADOR
Guayaquil
Cuenca
Iquitos
Río Amazonas

PERÚ
A M A Z O N A S

LOS ANDES
BRASIL

Lima
Ayacucho
Cuzco
BOLIVIA
Santa Cruz
Brasilia
Sucre
Potosí

Río Paraná
Río de Janeiro

CHILE
PARAGUAY
São Paulo
Asunción
Iguazú

Río Uruguay

Córdoba
URUGUAY
Viña del Mar
Valparaíso
Montevideo
Santiago
Buenos Aires
Río de
la Plata
Concepción
ARGENTINA
Bahía Blanca

OCÉANO
PACÍFICO

Viedma

OCÉANO
ATLÁNTICO

AMÉRICA
DEL SUR

ISLAS
MALVINAS (Br.)

Estrecho
de Magallanes

0   200   400   600   800   1,000 MILLAS

0   400   800   1,200   1,600 KILÓMETROS

TIERRA DEL FUEGO

⭐ Practiquemos

A. ¿Qué sabe Ud. de Buenos Aires? Para saber algo de la ciudad de Buenos Aires, busque Ud. en la segunda columna la terminación de las frases de la primera columna.

1. La segunda ciudad más grande de Sudamérica es...

   a. artículos de piel (*leather*) y probar el «bife» (*beef*).

2. Tiene una población de...

   b. el tango.

3. Los habitantes de esta ciudad se llaman...

   c. una de las ciudades más interesantes del mundo.

4. La gente joven de Buenos Aires habla...

   d. visitar «La Boca», un barrio italiano.

5. Buenos Aires es considerada...

   e. Buenos Aires, la capital de la Argentina.

6. Una gira turística debe...

   f. pocos edificios antiguos.

7. Si a Ud. le gustan barrios internacionales hay que...

   g. más de 10.000.000 de habitantes.

8. En esta zona nació el famoso baile...

   h. «porteños».

9. Por las muchas renovaciones, hay...

   i. un dialecto que se llama «lunfardo».

10. A los turistas les gusta comprar...

    j. comenzar en el corazón de la ciudad, la Plaza de Mayo.

B. El imperio (*empire*) de los incas. Arregle Ud. las frases siguientes en el orden apropiado para formar una lectura de tres párrafos sobre la civilización de los incas.

Párrafo 1

1. Eran una familia grande y poderosa (*powerful*) que venía de la región de Titicaca.

2. Los incas no eran una tribu (*tribe*).

3. El gran imperio de los incas fue fundado en el siglo XII.

Párrafo 2

1. En esta época de esplendor, la civilización de los incas era un modelo de la organización social.

2. En su apogeo (*height*), su dominio se extendía por los Andes desde el sur de Colombia hasta el norte de Chile y la Argentina, y su capital era Cuzco.

3. La sociedad estaba dividida en tres clases: la nobleza (*nobility*), el pueblo (*general population*) y los «yanacones», los servidores de los líderes.

Párrafo 3

1. Adoraban el Sol, la Luna y los fenómenos naturales.

2. Debilitado (*Weakened*) por una guerra civil, el imperio incaico fue destruido a principios del siglo XVI por Francisco Pizarro y sus soldados.

3. Su religión no era muy complicada.

Enfoque literario

Pablo Neruda

Pablo Neruda (Chile, 1904–1973) es considerado por muchos el mejor poeta del siglo XX. Fue diplomático en Asia, México y Europa. También fue una figura prominente en el movimiento comunista de Chile, y muchos de sus poemas reflejan su ideal marxista. Otros temas incluyen el indígena americano, la pobreza° y la injusticia   *poverty* social. Algunos de sus libros más populares son *Veinte poemas de amor y una canción desesperada, Residencia en la tierra, Odas elementales* y *Los versos del capitán.* En sus poemas de amor su estilo es fuerte y directo, como se puede ver en el poema siguiente.

Si tú me olvidas

Quiero que sepas
una cosa.

Tú sabes cómo es esto:
si miro
la luna de cristal, la rama° roja   *branch*
del lento otoño en mi ventana,
si toco
junto al fuego°   *fire*
la impalpable ceniza°   *ashes*
o el arrugado cuerpo de la leña,°   *firewood*
todo me lleva a ti,
como si todo lo que existe,
aromas, luz, metales,
fueran pequeños barcos que navegan
hacia las islas tuyas que me aguardan.°   *await me*

Ahora bien,
si poco a poco dejas de° quererme   *you stop*
dejaré de quererte poco a poco.

suddenly

Si de pronto°
me olvidas
no me busques,
que ya te habré olvidado.

Si consideras largo y loco

flags

el viento de banderas°
que pasa por mi vida
y te decides

shore
roots

a dejarme a la orilla°
del corazón en que tengo raíces,°
piensa
que en ese día,
a esa hora
levantaré los brazos
y saldrán mis raíces
a buscar otra tierra.

Pero
si cada día,
cada hora,
sientes que a mí estás destinada
con dulzura implacable,
si cada día sube
una flor a tus labios a buscarme,
ay amor mío, ay mía,
en mí todo ese fuego se repite,
en mí nada se apaga ni se olvida,

feeds on; my love

mi amor se nutre de° tu amor, amada,°
y mientras vivas estará en tus brazos
sin salir de los míos.

Es decir

Comprensión. Basándose en el poema, diga Ud. qué hará el poeta si su amada...

1. deja de quererlo.
2. lo olvida.
3. decide dejarlo a «la orilla del corazón».
4. siente que está destinada a él.

⭐ Practiquemos

A. El lenguaje literario

1. ¿Qué objetos de la naturaleza aparecen en este poema?
2. ¿Qué otras imágenes hay?
3. Traduzca Ud. los versos siguientes:
   a. *Quiero que sepas una cosa.*
   b. *...como si todo lo que existe... fueran pequeños barcos.*

B. Discusión

1. ¿Qué sentimientos relacionados con el amor están representados en el poema?
   a. la felicidad
   b. la soledad (*loneliness*)
   c. el amor no correspondido (*unrequited love*)
   d. el dolor
   e. la pasión
2. En sus propias palabras, explique el significado de este verso:
   ...la luna de cristal, la rama roja... todo me lleva a ti.

C. Reacción personal

1. Describa Ud. la actitud (*attitude*) del hombre. Si Ud. estuviera en su situación, ¿cómo reaccionaría?
2. ¿Qué otros poemas de amor conoce Ud.? ¿Qué sentimientos expresan? ¿Son similares a este poema? Explique.

 # Videocultura

Las madres de la Plaza de Mayo

ASOCIACION MADRES DE PLAZA DE MAYO

Juana de Pergament y Mercedes Meroño
(Las madres de la Plaza de Mayo)

En 1976, como resultado de un golpe militar°, Argentina empezó un período de terror y terrorismo durante el cual desaparecieron° más de 30.000 personas—gente inocente nombrada «subversivos» por el gobierno. Las madres de los desaparecidos° se unieron para protestar.

    Desde entonces, todos los jueves a las 3:00 de la tarde, las madres van a la Plaza de Mayo, frente a la Casa de Gobierno en la capital de Buenos Aires. Allí, con los pañuelos° blancos puestos y con fotos de sus hijos desaparecidos, ellas continúan su marcha, año tras año, protestando los actos de brutalidad cometidos por su propio gobierno.

military coup
disappeared
disappeared ones

kerchiefs

Para aprender más sobre la lucha por los derechos humanos de estas mujeres valientes, mire Ud. el video y haga las actividades que siguen.

Palabras útiles

la tesorera	*treasurer*
copar el poder	*to seize power*
la desaparición	*disappearance*
la guerra	*war*
rechazar	*to reject*
el enemigo	*enemy*
el arma	*weapon*
lograr	*to achieve*
el refugio	*shelter*
financiar	*to finance*
infatigable	*untiring*
la luchadora	*fighter (fem.)*
el premio	*prize*
los derechos humanos	*human rights*
la cárcel	*prison*

Es decir

A. ¿Juana o Mercedes? ¿A cuál de las madres se refieren las frases siguientes?

1. Su hijo desapareció.
2. Su hija desapareció.
3. Es rubia.
4. Es la tesorera de la organización.
5. Pide la cárcel para los asesinos de todos los hijos.

B. ¿Qué recuerda Ud.? Conteste Ud. las preguntas siguientes con frases completas.

1. ¿Cuándo estuvieron las madres en Boston?
2. ¿Para qué vinieron?
3. ¿Qué hicieron en Boston?
4. ¿Qué es Casa Myrna Vázquez?
5. ¿Para qué premio fueron nominadas las madres?
6. ¿Cómo financian su trabajo?

C. Nada de Guerra Sucia. En sus propias palabras, explique Ud. por qué las madres se oponen categóricamente al término «Guerra Sucia».

Practiquemos

A. Opiniones personales. Conteste Ud. las preguntas siguientes con frases completas.

1. ¿Qué piensa Ud. de las madres de la Plaza de Mayo? ¿Qué haría Ud. en su situación?
2. ¿Merecen las madres el Premio Nóbel de la paz? ¿Por qué sí o por qué no?
3. ¿Ha perdido Ud. alguna vez sus derechos? Explique.

B. La represión. En grupos, contesten las preguntas siguientes.

1. ¿En qué consiste la represión?
2. ¿Cuáles son ejemplos de gobiernos represivos?
3. ¿Existe la represión en los EE.UU.? Explique.
4. ¿Deben los EE.UU. intervenir en casos de gobiernos represivos?
5. ¿Qué organizaciones existen para proteger los derechos humanos? ¿Cómo funcionan estas organizaciones?

Inca Son

El grupo musical «Inca Son»

César Villalobos es el fundador y director del grupo musical Inca Son. Su música refleja los sonidos misteriosos de los Andes y muestra un profundo respeto por la naturaleza.

Para escuchar los sonidos mágicos de Inca Son, mire Ud. el video y haga los ejercicios que siguen.

Palabras útiles

andino	*Andean*
enriquecer	*to enrich*
incaica	*Incan*
alrededor	*around*
en la actualidad	*in the present, now*

Es decir

A. ¿Cierto o falso? Basándose en el video, diga Ud. si las frases son ciertas o falsas. Si son falsas, corríjalas.

1. César Villalobos es de Lima, Perú.
2. Vino a los EE.UU. para estudiar la música norteamericana.
3. Todos los músicos en su grupo son peruanos.
4. César usa instrumentos europeos.
5. El grupo toca música y también baila.
6. Todos se visten de auténticos trajes aztecas.

B. ¿Qué sabe Ud. de la música andina? Con la ayuda del video y de las pistas (clues) siguientes, identifique los instrumentos musicales.

quena: se parece a la flauta
charango: es un instrumento de cuerda
laquita: tiene varias partes de diferentes tamaños
tambor: es un instrumento de percusión

1.
2.
3.
4.

Practiquemos

A. Instrumentos regionales. Ahora que ha oído la música de varias partes del mundo hispánico, y ha visto el baile y los instrumentos, nombre Ud...

1. dos instrumentos que se usan para tocar la música española.
2. tres instrumentos que se usan para tocar la música hispanocaribeña.
3. cuatro instrumentos que se usan para tocar la música andina.

B. Música regional. Después de ver los videos que acompañan *Así es,* nombre Ud. dos características de la música o el baile de...

1. España.
2. Puerto Rico.
3. México.
4. los Andes.

 # Appendix A

English translations of dialogues

The following are English translations of the dialogues contained in the lessons. Although students should be able to understand all of the dialogues with the help of the lesson vocabulary and by the context, the translations may be helpful on occasion. It is hoped that students will not be encouraged to use this section.

Sección 2

Un encuentro entre amigos (*A meeting among friends*)[1]

MARGARITA	Inés, hi!
INÉS	Hello, Margarita. How are you?
MARGARITA	I'm fine, thanks. And you?
INÉS	Well, I'm okay.
MARGARITA	How nice. Look, I want to introduce you to a friend . . .
CARLOS	It's a pleasure. I'm Carlos.
INÉS	Delighted. My name is Inés.

And later on . . .

MARGARITA	Bye! Regards to your family.
INÉS	Thanks. You too.
CARLOS	Bye, Inés.
INÉS	Bye, Carlos. Nice meeting you.

Sección 2

El nuevo empleado (*The new employee*)[2]

MR. ORDÓÑEZ	Good morning, Miss Pérez.
MISS PÉREZ	Good morning, Mr. Ordóñez.
MR. ORDÓÑEZ	Mr. Sierra, I want to introduce you to Miss Elba Pérez, our director of the sales department.
MR. SIERRA	It's a pleasure, Miss Pérez.
MISS PÉREZ	The pleasure is mine.

---

[1] The Spanish version of this dialogue appears on p. 18.
[2] The Spanish version of this dialogue appears on pp. 19–20.

And later on . . .

Mr. Ordóñez	Well, I think that's all for now, no?
Mr. Sierra	Yes, everything is very clear.
Mr. Ordóñez	Good, then see you later.
Miss Pérez	See you later, Mr. Ordóñez.
Mr. Sierra	Good-bye and thanks for everything.
Miss Pérez	You're welcome. Welcome to our company—and good luck.
Mr. Sierra	Thanks.

Lección 1

Saludos y presentaciones (*Greetings and Introductions*)[1]

Antonio	Excuse me, miss, is this the class of . . . ? But, Catalina . . . Hi . . . What are you doing here? In a pre-med class? I don't understand.
Catalina	It's simple, Antonio. I need the class for my career in medicine.
Antonio	You study medicine? What a coincidence. I do, too! Well, look, Catalina . . .
Catalina	One moment, please, Antonio . . . let me introduce you to my friend, Alicia Fonseca. Alicia, Antonio Mendoza.
Antonio	Delighted, Alicia.
Alicia	Same here, Antonio.
Catalina	Today is Alicia's birthday, you know?
Antonio	Congratulations, Alicia.
Catalina	It's time for class. Let's go.
Antonio	(*Antonio bumps into the professor*). Oh, excuse me.
Professor	It's nothing . . .

Uds. los actores

Antonio	Alicia, after class why don't we go to the cafeteria to have coffee?
Alicia	Thanks, but I just had coffee. And I need to work at three o'clock today.
Antonio	Where do you work? What do you do?
Alicia	I work in the library for Professor Sopeña. I look for books and prepare lists of articles.

---

[1]The Spanish version of this dialogue appears on pp. 54–55.

ANTONIO	And tomorrow?
ALICIA	Tomorrow, yes. At ten sharp in the cafeteria.

Lección 2

Sí, yo sé la respuesta (*Yes, I know the answer*)[1]

ANTONIO	It's my second day of class and I don't understand any English.
JUAN	Well, in only two days you're not going to understand much. But, what do you think of the professor?
BLAS	I think she's not a bad language professor, but she should speak slower.
ANTONIO	And also she should review all the difficult words.
BLAS	I'm worried about not being able to speak the English language well. I'm shy and I don't like to speak in front of the class. I prefer chemistry and math because I don't need to speak in class. The professor in this class always makes me speak.
JUAN	You, shy? Impossible! Besides, it's necessary to speak a lot and to participate if you want to learn a language. I think that the professor is very good. She is going to help us a lot. And at least in comprehension I'm going to receive a good grade because I already understand everything she says.
ANTONIO	We'll talk later. The professor is coming now.
PROFESSOR	Good morning, or as they say in English, *Good morning class*. Today we begin on page two of the reading book. Laura will begin to read.
LAURA	There's a sentence that I don't know how to read.
PROFESSOR	Okay, let's all open our books to the first lesson and I'm going to pronounce that sentence.
(and later)	
PROFESSOR	That's all for today. You should study the verbs *to be* and *to do* for tomorrow because there is a test.

Uds. los actores

and later in the cafeteria . . .

JUAN	Well, what will you have?
BLAS	A big delicious sandwich, a cold lemonade, and french fries.

---

[1]The Spanish version of this dialogue appears on pp. 80–81.

| ANTONIO | Are you crazy? You just ate a big sandwich. It's not good to eat so much. |
| BLAS | I know. But, since the food in the cafeteria is so delicious, why not? |

Lección 3

En la agencia de empleos (*At the employment agency*)[1]

SECRETARY	Very well. Thank you. Alicia Jurado?
ALICIA	That's me, Miss.
SECRETARY	Please go over to that desk. Mr. Ruiz well help you.
ALICIA	Thank you. Good morning, Sir.
MR. RUIZ	Good morning, Miss . . .
ALICIA	Jurado. Alicia Jurado.
MR. RUIZ	Have a seat, please. How can I help you?
ALICIA	Well, I'm here because of the ad that you have today in the newspaper.
MR. RUIZ	Which one, Miss? This is a very large agency and we have several ads in the paper today.
ALICIA	Of course. It's for the position of computer programmer for Quimex Labs.
MR. RUIZ	Oh, yes! An excellent job, with a great future.
ALICIA	That is exactly what interests me, the possibility of getting ahead and of earning a good salary.
MR. RUIZ	Is that why you want to leave your current job?
ALICIA	Yes sir, I have been working there for five years now and I have not had a single promotion.
MR. RUIZ	Can it be because you are not well qualified?

Uds. los actores

ALICA	No Sir! I am very well qualified, as you can see on my application. I also speak, write, and read English perfectly.
MR. RUIZ	Of course. That's something very important in your favor and it's essential for this position. Quimex has many commercial connections in the U.S. Why don't we make an appointment for an interview with them?
ALICIA	Very well, thank you.

---

[1]The Spanish version of this dialogue appears on pp. 104–105.

Lección 4

Te invito a comer (*I invite you to dine*)[1]

ROSA	Carla, I want to invite you to my house tomorrow. My whole family is going to be there. Can you come?
CARLA	Yes, thank you. I'd like to meet your parents.
ROSA	Also my younger brother and my sister will be there. My older brother won't be because he's at the university.
CARLA	What a shame. They tell me he's very handsome.
ROSA	Don't worry. A cousin who also is (looks) very handsome will be there. You'll love him!
CARLA	What time is the reunion?
ROSA	At twelve, for lunch.
CARLA	What time does your cousin arrive?
ROSA	I think around eleven.
CARLA	Well, I'll also be there at eleven!

Uds. los actores

ROSA	Listen, Carla, you know where I live, don't you? I think you know the López family, who also lives on my street.
CARLA	Yes, yes. That is, I know their daughter, Berta. But I don't know how to get to their house.
ROSA	Look, I'll make you a map. Okay?
CARLA	Perfect. Well, I'm going to go to class. See you later.
ROSA	Bye.

Lección 5

Hogar, dulce hogar (*Home, sweet home*)[2]

ROSA	I can't believe it. What a great renovation!
ANA	Come with me. I want to show you the whole renovation.

They enter the den . . .

ROSA	I like this den. And it has a great stereo with a compact disc player and a color television. How comfortable!

[1]The Spanish version of this dialogue appears on p. 155.
[2]The Spanish version of this dialogue appears on pp. 181–182.

They pass by the bathroom . . .

ANA	Look. This is the small bathroom. It only has a shower, but the other has a bathtub and a jacuzzi and a very large mirror.
ROSA	I'd like to see your bedroom.

They go to Ana's room . . .

ANA	As you see, it's not very big, but I think that it is pretty. It has a closet where I keep all my things, and my double bed is very comfortable. I want a waterbed but mom says no. And here at this desk I do my work from class, of course, when I'm not gossiping on the phone with you.

Uds. los actores

ROSA	I like the skylight in the ceiling. Listen, I want to ask something. Can we go to the kitchen? I'm dying of hunger.
ANA	Yes, of course. But I also have to ask something of you. You shouldn't let me eat anything. I'm following a very strict diet. Now, what shall I serve you? (*They go to the kitchen.*)

Lección 6

Hablando por teléfono (*Talking on the telephone*)[1]

A date by phone

JULIO	Hello, Paula?
PAULA	Yes. Who is it?
JULIO	It's me, Julio.
PAULA	Ah, Julio. How are you?
JULIO	Fine . . . Listen, what are you doing now?
PAULA	Right now? Nothing.
JULIO	Then, why don't we go to the movies? There is a good Carlos Saura movie at the Colón theatre.
PAULA	Oh, yes? What's it about?
JULIO	It's called *Bewitched Love* and it has music and Flamenco dancing.
PAULA	It seems interesting. At what time is it?
JULIO	At seven. I'll come by for you in half an hour and that way we can get a drink, okay?
PAULA	Perfect! I'll wait for you.
JULIO	Well, see you. Bye.

---

[1]The Spanish version of this dialogue appears on pp. 208–209.

May I leave a message?[1]

GENTLEMAN 1	Hello . . .
GENTLEMAN 2	Good morning. Is Mrs. Prado home?
GENTLEMAN 1	Who's calling?
GENTLEMAN 2	I'm calling from the Atlas Insurance Company and I urgently need to speak with Mrs. Prado.
GENTLEMAN 1	I'm her husband. What do you need her for?
GENTLEMAN 2	It's for the computer programmer position that she has applied for.
GENTLEMAN 1	Oh yes! The problem is that my wife isn't here right now.
GENTLEMAN 2	Can you give her the message? She has to come to our offices today, before three o'clock.
GENTLEMAN 1	No problem, sir. She'll be back in an hour. I'll tell her to get in touch with you.
GENTLEMAN 2	Thank you very much. Good-bye.
GENTLEMAN 1	Thank you.

Wrong number

JUANA	Hello Rosa?
MARÍA	No, it's María.
JUANA	Is Rosa there?
MARÍA	What Rosa? There's no Rosa living here.
JUANA	What? Isn't this 25–60–40?
MARÍA	No, ma'am, you have the wrong number.
JUANA	Well, I'm sorry and thank you.
MARÍA	It's alright.

Uds. los actores

(*Enter José, María's husband*)

JOSÉ	Who called?
MARÍA	Well, it was a wrong number. But it's the third time this week that someone calls us looking for Rosa. The first time it didn't bother me, nor the second time. But now I think that we should change our telephone number. What do you think?
JOSÉ	It happened to me too, four times. For that reason, this morning I called the telephone company and they are going to change our number tomorrow.

---

[1]The Spanish version of this dialogue appears on pp. 209–210.

Lección 7

Platos raros (*Strange dishes*)[1]

WAITER	The gentleman is North American?
JOHN	Yes, I'm North American.
WAITER	If you allow me, I would like to recommend something. It is the specialty of our cook and besides, it's the favorite dish of North Americans. It's this one . . . the tropical rice special. You choose the ingredients and we make it as you request. There are twenty-two ingredients to choose from. It's a delicious dish.
HUSBAND	A sensational idea . . . don't you think, John?
JOHN	Yes . . . But I don't know what all of these things are.
WIFE	It's true. We have to help you.
WAITER	Well . . . I can come back later. Alright?
JOHN	Well, I know what onions, garlic, tomatoes, garbanzo beans, and chili peppers are. But what are **aceitunas**?
HUSBAND	Aceitunas are the fruit of the olive tree. They are green, about this size and are sometimes stuffed with pimentos.
JOHN	Of course . . . Olives . . . Like the word **aceite** for olive oil.
HUSBAND	Exactly.
JOHN	Let's see . . . What else? Peas, string beans, kidney beans, mushrooms, corn, lentils . . . Ummm. I like them all.
HUSBAND	Don't they put meat in the rice?
WIFE	I don't know. It's not on the menu.
HUSBAND	The menu doesn't include meats?
WAITER	Yes, it's because our cook prefers to cook without meat—it's better for one's health—but if you want meat, we have beef, chicken, fish, and various types of shellfish.
JOHN	I prefer it without meat anway.
PILAR	I want two pies. One with cheese and almonds and the other with walnuts with creamed carrots.
WAITER	Very good.
WIFE	For me, the stuffed pineapple, please.
WAITER	Very well. And the gentleman is going to try the rice?

---

[1]The Spanish version of this dialogue appears on pp. 254–256.

John	Yes, for me the rice. And here I have the list . . . olives, onions, garlic, tomatoes, beans . . .

Uds. los actores

John	I want to thank you very much. I loved the rice and I liked the restaurant a lot.
Wife	Yes, yes. It seems to be a very pleasant place. We came here in December to celebrate Pilar's birthday. She ordered the rice also, with fifteen ingredients, and didn't manage to finish it. Isn't that right, Pilar?
Pilar	Mom, please. John isn't interested in listening to those things.

Lección 8

Comprando comida (*Buying food*)[1]

Fruits and vegetables

Woman	Well, we already have pears and apples. What else should we get?
Man	Oranges and bananas. You know how much the kids like them.
Woman	The bananas don't look too good. It's better to get oranges and grapes.
Man	Fine. Ma'am, please give us ten oranges and two kilos of grapes.
Clerk	Of course. Do you want vegetables also?
Woman	Yes. A head of lettuce, two cucumbers, a kilo of tomatoes, half a kilo of onions, and two kilos of potatoes. Anything else?
Man	I think that's all we need, isn't it? Please, put it all together. We'll return to pick it up in fifteen minutes.
Clerk	Yes, sir. Everything will be ready here.

At the bakery

Clerk	Good afternoon. I have here everything that you ordered. Three liters of milk, half a kilo of butter, half a kilo of domestic cheese and two loaves of bread.
Woman	We also need eggs.
Clerk	How many do you want?

---

[1]The Spanish version of this dialogue appears on pp. 277–278.

WOMAN	Two dozen.
CLERK	Here. Okay, with the eggs it's 10,500 pesos.
MAN	Here you go and thank you.
CLERK	Thank you. Until next Sunday, right?
WOMAN	That's right. One has to eat, doesn't one?

Uds. los actores

CLERK	Yes, of course, one must eat. But nowadays everyone eats fast food. When I was young, my mom would prepare a large dinner every day, and we would spend an hour at the table eating and chatting.
WOMAN	Yes. You're right. Yesterday for lunch I only had an orange and some cookies because I had to be in Monterrey at 3:00 for a meeting.
MAN	And I didn't eat lunch either. I had a soft drink at 3:00, but nothing else.

Lección 9

Comprando ropa (*Buying clothing*)[1]

Women's clothing

CLERK	How may I help you?
WOMAN 1	I'm looking for a sweater; something not very formal.
CLERK	Do you prefer any special color?
WOMAN 1	It can be blue, but not very dark.
CLERK	We have various styles and all very lovely. I'll show them to you right away. Try this one on first.
WOMAN 1	What do you think?
WOMAN 2	It fits you perfectly. Very pretty.
WOMAN 1	I don't know. While I decide, why don't you ask for what you want?
WOMAN 2	Fine. Miss, I would like a blouse, a skirt, stockings, and a belt.
CLERK	There's no problem; we have everything. Follow me, please.

Men's clothing

CLERK	These jackets are of very good quality. Would you like to try another?

---

[1]The Spanish version of this dialogue appears on pp. 299–301.

MAN	Yes, a bigger one because this one is not my size.
CLERK	Let's see . . . Yes, here is another. Let's see if it fits you.
MAN	I don't know. It's a little uncomfortable. It's too tight here in the shoulders. Besides, the color is too loud.
CLERK	Try this one. Do you like it?
MAN	No, not this one either. Look, I'm going to look in other stores and if I don't find anything, I'll come back.
CLERK	Of course, sir. We'll wait for you.

Uds. los actores

In another clothing store

CLERK	Are you looking for something special?
MAN	Yes. I want to buy a jacket.
CLERK	Well, we have a very large selection. Sit down and I'll show you some of the latest styles.

The clerk returns with three jackets.

CLERK	We have this woolen one, this brown leather one, and another gray cotton one.
MAN	Oh, I like this last one a lot. I want to try it on. (*He tries it on*). No, I don't like it. It's very big on me.
CLERK	Well, take it off and put this one on.
MAN	Yes, yes. Much better. I'll buy it.

Lección 10

Un viaje en avión (*A plane trip*)[1]

Where are we going?

WOMAN	What we want is an inexpensive vacation for two weeks. We don't have any more time than that . . . unfortunately.
AGENT	Well, this summer, trips to Spain are very inexpensive. You could go to Andalucía.
MAN	Andalucía, eh? Ummm, that sounds interesting. What do you think?
WOMAN	It would be fantastic! Imagine: Sevilla, Granada, Córdoba! But it all depends on the price, right?

[1]The Spanish version of this dialogue appears on pp. 341–343.

AGENT	A real bargain, ma'am! With this package you can visit those three cities and also Málaga.
MAN	And what else does this package include?
AGENT	Besides the ticket, hotel and two meals a day. A bargain, isn't it?
MAN	Truthfully, yes. Prepare our tickets!
AGENT	When do you want to travel?
WOMAN	In two weeks. Do you have anything for January 15th, returning on the 30th, more or less?
AGENT	Let's see. Yes, there's no problem. Tomorrow I'll send you the tickets and all the information about your trip.
MAN/WOMAN	Good afternoon. Thank you.
AGENT	See you later.

Before boarding the plane

YOUNG WOMAN	Passports and tickets, please.
MAN	Here they are. Tell me, is the flight on time?
YOUNG WOMAN	Yes, sir. The plane will leave at ten sharp. Do you have luggage?
WOMAN	One suitcase for each of us, nothing else.
YOUNG WOMAN	Write your name and address on these cards and put them on your suitcases. Also on your hand luggage, please.
MAN	We want seats in the no smoking section.
YOUNG WOMAN	Of course. Do you want window or aisle?
WOMAN	Window, but not very far back.
YOUNG WOMAN	Here you are. Go to gate 27 and have your boarding pass ready. Have a good trip!
MAN/WOMAN	Thank you. Good-bye.

Uds. los actores

MAN	Finally. Two weeks of vacation. But what shall we do first?
WOMAN	It's important that we go directly to the hotel. I'm very tired. But it's not easy to find an available taxi.
MAN	It's likely that we'll find one here, near the main entrance of the airport. It's better that we wait here and be patient.
WOMAN	Look. Here come two taxis. It's certain that one can take us to the hotel. I really need to lie down a while before seeing the sights.

Lección 11

Se nos fue el tren (*The train left us*)[1]

MAN	Oh my goodness! The train? Where's the train?
WOMAN	I don't know. Perhaps this isn't the platform.
MAN	The train left with all our luggage. And now what do we do?
WOMAN	Let's go to Information. Perhaps there's another train in a couple of hours.
MAN	Yes, let's go quickly.

(*They find an employee*)

MAN	Sir, please, you have to help us! We've missed our train and . . .
EMPLOYEE	Calm down, sir. Tell me, what is your problem?
WOMAN	Well, we got off the train for a while to have a cold drink and stretch our legs, and when we returned the train wasn't here anymore.
MAN	Please look to see if there's another train to Monterrey today.
EMPLOYEE	Let me see, one moment . . . I'm sorry, but there are no more trains to Monterrey today.
WOMAN	It can't be! Sir, please, do something! We can't be here all night.
EMPLOYEE	I don't see any other solution. Hmmm, unless . . .
MAN	Unless what? Tell us. We're willing to do anything provided that we arrive at Monterrey today.
EMPLOYEE	Okay, but it's a little complicated.
WOMAN	It doesn't matter.
EMPLOYEE	Look, there's a train that leaves for León within an hour, at eleven sharp. There you can take another for Torreón, and from there travel to Monterrey by bus.
MAN	Is the connection in León fast?
EMPLOYEE	You have to wait an hour and a half.
WOMAN	And there we have to get a bus for Monterrey . . . ? Oh my, what a problem.
EMPLOYEE	It's the only solution if you want to arrive tonight.
WOMAN	Well, there's no other way, right?

[1]The Spanish version of this dialogue appears on pp. 364–366.

Man	Yes, we have no other solution. Where can we buy the tickets?
Employee	At any ticket window.
Woman	Thank you very much for your help.
Man	Yes, you've been very kind.
Employee	You're welcome. Good luck and good trip!

Uds. los actores

(After boarding the train)

Woman	I'm happy that we can go to Monterrey today, but I hope that the train arrives on time.
Man	Yes. I think that everything's alright now. But I recommend that we stay on the train at the next station. I don't want to miss this train. And besides, I doubt that there's another solution to the problem of getting to Monterrey today.
Woman	Yes, I'm sorry that we have to go to our destination in such a complicated way, but this way we can see León.
Man	Oh no!

Lección 12

En el hotel (*In the hotel*)[1]

Man	Good morning, miss. We want a room.
Receptionist	Good morning. Do you have a reservation?
Man	No, but I hope that that's not a problem.
Receptionist	Not at all. What type of room do you want?
Woman	A double, with a bathroom and if possible, a view of the sea.
Receptionist	Do you prefer it on the first floor or higher?
Woman	It's all the same to me. You choose.
Man	Well, I prefer higher.
Receptionist	How's the fifth floor?
Man	Fine. How much does the room cost?
Receptionist	Ten thousand pesetas per night with breakfast included. If you want, you can also have lunch and dinner here.
Woman	No, thank you. Only breakfast.
Receptionist	How long do you plan to stay with us?

---

[1]The Spanish version of this dialogue appears on pp. 385–387.

MAN	We're not sure; possibly a week.
RECEPTIONIST	Very well. Give me your passports please, and fill out this card. The bellboy will help you with your luggage. Pedro, please accompany these people to room 504.

(He gives the passports to the receptionist)

MAN	Here you are.
RECEPTIONIST	At your service. Anything you may need, you can call the reception desk directly.
WOMAN	Thank you.

A change of room

WOMAN	Oh, it's so hot, I'm going to turn on the air conditioner. (*And later . . .*) I tried several times but this machine doesn't work.
MAN	Then call the reception desk and ask them to give us another room.
WOMAN	Hello miss? I'm calling from room 504. Yes, there's a small problem; the air conditioner doesn't work and we want to change our room. Yes, the same floor is fine. Thank you. (*To her husband*) She says that the bellboy is coming up now to take us to the room next door.

Uds. los actores

WOMAN	Well, let's rest and later let's go out to get to know the city. I want to eat a paella that is genuinely Spanish. Also, I want to find a discotheque where Spaniards go and not just tourists. I don't know anyone who lives here and I want to know what the people are like.
MAN	I know a man who is Spanish and works with me, but since he doesn't live in Spain any longer, he doesn't know what it's like.

Lección 13

La salud (*Health*)[1]

An appointment with the doctor

(The telephone rings)

NURSE	Good morning, Doctor Silva's office.
WOMAN	Good morning, miss. This is Mrs. Pineda. I would like to make another appointment with the doctor as soon as possible.

---

[1]The Spanish version of this dialogue appears on pp. 428–430.

NURSE	Is it anything urgent? Do you want the appointment for today?
WOMAN	Yes, please. It's for my son Pablito, the youngest.
NURSE	Can you tell me what's wrong with him?
WOMAN	Well, his fever won't go away . . . He has been taking the pills that the doctor prescribed him for a few days now, but nothing.
NURSE	Yes, I have his file here. Any other problem?
WOMAN	He has no energy and he's very pale.
NURSE	Okay. Can you bring him this afternoon at two o'clock?
WOMAN	Can't I bring him right now?
NURSE	I'm sorry, but the doctor isn't here. They called her from the hospital for an emergency and she won't arrive until two.
WOMAN	Okay. Should I call beforehand to confirm?
NURSE	No. It's not necessary. The doctor will be here.
WOMAN	Okay. Thank you.
NURSE	See you later, Mrs. Pineda.
WOMAN	Good-bye.

In the doctor's office

DOCTOR	(*To Pablo*) First we're going to take your temperature. Let's see. Open your mouth wide and keep the thermometer under your tongue. That's it. Very good. (*To the woman*) How is Pablito's appetite?
WOMAN	He's eating very little, doctor. Only soup and fruit. I'm very worried.
DOCTOR	Don't worry. That's enough. Well, now let's see that fever. Hmmmm. (*To Pablo*) Yes, you have a fever, but very little, scarcely a few tenths. Let's see. Unbutton your shirt, I want to check your chest. Breathe deeply. That's it. Very good. Now let's check your throat. Open your mouth and stick out your tongue. Say ahhh! Good, now you can button your shirt. (*To the woman*) He doesn't have anything serious. His chest is congested and his throat is a little inflamed, but that's all.
WOMAN	Shall I continue to give him the same pills?
DOCTOR	No, not any longer. I'm going to prescribe an antibiotic for him.

Uds. los actores

WOMAN	Very good. The truth is that I have been very worried. That's why we've come today to your office. I knew that Pablito needed another type of medicine.

DOCTOR	Yes. I've seen two of the same cases today. With the antibiotic Pablito is going to feel a lot better. Go to the pharmacy and give the pharmacist the prescription. And . . . don't worry. These illnesses are easily cured.

Lección 14

El mundo de los deportes (*The world of sports*)[1]

What a great game!

RICARDO	What a great game, isn't it? The Pumas won again. Did you see how well they played? If they keep this up they're going to win the championship.
MARCOS	I think you're exaggerating. They have a good team, but America is better and is in first place.
RICARDO	America better than the Pumas? You don't know what you're saying. America lost yesterday against Guadalajara.
MARCOS	That's true. But they played without their best player because he was injured. But with him they haven't lost a single game in the entire season.
RICARDO	Well, I insist that the Pumas will be the champions this year.
MARCOS	We'll see about that. Next Sunday they face America and then we'll see who the champion is.
RICARDO	Look, if America wins, I'll treat you to the movies and dinner.
MARCOS	And if the Pumas win, it's my treat.
RICARDO	Is it a deal?
MARCOS	Deal!

Future champions?

REPORTER	Your team looks very good. Are the girls ready for their next match?
COACH	We still have to practice a few plays. But physically the girls are very well prepared. Yesterday they dedicated themselves to doing exercises all afternoon.
REPORTER	And how do they feel mentally?
COACH	Very optimistic. They know that if we win, we go on to the finals.
REPORTER	This year you have had a lot of successes. However, last year was a failure. What happened?

[1]The Spanish version of this dialogue appears on pp. 450–452.

COACH	Last year we had a new team and the girls needed a little more experience.
REPORTER	Do you think they will win the championship?
COACH	First we have to win the next game.
REPORTER	Well, we wish you a lot of luck. Saturday we will all be there to support our girls. Thank you for your time.
COACH	Thank you. Good-bye. Come on girls, we have to continue practicing.
REPORTER	In the wide world of sports, Jorge Arrespite.

Uds. los actores

And off camera . . .

REPORTER	Listen, one more thing. I want to watch your practice. Until what time will you be here?
COACH	Well, the girls will practice until they know all the new plays well. As soon as they learn them, they'll be able to go rest.
REPORTER	Then I'll come back before practice is over. See you soon.

Lección 15

Un día de recreo en El Bosque
(*A day of recreation in El Bosque*)[1]

REPORTER	Good afternoon to all you home viewers, and welcome to another segment of our program, "Life in the Great Outdoors." Today, Sunday, April 15, we are in the El Bosque Park to show you how the inhabitants of our city relax and have fun after an intense week of work. Let's go directly to the lake. Here, as you can see, many are the things that one can do, like this couple who is fishing, or that family boating. You can also swim, but today, even though it's a sunny day, a chill can still be felt, since it's only April. Well, let's go on over there and see what we find. There's an odd couple: he's riding a bicycle and she's running. Kids, can I ask you a question?
GIRL	Of course. Go ahead.
REPORTER	Do you run every day?
GIRL	No sir, I don't have the time. I only come to run on weekends.
REPORTER	And you?

---

[1]The Spanish version of this dialogue appears on pp. 470–472.

Boy	Me too. Only Saturdays and Sundays.
Reporter	And you don't like to run?
Boy	No. I prefer to ride a bicycle; it's more fun.
Girl	But running is better exercise . . .
Reporter	Good-bye! Thank you . . . Well, at least they know how to have fun together, don't they? But let's continue . . . As you can see, there is a lot of activity. But not everyone comes to exercise. There are a lot of people who only come to rest and spend some quiet time. There you have, for example, that boy reading, those kids playing music, and that woman who has come to take a nap. But there are other forms of having fun, like that couple. What a romantic sight, wouldn't you say? Friends, the afternoon is still young; don't stay home, take advantage of this beautiful day and come to El Bosque alone or with your families to spend a pleasant time. And we'll say good-bye until next Sunday, when we will bring you another segment of "Life in the Great Outdoors." Until then.

Uds. los actores

(*The reporter talks with his director . . .*)

Reporter	Well, how did the segment go?
Director	I wanted you to talk to more people and for more time.
Reporter	I wanted to talk to the young couple more, but I was afraid that they would continue their argument about which activity is better. I didn't like that they behaved so badly on television.
Director	Yes, yes. You're right. It was necessary for you to end the interview quickly.

Lección 16

Preparativos para la boda (*Preparations for the wedding*)[1]

Elena	Only two weeks left until our wedding and there is still so much to do. This is crazy! I don't understand why we have to have such a big wedding.
Mom	Don't worry, dear. Everything is going to turn out very well.
Elena	It's just that I feel so nervous, especially about the reception. Dad, did you arrange for the orchestra?
Dad	Yes, dear, that's already resolved. I've hired a very good band. They play everything, traditional music for us, the old folks, and modern music for you.

[1]The Spanish version of this dialogue appears on pp. 510–511.

ARTURO	A perfect combination. And how's the food going?
MOM	That is also all set. We'll serve the food on the patio and we're going to decorate everything very nicely.
ELENA	Boy! All we would need is for it to rain that day.
ARTURO	Elena, please, don't be so pessimistic. You'll see that it will be a beautifully sunny day.
ELENA	I hope so! They say that it's bad luck to get married when it rains.
DAD	Nonsense! Your mother and I got married in the rain and look . . . still together and happy!
ARTURO	Rain or shine, we're also going to be happy, right, my love?

Uds. los actores

ELENA	Anyway, I would like it to be a sunny day. It's a very special day for us and it only happens once in a lifetime.
ARTURO	Yes, but don't forget something. If it were to rain, we could eat inside. It's not such a big deal. Sweetheart, you have to be calmer.
MOM	Arturo is right. You talk as if you were a 10-year-old. It would be much better if you would calm down and make an effort to enjoy this special experience.

Lección 17

La riña (*The argument*)[1]

PILAR	Hi! I've seen an adorable house near the law school.
CARLOS	Why do you want a house near the law school if we've already found one near my work?
PILAR	You only think about yourself and you never remember what I want to do.
CARLOS	Don't start complaining. You already know that your duty is to be a housewife and let me do my work.
PILAR	What do you want to subject me to? To be pregnant, give birth, raise children, and be your obedient housewife?
CARLOS	No, it's not that. But femininity obliges one to fulfill a role in the home, like taking care of the children.
PILAR	Carlos, I don't believe what I'm hearing. You're not the same Carlos that I fell in love with. Everything you say is a macho myth. You're trying to get me to be passive, submissive, and obedient.

[1]The Spanish version of this dialogue appears on pp. 532–534.

CARLOS	But the masculinity of the male requires that his wife be at home doing the household chores.
PILAR	You're crazy. You get your ideas from the Middle Ages. I'm very sociable and I like to work and if you're planning to dominate the marriage, we'll end up with a divorce.
CARLOS	Pilar, don't provoke useless arguments because getting angry brings bad consequences.
PILAR	I only want to make my ideas clear and I don't want you to get angry, because if you want to marry me, we have to reach an agreement.
CARLOS	I will be flexible if you fulfill your duties and don't forget your maternal instincts.
PILAR	Well of course I won't forget my duties. There are very easy solutions, for example, day-care centers for the children. That way I can continue studying and later work without a problem. But you shouldn't forget your paternal instincts either—those of a modern, liberal, and liberated man. You will help me with the children and with the housework 50/50.
CARLOS	It's a deal. But listen, another thing. You know that I'm a little jealous. Promise me that you won't be a flirt at work.
PILAR	Don't be stupid. You're the only man I love. Besides, with studies, children, and work, I won't have time or energy to look at other men.
CARLOS	Okay, my love, and now . . . Where do you say that house is?

Uds. los actores

PILAR	Great! The good thing is that it's fairly large but the price is very reasonable. There are three bedrooms, one small and two large, and two bathrooms. Mine is blue, with an enormous bathtub, and yours is white and grey with a new shower.
CARLOS	The certain thing is that yes, you need your own bathroom. I'm going to call José, a friend of mine who's a real estate agent. He'll be able to help us.

Lección 18

A bailar (*Let's dance*)[1]

GRACIELA	What a fun party, Ramiro!
RAMIRO	Thanks. You haven't stopped dancing for a minute.
GRACIELA	It's because I love this music.

---

[1]The Spanish version of this dialogue appears on pp. 550–552.

JOSÉ	Listen, your records are great.
RAMIRO	Gonzalo, a friend of mine from the university, brought them. Have you met him yet?
GRACIELA/JOSÉ	No, not yet.
RAMIRO	No? You'll love him. Look, there he is. Gonzalo, come here for a minute. I want to introduce you to some good friends . . . Graciela . . .
GRACIELA	Delighted.
RAMIRO	José.
GONZALO	A pleasure.
JOSÉ	Pleased to meet you.
RAMIRO	Excuse me. I want to go to the kitchen for more refreshments. José, will you help me?
JOSÉ	Yes, of course.

(*José and Ramiro leave.*)

GRACIELA	Ramiro told us that you study with him at the university.
GONZALO	Yes, we're together in a psychology class. Do you study?
GRACIELA	No, I work. I have been teaching in an elementary school for a year.
GONZALO	It must be a very interesting job.
GRACIELA	And difficult.
GONZALO	I can imagine.
GRACIELA	This record that they're playing now is yours, isn't it?
GONZALO	Yes. Do you like it?
GRACIELA	Yes. I like this type of music very much, especially to dance to.
GONZALO	Of course. Then, why don't we dance?
GRACIELA	Great idea. Let's go!

(*Gonzalo and Graciela begin to dance. Meanwhile, Pablo, another guest, sees a friend.*)

PABLO	María, how nice to see you! I thought you were in the capital.
MARÍA	I got back this morning. I found Ramiro's invitation and here I am.
PABLO	You just arrived at the party, right?
MARÍA	Yes, a few minutes ago. How is the party?
PABLO	As you see, fabulous. Would you like to help yourself to a little wine?

MARÍA	Not now, thank you. First I want to greet Ramiro.
PABLO	I'm going to continue dancing.
RAMIRO	Excuse me. A moment of your attention, please. I propose a toast in honor of our dear friends, Carlota and Ramón. Come here, please. I don't know how many of you already know the news that Carlota and Ramón are getting married. Let's toast to the happiness of the bride and groom. To their health, and may they be very happy!
ALL	Cheers!

Uds. los actores

(*Carlota and Ramón look at each other and kiss each other*)

CARLOTA	Thank you, our dear friends. The truth is that I have always dreamed about meeting a man like Ramón. And, last year right here at one of Ramiro's parties, we saw each other for the first time.
RAMÓN	It was love at first sight. Now, exactly one year later, we have the great pleasure of sharing our happy news with all of you.
ALL	Congratulations!

 Appendix B

Accentuation

1. A word that carries a written accent is always stressed on the syllable that contains the accent.

   página   ca**pí**tulo   **fá**cil   o**rí**genes   can**ción**

2. If a word has no written accent and ends with a vowel, **n,** or **s,** the stress is on the second-to-last syllable.

   o**ri**gen   cumple**a**ños   pe**di**mos   pre**gun**ta   consi**de**ro

3. If a word has no written accent and ends in a consonant other than **n** or **s,** the stress is on the last syllable.

   pa**pel**   obli**gar**   pa**red**   re**loj**   fe**liz**

Capitalization

Capital letters are used less in Spanish than in English. Capital letters are *not* used:

1. with the subject pronoun **yo** *(I)* unless it begins a sentence.

Ellos quieren leer pero yo quiero bailar.	*They want to read, but I want to dance.*

2. with days of the week and months of the year.

   Hoy es lunes, el 25 de mayo.   *Today is Monday, May 25.*

3. with names of languages or adjectives and nouns of nationality.

   Son colombianos y por eso hablan   *They are Colombians, and therefore,*
   español.   *they speak Spanish.*

4. with words in a title, except the first word and proper nouns.

   Historia de la isla de Cuba   *History of the Island of Cuba*
   Lo que el viento se llevó   *Gone with the Wind*

5. to express **usted, ustedes, señor, señora,** and **señorita,** except in their abbreviated forms: **Ud(s)., Vd(s)., Sr., Sra., Srta.**

Syllabification

To divide Spanish words into syllables, study the following guidelines.

1. All Spanish syllables contain only one vowel, diphthong, or triphthong.

   na-ción   co-piáis   vol-véis

   Note that two strong vowels (**a, e, o**) are divided.

   te-a-tro   le-o   po-e-ta

2. A single consonant (including **ch, ll, rr**) between two vowels begins a new syllable.

   ca-sa   ca-lle   ge-ne-ral
   co-che   ca-rro   mi-li-tar

3. Two consonants between vowels are generally divided.

   par-te   i-den-ti-dad   ár-bol
   cul-tu-ra   es-ta-do   car-tón

4. When **l** or **r** follow a consonant, they generally remain in the same syllable.

   li-bro   po-bla-ción
   es-cri-bir   an-glo

 Appendix C

Basic Grammar Terms in Spanish

The following are some Spanish grammar terms used in *Así es*. There are other terms you can recognize in context or with the help of your teacher or your classmates. You can also use the other appendices in this section and your dictionary.

acentuar to accentuate

añadir to add

cláusula clause

cláusula independiente o principal
   independent or principal clause

cláusula subordinada subordinate
   or dependent clause

complemento (in)directo (in)direct
   object

concordancia agreement

concordar to agree

deletrear to spell out

ejercicios exercises

frase sentence

género gender

intercambiable interchangeable

juntos together

literalmente literally

narrar to narrate

nombrar to name

ocurrir to occur, to happen

oración phrase or sentence

ortográfico orthographic, spelling

párrafo paragraph

pregunta question

pretérito preterite, past tense

principio beginning

pronombre pronoun

pronombre como complemento
   directo direct object pronoun

pronombre como complemento
   indirecto indirect object
   pronoun

raíz stem

referir(se) to refer to

relacionado related

requerir to require

respuesta answer

sentido meaning

serie series

significado meaning

siguiente following

sonido sound

subordinado subordinate

sujeto subject

subrayado underlined

sustantivo noun

tema theme

terminación ending

término term, word, expression

tiempo tense, time

título title

traducir to translate

vocal vowel

Glossary of Grammatical Terms Used in *Así es*

The following terms appear in the grammar explanations throughout the *Así es* textbook.

accent   In Spanish, accent refers to the written mark that is used to show the stressed syllable of a word (*café*). The accent mark is also used to distinguish words that are spelled the same but have different meanings. [*el* (the) / *él* (he); *de* (of, from) / *dé (give)*]

adjective   An adjective is a word used to modify (describe, limit, qualify, or specify) a noun or a pronoun.

A **demonstrative adjective** points out which one(s). (***this** street, **these** papers, **that** dog, **those** rocks*)

A **descriptive adjective** tells what kind. (***black** slacks, **Italian** pastry, **strong** arms, **large** house*)

A **limiting adjective** indicates how many. (***four** quizzes, **several** possibilities, **many** areas, a **thousand** times*)

A **possessive adjective** indicates possession, to whom something belongs. (***my** notebook, **their** problem, **our** decision, **his** wallet*)

adverb   An adverb is a word used to modify a verb. It generally expresses the time, place, manner, condition, or degree of the action of the verb.

(*She practices **daily** . . . **early** . . . **anywhere** . . . **vigorously**.*) Adverbs also modify adjectives (*He is an **extremely** competent teacher.*), and other adverbs (*They performed **very** well.*).

agree   In grammatical terms, *to agree* means to correspond or to match. In a sentence, the subject and the verb always agree in person and number. In Spanish, adjectives correspond in gender and number with the nouns they modify; for example, if a noun is feminine and singular, the adjective must also be feminine and singular.

antonym   An antonym is a word whose meaning is opposite to the meaning of another word in the same language. (*big / little, strong / weak*)

article   An article is a word that is placed before a noun and whose function is to signal the noun and limit its use.

The **definite article** is specific. (***The** woman is my son's doctor.*)

The **indefinite articles** are non-specific. (*I want **a** chance. Take **an** art class.*)

auxiliary   The term auxiliary refers to those verbs that accompany and "help" the main verb express tense, mood, and voice.
(*I **have** eaten. You **will** study! We **can** do it. He **has** accomplished a lot.*)

clause   A clause is a group of words that contains a subject and a verb and forms part of a sentence.

A **main clause** can function alone if removed from the sentence. (***Mom had already gone to bed** when Dad came home.*)

A **subordinate clause** does not express a complete thought and therefore is always dependent upon the main clause. (*We want a yard **that has ample space.***)

An **adjectival clause** is a subordinate clause that modifies a noun or a pronoun in the main clause. (*There is no medicine **that can relieve her pain.***)

An **adverbial clause** is a subordinate clause that modifies a verb, an adjective, or an adverb in the main clause. (*I'll buy the coat **as soon as I get paid.***)

A **noun clause** is a subordinate clause that functions as a noun. (*They suggest **that the children leave the stadium.***)

conditional The term conditional refers to a tense or a clause that expresses a condition.

(*I **would love** to go to Madrid.* / conditional tense)
(*I **could go to Paris** if I had two weeks vacation.* / conditional clause)

conjugate   To conjugate means to change a verb into different forms that correspond to person, number, tense, mood, and voice.

conjunction A conjunction is a word that connects words, groups of words, or sentences. (*Buy bread **and** milk. We'll **either** walk **or** ride our bikes. I wrote **but** he didn't write back.*)

gender   Gender refers to the three classes (male, female, neuter) that distinguish nouns, pronouns, and their modifiers. In Spanish, nouns and their corresponding adjectives are either masculine or feminine.

indicative   See *mood, indicative*

infinitive   An infinitive is a verb that is not conjugated, and therefore does not indicate person, number, or tense. It is used as a noun, a modifier, and in some verbal forms. In English it is usually preceded by *to*. (***To buy*** *a ticket, go to that window. They are hoping* ***to win*** *a trip to Acapulco.*)

mood   Mood refers to the forms a verb takes to express the reality or probability of an indicated action or state, usually from the perspective of the speaker.

The **imperative mood** is used to express commands. (***Invest*** *in stocks.*)

The **indicative mood** is used to express actions or conditions that are objective, certain, or factual. Verbs are most often used in this mood. (*He* ***invests*** *in stocks.*)

The **subjunctive mood** is used to express hypothetical or contrary-to-fact actions or conditions, and to show wish or desire, doubt, influence, and subjectivity.
(*I prefer that José* ***invest*** *in stocks. If I* ***were*** *you, I'd invest in municipal bonds.*)

noun   A noun is a word that means a person, place, thing, quality, or action. In a sentence it is usually the subject or the object of a verb or a preposition. (*child, school, radio*)

number   Number refers to the singularity or plurality of a word or group of words. (*song / songs*; *woman / women*; *I am / we are*)

object   In a sentence, an object is a noun, a noun phrase, or a pronoun that is affected by the verb in some way.

A **direct object** receives the action of the verb. It answers the question "What?" or "Whom?" after the verb.
[*Robert hit* ***the ball.*** (Hit what?); *We drove* ***Jean*** *to the station.* (Drove whom?)]

An **indirect object** generally answers the question "To whom?" or "For whom?" the action of the verb was done. [*My aunt gave* ***me*** *the address.* (To whom?); *We washed the car* ***for Dad.*** (For whom?)]

participle   A participle is a verb form that is used as an adjective, an adverb, or with auxiliary verbs to express certain tenses.

The **present participle** ends in *-ing* (*They carried the* ***sobbing*** *child into the hospital. The witness* ***is sobbing*** *in the courthouse.*)

The **past participle** ends in **-d, -ed, -t, -en,** or **-n** (*taped, cooked, felt, written, been; The* ***written*** *examination is scheduled for next week. She* ***has written*** *a letter to the editor.*)

passive   See *voice, passive*

person   Person is the form a subject pronoun or a verb takes to express the speaker (*first person: I, we*), the person spoken to (*second person:*

you), and the person or thing spoken about (*third person: he, she, it, they*).

preposition   A preposition points out the relationship between a noun or pronoun to other words in the sentence. Some frequently used prepositions are *at, by, from, in, with.* (*The boat arrives **at** six.*)

pronoun   A pronoun is a word that substitutes for a noun or a noun phrase.

A **demonstrative pronoun** points out persons or things. (***That one*** is mine.)

A **direct object pronoun** functions as a direct object. (*Did you see **her**?*)

An **indirect object pronoun** functions as an indirect object. (*Give **me** time.*)

An **interrogative pronoun** asks questions. (***Who** wants to swim?*)

A **personal (subject) pronoun** expresses a grammatical person (See **person**), and functions as the subject of a sentence or clause. (***I** see; **he** does*).

A **possessive pronoun** expresses possession. (*The dog is **his**.*)

A **prepositional pronoun** follows a preposition. (*He entered after **me**.*)

A **reflexive pronoun** functions as an object that is the same as the subject of the sentence. (*They call **themselves** the Raging Raiders.*)

A **relative pronoun** introduces a clause. (*The athlete **who** won is from France.*)

syllable   A syllable is the smallest part of a word, consisting of one or more letters. (*syl / la / ble; i / tal / ic*)

synonym   A synonym is a word whose meaning is the same as or similar to the meaning of another word in the same language. (*happy / glad; fearful / afraid*)

tense   Tense refers to the time indicated by the verb.

The **future tense** is formed with ***will*** or ***shall*** plus a verb, and expresses an action or an idea that will occur sometime in the future. (*We **will paint** the house tomorrow.*)

The **past tense** indicates an action that occurred in the past. (*I **shopped** at the mall.*)

The **past perfect tense** expresses an action that was completed in the past before some other past action or event occurred. It is formed with ***had*** and the past participle. (*The train **had** already **left** when I arrived at the station.*)

The **present tense** expresses an action that is occurring at the present time, that occurs habitually, or that will occur in the near future. (*I **study** on Mondays. Tomorrow I **am** in my office until 2:00.*)

The **present perfect tense** indicates an action that occurred at a nonspecific time in the past, or shows an action happening in the past and having bearing on the present or continuing in the future. It is formed with **have** and the past participle. (*We **have skated** here often. I **have attended** class for two months.*)

The **present progressive tense** expresses an action in progress. It is formed with the present tense of the verb **to be** and the present participle. (*I **am studying** now.*)

verb A verb is a word that expresses action or state of being. (*He **dropped** the vase. How **are** you? It **snows** a lot here.*)

voice Voice refers to the form a verb takes to indicate the relation between the subject and the action performed.

An **active voice verb** expresses an action performed by its subject. (*José **hit** the ball.*)

A **passive voice verb** indicates the subject as the receiver of its action. (*The ball **was hit** by José.*)

 # Appendix D

Review of Pronouns

Subject pronouns	Direct object pronouns	Indirect object pronouns	Reflexive pronouns	Prepositional pronouns
yo	me	me	me	mí (yo)[3]
tú	te	te	te	ti (tú)[3]
él, ella, Ud.	lo, la, le[1]	le (se)[2]	se	él, ella, Ud. (sí)[4]
nosotros, nosotras	nos	nos	nos	nosotros, nosotras
vosotros, vosotras	os	os	os	vosotros, vosotras
ellos, ellas, Uds.	los, las, les[1]	les (se)[2]	se	ellos, ellas, Uds. (sí)[4]

1. **Le** and **les** are used in Spain when the object pronoun refers to a masculine person or persons. **Conozco a José y *le* veo con frecuencia.**

2. **Se** is used when the direct and indirect objects appear together and are both third person. **Él *le* escribe *la carta* a María. Él *se la* escribe.**

3. **Yo** and **tú** are used instead of **mí** and **ti** after **según, menos, salvo, excepto, incluso,** and **entre. Todos van salvo yo.**

4. **Sí** is used when the object of the preposition is reflexive (*himself, herself, themselves,* and so on). **José lo hace para sí.** (*José does it for himself.*)

 Appendix E

Time Expressions with *hacer*

Certain forms of the verb **hacer** (**hace** and **hacía**) are used to express the length of time an action took place. Note that although in English a very complex verb combination is required, in Spanish a simple tense with a form of **hacer** is used.

1. To express the length of time an action has been taking place use:

Hace + length of time + **que** + (**no** +) verb in the present tense

---

Hace tres horas que estudio para el examen.	*I have been studying for the test for three hours.*

2. To ask how long an action has been taking place use:

¿Cuánto tiempo + **hace** + **que** + (**no** +) verb in the present tense?

¿Cuánto tiempo hace que estudias para el examen?	*How long have you been studying for the test?*

3. To express the length of time an action had been taking place use:

Hacía + length of time + **que** + (**no** +) verb in the imperfect tense

---

Hacía tres horas que estudiaba para el examen cuando Juan llegó.	*I had been studying for the test for three hours when Juan arrived.*

4. To ask how long an action had been taking place use:

¿Cuánto tiempo + **hacía** + **que** + (**no** +) verb in the imperfect tense?

¿Cuánto tiempo hacía que estudiabas para el examen cuando Juan llegó?	*How long had you been studying for the test when Juan arrived?*

5. Remember that **hace** is used with the preterite tense to express how long ago an action took place.

Hace + length of time + **que** + (**no** +) verb in the preterite tense

---

Hace tres horas que estudié para el examen.	*I studied for the test three hours ago.*

 Appendix F

The True Passive Voice

Form

> Subject + form of **ser** + past participle used as an adjective + **por** + agent

In an active sentence, the subject **performs** the action of the verb. In a passive sentence, the subject *receives* the action of the verb.

ACTIVE: Mamá preparó la cena.   *Mom prepared the dinner.*

PASSIVE: La cena **fue preparada** por mamá.   *The dinner **was prepared** by mom.*

When the agent is not known, the passive **se** construction is often used.

Se preparó la cena.   *The dinner was prepared.*

 Appendix G

Verbs with Prepositions

Some verbs require prepositions before an infinitive or before an object. The following include common verbs that require the prepositions **a, de, en,** or **con.**

1. **a** before an infinitive

aprender	enseñar	Aprendo **a** hablar español.
ayudar	invitar	
comenzar	ir	
empezar	volver	

2. **a** before an object

acercarse	jugar *(optional)*	Llegamos a su casa.
asistir	llegar	
invitar	subir	
ir	volver	

3. **con** before an object

casarse	encontrarse	Sueña **con** su viaje a España.
consultar	soñar	
contar		

4. **de** before an infinitive

acabar	olvidarse	Acaba **de** volver de Madrid.
alegrarse	tratar	
dejar		

5. **de** before an object

bajar	enamorarse	José se enamoró **de** María.
burlarse	gozar	
depender	preocuparse	
despedirse	quejarse	
disfrutar	salir	

6. **en** before an infinitive

consistir	Insistimos **en** pagar la cuenta.
insistir	
tardar	

7. **en** before an object

entrar	Piensas **en** tu familia.
especializarse	
pensar	

 # Appendix H

Additional Perfect Tenses

The future and conditional perfect tenses

1. The future perfect tense is formed by combining the future form of the auxiliary verb **haber** with a past participle. As with all perfect tenses, the past participle remains constant, ending in **-o.**

    Haber

habré	habremos		hablado
habrás	habréis	+	comido
habrá	habrán		vivido

    The future perfect tense expresses an action that will have taken place at a future point in time, but is viewed from a past perspective.

Mañana yo **habré leído** todo el libro.	*Tomorrow I **will have read** the whole book.*
La semana que viene Susana **habrá terminado** todos sus exámenes.	*Next week Susan **will have finished** all of her exams.*

2. The conditional perfect tense is formed by combining the conditional form of the verb **haber** with a past participle.

Haber

habría	habríamos		hablado
habrías	habríais	+	comido
habría	habrían		vivido

The conditional perfect expresses an action that would have taken place.

Me habría gustado ir con Uds.   *I would have liked to go with you.*

Ellos **habrían comprado** el coche rojo.   *They would have bought the red car.*

The present perfect and past perfect subjunctive tenses

1. The present perfect subjunctive is formed by combining the present subjunctive form of **haber** with a past participle.

Haber

haya	hayamos		hablado
hayas	hayáis	+	comido
haya	hayan		vivido

The present perfect subjunctive is used in a subordinate clause that requires the subjunctive to express an action that has taken place.

Espero que José **haya llegado** a tiempo.   *I hope that José has arrived on time.*

No creo que tú **hayas estado** en Madrid.   *I don't believe that you have been in Madrid.*

2. The past perfect subjunctive is formed by combining the imperfect subjunctive form of **haber** with a past participle.

Haber

hubiera	hubiéramos		hablado
hubieras	hubierais	+	comido
hubiera	hubieran		vivido

The past perfect subjunctive is used in a subordinate clause that requires the subjunctive to express an action that had taken place.

Esperaba que José **hubiera llegado** a tiempo.   *I hoped that José had arrived on time.*

No creía que tú **hubieras estado** en Madrid.   *I didn't believe that you had been in Madrid.*

 Appendix I

Stem-changing Verbs

1. First class: **-ar, -er** (**e** > **ie, o** > **ue**)

    Pensar

    present indicative: pienso, piensas, piensa, pensamos, penséis, piensan
    present subjunctive: piense, pienses, piense, pensemos, penséis, piensen
    imperative: piensa tú, piense Ud., pensad vosotros, piensen Uds.

    Volver

    present indicative: vuelvo, vuelves, vuelve, volvemos, volvéis, vuelven
    present subjunctive: vuelva, vuelvas, vuelva, volvamos, volváis, vuelvan
    imperative: vuelve tú, vuelva Ud., volved vosotros, vuelvan Uds.

    Other verbs in this category:

acordar(se)	costar	entender	recordar
acostar(se)	demostrar	llover	rogar
almorzar	despertar(se)	mostrar	sentar(se)
aprobar	devolver	mover	soler
cerrar	empezar	negar	sonar
comenzar	encender	perder	soñar
contar	encontrar	probar	volar

2. Second class: **-ir** (**e** > **ie** and **i, o** > **ue** and **u**)

    Sentir

    present indicative: siento, sientes, siente, sentimos, sentís, sienten
    present subjunctive: sienta, sientas, sienta, sintamos, sintáis, sientan
    preterite: sentí, sentiste, sintió, sentimos, sentisteis, sintieron
    imperfect subjunctive: sintiera, sintieras, sintiera, sintiéramos, sintierais, sintieran
    sintiese, sintieses, sintiese, sintiésemos, sintiesesis, sintiesen
    imperative: siente tú, sienta Ud., sentid vosotros, sientan Uds.
    present participle: sintiendo

    Dormir

    present indicative: duermo, duermes, duerme, dormimos, dormís, duermen
    present subjunctive: duerma, duermas, duerma, durmamos, durmáis, duerman
    preterite: dormí, dormiste, durmió, dormimos, dormisteis, durmieron
    imperfect subjunctive: durmiera, durmieras, durmiera, durmiéramos, durmierais, durmieran
    durmiese, durmieses, durmiese, durmiésemos, durmieseis, durmiesen

imperative: duerme tú, duerma Ud., dormid vosotros, duerman Uds.

present participle: durmiendo

Other verbs in this category:

convertir	hervir	preferir	morir(se)
divertir(se)	mentir	referir(se)	sugerir

3. Third class: **-ir** (**e** > **i**)

Pedir

present indicative: pido, pides, pide, pedimos, pedís, piden

present subjunctive: pida, pidas, pida, pidamos, pidáis, pidan

preterite: pedí, pediste, pidió, pedimos, pedisteis, pidieron

imperfect subjunctive: pidiera, pidieras, pidiera, pidiéramos, pidierais, pidieran
pidiese, pidieses, pidiese, pidiésemos, pidieseis, pidiesen

imperative: pide tú, pida Ud., pedid vosotros, pidan Uds.

present participle: pidiendo

Other verbs in this category:

competir	despedir(se)	reñir	servir
conseguir	elegir	repetir	vestir(se)
corregir	reír(se)	seguir	

Appendix J

Verbs with Orthographic Changes

1. Verbs that end in **-car** (**c** > **qu** before **e**)

Buscar

preterite: busqué, buscaste, buscó, buscamos, buscasteis, buscaron

present subjunctive: busque, busques, busque, busquemos, busquéis, busquen

Other verbs in this category:

acercar(se)	explicar	sacar
comunicar	indicar	secar
dedicar	marcar	tocar

2. Verbs that end in **-gar** (**g** > **gu** before **e**)

Pagar

preterite: pagué, pagaste, pagó, pagamos, pagasteis, pagaron

present subjunctive: pague, pagues, pague, paguemos, paguéis, paguen

Other verbs in this category:

jugar	llegar	negar	obligar	rogar

3. Verbs that end in **-zar** (**z** > **c** before **e**)

Gozar

preterite: gocé, gozaste, gozó, gozamos, gozasteis, gozaron
present subjunctive: goce, goces, goce, gocemos, gocéis, gocen

Other verbs in this category:

almorzar	comenzar	cruzar	empezar	rezar

4. Verbs that end in **-cer** and **-cir** preceded by a vowel (**c** > **zc** before **a** and **o**)

Conocer

present indicative: conozco, conoces, conoce, conocemos, conocéis, conocen
present subjunctive: conozca, conozcas, conozca, conozcamos, conozcáis, conozcan

Other verbs in this category:

aparecer	establecer	obedecer	pertenecer
conducir	merecer	ofrecer	producir
crecer	nacer	parecer	traducir

(**Exceptions:** hacer, decir)

5. Verbs that end in **-ger** and **-gir** (**g** > **j** before **a** and **o**)

Coger

present indicative: cojo, coges, coge, cogemos, cogéis, cogen
present subjunctive: coja, cojas, coja, cojamos, cojáis, cojan

Other verbs in this category:

corregir	elegir	exigir	proteger
dirigir	escoger	fingir	recoger

6. Verbs that end in **-guir** (**gu** > **g** before **a** and **o**)

Seguir

present indicative: sigo, sigues, sigue, seguimos, seguís, siguen
present subjunctive: siga, sigas, siga, sigamos, sigáis, sigan

Other verbs in this category:

conseguir	distinguir	perseguir

7. Verbs that end in **-uir** (except **-guir** and **-quir**)

Huir

present indicative: huyo, huyes, huye, huimos, huís, huyen
preterite: huí, huiste, huyó, huimos, huisteis, huyeron
present subjunctive: huya, huyas, huya, huyamos, huyáis, huyan
imperfect subjunctive: huyera, huyeras, huyera, huyéramos, huyerais, huyeran
huyese, huyeses, huyese, huyésemos, huyeseis, huyesen

imperative: huye tú, huid vosotros

present participle: huyendo

Other verbs in this category:

atribuir	contribuir	distribuir	influir
concluir	destruir	excluir	instruir
constituir	disminuir	incluir	sustituir
construir			

8. Verbs that change unaccentuated **i** > **y**

   Leer

   preterite: leí, leíste, leyó, leímos, leísteis, leyeron

   imperfect subjunctive: leyera, leyeras, leyera, leyéramos, leyerais, leyeran
   leyese, leyeses, leyese, leyésemos, leyeseis, leyesen

   present participle: leyendo

   past participle: leído

   Other verbs in this catetory:

caer(se)	creer	oír	poseer

 Appendix K

Simple Tenses

hablar, comer, vivir

Infinitive	Present participle Past participle	Imperative	Indicative		
			Present	Imperfect	Preterite
hablar	hablando hablado	habla hablad	hablo hablas habla hablamos habláis hablan	hablaba hablabas hablaba hablábamos hablabais hablaban	hablé hablaste habló hablamos hablasteis hablaron
comer	comiendo comido	come comed	como comes come comemos coméis comen	comía comías comía comíamos comíais comían	comí comiste comió comimos comisteis comieron
vivir	viviendo vivido	vive vivid	vivo vives vive vivimos vivís viven	vivía vivías vivía vivíamos vivíais vivían	viví viviste vivió vivimos vivisteis vivieron

Compound Tenses

hablar

Indicative			
Present perfect	Pluperfect	Future perfect	Conditional perfect
he hablado	había hablado	habré hablado	habría hablado
has hablado	habías hablado	habrás hablado	habrías hablado
ha hablado	había hablado	habrá hablado	habría hablado
hemos hablado	habíamos hablado	habremos hablado	habríamos hablado
habéis hablado	habíais hablado	habréis hablado	habríais hablado
han hablado	habían hablado	habrán hablado	habrían hablado

Indicative		Subjunctive		
Future	Conditional	Present	Imperfect (-ra)	Imperfect (-se)
hablaré	hablaría	hable	hablara	hablase
hablarás	hablarías	hables	hablaras	hablases
hablará	hablaría	hable	hablara	hablase
hablaremos	hablaríamos	hablemos	habláramos	hablásemos
hablaréis	hablaríais	habléis	hablarais	hablaseis
hablarán	hablarían	hablen	hablaran	hablasen
comeré	comería	coma	comiera	comiese
comerás	comerías	comas	comieras	comieses
comerá	comería	coma	comiera	comiese
comeremos	comeríamos	comamos	comiéramos	comiésemos
comeréis	comeríais	comáis	comierais	comieseis
comerán	comerían	coman	comieran	comiesen
viviré	viviría	viva	viviera	viviese
vivirás	vivirías	vivas	vivieras	vivieses
vivirá	viviría	viva	viviera	viviese
viviremos	viviríamos	vivamos	viviéramos	viviésemos
viviréis	viviríais	viváis	vivierais	vivieseis
vivirán	vivirían	vivan	vivieran	viviesen

	Subjunctive	
...sent ...ect	Pluperfect (-ra)	Pluperfect (-se)
...a hablado	hubiera hablado	hubiese hablado
...s hablado	hubieras hablado	hubieses hablado
...a hablado	hubiera hablado	hubiese hablado
...mos hablado	hubiéramos hablado	hubiésemos hablado
...is hablado	hubierais hablado	hubieseis hablado
...n hablado	hubieran hablado	hubiesen hablado

Irregular Verbs

Infinitive	Present participle / Past participle	Imperative	Indicative		
			Present	Imperfect	Preterite
andar *to walk; to go*	andando andado	anda andad			anduve anduviste anduvo anduvimos anduvisteis anduvieron
caber *to fit; to be contained in*	cabiendo cabido	cabe cabed	quepo cabes cabe cabemos cabéis caben		cupe cupiste cupo cupimos cupisteis cupieron
caer *to fall*	cayendo caído	cae caed	caigo caes cae caemos caéis caen		caí caíste cayó caímos caísteis cayeron
conducir *to lead; to drive*	conduciendo conducido	conduce conducid	conduzco conduces conduce conducimos conducís conducen		conduje condujiste condujo condujimos condujisteis condujeron
dar *to give*	dando dado	da dad	doy das da damos dais dan		di diste dio dimos disteis dieron
decir *to say, to tell*	diciendo dicho	di decid	digo dices dice decimos decís dicen		dije dijiste dijo dijimos dijisteis dijeron
estar *to be*	estando estado	está estad	estoy estás está estamos estáis están		estuve estuviste estuvo estuvimos estuvisteis estuvieron
haber *to have*	habiendo habido	he habed	he has ha hemos habéis han		hube hubiste hubo hubimos hubisteis hubieron

Indicative		Subjunctive		
Future	**Conditional**	**Present**	**Imperfect (-ra)**	**Imperfect (-se)**
			anduviera	anduviese
			anduvieras	anduvieses
			anduviera	anduviese
			anduviéramos	anduviésemos
			anduvierais	anduvieseis
			anduvieran	anduviesen
cabré	cabría	quepa	cupiera	cupiese
cabrás	cabrías	quepas	cupieras	cupieses
cabrá	cabría	quepa	cupiera	cupiese
cabremos	cabríamos	quepamos	cupiéramos	cupiésemos
cabréis	cabríais	quepáis	cupierais	cupieseis
cabrán	cabrían	quepan	cupieran	cupiesen
		caiga	cayera	cayese
		caigas	cayeras	cayeses
		caiga	cayera	cayese
		caigamos	cayéramos	cayésemos
		caigáis	cayerais	cayeseis
		caigan	cayeran	cayesen
		conduzca	condujera	condujese
		conduzcas	condujeras	condujeses
		conduzca	condujera	condujese
		conduzcamos	condujéramos	condujésemos
		conduzcáis	condujerais	condujeseis
		conduzcan	condujeran	condujesen
		dé	diera	diese
		des	dieras	dieses
		dé	diera	diese
		demos	diéramos	diésemos
		deis	dierais	dieseis
		den	dieran	diesen
diré	diría	diga	dijera	dijese
dirás	dirías	digas	dijeras	dijeses
dirá	diría	diga	dijera	dijese
diremos	diríamos	digamos	dijéramos	dijésemos
diréis	diríais	digáis	dijerais	dijeseis
dirán	dirían	digan	dijeran	dijesen
		esté	estuviera	estuviese
		estés	estuvieras	estuvieses
		esté	estuviera	estuviese
		estemos	estuviéramos	estuviésemos
		estéis	estuvierais	estuvieseis
		estén	estuvieran	estuviesen
habré	habría	haya	hubiera	hubiese
habrás	habrías	hayas	hubieras	hubieses
habrá	habría	haya	hubiera	hubiese
habremos	habríamos	hayamos	hubiéramos	hubiésemos
habréis	habríais	hayáis	hubierais	hubieseis
habrán	habrían	hayan	hubieran	hubiesen

Irregular Verbs *(continued)*

Infinitive	Present participle Past participle	Imperative	Indicative		
			Present	Imperfect	Preterite
hacer *to do; to make*	haciendo hecho	haz haced	hago haces hace hacemos hacéis hacen		hice hiciste hizo hicimos hicisteis hicieron
ir *to go*	yendo ido	ve id	voy vas va vamos vais van	iba ibas iba íbamos ibais iban	fui fuiste fue fuimos fuisteis fueron
oír *to hear*	oyendo oído	oye oíd	oigo oyes oye oímos oís oyen		oí oíste oyó oímos oísteis oyeron
oler *to smell*	oliendo olido	huele oled	huelo hueles huele olemos oléis huelen		
poder *to be able*	pudiendo podido		puedo puedes puede podemos podéis pueden		pude pudiste pudo pudimos pudisteis pudieron
poner *to put*	poniendo puesto	pon poned	pongo pones pone ponemos ponéis ponen		puse pusiste puso pusimos pusisteis pusieron
querer *to want; to love*	queriendo querido	quiere quered	quiero quieres quiere queremos queréis quieren		quise quisiste quiso quisimos quisisteis quisieron
reír *to laugh*	riendo reído	ríe reíd	río ríes ríe reímos reís ríen		reí reíste rió reímos reísteis rieron

	Indicative			Subjunctive	
Future	**Conditional**	**Present**	**Imperfect (-ra)**	**Imperfect (-se)**
haré	haría	haga	hiciera	hiciese
harás	harías	hagas	hicieras	hicieses
hará	haría	haga	hiciera	hiciese
haremos	haríamos	hagamos	hiciéramos	hiciésemos
haréis	haríais	hagáis	hicierais	hicieseis
harán	harían	hagan	hicieran	hiciesen
		vaya	fuera	fuese
		vayas	fueras	fueses
		vaya	fuera	fuese
		vayamos	fuéramos	fuésemos
		vayáis	fuerais	fueseis
		vayan	fueran	fuesen
		oiga	oyera	oyese
		oigas	oyeras	oyeses
		oiga	oyera	oyese
		oigamos	oyéramos	oyésemos
		oigáis	oyerais	oyeseis
		oigan	oyeran	oyesen
		huela		
		huelas		
		huela		
		olamos		
		oláis		
		huelan		
podré	podría	pueda	pudiera	pudiese
podrás	podrías	puedas	pudieras	pudieses
podrá	podría	pueda	pudiera	pudiese
podremos	podríamos	podamos	pudiéramos	pudiésemos
podréis	podríais	podáis	pudierais	pudieseis
podrán	podrían	puedan	pudieran	pudiesen
pondré	pondría	ponga	pusiera	pusiese
pondrás	pondrías	pongas	pusieras	pusieses
pondrá	pondría	ponga	pusiera	pusiese
pondremos	pondríamos	pongamos	pusiéramos	pusiésemos
pondréis	pondríais	pongáis	pusierais	pusieseis
pondrán	pondrían	pongan	pusieran	pusiesen
querré	querría	quiera	quisiera	quisiese
querrás	querrías	quieras	quisieras	quisieses
querrá	querría	quiera	quisiera	quisiese
querremos	querríamos	queramos	quisiéramos	quisiésemos
querréis	querríais	queráis	quisierais	quisieseis
querrán	querrían	quieran	quisieran	quisiesen
		ría		
		rías		
		ría		
		riamos		
		riáis		
		rían		

Irregular Verbs (continued)

Infinitive	Present participle Past participle	Imperative	Indicative		
			Present	Imperfect	Preterite
saber *to know*	sabiendo sabido	sabe sabed	sé sabes sabe sabemos sabéis saben		supe supiste supo supimos supisteis supieron
salir *to go out*	saliendo salido	sal salid	salgo sales sale salimos salís salen		
ser *to be*	siendo sido	sé sed	soy eres es somos sois son	era eras era éramos erais eran	fui fuiste fue fuimos fuisteis fueron
tener *to have*	teniendo tenido	ten tened	tengo tienes tiene tenemos tenéis tienen		tuve tuviste tuvo tuvimos tuvisteis tuvieron
traer *to bring*	trayendo traído	trae traed	traigo traes trae traemos traéis traen		traje trajiste trajo trajimos trajisteis trajeron
valer *to be worth*	valiendo valido	val(e) valed	valgo vales vale valemos valéis valen		
venir *to come*	viniendo venido	ven venid	vengo vienes viene venimos venís vienen		vine viniste vino vinimos vinisteis vinieron
ver *to see*	viendo visto	ve ved	veo ves ve vemos veis ven	veía veías veía veíamos veíais veían	

	Indicative		Subjunctive		
Future	**Conditional**	**Present**	**Imperfect (-ra)**	**Imperfect (-se)**
sabré	sabría	sepa	supiera	supiese
sabrás	sabrías	sepas	supieras	supieses
sabrá	sabría	sepa	supiera	supiese
sabremos	sabríamos	sepamos	supiéramos	supiésemos
sabréis	sabríais	sepáis	supierais	supieseis
sabrán	sabrían	sepan	supieran	supiesen
saldré	saldría	salga		
saldrás	saldrías	salgas		
saldrá	saldría	salga		
saldremos	saldríamos	salgamos		
saldréis	saldríais	salgáis		
saldrán	saldrían	salgan		
		sea	fuera	fuese
		seas	fueras	fueses
		sea	fuera	fuese
		seamos	fuéramos	fuésemos
		seáis	fuerais	fueseis
		sean	fueran	fuesen
tendré	tendría	tenga	tuviera	tuviese
tendrás	tendrías	tengas	tuvieras	tuvieses
tendrá	tendría	tenga	tuviera	tuviese
tendremos	tendríamos	tengamos	tuviéramos	tuviésemos
tendréis	tendríais	tengáis	tuvierais	tuvieseis
tendrán	tendrían	tengan	tuvieran	tuviesen
		traiga	trajera	trajese
		traigas	trajeras	trajeses
		traiga	trajera	trajese
		traigamos	trajéramos	trajésemos
		traigáis	trajerais	trajeseis
		traigan	trajeran	trajesen
valdré	valdría	valga		
valdrás	valdrías	valgas		
valdrá	valdría	valga		
valdremos	valdríamos	valgamos		
valdréis	valdríais	valgáis		
valdrán	valdrían	valgan		
vendré	vendría	venga	viniera	viniese
vendrás	vendrías	vengas	vinieras	vinieses
vendrá	vendría	venga	viniera	viniese
vendremos	vendríamos	vengamos	viniéramos	viniésemos
vendréis	vendríais	vengáis	vinierais	vinieseis
vendrán	vendrían	vengan	vinieran	viniesen

Vocabularies

This vocabulary follows the Spanish style of alphabetization. Therefore, words beginning with **ch, ll**[1] and **ñ** are found after all of the words beginning with **c, l** and **n.** Words with **ch, ll,** and **ñ** within them follow this rule also. **Noche** follows **nocturno, valle** follows **valor** and **año** follows **anterior.** All words in the vocabulary lists and glossed words are given, as well as words necessary to the first-year Spanish students. Stem-changing words are indicated by (**e > ie**), (**o > ue**). The gender of nouns is indicated except for masculine nouns ending in **-o** or referring to males, and feminine nouns ending in **-a, -dad** and **-ión,** or referring to females.

Abbreviations

The following abbreviations are used in this glossary.

adj.	adjective	*invar.*	invariable
adv.	adverb	*m.*	masculine
conj.	conjunction	*n.*	noun
def. art.	definite article	*obj.*	object
demons. adj.	demonstrative	*p.p.*	past participle
	adjective	*pl.*	plural
d.o.	direct object	*poss.*	possessive
f.	feminine	*prep.*	preposition
fam.	familiar	*pron.*	pronoun
form.	formal	*refl. pron.*	reflexive pronoun
ind. obj.	indirect object	*sing.*	singular
inf.	infinitive	*subj. pron.*	subject pronoun
interr.	interrogative	*v.*	verb

Spanish-English Vocabulary

A

a *prep.* to; at (*with time*) **1; a eso de** (*with time*) approximately **1; a la vez** at the same time **12; a lo mejor** probably **11; a menos que** *conj.* unless **11; a menudo** *adv.* often **1; a sus órdenes** at your service **12, in ex.; a tiempo** *adv.* on time **1; al lado de** *prep.* alongside of **12; al máximo** to the limit; **a veces** at times **7; a ver** let's see **13**

abajo *adv.* below **12**

abierto *p.p., adj.* open **9;** opened

abogado *n.* lawyer **3**

abordar to board **10**

abrazar to hug **16**

abrazo *n.* hug **16**

abrigo *n.* overcoat **9**

abril *n.* April **4**

abrir to open **2**

abrochar(se) to button **10;** to fasten

abuela *n.* grandmother **4**

abuelo *n.* grandfather **4; los abuelos** grandparents

aburrido *adj.* boring **2;** bored

acabar to finish **1; acabar de** + *inf.* to have just done (*something*)

acampar to camp **15**

accesorios accessories **5**

aceite *n.* oil **7**

aceituna *n.* olive **7**

acercarse (a) to approach **Gac. 4**

acompañar to accompany **15**

aconsejar to advise **11**

acordarse de (ue) to remember **12**

acostarse (ue) to go to bed, to lie down **9**

actitud *n.f.* attitude **3, in ex.**

activo *adj.* active **14**

actor *n.m.* actor **2, in ex.**

actriz *n.f.* actress **Sec. 1**

acuario *n.* aquarium **15**

acuerdo *n.* agreement **8; estar de acuerdo** to agree **15, llegar a un acuerdo** to reach an agreement

adelgazar to lose weight **8**

además *adv.* besides **4**

adentro *adv.* inside **5**

adiós goodbye **Sec. 2**

adjetivo *n.* adjective **2**

aduana *n.* customs **Gac. 2; 10**

aeromozo *n.* flight attendant **10**

afeitarse to shave **9**

aficionado *n.* fan, supporter **14**

afortunadamente *adv.* fortunately **6, in ex.**

afuera *adv.* outside, outdoors **5; las afueras** the suburbs **5**

agencia de empleos *n.* employment agency **3**

agente *n.* agent **10**

ágil *adj.* agile **14**

agosto *n.* August **4**
agradable *adj.* pleasant, agreeable **11**
agradecer to be grateful for, to thank for **6**
agresivo *adj.* aggressive **17**
agua *n.* water **Sec. 1; 3, in ex.; 4**
ahora *adv.* now **1**; **ahora mismo** right away **1**
ahorrar to save money **15**
aire *n.m.* air **15**; **aire acondicionado** air conditioning **12**; **al aire libre** outside **8**
ajo *n.* garlic **7**
al contraction of **a** + **el** to the, at the **2**
alcoba *n.* bedroom **5**
alegrarse de *v.* to be happy **11**
alegría *n.* happiness **1**
alejarse (de) to go away, to keep away **15**
alemán *n.m., adj.* German **2**
alérgico *adj.* allergic **13**
alfombra *n.* rug **5**
algo *n., adv.* something, somewhat **3**
algo más *n.* something else **7**
algodón *n.m.* cotton **9**
alguien *n.* someone, anyone **3**
algún (alguno, a) *adj.* some **3**
alimento *n.* food **7**
aliviar to relieve, alleviate **13**
alma *n.* soul **Gac. 3**
almacén *n.m.* department store **3**
almeja *n.* oyster
almendra *n.* almond **7**
almohada *n.* pillow **5**
almorzar (o > ue) to eat lunch **3**
almuerzo *n.* lunch **4**
aló hello *(telephone, Puerto Rico)* **6**
alojarse to lodge, stay **12**
alquilar to rent **5**
alquiler *n.m.* rent *(payment)* **5**
alrededor (de) *adv.* around **5**
alto *adj.* tall, high; *adv.* loudly **Guía 1; 2**
allí *adv.* there **1**
ama de casa *n.* housewife, housekeeper **17**
amable *adj.* kind **11**
amar to love **16, in ex.**
amarillo *adj.* yellow **4**
ambicioso *adj.* ambitious **Sec. 2**
ambiente *n.m.* environment, atmosphere **15**
ambos *adj.* both
ambulancia *n.* ambulance **13**
americano *n., adj.* American **Guía 1**
amigo *n.* friend **1**
amistad *n.f.* friendship; **16**
amor *n.m.* love **6; 16**
analista de sistemas *n.* systems analyst
anaranjado *adj.* orange **4**
ancho *adj.* wide, broad **9**
andar to walk **7**
andén *n.m.* platform **11**
anfitrión *n.* host **9, in ex.**
anillo *n.* ring **9**; **anillo de casado** wedding ring **16**; **anillo de compromiso** engagement ring **16**

animado *adj.* exciting **14**
aniversario *n.* anniversary **4**
anoche *adv.* last night **6**
anotación *n.* score **14**
antes *adv.* before **1**; **antes de** *prep.* before **1**; **antes de que** *conj.* before **14**
antibiótico *n.* antibiotic **Sec. 3, 13 in ex.**
antiguo *adj.* old, ancient, former **8, in ex.**
antipático *adj.* mean **2**; unpleasant
anuncio *n.* announcement, advertisement **3**; **anuncios clasificados** classified ads. **6**
añadir to add **8, in ex.**
anoche last night **1**
año *n.* year **2**; **Año Nuevo** New Year **18**; **el año pasado** last year **18, in ex.**; **tener... años** to be ... years old **3**; **el año que viene** next year **14**
apagar to turn off **6**
aparato *n.* apparatus, appliance **12**
aparcar to park **11**
aparecer to appear **Gac. 5**
apasionado *adj.* passionate **Sec. 2**
apellido *n.* last name **4**
apenas *adv.* scarcely **13**
apendicitis *n.m.* appendicitis **13**
aplicado *adj.* studious, applied **2**
apodo *n.* nickname **Gac. 5**
apoyar to support **14**
aprender to learn **2**; **aprender de memoria** to learn by heart **2**
apretado *adj.* tight **9**
aprobar (o > ue) to approve **11**
apropiado *adj.* appropriate, correct **5, in ex.**
aprovechar to make good use of **11**; **aprovecharse de** to profit by, take advantage of
aquel *adj.* that **5**
aquí *adv.* here **1**; **aquí lo tiene** here you are
árbitro *n.* umpire, referee **Gac. 3**
árbol *n.m.* tree **4**
arete *n.m.* earring **9**
argentino *adj.* Argentine **Sec. 2**
armario *n.* clothes closet **5**
arquitecto *n.* architect **3**
arrancar to start *(a motor)*
arreglar to fix, repair; to arrange **5**
arriba *adv.* up **12**
arroz *n.m.* rice **7**
arte *n.* art **Sec. 1; 2**
artista *n.m., f.* artist **Sec. 2**
asado *adj.* roasted **7**
ascenso *n.* promotion **3**
ascensor *n.* elevator **12**
así *adv.* so, thus, like this **Sec. 1; 16**
así así *adv.* so-so **Sec. 2**
asiento *n.* seat **10**
asignatura *n.* subject **2**
asistencia *n.* attendance
asistir (a) to attend **2**
aspiradora *n.* vacuum cleaner **5**
aspirina *n.* aspirin **1, in ex.; 13**

astronauta *n.m., f.* astronaut **Sec. 2**
atender (e > ie) to wait on, attend to **9**
aterrizaje *n.m.* landing
aterrizar to land
atraer to attract **15**
atrasado *adj.* delayed, late, slow backward **10**; **estar atrasado** to be late
atún *n.m.* tuna fish **8**
aula *n.f.* classroom **1**
aumento *n.* increase **6, in ex.**
aún *adv.* still, yet **18**; **aún no** not yet
aunque *conj.* although, even if **5**
autobús *n.m.* bus **11**
automóvil *n.m.* automobile **Sec. 1; 4**
autopista *n.* highway **11**
autor *n.m.* author **Sec. 2**
autostop, hacer to hitchhike **11**
avenida *n.* avenue **Gac. 1**
avión *n.m.* airplane **10**
aviso *n.m.* notice **1**
ayer *adv.* yesterday **6**
ayuda *n.* help, assistance **6, in ex.**
ayudar to help, aid **2**
azafata *n.* stewardess **10**
azúcar *n.m.* sugar **Gac. 2**
azul *adj.* blue **4**

B

bailar to dance **1**
bailarín *n.m.* dancer **bailarina** *n.f.* dancer **Gac. 3**
bajar to lower, to get out of **9**
bajo *adj.* short, low **Guía 1; 2**; *adv.* under
balcón *n.m.* balcony **12**
baloncesto *n.* basketball **Gac. 2**
banana *n.* banana **Sec. 1**
banco *n.* bank
banda *n.* band *(musical)* **16**
banquero *n.* banker
bañar to bathe **9**; **bañarse** to take a bath
bañera *n.* bathtub **5**
baño bathroom **5**; **cuarto de baño** bathroom
barato *adj.* inexpensive, cheap **4**
barco *n.* boat **11**
barrer to sweep **5**
barrio *n.* neighborhood **4**
básquetbol *n.m.* basketball **2, in ex.; 14**
bastante *adv.* enough **8**; **bastante bien** well enough **Sec. 2**
bate *n.* baseball bat **14**
batear to bat **14**
batería *n.* drum set, battery *(car)* **11**
batido *n.* milkshake
bautismo *n.* baptism
bebé *n.* baby **Sec. 3**
beber to drink **2**
bebida *n.* drink, beverage **7**
beca *n.* scholarship **2**

béisbol *n.m.* baseball (*game*) **3, in ex.; 14**
beisbolista *n.* baseball player **2 in ex.**
bello *adj.* beautiful **12**
bendición *n.* blessing **18, in ex.**
beneficio *n.* benefit **3**
besar to kiss **Sec. 2; 16**
beso *n.* kiss **1, in ex.; 16**
biblioteca *n.* library **1**
bibliotecario *n.* librarian
bicicleta *n.* bicycle **11**
bien *adv.* well **1; bien educado** well behaved **4; bien parecido** good-looking; **está bien** it's okay **Sec. 2; muy bien** very well **Sec. 2; pasarlo bien** to have a good time **6**
bienvenido *adj.* welcome **Sec. 2**
bilingüe *adj.* bilingual **Gac. 3**
billete *n.m.* ticket **10**
biología *n.* biology **2**
bisabuela *n.* great grandmother
bisabuelo *n.* great grandfather
bistec *n.m.* steak **8**
blanco *adj.* white **4**
blue jeans *n.* blue jeans **1, in ex.; 9**
blusa *n.* blouse **9**
boca *n.* mouth **13**
bocadillo *n.* sandwich **8**
boda *n.* wedding **16**
boleto *n.* ticket **10**
bolígrafo *n.* ballpoint pen **Sec. 3**
bolsa *n.* bag, purse **9**
bolsillo *n.* pocket **3**
bolso *n.* bag, purse **9**
bombero *n.* firefighter
bombón *n.m.* chocolate candy **8**
bonito *adj.* pretty **Guía 1**
bordado *adj.* embroidered **9**
boricua *n., adj.* Puerto Rican
borrar to erase
bosque *n.m.* forest **15**
bota *n.* boot **9**
bote *n.m.* boat **15**
botella *n.* bottle **4, in ex.; 8**
botones *n.* bellboy **12**
boxeador *n.* boxer **14**
boxeo *n.* boxing **14**
brazalete *n.m.* bracelet **9**
brazo *n.* arm **13**
breve *adj.* brief **6 in ex.**
brindar to toast **18**
brindis *n.m.* toast **18**
buen gusto good taste **8**
buen viaje good trip **10**
bueno *adj.* good **2;** *adv.* well, okay; **buenas noches** good evening, good night **Sec. 2; buenas tardes** good afternoon **Sec. 2; ¿Bueno?** Hello **6; buenos días** good morning **Sec. 2**
buen provecho good appetite **7**
burlarse (de) to make fun (of) **18**
buscar to look for **1**
buzón *n.m.* mailbox **12**

C

caballero *n.* gentleman **16**
caballo *n.* horse **14**
cabeza *n.* head **13**
cada *adj., invar.* each, every **5**
cadena *n.* channel, network, chain **14, in ex.**
caer to fall, **caerse** to fall down **8, in ex.; 11**
café *n.m.* coffee; café **Sec. 17**
cafetería *n.* café **1**
caja *n.* box **8**
cajero *n.* cashier
calcetines *n.m.pl.* socks **9**
cálculo *n.* calculus **2**
calefacción *n.* heating
calendario *n.* calendar **Sec. 3**
caliente *adj.* hot **7**
calor *n.m.* heat; **hace calor** it's hot (*weather*) **4; tener calor** to be (feel) hot (warm) **3**
callado *adj.* silent, quiet
calle *n.f.* street **Sec. 2**
cama *n.* bed **5, in ex.; cama de agua** water bed **5; cama matrimonial** double bed **5**
cámara *n.* camera **10**
camarera *n.* waitress **3**
camarero *n.* waiter **3**
camarones *n.m.pl.* shrimp **7**
cambiar to change **2**
cambio *n.* change **16**
caminar to walk **6**
camino *n.* road **11**
camión *n.m.* truck **11**
camisa *n.* shirt **9**
camiseta *n.* T-shirt **9**
campeón *n.m.* champion **14**
campeona *n.f.* champion **14**
campeonato *n.* championship **14**
campesino *n.* peasant, country person **Gac. 4**
cámping *n.* campsite **15; hacer cámping** to go camping
campo *n.* country, field **4; campo deportivo** playing field **1**
campus *n.m.* campus **1**
canal *n.m.* channel **4, in ex.**
cancelar to cancel **10**
canción *n.* song **6**
cancha *n.* court **14**
candidato *n.* candidate **3**
cansado *adj.* tired, tiresome **2**
cantante *n.* singer **Gac. 4**
cantar to sing **6**
cantidad *n.* quantity **13, in ex.**
capaz *adj.* capable **11, in ex.**
capítulo *n.* chapter **2**
capó *n.* hood (*of a car*) **11, in ex.**
caprichoso *adj.* capricious, whimsical **Gac. 1**
¡caramba! gracious me! my goodness **1**
caramelo *n.* hard candy, caramel **8**

cárcel *n.f.* jail
caribe *n.m.* Caribbean **4**
caries *n.f.* cavity **13**
cariño *n.* affection **16**
cariñoso *adj.* affectionate **16**
carnaval *n.m.* carnival **18**
carne *n.f.* meat **7**
carnicería *n.* butcher shop **7, in ex.**
carnicero *n.* butcher **8**
caro *adj.* expensive **4**
carpintero *n.* carpenter
carrera *n.* career, race **3**
carro *n.* car **4**
carta *n.* letter, card, menu **6; echar una carta** to mail a letter **12**
cartas *n.* playing cards; **jugar a las cartas** *v.* to play cards **6**
cartel *n.m.* poster
cartelera *n.* T.V. section (*newspaper*) **6**
cartera *n.* wallet **9**
cartero *n.* mailman
casado *adj.* married **4; recién casado** newlywed **16**
casarse (con) to get married (to) **16**
casi *adv.* almost **5, in ex.**
cassette *n.m.* cassette **1**
castigo *n.* punishment
castillo *n.* castle **12**
catarro *n.* cold (*health*) **13**
catedral *n.f.* cathedral **Gac. 1**
católico *adj.* Catholic **18**
cebolla *n.* onion **7**
celebrar to celebrate **Gac. 3**
célebre *adj.* famous **Gac. 6**
celos *n.* jealousy **16; tener celos** to be jealous **3**
celoso *adj.* jealous **16**
cementerio *n.* cemetery **18**
cena *n.* supper **4**
cenar to eat supper **5**
centro *n.* center, downtown **Sec. 2; in ex.; centro comercial** shopping center **9; centro estudiantil** student center **1; centro para niños** child care center **17**
cepillo *n.* brush **12**
cerca (de) *adv.* near, close **5**
cerdo *n.* pork **8**
cerebro *n.* brain **13**
cereza *n.* cherry **8, in ex.**
cero zero **Sec. 2**
cerrado *adj.* closed **9**
cerrar (e > ie) to close **3**
cerveza *n.* beer **7**
ciclismo *n.* cycling **14**
ciclista *n.* cyclist **Gac. 1; 14**
cielo *n.* sky, heaven **15; sweetheart 16**
cien one hundred **1**
ciencia *n.* science **2; ciencia política** political science; **ciencias de computadora/computación** computer science

científico *n.* scientist **3**
cierto *adj.* certain, sure **Sec. 3**; **es cierto** that's right **10**
cine *n.m.* movie theater **6**
cinco five **Sec. 2**
cincuenta fifty **1**
cinturón *n.m.* belt **9**; **cinturón de seguridad** seat belt **10**
circo *n.* circus **15**
circulación *n.* traffic **11**
cita *n.* date, appointment **3**
citar to make a date or appointment
ciudad *n.* city **Sec. 2**
ciudadano *n.* citizen **10**
claro *adj.* clear **9**; **¡Claro!** Of course! **4**; **es claro** it's clear **10**; **Claro que sí** Of course **4**
cliente *n.m.,f.* client **Sec. 3**
clima *n.m.* climate **9, in ex.**
cobrar to charge **12**
cocido *adj.* cooked
cocina *n.* kitchen **5**
cocinar to cook **5**
cocinero *n.* cook **3**
coche *n.m.* car **4**; **coche cama** sleeping car *(train)* **11**; **coche comedor** dining car *(train)* **11**
coger to grasp, seize, catch **14**
cola *n.* line, tail **10**; **hacer cola** to wait in line
coleccionar to collect
colegio *n.* school **1**
colgar to hang (up) **6**
colombiano *adj.* Colombian **Sec. 2**
combatir to combat, fight **17**
comedor *n.m.* dining room **5**
comenzar (e > ie) to begin, start **3**
comer to eat **2**
comestibles *n.pl.m.* food
cómico *n.* comedian **2, in ex.**; *adj.* funny **15**
comida *n.* food, meal **4**
como *adv.* as, since **16**; **¿cómo?** *interr.* how? **Sec. 2**; what?, how's that again?; **¿Cómo anda?** How's it going?; **¿Cómo se dice... ?** How do you say . . .? **6**; **¿Cómo se escribe... ?** How do you spell . . .? **Sec. 1; 2; Cómo no** Of course **4**; **¿Cómo está(s)?** How are you? **Sec. 2**; **¿Cómo se(te) llama(s)?** What's your name? **Sec. 2**
cómodo *adj.* comfortable **9**
compañero *n.* friend, companion **1**; **compañero de clase** classmate; **compañero de cuarto** roommate
compañía *n.* company **3**
compartir to share **5**
competencia *n.* competition **15**
competir to compete **5**
complicado *adj.* complicated **11**
comportamiento *n.* behavior **17**

comportarse to behave
comprar to buy **1**
compras, ir de to go shopping **8**
comprender to understand **2**
comprometerse to become engaged **16**
compromiso *n.* engagement **16**
computadora *n.* computer **Sec. 2; 1**
común *adj.* common **Sec. 2; 10, in ex.**
con *prep.* with **1**; **con destino a** destined for **10**; **con frecuencia** frequently **1**; **con tal de que** *conj.* provided that **15**; **conmigo** *prep.* with me **5**; **contigo** *prep.* with you **5**
conducir to drive **4**
conductor *n.* driver **11**
conferencia *n.* lecture **Gac. 1**
confirmar to confirm **10**
congestionado *adj.* congested **13**
conjunción *n.f.* conjunction **14**
conjunto musical *n.* band **16**
conocer to know; to meet **4**
conseguir (e > i) to get; to obtain **5**
consejero *n.* counselor, advisor **2**
consejo *n.* advice **9, in ex.**
conservador *n.* conservative **Sec. 1**
conservar to keep, maintain **Gac. 6**
consistir (en) to consist (of) **2**
construir to build **6**
consultorio *n.* doctor's office **13**
contabilidad *n.* accounting **2**
contador *n.* accountant **3**
contaminado *adj.* contaminated, polluted **15**
contar (o > ue) to tell, count **3**; **contar chistes** to tell jokes; **contar con** to count on **3**
contento *adj.* content, happy **2**
contestar to answer **1**
contra *prep.* against **17**
contratar to hire **16**
cooperar to cooperate **17**
copa *n.* wine glass **7**; **tomar una copa** to have a drink **7**
coqueta *adj.* flirtatious **17**
corazón *n.m.* heart **13**
corbata *n.* tie **9**
correcto correct, exactly **4**
corregir (e > i) to correct **5**
correo *n.* post office **12**
correr to run **14**
corrida de toros *n.* bullfight **Sec. 3**
cortar to cut **7**
corte *n.f.* court **4, in ex.**
cortés *adj.* polite, courteous **16**
cortina *n.* curtain
corto *adj.* short, brief **4**
cosa *n.* thing **1**
costarricense *n. adj.* Costa Rican **Sec. 2**
costar (o > ue) to cost **3**
costumbre *n.f.* custom, habit **7**
crear to create **6, in ex.**

crecer to grow **4**
creer to believe, think **2**
criada *n.* maid **12**
criado *n.* servant **12**
criar to raise **17**
cristiano *adj.* Christian **18**
crudo *adj.* raw **8**
cruz *n.f.* cross **18, in ex.**
cruzar to cross **Gac. 4**
cuaderno *n.* notebook **Sec. 3**
cuadra *n.* block **10**
cuadro *n.* painting **5**
¿cuál? *interr.* what?, which? **Sec. 2**
cualquier, cualquiera *adj.* any **11**
¿cuándo? *interr.* when? **Sec. 2**
¿cuánto? *adj. interr.* how much? how many? **Sec. 2**; **en cuanto** *conj.* as soon as **14**
cuarenta forty **1**
cuarto *n.* room; *adj.* fourth **5**; **cuarto de baño** bathroom **12**; **cuarto** *(time)* a quarter **1**
cuatro four **Sec. 2**
cuatrocientos four hundred **4**
cubierto *p.p., adj.* covered **13**
cubrir to cover **13**
cuchara *n.* table or soup spoon **7**
cuchillo *n.* knife **7**
cuello *n.* neck **13**
cuenta *n.* check, bill **7**; **darse cuenta de** to realize **7**
cuero *n.* leather **9**
cuidado *n.* care, caution **13**; **tener cuidado** to be careful **13**; **cuidado médico** *n.* medical care **13**
cuidar (de) to care for, to take care of; **cuidarse** to take care of oneself **13**
cumpleaños *n.m.* birthday **4**; **Feliz Cumpleaños** Happy Birthday
cumplir... años to turn . . . years of age **4**
cumplir (con) to fulfill **17**
cuñada *n.* sister-in-law **4**
cuñado *n.* brother-in-law **4**
cura *n.m.* priest **18**
cura *n.f.* cure **13**
curar to cure **8, in ex.**
currículum (vitae) résumé **3**
curso *n.* course **5, in ex.**

CH[1]

chaleco *n.* vest
champú *n.m.* shampoo **12**
chaqueta *n.* jacket **9**

---

[1]In 1994, the Spanish Language Academy declared that *ch* and *ll* are no longer official letters of the Spanish alphabet. This edition of *Así es* follows the pre-1994 system. Future editions will follow the new system.

charlar to chat **1**
chau good bye **Sec. 2**
cheque de viajero *n.* traveler's check **12**
chévere great, awesome **1**
chica *n.* little girl **1**
chico *n.* little boy **1**
chileno *n., adj.* Chilean **Sec. 2**
chisme *n.m.* gossip
chismear to gossip **5**
chiste *n.m.* joke; **contar chistes** to tell
jokes **4**
chistoso *adj.* funny **15**
chocar (con) to run into, collide (with),
hit **11**
chocolate *n.m.* chocolate **2, in ex.**
chorizo *n.* sausage **8**

D

dama *n.* lady **17**
dañar to harm, hurt **14**
daño *n.* harm; **hacer daño** to do harm
dar to give **4**; **dar a** to face **5, in ex.**; **dar a**
luz to give birth **17**; **dar un paseo** to take
a walk **6**; **dar la mano** to shake hands
Sec. 2, in ex.
de *prep.* of, from **1**; **de acuerdo** agreed **8**;
de buen (mal) gusto in good (bad) taste
8; **¿De dónde es Ud.?** Where are you
from? **Sec. 2, in ex.**; **de nada** you're
welcome **Sec. 2**; **de ninguna manera** by
no means **4**; **¿De parte de quién?** Who's
calling? **6**; **¿De qué se trata?** What is it
about? **6**; **¿De quién... ?** Whose . . .? **2**; **de**
vez en cuando from time to time **16**
debajo (de) *prep.* under, below **Sec. 3**
deber *n.m.* duty **17**; *v.* should, ought to **2**
débil *adj.* weak **14**
debilidad *n.f.* weakness **17, in ex.**
decano *n.* dean **2**
decidir to decide **2**; **decidirse a** to make up
one's mind to
décimo *adj.* tenth **12**
decir (e > i) to say, to tell **4**
dedo *n.* finger **13**; **dedo del pie** toe
dejar to leave behind, to allow **3**; **dejar de**
+ inf. to stop **Gac. 3; 8, in ex.**; **dejar un**
mensaje (recado) to leave a message **6**
del *contraction of* **de** *and* **el** of the **2**
delante (de) *prep.* before, in front of **Sec. 3**
delgado *adj.* thin **Guía 1; 2**
delicioso *adj.* delicious **7**
demás *adj.* (*with* **lo, la, los, las**) the other,
the rest of the . . . **17**
demasiado *adj., adv.* too, too much **8**
dentista *n.m., f.* dentist **Sec. 3**
dentro (de) *prep.* in, within **5**
dependiente *n.* clerk **8**
deporte *n.m.* sport **1, in ex.; 14**
deportivo *adj.* athletic **1**; **campo deportivo**
athletic field

deprimente *adj.* depressing **18**
derecho *n.* right, privilege, law **Gac. 2**; *adv.*
straight ahead; *adj.* right; **a la derecha** to
the right **10**
desagradable *adj.* unpleasant **11**
desarrollar to develop **14**
desarrollo *n.* development **14**
desastre *n.m.* disaster **6, in ex.**
desayunar to have breakfast **5**
desayuno *n.* breakfast **4**
descansar to rest **11**
descompuesto *adj.* broken **11**
descubierto *p.p.* discovered **13**
descubrir to discover **13**
desde *adv.* since **10**; *prep.* from
desde luego of course **4**
desear to desire, want **1**
desempacar to unpack **12**
desempleo *n.* unemployment
deseo *n.* desire **Gac. 2**
desfile *n.m.* parade **18**
desierto *n.* desert **15**
desigualdad *n.* inequality
desilusión *n.f.* disappointment **1**
desinflado *adj.* flat **11**; **una llanta**
desinflada a flat tire
desordenado *adj.* unorganized, messy **5**
despacio *adv.* slowly **2**
despacho *n.* office **1**
despedida *n.* farewell, parting, dismissal
despedirse (de) (e > i) to say goodbye
to **10**
despertarse (e > ie) to wake up **9**
despierto *adj.* awake **15**; **soñar despierto** *v.*
to daydream **15**
después later, after **1**; **después de** *prep.*
after; **después de que** *conj.* after **14**
destino *n.* destiny **10**; **con destino a** *prep.*
destined for **10**
destruir to destroy **6**
detalle *n.m.* detail **9**
detrás de *prep.* behind, in back of **Sec. 3**
devolver (o > ue) to return, to give back **3**
día *n.m.* day **1**; **hoy día** nowadays **Gac. 2**
Día de los Muertos Day of the Dead **18**
Día de los Reyes Magos Kings' Day **18**
Día del Santo Saint's Day **18**
diario *adj.* daily **Gac. 3**; diary **10**
dibujar to draw, sketch **6**
dibujo *n.* sketch, drawing **5, in ex.**
diccionario *n.* dictionary **Sec. 3**
diciembre *n.* December **4**
dicho *p.p.* said **13**
dieciséis sixteen **Sec. 2**
diente *n.m.* tooth **13**
dieta *n.* diet **8**; **estar a dieta** to be on a
diet **8**
diez ten **Sec. 2**
difícil *adj.* difficult **2**
¡Diga! Hello *(telephone, Spain)* **6**
dineral *n.m.* large sum of money **7**

dinero *n.* money **1**
Dios *n.* God **1**; **¡Dios mío!** My God!
dirección *n.* address, direction **sec. 2, in ex.**
dirigir to direct
disco *n.* record **Gac. 2**
discriminación *n.* discrimination **Gac. 2; 17**
discriminar to discriminate **17**
disfraz *n.m.* disguise **18**
disfrazarse (de) to disguise oneself (as),
dress up (as) **18**
disfrutar (de) to enjoy **15**
disponible *adj.* available
disputa *n.* dispute, argument **16**
disputar to argue **16**
distinto *adj.* different **5**
diversión *n.* amusement **6**
divertido *adj.* amusing **14**
divertirse (e > ie) to have a good time **9**
divorciado *adj.* divorced **4**
divorciarse to get divorced **16**
divorcio *n.* divorce **16**
doblar to turn a corner, fold **10**
doble *adj.* double **Sec. 1**
doce twelve **Sec. 2**
docena *n.* dozen **8**
doctor *n.m.* doctor **Sec. 1**
dólar *n.m.* dollar **Sec. 1**
doler (o > ue) to hurt; to grieve **13**
dolor *n.m.* pain, grief **13**
doloroso *adj.* painful **13**
domicilio *n.* address **3, in ex.**
dominar to dominate **17**
domingo *n.* Sunday **Sec. 1**
¿dónde? *interr.* where? **Sec 2**; **¿De dónde?**
From where?
dorado *adj.* golden **4, in ex.**
dormir (o > ue) to sleep **3**; **dormirse** to
fall asleep **9**
dormitorio *n.* bedroom **1**
dos two **Sec. 2**
ducha *n.* shower **5**
ducharse to take a shower
duda *n.* doubt **10**
dudar to doubt **10**
dudoso *adj.* doubtful **10**
dueño *n.* owner
dulce *adj.* sweet **7**
durante *prep.* during **8**
duro *adj.* hard, difficult **Gac. 5**

E

e and (*instead of* **y** *before words that begin*
with **i** *and* **h**) **1**
economía *n.* economics **2**
económico *adj.* economical **9**
echar to throw **Gac. 3**; **echar de menos** to
miss; **echar una carta** to mail a letter **2**;
echar una siesta to take a nap **15**
edad *n.f.* age **8, in ex.**
edificio *n.* building **1**

EE.UU. U.S. **2, in ex.;** **Estados Unidos** United States
ejecutivo *n.* executive **Sec. 3**
ejemplo *n.* example **7**
ejercicio *n.* exercise **5, in ex.**
ejército *m.* army **Gac. 3**
el *m. sing. def. art.* the **Sec. 3**
él *subj. pron.* he **Sec. 2;** *obj. of prep.* him **5**
electricista *n.* electrician
elefante *n.m.* elephant **Sec. 1; 15**
elegante *adj.* elegant **Sec. 1; 9**
elegir (e > i) to elect, choose
ella *subj. pron.* she **Sec. 2;** *obj. of prep.* her **5**
ellas *f. subj. pron.* they **Sec. 2;** *f. obj. of prep.* them **5**
ellos *m. subj. pron.* they **Sec. 2;** *m. obj. of prep.* them **5**
embarazada *adj.* pregnant **Guía 1; 13**
empacar to pack **12**
emocionante *adj.* exciting **Gac. 1**
empezar (e > ie) to begin, start **3**
empleado *n.* employee **3**
empleo *n.* job, work **3**
empresa *m.* business, corporation **3**
en *prep.* in, on, at **Sec. 3; en absoluto** absolutely not **4; en cambio** on the other hand **16; en cuanto** *conj.* as soon as **14; en otras palabras** in other words **16; en punto** on time **1; en seguida** right away **8; en vez de** instead of **11, in ex.**
enamorado *adj.* in love **16**
enamorarse to fall in love **16**
encantado delighted **Sec. 2**
encantar to delight, fascinate **7**
encender (e > ie) to light **6**
encima *adj.* above, over, overhead **Sec. 3; encima de** *prep.* on top of
encontrar (o > ue) to find **3**
enero *n.* January **4**
enfadarse to become angry **17**
enfermarse to become sick **13**
enfermedad *n.* illness, disease **13**
enfermero *n.* nurse **13**
enfermo *adj.* sick, ill **2**
enfrentarse (con) to face **14**
engordar to gain weight; to get fat **8**
enhorabuena congratulations **18**
enojado *adj.* angry **17**
enojarse to become angry **17**
ensalada *n.* salad **7**
enseñar to teach **1**
entender (e > ie) to understand **3**
enterarse (de) to find out (about)
enterrar (e > ie) to bury **18**
entierro *n.* burial **18**
entonces *adv.* then **4**
entrada *n.* entrance, ticket **10**
entrar to enter **2**
entre *prep.* between, among **5**
entregar to hand in

entrenador *n.* trainer **14**
entrenar to train **14**
entrevista *n.* interview **3**
entrevistar to interview
entusiasmado *adj.* excited **14**
enviar to send **6, in ex.**
envidioso *adj.* envious **16**
equipaje *n.m.* luggage **10**
equipo *n.* team **Gac. 3**
equivocado *adj.* wrong **6**
esa *demons. adj.* that **5; ésa** *pron.* that one
escala *n.* stop-over
escalar to climb, scale **15**
escaleras *n.pl.* stairs **12; escalera mecánica** escalator **12**
escoba *n.* broom
escoger to choose **7**
escribir to write **2; escribir a máquina** to type
escrito *p.p., adj.* written **13**
escritor *n.m.* writer **Gac. 3**
escritorio *n.* desk **Sec. 3**
escuchar to listen to **1**
escuela *n.* school **1; escuela primaria** elementary school; **escuela secundaria** high school
es decir which is to say **1**
ese *demons. adj.* that **5; ése** *pron.* that one
espalda *n.* back **13**
España *n.* Spain **Sec. 1**
español *n.* Spanish (*language*) **Sec. 2, in ex.;** *n.* Spaniard; *adj.* Spanish
especial *adj.* special **Sec. 1**
especialidad *n.* specialty **7**
especialización *n.* major
especializarse (en) to major (in)
especialmente *adv.* especially **6, in ex.**
espectador *n.* spectator **14**
espejo *n.* mirror **5**
esperanza *n.* hope **Gac. 1**
esperar to wait for, expect, hope **4**
espíritu *n.* spirit **Gac. 3**
esposo *n.* spouse **4**
esquí *m.s.* ski, skiing **Gac. 1**
esquiar to ski **14**
esquina *n.* corner **10**
esquís *m.pl.* skis **14**
esta *demons. adj.* this **5; ésta** *pron.* this one; **esta noche** tonight **1**
estación *n.* station, season **11**
estacionar to park **11**
estadio *n.* stadium **10, in ex.**
estar to be **Sec. 2; está bien** it's okay, it's alright **Sec. 2; estar a dieta** to be on a diet **8; estar atrasado** to be late **10; estar de acuerdo** to be in agreement **15; estar de moda (de onda)** to be in style **4; estar de vacaciones** to be on vacation **10; estar de venta** to be on sale **8; estar equivocado de número** to have a wrong number **6; estar loco** to be crazy

este *n.* east **11;** to stall for time **16**
este *demons. adj.* this **5; éste** *pron.* this one; **en este momento** right now
estilo *n.* style **Gac. 1; estilo de vida** lifestyle
estimulante *adj.* stimulating
estómago *n.* stomach **13**
estrecho *adj.* narrow, close **9**
estrella *n.* star **Gac. 1; Sec. 2**
estudiante *n.* student **Sec. 3**
estudiar to study **1**
estufa *n.* stove, heater **5**
estupendo *adj.* stupendous, wonderful **Sec. 2**
estúpido *adj.* stupid **2**
evidente *adj.* evident **Gac. 1**
evitar to avoid **8**
exagerar to exaggerate **6, in ex.**
examen *n.m.* exam **Sec. 1**
excelente *adj.* excellent **sec. 1**
excepto *adv.* except **5**
exclamar to exclaim **8, in ex.**
excursión *n.* excursion, trip, tour **10**
exhibición *n.* exhibition, show **15, in ex.**
exhibir to exhibit, show
exigente *adj.* demanding
exigir to demand, require
existencia *n.* existence **12, in ex.**
existir to exist **Gac. 2**
éxito *n.* success; **tener éxito** to be successful **3**
exitoso *adj.* successful **Gac. 5**
experiencia *n.* experience **3**
explicar to explain **6, in ex.**
externo *adj.* external
extranjero *n.* foreigner **10;** *adj.* foreign, alien; **al extranjero** abroad
extrañar to miss, long for **10**
extraño *adj.* strange **12**
extraordinario *adj.* extraordinary **Gac. 6**

F

fabuloso *adj.* fabulous **Gac. 2**
fácil *adj.* easy **2**
facilidad *n.* ease, ability **Gac. 4**
factor *n.m.* factor **9**
facturar to check (*luggage*) **10**
facultad *n.f.* department, college school (*of a university or college*) **17**
faena *n.* task, duty **17;** death of the bull (*bullfight*)
falda *n.* skirt **9**
falso *adj.* false **1, in ex.**
falta *n.* lack, fault **7; sin falta** without fail; **hacer falta** to be in need of **7**
faltar to be lacking, miss **7**
familiar *n.* relative, family member **4;** *adj.* pertaining to the family
famoso *adj.* famous **Sec. 1**
fantástico *adj.* fantastic **Sec. 1**
farmacéutico *n.* pharmacist **13**

farmacia *n.* pharmacy **13**
fascinante *adj.* fascinating **4, in ex.**
fascinar to fascinate **7**
fatal *adj.* terrible **Sec. 2**
favor *n.m.* favor **6, in ex.; por favor** please
febrero *n.* February **4**
fecha *n.* date **3, in ex.; 4**
felicidad *n.* happiness **18**
felicitaciones congratulations **6**
felicidades congratulations **6**
felicitar to congratulate **18**
feliz *adj.* happy **2; Feliz Cumpleaños** Happy Birthday
femenino *adj.* feminine
feminidad *n.* femininity **17**
fenomenal *adj.* phenomenal **Sec. 2**
feo *adj.* ugly, unpleasant **Guía 1; 2**
feroz *adj.* ferocious **15**
festejar to celebrate, entertain **18**
festividad *n.* festivity **18**
fichero *n.* card catalog
fiebre *n.f.* fever **13**
fiesta *n.* party **1; día de fiesta** holiday
fin *n.m.* end **1; fin de semana** weekend; **por fin** finally, at last **7**
final *adj.* final **6, in ex.**
finalmente *adv.* finally **Sec. 1**
firma *n.* signature
firmar to sign **12**
físico *adj.* physical **17, in ex.**
flaco *adj.* skinny, thin **8**
flan *n.m.* caramel custard **7**
flechazo *n.* hit with an arrow (love at first sight) **16**
flexible *adj.* flexible **17**
flojo *adj.* light, weak, lazy
flor *n.f.* flower **Gac. 1**
folleto *n.* brochure, pamphlet **10**
formal *n.* formal **8**
formar to form **5, in ex.**
formidable *adj.* terrific
fotografía (foto) *n.f.* photograph **Sec. 1; 4**
fracasar to fail **16**
fracaso *n.* failure **14**
francés *n.m.* French (*language*); *n.* French national; *adj.* French
Francia *n.* France **Sec. 1**
frase *n.f.* sentence, phrase **2**
frecuente *adj.* frequent **8**
frecuentemente *adv.* frequently **13, in ex.**
fregar (e > ie) to scrub **5**
frenar to brake, to apply the brakes **11**
frenos *n.pl.* brakes **11**
fresa *n.* strawberry **8**
fresco *adj.* cool, fresh **4; hace fresco** it's cool (*weather*) **4**
frijol *n.m.* bean **7**
frío *n., adj.* cold **2; 4; hace frío** it's cold (*weather* **4**); **tener frío** to be cold **3**
frito *adj.* fried **Sec. 1; 7**
frontera *n.* frontier, border **Gac. 6**

fruta *n.* fruit **8**
fuego *n.* fire **Sec. 3; 15**
fuera *adv.* out, outside **5; fuera de** *prep.* out of
fuerte *adj.* strong; fort **Gac. 1; 8, in ex.**
fuerza *n.* force **14**
fumar to smoke **10**
función *n.* function, performance, show **4**
funcionar to work, function, run **12**
furioso *adj.* furious, angry **8**
fútbol *n.m.* soccer **Sec. 1; 14; fútbol americano** football
futbolista *n.* soccer player, football player **Sec. 2, in ex.**
futuro *n., adj.* future **Gac. 2**

G

gafas *n.* eyeglasses **12; gafas de sol** sunglasses
galón *n.m.* gallon
galleta *n.* cookie **8**
gambas *n.pl.* shrimp **7**
ganar to earn, win **3**
ganas; tener ganas de to feel like, have the desire **3**
ganga *n.* bargain **7**
garaje *n.m.* garage **5**
garganta *n.* throat **13**
gaseosa *n.* soda **8, in ex.**
gasolina *n.* gasoline **11; estación de gasolina** gas station **11**
gasolinera *n.* gas station **11**
gastar to spend, use, waste **11**
gasto *n.* expense, waste **11**
gato *n.* cat **5**
gemelo *n.* twin
general *adj.* general **7; en general** in general; **por lo general** generally
generalmente *adv.* generally **Sec. 1**
generoso *adj.* generous **Sec. 1**
gente *n.f.* people **3**
gerente *n.m.* manager **3**
gesto *n.* gesture **7, in ex.**
gimnasio *n.* gymnasium **1**
gira *n.* tour **10**
globo *n.* balloon **15**
gobernador *n.m.* governor **Gac. 2**
gobierno *n.* government **Gac. 3**
golf *n.* golf **14**
gordo *adj.* fat **Guía 2**
gozar de to enjoy **7**
grabadora *n.* tape recorder
grabar to tape, record **Gac. 4**
gracias *n.* thanks, thank you **Sec. 2; muchas gracias** thank you very much, many thanks
gracioso *adj.* funny **Sec. 1**
grado *n.* degree (*temperature*) **13, in ex.**
graduarse to graduate **1, in ex.**
gramática *n.* grammar **6, in ex.**

grande (gran) *adj.* big, large, great **2**
gratis *adj.* free of charge **10**
gratuito *adj.* gratuitous **10**
grave *adj.* serious **13**
griego *n.* Greek (*language*) **8, in ex.;** *n.* Greek national; *adj.* Greek
gripe *n.f.* grippe, influenza **13**
gris *adj.* gray **4**
gritar to shout, yell
grupo *n.* group
guante *n.m.* glove **Sec. 2, in ex.**
guapo *adj.* handsome, attractive **2**
guardar to keep, save **9, in ex.**
guarde cama stay in bed **13**
guardia *n.* guard
guardería infantil *n.* day-care center **17**
guerra *n.* war **4, in ex.**
guía *n.m./f.* guide **10; guía turístico** tour guide
guisante *n.m.* pea **7**
guitarra *n.* guitar **6**
gustar to be pleasing **7**
gusto *n.* taste **8; mucho gusto** pleased to meet you **Sec. 2; buen (mal) gusto** good (bad) taste **8**

H

haber to have (*auxiliary verb*) **13**
habichuela *n.* bean **8**
habitación *n.* room **5**
hablar to speak **1**
hacer to do, make **1; hacer autostop** to hitchhike **11; hacer cola** to stand in line **10; hacer el esfuerzo** to make the effort **16; hacer escala** to make a stopover; **hacer juego con** to match **9; hacer la maleta** to pack a suitcase **10; hacer las paces** to make up **16; hacerle caso a alguien** to pay attention to someone **6; hacerle una pregunta a alguien** to ask someone a question **6; hacer una cita** to make a date **8, in ex.; hacer una llamada** to make a call **6; hacer un papel** to play a role **17; hacerse novios** to get engaged **16; hacer calor** to be hot **4; hacer frío** to be cold; **hacer viento** to be windy **4; hacer cámping** to go camping **15; hacer un viaje** to take a trip **10**
hacia *prep.* toward **11, in ex.**
hambre *n.f.* hunger **3; tener hambre** to be hungry
hamburguesa *n.* hamburger **Sec. 1; 8**
hasta *prep.* until, up to **Sec. 2; hasta que** *conj.* until **14; hasta luego** see you later **Sec. 2; hasta mañana** see you tomorrow **Sec. 2; hasta pronto** see you soon **Sec. 2**
hay there is, there are **Sec. 2; 3; hay que** one must **8**
hecho *n.* fact, event **8, in ex.;** *p.p.* done, made **13; el hecho de que...** the fact that . . . **17**

heladería *n.* ice cream shop **7, in ex.**
helado *n.* ice cream **4**
helar (e > ie) to freeze
hembra *n.* female **15, in ex.**
hemisferio *n.* hemisphere **Gac. 2**
herida *n.* injury, wound
herido *adj.* injured, wounded **13**
hermana *n.* sister **4**
hermano *n.* brother **4**
hermoso *adj.* beautiful **9**
héroe *n.m.* hero **8, in ex.**
hervido *adj.* boiled **8**
hervir to boil
hielo *n.* ice **8, in ex.**
hígado *n.* liver
hija *n.* daughter **4**
hijo *n.* son **4**; *pl.* children
hinchado *adj.* swollen **13**
hispánico *adj.* Hispanic **Sec. 1**
hispano *n., adj.* Hispanic **Sec. 3**
hispanoparlante *adj.* Spanish-speaking
historia *n.* history, story **2**
hogar *n.m.* home **5**
hoja *n.* leaf; **hoja de papel** sheet of paper
hola hello, hi **Sec. 1**
hombre *n.* man **Sec. 3**
hondo *adj.* deep **13**
hongo *n.* mushroom **7**
hora *n.* hour, time **1**; **¿A qué hora?** At what time?; **¿Qué hora es?** What time is it?
horario *n.* schedule **2**
horno *n.* oven **5**
horror *n.* horror **Sec. 1**
hospital *n.m.* hospital **Sec. 1; 13**
hotel *n.m.* hotel **Sec. 1; 12; hotel de lujo** first-class *(luxury)* hotel
hoy *adv.* today **1**; **hoy día** nowadays
huelga *n.* strike **Gac. 4**
huésped *n.* guest **12**
huevo *n.* egg **8**
humano *adj.* human **Gac. 1; ser humano** *n.* human being
humilde *adj.* humble, modest **Gac. 6**
humor *n.* humor, mood **Sec. 1; de buen (mal) humor** in a good (bad) mood

I

ida *n.* departure **10; ida y vuelta** round-trip
idea *n.* idea **Sec. 1; 10**
ideal *adj.* ideal **Sec. 1**
idioma *n.m.* language **2**
iglesia *n.* church **16**
igual *adj.* equal, same **4, in ex.; me da igual** it's all the same to me
igualdad *n.* equality **Gac. 2**
igualmente *adv.* equally **1**
ilusión *n.* illusion **Gac. 5**
imagen *n.f.* image **Gac. 2**
imaginación *n.* imagination **10, in ex.**
imaginar to imagine **18, in ex.**

impaciente *adj.* impatient
impedir (e > i) to prevent, impede **5**
imperfecto *adj.* imperfect **8**
impermeable *n.m.* raincoat **9**
imponer to impose
importancia *n.* importance **4, in ex.**
importante *adj.* important **Sec. 1**
importar to import; to be important **7**
imposible *adj.* impossible **10**
impresión *n.* impression **2, in ex.; 12**
impresionante *adj.* impressive **12**
impresionar to impress
impuesto *n.* tax **Gac. 4**
incendio *n.* fire
incluir to include **6**
incluso *prep.* including **5**
incómodo *adj.* uncomfortable **9**
incorporar to incorporate **18, in ex.**
independencia *n.* independence **Gac. 2**
independiente *adj.* independent
indígena *n.* native person **Gac. 2; 10** *adj.* indigenous
indio *n., adj.* Indian **12, in ex.**
inesperado *adj.* unexpected **11, in ex.**
infancia *n.* childhood
infantil *adj.* childish, pertaining to children **Gac. 4; 16**
infeliz *adj.* unhappy
infinitivo *n.* infinitive **14, in ex.**
inflamado *adj.* inflamed **13**
influencia *n.* influence **10**
influir (en) to influence **Gac. 4**
informal *adj.* informal **7, in ex.**
ingeniería *n.* engineering **2**
ingeniero *n.* engineer **Gac. 6**
Inglaterra *n.* England **8, in ex.**
inglés *n.m.* English *(language)* **4, in ex.;** *n.* English national; *adj.* English
ingrediente *n.m.* ingredient **7**
inicial *adj.* initial
inmediatamente *adv.* immediately **16, in ex.**
inmigrante *n.* immigrant **Gac. 4**
inocente *adj.* innocent **16**
inolvidable *adj.* unforgettable **7, in ex.**
insecto *n.* insect **15**
insistir to insist **11**
instituto *n.* institute **Gac. 5**
instructor *n.* instructor **17, in ex.**
instrumento *n.* instrument **Gac. 3, in ex.**
insulto *n.* insult
inteligente *adj.* intelligent **Sec. 2; 2**
intenso *adj.* intense **15**
intentar to try, attempt **6**
interés *n.m.* interest **3, in ex.**
interesado *adj.* interested
interesante *adj.* interesting **3**
interesar to interest **7**
interior *adj.* interior **4, in ex.; en el interior** on the inside
internacional *adj.* international **1, in ex.; 12**
interno *adj.* internal

intérprete *n.* interpreter
interrumpir to interrupt
íntimo *adj.* close, intimate **4, in ex.**
inútil *adj.* useless **17**
invención *n.* invention **17**
inventar to invent **8, in ex.**
investigar to investigate **Gac. 4, in ex.**
invierno *n.* winter **4**
invitación *n.* invitation **16**
invitado *n.* guest **9, in ex.; 16**
invitar to invite **4**
inyección *n.* injection, shot **13**
ir to go **1; ir de compras** to go shopping **8; ir de visita** to visit
irse to leave **9**
isla *n.* island **Gac. 2, in ex.**
Italia *n.* Italy **8, in ex.**
italiano *n.* Italian *(language)* **2**; *n.* Italian national; *adj.* Italian
itinerario *n.* itinerary **12**
izquierdo *adj.* left; **a la izquierda** on/to the left **10**

J

jabón *n.m.* soap **5**
jamás *adv.* never **3**
jamón *n.m.* ham **8**
Janucá Chanukah **18**
jarabe *n.m.* syrup **13**
jardín *n.m.* garden **5; jardín zoológico** zoo **5**
jefe *n.* boss **3**
jornada *n.* working day
joven *n.* young person **2**; *adj.* young
judío *n.* Jew **18**; *adj.* Jewish
juego *n.* game **6; hacer juego** to match **9**
jueves *n.m.* Thursday **Sec. 1**
juez *n.* judge **Sec. 3; 3**
jugador *n.* player **Gac. 2; 14**
jugar (u > ue) to play **3; jugar a las cartas** to play cards **6; jugar un papel** to play a role **17**
jugo *n.* juice **7**
juguete *n.m.* toy **4**
julio *n.* July **4**
junio *n.* June **4**
juntar to join **18; juntarse** to get together
junto *adj.* together **15**
juntos *adv.* together **8**
juvenil *adj.* youthful
juventud *n.f.* youth **Gac. 1**
juzgar to judge

K

kilo(gramo) *n.* kilogram *(approx. 2.2 lbs.)* **8**
kilómetro *n.* kilometer *(approx. 0.62 miles)* **Gac. 1**

L

la *f. sing. def. art.* the **Sec. 3**
la *f. sing. d. o. pron.* her, you, it **5**
labio *n.* lip **13**
laboratorio *n.* laboratory **1; laboratorio de lenguas** language laboratory
lado *n.* side **Gac. 3; al lado de** *prep.* next to
ladrillo *n.* brick **5, in ex.**
ladrón *n.* thief, burglar **Gac. 3**
lago *n.* lake **15**
lámpara *n.* lamp
lana *n.* wool **9**
langosta *n.* lobster **8**
lanzador *n.* pitcher **14**
lanzar to throw **14**
lápiz *n.m.* pencil **Sec. 3**
largo *adj.* long **4**
las *f. pl. def. art.* the **Sec. 3**
las *f. sing. d. o. pron.* them, you **5**
lástima *n.* pity, shame **6; 10; ¡Qué lástima!** What a shame!
lastimado *adj.* hurt, injured **14**
lata *n.* can **8**
latín *n.m.* Latin (*language*)
latino *n., adj.* ref. to **latinoamericano Sec. 3**
lavabo *n.* washbasin, bathroom sink **5**
lavadora *n.* washing machine **5**
lavandería *n.* laundry, laundromat **12**
lavaplatos *n.* dishwasher **5**
lavar to wash **5; lavarse** to wash oneself, get washed
lazo *n.* tie **17**
le *ind. obj. pron.* to *or* for him, her, you, it **6**
lección *n.* lesson **1**
lectura *n.* reading **Sec. 1**
leche *n.f.* milk **7**
lechuga *n.* lettuce **7**
leer to read **2**
legumbre *n.f.* vegetable **7**
lejos *adv.* far **5; lejos de** *prep.* far away from
lengua *n.* language, tongue **13**
lento *adj.* slow **2;** *adv.* slowly
león *n.m.* lion **15**
les *ind. obj. pron.* to *or* for them, you **6**
letra *n.* letter (*of the alphabet*), lyrics **Sec. 1**
levantar to raise, pick up **9; levantar pesas** to lift weights; **levantarse** to get up
ley *n.f.* law **Gac. 2**
liberado *adj.* free, liberated **17**
liberal *adj.* liberal **Sec. 1; 14**
libertad *n.f.* liberty **Gac. 1**
libra *n.* pound **8**
libre *adj.* free **10**
librería *n.* bookstore **Sec. 1; 1**
libro *n.* book **Sec. 3; 1**
licencia *n.* license **11; licencia de conducir** driver's license

licenciatura *n.* bachelor's degree; master's degree
liceo *n.* high school **1, in ex.**
liga *n.* league **Gac. 3**
ligero *adj.* light (*weight*) **8**
limitar to limit
límite *n.m.* limit
limón *n.m.* lemon **Sec. 1; 8**
limonada *n.* lemonade **1, in ex.**
limpiar to clean **5**
limpio *adj.* clean **5**
lindo *adj.* pretty **Guía 1; 8**
línea *n.* line; **línea aérea** airline **16, in ex.**
liquidación *n.* sale **8**
lista *n.* list; menu **7**
listo *adj.*: **estar listo** to be ready; **ser listo** to be clever, smart **2**
litro *n.* liter **8**
lo *d. o. pron.* him, it **5; lo que** what, that which **2; 10; lo siento** I'm sorry; **lo más pronto posible** as soon as possible **13**
loco *adj.* crazy **16**
locura *n.* madness, insanity, foolishness **16**
lógico *adj.* logical **2**
lograr to achieve, succeed, attain
los *m. pl. def. art.* the **Sec. 3**
los *d. o. pron.* them, you **5**
lucha *n.* struggle, fight **14, 17**
luchar to fight **16**
luego *adv.* later, then **2; hasta luego** see you later **Sec. 2**
lugar *n.m.* place **1; 14**
lujo *n.* luxury **12, in ex.**
lujoso *adj.* luxurious **12**
luna *n.* moon **15; luna de miel** *n.* honeymoon
lunes *n.m.* Monday **Sec. 1**
luz *n.f.* light **Sec. 3**

LL[1]

llamada *n.f.* call **6**
llamar to call **1; llamarse** to be called **9; ¿Cómo se llama Ud.?** What is your name? **Sec. 2; Me llamo...** My name is . . . **Sec. 2**
llamativo *adj.* showy, attention-getting, "loud" **9**
llanta *n.* tire **11**
llave *n.f.* key **12**
llegada *n.* arrival **10**
llegar to arrive **1; llegar a ser** to become; **llegar a un acuerdo** to come to an agreement

---

[1]In 1994, the Spanish Language Academy declared that *ch* and *ll* are no longer official letters of the Spanish alphabet. This edition of *Así es* follows the pre-1994 system. Future editions will follow the new system.

llenar to fill **11**
lleno *adj.* full **5**
llevar to carry, take, wear **2; llevar una vida (feliz)** to lead a (happy) life
llevarse to carry off, take away; **llevarse bien (mal) con** to get along well (badly) with **16**
llorar to cry **4**
llover (o > ue) to rain **3**
lloviznar to drizzle
lluvia *n.* rain **16**

M

machista *adj.* macho **17**
macho *adj.* male **17**
madera *n.* wood **11**
madre *n.f.* mother **4**
madrina *n.* godmother
madurez *n.f.* maturity
maduro *adj.* mature, ripe **16**
maestría *n.* master's degree **Gac. 5**
maestro *n.* grade school teacher **2**
mágico *adj.* magic, magical **18, in ex.**
magnífico *adj.* magnificent
mago *n.* wizard, magician **4; 18; los Reyes Magos** the Magi, Wise Men **4; 18**
maíz *n.m.* corn **7**
mal *adv.* badly, poorly **1**
maleducado *adj.* ill-mannered, rude **4**
maletero *n.* trunk of a car **11**
malo (mal) *adj.* bad, poor; **hace mal tiempo** the weather is bad **4**
maleta *n.* suitcase **10**
maltrato *n.* mistreatment, abuse
mamá *n.* mom **4**
manchar to stain
mandamiento *n.* commandment
mandar to order, command, send **11**
manejar to drive **4**
manifestación *n.* protest, demonstration
mano *n.f.* hand **Sec. 2, in ex.; 13; darse la mano** to shake hands; **hecho a mano** handmade
manta *n.* blanket **5**
mantel *n.m.* tablecloth
mantener to maintain, support **Gac. 2; 13**
mantequilla *n.* butter **8**
manzana *n.* apple **8;** block (city) **10**
mañana *n.* morning **1**
mapa *n.m.* map **Sec. 3**
maquillaje *n.* make-up
máquina *n.* machine **1; máquina de escribir** typewriter; **escribir a máquina** to type
mar *n.m.,f.* sea **12**
maratón *n.* marathon
maravilla *n.* marvel, wonder **6**
maravilloso *adj.* marvellous **18**
marca *n.* brand
marcar to dial **6; marcar un número** to dial a number

mareado *adj.* dizzy, nauseated **13**
marido *n.* husband **4**
mariscos *n.pl.* shellfish **7**
marrón *adj.* brown **4**
martes *n.m.* Tuesday **Sec. 1**
marzo *n.* March **4**
más *adv.* more **1**; **más o menos** more or less **10**; **más tarde** later **1**
mascota *n.* pet
masculinidad *n.f.* masculinity **17**
matar to kill **Gac. 3**
matemáticas *n.pl.* mathematics **2**
materno *adj.* maternal **17**
matrícula *n.* tuition **1**
matricularse to register, enroll **Gac. 4**
matrimonio *n.* matrimony, married couple **16**
máximo *adj.* maximum; **al máximo** to the limit **Gac. 1**
mayo *n.* May **4**
mayonesa *n.* mayonnaise **8**
mayor *adj.* older, oldest **4**; greater, greatest; **la mayor parte** the majority
mayoría *n.* majority **4**
me *dir., ind. obj. pron.* me **5**; **6**; *refl. pron.* myself **9**
mecánico *n.* mechanic **3**
media *adj.* half (*of the hour*) **Son las dos y media.** It is two thirty. **1**
medianoche *n.f.* midnight **1**
medias *n.pl.* stockings **9**
medicina *n.* medicine **2**; **13**; **facultad de medicina** medical school
médico *n.* doctor **3**
medio *n.* middle, half **8**; *adj.* average; **medio ambiente** environment
mediodía *n.* noon **1**
medir (e > i) to measure **8**
mejor *adj.* better, best **6**; **es mejor** it's better, best **10**
mejorarse to improve **14**
melocotón *n.m.* peach **8**
memoria *n.* memory **18, in ex.**
menor *adj.* younger, youngest **4**; smaller, smallest
menos *prep.* except **5**
mensaje *n.* message **6**
mensual *adj.* monthly
mente *n.f.* mind
mentir (e > ie) to lie **3**
mentira *n.* lie
menú *n.* menu **7**
menudo, a menudo *adv.* often **1**
mercado *n.* market **8**
merecer to deserve
merendar (e > ie) to snack **7**
merienda *n.* snack **7**
mes *n.m.* month **4**
mesa *n.* table **4**; **5**; **poner la mesa** to set the table **4**
mesero *n.* waiter

mestizo *n., adj.* person of European and Indigenous ancestry **10**
metal *n.m.* metal **9, in ex.**
meter to put into **Gac. 1**; **10**
metro *n.* meter, subway **11**
mexicano *n.* Mexican (*national*) **2**; *adj.* Mexican
mexicanoamericano *n., adj.* Mexican-American **Sec. 2**
México *n.* Mexico **Sec. 2**
mezcla *n.* mixture, combination **8, in ex.**
mezclar to mix, combine **8**
mi(s) *poss. adj.* my **3**
mí *obj. of prep.* me **5**
microondas *n.m. sing.* microwave oven **5**
miedo *n.* fear **3**; **tener miedo** to be afraid
miel *n.f.* honey **16**; **luna de miel** honeymoon **16**
miembro *n.* member **Gac. 4**
mientras *adv.* while **8**; **mientras que** *conj.* while **14**
miércoles *n.m.* Wednesday **Sec. 1**
mil *n.* one (a) thousand **4**
milagro *n.* miracle **Gac. 5**
milla *n.* mile **11**; **millas por hora** miles per hour
millón *n.m.* million **4**
mimado *adj.* spoiled
minoritario *adj.* minority
minuto *n.* minute **1**
mío *poss. adj., pron.* my, mine **17**
mirar to look at, watch **1**
misa *n.* Mass **18**; **misa del gallo** midnight Mass (*Christmas Eve*)
mismo *adj.* same **3**; **me da lo mismo** it's all the same to me **17**
mitad *n.f.* half **17**
mito *n.* myth **17**
mochila *n.* knapsack **15**
moda *n.* fashion style **4**; **estar de moda** to be in style **9**; **fuera de moda** out of style **9**
modales *n.m.pl.* manners **9, in ex.**
modelo *n.* model **Sec. 2, in ex.**
moderno *adj.* modern **Gac. 1**; **12**
modo *n.* way, manner **4**; **de ningún modo** no way; **de todos modos** anyway
mojarse to get wet
molestar to bother, annoy **6**
molestia *n.* annoyance **13**
monarquía *n.* monarchy
mono *n.* monkey **15**; *adj.* cute
montaña *n.* mountain **15**
montañoso *adj.* mountainous **Gac. 6**
montar to ride **14**; **montar a caballo** to ride horseback; **montar en bicicleta** to ride a bicycle
montón *n.m.* heap, pile
monumento *n.* monument **Gac. 1**
morado *adj.* purple **4**
moreno *adj.* brunette, dark-haired **2**
morir (o > ue) to die **3**

mosquito *n.* mosquito **Sec. 1**
mostaza *n.* mustard **8**
mostrar (o > ue) to show **3**
motocicleta (moto) *n.f.* motorcycle **11**
motor *n.m.* motor, engine **11**
mover (o > ue) to move **6**; **no se mueva** don't move **13**
movimiento *n.* movement
mozo *n.* waiter **7**
muchacha *n.* girl **Sec. 3**; **1**
muchacho *n.* boy **Sec. 3**; **1**
mucho *adj.* many **1**; much; a lot of
mudanza *n.* move, change of residence **Gac. 2**
mudarse to move, to change residence **Gac. 4**
muebles *n.m.pl.* furniture **5**
muerte *n.f.* death **Gac. 1**; **4**
muerto *n.* dead person **18**; *p.p.* dead
mujer *n.f.* woman **Sec. 3**; **1**; **mujer de negocios** business woman
multa *n.* fine, traffic ticket **11**
mundial *adj.* worldwide **15**
mundo *n.* world **Sec. 3**; **10**
muñeca *n.* doll **Gac. 6**
músculo *n.* muscle
museo *n.* museum **7, in ex.**
música *n.* music **2**
músico *n.* musician **Sec. 2**; **3**
muy *adv.* very **1**; **muy bien** very well **Sec. 2**

N

nacer to be born
nacimiento *n.* birth **Gac. 1**; **4**
nación *n.* nation **Sec. 3**
nacional *adj.* national **12**
nada nothing **3**; **de nada** you're welcome **Sec. 2**; **nada más** nothing else **7**
nadador *n.* swimmer **14**
nadar to swim **12**
nadie no one, nobody **3**
naranja *n.* orange **Gac. 1, 8**
nariz *n.f.* nose **13**
natación *n.* swimming **14**
natural *adj.* natural **8, in ex.**; **recursos naturales** natural resources
naturaleza *n.* nature **4, in ex.**; **15**
Navidad *n.f.* Christmas **4, in ex.**; **18**; **Feliz Navidad** Merry Christmas **18**
necesario *adj.* necessary **10**
necesidad *n.* necessity
necesitar to need **1**
negar (e > ie) to deny **3**; **negarse a** to refuse to **16**
negocio *n.* business **3**; **hombre (mujer) de negocios** businessman (woman)
negro *adj.* black **4**
nervioso *adj.* nervous **2, in ex.**
nevar (e > ie) to snow **3**
nevera *n.* refrigerator **5**

ni neither, nor **3; ni siquiera** not even; **¡Ni hablar!** Not a chance! **4; ¡Ni modo!** No way! **4; ¡Ni pensarlo!** Don't even think of it! **4**

nicaragüense *n., adj.* Nicaraguan

niebla *n.* fog

nieto *n.* grandson **4;** *pl.* grandchildren

nieve *n.f.* snow **5**

ninguno (ningún) *adj.* no, none, not any **3**

niñera *n.* nursemaid, babysitter **6, in ex.**

niñez *n.f.* childhood **Gac. 4**

niño child **4; de niño(a)** as a child

nivel *n.m.* level **Gac. 4**

no no, not **Sec. 1**

no sólo... sino también not only . . . but also **6**

noche *n.f.* night **1; anoche** last night **6; buenas noches** good evening, good night **Sec. 2; de noche** at night; **esta noche** tonight **4, in ex.; 18; Nochebuena** Christmas Eve; **Noche vieja** New Year's Eve **18; por la noche** during the night; **todas las noches** every night **1**

nombrar to name **Gac. 1**

nombre *n.* name **Sec. 2**

norte *n.* north **11**

norteamericano *n., adj.* North American **Sec. 2**

nos *d.o. pron.* us **5;** *ind. obj. pron.* to or for us **6;** *refl. pron.* ourselves **9**

nosotros *subj. pron.* we **Sec. 2;** *obj. of prep.* us

nota *n.* grade **2**

noticias *n.* news **6**

noticiero *n.* newscast

novela *n.* novel **Sec. 1**

novecientos nine hundred **4**

noveno *adj.* ninth **12**

noventa ninety **1**

novia *n.* girlfriend, financée, bride **4; 16**

noviazgo *n.* courtship **16**

noviembre *n.* November **4**

novio *n.* boyfriend, fiancé, groom **4; 16**

nublado *adj.* cloudy **4**

nuestro *poss. adj., pron.* our, ours **3**

nueve nine **Sec. 2**

nuevo *adj.* new **3; de nuevo** again

nuez *n.f.* nut **8**

número *n.* number **Sec. 2**

nunca *adv.* never **3**

O

o *conj.* or **3; o sea** that is . . . **16**

obedecer to obey

obediente *adj.* obedient **17**

obituarios *n. pl.* obituary column **6**

objeto *n.* object **4, in ex.**

obligación *n.* obligation **9, in ex.**

obligar (a) to oblige **17**

obra *n.* work (*of art*) **3, in ex.**

obrero *n.* worker **3**

observación *n.* observation **13, in ex.**

observar to observe **4**

obstáculo *n.* obstacle **16, in ex.**

obtener to get, obtain **1**

obvio *adj.* obvious **10**

ocasión *n.* occasion **8**

océano *n.* ocean **Gac. 5**

octubre *n.* October **4**

ocupado *adj.* occupied, busy **6**

ocurrir to happen, occur **Gac. 1**

ochenta eighty **1**

ocho eight **Sec. 2**

ochocientos eight hundred **4**

odiar to hate **16**

odio *n.* hate

oeste *n.m.* west **11**

ofender to offend, insult

oficial *adj.* official **11, in ex.**

oficina *n.* office **6**

ofrecer to offer **4**

oído *n.* (*inner*) ear **13**

oír to hear **4**

ojalá I hope that **11**

ojo *n.* eye **Gac. 1; 13; ¡ojo!** be careful!

olvidar to forget **5**

once eleven **Sec. 2**

onda, estar de onda to be "in" **4**

ópera *n.* opera **Gac. 1**

operación *n.* operation **Sec. 1**

operador *n.* operator **6**

operar to operate **13**

oponerse (a) to oppose **17**

oportunidad *n.* opportunity **2, in ex.**

optimista *n., adj.* optimist, optimistic **Gac. 1; 14**

orden *n.f.* order, command; *m.* order (*sequence*) **10**

ordenado *adj.* neat, orderly **5**

ordenador *n.* computer

ordenar to order **11**

oreja *n.* (*outer*) ear **13**

organizar to organize **12, in ex.**

orgullo *n.* pride

orgulloso *adj.* proud **Gac. 2**

origen *n.* origin **4, in ex.**

oro *n.* gold **Gac. 1; 9**

orquesta *n.* orchestra **Gac. 2; 16**

os *d.o. pron.* you **5;** *ind. obj. pron.* to or for you **6;** *refl. pron.* yourself **9**

oscurecer to grow dark

oscuro *adj.* dark **9**

oso *n.* bear **15**

otoño *n.* autumn, fall **4**

otro *adj.* other, another **2**

oye listen **4**

P

paciencia *n.* patience **13, in ex.**

paciente *n., adj.* patient **13**

padre *n.* father **4;** *pl.* parents

paella *n.* Spanish dish **Gac. 1; 7**

pagar to pay (for) **1**

página *n.* page **13, in ex.**

pago *n.* payment **Gac. 4**

país *n.m.* country **7; 10**

paisaje *n.m.* landscape, countryside **11**

pájaro *n.* bird **5**

palabra *n.* word **2**

palacio *n.* palace **Gac. 1**

pálido *adj.* pale **13**

pan *n.m.* bread **7**

panadería *n.* bakery **7, in ex.; 8**

panameño *n., adj.* Panamanian **Sec. 2**

panorámico *adj.* panoramic **15**

pantalones *n.m.pl.* pants **9**

papa *n.* potato **8; papas fritas** French fried potatoes

papá *n.m.* Dad **4**

papel *n.m.* paper **1;** role **Gac. 3; hacer un papel** to play a role **17**

papitas *n.* potato chips **8**

paquete *n.m.* package, pack **10**

par *n.m.* pair **9**

para *prep.* for **1; para que** *conj.* in order that **15**

parada *n.* stop **12; parada de taxis** taxi stand; **parada de autobús** bus stop

paraguas *n.m. s. and pl.* umbrella **9**

paraíso *n.* paradise **Gac. 4; 18**

parar to stop **11**

pardo *adj.* brown

parecer to seem **6; parecerse a** to look like, resemble **9**

parecido *adj.* similar

pared *n.f.* wall **Sec. 3**

pareja *n.* pair, couple, partner **1 in ex.; 15**

paréntesis *n.m. s. and pl.* parenthesis **10, in ex.**

pariente *n.m.* (*family*) relative **Sec. 1; 4**

parque *n.m.* park **15; parque de atracciones** amusement park

párrafo *n.* paragraph **4, in ex.**

parte *n.f.* part **Gac. 1; 10; la mayor parte** the majority; **por todas partes** everywhere

participación *n.* participation **Sec. 1**

participar to participate **1, in ex.**

participio *n.* participle **13; participio pasado** past participle; **participio presente** present participle

particular *adj.* private

partido *n.* party (*political*); game, match

pasado *n. adj.* past **Gac. 1; pasado mañana** the day after tomorrow; **pasado de moda** out of style **9**

pasaje *n.m.* ticket, passage **10**

pasajero *n.* passenger, traveler **10**

pasaporte *n.m.* passport **10**

pasar to pass **1;** to spend; to happen; **pasar la aspiradora** to vacuum **5; pasarlo bien** to have a good time **6**

pasatiempo *n.* pastime, diversion **6**
Pascua Passover **18; Pascua Florida** (Easter)
pasearse to stroll, take a walk **11; pasearse en coche** to take a drive
paseo *n.* stroll, walk; **dar un paseo** to take a walk
pasillo *n.* hall, corridor **10**
pasión *n.* passion **Gac. 1**
pasivo *adj.* passive **Sec. 1; 17**
paso *n.* step **Gac. 4; paso** float (*parade*) **18 in ex.**
pasta dental *n.* toothpaste **12**
pastel *n.m.* pastry **Sec. 1; 7**
pastelería *n.* pastry shop **7, in ex.; 8**
pastilla *n.* pill **13**
pastor *n.* minister **18**
patata *n.* potato **Sec. 1; 8**
paterno *n.* paternal **17**
patinar to skate **14**
patio *n.* patio, backyard **Sec. 1; 5**
pato *n.* duck
patria *n.* country, fatherland **Gac. 6**
pavo *n.* turkey **8**
payaso *n.* clown **15**
paz *n.f.* peace **15; hacer las paces** to make up **16**
pecho *n.* chest **13**
pedazo *n.* piece **7, in ex.**
pedir (**e > i**) to ask for, request **5;** order (*food*)
peinado *n.* hairdo
pelea *n.* fight **17**
pelear(se) to fight **16**
película *n.* movie, film **Gac. 1**
peligro *n.* danger **13**
peligroso *adj.* dangerous **11**
pelirrojo *adj.* red-haired **Gac. 1**
pelo *n.* hair **4**
pelota *n.* ball **14**
pelotero *n.* pitcher **Gac. 2; 14**
peluquero *n.* hairdresser
pena *n.m.* pain, suffering, grief **6**
pensar (**e > ie**) to think **3; pensar + *inf.*** to plan to; **pensar de** to have an opinion about; **pensar en** to think about, have in mind; **¡Ni pensarlo!** Don't even think of it! **4**
pensión *n.f.* boarding house **12; pensión completa** room and board
peor *adj.* worse, worst **6**
pepino *n.* cucumber **8**
pequeño *adj.* small **2**
pera *n.* pear **8**
perder (**e > ie**) to lose, miss **3; perder un tren** to miss a train **11**
pérdida *n.* loss
perdón pardon, excuse me **Sec. 1, in ex.**
perdonar to pardon, excuse **17**
perejil *n.m.* parsley
perezoso *adj.* lazy **2**
perfecto *adj.* perfect **4**
periódico *n.* newspaper **3**
periodista *n.* journalist **3**

permanecer to remain **12**
permanente *adj.* permanent
permiso *n.* permission **Sec. 2; con permiso** pardon me, excuse me
permitir to permit **7**
pero but **1**
perro *n.* dog **5; perro caliente** hot dog **8**
persona *n.* person **Sec. 1**
personalidad *n.* personality **15, in ex.**
personaje *n.* character (*in a story*) **16, in ex.**
pertenecer to belong **2, in ex.**
pesado *adj.* heavy, boring **6; 8**
pesar to weigh **8; a pesar de** in spite of
pescado *n.* fish (*cooked*) **7**
pescar to fish **15**
pesimista *n., adj.* pessimist, pessimistic **14**
pesado *adj.* heavy **8**
pésame *n.* condolences **18**
peseta *n.* unit of currency in Spain **7**
peso *n.* weight **8**
pez *n.m.* fish **15**
piano *n.* piano **6**
picante *adj.* spicy **7**
pie *n.m.* foot **13**
piedra *n.* rock **4, in ex.**
piel *n.f.* skin, fur **13**
pierna *n.* leg **13**
píldora *n.* pill **13**
piloto *n.* pilot **Sec. 1, in ex.**
pimienta *n.* pepper (*the spice*) **7**
pimiento *n.* pepper (*the vegetable*)
pinchado *adj.* flat **11; una llanta pinchada** a flat tire
pintar to paint **6**
pintor *n.* painter
pintura *n.* painting **Gac. 1**
piña *n.* pineapple **7**
pirámide *n.f.* pyramid **12, in ex.**
piscina *n.* swimming pool **12**
piso *n.* floor or level (*of a building*) **5**
pizarra *n.* blackboard **Sec. 3**
placer *n.m.* pleasure **18**
plan *n.m.* plan **Gac. 1**
plancha *n.* iron **5**
planchar to iron **5**
planear to plan **10, in ex.**
planeta *n.m.* planet **Guía 1**
planta *n.* plant **4, in ex.;** floor of a building
plástico *n.* plastic **2**
plata *n.* silver **Gac. 1; 9**
plátano *n.* plantain, banana (*Spain*) **8**
plato *n.* plate **7;** dish
playa *n.* beach **Gac. 1; 12**
plaza *n.* square **Gac. 3;** place; **plaza de toros** bullring **18 (realia)**
plomero *n.* plumber
población *n.* population **Gac. 3**
pobre *adj.* poor, unfortunate **2**
pobreza *n.* poverty **Gac. 4**
poco *adj.* few, little **1;** *adv.* a little; **un poco** a little; **poco a poco** little by little
poder (**o > ue**) to be able to **3**

poema *n.m.* poem **Gac. 2**
poeta *n.* poet **Gac. 4**
policía *n.m.* policeman **Sec. 3; 1;** *n.f.* police force or department
política *n.* politics **Gac. 5**
político *n.* politician **Sec. 2;** *adj.* political; **ciencia(s) política(s)** political science **2**
pollo *n.* chicken **7**
poner to put, place **4; poner la mesa** to set the table **4; poner la radio** to turn the radio on; **ponerse** to put on (*clothing*) **9;** to become; **poner una inyección** to give an injection **13**
poquito *n.* a very small quantity **11, in ex.**
por *prep.* for **2;** per; because of; on behalf of; on account of; during; through; by; **por cierto** for sure; **por Dios** for God's sake; **por completo** completely; **por ejemplo** for example **7; por eso** therefore **2; por favor** please **Sec. 2; por la mañana** in the morning **1; por lo general** generally **5; 7; por lo menos** at least **7; por medio de** by means of; **por otro lado** on the other hand; **por supuesto** of course **4; por teléfono** by phone **6; por último** lastly
porcentaje *n.m.* percentage
¿Por qué? *interr.* Why? **Sec. 2**
porque *conj.* because **1**
portarse to behave **13**
portero *n.* doorman **12**
portugués *n.m. and adj.* Portuguese
posible *adj.* possible **Sec. 1**
posibilidad *n.* possibility **Gac. 1**
posición *n.* position **Gac. 6**
posponer to postpone
postre *n.m.* dessert **4**
práctica *n.* practice **Gac. 2**
practicar to practice **1, in ex.**
práctico *adj.* practical
precio *n.* price **8**
precioso *adj.* precious, adorable **Gac. 4**
preciso *adj.* necessary
preferencia *n.* preference
preferible *adj.* preferable **10**
preferir (**e > ie**) to prefer **3**
pregunta *n.* question **Sec. 2, in ex.; 2; hacer una pregunta** to ask a question **6**
preguntar to ask a question **1**
prejuicio *n.* prejudice **17**
premio *n.* prize **Gac. 2**
prenda de vestir *n.* article of clothing
prender to turn on **12**
prensa *n.* press
preocupación *n.* preoccupation, worry, care, concern **Gac. 5**
preocupado *adj.* worried, preoccupied, concerned **2**
preocuparse to worry **13**
preparar to prepare **1**
preparativos *n.pl.* preparations **16**
preposición *n.* preposition **Guía 4**

presentar to present **1**
presente *n.m.* present (*time, tense*) **15**
presidente *n.* president **Sec. 1**
presión *n.* pressure, tension
prestar to lend **6**; **prestar atención** to pay attention
prestigioso *n.* prestigious
pretérito *n.* preterite (*tense*) **6, in ex.**
primavera *n.* spring **4**
primero (primer) *adj.* first **4**; **de primera clase** first-class **41**; **por primera vez** for the first time; **primero** *adv.* firstly, first of all
primero *adj.* first **12**
primo *n.* cousin **4**
principio *n.* beginning
prisa *n.* haste **3**; **tener prisa** to be in a hurry
probable *adj.* probable **10**
probablemente *adv.* probably
probador *n.* dressing room **9**
probar to try, taste **7**; **probarse** to try on **9**
problema *n.m.* problem **Gac. 1**
procedente de *prep.* coming from
proceso *n.* process **10**
producir to produce **4**
profesión *n.* profession **3**
profesional *adj.* professional **Gac. 2**
profe *n.* prof
profesor *n.* professor **Sec. 1; 1**
profesorado *n.* faculty **2**
profundo *adj.* profound, deep **Gac. 3**
programa *n.m.* program **Sec. 3**; **programa de estudios** curriculum
programador *n.* programmer **3**
progresivo *adj.* progressive **5, in ex.**
progreso *n.* progress **Gac. 1**
prohibido *adj.* forbidden, prohibited **8, in ex.**
prohibir to forbid, prohibit **11**
promedio *n.* average
prometer to promise **6, in ex.**
pronto *adv.* soon **2**; **tan pronto como** *conj.* as soon as **14**
pronunciar to pronounce **2**
propiedad *n.* property
propina *n.* tip **7**
propio *adj.* appropriate, one's own **Gac. 2; 12, in ex.**
propósito *n.* purpose **Gac. 1**; **a propósito** by the way
próspero *adj.* prosperous **18**
proteger to protect **Gac. 2**
protestante *n.* Protestant **18**
protestar to protest
provecho benefit; **buen provecho** enjoy your meal! (*typical greeting to a person who is eating*) **7**
provocar to provoke **16, in ex.; 17**
próximo *adj.* next **Gac. 3; 14**; **la próxima vez** the next time
prueba *n.* quiz **2**
(p)sicólogo *n.* psychologist **3**

(p)siquiatra *n.* psychiatrist **3**
público *n.* audience **Gac. 1**; *adj.* public
pueblo *n.* town **4, in ex.**
puerta *n.* door **Sec. 3**; gate (*at the airport*) **10**
puerto *n.* port **Gac. 1**
pues well . . . **16**
puesto job **3**; *p.p., adj.* placed, put
pulmón *n.m.* lung **13**
puntual *adj.* punctual
punto *n.* point **1**; **en punto** on the dot
puro *adj.* pure **15**; *n.* cigar

Q

que *conj., rel. pron.* that **Guía 3**, who **10**; **lo que** what, that which **2; 10**; **¿Qué?** What? **Sec. 2**; **¡Qué alegría!** What happiness! **6**; **¡Qué bien!** How nice! **4**; **¿Qué hay de nuevo?** What's new? **Guía 1; Sec. 2**; **¡Qué lástima!** What a shame! **6**; **¡Qué suerte!** What luck! **6**; **¿Qué tal?** How are you? **Sec. 2**; **¡Qué va!** Go on! No way! **6**
quedar to have left **8**; **quedarse** to stay, remain **9**; **quedarle (bien)** to fit (well) **9**
quehacer *n.m.* chore
queja *n.* complaint **13**
quejarse (de) to complain about **13**
quemar to burn
querer (e > ie) to want, wish; to love **3**
querido *adj.* dear **6, in ex. 16**
queso *n.* cheese **7**
quien *rel. pron.* who, whom **10**; **¿quién?** *interr.* who? **Sec. 2**; **¿de quién?** whose? **2**
química *n.* chemistry **2**
químico *n.* chemist
quince fifteen **Sec. 2**
quinceañera celebration of fifteenth birthday (*similar to Sweet 16*) **4**
quinientos five hundred **4**
quinto *adj.* fifth **12**
quiosco *n.* newsstand **12**
quitar to take away, remove **9**; **quitarse** to take off **9**
quizá(s) perhaps **11**

R

rabino *n.* rabbi **18**
radio *n.m.* radio apparatus, box **1, in ex.**; *n.f.* radio transmission, sound
raíz *n.f.* root **Gac. 6**
rana *n.* frog **15**
rápidamente *adv.* quickly **Sec. 1**
rápido *adj.* fast, quick **2, in ex.**; *adv.* quickly
raqueta *n.* racket **14**
raro *adj.* strange, odd **7**; **raras veces** rarely
rascacielos *n.* skyscraper
rato short period of time **14**; **ratos libres** free time
rayo *n.* ray **1**; **rayos equis** X-rays; **¡rayos!** shucks! **1**

raza *n.* race **Gac. 2**
razón *n.f.* reason **3**; **(no) tener razón** to be right (wrong)
razonable *adj.* reasonable **17**
real *adj.* real; royal
realidad *n.* reality **Sec. 1; 16**
realizar to accomplish, carry out **Guía 5**
realmente *adv.* really **11**
recado *n.* message **6**
recepción *n.* reception **12**; reception desk
recepcionista *n.* receptionist **12**
receta *n.* recipe **7**; prescription
recetar to prescribe **13**
recibir to receive, get **2**
recién *adv.* recently **16**; **recién casado** newlywed
reciente *adj.* recent **Gac. 5**
recinto *n.* campus **1**
reclamar to claim
recoger to pick up, gather **8**
recomendar (e > ie) to recommend **3**
reconocer to recognize **18, in ex.**
recordar (o > ue) to remember, recall **3**
recreo *n.* recreation **15**
recuerdo *n.* memory, souvenir **4**
recuerdos a regards to **Sec. 2**
rechazar to reject
red *n.f.* net **14**; network
redondo *adj.* round
referente a *prep.* concerning, regarding
referirse (e > ie) to refer **5, in ex.**
reflejar to reflect **Gac. 1**
reflexivo *adj.* reflexive **8, in ex.**
refresco *n.* refreshment, soft drink **6**
refrigerador *n.* refrigerator **5**
refugiado *n.* refugee **Gac. 5**
regalar to give a gift **6**
regalo *n.* gift, present **4**
regañar to quarrel
regar (e > ie) to water
regatear to bargain, haggle **8**
régimen *n.* regime, diet **8**
región *n.* region **Sec. 1**
registro *n.* register
regla *n.* rule **14**; ruler
regresar to return **1**
regular *adj.* alright, fair **Sec. 2**
reina *n.* queen **Gac. 1**
reír(se) (e > i) to laugh; **reírse de** to laugh at, make fun of
relación *n.* relation **5, in ex.**
relajar relax **12**
relámpago *n.* lightning
religión *n.* religion **Sec. 1; 18**
religioso *adj.* religious **Gac. 4; 18**
reloj *n.m.* watch, clock **1**
relleno *adj.* stuffed **7, in ex.**
remedio *n.* solution **11**
remordimiento *n.* remorse **16, in ex.**
renovado *adj.* renovated
renunciar to give up
reñir (e > i) to quarrel **16**

repasar to review **2**
repaso *n.* review
repetir (e > i) to repeat **5**
representar to represent **5, in ex.**; to put on
republicano *adj.* Republican **2, in ex.**
requerir (e > ie) to require
requisito *n.* requirement
reserva *n.* reservation **10**
reservación *n.* reservation **10**
reservar to reserve **10**
resfriado *n.* cold (*health*) **13**
resfriarse to catch cold **13**
residencia (estudiantil) *n.* dormitory **1**
resolver (o > ue) to solve **16**
respecto a *prep.* with respect to, with regard to, concerning
respetar to respect **16**
respeto *n.* respect, admiration **Gac. 2**
respirar to breathe **13**
responder to answer **Sec. 2, in ex.**
responsabilidad *n.* responsibility **Gac. 1**
responsable *adj.* responsible **2, in ex.**
respuesta *n.* answer **2**
restaurante *n.m.* restaurant **Sec. 1; 7**
resultado *n.* result **Gac. 1**
resumen *n.m.* summary **1**
retrasado *adj.* delayed
retraso *n.* tardiness, delay
reunión *n.* meeting **Gac. 1; 4**
reunir to unite **16**; **reunirse (con)** to get together (with)
revisar to inspect **10**
revista *n.* magazine **6**
rey *n.* king **Gac. 1**
rezar to pray **18**
rico *adj.* rich, delicious **2**
ridículo *adj.* ridiculous **Sec. 1**
rígido *adj.* rigid, strict **1, in ex.**
rincón *n.m.* corner (*of a room*) **Gac. 2**
riña *n.* argument, fight **16**
río *n.* river **Gac. 3; 15**
ritmo *n.* rhythm **4, in ex.**
robar to steal **7, in ex.**
robo *n.* robbery **16, in ex.**
rodeado *adj.* surrounded
rodilla *n.* knee **13**; **de rodillas** on one's knees
rogar (o > ue) to beg, plead
rojo *adj.* red **4**
romántico *adj.* romantic **Sec. 1, in ex.**
romper to break, tear **8**
ropa *n.* clothing **5**; **ropa interior** underwear **9**
ropero *n.* clothes closet **5**
rosado *adj.* pink **4**
roto *adj., p.p.* broken **11**
rubio *adj.* blond **2**
ruido *n.* noise **11**
ruidoso *adj.* noisy **11**
ruso *n.m., adj.* Russian **2**
ruta *n.* route
rutina *n.* routine **1, in ex.**

S

sábado *n.* Saturday **Sec. 1**
sábana *n.* sheet **5**
saber to know, find out **4**
sabor *n.* taste **Gac. 1**
sabroso *adj.* delicious, tasty **7**
sacar to take out **10**; **sacar una foto** to take a picture **4**; **sacar la basura** to take out the garbage **5**
sacerdote *n.* priest **18**
saco de dormir *n.* sleeping bag **15**
sacrificar to sacrifice
sagrado *adj.* sacred, holy **18**
sal *n.f.* salt **7**
sala *n.* room **5**; **sala de estar** den; **sala de emergencias** emergency room **13**; **sala de espera** waiting room **10**
salado *adj.* salty
salario *n.* salary **3**
salida *n.* departure **10**; exit
salir to leave, go out **4**; **salir con alguien** to go out with someone **6**
salmón *n.m.* salmon
salón *n.m.* room **1; 5**
salsa *n.* sauce **8**; **salsa de tomate** catsup
salud *n.f.* health **Gac. 2; 13**; **¡Salud!** To your health! (*toast*) **18**
saludable *adj.* healthy **7**
saludar to greet **Sec. 2**
saludo *n.* greeting **Sec. 2**
salvaje *adj.* savage **Gac. 1; 15**
salvar to save **12**
salvavidas *n.m.* lifesaver
salvo *prep.* except **5**
sandalia *n.* sandal
sándwich *n.* sandwich **1; 7**
sangre *n.f.* blood **Gac. 4; 13**
sano *adj.* healthy, fit **Sec. 1; 7**
santo *n.* saint **18**; *adj.* holy, saintly
satisfecho *adj.* satisfied **Gac. 5**
secadora *n.* (*clothes*) dryer **5**
secar to dry **5**; **secarse** to dry onself
sección *n.f.* section; **sección de cocina, de moda** cooking, fashion sections of a newspaper
seco *adj.* dry
secretario *n.* secretary **3**
sed *n.f.* thirst **3**; **tener sed** to be thirsty
seda *n.* silk **9**
seguir (e > i) to follow, continue **5**; **seguir un régimen** to follow a diet **8**
según *prep.* according to **3, in ex. 5**
segundo *adj.* second **1; 12**
seguridad *n.* security **Gac. 4**
seguro *adj.* certain, sure, safe **10**; **por seguro** for sure
seguros médicos *n.* medical insurance
seis six **Sec. 2**
selección *n.* selection, choice **Gac. 3**

seleccionar to select, choose
selva *n.* jungle **Gac. 4; 15**
sello *n.* stamp **12**
semáforo *n.* traffic signal
semana *n.* week **4**; **fin de semana** weekend; **Semana Santa** Holy Week **18**
semejante *adj.* similar
semejanza *n.* similarity
semestre *n.m.* semester **1, in ex.; 2**
semilla *n.* seed, nut
sencillez *n.f.* simplicity
sencillo *adj.* simple **Gac. 2**
sensible *adj.* sensitive **Sec. 1; 17**
sentarse (e > ie) to sit down **9**
sentido *n.* sense, meaning **16**; **sentido de humor** sense of humor
sentimiento *n.* emotion, feeling **Guía 5**
sentir (e > ie) to feel; to regret; **lo siento** I'm sorry; **sentirse** to feel **9**
señal *n.f.* sign, gesture **Sec. 2, in ex.**
señalar to point out **Sec. 2**
señor *n.* Mr., sir, gentleman **Sec. 2**
señora *n.* Mrs., lady, ma'am **Sec. 2**
señores *n.* Mr. and Mrs., gentlemen **Sec. 2**
señorita *n.* Miss, young lady **Sec. 2**
separación *n.* separation
separar to separate **Gac. 3**
septiembre *n.* September **4**
séptimo *adj.* seventh **12**
ser to be **Sec. 2; 2**; **ser humano** human being
serenata *n.* serenade **6, in ex.**
serie *n.f.* series **Gac. 2**
serio *adj.* serious **Sec. 2**
serpiente *n.f.* snake
servicio *n.* service **7**
servilleta *n.* napkin **7**
servir (e > i) to serve **5**
sesenta sixty **1**
setecientos seven hundred **4**
setenta seventy **1**
sexo *n.* sex **12**
sexto *adj.* sixth **12**
si if **1**
sí yes **1**
sicología *n.* psychology **2**
sicólogo *n.* psychologist **3**
siempre *adv.* always **1**
siesta *n.* nap, siesta **Sec. 3**; **echar (tomar) una siesta** to take a nap
siglo *n.* century **Gac. 1**
significado *n.* meaning **Gac. 2**
significar to mean, signify **2**
siguiente *adj.* following **Sec. 1**
sílaba *n.* syllable
silencio *n.* silence
silencioso *adj.* silent, quiet **12**
silla *n.* chair **Sec. 3; 5**
sillón *n.m.* armchair **5**
simpático *adj.* nice **2**
simplemente *adv.* simply **Gac. 4**

sin *prep.* without **1**; **sin embargo** nevertheless **4**; **sin falta** without fail; **sin que** *conj.* without **15**

sinagoga *n.* synagogue **16**

sincero *adj.* sincere **18**

sino but, rather **Gac. 4**

síntoma *n.m.* symptom **13**

siquiatra *n.m.f.* psychiatrist **Sec. 3; 3**

sistema *n.m.* system **1, in ex.**

sitio *n.* place, location **12, in ex.**

situación *n.* situation **2**

situado *adj.* situated, located **Gac. 1**

sobre *prep.* over, about, above, regarding **1**; **sobre todo** above all **16**

sobre *n.* envelope **12**

sobrepoblación *n.* over-population

sobrepoblado *adj.* over-populated

sobresaliente *adj.* outstanding **2**

sobresalir to excel

sobrevivir to survive

sobrino *n.* nephew **4**

sociable *adj.* sociable

sociedad *n.* society **17, in ex.**

sociología *n.* sociology **2**

sociólogo *n.* sociologist **2, in ex.**

sofá *n.* sofa **Sec. 1; 5**

sol *n.m.* sun **4**; **hace sol** it's sunny **4**; **tomar el sol** to sunbathe **12**

solamente *adv.* only **2**

soldado *n.* soldier **Gac. 5**

soleado *adj.* sunny **15**

soledad *n.* solitude **16**

solemne *adj.* solemn **18**

soler (o > ue) to be in the habit of **7**

solicitar to solicit, ask for **3**

solicitud *n.f.* application **3**

solo *adj.* alone **5**

sólo *adv.* only **2**

soltero *n.* bachelor **4**

solución *n.* solution **Gac. 2**

solucionar to solve

sombrero *n.* hat **9**

someter to submit, subdue **17**

sonar (o > ue) to sound, ring

sonido *n.* sound **Gac. 1**

sonreír (e > i) to smile **14**

sonriente *adj.* smiling

sonrisa *n.* smile

soñar (o > ue) to dream **3**; **soñar con** to dream about **3**; **soñar despierto** to daydream **15**

sopa *n.* soup **7**

soportar to bear, endure

sorpresa *n.* surprise **6; 18**

sostener (e > ie) to support, sustain

sótano *n.* basement **5**

su *poss. adj.* his, her, your, their **3**

suave *adj.* soft, mild, gentle

subir to go up, climb **6, in ex.; 8**

subjuntivo *n.* subjunctive **10, in ex.**

suceder to happen **18**

suceso *n.* happening, event **Sec. 1**

sucio *adj.* dirty **5**

suegra *n.* mother-in-law **4**

suegro *n.* father-in-law **4**

sueldo *n.* salary **3**

suelo *n.* floor **5**

sueño *n.* dream **3**; **tener sueño** to be sleepy

suerte *n.f.* luck **3**; **tener suerte** to be lucky; **¡Qué suerte!** What luck! **6**

suéter *n.m.* sweater **Sec. 1; 9**

sufrimiento *n.* suffering **Gac. 4**

sufrir to suffer **13**

sugerencia *n.* suggestion

sugerir (e > ie) to suggest **11**

sujeto *n.* subject **15**

sumamente *adv.* extremely **11, in ex.**

sumiso *adj.* submissive

superar to overcome

supermercado *n.* supermarket **8**

suplicar to beg

sur *n.m.* south **Gac. 1; 11**

surgir to appear

suspender to suspend; to fail

sustantivo *n.* noun **Sec. 1**

sustituto *n.* substitute

suyo *poss. adj., pron.* his, her, hers, your, yours, its **17**

T

tabaco *n.* tobacco **Gac. 2**

tal *adv.* so; *adj.* such; **tal vez** perhaps **11**

talentoso *adj.* talented **Sec. 2**

talla *n.* size **9**

taller *n.m.* workshop **11**

tamaño *n.* size

también *adv.* also **1**

tambor *n.m.* drum

tampoco *adv.* neither, either **3**

tan *adv.* so, as **12**; **tan pronto como** *conj.* as soon as **14**

tanque *n.m.* tank **11**

tanto *adj.* so many **12**

tardar (en) to take time, delay **10**

tarde *n.f.* afternoon **1**; *adv.* late

tarea *n.* homework, task **1**; **tareas domésticas** housework **5**

tarjeta *n.* card **1, in ex.**; **tarjeta de crédito** credit card **12**; **tarjeta postal** postcard **10**

tarta *n.* cake **7**

tasa *n.* rate

taxi *n.m.* taxi **2, in ex.; 12**

taxista *n.* taxi driver

taza *n.* cup **7**

te *d.o. pron.* you **5**; *ind. obj. pron.* to you **6**; *refl. pron.* yourself **9**

té *n.m.* tea **1; 7**

técnica *n.* technique **16**

techo *n.* roof **5**

teléfono *n.* telephone **Sec. 1; 6**

telenovela *n.* soap opera **6**

televisión *n.* television **Sec. 1**

televisor *n.* television set **5**

tema *n.m.* theme **Gac. 1**

temer to fear, be afraid of **11**; **Me lo temía** I was afraid of that **4**

temperatura *n.* temperature

temporada *n.* season **14**

temprano *adj.* early, young; *adv.* early **1**

tenedor *n.m.* fork **7**

tener to have, possess, hold **3**; **tener... años** to be . . . years old **3**; **tener celos** to be jealous **3**; **tener cuidado** to be careful **3**; **tener de todo** to have everything; **tener en cuenta** to keep in mind; **tener ganas de...** to feel like . . . **3**; **tener lugar** to take place **14**; **tener que** + *inf.* to have to **3**; **tener el número equivocado** to have the wrong number

tenis *n.m.* tennis **Sec. 1; 14**

tercer, tercero *adj.* third **12**

terminación *n.* ending **Gac. 6**

terminar to end, finish **1**

termómetro *n.* thermometer **13**

ternera *n.* veal

terremoto *n.* earthquake **Gac. 5**

terrible *adj.* terrible **Sec. 1; 10**

tía *n.* aunt **4**

tiburón *n.m.* shark **15**

tiempo *n.* tense **1**; time; weather **4**; **¿Qué tiempo hace?** What's the weather like? **4**

tienda *n.* store **3**; **tienda de campaña** tent **15**

tierra *n.* land **Sec. 3; 15**; earth

tigre *n.m.* tiger **Sec. 1; 15**

timbre *n.m.* stamp **12**

tímido timid, shy **2**

tío *n.* uncle **4**; *pl.* aunt and uncle

típico *adj.* typical **14**

tipo *n.* type **1, in ex.**

tirar to throw, fling **14**

tiras cómicas *n.pl.* comic strips, funnies **6**

título *n.* title, degree **1**

tiza *n.* chalk **Sec. 3**

toalla *n.* towel **12**

tobillo *n.* ankle **13**

tocadiscos *n.m. s. and pl.* record player

tocar to touch, play **6**

tocino *n.* bacon

todavía *adv.* still, yet **12**

todo *adj.* all, every **1**; *n.* everything; **toda la noche** all night long **1**; **todos los días** every day **1**; **todo el mundo** everyone **10**

tolerante *adj.* tolerant

tomar to take, drink **1**; **tomar apuntes** to take notes; **tomar una decisión** to make a decision **3**; **tomar el sol** to sunbathe; **tomar una siesta** to take a nap **15**; **tomar una copa** to have a drink **7**

tomate *n.m.* tomato **7**

tontería *n.* foolishness, nonsense **16, in ex.**

tonto *adj.* stupid, silly, foolish

toro *n.* bull **Sec. 3; 18**

torta *n.* cake **7**
tortilla *n.* omelette, tortilla **Sec. 3**
tortuga *n.* turtle, tortoise **Gac. 4; 15**
tos *n.f.* cough **13**
toser to cough **13**
tostado *adj.* toasted
trabajador *n.* worker **3**; *adj.* hard working
  2; **trabajador social** social worker
trabajar to work **1**
trabajo *n.* job, work **3**; **trabajo de medio**
  tiempo part-time job; **trabajo de tiempo**
  completo full-time job
tradicional *adj.* traditional **12**
traducción *n.* translation **7**
traducir to translate **4**
traductor *n.* translator
traer to bring **4**
tráfico *n.* traffic **6; 11**
trágico *adj.* tragic
trago *n.* gulp; drink **7**
traje *n.m.* suit **9**; outfit; **traje de baño**
  bathing suit **9**
tranquilidad *n.* tranquility **15**
tranquilo *adj.* tranquil, calm **Sec. 1; 12**
trasladar(se) to move (*house*), transfer
tratado *n.* treaty **Gac. 4**
tratamiento *n.* treatment **13**
tratar to treat **6**; **tratar de** + *inf.* to try;
  tratar de + *noun* to deal with
trato *n.* deal, pact **14**; **trato hecho** it's a
  deal **14**
travieso *adj.* mischievous
trece thirteen **Sec. 2**
treinta thirty **1**
tren *n.m.* train **1, in ex.; 11**
trescientos three hundred **4**
tribu *n.f.* tribe **Gac. 4**
triste *adj.* sad **2**
tristeza *n.* sadness
triunfar to triumph **15, in ex.; 17**
triunfo *n.* triumph **Gac. 3**
trucha *n.* trout **15, in ex.**
trueno *n.* thunder
tu *poss. adj.* your **3**
tú *subj. pron.* you **Sec. 2**
turista *n.* tourist **Gac. 1; 10**
tuyo *poss. adj., pron.* your, yours **17**

U

u or (*instead of* **o** *before words that begin*
  with **o** *or* **ho**) **3**
último *adj.* last **Gac. 1; 7**; **la última vez** the
  last time **Gac. 3**; **por último** lastly, finally
un, uno one **Sec. 2**; a, an **Sec. 3**
único *adj.* only, sole **7**; unique
unido *adj.* united, close; **los Estados**
  Unidos the United States **Guía 1**
unión *n.* union **Sec. 1**
unir to join **15**
universidad *n.* university **Sec. 1**

universitario *adj.* pertaining to the
  university **3, in ex.**
urgente *adj.* urgent **13**
usar to use **1**
uso *n.* use **6, in ex.**
usted(es) *subj. pron.* you **Sec. 2**; *obj. of*
  prep. you
útil *adj.* useful **1; 17**
utilizar to use, utilize
uva *n.* grape **8**

V

vaca *n.f.* cow
vacaciones *n.pl.* vacation **Gac. 1; 10**
vacío *adj.* empty **5**
valer to be worth **7**; **¿Cuánto vale?** How
  much is it worth?
válido *adj.* valid
valientemente *adv.* bravely **15, in ex.**
valioso *adj.* valuable
valor *n.m.* value **Gac. 2**
variar to vary **6, in ex.**
variedad *n.* variety **8**
varios *adj.* various, several **9, in ex.**
varón *n.* male
vasco *n.* Basque
vaso *n.* glass **7**
vecindad *n.* neighborhood
vecino *n.* neighbor **6, in ex.**
veinte twenty **Sec. 2**
vejez *n.f.* old age
vela *n.* candle
velo *n.* veil **16, in ex.**
velocidad *n.* velocity, speed **11**
velorio *n.* wake **18**
vencer to defeat, expire **14**
vendedor *n.* seller, salesman **3**
vender to sell **2**
venezolano *n., adj.* Venezuelan
venir to come **3**
venta *n.* sale **9**
ventaja *n.* advantage **5, in ex.**
ventana *n.* window **Sec. 3**
ventanilla *n.* (*ticket, car, etc.*) window **11**
ver to see **4**; **a ver** let's see **15**; **tener que**
  ver con to have to do with
verano *n.* summer **Gac. 1; 4**
verbo *n.* verb **1**
verdad *n.* truth **10**; **de verdad** really
verdadero *adj.* true, genuine **10**
verde *adj.* green **2; 4**
verduras *n.pl.* vegetables **7**
vergüenza *n.* shame, embarrassment **3**;
  tener vergüenza to be ashamed
verificar to verify
vestíbulo *n.* lobby **12**
vestido *n.* dress **9**
vestir (e > i) to dress **9**; **vestirse** to get
  dressed

vez *n.f.* time, instance **4; 6**; **una vez** once;
  dos veces twice **Gac. 5**; **a veces** at times
  17; **de vez en cuando** from time to time;
  en vez de instead of **11, in ex.**; **por**
  primera vez for the first time **7**; **tal vez**
  perhaps **11**
viajar to travel **10**
viaje *n.m.* trip **10**; **buen viaje** have a good
  trip; **de viaje** on a trip; **hacer un viaje** to
  take a trip
viajero *n.* traveler **10**
víctima *n.* victim
vida *n.* life **4**
viejo *adj.* old **2**; *n.* old person
viento *n.* wind **4**; **hace viento** it's windy
viernes *n.m.* Friday **Sec. 1**
villancico *n.* Christmas Carol **18**
vinagre *n.m.* vinegar **8**
vino *n.* wine **7**
violín *n.* violin **6**
visita *n.* visit; **hacer una visita** to pay a visit
visitante *n.* visitor
visitar *v.* to visit **Gac. 1; 4**
vista *n.* view **Gac. 3**; **punto de vista** point
  of view
vitamina *n.* vitamin **13**
viudo *n.* widow **4**
vivienda *n.* housing, dwelling **5**
vivir to live **2**
vocabulario *n.* vocabulary **1**
volar (o > ue) to fly **10**
volcán *n.m.* volcano **15**
voleibol *n.m.* volleyball **Gac. 3**
voluntad *n.f.* will, wish, desire **Gac. 6**
volver (o > ue) to return, come back **3**;
  volverse to become; **volver a** + *inf.* to do
  something again **6**
vosotros *subj. pron.* you **Sec. 2**; *obj. of*
  prep. you
votar to vote **Gac. 2; 17**
voz *n.f.* voice **Gac. 4**
vuelo *n.* flight **10**
vuelta *n.* return **6**
vuestro *poss. adj., pron.* your, yours **3**

Y

y *conj.* and **1**
ya *adv.* already, right away **6**; **ya no** no
  longer; **ya que** since; **ya veo** I see **16**; **ya**
  ya uh huh, uh huh **16**
yo *subj. pron.* I **Sec. 2**

Z

zanahoria *n.* carrot **7**
zapatería *n.* shoe store
zapatilla *n.* slipper, sneaker **9**
zapato *n.* shoe **9**
zona *n.* zone **Gac. 1**
zoológico *n.* **Sec. 3, in ex.; Gac. 4; 15**

English–Spanish Vocabulary

A

able, to be able poder (o > ue) **3**
about de, sobre **1**
above sobre, arriba **Gac. 1**
absent, to be absent (lacking) faltar **7**
accessories accesorios **5**
accompany acompañar **15**
accountant contador(a) **3**
accounting contabilidad *f.* **2**
acquainted, to be acquainted with conocer (zc) **4**
active activo(a) **14**
actor actor **2, in ex.**
ad anuncio **3**
address *n.* dirección *f.* **Sec. 2, in ex.**
advertisement anuncio **3**
advice consejo **9, in ex.**
advise aconsejar **11**
advisor consejero(a) **2**
affection cariño **16**
affectionate cariñoso(a) **16**
afraid, to be afraid (of) tener miedo (de) **3**; **I was afraid of that.** Me lo temía.
after *prep.* **(with time)** después de; *conj.* después (de) que **14**
afternoon tarde *f.*; **Sec. 2; good afternoon** buenas tardes; **in the afternoon** de/por la tarde **1**
afterwards después **1**
against contra **17**
age edad *f.* **3, in ex.**
agency agencia **3; employment agency** agencia de empleos
agent agente **10**
agile ágil *m., f.* **14**
ago, (two years) ago hace (dos años) **6**
agree estar de acuerdo **15**
agreement acuerdo **17; to come to an agreement** llegar a un acuerdo
aggressive agresivo(a) **Sec. 1; 17**
air aire *m.* **15**
airplane avión *m.* **10**
airport aeropuerto **Sec. 1, in ex.; 10**
all todo(a) **1**
allergic alérgico(a) **13**
alleviate aliviar **13**
allow permitir **7**
almond almendra **7**
alone solo(a) **5**
already ya **6**
also también **1**
although aunque **5**
always siempre **1**
ambitious ambicioso(a) **Sec. 2**
ambulance ambulancia **13**
among entre **5**
amuse divertirse (e > ie, i) **9**
and y **1**

ancient antiguo **8, in ex.**
angry furioso(a), enfadado(a), enojado(a) **17; to get angry** enfadarse, enojarse **17**
ankle tobillo **13**
anniversary aniversario **4**
annoy molestar **6**
another otro(a) **2**
answer *v.* contestar **1;** *n.* respuesta **2**
antibiotic antibiótico **Sec. 3, in ex.; 13**
any algún **3,** alguno(a), cualquier(a) **11; not any** ningún, ninguno(a) **3**
anybody alguien; **not anybody** nadie **3**
anyone alguien; **not anyone** nadie **3**
anything, algo; **not anything** nada **3**
appendicitis apendicitis *f.* **13**
apple manzana **8**
appliance aparato **12**
application (form) solicitud *f.* **3**
apply solicitar **3**
appointment cita **3**
approach acercarse a **Gac. 4**
approve aprobar **11**
April abril *m.* **4**
aquarium acuario **15**
architect arquitecto(a) **3**
Argentine argentino(a) **Sec. 2**
arm brazo **13; armchair** sillón *m.* **5**
arrival llegada **10**
arrive llegar (gu) **1**
art arte *m.* **Sec. 1; 2**
artist artista *m., f.* **Sec. 2**
as como **16; as if** como si... (+ *past subj.*); **as soon as** en cuanto, tan pronto como **14**
ask preguntar **1; to ask for** pedir (e > i, i); **to ask a question** hacer una pregunta **6**
asleep, to fall asleep dormirse (o > ue, u) **9**
aspirin aspirina **1, in ex.; 13**
assistance ayuda **6, in ex.**
astronaut *m., f.* astronauta **Sec. 2**
at en, a **(with time) Sec. 3; at least** por lo menos **7**
attend asistir (a) **2**
attend to atender (e > ie) **9**
attract atraer **15**
attractive bien parecido(a)
August agosto **4**
aunt tía **4**
author autor(a) **Sec. 2**
automobile automóvil **4**
autumn otoño **4**
avoid evitar **8**
awesome chévere **1**

B

baby bebé *m., f.* **Sec. 3**
bachelor soltero **4**
back espalda **13**

backpack mochila **15**
bacon tocino
bad mal, malo(a) **2; the weather's bad** hace mal tiempo **4; bad taste** mal gusto **8**
badly mal **2**
bag bolsa **9**
baggage equipaje *m.* **10**
bakery panadería **7, in ex.; 8**
balcony balcón *m.* **12**
ball pelota **14**
balloon globo **15**
baptism bautismo
bargain *v.* regatear **8,** *n.* ganga **7**
baseball béisbol *m.* **3, in ex.; 14**
baseball player beisbolista *m., f.* **2, in ex.**
basement sótano **5**
basketball básquetbol *m.*, baloncesto **2, in ex.; 14**
bat *v.* batear, *n.* bate **14**
bath baño **5; to take a bath** bañarse **9**
bathe bañar **9**
bathroom baño **5**
bathtub bañera **5**
battery batería **11**
be ser, estar **Sec. 2; 2; to be (feel) hungry, thirsty** tener hambre, sed **3; to be . . . years old** tener... años **3**
beach playa **Gac. 1; 12**
bean frijol *m.* **7**
bear oso **15**
beautiful bello(a) **12**
because porque **1**
because of por **2**
become hacerse, ponerse **Gac. 2; 9**
bed cama **5; to go to bed** acostarse (o > ue) **9; to put to bed** acostar (o > ue) **9; to stay in bed** guardar cama **13**
bedroom alcoba, dormitorio **5**
beer cerveza **7**
before *prep.* antes de **1;** *conj.* antes (de) que **14**
begin empezar (e > ie) **3;** comenzar (e > ie)
behave (com)portarse **13**
behavior comportamiento **17**
behind detrás de **Sec. 3**
believe (in) creer (e > y) (en) **2**
bellhop botones *m.s.* **12**
belt cinturón *m.* **9**
benefits beneficios **3**
besides además **4**
better mejor **6**
between entre **5**
beverage bebida **7**
bicycle bicicleta **11**
big gran, grande **2**
bike bicicleta **11; to ride a bike** montar (pasear) en bicicleta
bill cuenta **7**

bird pájaro **5**
birth nacimiento **Gac. 1; 4**
birthday cumpleaños *m.s.* **4**
bit, a little bit un poco **1**
black negro(a) **4**
blackboard pizarra **Sec. 3**
blanket manta **5**
blond(e) rubio(a) **2**
blouse blusa **9**
blue azul **4**
blue jeans blue jeans *m.* vaqueros **1, in ex.; 9**
board abordar **10**
boardinghouse pensión *f.* **12**
boat barco, bote *m.* **11**
boiled hervido(a) **8**
bored aburrido(a) **2**
boring pesado(a), aburrido(a) **2**
boss jefe(a) **3**
bottle botella **4, in ex.; 8**
box caja **8**
boxer boxeador(a) **14**
boxing boxeo **14**
boy niño **4**
boyfriend novio **4; 16**
bracelet brazalete *m.* **9**
brain cerebro **13**
brake *(an automobile)* *v.* frenar **11**; *n.pl.*
  brakes frenos
bread pan *m.* **4**
break romper **8**
breakfast desayuno **4; to have breakfast**
  desayunar **5**
breathe respirar **13**
brick ladrillo **5, in ex.**
bride novia **4; 16**
bring traer **4**
broken roto(a), descompuesto(a) **11**
broom escoba
brother hermano **4**
brother-in-law cuñado **4**
brown pardo(a), café, marrón **4**
brunette moreno(a) **2**
brush cepillo **12**
build construir (i > y) **6**
building edificio **1**
bullfight corrida de toros **Sec. 3**
burial entierro **18**
bury enterrar (e > ie) **18**
bus autobús *m.* **11**
bus station estación *f.* de autobuses **11**
bus stop parada de autobús **12**
business comercio, negocio, empresa **3**
businessman (woman) hombre *m.* mujer *f.*
  de negocios **3**
busy ocupado(a) **6**
but pero **1**
butcher shop carnicería **8**
butter mantequilla **8**
button abrochar **10**
buy comprar **1**
by no means de ninguna manera **4**

C

café café **Sec. 1; 7**
cake pastel *m.* torta, tarta (Sp.) **Sec. 1; 7**
calculus cálculo **2**
calendar calendario **Sec. 3**
call llamar **1; be called, named** llamarse **9**
calm tranquilo(a) **Sec. 1; 12**
calmness tranquilidad *f.* **15**
camp acampar **15; to go camping** hacer
  cámping
campus recinto **1**; campus
can *v.* poder (o > ue) **3**; *n.* lata **8**
cancel cancelar **10**
candidate candidato, aspirante *m., f.* **3**
candy dulce *m.* **18**; bombón **(chocolate
  candy) 8**
car automóvil *m.* carro, coche *m.* **4**
card tarjeta **1, in ex.; credit card** tarjeta de
  crédito **12; playing card** carta **6; postcard**
  tarjeta postal **10; to play cards** jugar a las
  cartas **6**
care cuidar **13; to take care of oneself**
  cuidarse
career carrera **3**
careful ¡Cuidado! **3**, ¡Ojo! **11; to be careful**
  tener cuidado **3**
carnival carnaval **18**
carrot zanahoria **7**
carry llevar **2**
castle castillo **12**
cat gato **5**
catch a cold resfriarse **13**
Catholic católico(a) **18**
cavity *(tooth)* caries *f.* **13**
celebrate celebrar, festejar **Gac. 3**
cemetery cementerio **18**
center centro **Sec. 2, in ex.; shopping
  center** centro comercial **9; student center**
  centro estudiantil **1**
certain cierto(a) **Sec. 3**
chair silla **Sec. 3; 5; armchair** sillón *m.* **5**
chalkboard pizarra **Sec. 3**
champion campeón (campeona) **14**
championship campeonato **14**
change cambiar **2**
channel *(T.V)* canal *m.* **4, in ex.**
Chanukah Janucá **18**
chapter capítulo **2**
charge *(someone for an item or service)*
  cobrar **12**
cheap barato(a) **4**
check *v.* revisar **10; to check baggage**
  facturar; *n.* cheque *m.* **7**; *(restaurant)*
  cuenta
cheese queso **7**
chemistry química **2**
cherry cereza **8, in ex.**
chicken pollo **7**
child niño(a), hijo(a) **4**
childbirth parto

Chilean chileno(a) **Sec. 2**
chocolate chocolate *m.* **2, in ex.; chocolate
  candy** bombón *m.* **8**
choose elegir (e > i), escoger **5**
chore tarea, faena **1**
Christian cristiano(a) **18**
Christmas Navidad *f.* **4, in ex.; 18;
  Christmas Eve** Nochebuena **4, in ex.; 18;
  Christmas carol** villancico **18; Merry
  Christmas!** ¡Feliz Navidad! **18**
church iglesia **16**
cigar cigarro, puro **2, in ex.**
circus circo **15**
city ciudad *f.* **Sec. 2**
class clase *f.* **Sec. 2; first class** primera
  clase **10; tourist class** clase turística
classmate compañero(a) de clase **1**
clean *v.* limpiar **5**; *adj.* limpio(a)
cleaner (vacuum cleaner) aspiradora **5**
climate clima *m.* **9, in ex.**
climb escalar *(mountains)*; subir **15**
clock reloj *m.* **1**
close *v.* cerrar (e > ie) **3**; *prep.* **close to**
  cerca de
closed cerrado(a) **9**
clothes closet armario, ropero **5**
clothing ropa **5**
cloudy nublado(a) **15**
clown payaso **15**
coach entrenador(a) **14**
coat abrigo **9**
coffee café *m.* **Sec. 1; coffee shop** café
cold frío **3; It's cold** *(weather)*. Hace frío.
  4; to be cold tener frío **3; to catch a cold**
  resfriarse **13**; catarro **13**
Colombian colombiano(a) **Sec. 2**
color color *m.* **4**
combat combatir **17**
come venir **3**
comfortable cómodo(a) **9**
comic strip tiras cómicas **6**
common común **Sec. 2; 10**
compact disc disco compacto *m.* **5**
company compañía **3**
compete competir (e > i, i) **5**
competition competencia **15**
complain (about) quejarse (de) **13**
computer computadora *(L.A.)* ordenador *m.*
  (Sp.) **Sec. 2; 1**
computer science computación *f.*
conditioning *(air conditioning)* aire
  acondicionado *m.* **12**
condolence pésame *m.* **18; my most
  sincere condolences** mi más sincero
  pésame
confirm confirmar **10**
confront enfrentarse con **14**
congested congestionado(a) **13**
congratulations ¡felicidades!,
  ¡felicitaciones! **6**
conjunction conjunción **14**

conservative conservador(a) **Sec. 1**
consist of consistir en **2**
contaminated contaminado(a) **15**
content contento(a) **2**
continue seguir (e > i, i) **5**
cook *v.* cocinar **5**; *n.* cocinero(a)
cooked cocido(a)
cookie galleta **8**
cool *(weather)* fresco **4**; **It's cool.** Hace fresco.
cooperate cooperar **17**
corn maíz *m.* **7**
correct correcto(a) **4**
cost costar (o > ue) **3**
costume disfraz *m.* **18**
cotton algodón *m.* **9**
cough *v.* toser **13**; *n.* tos *f.* **13**; **cough syrup** jarabe *m.*
country país *m.*, nación *f.* **7**; **10**; **countryside** campo **4**
course curso **5, in ex.**
court *(tennis)* cancha **14**
courteous cortés **16**
courtship noviazgo **16**
cousin primo(a) **4**
crash into chocar con **11**
craziness locura **16**
crazy loco(a) **16**
cream *(ice cream)* helado **4**
credit card tarjeta de crédito **12**
cross *v.* cruzar **Gac. 4**; *n.* cruz *f.*
cry llorar **4**
cucumber pepino **8**
cup taza **7**
cure curar **8, in ex.**; cura *n. f.* **13**
currency moneda **Gac. 4**
curtain cortina
custard flan *m.* **7**
customs *(traditions)* costumbres *f.* **7**; *(duty)* aduana **Gac. 2**
cyclist ciclista *m., f.* **Gac. 1; 14**

D

dad papá *m.* **4**
dance bailar **1**
dancer bailarín *m.* **Gac. 3**; bailarina *f.*
danger peligro **13**
dark oscuro(a) **9**
date *(appointment)* cita **3**; *(calendar)* fecha **4**; **make a date** citar
daughter hija **4**
day día *m.* **1**; **day after tomorrow** pasado mañana; **day before yesterday** anteayer; **every day** todos los días **1**; **Day of the Dead** Día de los Muertos; **Saint's Day** Día del Santo; **(Epiphany) Kings' Day** Día de los Reyes Magos (epifanía) **18**
day care center guardería infantil **17**
daydream soñar despierto(a) **15**

dead *adj.* muerto(a) **18**; **Day of the Dead** Día de los Muertos
dean decano **2**
dear *(term of affection)* querido(a) **6, in ex.; 16**
death muerte *f.* **Gac. 1; 4**; **death of the bull in a bullfight** faena **17**
December diciembre *m.* **4**
decide decidir **2**
deep hondo(a) **13**
defeat vencer (z) **14**
delay tardar **10**
delicious delicioso(a), sabroso(a), rico(a) **7**
delighted encantado(a) **Sec. 2**
dentist dentista **Sec. 3**
deny negar (e > ie) (gu) **3**
department store almacén *m.* **3**
departure salida **10**
desert desierto **15**
deserve merecer (zc)
desire desear **1**
desk escritorio **Sec. 3**; **front desk** *(hotel)* recepción *f.*
dessert postre *m.* **4**
destined for con destino a **10**
destroy destruir (y) **6**
develop desarrollar **14**
development desarrollo **14**
dictionary diccionario **Sec. 3**
die morir (o > ue, u) **3**
diet régimen *m.;* **to follow a diet** seguir un régimen; **to be on a diet** estar a dieta **8**
difficult difícil **2**
dining room comedor *m.* **5**
dinner cena **4**; **to have, eat dinner** cenar **5**
dirty sucio(a) **5**
disappointment desilusión **1**
discriminate discriminar **17**
discrimination discriminación *f.* **Gac 2; 17**
dish plato **7**
dishwasher lavaplatos *m. s.* **5**
divorce divorcio **16**
do hacer **1**
doctor *(medical)* médico(a) **3**
dog perro(a) **5**
door puerta **Sec. 3**
doorman portero **12**
dormitory residencia **1**
dot *(with time)* **on the dot** en punto **1**
doubt dudar **10**; *n. f.* duda
downtown centro **Sec. 2, in ex.**
dozen docena **8**
draw dibujar **6**
dream *n.* sueño, *v.* soñar **3**
dress *v.* vestir (e > i, i), *n.* vestido **9**
dressing room probador *m.* **9**
drink *v.* beber, tomar **1; 2**; *n.* bebida **7**
drive manejar, conducir **4**
driver conductor(a) **11**
drugstore farmacia **13**
dry secar **5**

dryer *(clothes dryer)* secadora **5**
during durante **8**
duty deber **17**

E

each cada **5**
ear oreja **13**; **inner ear** oído **13**
early temprano **1**
earn ganar **3**
earring arete *m.* **9**
east este *m.* **11**
Easter Pascua (Florida) **18**
easy fácil **2**
eat comer **2**; **eat breakfast** desayunar **5**; **eat lunch** almorzar (o > ue) **3**; **eat supper** cenar **5**
economical económico(a) **9**
education educación *f.* **1**
egg huevo **8**
eight ocho **Sec. 2**
eighteen dieciocho **Sec. 2**
eighth octavo(a) **12**
eighty ochenta **1**
either o **3**; **not either** tampoco
elect elegir (e > i) **5**
elegant elegante **Sec. 1; 9**
elephant elefante *m.* **Sec. 1; 15**
elevator ascensor, elevador *m.* **12**
eleven once **Sec. 2**
embarrassed avergonzado(a)
employee empleado(a) **3**
employment empleo **3**
empty vacío(a) **5**
enchant encantar **7**
energy energía **3, in ex.**
engagement compromiso, noviazgo **16**
engineer ingeniero(a) **Gac. 6**
English *n., adj.* inglés *m.*, inglesa *f.* **4, in ex.; English language** inglés *m.*
enjoy gozar de (+ *inf.*) **7**; **to enjoy oneself** divertirse (e > ie) **9**
enroll ingresar
enter entrar (en, a) **2**
entertain divertir (e > ie, i) **9**
enthusiast aficionado(a) **14**
entrance entrada **10**
envious envidioso(a) **16**
environment ambiente *m.* **15**
Eve, Christmas Eve Nochebuena **4, in ex.; 18; New Year's Eve** Noche Vieja **18**
evening tarde *f.*, noche *f.* **1**; **in the evening** de/por la tarde, noche
every *adj.* cada, todo(a) **5**; **every day** todos los días **1**
exaggerate exagerar **6, in ex.**
exam examen *m.*, prueba **Sec. 1**
example ejemplo **7**; **for example** por ejemplo
excellent excelente **Sec. 1**
except excepto, menos **5**

excited entusiasmado(a) **14**
exciting emocionante **Gac. 1**
excursion excursión *f.* **10**
excuse me perdón *(to apologize)* **Sec. 2**; con permiso *(to get through)*
exercise *v.* hacer ejercicios **5, in ex.**; *n.* ejercicio
expect esperar **4**
expense gasto **11**
expensive caro(a) **4**
experience experiencia **3**
explain explicar (qu) **6, ex.**
eye ojo **Gac. 1; 13**

F

fabulous fabuloso(a) **18**
faculty profesorado **2**
fail fracasar **16**
failure fracaso **14**
fall caer **8, in ex.; 11**; **to fall asleep** dormirse **9**; **to fall down** caerse; **fall in love with** enamorarse de **16**; *n. (season)* otoño **4**
family *n.* familia **4**; *adj.* familiar
famous famoso(a) **Sec. 2**
fan aficionado(a) **14**
fantastic fantástico(a) **Sec. 1**
far (from) lejos (de) **5**
fat gordo(a) **Guía 1; 2**
father padre *m.* **4**
February febrero **4**
feel sentirse (e > ie, i) **9**; **to feel cold, warm, (hot)** tener frío, calor **3**; **to feel like *(doing something)*** tener ganas de *(+ inf.)* **3**; **to feel sorry** sentir (e > ie, i) **9**
fees, registration fees matrícula **1**
ferocious feroz **15**
fever fiebre *f.* **13**
fiancé(e) novio(a) **4; 16**
field, playing field campo **1**
fifteen quince **Sec. 2**
fifth quinto(a) **12**
fifty cincuenta **1**
fight luchar, pelear **16**
fill (up) llenar **11**; **to fill out *(a form)*** llenar
filled relleno(a)
finally finalmente, por fin **Sec. 1; 7**
find encontrar (o > ue) **3**
fine *n.* multa **11**; *adv.* (muy) bien; **It's fine.** Está bien. **Sec. 2**
finish terminar, acabar **1**
first *n.* primero **4**; *adj.* primer, primero(a)
fish *(alive)* pez *m.* (*pl.* peces) **15**; *(prepared as food)* pescado; *v.* pescar **7**
five cinco **Sec. 2**
fix arreglar **5**
flashy llamativo(a) **9**
flavor sabor *m.* **Gac. 1**

flexible flexible **17**
flight vuelo **10**
flight attendant aeromozo(a) **10**
flirt coqueta **17**
floor suelo **5**; *(building)* piso; **ground floor** planta baja
follow seguir (e > i, i) (g) **5**
food comida **4**; **food** alimento **7**
foolish tonto(a) **17**
foot pie *m.* **13**
football fútbol norteamericano *m.* **Sec. 1; 14**
for para **2**; por; **for example** por ejemplo **7**
forbid prohibir **11**
forbidden prohibido(a) **8, in ex.**
forget olvidar **5**; **to forget (about)** olvidarse (de)
fork tenedor *m.* **7**
formal formal **8**
forty cuarenta **1**
four cuatro **Sec. 2**
four hundred cuatrocientos **4**
fourteen catorce **Sec. 2**
fourth cuarto(a) **12**
free libre **10**; **free of charge** gratis
freeway autopista **11**
French *n., adj.* francés *m.*, francesa *f.* **2**; **French language** francés *m.*
frequently con frecuencia **1**
fresh fresco(a) **4**
Friday viernes *m.* **Sec. 1**
fried frito(a) **Sec. 1; 7**
friend amigo(a) **1**
friendship amistad *f.* **16**
from de **1**
front, in front of delante de **Sec. 3**
fruit fruta **8**
full lleno(a) **5**
function funcionar **12**
funny chistoso(a), gracioso(a) **15**
fur piel *f.* **9**
furniture muebles *m.pl.* **5**

G

gallon galón *m.*
game *(card, board)* juego **6**; *(match)* partido **14**
garage garaje *m.* **5**
garlic ajo **7**
gas gasolina **11**; *(heating)* gas *m.*; **gas station** gasolinera, estación de gasolina *f.*
gasoline gasolina **11**
German *n., adj.* alemán *m.*, alemana *f.* **2**; **German language** alemán *m.*
get *(obtain)* conseguir (e > i, i) (g) **5**; **get down (from)** bajar (de) **9**; **to get off (of)** bajar (de) **9**; **to get on *(a vehicle)*** subir (a) **9**; **to get up** levantarse **9**
gift regalo **4**
girl niña **4**
girlfriend novia **4; 16**

give dar **4**; **to give *(as a gift)*** regalar
glass vaso **7**; **wine glass** copa
glasses *(prescription)* gafas **12**
glove guante *m.* **9**
go ir **1**; **let's go to** vamos a; **to be going to *(do something)*** ir a *(+ inf.)* **1**; **to go away** irse **9**; **to go home** regresar a casa; **to go on vacation** ir de vacaciones **10**; **to go out** salir **4**; **to go to *(attend)*** asistir a **2**; **to go up** subir a **9**
God Dios *m.* **1**
gold oro **Gac. 1; 9**
golf golf *m.* **14**
good *adv.* bien **1**; *adj.* buen, bueno(a); **good afternoon/evening** buenas tardes **Sec. 2**; **good evening/night** buenas noches **Sec. 2**; **good morning** buenos días **Sec. 2**; **It's good weather.** Hace buen tiempo. **4**; **good appetite** buen provecho **7**; **good taste** buen gusto **8**; **good trip** buen viaje **10**; **my goodness** caramba **1**
good-bye adiós **Sec. 2**; **to say good-bye (to)** despedirse (e > i, i) (de)
good-looking guapo(a) **2**
gossip *n.* chisme *m. v.* chismear **5**
grade *(academic)* nota **2**; **grade school teacher** maestro(a)
granddaughter nieta **4**
grandfather abuelo **4**
grandmother abuela **4**
grandparents abuelos **4**
grandson nieto **4**
grape uva **8**
gratuitous gratuito(a) **10**
gray gris **4**
great gran, grande **2**
great grandparents bisabuelos
green verde **4**
greet saludar **Sec. 2**
grief dolor *m.* **13**
grill parrilla
groceries comestibles *m.pl.*
groom novio **16**
group grupo **2, in ex.**
grow crecer **4**
guest huésped(a) **12**
guide *n.* guía *m.,f.* **10**; **guide book** guía *n.f.* **tour guide** guía turístico
guitar guitarra **6**
gymnasium gimnasio **1**

H

haggle regatear **8**
hair pelo **4**
hairdresser peluquero(a)
half medio(a) **8**; *n.* mitad; **It's half past *(time)*** Son las *(give the hour)* y media **1**
hall pasillo **10**; aisle
ham jamón *m.* **8**
hamburger hamburguesa **Sec. 1; 8**

hand mano *f.* **Sec. 2, in ex.; 13**
handsome guapo(a) **2**
hang colgar (o > ue) **6**
happen suceder **18**
happiness alegría **1**
happy alegre, contento(a), feliz (*pl.* felices) **2**
hardly apenas **13**
hard-working trabajador(a) **3**
hat sombrero **9**
hate odiar **16**
have tener, haber **13; to have a good time** divertirse (e > ie, i) **9; to have just** *(done something)* acabar de *(+ inf.)* **1; to have to** *(do something)* tener que *(+ inf.)* **3; to have something to** *(say, do)* tener algo que *(decir, hacer)*
head cabeza **13**
health salud *f.* **13**
healthy sano(a) **Sec. 1; 7**
hear oír **4**
heart corazón *m.* **13**
heaven cielo **15**
heavy pesado(a) **6; 8**
hello hola **Sec. 2;** *(phone)* ¿aló?, ¿bueno(a)?, ¿diga?, ¿dígame? **6**
help *v.* ayudar **2;** *n.* ayuda **6, in ex.**
her *(possessive)* su(s) **3**
here aquí **1**
hi hola **Sec. 2**
high alto(a) **Guía 1; 2**
high school escuela secundaria **1**
highway carretera, autopista **11**
his *(poss.)* su(s) **3**
history historia **2**
hitchhike hacer autostop **11**
hockey hockey *m.*
home casa, hogar **Sec. 2; 5; at home** en casa
homework tarea **1**
honeymoon luna de miel **16**
hood *(car)* capó **11, in ex.**
hope *v.* esperar **4; I hope that** Ojalá que *(+ subj.)* **11**
horror horror **Sec. 1**
horse caballo **14; to ride a horse** montar a caballo
hot *adj.* caliente **7; It's hot** *(weather.)* Hace calor. **4; to be/feel hot** tener calor **3**
hot dog perro caliente *m.* **8**
hotel hotel *m.* **Sec. 1; 12**
hour hora **1**
house casa **Sec. 2; 5**
housewife ama de casa **17**
how? ¿cómo? **Sec. 2; How are you?** ¿Cómo está(s)?, ¿Qué tal? **Sec. 2; how many?** ¿cuántos (as)? **Sec. 2; how much?** ¿cuánto(a)? **Sec. 2**
hug *v.* abrazar **16;** *n.* abrazo
hungry, to be hungry tener hambre **3**
hurry, to be in a hurry tener prisa **3**

hurt doler (o > ue) **13;** *adj.* herido(a) **13**, lastimado(a) **14**
husband esposo **4**

I

ice cream helado **4**
if si **1**
illness enfermedad *f.* **13**
illusion ilusión *f.* **Gac. 5**
immediately en seguida **8**
importance importancia **4, in ex.**
important *adj.* importante **Sec. 1; to be important** importar **7**
improve mejorarse **14**
in en **Sec. 3; in (the morning, evening)** de/por (la mañana, la noche) **1**
inexpensive barato(a) **4**
information información *f.* **Sec. 2**
inquire preguntar **1**
insist *(on doing something)* insistir (en + *inf.*) **11**
instead of en vez de **11, in ex.**
intelligent inteligente **Sec. 2; 2**
intend pensar (e > ie) *(+ inf.)* **3**
interesting interesante **2; to be interesting to** *(someone)* interesarle a *(uno)* **7**
interview *v.* entrevistar **3;** *n.* entrevista
invite invitar **4**
iron *v.* planchar **5;** *n.* plancha
Italian *n., adj.* italiano(a) **2; Italian language** italiano
itinerary itinerario **12**

J

jacket chaqueta **9**
January enero **4**
jealous estar celoso(a) **16;** tener celos **3**
jealousy celos *m.* **16**
jeans blue jeans *m.* vaqueros **1, in ex.; 9**
Jew judío(a) **18**
Jewish judío(a) **18**
job trabajo, puesto **3**
joke chiste *m.* **4**
journalist periodista *m., f.* **3**
judge juez *m., f.* **Sec. 3; 3**
juice jugo, zumo *(Sp.)* **7**
July julio **4**
June junio **4**
jungle selva **Gac. 4; 15**
just, to have just *(done something)* acabar de *(+ inf.)* **1**

K

ketchup salsa de tomate **8**
key llave *f.* **12**
kilogram kilogramo
kilometer kilómetro **Gac. 1**
kind simpático(a), amable **2**

king rey **Gac. 1; Kings' Day (Epiphany)** Día de los Reyes Magos (epifanía) **4; 18**
kiosk quiosco **12**
kiss *v.* besar **Sec. 2; 16;** *n.* beso **16**
kitchen cocina **5**
knapsack mochila **15**
knee rodilla **13**
knife cuchillo **7**
know *(a fact, how to)* saber **4;** *(someone, to be acquainted with)* conocer (zc)

L

laboratory laboratorio **1**
laborer obrero(a) **3**
lacking, to be lacking faltar **7**
ladder escalera **12**
lake lago **15**
lamp lámpara
land tierra **Gac. 3; 15**
landscape paisaje *m.* **11**
language lengua, idioma *m.;* lenguaje *m.* **2**
large grande **2**
last *v.* durar; *adj.* *(in time)* pasado(a) **Gac. 1;** *(in sequence)* último(a), **at last** por fin **7; last night** anoche **6; last name** apellido **4**
late *adj.* atrasado(a) **10,** *adv.* tarde **1**
later después **1; see you later** hasta luego **Sec. 2**
latest último(a) **Gac. 1; 7**
laugh (at) reírse (e i, > i) (de) **4**
laundry lavandería **12**
law ley *f.* **Gac. 2**
lawyer abogado(a) **3**
lazy perezoso(a) **2**
learn aprender **2**
least, at least por lo menos **7**
leather cuero **9**
leave irse, salir **9; to leave** dejar *(behind)* **3**
left, on/to the left a la izquierda **10**
leg pierna **13**
lemon limón *m.* **Sec. 1; 8**
lend prestar **4**
lesson lección *f.* **1**
letter *(correspondence)* carta **6**
lettuce lechuga **7**
liberal liberal **Sec. 1; 17**
liberated liberado(a) **17**
librarian bibliotecario(a)
library biblioteca **1**
license licencia **11; driver's license** licencia de conducir
life vida **4**
lifeguard salvavidas *m., f.*
lift levantar **9**
light *n.* luz *f.* *(pl.* luces) **Sec. 3;** *adj.* ligero(a) **8;** *(color)* claro(a) **9**
like gustar **7; Do you like . . . ?** ¿Te (le) gusta(n)?; **No, I don't like . . .** No, no me gusta(n); **Yes, I like . . .** Sí, me gusta(n); **like that** *adv.* así **16**

likeable simpático(a) **2**
lips labios **13**
listen (to) escuchar **1**
liter litro **8**
little *adj.* poco(a) **1**; *adv.* poco; **a little bit** un poquito **11, in ex.**
live vivir **2**
living room sala **5**
lobby vestíbulo **12**
lobster langosta **8**
lodge alojarse **12**
long largo(a) **4**
look, to look at mirar **1**; **to look for** buscar (qu) **1**
lose perder (e > ie) **3**; **lose weight** adelgazar **8**
lot, a lot *adv.* mucho **1**; **a lot of** *adj.* mucho(a)
love *v.* amar **1, in ex.; 16**; querer (e > ie) **3**; *n.* amor *m.* **6; 16**
lovely bello(a) **12**
luck suerte *f.* **3**
luggage equipaje *m.* **10**
lunch almuerzo **4**; **to have, eat lunch** almorzar (o > ue) (c) **3**
lungs pulmones *m.* **13**

M

machine máquina **1**, aparato **12**; **washing machine** lavadora **5**
macho *adj.* machista **17**; machismo *n.*
magazine revista **6**
maid criada **12**
mailbox buzón *m.* **12**
make hacer **1**; **make fun of** burlarse de **18**
male macho
mall, shopping mall centro comercial **9**
man hombre *m.* **Sec. 3**
manager gerente *m., f.* **3**
many muchos(as) **1**
map mapa *m.* **Sec. 3**
March marzo **4**
market mercado **8**
marriage matrimonio **16**
married casado(a) **4**
marry casarse (con) **16**
masculinity masculinidad *f.* **17**
match *(game)* partido **14**
maternal materno(a) **17**
mathematics matemáticas **2**
matter *v.* **It doesn't matter (to me) (at all).** No (me) importa (nada). **7**
mature maduro(a) **16**
maturity madurez *f.*
May mayo **4**
mayonnaise mayonesa **8**
meal comida **4**
mean antipático(a) **2**
meat carne *f.* **7**

mechanic mecánico(a) **3**
medicine medicina **2; 13**
meet *(for the first time)* conocer **3**; *(at a predetermined place)* reunirse **16**
memory *(remembrance)* recuerdo; *(computer)* memoria **18, in ex.**
menu menú *m.*, lista, carta **7**
Mexican *n., adj.* mexicano(a) **2**
Mexican-American mexicanoamericano(a) **Sec. 2**
milk leche *f.* **7**
milkshake batido
minute minuto **1**; **free minute** rato libre **14**
mirror espejo **5**
mischievous travieso(a) **12**
miss señorita (Srta.) **Sec. 2**
modern moderno(a) **Gac. 1**
mom mamá **4**
moment momento **6**; **at this very moment** en este momento
Monday lunes *m.* **Sec. 1**
money dinero **1**; *(currency)* moneda
month mes *m.* **4**
more más **1**; **more or less** más o menos **10**
morning mañana **1**; **good morning** buenos días **Sec. 2**; **in the morning** de/por la mañana **1**
mosquito mosquito **Sec. 1**
mother madre *f.* **4**
motor motor *m.* **11**
motorcycle motocicleta **11**
mountain montaña **15**
mouth boca **13**
movie película **Gac. 1**; **movie theater** cine *m.* **6**; **movies** cine *m.*
Mr. señor (Sr.) **Sec. 2**
Mrs. señora (Sra.) **Sec. 2**
much *adj.* mucho(a) **1**; *adv.* mucho; **too much** demasiado
museum museo **7, in ex.; 13**
music música **2**
must deber *(+ inf.)* **2**
mustard mostaza **8**
my *(possessive)* mi(s) **3**

N

name nombre *m.* **Sec. 2**; **last name** apellido; **My name is . . .** Me llamo... **Sec. 2**; **What's your name?** ¿Cómo se (te) llama(s)? **Sec. 2**; **nickname** apodo **Gac. 5**
named, to be named llamarse **9**
napkin servilleta **7**
nation país *m.* **Sec. 3**; nación *f.*
national nacional **12**
nature naturaleza **4, in ex.; 15**
nauseated mareado(a) **13**
near (to) *prep.* cerca de **5**
nearly casi **5, in ex.**
neat *(orderly)* ordenado(a) **5**

necessary necesario(a) **10**; **it is necessary** es necesario, es preciso; hay que *(+ inf.)*
neck cuello **13**
need necesitar **1**
neighbor vecino(a) **6, in ex.**
neighborhood barrio **4**
neither tampoco **3**
nephew sobrino **4**
nervous nervioso(a)
net red *f.* **14**
never jamás, nunca **3**
new nuevo(a) **3**
newspaper periódico **3**; diario
newlywed *adj., n.* recién casado(a) **16**
next *adj. (in time)* próximo **14**; *(in order)* siguiente **Sec. 2**; *adv.* luego **2**
nice simpático(a) **2**, amable **11**; **nice-looking** bien parecido(a), guapo(a) **2**
niece sobrina **4**
night noche *f.* **1**; **at night** de/por la noche **1**; **last night** anoche **6**; *adj.* nocturno(a)
nine nueve **Sec. 2**
nine hundred novecientos **4**
nineteen diecinueve **Sec. 2**
ninety noventa **1**
ninth noveno(a) **12**
no *adv.* no **Sec. 1**; *adj.* ningún, ninguno(a); **no one** *pron.* nadie **3**; **no way** ni modo **4**
nobody nadie **3**
nocturnal nocturno(a) **Gac. 1; 12**
noise ruido **11**
noisy ruidoso(a) **11**
none ningún, ninguno(a) **3**
noon mediodía *m.* **1**
nor ni **3**
north norte *m.* **11**
nose nariz *f.* **13**
not no **3**; **not any** ningún, ninguno(a); **not anybody** nadie; **not anything** nada; **not at all** no... nada; **not a chance** ni hablar **4**; **not only . . . but also** no sólo... sino también **6**
nothing nada **3**
notice aviso **1**
November noviembre *m.* **4**
now ahora **1**; **right now** ahora mismo, en este momento **1**
number número **Sec. 2**; **phone number** número de teléfono **Sec. 2**; **dial a number** marcar un número; **wrong number** el número equivocado **6**
nurse enfermero(a) **13**
nut nuez *f.* **8**

O

obey obedecer (zc)
obituaries obituarios **6**
oblige obligar **17**
obtain conseguir (e > i) **5**
occupied ocupado(a) **6**

October octubre *m.* **4**
of de **1**
of course ¡Claro!, ¡Cómo no!, desde luego **4**
offer ofrecer (zc) **4**
office oficina **6**; *(medical)* consultorio **13**
often a menudo **1**
oil aceite *m.* **7**
okay, It's okay. Está bien. **Sec. 2**
old viejo(a) **2**, antiguo(a) **8, in ex.**
older mayor **4**
olive aceituna *m.* **7**
once una vez **8**
one un, uno(a) **Sec. 2**
one hundred cien **1**
onion cebolla **7**
only *adv.* sólo **2**; solamente
open abrir **2**
open(ed) *adj.* abierto(a) **9**; **open-air market**
mercado al aire libre **8**
operate usar **5, in ex.**; *(machine)* manejar;
(medical) operar **13**
operation *(medical)* operación *f.* **Sec. 1**
operator operador(a) **6**; telefonista *m., f.*
oppose oponerse a **17**
optimistic optimista *m., f.* **Gac. 1; 14**
or o **3**
orange *n.* naranja **Gac. 1; 8**; *adj.*
anaranjado(a) **4**
orchestra orquesta **Gac. 2; 16**
order *v.* mandar **11**, pedir (e > i, i) **5**;
prep. **in order to** para **1**
orderly ordenado(a) **5**
other *adj.* otro(a) **2**; *pron.* **others** los demás
17
ought deber *(+ inf.)* **2**
our *(poss.)* *adj.* nuestro(a)(s) **3**
outside *adv.* afuera **5**
oven horno **5**
overcast nublado(a)

P

pack, to pack one's suitcases hacer las
maletas **10**
package paquete *m.* **10**
pain dolor *m.* **13**
paint pintar **6**
painting pintura, cuadro **5**
pair par *m.* **9**
palace palacio **Gac. 1**
pale pálido(a) **13**
panoramic panorámico(a) **15**
pants pantalones *m. pl.* **9**
paper papel *m.* **1**
parade desfile *m.* **18**
pardon perdón *m.* **Sec. 2**; **pardon me**
perdóneme, discúlpeme
parents padres *m. pl.* **4**
park *v.* estacionar(se), aparcar **11**; *n.*
parque *m.* **15**
part parte *f.* **Gac. 1; 10**

party fiesta **1**; **to give a party** hacer (dar)
una fiesta
pass pasar **1**
passage *(ticket)* pasaje *m.* **10**
passenger pasajero(a) **10**
passive pasivo(a) **Sec. 1; 17**
passport pasaporte *m.* **10**
past *adj.* pasado(a) **Gac. 1**
pastime pasatiempo **6**
pastry pastel *m.* **Sec. 1; 7**; **pastry shop**
pastelería **4, in ex.; 8**
paternal paterno(a) **17**
patient *adj.* paciente **Sec. 3**; *n.* paciente *m.,
f.* **13**
patio patio **Sec. 1; 5**
pay pagar (gu) **1**
peace paz *f.* **15**; **to make peace** hacer las
paces **16**
peas guisantes *m. pl.* **7**
pen bolígrafo **Sec. 3**; pluma
pencil lápiz *m.* **Sec. 3**
people gente *f.* **3**
pepper *(spice)* pimienta **7**; *(vegetable)*
pimiento
performance *(show)* función *f.* **4**
perhaps tal vez, quizá(s) **11**
permit permitir **7**
person persona *f.* **Sec. 1**
pet mascota
pharmacist farmacéutico(a) **13**
phenomenal fenomenal **Sec. 2**
photograph foto *f.* **4**; **to take pictures** sacar
(qu) fotos
piano piano **6**
picture foto *f.* **4**; **to take pictures** sacar (qu)
fotos
pie pastel *m.* **Sec. 1; 7**
pill pastilla, píldora **13**
pink rosado(a) **4**
pitcher *(baseball)* lanzador(a) **14**
place *v.* poner **4**; *n.* lugar *m.* **4**; **to take
place** tener lugar **14**
plate plato **7**
platform andén *m.* **11**
play *(instrument)* tocar **6**; *(sport)* jugar **3**;
play cards jugar a las cartas (naipes) **6**
player jugador(a) **Gac. 2; 14**
please por favor **Sec. 2**
pleasing, to be pleasing gustar **7**
plumber plomero(a)
police officer policía *m.* **Sec. 3; 1**
polluted contaminado(a) **15**
pool, swimming pool piscina **12**
poor pobre **2**
pork cerdo **8**
post office correo **12**
postcard tarjeta postal **10**
potato papa, patata **8**; **French fried potatos**
papas fritas; **potato chips** papitas **8**
practice *v.* practicar **1**
pray rezar **18**

precious precioso(a) **Gac. 4**
pregnant embarazada **Guía 1**
prejudice prejucio **17**
prepare preparar **1**
prescribe recetar **13**
prescription receta; **7**
present *v.* presentar **1**; *n.* regalo
press prensa
pretty bonita, guapa **2**
priest cura, sacerdote *m., f.* **18**
produce producir **4**
profession profesión *f.*, carrera **3**
professor profesor(a) **Sec. 1; 1**
prohibit prohibir **11**
promotion ascenso **3, ex.**
Protestant protestante **18**
provided (that) *conj.* con tal (que) **15**
provoke provocar **16, in ex.; 17**
psychiatrist (p)siquiatra *m., f.* **3**
psychologist (p)sicólogo(a) **3**
psychology (p)sicología **2**
pure puro(a) **15**
purple morado(a) **4**
purse bolso **9**
put poner **4**; **to put into** meter **Gac. 1; 10**;
to put on *(clothing)* ponerse **9**

Q

quarter, It's a quarter after Son las *(time)*
y cuarto **1**
question pregunta **1**; *(matter)* cuestión *f.* **1**;
to ask a question hacer una pregunta **6**
quit dejar **3**

R

rabbi rabino(a) *m., f.* **18**
racket raqueta **14**
radio radio *f.* **1, in ex.; 5**
rain *v.* llover **3**; *n.* lluvia **16**
raincoat impermeable *m.* **9**
raise levantar **9**; *(a family)* criar **17**
rapidly rápido **2, in ex.**
raw crudo(a) **8**
read leer **2**
reality realidad *f.* **Sec. 1; 16**
really de verdad **17, in ex.**
receive recibir **2**
recommend recomendar (e > ie) **3**
red rojo(a) **4**
refrigerator refrigerador *m.*, nevera **5**
register registro
regret sentir (e > ie, i) **9**
relative pariente *m.* **Sec. 1; 4**
relax relajar **12**
religion religión *f.* **Sec. 1; 18**
religious religioso(a) **Gac. 4; 18**
remain quedarse **9**
remember recordar (o > ue) **3**; acordarse
(o > ue) de

remove quitar **9**
rent *v.* alquilar **5**; *n.* alquiler *m.* **5**
repair *v.* arreglar **5**; **repair shop**
    taller *m.* **11**
repeat repetir (e > i, i) **5**
reporter reportero(a)
Republican republicano(a) **2, in ex.**
requirement requisito
resemble parecerse a **9**
reservation *f.* reservación, reserva **10**
reserve reservar **10**
resign renunciar **3**
resolve resolver **16**
rest descansar **11**; **the rest** los demás **17**
restaurant restaurante *m.* **Sec. 1; 7**
résumé currículum (vitae) *m.* **3**
return regresar **1**; volver (o > ue) **3**; **to**
    return (something) devolver(o > ue) **3**
review repasar **2**
rice arroz *m.* **7**
rich rico(a) **2**
ride, to ride a bike montar (pasear) en
    bicicleta; **to ride a horse** montar a
    caballo **14**
right *n.* **(political)** derecho; *adj.*
    derecho(a); **on/to the right of** a la
    derecha de **10**; **right?** ¿verdad?, ¿no?;
    right now ahora mismo, en este
    momento, en la actualidad **1**; **to be right**
    tener razón **3**
rigid rígido(a) **1, in ex.**
ring *v.* sonar; *n.* anillo **9**; **engagement ring**
    anillo de compromiso **16**; **wedding ring**
    anillo de casado **16**
river río **Gac. 3; 15**
road camino **11**
roof techo **5**
room cuarto, sala **5**; **(hotel)** habitación *f.*
roommate compañero(a) de cuarto **1**
round-trip *adj.* de ida y vuelta **10**
rug alfombra **5**
run correr **14**; **(operate)** funcionar **12**; **run**
    into chocar con **11**; **to run out of**
    acabarse

S

sacred sagrado(a) **18**
sad triste **2**
sadness pena **6**
safety belt cinturón de seguridad *m.* **10**
saint santo(a) **18**; **saint's day** día del
    santo *m.*
salad ensalada **7**
salary sueldo, salario **3**
salesperson vendedor(a) **3**
salt sal *f.* **7**
same mismo(a) **3**
sandwich sándwich *m.*, bocadillo *(Sp.)* **1; 7**
Saturday sábado **Sec. 1**

sauce salsa **8**; **tomato sauce** salsa de tomate
sausage chorizo *(Sp.)* **8**
savage salvaje **Gac. 1; 15**
save (money) ahorrar **15**
say decir (e > i, i) **4**; **which is to say** es
    decir **1**
school escuela **1**; **grade school teacher**
    maestro(a)
science ciencia **2**
score anotación *f.* **14**
scrub fregar (e > ie) **5**
season (weather) estación *f.* **11**; **(sports)**
    temporada **14**
seat *v.* sentar (e > ie) **9**; *n.* asiento **10**
second segundo(a) **1**
secretary secretario(a) **3**
section sección; **T.V. section** cartelera;
    cooking section sección de cocina;
    fashion section sección de moda **6**
see ver **4**; **I see . . .** Ya veo **16**
seem parecer (zc) **6**
sell vender **2**
semester semestre *m.* **1, in ex.; 2**
send mandar **11**, enviar **6, in ex.**
sensitive sensible **Sec. 1; 17**
September septiembre *m.* **4**
serious serio(a) **Sec. 2**
servant criado(a) **12**
serve servir (e > i, i) **5**
set, to set the table poner la mesa **4**
seven siete **Sec. 2**
seventeen diecisiete **Sec. 2**
seventh séptimo(a) **12**
seventy setenta **1**
shame, It is a shame. lástima; Es una
    lástima. **10**; **What a shame!** ¡Qué
    lástima! **6**
shampoo champú *m.* **12**
share compartir **5**
shark tiburón *m.* **15**
shave afeitar(se) **9**
sheet sábana **5**
shellfish mariscos *m.pl.* **7**
ship barco **11**
shirt camisa **9**; **T-shirt** camiseta **9**
shoe zapato **9**
shop tienda **3**; **repair shop** taller *m.* **11**
shopping, to go shopping ir de compras **8**;
    shopping mall centro comercial **9**
short (in height) bajo(a) **Guía 1; 2**; **(in**
    length) corto(a) **4**
should deber *(+ inf.)* **2**
shower ducha **5**
shrimp camarones *m.pl.* **7**
sick enfermo(a) **2**; **to get sick** enfermarse **13**
side lado **Gac. 3**; **along side of** al lado de
sign firmar **12**
signal, traffic signal semáforo **11**
silent silencioso(a) **12**
silk seda **9**
silly tonto(a); **silliness** tontería **16, in ex.**

simple sencillo(a) **Gac. 2**
sinagogue sinagoga **16**
since ya que; **ever since** desde que
    Gac. 4
sing cantar **6**
single (not married) soltero(a) **4**
sister hermana **4**
sit, to sit down sentarse (e > ie) **9**
six seis **Sec. 2**
sixteen dieciséis **Sec. 2**
sixth sexto(a) **12**
sixty sesenta **1**
size talla **9**
ski *v.* esquiar **14**; *n.* esquí *m.* **Gac. 1**;
    (equipment) esquís *m.pl.* **14**
skirt falda **9**
sleep dormir **3**
sleeping bag saco de dormir **15**
sleepy, to be sleepy tener sueño **3**
slender delgado(a) **Guía 1**
slipper zapatilla **9**
slow lento(a) **2**
small pequeño(a), chico(a) **2**
smart listo(a) **2**
smile *v.* sonreír **14**; *n.* sonrisa
smoke *v.* fumar **10**; *n.* humo
sneaker zapatilla **9**
snow *v.* nevar (e > ie) **3**; *n.* nieve *f.* **5**
so *adv.* tan **Sec. 2**; *conj.* **so that** para que
    15; **so-so** así así **Sec. 2**
soap jabón *m.* **5**
soap opera telenovela **6**
soccer fútbol *m.* **Sec. 1; 14**
sock calcetín *m.* **9**
sofa sofá *m.* **Sec. 1; 5**
soft drink refresco **6**
soldier soldado **Gac. 5**
solemn solemne **18**
solitude soledad *f.* **16**
solve resolver (o > ue) **16**
some algún, alguno(a) **3**
someone alguien **3**
something algo **3**; **something else** algo
    más **7**
somewhat algo
sometimes a veces **17**
son hijo **4**
soon, as soon as en cuanto *conj.* **14**, tan
    pronto como *conj.* **14**, lo más pronto
    posible **13**
soul alma **18**
sound sonar
soup sopa **7**
south sur *m.* **11**
Spanish *n., adj.* español(a) **Sec. 2, in ex.;**
    12; **Spanish language** español *m.*
speak hablar **2**
specialty especialidad *f.* **7**
spectator espectador(a) **14**
spend (money) gastar **11**; **(time)** pasar **1**
spirit espíritu *m.* **Gac. 3**

spoon cuchara **7**
sport deporte *m.*, **1, in ex.;** *adj.* deportivo(a) **1**
spring primavera **4**
stadium estadio **10, in ex.**
stamp sello, estampilla **12**
start *(motor)* arrancar (qu)
station estación *f.* **11; bus station** estación de autobuses; **gas station** gasolinera, estación de gasolina
stay quedarse **9**
steak bistec *m.* **8**
still *adv.* todavía **12**
stimulating estimulante
stockings medias **9**
stomach estómago **13**
stop *v.* parar **11; to stop** *(doing something)* dejar de *(+ inf.)* **8, in ex.; Gac. 3; (to have) stopovers** (hacer) escalas
store tienda **3; department store** almacén *m.* **3**
stove estufa **3**
strange extraño(a) **12,** raro(a) **7**
street calle *f.* **Sec. 2,** camino **11**
strength fuerza **14**
student estudiante *m., f.* **Sec. 2**
student center centro estudiantil **1**
studious aplicado(a) **2**
study estudiar **1**
stupid estúpido(a) **2**
style estilo, moda **Gac. 1; 4; out of style** pasado(a) de moda **9**
subject *(school)* materia **2**
submit someter **17**
suburbs afueras **5**
subway metro **11**
suffer sufrir **13**
sugar azúcar *m.* **Gac. 2**
suggest sugerir (e > ie) **11**
suit traje *m.* **9**
suitcase maleta **10; to pack one's suitcases** hacer las maletas **10**
summer verano **4**
sunbathe tomar el sol **12**
sunny soleado(a) **15**
supermarket supermercado **8**
supper cena **4**
support apoyar **14**
surprise sorpresa *n.* **6; 18;** *v.* **(surprise)** sorprenderse
surprising sorprendente **10**
sweater suéter *m.* **Sec. 1; 9**
sweep barrer **5**
sweets dulces *m.* **18**
swim nadar **12**
swimming natación *f.* **14; swimming pool** piscina **12**
swimsuit traje de baño *m.* **9**
swollen hinchado(a) **13**
systems analyst analista de sistemas *m.*

T

table mesa **4; 5; end table** mesita; **night table** mesita de noche
take tomar **1,** llevar **2; to take a trip** hacer un viaje **10; to take a walk** dar un paseo **6; to take away** quitar **9; to take off** *(clothing)* quitarse **9; to take out** sacar (qu) **10; to take photos** sacar fotos **4; to take advantage of** aprovecharse de **11**
talented talentoso(a) **Sec. 2**
talk hablar **1**
tall alto(a) **Guía 1; 2**
tank tanque *m.* **11**
taste gusto **8**
tea té *m.* **1; 7**
teach enseñar **1**
team equipo **Gac. 3**
teaspoon cucharita
teeth dientes *m.*, muelas **13**
telephone teléfono **Sec. 1; 6; telephone number** número de teléfono
television set televisor *m.* **5**
tell decir **4;** contar **3**
temperature temperatura **13**
ten diez **Sec. 2**
tennis tenis *m.* **Sec. 1; 14**
tenth décimo(a) **12**
terrible fatal **Sec. 2**
test examen *m.*, prueba **Sec. 1**
textbook libro de texto **Sec. 3; 1**
thank you gracias **Sec. 2; thank you very much** muchas gracias
that *adj.* ese(a) **5; that** *(over there)* aquel, aquella; **that one** ése(a) eso; **that one** *(over there)* aquél, aquélla, aquello; *conj.* que; **that which** lo que **2; 10; that is . . .** o sea **16**
theater teatro **3, in ex.**
then luego **2; at that time** entonces **4**
there allí **1; there is** hay **Sec. 2; there was** había; **there will be** habrá
thermometer termómetro **13**
these *adj.* estos(as) **5;** *pron.* éstos(as)
thin delgado(a) **Guía 1**
thing cosa **1**
think pensar, creer **3; Don't even think of it.** Ni pensarlo. **4**
third tercer, tercero(a) **12**
thirsty, to be thirsty tener sed **3**
thirteen trece **Sec. 2**
thirty treinta **1**
this *adj.* este(a) **5;** *pron.* éste(a), esto
those *adj.* esos(as) **5; those (over there)** aquellos(as); *pron.* ésos(as), aquéllos(as)
thousand mil **4**
three tres **Sec. 2**
three hundred trescientos **4**
throat garganta **13**
Thursday jueves *m.* **Sec. 1**
thus así **16**

ticket boleto, billete *m.* **(for a performance)** entrada **10; (fine)** multa **11; (passage)** pasaje *m.*
tie corbata **9;** lazo
time hora **1;** tiempo; vez *f.* (*pl.* veces) **6**
tip propina **7**
tire llanta **11; flat tire** goma (llanta) pinchada (desinflada)
tired cansado(a) **2**
to a **1**
toast *v.* brindar **18;** brindis *m.*
today hoy **1**
toe dedo del pie **13**
together juntos(as) **8; to get together (with)** reunirse (con) **16**
toilet wáter, retrete *m.*
tomato tomate *m.* **7**
tomorrow mañana **Sec. 2; day after tomorrow** pasado mañana; **until tomorrow** hasta mañana
tongue lengua **13**
tonight esta noche **1**
too much *adj.* demasiado(a), *adv.* demasiado **8**
toothpaste pasta dental **12**
top, on top of encima de **Sec. 3**
tourist class clase turística *f.*
towel toalla **12**
toy juguete *m.* **4**
trade *(job)* oficio
traditional tradicional **12**
traffic tráfico, circulación *f.* **6; 11; traffic signal** semáforo **11**
train tren *m.* **1, in ex.; 11 train station** estación del tren **11**
tranquil tranquilo(a) **Sec. 1; 12**
tranquility tranquilidad *f.* **15**
transportation transporte *m.*
travel viajar **10**
traveler viajero(a) **10**
treatment tratamiento **13**
tree árbol *m.* **4**
trip viaje *m.* **1, in ex.; 10; round trip** *adj.* de ida y vuelta **10; to take a trip** hacer un viaje; **Have a good trip!** ¡Buen viaje! **10**
triumph triunfar **15, in ex.; 17**
trunk *(car)* maletero **11**
try, to try to *(do something)* tratar de *(+ inf.)* **6**
T-shirt camiseta **9**
Tuesday martes *m.* **Sec. 1**
tuna atún *m.* **8**
turkey pavo **8**
turn *(a corner)* doblar **10; to turn off (lights)** apagar (las luces) **6**
turtle tortuga **Gac. 4; 15**
TV televisor *m.* **(set) 5;** televisión *f.* *(concept)*; tele *f.*
twelve doce **Sec. 2**
twenty veinte **Sec. 2**

twice dos veces **Gac. 5**
two dos **Sec. 2**
two hundred doscientos **4**
type escribir a máquina **1**
typewriter máquina de escribir **1**
typical típico(a) **14**

U

ugly feo(a) **Guía 1; 2**
umbrella paraguas *m.* **9**
unbutton desabrochar
uncle tío **4**
uncomfortable incómodo(a) **9**
underneath debajo de **Sec. 3**
understand comprender **2**
underwear ropa interior **9**
unique único(a) **7**
United States Estados Unidos *m.pl.* **2,** in ex.
university universidad *f.* **Sec. 1**
unless a menos que **11**
unpack desempacar **12**
unpleasant antipático(a) **2,** desagradable **11**
until hasta que **14**
unusual extraño(a) **12**
urgent urgente **13**
use *v.* usar **1,** gastar **11;** *n.* uso **6,** in ex.
useful útil **1; 17**

V

vacation vacaciones *f.pl.* **to be on vacation** estar de vacaciones **Gac. 1; 10; to go on vacation** ir de vacaciones
vacuum *v.* pasar la aspiradora **5; vacuum cleaner** aspiradora
variety variedad *f.* **8**
VCR grabador de video *m.*
vegetable verdura, legumbre *f.* **7**
velocity velocidad *f.* **11**
very muy **1**
view vista **6,** in ex.; **point of view** punto de vista **Gac. 3**
vinegar vinagre *m.* **8**
violin violín *m.* **6**
visit *v.* visitar **4**
vitamin vitamina **13**
volcano volcán *m.* **15**
vote votar **Gac. 2; 17**
vowel vocal *f.*

W

wait (for) esperar **4**
waiter camarero, mesero, mozo **3**
waiting room sala de espera **10**
waitress camarera, mesera, moza **3**
wake despertar (e > ie) **9; to wake up** despertarse (e > ie); *n.* velorio
walk caminar **6; to take walk** dar un paseo; *n.* paseo
wallet cartera **9**
want desear **1,** querer (e > ie) **3**
warm, to be/feel warm tener calor **3; It's warm.** *(weather)* Hace calor. **4**
wash lavar **9;** *(oneself)* lavarse
washing machine lavadora **5**
watch *v.* mirar **1;** *n.* reloj *m.*
water agua *f.* **4; waterbed** cama de agua **4**
way, in that way así **16; one-way** de ida **10**
wear llevar **2**
weather tiempo **4; What's the weather like?** ¿Qué tiempo hace?
wedding boda **16**
Wednesday miércoles *m.* **Sec. 1**
week semana **4; Holy Week** Semana Santa
weekend fin de semana *m.* **1**
weigh pesar **8**
weight peso **8**
welcome bienvenido(a) **Sec. 2; you're welcome** de nada **Sec. 2**
well bien **1; well** *(now)* pues... **16; well enough** bastante bien **Sec. 2**
west oeste **11**
what *(that which)* lo que **2; 10; what?** ¿qué? ¿cómo? **Sec. 2; What a . . .!** ¡Qué *(+ n.)*! **6; What is . . . like?** ¿Cómo es... ? **1**
when cuando **Sec. 2; when?** ¿cuándo?
where donde **Sec. 2; where?** ¿dónde?
which cual **Sec. 2; which?** ¿cuál?; **that which** lo que **2; 10**
while mientras **8**
white blanco(a) **4**
who *rel. pron.* que **10; subj. and obj. pron.** quien; **who?** ¿quién? *pl.* ¿quiénes? **Sec. 2**
whole entero(a) **17**
whom? ¿a quién? *pl.* ¿a quiénes? **Sec. 2**
whose? ¿de quién(es)? **2**
why por qué **Sec. 2; why?** ¿por qué? **that's why** por eso **2**
widow viuda **4**
widower viudo **4**
wife esposa **4**

win ganar **3**
window ventana **Sec. 3,** ventanilla **11**
wind viento **4**
windy, It's windy. Hace viento. **4**
wine vino **7; red (white) wine** vino tinto (blanco)
winter invierno **4**
wish esperar **4; I wish that . . .** espero que... , ojalá que *(+ subj.)* **11**
with con **1; with me** conmigo; **with you** contigo, con Ud., con Uds. **5**
without sin **1**
woman mujer *f.* **Sec. 3; 1**
wool lana **9**
word palabra **2**
work *v.* trabajar **1,** funcionar *(machines)* **12;** *n.* trabajo **3**
worker obrero(a), trabajador(a) **3**
workshop taller *m.* **11**
world mundo **Sec. 3, 10**
worried preocupado(a) **2**
worry (about) preocuparse (por, de) **13**
worse peor **6**
wounded herido(a), lastimado(a) **13**
write escribir **2**

Y

yard patio **Sec. 1; 5**
year año **2; to be . . . years old** tener... años **3; New Year's Eve** Noche vieja **18; Happy New Year!** ¡Próspero Año Nuevo!
yellow amarillo(a) **4**
yes sí **5**
yesterday ayer **6; day before yesterday** anteayer
yet todavía **12**
you *subj. pron.* tú *(fam. sing.)* **Sec. 2;** usted (Ud., Vd.) *(form. sing.);* vosotros(as) *(fam. pl., Sp.);* ustedes (Uds., Vds.) *(pl.);* *d.o.* te, os, lo/la, los, las **5;** *to, for you ind. obj.* te, os, le les **6;** *obj. of prep.* ti, vosotros, Ud., Uds. **5**
young joven **2**
younger menor **4**
your (possessive) tu(s) *(fam. s.)* **3;** vuestro(a)(s) *(fam. pl., Sp.);* su(s) *(form.)*
youth joven *m., f.* **2**

Z

zero cero **Sec. 2**
zoo zoológico **Gac. 4; 15**

⭐ Index of Grammar

⭐ Photo Credits

1a, George Levy; **b,** (Buenos Aires)Owen Franken/Stock, Boston; **c,** Mario Corvetto/COMSTOCK; **4** Mark Ferri/The Stock Market; **16** (top row) Frank Konesky; **16** (bottom row) Mary Sit/The Boston Globe; **16** (bottom row) Frank Konesky; **17** Ulrike Welsch; **18** David Frazier; **20** Stuart Cohen/COMSTOCK; **27** (top) Graziano Arici/SYGMA; **27** (bottom) Trapper/SYGMA; **27** (bottom) Rick Maiman/SYGMA; **27** (bottom) Blake Little/SYGMA; **28** Gamma-Liaison; **28** Terry Ashe/Gamma-Liaison; **28** Scapiro/Gamma-Liaison; **32** Stuart Cohen/COMSTOCK; **43** Odyssey/Frerck/Chicago; **43** Odyssey/Frerck/Chicago; **44** (left) Thomas Fletcher/Stock, Boston; **44** (top right) Stuart Cohen/COMSTOCK; **44** (bottom right) Odyssey/Frerck/Chicago; **45** Arlene Collins/Monkmeyer Press Photo; **48** (left) George Rose/Gamma-Liaison; **48** (middle) Lynn Goldsmith/LGI; **48** (right) UPI-Bettmann; **51** Odyssey/Frerck/Chicago; **55** Jeff Gilbreath; **81** Peter Menzel/ Stock, Boston; **100** Dagmar Fabricius/Stock, Boston; **105** Jeff Gilbreath; **130** (top) Courtesy of Ariola/BMG Music; **130** (left) F.de Lafosse/SYGMA; **130** (bottom) Viennarepot/SYGMA; **131** Epipress/SYGMA; **133** J. Langevin & T.Orban/SYGMA; **134** (top) Odyssey/Frerck/Chicago; **134** (bottom) William Johnson/Stock, Boston; **136** Odyssey/Frerck/Chicago; **137** (left) Macduff Everton/The Image Works; **137** (right) Odyssey/Frerck/Chicago; **138** (left) Mark Antman/The Image Works; **138** (right) Odyssey/Frerck/Chicago; **139** Laura Elliott/COMSTOCK; **140** MAS, Barcelona; **151** Mary Ann Hemphill/Photo Researchers, Inc.; **155** Odyssey/Frerck/ Chicago; **178** Stuart Cohen/COMSTOCK; **182** © Grant LeDuc/Monkmeyer Press; **203, 204** (left) Odyssey/Frerck/Chicago; **204** (right) Nancy Levy-Konesky; **209** Carlos Goldin/DDB Stock Photo; **234** (left) Gamma-Liaison; **234** (middle) Courtesy of Karen Records; **234** (right) Barry King/Gamma-Liaison; **237** Larry Downing/SZYGMA; **238** (top) Barbara Lewis/Monkmeyer Press Photo; **238** (bottom) David Frazier; **240** Hugh Rogers/Monkmeyer Press Photo; **251, 255** Jeff Gilbreath; **278** George Levy; **295** Arlene Collins/Monkmeyer Press Photo; **300** Odyssey/Frerck/Chicago; **322** (left) Joe Picone/Gamma-Liaison; **322** (right) Greg Gorman/Gamma-Liaison; **324** Pablo Ibarra/Gamma-Liaison; **325** Christian Ducasse/Gamma-Liaison; **327** (top) Alicia Sanguinetti/Monkmeyer Press Photo; **327** (bottom) Paul Conklin/Monkmeyer Press Photo; **329** Courtesy of OAS; **339** Ulrike Welsch; **342** Odyssey/Frerck/Chicago; **365** Jeff Greenberg/The Image Works; **386** Chip & Rosa Maria de la Cueva Peterson; **401** Macduff Everton/The Image Works; **403** (top) Odyssey/Frerck/Chicago; **403** Courtesy of Mary McVey Gill; **406** (left) D.Fineman/SYGMA; **406** Paolo Bosio/Gamma-Liaison; **408** (left) The Bettmann Archive; **408** Frida Kahlo. "Portrait of Luther Burbank". 1931. .Fundacion Dolores Olmedo, Mexico City, Mexico; **410** Rod Lamkey, Jr./Gamma-Liaison; **412** Diego Rivera. Detail of fresco cycle in the National Palace, Mexico City on the History of Mexico (1950): Aztec Civilization. National Palace, Mexico City, Mexico; **413** Doug Bryant/DDB Stock Photo; **414** (left) Odyssey/Frerck/ Chicago; **414** Jeff Gilbreath; **415** Craig Thompson/DDB Stock Photo; **416** Carmen Lomas Garza, "Cumpleaños de Lala y Tudi". Oil on canvas, 36″ × 48″, Collection of Paula Maciel Benecke & Norbert Benecke. Photo: Wolfgang Dietze; **425** Chip & Rosa Maria de la Cueva Peterson; **429, 451** Odyssey/Frerck/Chicago; **466** Courtesy of the Texas Rangers; **471** Odyssey/Frerck/Chicago; **494** D. Fineman/SYGMA; **492** (left) Gary Payne/Gamma-Liaison; **492** Paolo Bosio/Gamma-Liaison; **496** Joe Cavanaugh/DDB Stock Photo; **499** (top) Oddyssey/Frerck/Chicago; **499** Chip & Rosa Maria de la Cueva Peterson; **500** Paul Conklin/Monkmeyer Press Photo;

501 Bob Daemmrich/The Image Works; **502** Courtesy of OAS; **507** Arlene Collins/ Monkmeyer Press Photo; **511** Kay Kaylor; **533** Odyssey/Frerck/Chicago; **551** Arlene Collins/Monkmeyer Press Photo; **557** Peter Menzel/Stock, Boston; **566** © Robert Frerck/Odyssey; **570** (left) Gianfranco Gorgoni/SYGMA; **570** (middle) © Univisión; **570** Rick Maiman/SYGMA; **573** (left) Courtesy of OAS; **573** UPI/ Bettmann; **575** Odyssey/Frerck/Chicago; **579** Courtesy of Americas Society; **146** F. de Lafosse/SYGMA; **143** (bottom) Dennis Stock/MAGNUM; **143** (top) Nancy Levy-Konesky; **244** Frank Konesky; **331** P. F. Gero/SYGMA; **418** © Tino Villanueva; **421** (left) Peter Rodriguez, "Self-Portrait" 1975; **421** Peter Rodriguez, "SantoNiño de Atocha" 1984; **422** Antonio Ribiero/SYGMA; **581,** Nancy Levy-Konesky; **583** Inca Son

 ## Realia Credits

41 *Hispanic* magazine; **177,** *Semana,* Bogotá; **205, 206** Editorial América, S.A.; **230** *Cambio 16;* **263** permission of use for ad for Coca-Cola Classic granted by the Coca-Cola Company; **274** Editorial América, S.A.; **283** Editorial América, S.A.; **319** *Más* magazine; **324** Illustration by Michael Guccione © Little Sun; **359** Massachusetts Office of Travel and Tourism; **360** Mexicana Airlines; **394** Hotel Inter-Continental, Cali; **413** reprinted from *Más* magazine, art by Esther Hernández; **446** Editorial América, S.A.; **447** Spanish Periodical and Book Sales, Inc.; **468** material promocional gentileza de El Corte Ingle; **477** Brochure advertisement compliments of Adventure Airlines, Las Vegas, NV; **488** Aqualandia, Benidorn, Alicante, España; **497,498** *Hispanic* magazine; **515** Margarita's Hallmark Shop, 11489 SW 40th St., Miami, FL; **559** American Express

 ## Literary Credits

240 Editorial Coquí; **417** Lic. Angel López Oropeza; **579** © PABLO NERUDA, 1952 and Heirs of PABLO NERUDA